叢書・ウニベルシタス　574

性と暴力の文化史

文明化の過程の神話　III

ハンス・ペーター・デュル
藤代幸一／津山拓也訳

法政大学出版局

Hans Peter Duerr

Obszönität und Gewalt
Der Mythos vom Zivilisationsprozeß, Band III

ジョルジュ・ドゥヴローの思い出のために

《私の聞くところでは、彼は評論を一本仕上げるたびに、
極めて強烈な勃起をするとか》。

ゲオルク・クリストフ・リヒテンベルク

目次

序論

一六世紀末頃、ある作家がこう述べている。《今日われわれが住む国に、三〇〇〇年も前の大昔に住んでいた人びとは、最近スペイン人やポルトガル人が発見した蛮人のように粗野で野蛮だった[1]》。そこには、今日まで〈西洋〉人がもつ自意識を作り上げてきた見解が簡潔に表現されていた。もちろん、自分がより〈文明化〉されたと思いこみ、異文化社会に対し優越感をもつのは、とりたてて〈西洋的〉でも〈ヨーロッパ的〉でもない。その一方、自分たちの〈優越性〉を理由に、必要とあらば炎と剣を使っても〈無教養の人びと〉を〈洗練させる〉資格がある、それはむしろ義務だと考える点でヨーロッパ人は抜きん出ており、世界の他地域の人間にくらべても、この傾向はかなりはっきりしていた。たとえば一六〇六年にイギリス国王は、ヴァージニア州の植民地化に関する特許状で、《かの地に住まう不信心者や蛮人を、頃合いを見はからって人間らしい文明と確固たる穏やかな秩序のもとへ》導くべし、と述べている。なぜなら、三年後のパンフレットにあるように、神の土地に住む人はみな《文明化された社会》を求めるのだから。そう認識さえすれば、《文明的なキリスト教の支配下に粗暴な蛮人を導き、敬虔で正しく道徳的な生活をこの世で送る術を学ばせるため、海を越え山を越えて旅をし、わが身や財産をなげうつことが万人の義務となるのだ(2)》。

二世紀たっても、この考え方に本質的な変化は見られない。ただし、一九世紀になると、野蛮で粗暴な社会の文明化は意志の有無の問題ではないことが強調された。なぜなら〈文明化の過程〉とは、誰も逆らえない進化という不動の法則だからである。たとえば、一八五二年の『国外移住総合新聞』にはこうある。《森に住む赤い肌の息子たちの悲しい運命を博愛主義者が嘆いてみたところで、それは人類が進化する法則の結果なのである。文化を前にして粗野な暴力は身を引くしかない。文化は、鋼をまとった中世の封建君主をあるいは庇護し、あるいは地上から消し去った。今度はインディアンを文明化するか、絶滅させるかするであろうし、そうせずにはすまないのだ(3)》。

おのれのためになるのに〈他人の忠告〉を聞かない者、おのれの文化の〈ヨーロッパ化〉を受容しない者は《絶滅》させられた。今日の〈植民地主義以後〉の時代では、とりわけ〈第三世界〉が〈第四世界〉、いわゆる〈部族社会〉にこの選択を突きつけている。五〇〇年前のポルトガル人の合言葉が《つぶして平定する(4)》だったように、二〇世紀末では——一つだけ例をあげれば——まったく異なる無数の種族に分裂した未開人に《平和をもたらし》《文明化する(5)》ためと称し、インドネシア政府は国際法に反したニューギニア西部占領を正当化している。

すなわち、こうした植民地主義的、帝国主義的プログラムの根底にあるのはすべて、制圧、搾取の対象となる異文化社会は原始的な社会だという確信である。そのような社会の成員はしばしば子供にたとえられる。なぜなら、子供と同じように、自分の情動、感情、攻撃衝動を抑制する術を十全には知らないからである。そして子供に礼儀を教え、立派な人間に育てるのが大人の仕事であるように、未開人に文明という吉報をもたらし、聞き分けのない者を罰するのは、文明国家がもつ〈自然の権利〉であるばかりか、道徳的義務でさえあるのだ。

過去には、〈低い文化の人びと〉や、あまり文明化されざる〈自然児たち〉に関する以上のような見解を、さまざまな分野の学者たちが打出してきた。そして現代その役割を果たした人物こそ、今世紀後半でもっとも大きな影響を及ぼした刺激的な社会学者ノルベルト・エリアスである。彼は、過去の社会や異文化社会の〈衝動の歯止めがきかない〉人間についての旧来のイメージを、〈文明化理論〉によっていわば理論的に支援したのである。なぜならエリアスも、《より厳しい規制》や、振舞いと情動の文明化を《植民地のヨーロッパ人にとって、他者への優越感をもつための重要な道具》と見なし、《植民地化運動の合言葉が〈文明〉である》のは《西欧社会の構築にいかにもふさわしい》と述べているからである。実際のところ、《異民族を自分たちの分業組織に組み込むには》彼らの文明化が求められ、《被征服民族の文明化が本当に必要なのである》(6)。

エリアスの〈文明化理論〉に対する私のこれまでの批判の中で、学識豊かな紳士淑女諸賢を正に悲憤慷慨させたのが次の点である。すなわち、巨匠エリアスは植民地主義理論家の紙上共犯者であると、デュルが《いわれなき中傷》をしたというのである。すでにエリアス自身、デュルが自分を《潜在的な植民地主義者》として弾劾し、《まるで私が誤っているかのように思わせ、公の場で恥をかかせた》

と非難している。さらにエリアスは、自分は《自然界での必然的な発展などという考え》とはまったく無縁だと反論しているが[7]、彼が〈社会的決定論〉を主張したかなど、そもそもまったく問題にしていないことを考えると、やや妙な論証である。ある批評家は、デュルの《決定的な思い違い》は《エリアスの論証を植民地搾取を正当化しようとしたこと[8]》だと簡明に強調するものの、なぜそれが《思い違い》なのか理由を述べていない。さらに他の批評家は、私の《関心》が《政治的な性格》との印象を受けた。《エリアスらが主張する文明化理論が、帝国主義的・植民地主義的イデオロギーの基礎となり、そこに暴露する価値があると（デュルは）考えている》。それに対してこの批評家は、《たとえば〈文明化された〉人間の〈蛮人〉に対する優越性を主張する意味では》、エリアスの著作は文明化の過程を《はっきりと評価していない》と述べている[9]。

　自分が擁護する理論をもう少し詳細に観察すれば、おそらく件の批評家も気づかずにはいないだろう。すなわち、動物的な性格の文明化が進んでいることで、はじめて《植民地のヨーロッパ人》は《異文化》社会《に対する優越感》を保証され[10]、この衝動と情動の洗練こそが植民地支配を受ける民族に欠けている、という断定をエリアスは大いに重視しているのである。《この文明こそ優越性を生み、他と区別する西洋の特質なのである[11]》。

　もちろん、エリアスは明確な価値判断は下していないし、「行って異民族を支配せよ！」などと宣言してもいない。むしろ彼とその信奉者を植民地理論家に近づけるのは、異文化社会に対する西欧社会の優越性を、技術的・軍事的なものばかりか、衝動構造のモデル化での優越性と見なしている事実である。つまり、専門用語で飾らずに表現すれば、西欧が他の世界を征服し搾取できたのは、より高度な文明をもっていたから、ということである。

おびただしい批評家――とりわけエリアス自身――は、私がこの文明化理論を倫理的、政治的な理由から、しかも時代精神の強い追い風を受けるちょうどその瞬間に問題視した、といわれなき中傷をしてきた。実のところ、とりわけドイツで多くのインテリたちが、帝国主義、人種主義、〈ヨーロッパ中心主義〉で受けた傷を癒す時代は、そうした批評に正にうってつけである。しかしエリアスの〈文明化理論〉に対する私の〈論証〉は、倫理的なものではない。むしろ私が関心を抱くのは、過去五世紀においてヨーロッパ人が、ニーチェの言う《人間の馴致》を、東洋人、アフリカ人、インディアンよりはるかに首尾よくやりおおせたとの主張が、誤りだと証明することである。

従って、以下のように私を非難するのも無意味である。《(北アメリカも含む)ヨーロッパの世界的な優位》は《帝国主義的なイデオロギー》ではなく、《一つの事実であり、非ヨーロッパ民族が受容したアイデンティティの一部になっている》。だから、たとえば《ヨーロッパの古着をアフリカに売る商売が成り立つのも、アフリカの服装の習慣が欧米のそれに順応するからであり、この事実こそが、それに伴う行動基準が広まる証拠であろう(12)》、と。

もちろん私は、〈西欧の〉行動基準がほぼ世界中に広まったこと、植民地国家が凱歌を上げた直後に〈物の見方〉を〈ヨーロッパ化〉する数々の試みによって、より大きな成果をあげたことを否定はしない。しかし、被征服社会に《導入された》われわれヨーロッパ人の行動や情動の基準が、エリアスの意味で文明化された基準だと言えるのか、その場合どのような点でか、が問題なのである。

こう考えると、今日アフリカ人がわれわれの《古着》を着て《受容されたアイデンティティ》の一部にした、とシュレーターが動じる様子もなく主張するのはまるでシニカルな感じがする。それは、いわば行動基準の自由競争をした結果、西欧の基準が被征服民や虐げられた人びとのそれに対し勝利を収めたかのような印象を抱かせる。植民地化された民族は、欧米の基準が自分たちより客観的に優れているため、《世界的な優位に立つ》基準をありがたく《受容した》、とでも言うのだろうか！

それに対して、すでに一八世紀に神の闘士たるある宣教師は、インディアンのデラウェア族とイロコイ族についてこう述べている。《彼らは自分たちの生活様式をヨーロッパ人と交換しようなどとは夢にも思わない。魚が鳥の生活に適さないのと同じであり、神の御心にもかなわない。それと同じように、インディアンがヨーロッパ風の生活をするのはふさわしくなかろう、と彼らは言うのだ[13]》。だが反対のケース、つまりインディアンに捕らわれた白人が赤い肌の人びとの生活と行動様式をすっかり気に入った、ということはあったらしく、一九世紀に繰り返し証明されている。《時が経つにつれて、大勢の捕虜はインディアンの生活様式が快適になり、捕虜の送還の段になっても、もはや白人世界には戻りたがらないのである[14]》。たとえば、メアリー・ジェミスン某女が一七五八年にインディアンに拉致された時はまだ少女だったが、その直後に白人世界に戻れる機会があったにもかかわらずこれを拒み、さらに死ぬまでの七五年間をセネカ族のもとで暮らした。彼女がヨーロッパ人とは反対の〈蛮人〉をそれほど気に入った理由は、ある意味でインディアンの〈文明度〉だった。一八二三年に高齢のメアリーは、彼女の伝記作家ジェームズ・シーヴァにこう語っている。《セネカ族の人びとの望みは節度があり、感情は控え目で、重要な話題について感情を表す時も正直で立派でした[15]》。

私がこうした判断を引用したのは、高貴な蛮人の神話や、〈因習的な〉社会のより良い生活というロマンチックなイメージをまたぞろ持ち出すためではない。むしろ、ヨーロッパの行動基準を単に望ましいものと認め《受容した》のではなく、何らかの方法で押しつけられたか、まず当該の文化が〈手なずけられた〉後に《自由意志で》受け入れた、ということを説明するためである。[16]《〈西欧の〉文明形態には、諸民族が競争する中で選択を受ける長所が疑いもなく備わっていた[17]》とシュレーターは述べている。するとわれわれは、一八五二年に『国外移住総合新聞』が下した判断に立ち戻ってしまう。その記者は、《森に住む赤い肌の息子たち》が《淘汰される》運命にあり、《文化》を取るか《絶滅させられるか》の二者択一しか残されていないのだ、とシュレーターよりやや率直に読者に知らせているのである。もっとも、どれほど首尾よく異民族の生活様式を押し潰し絶滅させるか、を第一の基準にして社会の《文明》度や《洗練》度を測る者は、そうした論証によって植民地主義に近づくだけではすまないことを知るべきである。[18]

数年前このシリーズ全体に「文明化の過程の神話」というタイトルをつけた時には、こうした関連で《神話》という語がいかに当をえているか、私にはまだよく分かっていなかった。しかし、神話を生かし維持する人びとは、たいてい匿名のままであり、また繰り返し同じことを語る。というのも、本書の第二巻が出版されてからというもの、おそらく論拠だけで勝負しようとする控え目な批評家諸氏はますます匿名を好むようになり、また、おそらく読者に印象づけようと間断なく同じ論拠を繰り返しているからである。

ドイツ語圏の大半の知識人は実に複雑な言語を使うので、複雑極まりない状況も難なく見通せるとの印象を抱いていただけに、彼らがまったく簡単な事情を理解するのにもしばしば大変な苦労をしているとはまさに驚きである。それゆえ、私がこのテーマについて誰でも分かるよう詳述しているにもかかわらず[19]、大多数の批評家は、肉体の羞恥が普遍的であるというテーゼと、肉体の羞恥が生まれつきであるという主張とを明らかに区別できないでいる。そのため、デュルは恥じらいが人間の《本性に遺伝的に組み込まれている[20]》と主張しているなどと、吐き気を催すほどいわれなき中傷を続けているのである。しかもとっくにエリアス本人が、デュルは生まれたばかりの赤ん坊が恥ずかしがるなどと主張するつもりか、と修辞的な問いを投げかけているのだ[21]。

むろん私は、肉体の羞恥が〈生まれつき〉であるとは、どこでも主張したことはない[22]。むしろ、普遍的な羞恥は、知られる限りのあらゆる社会形態で役立っている、と言っているのだ[23]。肉体の羞恥をまずは性的魅力の発揮の規制と考えてみれば、以下のような仮定は当然だと思われるだろう。つまり、そうした〈私物化〉には、パートナーとの排他的な結びつきを強め[24]推進し、同時に社会的緊張、すなわちとりわけ発情期を〈失った〉霊長目では、見境のない〈性の公開〉から生じる潜在的な性的パートナー間の競争を減らす機能があるのだ[25]。

肉体の羞恥には、パートナーシップを確立するこうした〈肯定的な〉機能があり、古今東西知られる限りの人間社会の本質をなすのだが、エリアスはそれを認めない。彼は羞恥を《社会的な格下げに対する不安、より一般的に言えば、他人が優越性を示す身振りに対する不安》と見るだけである[26]。エリアスにとって羞恥とは、本質的に権力行使の問題なのである。つまり、力ある者は力なき者の前では恥じらいを感じない、というのだ。他人の下にいる、または身を任せている人物は、その程度に応じてそれぞれの状況で上の者に対し恥じらいを覚える。そして《文明化の過程》の中で人間の《相互依存の鎖》が伸びるにつれ、恥じらいも首尾一貫して増加するはずである、と。だがこれには、分業が引き起こした《相互依存》を力の関係と見るエリアス流の前提は疑わしく、次にそれを取り上げよう。エリアスによれば、一般的な肉体の羞恥とは、近代、とりわけ現代社会の産物である。まず《万民の万民に対する機能的な依存がますます強まり、その共同体に属する人間がみな幾つかの階層を中心に社会的に等価となってはじめて、特定の狭い飛び地は別として、他人の前でそのように露出することが、次第に良俗に反するものとなる》。それとは逆に、近代以前に上位の者は下位の者に対して、たとえば男性は女性に対して、ほとんど、またはまったく恥じらうことがなかった。それどころか、そうした露出は、一六世紀に《デラ・カーサが述べているように、下位の者に対する好意のしるしと見なされ》ていた(27)。

さて、特定の情況では力関係や支配関係が、肉体に対する羞恥感に影響を与えかねないことに異論を唱えるつもりはまったくない(28)。しかしまず第一に、そうした肉体の羞恥を、社会的に上位の者に対し下位の者が抱く不安感と見なしたり、または肉体の羞恥を、ある社会的規範に適わなかったり、規範に反した時に感じる羞恥の一種であり、特殊ケースであると考えるのは、まったく間違っていると思う。下位者が上位者に裸を見られると、相手が自分と同位の者や下位者の場合より強烈な羞恥を感じる、ということも時にはあるだろう。しかし、逆のケースもまったく同じようにありうる。また垂れ乳の女性やビール腹の男性が、自分の乳房や腹が社会の理想像に一致しないので裸姿を見られて恥じることも当然あるだろう。だが、〈垂れずに立った〉乳房の女性が〈乳房に対する恥じらい〉を覚えず、前腕や足と同じように上半身も気にせず露出することは決してない。

第二に、エリアスのテーゼは次のような問題を投げかける。かつて下位者だけが上位者に対し羞恥を感じたとすれば、最高権力者、たとえば皇帝以外は誰もが羞恥を覚えたに違いない。しかしエリアスの主張では、当時は男女共に肉体の羞恥とは概して無縁だったはずであり、これとはどう一致するのか。また、肉体に対する並はずれて強い羞恥心を強調された中世や近世の皇帝も何人かいるが、この事実はエリアスの主張にどう合致するのだろうか。たとえばミシェル・ド・モンテーニュは皇帝マクシミリアン一世についてこう述べている。《部屋付の召使いとどれほど親密であっても、陛下は衣裳部屋の姿を決してお見せにはならなかった。水浴びのため服を脱がれる時も、乙女のように慎み深く、普段隠す身体の部分は、誰にもあらわにはされなかった[29]》。

すでに示唆した通り、第二の問題は、力関係や支配関係の格差がなくなるにつれ、羞恥閾が下降するどころか上昇する理由が理解しがたいことである。というのも、自分を支配したり、自分に権力を振るう相手が――一般的傾向として――もはや存在しないというのに、誰に対して恥じらいを感じるのだろうか。この点について、エリアスはこう答えるだろう。分業化がますます進展する社会では、人間の相互依存は多様化し、その結果《相互依存の鎖》が拡大されるのだ、と。だが結局のところ、同じ地位の者同士の相互依存は支配する者とされる者の関係とは同じでなく、まったく別物なのである！

パートナーとの結びつきや〈家族〉に立脚する人間社会に役立つので、肉体の羞恥が普遍的な現象だとしても、当然これは、羞恥閾や気まずさのバーがあらゆる社会で同じ高さであったし、今もそうだという意味ではなく、確固として存在する相違が説明できないという意味でもない。羞恥閾がすべての社会で同じ高さだなどとは、私は一度も主張していない。それにもかかわらず批評家たちのおかげで、時にはやたらに威勢よく、私がそうした主張を口にしたことにされてしまった。たとえば、ある論者は人を見下した態度で、これは一介の歩兵のような場当たりのやり方にすぎないと言うが、彼の〈論拠〉なるものはむしろ推測に近い。すなわち《確かにデュルはエリアスに対抗して、恥じらいが人類学的に〈本質をなすもの〉であると即座に主張するために、もっぱら豊富な資料を駆使している。そうして理論的な手段を放棄するのだが、それこそ彼の指摘するヴァリエーションに今度は他の説明をもたらすかもしれないのである[30]》。

　さて、私は《人類学的な普遍性に反対し、行動やメンタリティが歴史的に変化した》などと、どこでも主張したことはない。また他の批評家の中傷するように《肉体の羞恥が普遍的現象であることを［……］行動基準の変化に対する反証として[31]》持ち出したこともない。なぜなら、基本的な肉体の羞恥が普遍的現象であることを主張すると同時に、〈閾の高さ〉のヴァリエーションを説明する手段を《放棄する》などとは、実のところまったく理解できないからである[32]。

　そこで、たとえば《すべての文化は根本的には同じである[33]》との見解をペーター・ブルケが私に押しつけても、あらゆる人間社会で感情や振舞いの基本的な素質が同じだという意味でなら、それは的を射ている。たとえば、《ある（決して名指しされない）自然民族》には裸体の羞恥がほとんど、あるいはまったくない、という伝説が強引に擁護されるのを見ても、先のテーゼが決してありきたりでないことが容易に分かる[34]。

　ある批評家が強調するように、《さまざまなタイプの羞恥を解釈するのに》〈普遍性というテーゼ〉

は役立たない、というのはもちろん正しい(35)。しかし、そうしたテーゼにそれが出来るはずはなく、その限りではこの断言も十分納得のいく反証にはならない。別の批評家にも同じことが当てはまり、彼の指摘によれば、《人類学的常数》を求める探索は個々の社会の相違点から導き出される。《だが、このためデュルは〈かすかな〉違いばかりか、大きな違いもいくつか見逃している(36)》。

この反証は、心理学的とも論理学的とも見なされる。心理学的な論評と考えれば、彼の言わんとしていることはこうだ。クワガタムシを探していると、コガネムシに偶然出くわしても、きっと《見逃す》。この反証を論理学的な論評とすれば、ありきたりなものになる。つまり、共通点を探す者は、相違点は当然放置する。だが、それが抽象の本質というものである。私がクワガタムシとコガネムシの共通点に興味をもったとすれば、両者とも物を咬む口器をもち、角質の鞘翅《さやばね》があり、卵から幼虫、サナギをへて〈成虫〉へと変態を遂げることなどを重視し、鹿の枝角に似た顎や、植物の葉が大好物なことなどは無視するだろう。

この批評家は、それに加えて事実を誤認しているのだが、私は人間の振舞いに関する全般的な文化史を書いているのではない(37)。前近代的な、あるいはヨーロッパ以外の〈因習的〉な社会に住む人間は、現代の〈西欧〉社会の人間に比べ、情動、感情、攻撃・暴力衝動を〈抑制〉し〈モデル化〉する程度が本当に低かったのか、という問題に取り組んでいるのである。だから、すでに引用した批評家の中傷のように、私は《変化や相違点を(私の)頭から原則的に締め出して(38)》はいない。本書に関しては、第一に衝動の抑制とモデル化に絞り、その範囲内での歴史的変化と地域的相違点に興味を抱いているのである。たとえば、今日の海辺や屋外プールで見られる〈振舞い〉は、中世末期の風呂屋や野外浴場にくらべ、概して〈だらしなく〉破廉恥であり、衝動の抑制がますます強くなったわけではないと私は指摘した。すると今度はリヒャルト・ファン・デュルメンが現れて、こんなことを私への反証として述べている（！）が、これはもう厚顔無恥と言ってよい。人間と自分の肉体との《関係、つまり肉体意識には、中世末期から一九世紀に至るうちに本質的な変化が生じており、これは上層階級に限ったことではない》。なぜなら《一五、一六世紀には》まだ《公衆の面前で裸体で水浴びはしなかった》[39]というのだ！　失礼ながら、ファン・デュルメンは学者面して自分の偏見を隠すのに随分と苦労しておられるが、彼も最近やたらに現れる〈私はとうに知っていた〉タイプの批評家の一人である。連中は、デュルがエリアスに対して持ち出した事実をすべてとうに知っていたように、したり顔をするのだ。そこでファン・デュルメンは、中世末期や近世初期に《風呂屋でも野外浴場でも、男女が裸で混浴したなどという》[40]ことを示す文献資料はない、と当然のように断言する。ところが彼は、本書の第一巻と第二巻を読む直前まで、エリアス流にお上品にこう書いているのだ。《一六世紀にはまだ公衆の面前で裸体で入浴したが、一八世紀になるとそれは思いもよらぬことだろう》[41]。

中世末期に衝動の制御能力は現代より劣っていたとのイメージは、おびただしい文化史家が広め、エリアスも無批判に受け入れた。このイメージが誤りだという事実にもかかわらず、中世末期はそれ以前の時代にくらべ個人の〈監視〉が弱まり、行動の自由もわりと大きかったと見られる。私はこの主たる原因を、差し向かいの社会での家族の絆・親類縁者・隣近所による、振舞いの〈アルカイックな〉監視が弱まったためだと、本書の第二巻で説明した[42]。

周知のように中世盛期の後半、とりわけ一二、一三世紀には人口の爆発的な増加により、土地の開発・開墾がますます進むにつれ[43]、田舎から新興都市に移住する者が出てきた。こうした都市は、人の動きや人口変動率が以前の時代にくらべて異常に高いのが特徴である。そのため上述の社会的監視もまた弱まり、それに伴い変化や革新の可能性もさらに増大した。一つだけ例をあげれば、もっぱら中世末期の都市で男女の《恥知らずな》流行が広まったのも、理由あってのことである[44]。すなわち、すでに一二世紀にパリは頽廃の町、自堕落で猥褻な土地と見られたが[45]、それは他の大都市も同じだった。そして、男子同性愛の〈サブカルチャー〉が最初にそうした都市で発達したのも、いかにものことである。なぜなら、同性愛者はそれと知られないようにしなければならないが、都市では匿名性がまかり通り、また同好の士に出会うチャンスも多いからである。たとえば、一五世紀のヴェネチア[46]だが、またドイツ最大の都市ケルンでも、聖マルティン教会の司祭がある市参事会員に語ったように、干し草市場では《堕落した連中》に、しかも《至るところで》出くわしたものだった[47]。

一四世紀のパリは今日の基準に照らしても大都市であり、見通しのきかない横町、裏小路、袋小路や人気のない片隅や墓地が無数にあった。家族や隣近所に監視されないよそ者の割合が高く、正体を隠しおおせたので、パリのような都市は犯罪の温床となった[48]。そうした土地で夜の帳が降りた後に女性が外出するには、二度はよく考えるのが普通だった。たとえば、ロンドンの強姦犯はたいていよそ者であり、イギリスの他の大都市でもよそ者による暴行が実に多かった。というのも、土地者だと正体がばれて逮捕される確率がはるかに高かったからである[49]。しかし、犯人がよそ者かどうかはさておき、中世末期には《都市は人を犯罪へと駆り立てる》と言われ、どうやらそれは実情を反映したらしい。一五世紀にロアール河沿いの都市では、周囲の土地にくらべ犯罪が倍も起きた[50]。そして市内でも、重大犯罪はたいてい人の移動がもっとも多い人口密集地で起こったのである。たとえば一四世紀のヴェネチアで、ほとんどの性犯罪、とりわけ強姦が行われたのは人口密度の低い郊外ではなく、大運河を中心とする地域、とりわけ聖《サン》マルコ大聖堂の周辺だった[51]。

しかし性犯罪が頻発したばかりか、およそ性生活も都市では田舎より自由だった[52]。若者が結婚の約束を守るよう、共同体が実に厳しい注意を払った田舎にくらべ、都市の若い娘はずっと安易に恋人に身を任せたからである[53]。その一方で、妊娠したものの結婚の見込みがない田舎の娘はたいてい大都市に流れ、隠れて出産すると赤ん坊を捨てた。こうした娘はその後たいてい娼婦となり生活費を稼いだ。たとえば一六一五年にロンドンで、《子供たちを路上に置き去りにし、寒さや栄養失調で死亡させた売春婦を見つけ出す》ようにとの命令が出ている[54]。

中世の村人も――現代の東洋と同じく[55]――都市住民を、不品行で不道徳と見たのは確かなようだが、それを証明する文献は、私の知る限り存在しない。いずれにせよ、たいていアンビヴァレントな感情と結びついてはいるが、そうした考えは世界中に広まっている。たとえばタヒチ島の人びとが村を離れてパペエテに行くと、〈無軌道で放縦な〉都市生活[56]や、他人の素性を知らないこと、人間関係や安全性がないこと、犯罪や風紀の悪さに不安を抱いているにもかかわらず、ひとたび《村人の目》を逃れたことで大きな安堵感を覚えることがよくある。だから、アドミラルティ諸島に住むソリ族やモケラン族の人びとは、アメリカ人に同性愛者がいると信じられず、女性民族学者にこう尋ねた。ひょっとすると、それはアメリカに住む人間が多すぎて、礼法規則がなくなったせいなのか、と[57]。

《村人の目》もある程度効果的に働いている場合だけ、礼法規則は守られるが、〈匿名の〉社会ではそうはいかない。おそらく南洋の島民はこう考えたのだろうが、正にその通りである。一七世紀にウィリアム・ブラッドフォードは、マサチューセッツに幾つもある小さな入植地についてこう書いている。《人口の多い他の土地にくらべると、ここにはわずかな人間しかいない。他の土地ではいわば森や雑木林の中に隠れているため、多くの恐ろしい悪事が露見することは決してない。一方ここでは、悪事はいわば白日のもとにさらされ、平原に、いやむしろ丘の上で起きたように丸見えになる》(58)。同じように、一九世紀中頃バイエルン領のシュヴァーベン地方にあるグレーネンバッハの保健所医師は、村々では《他人の暮らしぶりがよく分かるため》猥褻な行為が少ない、と述べた。《田舎では個人の振舞いはある程度公衆の目にさらされているが、大都市となるといかがわしい連中のもとや売春宿へと迷い込むことが多い。聖人面をした都会人も、田舎ではたちまち顔色を失うだろう》(59)。そしてあるアフリカ人は、中部ヨーロッパの大都市での生活を非難してこう言っている。《実際に不信を抱く理由が幾つもあるのだ。前もってお互いに選び合ったわけでもないさまざまな素性の人間が無秩序に寄り集まり、始終引っ越しをするのが、その主な原因である。人びとは匿名のままであり、まったく人目を感じない。人びとは他人に知らん顔だし、これからもそうだろう。路上で小便しようと、地下鉄の駅で吐こうと、他人に悪態吐いたり、泣いたり、熱烈にキスしたり、路上でセックスしようと、デパートで万引きを見ようと、酔っぱらったりして倒れようと――いつも人びとはほとんど無関心に行き過ぎる》(60)。

ノルベルト・エリアスは、〈因習的な〉前近代的な社会についてこれとまったく違うイメージを抱いており、彼の文明化の過程観が誤っている理由はそこにある、と私は考える。彼のイメージによると、昔の人間はまだお互い独立した生活を営み、それゆえ現代より社会的監視が、つまり社会的圧力がはるかに弱かった。近代以前の《社会的監視》は《その後にくらべて穏やかだ[61]》が、とりわけ一六世紀以降《人びとは》ますます《厳しく監視を強制し合うようになる[62]》。そして、昔の人びとは社会的制裁を受ける危険を冒すことなく、かなり勝手に振る舞えたが、一方で近代人には、強力になった制約に順応するか、のけ者となる運命しか残されていない。《現代では規則や規定の輪が人間をきつく締めつけており、人間の慣習を形成する社会生活の検閲や圧力が実に強いので、成人には二者択一しかない。社会が要求する行動様式に屈するか、〈行儀のいい〉社会生活から締め出されるか、である[63]》。

エリアスによれば、社会の分化という歴史的な過程によって、過去や現在の《未開人》とは《明らかに》違う、この独特な《文明化された人間の精神的姿勢》が生まれた。《個人の中で重なり合う相互依存の鎖がますます長く緊密になる[64]》ため、新しいタイプの人格が必要とされた。それは衝動の抑制がさらに徹底している点で従来のタイプとは大きく異なり、自然に沸き立つ感情をさらに和らげ、情動や攻撃衝動をさらに強く抑制するのが特徴である。《個人の行動が社会的な役割を果たすように、ますます多くの人間が相手と協調して振る舞わねばならず、行動はさらに厳格、入念に組織されなくてはならない。人間は自分の振舞いをさらに精密に、バランスを取りつつますます強力に制御せざるをえなくなる[65]》。

もちろん私は、社会の〈マクロ構造〉が変化する意味での文明化の過程に異論を唱えるつもりはない。技術的、物質的な点で、文明が発展し、また行政や警察、軍隊の制度、労働組織、交通制度、財産の分与、廃棄物の処理などで、根本的な改革や刷新もなされただろう。私が異論を唱えるのはまず、こうした発展に伴い社会的な監視が強化されたことである。次に、発展によりまったく異なった《衝動の抑制》が人間に植えつけられ、この新しい《精神的姿勢》がそれ以前の《姿勢》とは違って羞恥閾や気まずさのバーがより高くなり、直接性、自発性、攻撃性、残虐性が弱まり、礼法、〈エチケット〉、相互の配慮が細やかになった、ということである。(66)

まず、前近代的な〈因習的〉社会の成員、中世の村人や部族社会の一員が、たとえば現代の大都市住民にくらべて、より強い自主性を享受し、(67)互いに独立し、相互義務が少なかった、というのはまったく不適切である。反対に、彼らは現代社会の人間よりも、はるかに親密な方法で目の細かな社会的なネットに組み込まれていた。血縁などの親類縁者、結婚制度、年齢別・性別・職業別の集団、隣組、秘密組織や軍人会などに組み込まれていたのだ。つまり、エリアスの主張とは逆に、個人が現代よりはるかに効果的で容赦ない社会的監視下におかれていたのである。(68)うまく都会に出て、いつでも、どこにでもある《村人の目》を逃れたタヒチ島民が安堵感を覚えることを、思い出す。

対人関係、礼儀作法、他人を攻撃しないこと、控え目な態度などが早い時期に内面化されるのは、このように社会的監視が強力だからである。たとえば、フィージーの男性と結婚し、マライ諸島にある小島に長いこと住んでいたアメリカ人女性はこう言っている。《フィージーの文化では［……］礼儀、他人との上手な付き合い方、尊敬の念が、伝統的に大きな意味をもちます。幾世代にもわたり実に狭い空間に共存してきた人間は、お互い仲良くやるしかありません。だから、和やかな共同生活を送るように心がけるのが、何よりも大事なのです。エゴイズム、自己表現や競争という考えはタブーです。それに対して、ユーモアと人づき合いの良さは歓迎されます。笑うことで、毎日の生活やお互いの付き合いが楽になるのです》[69]。

エリアスの考える構造で一番問題に思われるのは、《機能の分化が進んだ結果、個人の行動を調和させなくてはならない人間の数が増えるほど》、情動のモデル化は《ますます強く、統合的に[70]》なる、というテーゼである。このモデル化では、依然として以下のことが疑問であり、テーマとして扱われていない。すなわち、実際に衝動や情動のモデル化は、何よりも相互依存の鎖の長さがもつ機能なのか。むしろ、それは相互依存関係の方法がもつ機能ではないか。付き合うパートナーを替える可能性が少ないか、まったくないと、《横暴な男女関係》を生むことがあるが、その代用の可能性がもつ機能ではないか。《村人の目》は、得体のしれない大きな社会の《千の目》よりはるかに完璧な監視装置である。前者は、神の目のように一般的な傾向に従ってすべてを見るし、さらにそれが見たものは、社会の全成員、あるいは大多数が共有する一つのイメージにまとまる。現代社会の人間が見るのはさまざまな局面だけであり、それはまとまることがない。なぜなら、昆虫の複眼を構成する個眼とは違って、《千の目》の結びつきはごく緩いか、まったくばらばらだからである。言い換えれば、確かに現代人は昔より多くの人間と関係をもっているが、付き合う相手は〈人格全体〉ではなく〈個人の断片〉である。それゆえ、他人についての知識も依然として断片的なままである。だがそれは、社会的規範との衝突や誤った行為が、概して以前ほど徹底していないことでもある。つまり、当人は自分の面目を失うのではなく、幾つかあるうちの一つを失うだけである[71]。

要するにエリアスは、前近代社会や〈部族社会〉での、同一化への巨大な圧力や社会的監視の効果を正しく理解していない。なぜなら彼は、順応を強制することと、もっとも広い意味での国家的権力が独占される過程をあまりにも強く結びつけているからである。たとえば、中世の社会についてこう書いている。《この時代には、人間に控え目な態度を強いるほど強力な中央権力がない[72]》。こうした理由から、エリアスには次のような問いを発する余地がない。つまり、生活様式や社会構造が変化したため、旧来の社会的監視形式がもはや正しく〈機能し〉なくなってはじめて、国家的、または準国家的な措置が現れることが多いのではないか[73]。この意味で、たとえば中世末期の当局による条例——衣裳奢侈禁止令など——は、《内面的な社会的監視がその共同体でもはや機能しない》ため、〈外側から〉人間に命令することにより、社会的監視を回復しようとする新たな試みと見なされる[74]。

それに対し、エリアスにとっての《文明化の過程[75]》、つまり〈国家〉が監視を独占して補完し合い、《自己抑圧の装置》がますます明確な形で発達するのは、社会にとっての保証となる。そのおかげで次第に《純然たる暴力》は振るえなくなり、他のどんな社会よりも、《長期にわたる人生設計を比較的庇護された環境で展開するチャンス[76]》が提供されるのである。ナチスの号令でユダヤ人の教会堂などが襲われ商店のショーウィンドーが破壊された《水晶の夜》の前夜に、彼はこう書いている。《物理的な暴力を独占することで、人間が同胞に対して抱かざるをえない不安と恐怖が弱まり、それと同時に、他人に恐怖、不安や苦悩を与える可能性、つまりある種の欲求や情動が爆発する可能性も弱まる。それと同じく、いまや個人が次第に慣れてきた恒常的な自己規制によっても、極端な振舞いや、突然振舞いを変えたり、何を言うにも感情をこめたりすることは、次第になくなるのだ[77]》。

私は本書の第一巻、第二巻で、人間の肉体に関する羞恥や気まずさの基準、肉体の幾つかの機能は、エリアスの言う意味で変化したかとの疑問に、主として取り組んだ。この第三巻の中心になるのは、《文明化の過程》が進む中で《無数の規則や禁止令》が実際に自己規制となり、戦時中も平時も攻撃性や残虐行為、それらによる《快楽》三昧が押さえられるようになったとするエリアスの主張は正しいか、という問題である。[78] すると、エリアスの主張通り、たとえば男性が女性を《官能的満足の対象》と見る程度は、五〇〇年前や《未開》社会より本当にずっと低くなったのか、女性は次第に性的強要、強姦、辱めの被害者にならなくなってきたのか、[79] 現代ではそのような犯罪は実際には《夢想の中だけ、また症候と見られる若干の突発例でしか[80]》起こらない、というのは本当だろうか、との質問が出てくることになる。

ノルベルト・エリアスが死の二年前にテレビのインタビューで、衝動や情動のモデル化による文明化の過程などないとする私、デュルのテーゼをどう思うかと尋ねられた時、とりわけこのように答えた。《しかし発展途上国や［……］絶え間ない争いのことを考えてみなさい。たとえばウガンダでは、種族レベルから国家レベルに移行するため、人びとは戦わなくてはならないのです。そこに見られるのは文明のかなり初期の段階であり、かつてはヨーロッパ圏にもあったのです[81]》。つまり、問題はこうである。われわれが過去半世紀間になしとげた《文明の進歩》が――エリアスによれば――まだ全面的に与えられず、部族という比較的低い発展段階にいる社会の人間は、おのれに課す《衝動の抑制》がわりと弱いので、――文明社会で十分に社会化されていない子供や大人より存分に――自分の破壊衝動や破壊・拷問・残虐行為による快感を、かなり遠慮なく楽しんでいる、というのは本当か。《以前の発展段階の対応する基準にくらべれば、人間の振舞いと体験に関する現代のモデル化がで従えるかによって、とりわけ先の問いに対する答えも変わるだろう。〈それより優れている〉と》言えることを《万事が》証明している、[82]と言うエリアスの主張にどこま

スペースの都合で、芸術における〈不作法〉とポルノに関する詳述、先の二巻での〈経験論的〉陳述に対して、それ以降公にされた批評に関する論議は第四巻に譲った。

第三巻はジョルジュ・ドゥヴローへの追悼として捧げる。専門分野の問題について、われわれは意見を同じくすることはあまりなかった。現在に至るまで、私は心理分析とはかなり無縁だし、ジョルジュの見解は私にはいつもまったく奇妙に思われた。彼の方でも、私を過去や《未開人》、女性を理想化するロマンチストだと見ていた。にもかかわらず、学問や世界観が違っても、決して曇ることのない友情にわれわれは結ばれていた。ジョルジュの住まいはパリの近郊にあったが、住まいの通路は中世の城門のように太い梁でしっかり守られていた。書物や原稿でぎっしり詰まった彼の住居で、瀕死の床にありながらも、なお私に本書を執筆するよう切に勧めた。本書は、私がこれまで出した本より、さらに人びとの不興を買うだろうと彼は知っていた。ジョルジュ・ドゥヴローは、該博な知識をもち、感情的で、衝動的な人であり、頭脳明晰であると同時に《野生の魂》の持ち主であり、没落した時代の最後の生き残りの一人であった。

一九九二年夏、ハイデルベルクにて

ハンス・ペーター・デュル

1　《女の武器で》

一七二〇年の初め、イギリスの海賊たちは公海上で、難船した若者を一人海中から引き上げた。男は凍えていただけでなく——というのもジャケットを胸の所でぴったりと合わせていたし——、肌もまるで剃ったばかりのように、すべすべしているのが妙だった。しかし丸々と太った二の腕には、海賊の目印となる十字型の骨と髑髏の上に〈P〉の入れ墨があったので、あっさりと船乗りの一味になることができた。

マック・リード——若者はそう名乗った——は確かにひどいはにかみ屋のように見えたが、しかし戦いになると向こう見ずで、大胆不敵なことがすぐに知れ渡り、そのため男どもはひどく尊敬の眼で見るようになった。ところで海賊の掟に反し、男装の女性も一人船に乗っていた。かの悪評高いアン・ボニーで、ラッカム船長の情婦であり、仲間でもある。[1] 女は荒くれで肝っ玉が太いと描写されているが、どうやら新入りの仲間より図々しかったようだ。なぜなら、虫の居所が悪かったのか、アン・ボニーはかっとなって例の若者に近づき、彼の胸をなでた。その時彼女はびっくり仰天し、マック・リードは乳房が二つある、つまり実は女性だった、と確認せざるをえなかった[2]。情人の船長にはこのことを打ち明けたが、二人は秘密を自分たちの胸に納めておいた。

この間にメアリー・リード[3]——それがマック・リードの本名だった——は、海賊どもが乗っ取った船でむりやり募った一人の船乗りに、ぞっこん惚れこみ彼に胸の内を打ち明けていた。《うっかりした振りをして、雪のように真っ白な片方の乳房を彼に見せながら》と、四年後にカリブ海の海賊行為を記したある年代記作家は述べている。ところでメアリーのお気に入りの男が、——いつしか春になっていた——ほかの海賊と決闘することになった時、彼女は愛人の命が心配になった。先の年代記作家によれば、《この問題を解決するため、彼女は相手の海賊にわけもなく難癖をつけ、決闘を挑んだ。当の海賊は挑戦を受け、メアリーの愛人と決闘する時刻の二時間前に落ち合う約束をした。二人は剣と短銃で決闘し、幸いにもメアリー・リードは愛人と共通の敵に勝ち、その場で止めを刺した[4]》。確かに彼女は相手に致命の一撃を加える前に、シャツをちぎり捨て、嘲笑するように敵に対し真っ白な乳房をさらしたと言うのだ。男は誇りを傷つけられ、たちまち息絶えた。

メアリーは自由に動けるように戦いの前には男装したことはしたけれども、この日以来アン・ボニーとまったく同じように女性であることを明らかにし、海賊船では女性として暮らした。一七二〇年ラッカム船長はジャマイカのはずれで、一隻の商船を拿捕して乗っ取った時、とりわけ乱暴な振舞いをする二人の海賊が、ある女性船客の目にとまった。しかし、同性である彼女の目はごまかせなかっ

1　女の海賊メアリー・リード，1725年.

た。ラッカムとその一味が襲撃後一月して捕らわれてから、この船客ドロシー・トーマスは法廷で、《胸の膨らみで、私は彼らを女だと睨んでいました》と陳述した[5]。

ところで、メアリー・リードが海賊を殺す直前にしたあの仕草の意味は何だったのか、という質問が出るだろう。歴史家たちが主張するように、《男が女に縮み上がった》のを恥じ入らせようとする、まったく意識的な身振りだったのだろうか。それゆえ彼女は《その証として乳房をさらし》たのか[6]。

メアリーがわざとシャツをちぎり捨て、恥ずべきことに女性に敗れたことを相手の海賊に見せつけた、というのもどうも考えられない。なにしろ、彼女は何年にもわたり大変苦労して、自分が女性であることを周囲に隠してきたし、カリブ海の海賊の掟によれば、船は女人禁制だと知っていたからである。だからメアリーは

――いずれ見るように――いつの世にも、またさまざまな社会で女性たちが敵を寄せ付けない、あるいは脅かそうとする仕草を、うっかりやってしまった公算の方がずっと高い。

たとえば、赤毛のエリク王の息女で、トルフィンとスノッリのお供をしてフィンランドへやって来たフライディスは、味方の人びとが先住民との戦いで後退するさまを目の当たりにすると、《彼女は叫んだ。〈勇敢な方々、そなたらはこんな悪党を前になぜ退却するのですか。そなたらが彼らをさながら家畜のように打ち殺して然るべきと、わらわは思いますぞ。わらわが武器を手にできたらよいのに！　そうすれば、そなたらの誰より見事に戦いましょうものを！〉［……］その時スクレーリンガー（「卑怯者」の意で、先住民をさす）は彼女に追いついた。彼女はシャツから乳房を引き出し、戦死したヴァイキングの刀を地面から取り上げ、その刀の平でそこを叩いた。そのため驚いたスクレーリンガーは小舟の方へ逃げて行き、立ち去った[7]》。

ここでは女性が攻撃的な意味で乳房を敵に対してあらわにしたのは明らかなようだが、それはほかの場合にはどうも疑わしい。たとえば、サマル族、サラン族などモアブの多くの種族では、出陣に当たり花嫁の衣裳をした乙女を一人連れていった。彼女は――若い娘がよくやるのとは違い――髪をピンで留めず、ばらりと肩に垂らしていた。控え目に言えば、彼女は戦いの間ある仕草をしたのである。どんな仕草かというと、それはルワラ・ベドウィン人の似たような慣習から明らかになるだろう。彼らが戦いに赴く時、首長の娘や姉妹を同行する。彼女は高価な衣裳をまとい、睫毛はアンチモンで塗り、髪には香油をつけた。そして、ペルシア軍がベクル族のベドウィン人に敗れた六〇一年のドス・カルの戦闘で、戦のどさくさのさなか彼女は胸をあらわにしたのだ[8]。馬で戦争に赴く時、すでに戦士

2　ムルテンの戦いの後で，ブルグントの荷物運びの娼婦たちがスイス軍の目の前で恥部をあらわにしている．ディーボルト・シリングの『ベルン年代記』，1478年．

たちは妻に向かい《髪をほどけ、ほどけ！　両の乳房を見せてやれ、見せてやれ！》と叫んだ(9)。そして妻たちはまだ割礼していないペルシアの兵士たちについて歌った。《奴らが勝ったら、その包皮があたしたちの体内に差し込まれるんだよ！　さあさあ！　これがお前たちへのはなむけさ、お前たち、イドスルの息子たちよ！》その後アラビア人の戦列がしばし動揺した時、サイバン一族の一人の乙女が叫んだ。《あなた方、サイバンの息子たちよ、しっかり列を組むんだよ。あなた方が逃げたら、奴らの包皮があたしたちの体内に差し込まれるんだよ！》タグリブ族に対する戦いでも、首長は二人の娘を連れて行くが、彼女らは戦士を前に

3　ルードルフ・ホフマン「ヘルヘンシュタイン伯夫人が夫の命乞いをする」，1850年．

して胸をさらしたのだった[10]。

このような次第で、ベドウィンの婦人たち、とりわけ若い乙女たちは敵に対して乳房を向けたというよりは、むしろ味方の戦士たちの前で彼女らの《お宝》をあらわにしたようだ。では、何ゆえか？　彼女らは戦士たちに、敗北したら敵の手中に落ちるものを、もう一度想起させようとしたのか。その解釈を裏づけるのはまず、そのような事態になったら女性は異国の戦士たちに強姦されるだろうと、ベドウィンの婦人が味方の男どもの肝に銘じた事実だけではない。ほかにもこの解釈は、ゲルマンの諸部族を記したかの有名なタキトゥスの報告からも裏づけられる。《戦列が動揺し、いやすでに退いた

4　ジャン・ヨーゼフ・テラッソン〈オリンピアス〉，1799年．

時、彼女らは男たちの前に跪き胸をあらわにして、次なる運命は捕らわれることだと述べ、絶えず懇願し嘆願して戦列にとどめた例が語られている[11]》。

ところで、私はこのような懇願調の乳房の露出が、味方の戦士に対するだけではなく、敵に対しても行われたことに、異論を唱えるつもりは毛頭ない。たとえば、カール豪胆王が屈辱的な敗北を喫した一四七六年のムルテンの戦いでも、ブルグントの荷物運びの娼婦とキャンプの娼婦がそうしている。彼女らは勝ったスイス軍に対し丸出しの乳房と、さらに秘処まで見せているのである（2図参照）。農民戦争でヘルヘンシュタイン伯夫人が、しきりに夫の命乞いをしたが甲斐はなかったとされる（3図参照）。三一五年にエピロート国王ネオプトレモスの息女オリンピアスが、押し寄せるカッサンドロスの戦士の手から死を逃れようと、上体から衣を

5　ローマ軍に対して防御するキンベル人の女性たち
銅版画，19世紀．

剝いだとも伝えられる（4図参照）。結局、もっとも有名な例はたぶんシーザーのものであろう。彼の報告によれば、セゴヴィアの襲撃中ケルト人の《一家の母》が胸をあらわにし、両腕を伸ばして自分たちを助けてくれるよう懇願した。前に起こったように、婦人たちがアヴァリクスによって大量に虐殺されるのを恐れたからである。《それどころかみずから砦の外に出て敵の兵士に身を委ねた者も何人かいた》。もちろんガリア軍が到着した時、婦人たちは直ちに彼らに向かって、《ケルトの習慣に従い》髪をほどき、子供たちを上にさしあげた(12)。

この関連で、シーザーがケルト女性の露出を正しく理解したかどうか、またそれに続く仕草をいささかなりとも信頼に足るように再現したかの問題に、私は立ち入るつもりはない。ゲルマンのキンベル人の女性について伝えられるように、女性たちは乳房をあらわにして味方の戦士を戦へ駆り立てたことを、多くの事実が裏づけている。キンベル人の女性は前世紀の挿絵に（5図参照）、ローマ人に対する戦いでみずから胸をはだけているところが載っている。[13]

上述のベドウィンの女性たちも、おそらく事情は同じであろう。男性だけが武器をもって戦うなら、とりわけうら若い、まだ手綱を締められない、まだ男に征服されない乙女たちは、〈女の武器〉を使ったのである。普通は公衆の面前では厳しく覆われている乳房や肉体の秘処をあらわにすることによって、彼女らの攻撃性を表現し、それを味方の部族の戦士たちに乗り移らせようとしたのである。それゆえ、メソポタミアの多くのベドウィン人は遠征行に際し、美しい上流の乙女を雌ラクダの背につけた籠に乗せて伴った。彼女は戦列の先頭を駆け、最後には顔のベールを剝いだ。ベドウィン人の語るところによれば、この露出によって男どもを熱狂させ、戦へと駆り立てようとしたのである。[14]パシュトゥン族では今日なお、夫族が戦いに赴くのをためらっていると、妻たちがベールを剝いで埃の中に投げるのが慣例となっている。[15]

私見によれば、フォークランド戦争で英国艦隊が出港する際、大勢の若い婦人たちが港で乳房をあらわにした（6図参照）――それは直接には海兵隊員に、間接にはアルゼンチン人に向けた仕草であった。同時に新聞の編集部員たちは、もちろん紙上でだが、〈男根崇拝的に〉脅しをかけた。『サンデー・ピープル』紙が《それをお前らの臨時政府の穴《けつ》にさしこんでやれ！》と書けば、別の新聞は断固として《話し合いの時は過ぎた。――わが国の兵士たちは彼らに小便をぶっかけたがっている（圧勝するの意）！》と決めつけている。[16]

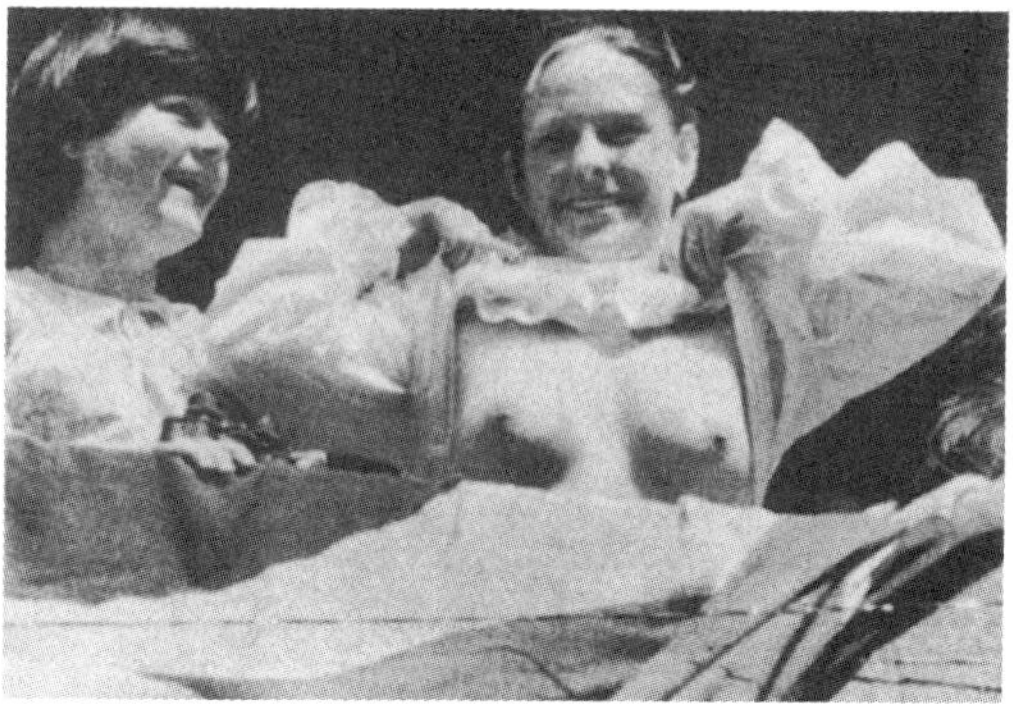

6　フォークランド戦争に向かう出港時の大英帝国海兵隊員の妻たち.

それゆえ、このような場合、女性の戦闘態勢を男性に乗り移らせようとするのだが、メアリー・リード、フライディス、そしていずれ見るようにほかのケースでも女性の攻撃欲は直接敵に向けられている。たとえばアヴァールの童話では、王の姫君は一騎打ちで自分を打ち負かす人としか結婚しないと決心した。最初の求婚者を前にして彼女は自分の乳房をあらわにした——若者は失神し、姫君はその首をはねた。二番目の求婚者も同じような目に遭った。ところが、三番目の求婚者は賢者の忠告に従って目をそらし、乙女に打ち勝った[17]。アイヌの豊饒の女神は乳房をさらすことによって、欠乏の悪霊を逃走させたし[18]、バビロンのテキストにはラマストゥ(Lamaštû)についてこう書かれている。《彼女は葦の茂みから現れた。彼女の髪はざんばらで、胸をあらわにしていた[19]》。彼女の名は、ギリシア神話のラミア(Lamia)に、中世後期の魔女信仰のラミアエ(lamiae)に生き続けている。

ヨルバ族では、婦人は信頼の置けない人には目をそらし、男でも女でもその人に向かって乳房を押し上げて挨拶した。そうして潜んでいるかも知れぬ邪視を防ごうとしたのである[20]。

7　乳房を示す女の悪霊．土台の彫像．カンタベリー，中世後期．

8　聖ラドゴンド教会，ポワチエ，中世後期．

ヌスカ・イボ族では、たいていの台所に女性の乳房の形をした粘土製の円錐形のような物があり、女性たちはこの上に鍋をのせる。というのも、それは悪霊除けとなり、食べ物に毒を入れようとする卑劣な隣人たちから守ってくれるからである。[21] たとえばアミアンの聖母教会のような中世の教会のおびただしい彫像には、乳房の仕草が現れているが、中には陰唇を広げて陰門を見せつけているのもあった。そのほかにもフランス、イギリス、ドイツ各地の教会や、一三七九年にはじめて公文書に出てくるミルテンベルクの市庁舎など教会以外の建築物にも現れる。〈Sigla na gcíoch〉、英語風に直せば〈Sheila-na-gig〉（乳房のシーラ）と呼ばれる[22]この彫像は、おそらく見る人間の目に猥褻性をはっきり見せないようにしたようだ。それが証拠に、彫像はたいていた人

9　両方の乳房を示すエイポ族の女性.

目につきにくい、ないしまったくつかない所に取り付けられている。[23] むしろ何はさておき、飛ぶ悪霊除けにしようとしたのである。

シチリア島の女性が敵の勇気を挫こうと脅す時は、ブラウスの中に手をさし入れ、乳房を引き出した。[24] また時は一四世紀、ペルージア軍が一〇年にわたりアレッツォ市を攻囲したが失敗に終わった時、アレッツォの市門の前で乳房を丸出しにした公娼に競走させた。これは見物だったが、ピサの人びともフィレンツェの市門の前で同じように振る舞った。[25]

ニューギニア高地のエイポ族の男性たちは――たとえばゴム製のクモだとかワニといった、今まで見たこともないような物で驚かされると、何度か続けざまに素早く親指の爪で、瓢箪型のペニス覆いを弾いてぱしっと鳴らす。これはどうやら男根による威嚇を暗示するようだ。しかし、女性たちは同じ状況で両方の乳房――時には片方のことも――を摑み、それを持ち上げて押さえる（9図参照）。この仕草

は *moum bariitaleb*（《下から持ち上げるように摑む》）と呼ばれる。授乳中の女性は乳をほとばしらすことも稀ではない[26]。男も女もこのような仕草の後で *basam kalye!* と大声で叫ぶ。しかし、時に男どもは *samib fotong!* と、女どもは *wanye!* とも叫ぶこともある。最初の語は《〈聖なる〉豚の腹の脂肪》の意味である――豚のベーコンは薬として用いられる。次の語は《ヒクイドリ》の意である――ヒクイドリは聖なる獣である。そして最後の語は若者の成人式の時に食べる野生のヤマノイモの名である。三つの語はすべていつもタブーとなる――彼らがそれを大声で叫ぶ時は、ちょうどヨーロッパ人が怒ったり、驚いたり、不安がる時、《聖なる十字架（いまいましい、くたばれの意）》などと叫ぶのと同じ意味がある[27]。

以下の叙述は行動学の研究者に拠っている。彼らは女性の仕草に男性とはまったく違った解釈を下している。つまり、《女性が自分たちは母親であるとの信号を発することによる沈静化の反応》と解釈するが、それはとりわけ授乳中の女性がしばしば乳をほとばしらせることによると思われる。だから、男性たちが――少なくとも傾向的には――威嚇するのに対し、女性が乳を示すのは結局のところ《授乳の申し出を形に表したもの》なのである。ということは、女性が敵に対し、彼は乳を飲まされている、だから安心できると保証することによって、危険が回避される、というのである[28]。

男性たちがペニスで威嚇するように、婦人たちはなぜ乳房の力を借りて威嚇しようとはしないのか、との質問が出るだろう。授乳中の婦人が〈張り切った〉乳を押すと、その積もりもなく乳がほとばしることは十分考えられる。しかしながら、彼女が〈故意に〉そうした時でさえ、授乳の意思がそこに潜んでいるとは限らない。たとえばバリ島の悪霊、ブタ・エンガーが精液を射精して攻撃するように、液体の射出が防御行動になることはありえないだろうか。それを支持する事例が幾つかある。モハヴィー族の女性はそのような乳の噴出をほのめかす仕草によって相手を侮辱する。[29] 一五四九年にハインリヒ・アルデグレーバーが「淫欲」のアレゴリーを、彼女の乳房から乳がほとばしっているように描いたのはいかにも彼らしいが[30]（11図参照）、ここでは母親として相手を安心させることが問題になっていないことは、一九世紀末頃『リーブル』誌の表紙にのった乳房を押して、乳をほとばしらせている「解放」の女性のアレゴリーと同様である。[31]

多くの婦人は激しく興奮すると、その興奮は性的なものだろうとなかろうと、乳首が勃起するよう

10　ドゥグム・ダニ族の女性が両方の乳房を示しているところ．

11　ハインリヒ・アルデグレーバー〈淫欲〉，1549年．

だ。多くの男性がかっとなると、ペニスが硬直するように。これは早くも子供たちにも起こる。昔、兄と一緒に水浴びしていた時、兄は《おちんちんを見せて、これは起き上がるぞと言いました。私はそんなことまったく考えられませんでした。が、私も一歩も引き下がらず、私だって乳首が立つわよ！と答えました》と一婦人は報告している。(32) ジョルジュ・ドゥヴローの報告によれば、レスビアンの女性は勃起した乳首をパートナーの陰核にこすりつけるだけでなく、その乳首を相手の膣内に挿入することを想像する由。(33) ほかにも性的興奮の際に乳をほとばしらすことが、観察される婦人は少なくない。(34) さるパレスチナの友人は、彼の（授乳中の）妻が激しい喧嘩の際にも同じように乳を射出した──ちょうど男が激怒したり、攻撃的な行動をしている間に精液を射精するように──と、私に報告してくれた。

自分の両方の乳房は、男性の精液より遠くまで乳をほとばしらせるから、いかなるペニスより勝っているという女性も、ある意味で〈女性の乳房＝ペニス〉の等式が成立することを表している。(35) また性転換して女神バフチャラ・マーターと一体化する女装芸人集団ヒジュラの存在もこの説を裏づける。その次第はこうである。女神がある時旅に出た間にグヤラートの森で盗賊たちに襲われた。その時男性の陰部がなかったので、彼女は短剣で身体から片方の乳房を切り取り、それを盗賊たちに捧げた。そこでヒジュラたちは母なる女神の像の前でペニスと陰嚢を切断する。(36)

2　乳房をあらわにして攻撃する

ケルト人、ベドウィン人、エイポ族のような〈前近代的な〉、ないし〈原始的な〉社会では、女性がそのように乳房を押したり、あらわにすることを見たが、それには誰も驚かないだろう。また一八世紀初頭の女海賊のそのような仕草は、誰も認めるのにやぶさかではないだろう。近代文明の気まずさの水準は、普通そのような〈古風な〉感情表現の歯止めになると考えられているはずなのに、現代の英国婦人がそのような仕草で海兵隊員を奮い立たせようとしたのは、一段と驚くべきことに思われよう。フォークランド艦隊を送り出す英国女性のかかる振舞いは、アナクロニズムなのだろうか。

七〇年代半ば私がチューリヒ大学のあるゼミで、女性が〈乳房を見せて攻撃する〉テーゼを解説した時、一人の女子学生が発言を求め、こう語った。最近ある若者と激しい口論になった折り、私はブラウスをさっとはだけ、相手にあらわになった乳房を差し出した。《突然そんな気になり》、止めようがなかった。しかし私は自分の乳房を武器のように感じた、と彼女は言ったのである。女優マルゲリト・ロラン夫人なども舞台劇『一人の男』で、そのような仕草を演じた。この作品は一八九一年パリはポワッソニール大通りの、アヴニール・ドラマティク劇場で演じられた[1]（12図参照）。一九九〇年の夏、ハイデルベルク市の百貨店である女性もそんな振舞いをした。つまり、二人の女泥棒を警備員が追いつめたところ、一人の女がブラウスをたくし上げ、彼に向かってむき出しの乳房を差し出したのだ。男はびっくりして、二人を逃がしてしまった[2]。

一九六九年四月二二日フランクフルト大学の第六講堂で演じられたエピソードは、すっかり有名になってしまった。演壇で講義中のテオドール・W・アドルノの前に二人の女子学生がつかつかと進み出、乳房をさらして彼をホールから追い出したというのだ[3]。《件の哲学者を沈黙させたのは、裸の（あからさまなの意）暴力ではなく、裸体の暴力だった》と後にさるコメンテーターが書いている[4]。

12　アヴニール・ドラマティク劇場で演じられた『一人の男』の中のマルゲリト・ロラン．

マニラのスラム街トンドで、多くの家がコンタイナー港建設の妨げとなるため取り壊しが決まった時、大勢の女性がブルドーザーの前に身を投げ出したが、何人かは怪我を負い、死者すら出た。軍隊が出動すると、女性の住民たちは《最後の手段に出た。彼女らは上体をさらしたので、かくも大勢の女性が乳房をあらわにするという予期せぬ行動に衝撃を受けた軍隊を、それ以上の武器を使わず（原文のまま！）追い払ってしまったのだ[5]》。

女性が乳房を時に武器と感じるのは、上述の女子学生のケースだけではない。ある婦人が乳房の美容整形手術を受けようとした理由は、これが《女性のもっとも重要な武器》だからだった[6]。フランスの大学の一女性教師は、私は《乳房の一撃》で競争相手を一人残らず退けることができる、と自信たっぷりに言ってのけた[7]。ある支店の支配人はホモだったが、彼は女性の上司からこのような乳房の攻撃を何度も受けたので、ついに《不愉快だわ。支配欲の現れのように見えるんですもの》と正式に苦情を申し立てた[8]。

一九八二年トウィッケンハムで行われた英国・オーストラリアのラグビー国際試合のさなか、若い女性が一人突然芝生に突進し、外国の選手たちの目の前で乳房をあらわにした。それで警官隊がついに彼女を取り押さえ、身体のその不作法な部分をヘルメットで覆うことができた[9]。しかしながら、攻撃の犠牲になるのはタフな男性だけではない。たとえば、アメリカの一女流写真家は、ある女性について報告している。その女性が自動車に乗り込む時、青天の霹靂のように、セーターをたくし上げたところを自分はばっちりスナップを撮った、と。《私は彼女の目の輝きでそれと察して、ボーイフレンドが振り向く前に……フラッシュをたいた[10]！》（13図参照）。

少なくとも六〇年代後半から七〇年代には、女性のデモ参加者たちが乳房をあらわにしてアメリカの警官たちをしばしば動揺させた。それ用にわざわざ印刷したパンフに「市民の騒ぎには冷静に対処を」のタイトルをつけ、警官たちにそのような衝撃的な瞬間の心構えをさせねばならなかった（14図参照）。

13 《フラッシュ！》

あるアメリカの若い女性は当時、アリストパネスの『女の平和』に出てくる女性に感嘆して言った。《抗議団のリーダーは胸を反らせて、とがった乳首を勇敢に突き出す。これこそ私が自分の乳房に、そして自分自身に対して抱くイメージだと思う——厚かましくて生意気ということ！》また元コールガール嬢は、自分の乳房は権利の行使手段で、武器のように感じて利用していると、さらに強調して表現している。《乳房はあたしをいつもセクシーにしてくれるわ、それどころか——あたしにパワーをくれるんですもの！　このパワーを男どもに使うのが好きよ、だって奴らを心底憎んでるんですもの。奴らは大嫌いだし、へどが出るわ！　いまいましい男どもを一人残らず去勢してやりたいわ！[11]》

数千年来女性が乳房の示威運動をするのに、格好の場となったのは特に法廷だった。もっとも有名なのはテスピアの高級娼婦フリューネだが、ただし伝承によれば、彼女がみずから服を上体から滑り落としたのではない。そうしたのはむしろ雄弁家のヒュペレイデスだった。彼は、神々に対する冒瀆の廉で訴えられた女被告のために裁判官たちがもはや有利に計らってくれないのを見て取って、《予言者で、アフロディーテの神殿侍女》[12]の乳房をあらわにした――一九世紀のサロン画で、全裸になっているのは分かり切った理由による（16図参照）。裁判官たちはこれを見て、《魔的なものに対する恐怖》に襲われる。[13]おそらくそれは、トロヤの征服後メネラオス王が復讐心から后のヘレナを殺そうとした時、彼女が王の眼前で乳房をあらわにしたので、王が剣を手から落とした状況と似ていたと思われる。[14]

14　アメリカの憲兵隊員に対する手引きより，70年代．

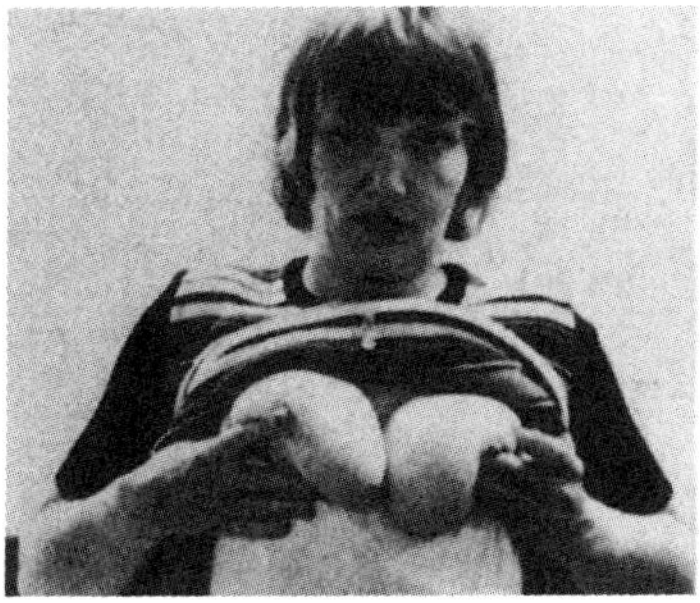

15　ハンブルクの警察管区〈ダーフィトヴァへ〉の警官隊の前で乳房をあらわにする女性．

16　ジャン・レオン・ジェローム〈アレオパージュの前に立つフリューネ〉，1861年．

　一方、一九世紀後半の漫画に見られるように（17図参照）、初代の女性弁護士が法衣のボタンをはずして胸を広げたが、これに対する法廷の反応は明らかではない[15]。しかしながら一九六八年一二月、騒乱罪の廉で訴えられたある女子学生の裁判中、《女性委員会》のメンバーたちがハンブルク区裁で上体をはだけて大騒ぎとなった（18図参照）。この件は当時の左翼用語で、次のように理由づけていた。《消費社会における後期資本主義の支配を維持するために、剣として濫用される性を解放して、われわれの革命的な戦いの武器とすべきである。それゆえ、われわれは乳房をさらして、一騒動起こすのだ[16]》。

　《トップレス》、つまり《上なし》の姿で公衆の面前に現れるのは、少なくとも六〇年代後半と七〇年代には、多くの若い女性にとって、革命的、開放的な意味があった。ブラジャーを衣裳室《クローゼット》に追放するのは、特に北米でとりわけ広まった〈乳房フェティシズム〉に対する抗議であり、そもそも女体の規律化に対する抗議でもあった。一九六九年八月一日サンフランシスコで、五〇〇人ほどの女性がこれを

17　A. ヴィレッテ〈女の武器で〉，漫画，
1897年.

18　ハンブルク区裁でのデモンストレーション
1968年12月12日.

公衆の面前で外した[17]。その前年六八年にアトランティックシティで開催されたミス・アメリカコンテストを、大勢のアメリカ女性が笑いものにした。彼女らは羊を優勝者に選んで冠をかぶせてから、大樽に《ごみ屑、女体の拷問道具》、つまり、かつら、カーラー、ガードル、つけ睫毛を詰め込んだが、最たるものはブラジャーだった。『ブルヴァード・プレス』紙はブラジャー追放について誤った報道をした結果、《ブラを燃やす人たち》の言い回しは世間一般でフェミニストと同義語になった[18]（19図参照）。

19　エムウッドの風刺漫画，『デイリー・メール紙』，1971年.

この草創期以来、若い女性が《トップレス》で現れたり、ブラジャーを外したりするデモンストレーションは（ブラジャーを着ける習慣はまた復活したが）、北米の、特に西海岸の大都市で日常的な抗議の一つとなった。さし当たりもっともセンセーショナルな行動は、一九八五年のレーガンの税金改革案に対する、胸をあらわにしての行進[19]と、一九九二年七月のカナダ政府の〈トップレス禁止令〉に対する、数千人規模のカナダ女性の抗議だろう[20]。

3　バリケード上の女性

西欧のイコノグラフィーでも、いきりたつ女性や興奮して闘争的になった女性は胸をあらわにしている。『タクィネム・サニタティス』の中世版や、イタリア・ルネッサンス初期のジョットにも、女性の姿をした怒りのアレゴリーであるイラが髪をふりほどき服を引き裂く姿が描かれている（20図参照）[1]。哲学者アリストテレスを尻に敷いた女性（21図参照）は乳首をむきだしにしているが、それはホロフェルネス将軍の首をはねたユーディット（22図参照）[2]や、盆にのった洗礼者ヨハネの首を差し出され、勝ち誇る瞬間のサロメも同じである[3]。〈ズボンをめぐる争い〉に勝った女性[4]も、路上で厚かましい紳士を殴り倒す勇ましい市場の物売り女（23図参照）も、胸をあらわにしている。一八世紀末にある男性がいらだってこう尋ねた。《柔らかで肉付きのよい乳房が反抗の道具になり、かくも傷つきやすい胸が抵抗の道具になったのだろうか[5]》。

20　ジョット〈イラ〉，1306年頃．

21　ウルス・グラーフ〈アリストテレスとフィリス〉，1521年のペン画．

概して男女共に〈胸を張る〉、〈胸を張って威張る〉、胸郭を広げ、窮屈な服がはちきれんばかりに深く息を吸う（24図参照）などは、《力強い感情や意欲がわいてくる》[6]と同義であり、それとは反対に、貞淑なヴィーナスの縮まった姿は、弱さ、不安、恥じらいを表す。

すでに古代ギリシア人は、そうした〈胸を張って〉攻撃する女性を描いており、彼女らは敵に乳房を向けて威嚇している。たとえばタルキニア出土の壺絵に描かれたのは、プロテウスの侍女が怒り狂って正にヘラクレスに襲いかかる図であり（25図参照）、またエウテュミデス描くアンフォラ壺（26図参照）は、コロナの友人ヘレナが胸をあらわにテセウスのもとに駆けつけるところであり、壺の裏側ではテセウスがコロナを奪おうと（つまり強姦しようと）している(7)。

一七八九年一〇月五日のパリで、王党派の宣伝によれば女性ジロンド党員テロワーニュ・ド・メリクールを先頭に、市場の物売り女たちがヴェルサイユ宮殿へ行進すると、射撃の構えをするフランドル連隊に対し乳房を見せて攻撃した。乳房を出した革命的なポーズのテロワーニュは、後に自由そのものの象徴となった（27図参照）(8)。フランス革命の特派員カンペが《乳房をあらわにして》いきりたつパリジェンヌたちの瞳には《荒々しい情欲の炎》が燃えていたと報じると、ドイツの読者はぞっと

22　ルーベンス〈ホロフェルネスの首をもつユーディット〉，1617年頃.

23《フランス紳士にたっぷりお返しをするサル・ダブ》，イギリスの反仏戯画，1766年.

した。一方一七九〇年一〇月に『ブラウンシュヴァイク・ジャーナル』紙が、パリの路上で目撃した不快な出来事を報じている。《ついに怒り、狂気と激動のため、また破廉恥のためにあらわになった裸体と乳房が、見る者の目や感情を苛んだ。肌色の恐ろしい乳房には、深い皺のよったものもあれば、ホースのように垂れたものもあった[9]》。

一八四八年初夏、この女性たちはパリの通りに築かれたバリケードの上にふたたび現れる。ヴィク

24　ロバート・マップルソープ
ボディビルの女性世界チャンピオン，
リサ・リヨン，1980年.

25　ヘラクレスに襲いかかる女性，
タルキニア出土の壺絵.

26　コロナを襲うテセウス，エウテュミデス描く壺絵，紀元前510年頃．

トル・ユゴーは彼女らを《娼婦》と見たし、シャルル・ドリュッゲは《もじゃもじゃで長髪のあの恥知らずの女ども》と言った。それに対してフリードリヒ・エンゲルスは、クレリー通りのバリケード上で国民軍に射殺されたという、民衆の勇敢な女性旗手を《若く美しい二人のお針子》と呼んだ。(10) 他の文献によれば、実に美しい若い娼婦が髪を振り乱してバリケードに駆け登り、着物をたくしあげて裸体を見せるとこう叫んだ。《弱虫どもめ、できるもんなら女のお腹を撃ってごらん！》。その後で彼女は雨あられと飛んでくる弾丸に倒れたという。(11) また一八四八年七月一日付のロンドンの週刊誌『エグザミナー』に載ったパリ特派員の報告によれば、立派な身なりの若い女性が旗を手にバリケードを飛び越え、国民軍に向けて走った。はじめはためらった兵士たちも、彼女が言葉で挑発したので射殺した。すると、もう一人の女性が兵士たちに襲いかかったが、彼女も同じ運命に見舞われた。(12)

　それより二三年後の一八七一年五月二八日、イギリス人エドウィン・チャイルドはパリから父親に宛てた手紙で、コミューンの《石油を撒いて放火した女たち》についてこう書いた。《そこらじゅうに石油を撒き散らし、猛烈な闘志でそれと分かる彼女らの振舞いはまさに虎のようでした。今日の午後、四〇〇〇人近い集団が通りを練り歩きましたが、あんな姿はご覧になったことがないでしょう。真っ黒に粉を塗り、皆ぼろを着て実に汚く、女であることを示すために乳房をさらした者も幾人かいました。髪はぼさぼさで、凶暴この上ない様子なのです[13]》。

しかし現代にも、乳房をあらわにしたバリケードの女性がふたたび現れる。たとえば一九八四年のイギリスで鉱山労働者のスト中に、一人の女性がタクシーの屋根に上り、〈英国鉱山労働者組合〉の横断幕を掲げた。これを目撃した『ガーディアン』紙の特派員は、《奇妙な出来事》と評した[14]。

27　テロワーニュ・ド・メリクール，《リエージュの美女》，1792年頃．

胸をあらわにしたり、上半身裸になったりした若い女性は、とりわけ一八世紀に自由を求める闘争のアレゴリーとなる。因習の鎖とともに衣服の鎖も断ち切る女性である。たとえば、一七七八年作の銅版画『モンマスの戦いのモリー・ピッチャー』では、ブラウスを大きくはだけたアメリカの自由の女勇士が大砲に弾をつめている[15]。ヨーハン・ヨーゼフ・ゾファニーの絵画『チュイルリー宮襲撃の後で』(一七九四年)が描く女性は、乳房をさらし、手にはナイフをもっている。そのナイフでスイス人衛兵を去勢したらしく、彼女は重なり合う兵士たちの死体の上に立っている[16]。プロシアの女帝アウグスタであれ、ル・ナン兄弟描く勝利のアレゴリーであれ、

28　フランス人を殺したプロシアの女帝アウグスタ．ファウスティンのペン画のリトグラフ，1870年．

胸をあらわにしているのはいつも男性に対し勝ち誇る女性である。前者は、裸の女神ゲルマニアであり死の天使でもあり、彼女が虐殺したフランス兵たちの骸骨の上に立っている（28図参照）[17]。後者は同じように倒れた者の屍を踏みつけ、右の乳房を持ち上げて勝利のポーズを取っている（29図参照）。

一八三〇年に革命詩人オーギュスト・バルビエは、〈豊かな乳房をもつ力強い女性〉である〈自由の女神〉について熱っぽく語る。おそらくそのほかには社会革命とまったく縁のないドラクロアは、この自由のアレゴリーに霊感を受けたのかもしれない。また《いつも三色旗の色トリコロールのスカーフだけを身につけた裸の美女[18]》、伝説的なマリー・ドシャンプや、アレクサンドル＝ガブリエル・ドゥカン描く若い女性フランソワーズ・リベルテの影響もあったかもしれない。リベルテは《一七八九年パリに生まれ、一八三〇年七月二七、二八、二九日の暴動の廉で有罪[19]》となり、乳房をさらし、フリジア帽をかぶらされ、晒し台に鎖で繋がれたのである。また『一八三〇年七月の知られざる出来事』と題する小冊子を読んだことも、ドラクロアに刺激を与えたと思われる。それによると、かの動乱の日々にアン・シャルロット・Dという若い洗濯女が、ペチコートをはき乳房を半ばさらした姿で、弟を求めてすべてのバリケードをくまなく捜し回ったという。ついに見つかった弟は、裸にされ一〇発の弾丸に打ち抜かれていた。そこで彼女は、一〇人の衛兵を殺すまでは決して止めないと誓いを立て、実際に九人まで撃ち殺したが、一〇人目に狙いをつけていた時に撃たれ、落命したのである[20]。

それはともかく、ドラクロアの『民衆を導く自由の女神』は本当の意味で半裸の〈自由の女神〉を描いている。革命後の時代は、多くの人びとが明らかにこの絵を破壊主義的とか破廉恥と見た。内務省がこの絵を購入したものの、一八四八年の革命で一時的に世間の注目を浴びるまで、〈自由の女神〉はルーヴル美術館の薄暗い廊下に追いやられていたのである[21]。一八三一年には、自由を求める女勇士の絵は猥褻で娼婦のようだと感じられたが、それは一七年後クレリー通りのバリケードで命を落とした、自由の女神の真実の姉妹たちに対する多くの批評家の反応と同じだった。恥知らずの娼婦であり、かくも崇高な理想や自由の理想を具現するにふさわしくない、と言われたのだ。たとえば、ファビアン・ピレは一八三一年五月

29　ル・ナン兄弟，勝利のアレゴリー，1635年頃.

30　ユジェーヌ・ドラクロア〈民衆を導く自由の女神〉，部分，1830年.

九日付の『世界報知』紙にこう書いている。《品のない顔、半裸の身体、色褪せ歪んだ乳房などは、確かに絵画の観念にも、七月二八日に勝利を収めた高貴にして高潔な自由に対しわれわれの抱く理想にもふさわしくない》。『パリ日報』紙はさらにはっきりとこう述べている。《かの偉大な日々に、バリケードの上で火縄銃をもったごろつきなどいなかった》。そして『未来』紙は画家にこう問いかけている。《あなたの描いた自由の女神は、ふしだらな生活をしている女性に似ています。それに彼女のとり巻きどもは何者です？　どこの森のはずれでこの連中を拾ったのです？》

だが左翼系の市民新聞の中にも《ごろつき》と呼んだものがあり[22]、ハインリヒ・ハイネのような人物でさえその意見に与した。乳房をあらわにした自由の女神を見ると、《夜ごと大通りをうろつく、あの愛の早飛脚たち》を思い出す、とハイネは述べている。そして、いつも人びとを憤慨させたのは、むきだしの乳房だった。たとえばシャルル・ファルシーは『芸術家と愛好家の新聞』で、《しかも彼女の乳房はすっかりむきだしで、実に汚らしい！　ふしだらこの上ない[23]！》と非難している。どの時代でも、客を取るために小路で乳房を見せるのは公娼の印なのである！

女性が乳房をあらわにして攻撃するという考えが同時代の批評家の眼中になくとも、驚くに当たらないかもしれない。しかし、どうやら今日でも多くの美術史家、さらに女性の美術史家さえも次のような意見を抱いているのには驚かされる。すなわち〈自由の女神〉が上半身裸であるのは、エロチックな意味か、また自由の女神は《民衆の母》だから母親という意味がある、と[24]。

確かにドラクロアはそうした母親の乳房を描いたことがある。彼の作品『ミソロンギの廃墟に立つ瀕死のギリシア』では、地面におかれたギリシアのアレゴリーとなる女性が控え目に襟を開き、対トルコ戦に援助するよう西欧諸国に哀願している（31図参照）。〈ギリシア〉が胸をさらして懇願しているのは、ドラクロアがこの絵のために描いたスケッチからも確認できる。そのスケッチの構想は、ギリシア神話のニオベが自分の子供たちに囲まれ、ローマ製の豪華な石棺の上で絶望の余り乳房をさらす、というものだった[25]。これはイコノグラフィーで〈嘆きの国〉とされる表現で、古代から中世をへて現代に至る伝統がある。たとえば、一

31　ユジェーヌ・ドラクロア〈ミソロンギの廃墟に立つ瀕死のギリシア〉，1826年.

四〇〇年の『金印勅書』のボヘミア版に見られる挿絵は、擬人化されたイタリアが嘆き悲しんで胸をはだけ、乳房を見せている。(26)

それに対して、〈自由の女神〉が乳房をあらわにしているのは、母乳を飲ませ落ち着かせるためでも、性的に刺激するためでもない。それは突進する攻撃的な女性の胸である。そのため今日でも、政治的に過激で主導権を握る女性はこのポーズで描かれる——ただし戯画として(33図参照)。一八四八年の市民陣営が描く〈自由の女神〉はたいてい、きっちりした髪型で乳房を覆い隠し、落ち着いて

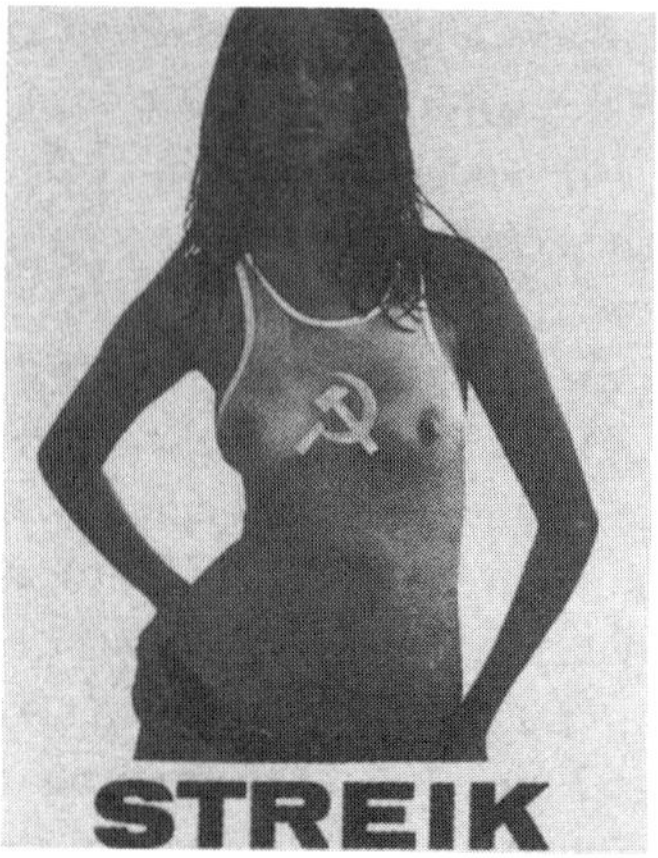

32　ストライキの呼びかけ，1969年.

33　《あらゆる殺戮の母》，『ブンテ・イルストリールテ』誌，1992年より.

34　エドゥアール・ベルナール〈第75部隊を称えて〉，1914年の新聞の版画.

いるが——たとえば『世界を照らす共和制』の女神は服のボタンを全部かけて王座に腰掛ける——、民衆運動の〈自由の女神〉は、乳房をさらし、髪を波打たせた躍動的なポーズを取るのである。[27] 一八七〇年、若い〈共和国の女神〉はふたたび《豊かな乳房》を突き出し、ご満悦で《どうだ!》と言う。[28] 一方そのすぐ後で、女性姿の〈コミューン〉は膝上の短いスカートをはき、しばしば上半身全体をあらわにしている。[29] テオフィル・アレクサンドル・スタンランは、一八八五年に女性無政府主義者ルイーズ・ミッシェルがパリのバリケード上で乳房をさらす姿を描き、一九〇三年には革命派の新聞『神もなく支配者もなく』の第一面に同じ姿の女性が無政府主義運動の綱領を壁に彫るところを描くが、どちらもかの革命の日々を思い出させる。[30]

しかし、闘争的な女性は極左の独占物ではない。〈民族的なヴァリエーション〉があるにせよ、右翼も同じことをしている。たとえば、一八八九年の〈国民議会選挙〉の際に、反ユダヤ主義者アドルフ・ウィレット候補の選挙用ポスターでは、古代ケルトの女戦士マリアンヌがズボンをはき、乳房をさらして突撃ラッパを鳴らしている。《ゴール人とフランク人よ、進め！》[31]。そして一九一四年に世界情勢が再度動きだすと、〈自由の女神〉もふたたびブラウスをはだけ、着物を全部脱ぎさえする。たとえば、右手をさりげなく、しかし性的な意味合いもこめて大砲の砲身におき、フリジア帽をかぶり、身体をほとんどさらし宿敵を挑発する（34図参照）[32]。一九四〇年になるとさらに進んで、胸もあらわな〈自由の女神〉が剣を手に、フランスの少年たちに進むべき道を指し示している[33]。

35　ジャン・ジョセフ・フランソア・タセール〈アン・シャルロット・コルデ嬢〉，1793年頃．

36　〈暗殺されたマラー〉，エドヴァルト・ムンクのリトグラフ．

37　ミハエル・マティアス・プレヒトル
〈マラーの不幸な死〉，水彩画，1976年.

マラーを暗殺したシャルロット・コルデのような闘争的な乙女も、最近では乳房をさらすばかりか全裸で描かれる。だがこの裸体は、女性が男性に加えた暴力の〈性的な側面を強調する〉表現である。もっともシャルロット・コルデがだしに使われるのには、ある種の皮肉がなくもない。しかし女性たちの感情を害したのは、むしろ犠牲者のマラーである。たとえば肘鉄をくわせた女流画家アンジェリカ・カウフマンに仕返しするため、マラーは彼女と寝たというデマを飛ばした(34)。それに対しシャルロットは品行方正なことで知られ、暗殺の日は七月のうっとうしい猛暑だったにもかかわらず、ウェストで紐を固く縛ったフィシューと称する三角形のショールを身につけていた。これは女性の魅力を隠すものだった（35図参照）。犯行後の事情聴取の際、保安委員シャボーはジロンド党の声明文書があるはずだと、彼女の胸に手を入れようとした。ミシュレによると、彼女が《パッと後ろに》身を引いた《ため、腰紐が切れ、貞潔で凜々しい胸がかいま見え》、彼女はいたく恥じ入った[35]。それ以上の侮辱を覚悟したシャルロットは、断頭台上で刑吏の助手フレマンが彼女のフィシューを《突然》引き降ろした時、顔を真っ赤にした。ともかく伝説によれば、彼女は死んでからも最後の恥辱を免れなかった。というのは、彼女の頭がギロチンにはねられて籠に落ちると、レグロという大工が髪をつかんで頭を持ち上げ、平手打ちを食らわした。すると彼女の頬は恥じらいのためにまたもや赤くなったという[36]。

女性の役割を捨て主導権を握る女性革命家が最初に登場したのは、ハンブルクのクリスティーネ・ヴェストファーレンの戯曲『シャルロット・コルデ』と思われる[37]。しかし、女性による殺人は強姦と

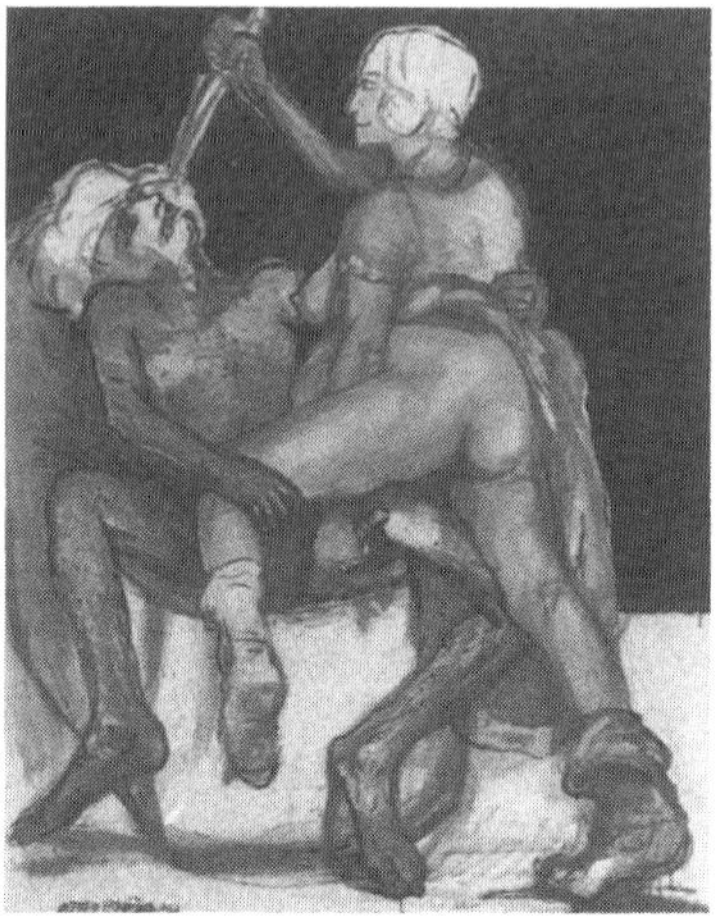

38　アルフレート・ハードリチカ〈マラーの死〉，1987年.

39　アルド・レナート・グットゥーゾ〈自由の女神，マラー，ダヴィッド〉，1983年.

40　ユーディットと，ホロフェルネスの屍，バルテル・ベーハムの銅版画，1525年．

41 『クヴィク』誌より，1978年．

同義であり、反抗的な女性が男性に馬乗りになり、ナイフに性的な挿入の意味をもたせるのは、とりわけ造形美術のテーマとなった（36—39図参照）。

　すでに近世初期にベーハムは、ユーディットに屈服し〈馬乗りにされた〉ホロフェルネスを描いている（40図参照）。そして現代でも『クヴィク』誌が報じるように、恐ろしい《テロの花嫁たち》とは、犠牲者とのサド的な結婚にほかならない（41図参照）。だが、解放的な女性の男性に対する飽くことのない要求も——主として——性的なものだろうし、彼女らの空想は今日でも現実味を失っていない。つい最近の『プレイボーイ』誌によれば、《公には愛国主義的な〈干渉〉を断固として批判する緑の党員間でも、女性は乳房をなめさせたり、つまませたり、吸わせたり、揉ませたりしてうっとりする……緑の党の女性たちは実に貪欲である[38]》。

4　乳房をあらわにして鎮める

敵に〈乳房の一撃〉を食らわそうと突進する闘争的な〈自由の女神〉とは逆に、女性が乳房をさらして相手の闘争心をくじき、怒りを鎮めて和解させる場合も確かにある。もっとも、裸の胸を見せて敵に授乳の申し出をするより、むしろそれ相応に顔を立てるべき母親だと示すのである。

南インド滞在中にマルコ・ポーロはこんな話を聞いた。インドの王が弟と戦おうとした時、喧嘩っ早い二人のところに母親がやって来て、両の乳房をさらすとこう言って脅した。争いをやめないと、〈お前たちを養った〉この乳房を切り落としてしまうぞ、と。(1)

あるエピソードによれば、チンギス・ハーンがシャーマンにそそのかされ、捕らえた弟ハサルを処刑しようとすると、母親のホエルンが激しく抗議した。《腹を立てた母親がやって来て馬車から降りると、縛り合わされたハサルの両袖をみずから解いてやり、自由の身にした。それから彼に帽子と帯

42　息子ブレニウスに胸をあらわにするトンウェナ．
ジェフリー・オブ・モンマス『ブリタニア王家の歴史』，1240年頃．

を返した。そして怒りを抑えかねた母親はあぐらをかいて座り、両方の乳房を引き出し膝の上いっぱいに広げると、こう言った。〈見たかい？　これがお前たちが吸ったお乳だよ[2]！〉》。

　ヘクトルが市門の前でアキレスと戦う準備ができた時、母親のヘカベはガウンを肩でとめるブローチを一つ公衆の面前で外し、片肌抜ぎになって一方の乳房をむき出しにした[3]。《別の所で母親も涙を流して嘆きながら、胸をはだけて左手で乳房を持ち上げた。涙ながらに翼《つばさ》ある言葉をかけて言うには、〈ヘクトルよ、わが子よ、昔私がこの乳房をそなたの口にあてがい悲しみを忘れさせてやったのだから、この乳房をおろそかに思わず[4]、この母を憐れんでおくれ[5]〉》。

　このように、インド王の母親、ホエルン、ヘカベ、そして息子のブレニウスに兄弟との一騎打ちを思い止めさせたトンウェナ（42図参照）などは、どうやら母親の胸の鎮静効果に賭けているようだ。だがそれと同時に、自分が母親であり、母親としてある程度の権威があり、哀願より要求、さらには命令する人物であることを、息子に思い出させている。それはとりわけ、激怒したモンゴル女性の例を見れば、明らかになる。[6] 息子オレステスに胸をさらすクリュタイメストラの場合もそうだが、当時は女役も男性が演じたため、当然舞台ではほのめかすにとどまる。[7]《お待ち、待っておくれ、オレステス、これを憚って、これに免じて、吾子、この乳房、これへ縋って、お前がたびたび、眠《ね》こけながらも、歯齦《はぐき》に嚙みしめ、たっぷりおいしい母乳《おちち》を飲んだじゃないの（呉茂一訳）[8]》。

〈ヘリオドドロスに宛てた書簡〉で聖ヒエロニムスが警告を与えた時も、こうした訴えが念頭にあった。《君の幼い甥がすがりついても、君の母親が髪をふりほどき着物を引き裂き、君を養った母親の愛を思い出させても[9]》、それらすべてはキリストの御旗のもとへ馳せ参じない理由にはならない、と。また一四七四年、アルブレヒト・フォン・アイブは『礼法の鑑』で教父ヒエロニムスに倣い、縁者より神に義務を負うことを読者に思い出させている。《髪をふりほどき、着物をはだけた母親が君の前に立ちはだかり、君を育てた乳房をさらす[10]》としても、神への義務を忘れてはならない、と。

母親が子供を呪い、胸を覆う着物を引き裂き、忘恩の徒に向かって乳房を差し出し、脅すことで呪いを増幅する時、はじめて母親のもつすべての力が発揮される。[11] この場合、胸をあらわにする行為には攻撃と呼びかけの機能が混じり合っているように思える。

しかしながら、次のような場合の女性の身振りは、まったくの呼びかけと思われる。たとえばジョン・ヴァンデリンの絵画『ジェーン・マクレイの死』（一八〇四年）に描かれた、二人のインディアンに摑まれトマホークで殴り倒された乙女[12]のように、命乞いをする場合。写本『愛する人の心の書』

43 『愛する人の心の書』，1457年より．

（一四五七年）の挿絵に見られるように（43図参照）[13]、同情を引こうとする場合。一一世紀のジョヴァンニ・デ・ヴェレトリの母のように、親子への慈悲を請う場合、などである。ヴェレトリは賄賂を使って教皇の地位に就いたが、しばらくしてシエナで開催された公会議で教皇位を剝奪される。当地のサルヴァトール教会で法衣を脱がされ、自分に科せられた罪を読み上げられるが、その時彼の母親は大声で嘆き訴えながら両方の乳房をさらすのである[14]。

　身振りでもっとも有名なのは、もちろん弁護する聖母マリア《マドンナ・アッヴォカータ》である。最後の審判の日に、悪魔を相手に法廷で争う聖母は最後の手段として、かつてイエスを養った母親の胸を見せるのだ。このように人間の魂を救済しようとする女性のモチーフの由来をたどれば、二世紀の聖イレナエウスに遡る[15]。さらにこのモチーフは、しばしばルカによる福音書の一節と結びつけられるが、そこには

44　ツンフトの画匠ウルリヒ・シュヴァルツの奉納画，アウクスブルク，1508年．

こうある。《イエスがこれらのことを話しておられると、ある女が群衆の中から声高らかに言った。〈なんと幸いなことでしょう、あなたを宿した胎、あなたが吸った乳房は！〉（一一章二七節[16]）》

一三二〇年頃、バヨーのある司教座聖堂参事会員はその『聖母の弁護』で、人間救済のために戦う聖処女の言葉を書いている。《〈わが子よ、この悪魔を信じてはいけません。はっきりと私を憎んでい

45　ムブティ族の女性の愛の踊り（elima）．

るのですから。ああ！　かわいいわが子よ、私はお前をまるまる九カ月身ごもっていたお前の母親なのです。お前は喜んで私の言うことに耳をかすべきです。私は実に貧しい身でお前を生みながら、とても優しく育てたのですよ。私はお前の母親です、お母さんとお呼びなさい。わが子よ、お前がゆっくりと飽きるほどお乳を飲んだこの乳房を、そしてお前を巧みに揺らして寝つかせたこの両手を見なさい〉。聖処女は息子に向かい、教義を生む母親として自分の乳房を見せながらこのように訴えた[17]》。

一四世紀初頭以来、この場景の聖母マリアは、次第に天界の女王ではなく質素な農婦の姿で描かれるようになる[18]。また、もはやわが子にではなく、むしろ父なる神に向かい肌をさらすことが多くなる。一方イエスも父なる神に対し、似た身振りで脇腹の傷を指し示す。たとえば、アウクスブルクのツンフトに所属する画匠ウルリヒ・シュヴァルツの一五〇八年作の奉納画（44図参照）では、聖処女がこう語っている。《主よ、あなたが抜かれた剣は鞘におさめ、あなたの子が乳を飲んだ胸をご覧下さい》。そしてイエスは、十字架の上で受けた傷をさして言う。《父よ、私の真っ赤な傷をご覧下さい。私の受難により、人間をあらゆる苦しみからお救い下さい》。そこで父なる神は思いやりの心をもち、罪人たちを裁かんとしていた剣を鞘に戻す。一五〇九年にアントワープで出版された『魂の慰め』の扉絵では、聖母があらわにした胸から聖杯に乳を注いでさえいる。それと同時にイエスは傷口から流れる血を聖杯に注ぎ、それを一天使が煉獄で苦しむ魂に渡している[19]。

そのほかに絵画や彫刻で、聖母マリアが鑑賞者ばかりか作品中の人物にも胸を差し出したり、胸を指したりする場合があるが(204図参照)、それは単に母親であることを表すにすぎない。この身振りは異文化でもしばしば同じように理解され、オーストラリア北部のウィク・ムンカン族[20]や、ムブティ族の女性の愛の踊りなどがある[21](45図参照)。

46　ペーター・ハンデル〈ジビル〉．油彩，1986年．

だが、おそらくそれよりは性的な挑発の仕草の方が広く行われているだろう。これは女性が両の乳房を持ち上げ、前に押し出す仕草である(46図参照)。このように乳房を押し出すのは、すでに近東の初期新石器時代文化にあったようだ。たとえば、ハジュラルのいわゆる《ヒキガエルの女神[22]》や、後代ではイ

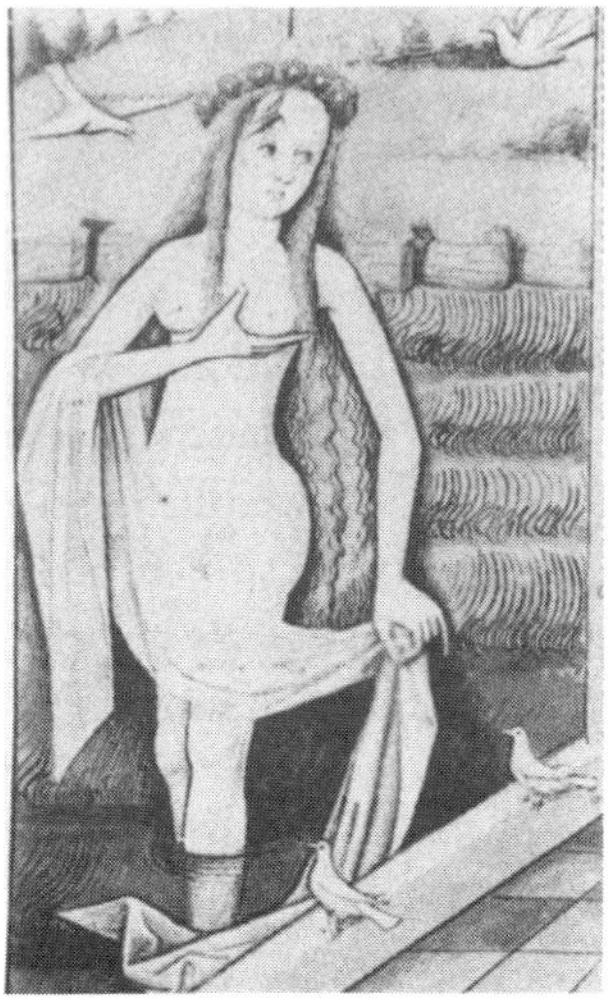

47　ヴィーナス.『愛のチェスの書』より，15世紀.

48　アミアンのノートル・ダム聖堂内陣の参事会員席にある〈淫欲〉，16世紀初頭.

ナンナ＝イシュタルやアスタルテ＝アフロディーテ型の豊穣の女神であり、後者は野獣の女王（アルテミス）に由来する。性の主導権を握るこれらの女性はしばしば娼婦の元祖であり、彼女らが胸を押し出すのは、無邪気な女性考古学者たちが考えるような《授乳の準備》[23]ではない。むしろ、メソポタミア地方の女神イナンナの乳房模様の皿に書かれたように、《男よ、来い、来い》[24]という意味なのである。こうした女性の姿は、二世紀前半の粘土板にも見られる。寝台の上で、長い髪の女が片腕で男の腰を抱きながら、彼に乳房を差し出しているのである[25]。

　中世から近世にかけて胸を見せるのは、みずから男を求め刺激する、身持ちの悪い女特有の仕草だった——現実世界の公娼や、芸術作品に見られる異教の女神ヴィーナス（47図参照）、淫欲のアレゴリー（48図参照）などは、たいてい片方の乳房を持ち上げるか押し出している[26]。だが、《未開の》社会で性の主導権を握るとされる女性も、近世初期から二〇世紀に至るまで、しばしば同じように描かれている[27]。たとえば、アメリゴ・ヴェスプッチの『新世界』（一五〇五年）の表紙では、インディアンの一女性がわが胸を摑んで激しい欲情を表している。というのも報告によれば、これら未開人の女性は近親相姦のタブーさえ知らず、行きずりの男と寝る習慣もあるからである[28]。

　乳房を見せるこれらのエロチックな仕草も、結局は女性による授乳の申し出、つまり栄養を与え満足させ、心を鎮めるという約束に由来する、というテーゼを行動学者たち、とりわけアイブル＝アイベスフェルトは主張してきた。しかし、官能的な愛の女神は《男性の闘争心を殺ぐ》ために、乳房を男たちに差し出すとの仮定は、実のところいささかなりと納得のいくものだろうか。また、だいたい広告自体がどぎついのだから、広告で乳房をさらすのは顧客を《鎮める》ためとの意見に説得力があるだろうか[29]。むしろ、愛の女神の性的パートナーにな

49　ハンナ・ウィルク〈ファッショ化したフェミニズムにご用心〉, 1974年.

るかも知れぬ者が、商品の購入者のように〈手を伸ばして摑む〉よう誘われている、という方がはるかに自然だと思われる。というのも、もし乳房を見せて攻撃することがあり[30]、それが身を守るための和平の申し出に限らないとすれば、エロチックな胸の仕草が独自にあってもいいはずではなかろうか[31]。そして、たとえば乳房の仕草には、護身のヴァリエーションとして攻撃的な部分があるのも珍しくないように、エロチックな仕草にも、しばしば挑発・攻撃的な要素が含まれるものなのである。ハンナ・ウィルクのポスター〈ファッショ化したフェミニズムにご用心〉(49図参照)を見ると、それがよく分かる。ジーンズをはき、乳房をさらした女性芸術家が腰に手を当てている。この写真は、失望しひねくれた女性たちが反快楽と反男性をモットーにする〈ピューリタン的な〉フェミニズムに抗議しており[32]、エロチックな要素と攻撃的な要素を、分かりやすく一体化しているのだ。

5　陰門を見せて驚かす

古代アイルランドのサガ『クーリーの牛争い』によれば、北欧神話のベルセルクのようなケルト人の狂暴な戦士クー・ホリンがエヴァン・マハ城に近づいた時、アルスター王のコンホヴォル・マクネッサはすっかり絶望していた。なぜなら、闘争心に燃えるこの若い英雄クー・ホリンをくい止める術を知るものは誰もいなかったからである。しかし、城を守る人びとはついに窮地を脱する方法を思いついた。

《彼らの考え出した計画とはこうだった。その若者を迎えに大勢の女を送り出す。五〇人の三倍、あるいは二〇人の七倍に加える一〇人の女性を、つまり一五〇人の女性をみな一糸まとわぬ姿で。その先頭に立つスカンラハは、若き英雄の前で素っ裸となり、恥部を見せた。他の若い娘たちも突然姿を現すと、素っ裸となり恥部を彼に見せた。若者は娘たちから顔を背け、女の裸体を見ずにすむよう、うろたえて戦車の方を見やった。だが若者は戦車から連れ出された。燃えるような闘志を冷ますため、大桶三杯の冷水を彼に浴びせた[1]》。

ここでクー・ホリンが、おびただしい裸女を見たために闘志を失ったように、同じサガでは、女王メイヴの半裸姿を見た戦士は闘志の三分の二を失う。白い肌と長い金髪の女王は、恋でも戦いでも向こう見ずで、コナハト国の軍隊を率い、剣と槍を手に戦いのさなかに飛び込んで行く[2]。

陰唇を広げ悪魔を追い払う中世の乳房のシーラの像は教会で見受けられるが、女王メイヴのような人物に由来すると推測されてきた[3]。また八世紀に記されたサガに登場する女性のような、魔女めいた存在に由来するともいう。彼女は、陰唇が膝まで垂れ下がった恐ろしい陰門を、伝説の王コネリ・モーに見せたのである[4]。

古代アイルランドの法律によれば、女性の恥毛を剃った男は厳罰に処せられた[5]――奇妙な法規だが、そうした行為が実際にあったと推測できる。女性をひどく侮辱するため、陰門がはっきり見えるように恥毛を剃った男たちがいたのだろう――とてつもなく破廉恥な行為ではあるが[6]、陰門をさらす乳房のシーラが、時にハサミを手にしている事実を説明できるかもしれない[7]。このモチーフは、近世初期にも淫欲のアレゴリーが恥毛を剃る時に登場する（50図参照）。

アルスターの女性たちや乳房のシーラは直接敵に向けて裸になったが、――第1章でベドウィン人の女性が男たちに乳房をさらしたように――戦列を乱し始めた味方の戦士に向かって女性が〈陰部を見せる〉こともある。たとえば、一三世紀のフランスの写本に描かれた細密画では、敵に後ろを見せようとする騎士に向かい、女性たちが《秘処をあらわにして見せる》（51図参照）。すると騎士は新たに勇気を奮い起こし、戦いの中に飛び込むと、ついに《敵を生け捕りにした》のである。[8] 以前ズールー族の戦士が戦に赴く時、女たちはその横を走りながらスカートの裾をたくし上げ、男たちに陰部を見せた。こうして《男たちの勇猛心をかき立てるよう刺激した》[9] のだという。いずれにせよ、この細密画の騎士がかなり興奮していることは、馬の勃起がそれとなく示している。因にこの表現方法は、決して珍しくない。一九世紀前半、画家のジョージ・キャトリンは、シャイアン族がバッファロー革のローブに描いた絵を模写した。バッファロー革の帽子をかぶり馬に乗った戦士が敵と戦う絵だが、

50 恥毛を剃る．ペーター・フレトナーの木版画，16世紀．

51 攻撃の前に，13世紀．

インディアンのペニスも馬のそれも勃起している[10]。

プルタルコスの伝える話を読むと、またしてもクー・ホリンのエピソードを思い出す。プルタルコス曰く、この話は神話のように聞こえるが実話であり、その証拠が幾つもある。血に飢えた残忍な海賊キマルスがリュキア沿岸を襲った時、ベレロフォンは海賊を全滅させたばかりか、国内に侵入したアマゾネスも駆逐した。だが、人びとは英雄に対し恩知らずな態度をとった。《そこでベレロフォンは海に入り》、彼の行為に報いなかった《イオバテス王への仕返しに、彼の土地が不毛になるよう海神ポセイドンに祈った。彼が祈りを終えて陸に戻ってくると、大波が起こり土地を水浸しにした。海がベレロフォンの後を追って天高く盛り上がり平原を覆うのは、見るも恐ろしい光景だった。男たちはやめるようベレロフォンに懇願したが、それも無駄だと分かると、着物を上までたくしあげた女たちが彼に立ち向かった。ベレロフォンが恥ずかしさのあまりふたたび海に引き返すと、大波もまた戻って行ったという[11]》。

このように神話では、肉体をさらしたリュキアの女たちが、クサンティス平野を越えベレロフォンめがけて駆けて行き、英雄と津波を追い返したのである。だとすれば、ギリシアの戦士が盾に陰門の絵や、少なくとも陰門のシンボルを描き[12]、敵をうろたえさせたり恥ずかしがらせたこともありうる。ローマ人がポンペイの娼婦のたっぷり使って肥大した陰核を投石弾にいたずら書きしたのも、それが念頭にあったのだろう。というのも古代ローマでは、勃起した陰核は古代アイルランドの長い陰唇のように猥褻感を与え、公衆の面前で話題にするのはこの上ない破廉恥な行為だったからである[13]。

とりわけ中国人は、女性の陰部を繰り返し戦争の武器として投入した。たとえば一六四二年の開封占領の際に、攻撃軍は裸の女性たちに市壁の前で股を開かせ、市内の軍隊の大砲の弾を役立たずにした。しかし守備軍もこれに反撃し、まったく同じ方法で敵の火砲を台なしにした[14]。同世紀に悪名高き司令官張献忠は、守りの堅固な都市を襲撃する際、撲殺した娼婦の死骸を裸にして敵に見せたという[15]。また一七七四年に反乱軍の指導者王倫は、山東省の臨清市を包囲した時、生きた娼婦たちを見せつけられた。すなわち、王倫が市内の大砲を使用不能にする呪文を唱えると、守備軍は髪を振りほどき下半身をあらわにした公娼を市壁の上に並べ、排尿させたのである。このために期待どおり魔法が破れ、まもなく大砲の弾が包囲軍の戦列を蹴散らした。

かなり後の《義和団員》も、敵が《一人の裸女を》戦いの騒乱の中に送りこんだり、裸の女性たちの絵で銃や大砲を不発にしたため、実に大きな損害を被った、と主張した。また、魔法の呪文を唱えて北京の教会に放火しようとして失敗した時も、その原因はキリスト教の宣教師たちが屋根瓦に女性の経血を塗ったためだと説明した[16]。

数千年にわたり、とりわけ女性が陰部をあらわにすることが、中国人にとってどれほどの猥褻行為を意味したかを知れば、女性の裸体に上述のような効果があると考えた事実も、一段とよく理解できよう[17]。

中国では伝統的に、あらゆる階層において夫婦がお互いの全裸を見ればスキャンダルとなったろう。それゆえ夫婦の混浴は実にいかがわしい行為であり[18]、儒教書『礼記』は〈家政の掟〉の章でそれを戒めている[19]。公娼でさえ、客と寝たことより、客に陰門を見られた方をずっと恥ずかしがると言われる[20]。なぜなら今日に至るまで、夫婦でも普通は寝間着を着たまま性交するからである[21]。少なくとも台湾の村では、娘たちは目覚めて座っている時はもちろん、横になって寝る時も足をしっかり閉じていなくてはいけない。若い娘が仰向けで寝ているところを見つかりでもすれば、母親に足を叩いて起こされ、叱り飛ばされるのだ。[22]

あらわになった陰部のあたりを男性に見られたら、その女性は凌辱されたと見なされた。すでに一三世紀に、ある中国人旅行者はカンボジアの女性が裸になって池で水浴びするのを確認している。そこで当地に住む中国人商人は、水浴びする女性を覗き見する団体旅行を催した。[23] 一七七三年に没した藍鼎元がその生涯の回想録で伝える出来事は、いかにも中国人らしい。新婚の夫婦を襲った強盗団を捕らえると、その一味に開口一番尋ねたのは、奥さんの服を脱がせて裸にしたか、ということだった。連中は正直に白状したが、その女性の名誉は汚さなかった、と断言した。というのも彼女はすでに結婚したことがあり、再婚する女に失うべき名誉はないからと言うのである。[24]

昔から、動物の絵や彫り物でも陰部をほのめかすと見られれば、すべて遠ざけられた。[25] だから、中国には裸体画の伝統がないのも驚くには当たらない。それどころか一七世紀にイエズス会士が聖画像を配布した時も、神を畏れる者たちの肉体が伝統的な衣裳でしか覆われていなかったため、裸体がかなり見えることに民衆はショックを受けた。[26] たしかに中国には――日本のように――裸女がさまざまな性交体位をとる、いわゆる〈春画〉があるにはある。しかし、それらの絵は法律が禁じるポルノであり、そこはいかにも中国らしく威嚇効果があるといって、特に火除け、災害除けに用いられる。[27]

共産党政権下でも、今度は人間の性をテーマにするのはすべて《ブルジョア的》で《反革命的》と決めつける場合はさておき、中国人の伝統的な性的羞恥心はほとんど変わらなかった。たとえば一九八二年には女性のヌードやエロチックな情景を描いた絵画の鑑賞が禁止されたが、その理由は、絵を見た人びとが刺激され、女性用トイレの〈覗き〉など性犯罪を犯すからというのだった。[28] そして同年には、ある男性がマカオで女性のヌード画付きのトランプを買い、中国に密輸した罪で二年半の禁固刑を下された。[29] その三年後には、あらゆる猥褻画に対する取締りが一層厳しくなり、《猥褻物特別規制法》により、ヌード画の載った美術書や、医学書、学術書さえ所有できなくなった。[30]

それ以前の一九七九年、袁運生が北京国際空港の外国人専用食堂に『ほとばしる水の祭り、生命の

52　壁画の一部，北京空港．

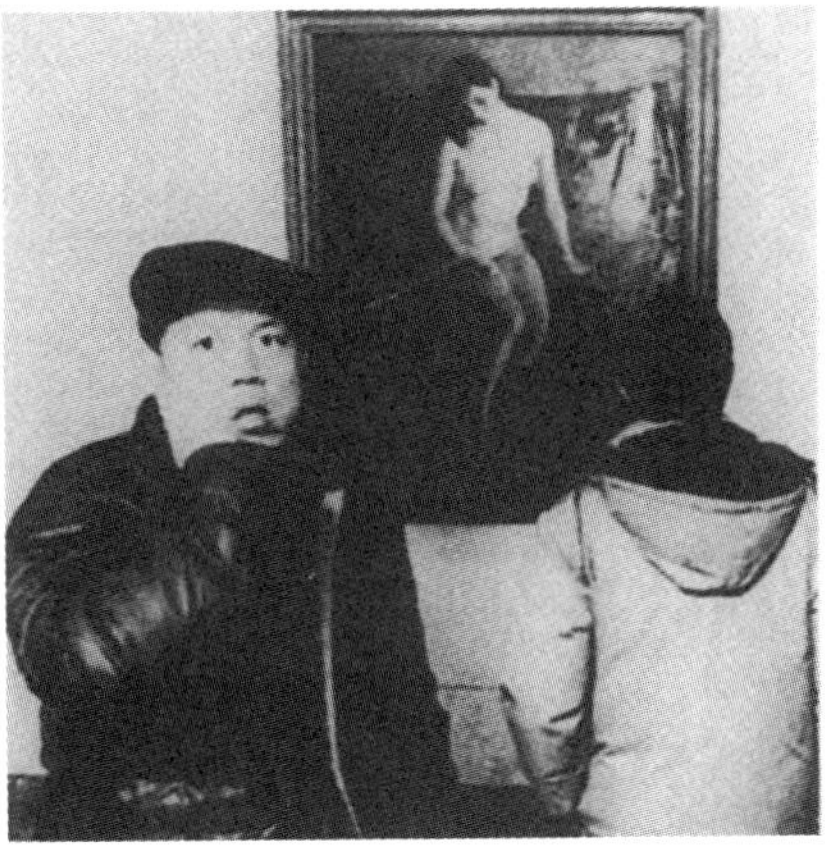

53　北京ナショナルギャラリーの裸体画展覧会を訪れショックを受けた男性，1989年1月．

唄』なる壁画を完成させたが、中国西南部に住むタイ族の春祭りを描いたこの作品は激論の的となった。裸体画は中国の伝統に合わず、だから中国に到着したばかりの外国人の目を引くにはふさわしくない、と批評家たちは断言した。[31] 当初この壁画の猥褻な部分（52図参照）をカーテンで隠したが、それから数カ月間、カーテンの後ろを覗こうとする人びとで食堂がごった返すようになると、一九八一年三月に共産党当局はその部分を壁でふさいでしまった。[32]

一九七九年といえば、中華人民共和国史上初めて、裸体画が公開の展覧会で、しかも同じく北京で公開された年でもある。そのため沸き上がった怒りの声は、空港の壁画とは比べものにならず、画家たちを殺すとの脅迫さえあった。『タリムの目覚め』なる絵がとりわけ猥褻とされたが、それは股を広げようとする女性を描いた、と見られたからである。[33]

それにもかかわらず、一〇年後の一九八九年初頭に、最初の大規模な裸体画展覧会が北京ナショナルギャラリーで催された。そこでは〈中央芸術学院〉に所属する芸術家の絵が公開されたが、スキャンダルになることが予想され、実際これまでにない騒ぎとなった。信じられないほど大勢の観客が押し寄せ、多くの人びとが女性の裸体画を見て明らかにショックを受けた（53図参照）。それは二世紀前に、裸の娼婦が市壁の上で股を広げた時、革命家王倫の兵士たちが受けたショックと同じだった。しかし、この上ない羞恥心に襲われたのは女子大生たちだったに違いない。彼女らは、絵を絶対に公開しないとの条件で、両親や夫に内緒で画家のモデルとなったのである。現代の中国でもモデルになるのは売春とまったく同じように軽蔑すべきことであり、[34] 事実また展覧会のオープン直後に二人の男性が離婚を申し立てた。[35]

6 神々の哄笑

八世紀初めに記された〈古代の出来事の物語〉である『古事記』には、こう語られている。嵐の神スサノオノミコトは女性が神に奉納する衣を織る家の屋根に穴を空け、皮を剝いだ馬を放りこむ。すると驚いた織女たちは、翻訳ではお上品に《impegerunt privatas partes adversis et obierunt》とラテン語になっているが、原文では「梭《ひ》に陰上《ほと》を衝きて死にき」とある。弟の乱暴な振舞いに驚いた太陽の女神、アマテラスオオミカミは洞窟に引きこもり、内側から岩塊で入口をふさいでしまった。その後世界が暗闇に覆われると、神々は講ずべき手段を相談した。《アメノウズメノミコト、天の香山の天の日影を手次《たすき》に繫けて、天の眞拆《まさき》を鬘《かづら》として、天の香山の小竹葉《ささば》を手草に結ひて、天の石屋戸《いはやと》に槽伏《うけ》せて蹈み轟こし、神懸《かむがかり》して、胸乳をかき出で裳緒《もひも》を陰《ほと》に押し垂れき。ここに高天の原動《とよ》みて、八百萬の神共に咲《わら》ひき。ここにアマテラスオオミカミ、怪しと以爲《おも》ほして(1)……》。

この《恐ろしい》アメノウズメノミコトはどうやら女性シャーマンらしく、いわば神憑りになって、つまりトランス状態で乳房と陰門を見せ、高天の原を暗闇にした嵐を追い払うのである。『日本書紀』でもアメノウズメは、やはり裸となり嘲笑して、怪物のような姿のサルタヒコを追い払っている。(2)

しかし、八百万の神は女性シャーマンが裸になるのを見て、なぜ笑うのだろう。現代の日本人注釈者たちは、文明化の過程について一定のイメージを抱いているため、こう主張する。当時の日本人にとって、《女性が乳房や恥部》をさらすのは《決して猥褻ではなく、神聖なこと》であり、アメノウズメは空桶の上で踊りながら《神聖な行為》を行ったのである、と。(3)

ところで当然ながら、そうした判断を裏付ける文献が何もないことを、把握しておくべきだろう。それどころか陰門を見せる場景は、日本のもっとも初期のポルノグラフィー、とりわけ〈中世〉の覗き絵(4)で後代に劣らず重要な役割を果たす。因に平安時代の神話以外の文献を見ても、女性の裸体に突然出会っただけで、同性でさえ驚きと不安を感じたことが明らかになる。たとえば、ある夜盗賊に衣裳を奪われ裸にされた二人の女官を見た時、女性たちを襲った驚愕の念について、一一世紀初頭の紫式部は《裸姿はわすられず(5)》と日記に書き残している。

そうした光景を見ると、男性、主に聖人がぼうっとなることは多くの物語に語られている。たとえば、一四世紀に書かれた『徒然草』にはこうある。《久米の仙人の、物洗ふ女の脛の白きを見て、通を失いけんは、まことに、手足、はだへなどのきよらかに、肥え、あぶらづきたらんは、外の色ならねば、さもあらんかし》。一一世紀の『今昔物語集』には、この物語の古いヴァージョンが収められている。久米が仙人となり天に昇った時、《吉野河ノ辺ニ、若キ女、衣ヲ洗ヒテ立テリ。衣ヲ洗フトテ、女ノ、肺脛《はぎ》マデ衣ヲ掻キ上ゲタルニ、肺ノ白カリケルヲ見テ、久米、心穢レテ、其ノ女ノ前ニ落チヌ[6]》。編者は《仙人も古里を忘じがたく落ち》[7]たと評している。恥ずかしそうに述べているのとは違い、空飛ぶ仙人は女性の下腿を見たからではなく、人間の《古里》、つまり陰門を見たからこそ落ちたことが上のコメントから分かる。

　この物語では偶然に陰門が見えたが、アメノウズメに話を戻せば、女性が陰部を意識的に武器として使う場合もある。鬼に追われた二人の女性が逃げ道を塞がれた時、あわやという瞬間に女神が現れ、すぐさま鬼どもに《大事な所》を見せるよう二人に呼びかけると、みずから範を垂れた。一度に三つの陰門が相手ではとてもかなわない。鬼どもは立ち止まると腹を抱えて大笑いし、しっぽを巻いて逃げ出す[8]。

　ここで新たに疑問が生じる。なぜ鬼たちは笑うのか。彼らは明らかに愉快になったのではなく、ショックを受けたのである。三人の女性が陰門をさらすと、鬼たちはたちまち逃げ出すのだから。

　世界各地で、とりわけ東南アジアと東アジアで、笑いは緊張をほぐす典型的な手段であり、気まずかったり恥ずかしい時、また差し迫った危険な状況を気づかれずに中和しようとする反応である。好意的な態度を見せる、つまり、まさにそうした瞬間には生じない情動や情緒を表現することで、危険を〈受容しない〉のである。たとえば、映画館のスクリーンに極めて残酷な場面が映ると、日本の観客は笑った。またヴェトナム戦争時にあるアメリカ人は、ヴェトナム人女性が故郷の村の写真を見て、まさに腹の皮をよじって笑うのを目撃している。その写真には、殺されたり手足を切断された大勢の子供たちが写っていて、中には彼女らの近親者もたくさんいたのである[9]。

ある日本人のメイドは、夫の葬式に行ってもよいかと、ほほ笑みながら奥様に尋ねた。それから彼女は《夫はここにいます》と言って、笑いながら骨壺を指さした[10]。エスキモーの老狩人カヴィクは、自分が見舞われたひどい災難について話す際に、いつも涙が出るほど笑ったという[11]。また、ある民族学者は、ジェルゴベ＝フラニ族の男性が頭痛がするとほほ笑みながら訴えた時、アスピリンを渡してよいものか初めは迷った、と報告している[12]。バリ島の子供たちも、怒りと気まずさをほほ笑みと愛想の良さで隠す術をたちまち覚え、《内なる自分》を守る。だがそれと同時にバリ島民の生活には〈緊張してあがること〉が多く[13]、無作法をしないか、またこの《自分》がいつか表に出はしまいか不安を抱いている。ところで、それから分かるのは、彼らが決して〈前近代的〉人間ではないことである。ノルベルト・エリアスによれば、〈前近代的〉人間にとって《決定的な危険は、自己制御の拒絶や自己管理の怠慢からは生じない[14]》。《恥じらいは人間を測る尺度だ》とバリ島民は言うが、それには、いわば恥じらいながら程々に羞恥心を表す意味も含まれる。ともかく、若い娘が晴れやかな顔で自分の婚約者の死を語るのも[15]、股を広げ乳房をさらして海辺で寝ころぶ西洋の観光客に出くわし、気まずい思いをした女性が笑うのも、中庸を保つためのようである[16]。

日本でも、笑いは猥褻物に対するごく普通の反応である。たとえば、前世紀末に初公開された裸体画展を訪れた人びとは、ショックを受けて笑った[17]。ポルノグラフィーを《笑い絵》、張形を《笑い道具》と呼んだのはいかにも日本人らしい[18]。京都のストリップ劇場「東寺デラックス」で目玉の呼び物は、いわゆる《御開帳》である。ストリッパーが舞台の端まで出て来て、かぶりつきの観客の前でゆっくりと股を開く。居並ぶ客たちが懐中電灯と拡大鏡で陰唇、陰核などを婦人科医よろしく綿密に調べると、割れるような拍手と開放的な笑い声でショーは終わるのである[19]。こうした〈覗きショーの女性たち〉や娼婦、芸者が小箱にアメノウズメを祭るのは偶然ではない[20]。この神はオタフクとも呼ばれ[21]、今日でも、極めて上品に民衆芸能の能舞台[22]や、現代舞踊でも嵐の神を追い払う役を務めている（54図参照）。

しかし、まったく別の社会でも、猥褻物に対する防御手段としての笑いに出会う。たとえば、間男されたヘパイストスは、浮気の現場を押さえた妻アフロディテと軍神アレスの二人を見るよう、神々に呼びかける。《ここへ来て、まことに滑稽千万ながら許しがたい体たらくを見てもらいたい[23]》。神々はそれに応じる――もっとも女神たちは、そんなぶしつけなことは恥ずかしくてできないのだが。

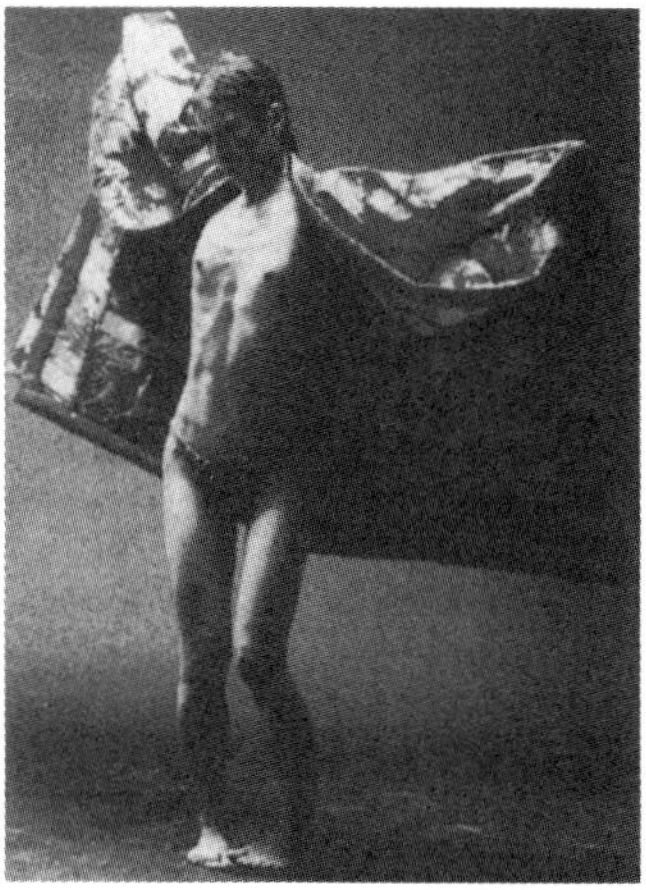
54　女流舞踊家エジ・イクヨ．

《女神たちはさすがに慎みを守って、それぞれ家に残っていた。くさぐさの幸を授ける神々は戸口に立ったが、名匠ヘパイストスの巧妙な細工を眺める至福の神々の間に、消し止めようもない哄笑が湧き起こり……（共に松平千秋訳[24]による）》。

ポリネシアのトリックスター、マウイは、冥府の女神ヒネ・ヌイ・テ・ポが眠っている間に鋭い牙のある膣に入り込んだが、この猥褻な行為を見た鳥たちの大笑いによって女神が目覚めたので、彼女に押し潰されてしまった[25]。一九八一年には、ハンブルク

55 〈家屋不法占拠〉のデモ女性とベルリンの警察官，1981年．

の第一市長ハンス＝ウルリーケ・クローゼも、市庁舎内で七人の男女生徒が服を脱ぎ、一人の少女が市長の前で自慰の仕方を実演して見せた時、やや小さな声で、新聞報道によれば《少しひきつって》笑った[26]。また同年にはベルリンの警察官が、〈家屋不法占拠〉のデモをする裸の女性を警察の鑑識課に連行しながら笑った（55図参照）。

それに対して、ケレオスの家で乙女イアンベが女神デメテルの前で裸になり、それを見て女神が笑った意味の方が疑わしいように思われる。アレクサンドリアのクレメンスやアルノビウスによれば[27]、周知の通り――オルフェウス教徒がバウボと呼ぶ――イアンベは、娘を亡くして悲しむ女神の前でペプロスを宙に浮かせ、女神を慰めるためにみずから陰門をさらした。するとデメテルは、エレウシス教の秘儀の際と同じように笑った。その秘儀では、黒いヴェールをかぶったデメテルが《笑いの石》に腰掛け、イアンベが女神の前で黒いマントをはねのけ、自分の裸体を見せるのである[28]。この場合は笑いで緊張をほぐすように見えるが、意味は少し違うようだ。それは後に《イースターの笑い》と呼ばれ、豊かな実りは失われても毎年戻ってくるのに安堵したことを表す笑いらしい[29]。冥府にさらわれたデメテルの娘ペルセポネは、夏の暑さで枯れる植物を具現する。悲しめる母は娘を永遠に失ったと思うが、繰り返し新たに生命が生まれる陰門をイアンベが女神に見せる。するとデメテルは、万物を産む自然は一時的に地下に退いたにすぎないと悟るのだ。エレウシス教の秘儀では、仮面をかぶった女性がケフィソス河にかかる橋の上で衣裳をたくしあげ、籠に隠し持った陰門の絵を参加者に見せる。こうして、死の後に新生が続くことを思い出させるのである[30]。

この解釈が正しければ、――少なくとも古典ギリシアでは――こうした場合に陰門をさらすのは厄除けの行為でなく、〈同一物の永劫回帰〉の象徴を示して慰めるのである。そして笑いは、すべてが終わったのではないとの安堵感を表すのだ。

もう一つのさらに古い物語の笑いは、あらわになった陰門に対する反応というよりは、むしろエロチックな意味があるようだが、もっとも〈神話的な〉背景がある点では同じように思われる。豊穣をもたらす男根の神ババ、〈ヒヒたちの雄牛[31]〉が、太陽神ラー・ホルアクティに向かい《汝の聖堂は空なり》、つまり《お前は不能だ》と言って侮辱すると、ラーはその言葉を深刻に受け取った。《そこで偉大なる神はみずからの広間で丸一日、仰向けに寝て過ごされた。たったお一人で、深く傷ついて。大分たってから南のシコモレの支配者ハトホル女神がいらっしゃり、万物の支配者である父上の前に進まれると、恥部をお見せになった。すると偉大なる神は笑わざるをえなかった。神は起き上がられた[32]》。

女神ハトホルは、性の主導権を握る実に魅惑的な女性である[33]。野生の雌牛ハトホルの住む葦の茂みで、ある牛飼いが人間ばなれした女性に出会う物語を読んでも、それはありありと分かる。それは女神だった。彼女は裸で、髪は乱れ、牛飼いに性交を迫る。しかしその様子に驚いた牛飼いは、群れを連れてあわてて家に逃げ帰るのである。[34]

太陽神ラーの振舞いは牛飼いとは違う。なぜなら起き上がったのは神ではなく、ペニスのように思われるからである。〈死せる〉オシリス神も同じように、妹の女神イシスに刺激してもらい射精して〈生命〉をえる。[35]ラーも意気消沈して一日を過ごした後、娘がさらした陰門を見て活力を取り戻す。彼が笑うのは、性的エネルギーをふたたび手にした証しなのである。デイル・エル・バハリにあるハトシェプスト女王のテラス状葬祭殿には、アハメス・ネブト・タ女王に関する有名な碑文があるが、そこでもアモン・ラー神は国王の姿をして、ハトホル女神の生まれ変わりである同女王に近づいている。《女王は陛下に向かって笑われた》。女王の笑いに対する神の行為を文字通り訳せばこうなる。《王は女王に対し *ḥ:d* をなされた》。言い換えれば、こうなろう。《王は女王の前で陰茎を固くなされた》。すると女王は王の《美しさ》、つまり勃起に感嘆して一緒に寝た。[36]

ハトホル女神は太陽神に陰部を見せたばかりでなく、自分自身がいわば陰門を擬人化した女神なのである。その名前 Ḥwt-Ḥr（ハト・ホル）は《ホルス神の家》を意味し、Ḥwt（ハト）は女陰のメタファーらしい。[37] それは明らかに、男性を性交へと誘う女陰である。*ḥtp*（ヘテプ）は《幸せである》《満足させる》[38]の意で、ハトホル・ネベト・ヘテペトとは《性的な満足を司る女主人》[39]なのである。

この女神は《万人を陶酔させるアトゥム神の手》[40]、また《ラー神の手》[41]と呼ばれるが、すでにトトメス三世時代に、女神イウサスと同一視されたことからも、それがどのような手か明らかである。それはペニスをしごくマスターベーションの表現との言葉遊びに由来すると思われる。[42]

さて、女神が相手をマスターベーションする手は、言い換えれば陰門を表すというより、むしろ

〈神の手〉とはハトホル女神そのものの名前である。《アトゥム神の手》が嵐を追い払うのであれば、(43)古代エジプト人も陰門を脅かしの手段として知っていたことになる。

すでに古王国時代に、女神バステト（B;stjt、ギリシア語 *Βουβαστις*、《ブバスティスの女》）もハトホルと同一視されていた。(44) その二〇〇〇年後にもヘロドトスはブバスティスのバステト祭について記し、女神をアルテミスと呼んでいる。《男女一緒に船で出かけるのであるが、どの艀も男女多数が乗り組む。カスタネットを手にもって鳴らす女がいるかと思えば、男の中には船旅の間中笛を吹いているものもある。残りの男女は歌をうたい手を叩いて拍子をとる。船がどこかの町を通る時には、船を岸に近づけて次のようなことをする。女たちの一部の者が右にいったようなことをしている一方、ほかの女たちは大声でその町の女たちに呼びかけてひやかし、踊るものもあれば、立ち上がって着物をたくしあげる者もある（松平千秋訳(45)による）》。

しかし、ブバスティスに向かいナイル河を航行中、女たちが岸辺の民衆の前で裸になるのはなぜだろう。それはどんな女たちだったのか。かたかた音を鳴らしながら踊り、ナイルの河辺に集まった人びとに陰門を見せて〈笑わせた〉、つまり性的に興奮させた女たちは、バステト・ハトホル女神に仕える女祭司だったのだろうか。

まず、彼女らの鳴らす音に話をしぼろう。古代エジプトの解釈によれば、楽器シストラムが鳴らす音は、野生の雌牛ハトホルがパピルスの茂みから姿を現す時に、パピルスの茎が立てる音を再現する(46)――裸姿のハトホル女神が葦の茂みから現れ、牛飼いを誘惑しようとした話が思い出される。*sšš w;ḏ*《パピルスの茎をかさこそ、かたかた鳴らす》という表現から、システラム（*sšš.t*）と名付けられた[47]。ティニスのピラミッド呪文では、死んだ国王がこの楽器を鳴らし、母親、つまりデルタ地帯にあるパピルスの茂みに住む《偉大なる野生の雌牛》に、彼女と寝る準備ができたと知らせるのである[48]。

別の解釈によれば、シストラムは男性器を表す。男根の形をした柄の部分は勃起したペニス、金属片のついた棒が並ぶ馬蹄型の枠の部分は《セト神の睾丸》である[49]。ある柩に彫られた碑文で、埋葬者はハトホル女神とラー神の息子イヒスとなってこう語る。《私の両手は母ハトホル女神が下さった彼女のシストラムで、自分を慰める。私の大腿は母がくださったクヌ・クトゥの衣裳である[50]》。またアハモス・ノフレテテには《素晴らしい手にシストラムをもち父アモン神を喜ばせる女[51]》という名前がある。かなりあからさまだが、これは性交とマスターベーションをさしている。女性が男性の前でシストラムを振れば、象徴的に〈神の手〉と、つまりペニスをしごき、睾丸をいわばパタパタさせて神を《喜ばせる》ハトホル女神やその化身と同じ事をしているのである[52]。

だが、ハトホル女神は〈シストラム演奏の女主人〉であるばかりか、鎖状の首飾り〈メナトの女主人〉でもある。これで音を立てるのも、性的に興奮させると感じられた[53]。*mni.t*（メナト）は語源的に *mn.t*《大腿、女陰》と関係があると思われ[54]、これはおそらく、ハトホル女神が男性にメナトの鎖を渡し、《あなたの手で美しい物に触れなさい》と乞う意味であろう。父親ラー神に陰門をさらしたハトホルと同じように、象徴的に相手を刺激するのである。ハトホルの生まれ変わりである女王は、ラーの生まれ変わりの国王に対し、実際にそっくり同じことをする[55]。それどころか女王は左手でシストラムを振りながら、王に鎖を巻きつける[56]。つまり、自分と同衾はさせないで、国王のペニスを膣に挿入するのである。性交を描いた〈写実的な〉場面は、極めて品の良いエジプト文化にはまったくな

56　パピルス55001に描かれたポルノグラフィー．

く、神聖なる結婚の象徴的な描写だけである。(57) しかし、ポルノ風の絵では、誘うように股を広げ、男性の——時には嫌がる者もいる——ペニスを膣に導く女性の姿も珍しくない（56図参照）。

メナトの鎖とシストラムばかりでなく、古王国時代には*jb;*、後には*ḥbj.*と呼ばれた独特なダンスも、ハトホル女神独特の儀式である。(58) サッカラにある第六王朝時代のマスタバ古墳にそのダンスが描かれている。丸みをおびた短い前掛けからハトホル女神の〈侍女〉と分かる踊り子たちが、上体を後ろにぐっとそらし、それから片足を高く上げ、腕は足と平行に伸ばしている。他の娘たちは手を叩いたりシストラムを鳴らし、このパフォーマンスのリズムをとっている。(59)

センウスレト一世の宰相アンテフォーカーの妻は、ハトホル女神に仕える女祭司だった。宰相の墓に描かれた壁画では、手拍子をとる娘たちが二列に並び、その間を踊り子たちが進む。また一方で別の踊り子のグループが、彼女らのところに向かっている。《ご覧なさい、黄金が来ます》とある碑文はどうやら最初のグループに関係があるらしいが、この黄金はハトホル女神の呼び名である。二番目の碑文は、巻き毛がないので男性役と思われる、もう一つのグループの踊り子たちに関するものらしく、《神《ラー》が生まれるべく、天の門が開く[60]》と記されている。

ここでは、ハトホル女神と太陽神の性交の序曲をダンスで表現している、正確に言えば、ほのめかしているようである[61]。踊り子たちの手振りからもそれは分かる。つまり〈女性役〉がこぶしを握るのは、ペニスをマスターベーションするか膣に入れる準備をしており、〈男性役〉が人差し指を伸ばしているのは、勃起したペニスを指で真似る仕草をしている、つまり *ḥ:d* の仕草と解釈できる[62]。

では、ふたたび最初の場面に話を戻そう。音を立ててパピルスをかき分けたハトホル女神が牛飼いに陰門を見せ、同じように娘が父親を元気づけた。それとまったく同じように、踊り子たちはシストラムを鳴らし、よく首にかけているメナトの鎖で音を立てながら、ひらひらした布で覆っただけと思われる陰門を見せたのだろう[63]。踊り子は踊りながら、体を反らせて足を高く上げるか、ブリッジをして見せたらしい。57図の踊り子の姿がブリッジであることは、いわば後方回転の瞬間を描いた図と見る一般的なテーゼとは確かに一致しない[64]。しかし、またこの一般的なテーゼは、後ろに深く身を反らせたこの姿が今日でもヌバ族の踊り子に見られる事実と矛盾するのである（58図参照）。

しかし、どうしてハトホル女神はこのように父親を刺激するのか。猿の神ババが太陽神の性的能力を疑問視したため、太陽神は実際に一日中意気消沈して仰向けに寝ていた。最後に娘が彼をふたたび笑わせた、つまり力を回復させたのである。私見によればこのエピソードには、太陽が母なる女神の体内で毎日力を回復するという考えが潜んでいる[65]。ハトホルはラー神の娘であるばかりか、妻であり母なのかもしれない[66]。すでにピラミッド文書では母になっており、ヘサトの雌牛ハトホルは毎朝《黄金の子牛》たる太陽神を生み、夕方にふたたび胎内に収めるのである[67]。この「子宮への回帰[68]」は《生命との一体化[69]》と呼ばれ、性行為と見なされる。同じようにあるテキストにも、《おお、ラーよ。溝穴の内部を精液で孕ませよ[70]》と記されている。

ディオドロスの有名な報告にも、聖牛アピスに恥部を見せ多産となった女性だけが、ヘリオポリス

57　踊り子，オストラコン，第18王朝.

58　オムドゥルマンの踊り子．フーゴー・ベルナチク撮影，1927年.

周辺のナイル河の神殿に足を踏み入れることが許される、とある。[71] この報告は、先史時代に由来する伝統に似ていることを指摘するもののようである。それは雄牛の神カムテフの伝統であり、野生の雌牛たる女神の胎内で再生するのだ。[72]

7　陰門を見せて侮辱する

過去、現在を通じあらゆる社会で、性交は個人的な行為であったし、今もそうである。だから、性的な誘いとして陰門を見せるのが、普通はあくまでも個人領域にとどまるのは、驚くには足らない。ただし、ナイル河の艀の上でバステト女神の侍女たちが肉体を露出したように、祭儀の場合は例外である。しかし、女性が深い軽蔑の念を表すため陰門を見せるのは、事情がまったく異なっていることが多い。というのも、そうした場合に部外者がその振舞いを目にしようとしまいと、女性は全然気にしないように思えるからである。その意味で、この振舞いは実にさまざまな文化や時代に見られるので、普遍的特徴とも呼べよう。

たとえば、クレムス市の裁判官ハインリヒ・シュテーケルの一四七〇年の帳簿にこうある。《またフェルトの女性が二人、秘処を見せあい》、猥褻行為の廉で罰せられた。(1) 一〇〇年後のザンクト・ガレンでは、陶工クンツとカプフナーの女房が法廷に出頭した。クンツが一マースのワインを飲んだ後、両者の口論が始まった。クンツはその女性に向かい《恥知らずで破廉恥な売女風情》と罵り、それに応えて彼女はまずクンツを《悪党め》と言った。ところが、それでもクンツがうるさくつきまとうので、ついにスカートを《彼に向かってたくしあげた》[2]。また、一五三二年の晩夏、ドゥブローヴニークではフィオリオ・ペトヴィッチがマーラ・ラダノヴィッチ某女を告発した。マーラが彼の家の戸口に現れ《女房を寝とられた男め》と言い、それを意味する仕草をした。彼女はさらに追い打ちをかけ、《彼をひどい目にあわせようと、着物をたくしあげて秘処を見せた》。それでも飽き足らないマーラは、ついに彼を《織工を家に連れこんでナニをするソドミスト》とわめき立てた[3]。

ビルマ人の女性同士で口論が高じると、怒りのあまり腰布をずり下げて陰門を手で叩き、相手に面と向かって卑猥な言葉を吐くことがあった[4]。もっとも、ビルマ人の羞恥閾は高いため、男性との口論ではそんな振舞いをしなかったようである。その場合、女性はスカートを踝まで上げ、激怒した時には膝まで持ち上げることが多かった。妻の裸体を見たことのあるビルマ人男性は極めて少なく、性交時にも女性は服を脱がなかった[5]。現代の農村地帯でもそれはほとんど変わらない。女の子は八、九歳になると、もう母親の前でさえ服を脱がない。若い娘や人妻が服をきちんと着たまま村の泉で洗濯する時も、誰かに〈何か〉が見えないよう、実に巧みに服で後ろの方を隠すのである[6]。

まぎれもなく女性の領域で、男性にとって伝統的にタブーとされる領域があり[7]、とりわけ男性がそこに姿を現せば、激高した女性たちに陰門を見せられる覚悟がいった。男に何の関係もない場所とは、主に洗濯場である――洗濯、濯ぎ、漂白は、女性同士が公の場で顔を合わせる数少ない仕事の一つだった。そこでは、腕や、中には大腿をあらわにする女もいて、おしゃべりや噂の《無駄話》に花が咲き、女性の〈連帯感〉が〈敵なる男〉に関する意見をおおっぴらにできる場所だったのである。《洗濯やパン焼きをしてる女どもは、悪魔になる(8)》。

昔フランスの若者が洗濯女に向かい、《きれいにしてる？》ときわどい言葉で呼びかけると、女たちは着物の裾をつまんで持ち上げ、前と後ろから陰門を見せた。彼女らがみずからそうすることもあり、一八世紀にセーヌ河を上ったある旅行者は、シャティヨネーの洗濯女についてこう記している。《シャイヨでは、女性たちが川辺で肌着をぬるま湯につけたり、洗濯物を叩いたり洗ったりしていた。彼女らは通りがかりに、恥ずかしくて口外できぬほど失礼な言葉をわれわれに向かって数知れず吐いた。旅行客たちも猥褻な言葉で答えたので、この短気な性悪女たちの中で一番年の入ったのは、馬鹿にされたことに我慢できなかった。彼女は濡れたスカートの裾をからげると、かつて誰も見たことがないほど恐ろしい尻をわれわれに見せた(9)》。

侮辱するために陰門を見せる行為を民族学者が記述する時、よくアフリカ社会の女性を引き合いに出す。そして、たとえばキクユ族やトゥブ族の女性に関する報告をもとに、女性フェミニストたちはこんな結論を出した。《数千年前に偉大なる女神が高貴の印に裸姿で描かれたように》、こうした場合の裸体は《明らかに威厳の証しと見なされ(10)》る、と。

もちろん、そうした例はかなり限られているであろう。第一に、新石器時代や新石器時代後期の〈人類の母〉が《高貴の証しに》裸姿で描かれたと思わせる証拠は何もないし、それはまったくありそうもない話である(11)。第二に、キクユ族の女性は浮気した夫の前で服を脱ぐ。こうして夫に対する軽蔑の念を示し、夫との性関係をすべて断ち切ると告げるのである。

しかし、キクユ族の女性はこうして夫ばかりでなく、他人も辱める。たとえば、暫く前に一二人のキクユ族の女性がナイロビの公共広場に大きなテントを張り、息子や兄弟が政治犯として投獄されたことに抗議するハンストを始めた。警察の精鋭部隊がテントを襲った時、数名の女性が丸裸となり乳房をゆさぶりながら警官を囲んで踊った。警官はすぐに立ち止まると、当惑して目を背けた。後に女性の一人は、この事件を撮影したドイツのテレビ特派員にこう言った。《どうしてあんなことをしたのか、自分でも分かりません――もうきまりが悪いったらありゃしない！》。他の女性はこう言った。《突然、戦う力がわいて来ました。裸になって、さあ、戦いましょう！ と言いたかったのです[12]》。

チャドに住むトゥブ族の女性は、人前で夫に侮辱されたり自尊心を傷つけられると、公衆の面前で服を脱ぎ夫を恥じ入らせる[13]。妻が裸になるのは、自分に対する性的特権を夫が失ったことをはっきり示すためと思われる。パーティーの席上で亭主が他の女性といやらしくいちゃついたため、一糸まとわぬ姿となり、会場にいた男性の見世物となったケースを私も知っている。フランス極右の指導者ルペンも同じような運命に見舞われた。彼がある雑誌のインタビューで別れた妻をこき下ろしたが、同誌の次号に彼女が乳房をさらし股を広げた写真が載ったのである。おびただしいフランス女性と、恐らくルペンの政敵もこの事態を大いに歓迎したことだろう[14]。

アフリカでは男性が女性を侮辱すると、女性全体が体面を傷つけられたと感じることが多い。とりわけ、セクハラを受けたり名誉を傷つけられたりした場合、相手を〈女性の敵〉と感じる。たとえば、バクウェリ族の男性がある女性に向かって、証人の前で、つまり公衆の面前で《お前のアソコは臭い

59　男どもを追い払い，通せんぼする象牙海岸のベテ族の女たち．

ぞ》と言うと、当の女性は村中の女たちを残らず呼び集める。彼女らは悪者を取り囲んで陰門を見せ、女性全体を侮辱した代償に豚一頭を要求した上に、酷いことを言われた当の女性にも賠償金を請求する。その際、女たちは卑猥な歌やこんな内容の歌も歌う。《ティティ・イコリ（＝千のアソコ）は侮辱しちゃいけない、とってもきれい、とってもきれいなんだ！》しかし他の男どもは、むき出しになった女性の陰部を見ないよう、大急ぎで逃げ出す。とりわけ、血縁などの関係がある女性の裸の下半身を見れば、男たちは痛く恥じ入るだろう[15]。

パラクヨ・マッサイ族の男性が、未遂も含め近親相姦の罪を負わされると、近所の女たちが全員集まり「エンキシュロト」を催す。つまり、素っ裸になり、大声を上げながら犯人の家に駆けつけ、陰門を見せるのである。犯人の男は絶望的な状況に陥る。あえて彼の味方になろうとする男はいない。そんな事をしようものなら、女たちは《手がつけられなくなる》からだ。賠償として雌牛二頭を女たちに差し出すしか犯人の助かる道はない[16]。トゥゲン族の男性も、卑猥な言葉で女性を侮辱したり、力づくで襲った後、相手の女性に詫びをしそびれると、同じような目に遭う。被害者と同じ年頃の女性が一人残らず裸になって、悪者の家の前を行進しながら、下品な（《とても恐ろしい》）歌を歌い、淫らな姿勢で陰部を見せるのである[17]――これは前代未聞の出来事である。なぜなら、裸体は呪いに等しいとされ、子供でさえ両親や大人の裸姿は決して見てはならないからである[18]。裸女たちが首尾よく悪者の家に押し入りでもすれば、《この男の家の火種は死ぬだろう》、つまり男は種なしになるだろう[19]。

リエラ族で女性が陰唇を押し開いて息子を侮辱する様子を、私の友人ヴォルフ・ブリュッゲマンはつぶさに見た。四〇歳位の裕福な農民ベッサナは、ある日五人目の妻を迎えた。彼女はトーゴ出身の売春婦で、近くの州都で知り合ったのである。《彼女はもう三カ月も彼の屋敷に住んでいるが、屋敷の人びとは憤慨している。ここにはベッサナが亡父から譲り受けた数人の女（彼の《小母さんたち》のほかに、実母も住んでいる。母は年の頃は六〇歳位で、毅然とした女性である。彼女が反対派の頭目で代弁者だ。〈収穫感謝祭〉にはとりわけ先祖に対し来年の豊作を祈願する。私は三人の友人と一緒にそこに客として招かれたが、この時に家庭内のいざこざが頂点に達したのも、偶然ではあるまい。祭儀では断末魔に未来を明かす生贄の鶏たちが〈悪い〉倒れ方をし、仰向けでなくうつ伏せに死ぬ。〈反対派〉にとってその理由は明らかだ。あの娘のせいだ。そこで老女はとんでもない事をしでかす。大声で祭儀に口を出し、あの娘をすぐに放り出すよう息子に要求する。ベッサナは汗をかき失望して、平静さを失う。口出しをやめるか、さっさと屋敷から出て行け、と母親にがなり立てたのは実にまずかった。さあ、ここで事件が起こった。老女はスカートをたくしあげると、股を広げ、陰唇を押し開きこう叫んだものである。〈ここだ、ここだよ、この穴からお前は這い出してきたんだ、魚みたいにずぶ濡れで……！〉。この見事な滑り出しから言葉があふれ出し、激高した問いがクライマックスとなる。〈私をまるでフラニ族みたいに、お前の父親の家から追い出すなんて、よくできるもんだ〉。ベッサナの妻たちと〈小母さん〉に支えられたり、抱えられたりして、母親は憤慨の念に燃えながら自分の小屋に消えた。ベッサナはうなだれて身動きもせずその場に座り続け、生贄祭儀の手伝い人も同様だった。私は友人たちに目配せすると席を立ち、許しをえて帰った。それから三日後、例の娘が屋敷を去ったと知った[20]》。

ポコット族で普通は他人に陰部の辺りを見せるのは、気のふれた女性だけであり、それを見た男性は実に恥ずかしい思いをすることになる。もっとも、夫が妻に対し夜のお勤めをないがしろにすると、女性の一団が彼を取り囲んで笑い者にし、棒で彼のペニスを叩きながら《立たせるモノがないんだ》と言って馬鹿にするのである。最後に女たちは下半身をあらわにすると、地面に押し倒した男の顔に陰門を押しつけ、彼にうんこや尿をかけながら、大声で歌う。《そのキンタマは何に使うんだい？あんたは男じゃないからな！[21]》

また、象牙海岸に住むバウレ族の女性は、強姦しようとした男に陰門を見せて脅かした。《仮面をつけた踊り子が時折邪魔だてする》だけで、強姦男を追い払うのに成功したようなので、これは期待通りの効果があったと思われる。こう報告してくれた女性民族学者は、陰門の《破壊する力》と《生命を救う力》を対比させている[22]。後者が発揮されるのは、戦時には敵を、旱魃期や疫病が流行した時には邪悪な精霊を追い払う時である。上述の女性学者は裸になるのに二つの違った機能があると見るが、実は一つの機能しかないのは明白である。というのも、女性たちが脅かすのは、強姦犯の時もあれば、敵の兵士や悪霊の時もあるからだ。そうした場合に女性たちは乳房を隠し、陰門をさらして *adjamu* を踊る。踊りながら陰門を見せて女性の《出産能力》を示すというのは、まったく納得がゆかない。では、どうして敵は、よりによってその能力を誇示されて逃げ出すのだろうか。

陰門を見せて敵兵を驚かすのは、世界中至るところで行われている。たとえば、フィンランドのチューデ族が放火や殺人をほしいままにしてラップ人の地域に侵入した時、ある老女がこう叫んだそうだ。《異国の船が海峡の真ん中に来たら、あたしを呼びな!》船がやって来ると、彼女は身をかがめ、下半身をさらした。すると突然激しい嵐が起こって、船が転覆し、略奪者どもはみな溺れ死んだ。[23]『グルトリのサガ』では、ある女が陰門を見せて敵の剣をなまくらにしようとした。[24] プエブロ・インディアンの乙女たちも、そうして敵の兵士を敗走させたと伝えられる。[25]

いずれにせよ、かつてスイスのヴァリス州の女性たちもこれに成功したことは確かである。一七九七年にフランス軍がフィッシュガード湾近くのグッドウィックに上陸した際、おびただしい地元の女性が、赤いスカート、ショール、明るい色の頭巾という民族衣裳をまとい、手には箒をもって繰り出した。敵兵が見える所に来ると、彼女らはスカートを捲りあげ裸の下半身を見せた。しかしフランスの上陸部隊は、女たちを赤い軍服と白いズボンをはいたイギリス兵と見誤ってパニックが起こり、全軍マスケット銃をほうり出して逃げ去った。[26]

60図もそうした場景で、テロワーニュ・ド・メリクール率いるフランスの女性たちが、オーストリア兵に前後から陰門を見せている。一八四八年の革命時に政治活動をする女性を揶揄したカリカチュ

60 〈反革命軍の大敗走〉.『宮廷とパリ市民の一般新聞』より，1792年2月.

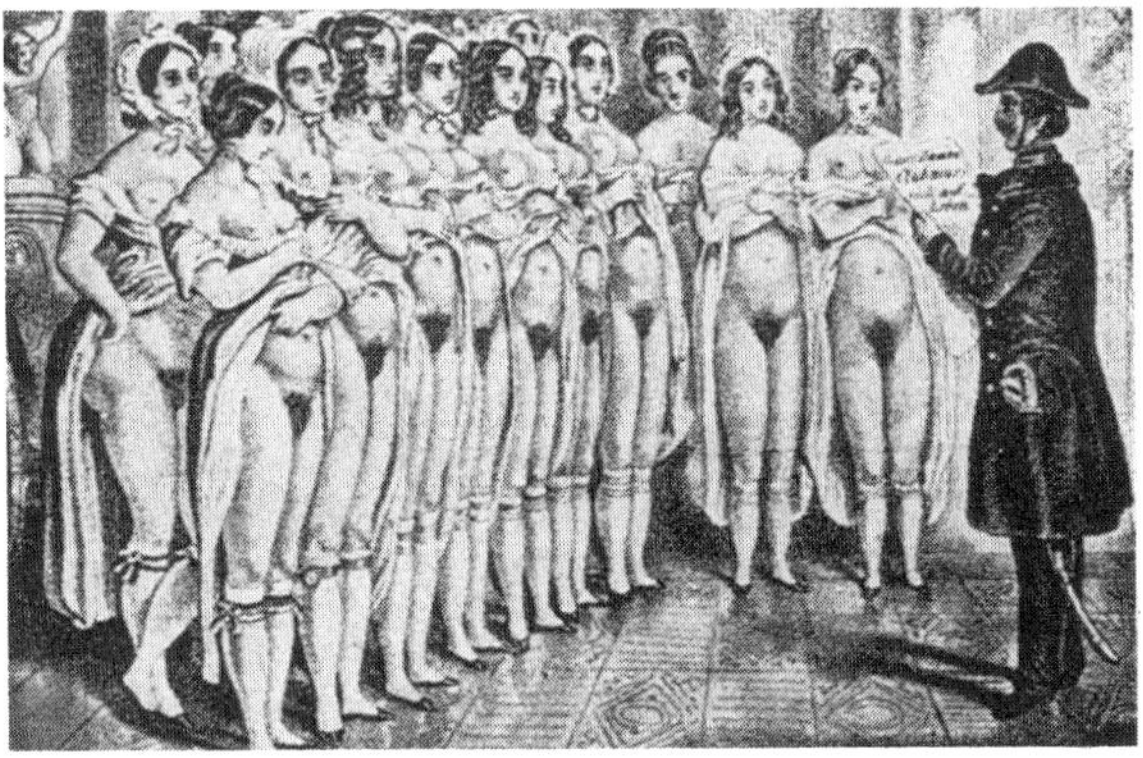

61 〈民主的な女性団体の最後の瞬間〉. カリカチュア，1848年.

62 《手をあげろ！》第２次世界大戦時のポーランドのカリカチュア．

アにも同じような場面が見える。この図では、紙片を読み上げる警官を前に一団の若い娘が乳房と陰部をさらしている。そこにはこう書いてある。《この婦人クラブに解散を命ずる》(61図参照)[27]。

さて、このように敵前で陰部を見せるのは、過去の一時期に典型的な人間であり、気まずさの基準が進化する中でとうの昔に消えたタイプである、と考えられる方もおられよう。確かにカテリーナ・スフォルツァ某女は城砦の壁によじ登り、夫を殺した連中に《陰部を見せて[28]》復讐を誓ったとはいうものの、普通のヨーロッパ女性がそうした反応をするなどもはや考えられない、と。

ところが、その意見に反する例は、上述のまったく〈普通のヨーロッパ女性〉ルペン夫人の復讐ばかりでなく、現代にもたくさんある。たとえば精神分析医の報告によれば、子供の目の前で裸になって威圧する母親が少なくない[29]。また一九一四年に、あるイギリス女性は武装した農民の一団が自宅に押し入った時、陰門を見せて追い払ったという[30]。

第二次世界大戦時のポーランドのカリカチュアを見ると、女性兵士が下半身と乳房をさらし、ドイツ軍の塹壕にパニックを起こしている[31](62図参照)。これはゲルハルト・ハウプトマンの戯曲『織工』

の一場面と比較できる。

一人の老いたる織工（玄関で）　ありゃあ、どうだ。奴らあ兵隊に向かって行くぞ。

第二の織工（われを忘れて）　女たちを見ねえ、女たちを見ねえ！　裾をあんなに捲り上げているでねえか！　兵隊に唾あ引っ掛けているでねえか。

一人の織工の妻（外から叫ぶ）　ゴットリイプ、おめえの上さんを見なさろ、おめえよか、よっぽど勇気があるぞ。剣つき鉄砲の前を飛び歩いているだ。まんで音楽に合せて踊ってるようだ。（久保栄訳[32]による）

しかし、これらはカリカチュアや戯曲であり、そこに描かれた場景は現実ともはやなんの関係もない、と異論を唱える方もおられよう。

むろん、こうした異議に対しては無数の実例で論駁できる。たとえば一九八五年三月、ドイツのハイルブロン市近郊にあるアメリカ軍のヴァルトハイデ基地前で、女性平和運動家たちが裸になり、核ミサイルと宇宙兵器に抗議した。同年レーガン大統領は、ハンバッハ城に車で向かう途中、道端に並んだ若者たちから同じような挨拶を受けた[33]。63図に写っているのは反核運動家の男女だが、独仏国境越しに尻を見せフランスの警察を嘲笑している。それより数年前、

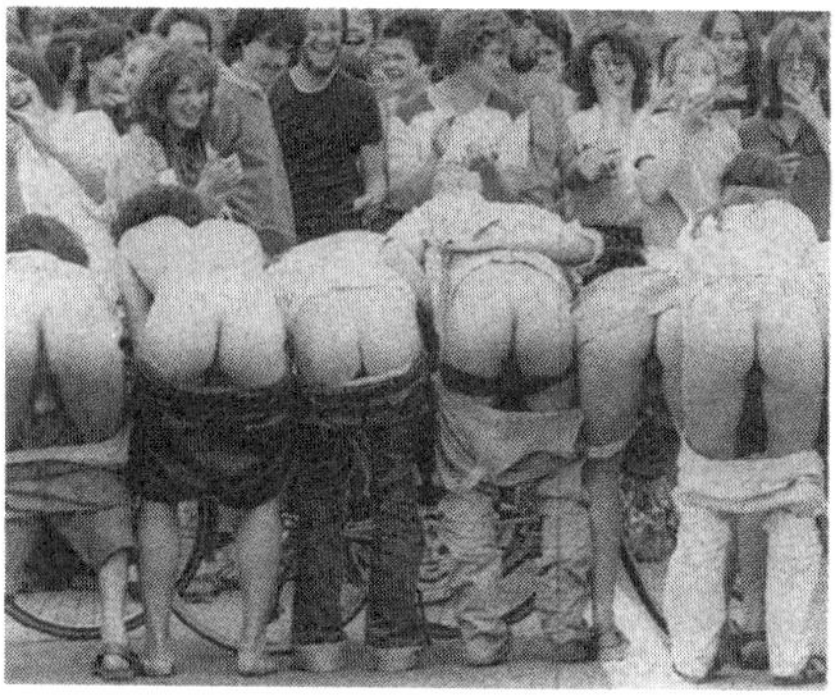

63　フランス入国を拒否されたドイツの反核運動家たちが仏警察の前で尻を見せる，1981年．

64　悪魔とバター作りの女，ゴスラー，1526年．

オハイオ州のケント大学に投入された軍隊が数名の学生を射殺して非難を浴びたが、ある州兵はショックを受け、事件直後にこう供述している。《若い女性たちはみな、卑猥な言葉を叫んだり、淫らな身振りをしてました。あんなのは見たことありません(34)》。

人間ばかりでなく、悪さをする悪霊や悪魔も、陰門を見て逃げ出したり驚いたりする。たとえば、古代中国の女性シャーマンは着物を脱いで、旱魃の悪霊を追い払った(35)。現代でも甘粛省では《女占い師》は全裸となり、雨を降らせる(36)。いずれにせよ、女性は湿気と冷気である陰の原理を体現するので、乾季に女性は公の場所に姿を現し、男性は自宅にこもるべし、と指示された。その上、市門は北側だけを開いた。北は陰の方角であり、そちらから雨を期待したのである(37)。すでにギヨーム・ド・リュブリキの報告によれば、モンゴルの女性は身体を洗う時も、晴れた日は決して下半身をあらわにしないよう、十分気をつける。さもないと雷雨を伴った嵐を呼び起こす、と恐れたからである。今日でもモンゴルには、同じ理由から決して下着姿でも外に出ない女性がいるらしい[38]。

中世末期と近世初期の女性は、このようにして悪魔から身を守るのをとりわけ好んだ。つまり、前を見せることもあれば、64図でごく控え目に暗示されているように、深く前かがみになってスカートを捲り上げたのである[39]。以後数世紀にわたり、悪魔はそうした光景に慣れきっていないようで、65図に見られるように、啓蒙時代になっても悪魔はこの《恐ろしいもの》にショックを受け十字を切っている。《いたずら悪魔にこう言うと、彼女は見せた……何を？　恐ろしいものをさ。悪魔は驚いたのなんの、ひっくり返りそうになって十字を切ったほど。そんなものは一度だって見たことも、読んだことも聞いたこともなかった。どんな悪魔の手があんなものを作ったろう[40]》。

65　ラ・フォンテーヌ作『教皇に化けた悪魔』へのシャルル・エザンの挿絵．銅版画，1762年．

この悪魔の反応がオーバーだと思う方は、世紀末に書かれたある自伝小説の次の件を読んでいただきたい。作者は女中相手に同じような体験をしているのだ。《彼女は私の前に歩み出ると、さっとスカートを捲り上げ、形のよいたくましい足を見せた。彼女は実に小

66　レディ・ゴダイヴァ，16世紀後半．

意気ながら、下品なところもあった。スカートを上まで捲り上げたので、繁みの部分が私にはよく見えた。その真ん中には巨大なものがあった。私は不快感を覚えた。それはマドモアゼルやベアトリスのよりずっと大きく、はるかに不気味な印象を受けた。なんという怪物、なんという器官だ！　これなら最後の一滴まで男の血を絞り取ることもできよう。私は身震いがした[41]》。

英国のコヴェントリー市で、有名なレディ・ゴダイヴァが我が身をさらして、災難から町を守ろうとした話も信用できる。もっとも、それがどんな危険だったか、今日ではもはや分からない。貴族の血をひいた女性が裸になるなど、中世の人びとの礼節心でも無理に思えたようだ。そこで一二世紀の年代記作者ロジャー・オブ・ウェンドーヴァーは、伝説のようにレディ・ゴダイヴァが裸体で市中を騎行する前には、長い髪の毛をほどき、白く美しい大腿を除いて身体全体を慎ましやかに覆い隠した、と力説した。一六世紀にコヴェントリー市出身のリチャード・グラフトンが中世の文献を引用して述べたところでは、レディ・ゴダイヴァは裸で町を巡る条件に、極めて厳しく礼節を守るよう住民に要求した。《この女性に敬意を表するため、彼女が騎行する予定日時には（これは人びとに徹底してあった）、市民はすべて自宅にこもり窓を閉め、厚かましくも通りを覗いたり、通りに居残ることなきよう、重罰を付した厳しい命令が町中に行き渡る旨、人びとに要求した[42]》。皆その命令に従ったらしく、ややきわどい後代の話とは違い、《彼女の貞節》は《救われた》。指の間から見た《覗き屋《ピーピング》トム》が登場するのは、一六五九年になってからである[43]。この時代以降、馬上のゴダイヴァ夫人の姿も描かれるが、長い巻き毛は陰部のあたり以外はあまり隠していない（66図参照）——しかし彼女はいつも慎ましく女乗りをしている。裸女が男乗りで馬にまたがっては、恐らくルネッサンス後期の人びとも行き過ぎで猥褻と思ったろう。

8　女の力

インドでは女っぽい少年はたいてい軽蔑や嘲笑の的になる。年上の少年に肛門性交などの性行為を強いられ、両親も〈普通の子〉になるよう大変な圧力をかけることが多いので、少年たちは家出し、大都市で身をもちくずしたり、ドサ回りの劇団に身を投じ《セクシーな三文芝居》で女役を勤めたりする。(1) 多くの少年はヒジュラの社会に落ち着く。ヒジュラは女装した男だが、みずからは女と思うため両性具有と呼ばれる者もいれば、自分は男でも女でもないと言う者もいる。(2) ヒジュラの卵がこの社会に入ると、今後性行為を一切断つと誓いを立てねばならないが、(3) 実際はほとんどが街頭に立つ男娼となったり、風呂屋で売春するのである。後者の場合、上がりの半分を風呂屋の主人に取られる。(4)

ヒジュラはみずからを大母神バフチャラ・マーターと同一視する。(5) そのため古典古代のキュベレー女神の信奉者と同じように、ペニスと陰嚢の摘出手術を受け、それによりいわば魔的な能力を授かる。

路上や商店で手を打ち鳴らし、通行人や店主に喜捨を乞うが、相手が金を出さなかったり、「本当は男のくせに！」などと侮辱されると、ヒジュラは去勢した陰部の辺りをあらわにする。これはたちの悪い呪いに等しい。しかし赤ん坊、とくに男の子が産まれた時など、悪霊を追い払うために同じ振舞いをすることもある。また結婚式でもヒジュラは歌いながら卑猥なダンスをするが、費用はたいてい新郎とその家族がもつことになっている。(6)

67　パラオ島にある青年の家の破風に取りつけられたディルカイ.

ミクロネシアのパラオ島では、青年たちが共同生活を営む家の破風の厚板に *dilukai* とか *dilngáy* と呼ばれる人形のレリーフが取りつけられていた。それは女性が大股開きで陰門をむき出しにした姿で（67図参照）、悪霊除けのためらしい。つまり、中世の教会にあった乳房のシーラとまったく同じ役割を果たした。専門の彫師だけがこのレリーフを作ることを許され、外の者が彫れば確実に死に見舞われただろう。島民が語るには、昔――どうしても立退か

68　股を広げた裸女に出会う男，パラオ．

ない嫌われ者を追い出すため――裸の女性を二人、《ディルカイの格好で》件の男の家の戸口の柱に縛りつけた。かつてパラオ島民の羞恥閾はかなり高かったので、こと女陰となると、たとえば男性が水浴び場の近くに来ると、大声で女性の注意を促したし、水浴び中の女性を驚かすと、強姦と同じ罰を課せられた[7]。そういうわけで、例の嫌われ者が帰宅した時、どれほどショックを受けたか想像できよう（68図参照）。男は驚いて逃げ出し、二度と姿を見せなかった。流れ星になったとの噂もあったが、消息は不明である。そこで、例の男から身を守るため、ディルカイの像を彫り、家に取りつけたのである[8]。

文明化の過程に関するあるイメージを基に、そうした人物像は決して《卑猥と見なされた》のではなく《肉体賛美のイデオロギー》を表現したものだ、と解釈する人びとがいる。つまり、女性の肉体がまだ《馴化されず》、むしろ《賛美》された時代と社会に生まれたのだ、と[9]。にもかかわらず、ディルカイや乳房のシーラに厄除けの役割がある事実を見ただけで、その解釈に疑問が起こるに違いない。

しかし問題はまだ残っている。なぜむき出しの陰門に相手を威嚇したじろがせる働きがあるのか。女性や女性の像でも[10]、下半身をあらわにし股を広げると、人間や悪霊が恐れて逃げ出すのはなぜか。

たとえば、ゲルマン人の男女は嵐が荒れ狂う時、住居の中から嵐に向かいむき出しの臀部を突き出した。それはいわば嵐の神が性交するよう陰門や肛門を捧げて服従のジェスチャーを示し、神を鎮め宥めたとのテーゼを主張する行動学者もいる。[11] 第4章で論じたテーゼによれば、女性は敵に向かい乳房を差し出し、いわば授乳の申し出をした。それと同じように、ここでは男女が下半身を〈差し出し〉、同性、異性を問わず性交に用立てることで、上位者の攻撃衝動を《殺ぐ》のである。たとえばこんな観察がある。雌のヒヒは交尾のシグナルを送る時ばかりか雄を恐れる時にも、雄に向かい交尾の姿勢を取る。さらに、そばに来るよう誘う時など、敵意がなく友好的に見せた方が有利な場合もその姿勢を取る。たとえば成人の雌は小さな子供に陰部を見せ、もっと近づくよう勇気づける。または若い雌が子供を愛撫させてもらおうと、母親のヒヒに性的な姿勢を取ることもある。[12]

さて、女性が陰門を見せていわば攻撃者の〈気をそらす〉、つまり性に考えを向けて気を鎮めさせる場合が少なくないことは、もはや疑いえない。周知のように、かつてエンキドゥは、ギルガメシュが差し向けたイシュタール神殿の娼婦（シュメール語で *kar.kid*、アッカド語で *harimtu*）に骨抜きにされる。娼婦は野人に陰門を見せ、六日七晩におよぶ性交でエンキドゥの荒々しい力を絞り取ってしまうのだ。[13] ニネヴェから出土した女性の裸像の台座には、アッスルベルカラ王が《人びとを笑わせるためこの彫像を》建立した、と記されている。[14] この女神はアッカド時代以後の印璽で陰門を見せているが、こうしてパートナーを《笑わせ》ようとしたと推測される。どうやらこれはイシュタール女神らしく、神話では海竜に陰部の辺りを見せ、怪物を大人しくさせたのである。[15]

オナ族（セルクナム族）にはこんな話がある。彼らがかつて敵に襲われた時、一人の乙女に敵に向かい陰門を見せるよう強いた。それで敵を追い払うのではなく、敵をおびき寄せ、待ち伏せてやっつ

69　植民地総督に挨拶するフルベ族の女性.

70　懺悔の儀式を行うAAOコミューンの女性会員.
ギュンター・ツィント撮影，1975年.

けたと伝えられている。[16] バシュ族の女性は男たちが狩りをする間、丘の上に並び陰門を見せて叫んだ。《あんたは女の獣だよ！》。すると水牛がおびき出され、大人しくなったところを、狩人たちが仕留めた。[17] また、アビシニアの一角獣狩りに関する中世の記述では、股を開いた雌猿を使いこの空想上の動物を性的に興奮させ、動きを封じている。ここでは雌猿が乙女の代役を務めているのは明白である。同じ物語の別のヴァージョンでは、乙女の体臭やむき出しの乳房で一角獣をおびき寄せ、乙女の膝枕で眠りこんだところを狩人たちが捕まえるのである。[18]

フルベ族の女性が挨拶する仕方は、性的な誘いというよりは、きっと明らかな服従の態度と見てよい。彼女らは植民地総督など偉い人に対し、うやうやしく臀部、つまり陰門を差し出すが（69図参照）、[19] この習慣はグラゲ族の女性にもあった。[20] また七〇年代のＡＡＯコミューンで懺悔の儀式の際に、若い女性がとる姿勢も同じである（70図参照）。ジャワ島の女性もヨーロッパ人に背を向け前かがみになってお尻を突き出すが、男性はしゃがむだけである。前世紀にある旅行者はこう述べている。《男の子たちも母親の真似をして敬意を表する姿勢をとったが、ズボンを履いてないので、ヨーロッパならまったく別の意味に取られるだろう[21]》。

もっとも、ヨーロッパでも尻を見せて恭順の意を示す身振りは広く行われ、現代でも《人前でズボンを下ろす》という表現にその名残が見られる。たとえばルネッサンス時代のフィレンツェでは、借金を返せない人が新広場に集まった大勢の人びとの前でズボンを脱ぎ、広場にある舗装用の大きな敷石に裸の尻をぶつける習慣があった。こうして債権者に全財産を譲り、自分は個人的な義務をすべて免れたのである。[22] この習慣から、《破産する》を意味するイタリア語の慣用句《敷石に尻をぶつける》

が生まれた。[23]

これは釜を掘られても構わないの意味ではなく、むしろ背後からの陰門性交を迎え入れる女性の身振りを真似た、と私は推量する。それは女性がとりわけ受け身になる姿勢である。たとえばニューギニアに住むザンビア族の男性は、フェラチオしてもらおうと若者に臀部を見せて誘惑する。ところがこの社会で肛門性交はまったく知られていないのである。[24]そして中世に南ドイツの都市ギュグリンゲン近くのプファッフェンホーフェンで行われた慣習は、いかにもその間の事情を物語っている。女性しかふさわしくない行為の現場を押さえられた男性は、市庁舎の前で開かれる間抜け裁判でワインを二マースおごるか、《長持ちに向かい誓わねば》ならなかった。この《誓い》では、集まった市民の前で当人がズボンを下ろし、特に選ばれた長持ちの親方が誓いの指を三本、男の《尻に当てた》。言い伝えでは、この不名誉な儀式を選んだ罪人は一人もいなかったが、ついに一五五六年、二人の若者が他人にワインを振る舞うくらいなら自分たちで飲んだ方がましだと思った。二人が尻丸出しで現れると、市民は実に卑猥と感じたらしく、ほとんどの観客は恥ずかしくなり市庁舎から引き上げてしまった。[25]

これらのケースは、性的な誘いや、恭順や服従の意志を表す身振りであるが、敵を宥めることなく侮辱する攻撃的な性格をもつ露出も、それに由来すると仮定するのは、まったく納得がいかない。それゆえ、まずこの身振りを解明するには、同じくもっぱら行動学者が主張するもう一つのテーゼが魅力的と思われる。そのテーゼによれば、下半身を見せるのは恭順の意があると思わせる身振りなのである。[26]さらに付け加えると、陰門性交や肛門性交に同意するふりをするだけ、と相手にほのめかすジエスチャーである。つまり、女性が陰門を見せるのは、望みの物を与えるふりをして、すぐにひっこめることで、相手を嘲笑しているのだ。走って来た子供が他の子供たちの前で一瞬立ち止まり、挑みかかる身振りをして《やーい、やーい、お前になんか捕まらないよ！》と叫んでまた逃げるのと同じである。昔マンハイム市のネッカー河沿いの町で目にした光景だが、七歳くらいの女の子が三人、男の子のグループの前で、お尻を突き出し、有名な流行歌の替え歌を歌いながら、塀の上で踊り回り、男の子たちをかんかんに怒らせた。《あんたたちにファックされるなんて、なんて素敵なことでしょう！》。

マンハイムの少女たちほど品は悪くないが、ブッシュマンのコー族では時に、人妻や若い娘が日中に向かい合って踊るような足取りで歩き回る。女同士が語らい合いながら、陰部隠しの腰布を色っぽく持ち上げたりするが、男たちが少し離れた所から盗み見してるのはちゃんと承知している。もっとも、お互い勝手放題をやる冗談を言い合う相手はさておき、男性の目の前で陰部の辺りをさらせば、あまりにも不作法となろう(27)。一人の娘が観察中の女性行動学者に背を向けて前に深く屈むと、臀部を揺さぶってからかった。すかさず近づいて来た女性は股を開くと、撮影している上述のヨーロッパ女性の前で立小便をした。またある老女は陰部隠しの腰布を少し持ち上げ、陰門と臀部を見せながら性交の身振りをした(28)。娘たちが男の子を怒らせるには、くすくす笑ったり意味ありげに振る舞いながら、前屈みになり陰門を見せ、陰唇を少し広げる。時には男の子たちに屁をかけたり、また尻たぶの間にしっかり砂を挟んで少年たちの方に進み、急に背を向けると前屈みになってさらさらした砂を落としたりする(29)。

これらはすべて、ブッシュマンにとってかなり猥褻な振舞いである。[30] だが、それとなく同衾に誘うだけでなく、ほとんどが普通は著しく私的領域に属する他の行為——排尿、排便、放屁——をほのめかしたり、実行しているのも明白である。人妻や娘は私的な行為を公然とすることで、その行為の目撃者を誰であれはっきりと軽蔑しているのだ。

人妻が男性を刺激し、性的な領域に属する反応を起こさせることで、そのような状況を一段と強調することもある。たとえばロリチャ族の女性が男たちをいたぶる時には、目の前で尻を回し、足を開いたり閉じたりし、性交時のように腰を振ったり、地面に仰向けに寝て股を開いたりする。そして相手のペニスが勃起したと見て取るや、さっさと逃げ出すのである。[31] ニューアイルランド島のレス族も、女性が恨みを抱く男に陰門を見せることがある。この不幸な男が勃起したと分かると置き去りにし、後で女たちにこの話をしながら腹の皮をよじって笑うのだ。[32]

この場合はもちろん別の動機が働いている。すなわち、意識的にコントロールできない反応を男性に起こさせた時、女性が感じる権力を握ったという気持ちである。アメリカのトップレス・ダンサーはこう語っている。《トップレスで踊ってる時、男たちがあたしを見る目つきを見てると、そしたら……ええと……なんて言うか、心の中でこう感じるの。〈ふん、あんたらはからかわれてるだけで、あたしには指一本触れられないんだ!〉って……これって正にパワーを感じる体験よね》。また別のダンサーは、乳房をむき出しにして踊ると、男たちを強姦している気になる、と言う。男どもの欲望をかきたてておいて、放り出す。これは男に対する女の復讐よ、とも。[33] フランクフルトのナイトクラブで働くストリッパーもこの意見を裏付ける。《男どもは低い所に座って、ぎらぎらした目つきをしてるのが分かる。こっちが高い所に立ってストリップしてると、その間、権力を握った感じがするよ。だって男どもは私に手が届かないんだから》。彼女をうっとりさせるのはここである。《男どもを熱くしておいてから、四分間のショーが終わるたびに、カウンターでひじ鉄砲を食わせるの。〈いいえ、坊や、それは駄目よ。さっさと失せな〉》[34]。

陰部を見せて攻撃したり、攻撃の意味をこめる場合、件の女性たちはまったく違う方法でも権力を行使しているようだ。しかもそれは、タブー破りや性的に刺激する能力とは無関係である。たとえば、スペインのジプシー女の陰門には、勇気と攻撃衝動が宿る、と言われる。《このジプシー女は真の闘士だ。毛の下にはどこでもアレをもっている！》と男たちは感嘆する。そしてある母親がきかん坊の子供を静かにさせられないでいると、親戚の女にこう言われた。《あんたには子供に一発食らわすアレがないね！》[35]。

ニューヘブリディーズ諸島のアオバ島に住むヌドゥインドウィ族は、女性が赤く塗った陰唇を、男性がやはり赤く塗った陰茎を衆人環視の中でさらせば、《偉大なる力》が解放される、と信じている——ところで、これは明らかに良俗に反している。当地では男女とも異性の前では陰部の辺りを決してさらさないのだから[36]。

さて、とりわけスペインのジプシー女の場合、陰門の〈危険性〉はそれが不潔なこと、触れたものすべてを汚す能力と関係があると考えられる。ロム族では、女性の陰門と肛門の辺りはきわめて恥ずかしい部分であるばかりか[37]、分泌物やおりもののために危険でもあるが、反対に唾や涙などの上半身の分泌物は決して汚くない。静脈血と違い、とりわけ経血は不浄である。初潮を迎える前の娘はまだ子供で、短いスカートをはき平気でそこらを跳びはねても構わない。月経が始まれば、洗濯物ばかりか、他人が触れるかもしれない座席や水、座っている人が伸ばした足ももはや跨いではいけない。男性が排泄中の女性の陰部を見れば、そのことで汚されるし、それどころか女性の陰部、月経、性交などについて語るだけでも不浄なのである。イギリスのジプシー女は座っている時、いつも両足をぴったり揃えなくてはならず、立っている時も、男性に向かって臀部や陰門を突き出すように前かがみになってはいけなかった。よくキャンプに来たイギリス女性について、あるジプシー女性はこう言った。《はじめてこのキャンプに来た時、あのよそ者の（ジプシーでない）女はぜんぜん分かってなかった。しょっちゅう屈んでたんだ――ここまでしかない短いスカートでさ……男どもは目を覆うしかなかった……しかもあの女は大きく胸の開いた服を着てた。ありゃひどかったね！》女性の下着も人に見られぬよう、決してロープに干してはならなかった。むしろ他の洗濯物で隠さねばならなかったが、それはまたそれで、男性が気づかずにロープの下を通る危険があった。[38] 昔は男性が自分のグループから追放されると、女性がスカートの切れ端を彼の顔に投げつけて不浄にした。[39]

それでは陰門の〈力〉とは、おりものによって汚し不浄にする機能なのだろうか。陰門にはこうした意味で、否定的・破壊的な力があるのだろうか。

勇気、主導権、猪突猛進、意志貫徹、ヴァイタリティなど肯定的な性質が陰門に〈宿る〉のは、それと矛盾する。とりわけ、この点では陰門を男性の陰部に対応すると見なす事実がある。陰茎や陰嚢には男らしい男《マッチョ》の力が宿るが、その力は破壊的な分泌物や経血などとは無関係である。

だが、ジークムント・フロイトの見解では、男性がむき出しの陰門を見て感じる《恐怖の原因》は、あるべき場所にペニスがなく、それゆえ女性は《去勢されている》と男性が感じるためではなかったか[40]。この考えは現代でも精神分析学の文献中を幽霊のようにさまよい続けているが[41]、それに従えば陰門にはもっぱら否定的な性格しかない。いわば陰門はあるものではなく、あるものがない状態であり、単なる穴であり、男性に向かい大口を開ける無である。この意味でフロイトは、女体に関する羞恥は本来《陰部のもつ欠陥を覆い隠す意図》にほかならない、と主張した。その欠陥とは、やはり陰門がペニスでないことだ[42]。さらにフロイト門下の一人は、陰部露出症の女性が珍しいのは、ズボンを下ろすたびに見せるものが何もないと確認せねばならず、それでは自己陶酔の妨げになるので、やりたがる女性がいないからだ、と付け加える[43]。

しかし、こうした心理分析的な考察を否定するように見えるのが、上述のスペインのジプシーのように陰門に力や勇気が宿るとする考え方である。この場合、陰門は明らかに単なる無ではなく、男性の陰部の肯定的な性質を備えている。

ここでまた、心理分析家たちがこう反論する。かなり攻撃的に陰部を見せる女性は、ペニスがあると想像し、男性がペニスを見せるのを模倣しているにすぎない。女性が乳房を《武器》と考え《勃起したペニスの役割》を与えるように[44]、当の女性たちは陰門を《ペニス化》している、と。因にたとえばドゥヴローは、〈バウボの姿勢〉は《当然ペニスの仕草と見なすべき》と断言している[45]。

さて、実際女性の中には陰部について、〈下の方〉に何もない、またはいずれにせよ男性にくらべ取り立てて言うほどの物は何もない、と感じる者もおり、私はそれを否定するつもりはない[46]。だがそれは、そのような感じ方に幾らかでも客観的な根拠があるとか、女性の本質や女陰本来の機能に根ざ

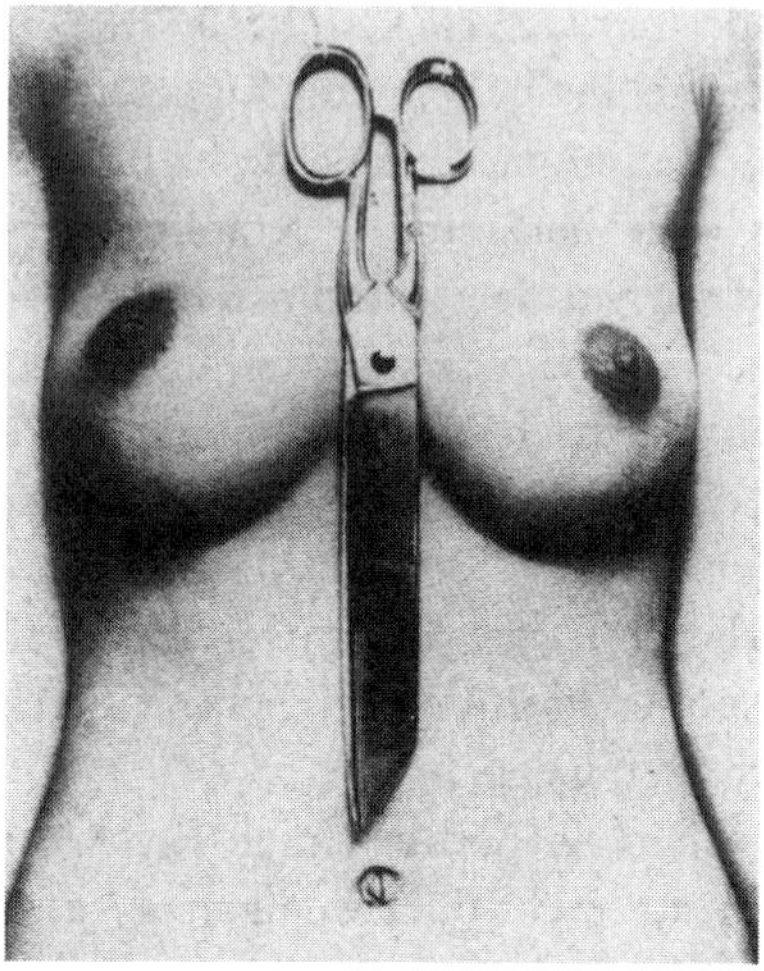

71　ルース・フランケン〈リリス〉，1973年.

したものだ、などという意味ではない。女性が股を開いて攻撃すれば、必然的に《ペニスのように》振る舞うというように、ペニスが陰門より優位に立つことはない。というのも心理学的に見て、男性ではなく女性の側から、つまり陰門の露出を中心に考えれば、男性がペニスを見せるのはペニスの〈陰門化〉だとも言えるからである[47]。

もちろん、女性が男性を去勢すると脅したり、男性が去勢に対して不安をもつこともないわけではない。しかしその理由は、女性にペニスがないのに男性が驚くというからではなく、むしろ女性の陰部が飲み込み、吸い込み、吐き出すものと考えるからである。神々と悪霊の戦いを物語るインドの神話を見れば、この不安が実によく分かる。戦いはなかなか終わらない。というのも、神が悪霊を殺すたびに、悪霊どもの指導者《グル》シュクラ（＝《精液》）が件の悪霊をたちまち蘇らせるからだ。シュクラが不死身なことをシヴァ神は知っているので、第三の眼から恐ろしい女を呼び出した。この女は、乱れ髪で腹は膨れ、巨大な乳房は垂れ、大きな洞穴のような口をし、陰門には歯と目がついていた。シヴァ神は女に言った。《私が悪霊ジャランダーラを殺す間、奴らの悪しき指導者を膣にしっかり挟んでおくのだ。殺したら放してやれ！》。この猛々しい女はシュクラに飛び掛かって捕まえると、丸裸にして膣に挟みこんだ。それから大声で笑うと、シュクラと共に姿を消した。[48]

しかし、ここで疑問が生じる。こうした物語は男性の抱く不安を表すにすぎず、単なる《男性の幻想》なのか。それとも、実際にまた陰門を見せて攻撃し、男を飲み込み、精液《シュクラ》を吸い取るぞと脅す女性がいるのか。[49]《力強き陰門》をもつ例のジプシー女は、男を打ち負かして《ファックする》女なのだろうか。

9　強姦する女

トロブリアンド諸島南部で、一緒に庭の草むしりをしている女性たちが、見える所を通り過ぎるよそ者の男性に時として襲いかかり、地面に引きずり倒したとの報告はいつのまにか有名になったが、それはブロニスラウ・マリノウスキーから出ている。男の恥部隠しを剝いでから、目の前に陰門を差し出し、彼をマスターベーションして勃起させる。ペニスが硬くなるや一人の女が彼の上にうずくまり、ペニスを自分の膣に導き入れ、長いこと〈いたぶっている〉うちに、彼は射精した。それから別の女が彼を勃起させようとしてうまく行くと、男にまたがり改めて強姦した。その後で女性たちは集団で彼にうんこや小便を引っかけたので、彼はむかついて吐いた。多くの場合、彼女らは最後に彼の目の前でなお陰門を擦り(1)、三度目の勃起はおそらくもう期待できないので、みずからの膣に男の手や足の指を導き入れた(2)。

マリノウスキー自身は情報提供者のそのような話の内容に、どれほどの真実味があるか決めかねていた(3)。しかし数十年後、一医師が五年間トロブリアンド諸島のある島で地方医を勤め、キリウイナの南部とヴァクタ島で、*yausa* と呼ばれるそのような慣習が実際にあることを確認した。ただし、この慣習はごく稀だった(4)。さるドイツ人民族学者が私に報告してくれたところによれば、一九七八年彼がキリウイナでヤマノイモの収穫とそれにまつわる祭儀をフィルムに収めようとしたところ、彼の身にこんな事件がふりかかった。彼はある時ヤルムグワ地区で《*mweki* と称するリズミカルで、エロチックな踊り》を演じていた若い娘たちに通行を妨げられた。それから彼は当村の庭で、女性や若い娘たちが籠にヤマノイモを詰め、それを村へ運ぶ様子を観察していた。《女性たちのグループが戻ってきた時、何やら怪しい気配だとわれわれはすばやく見て取った。彼女らは五〇メートルほどわれわれの前で一列に並び *mweki* を踊りだし、それからわれわれ目がけて走ってきた。三人の若者が運搬用の角材を私の周りで三角の形にして防いでくれたおかげで、私はどうにか守られた。男たちはこの攻撃に対し受け身で守るしか許されなかった。モケナナはカセットレコーダーを奪われ、私は帽子を取られた(72図参照)。暫くして万事が収まり、私は撮影を再開したが、今度は音なしだった。[……]大分経ってからまた女性たちが現れ、同じ祭儀が行われたが、今度はわれわれの二〇メートルほど前だった。私はまだ二、三メートル分のフィルムを撮影できたが、また攻撃が始まった。私が目標になった。私はまずヤマノイモの葉の中に逃げ込んだが、横手の乾いたヤシの葉がかさこそ音を立てた。私は映画用カメラだけは守ろうと、地面のヤマノイモに、しっかりしがみついた。すると皆して恐ろしい勢いで私を引っ張り始めた。とても恐ろしいと思ったのは、ずっと後になってからだった。後で聞

72　例の民族学者を襲った後のトロブリアンド諸島の女性たち．ディートリヒ・ウィンクラー撮影，1978年．

いたところでは、既婚婦人も同じように加わっていて、はばかることなくかなり卑猥な言葉を投げかけたので、老人たちが非常に怒った。こうしてついにこの場面は〈鎮静化〉した。われわれは藪の間から忍び出て、帰路についた。われわれが横断した村々では体験したばかりの事件が〈お話の種〉になっており、老婆たちは意地悪く喜び、さっそく歌ったりリズミカルな踊りを始めた(5)》。

ヒングー河畔に住むメヒナク族の女性たちはこう語る。「昔は女の祭りの最中に、たまたま村に足を踏み入れたよそ者は女どもに強姦されたものさ。村の男も女のあそこをちらりとでも覗こうとすれば、女どもにひどい目に合わされたよ。もちろん今日だって男がそんなことをすれば、こてんぱんにぶちのめされるだろうや(6)」。

今世紀の初頭にもまだ、オーストリアのケルンテン州南部のガイル谷では、亜麻を刈り乾燥する娘たちが、《作業期間》中に知らずに通行した男性に襲いかかり、《抱きしめ》て《のしかかり》、彼らのズボンを引きずり下ろして、とりわけ陰部を痛めつけた[7]。似たような手荒な慣習はチロル地方や白ロシアにあり、黒林地方のムルク谷にもあった。ムルク谷では女性たちが特にちんぴらの羊飼いの若者を待ち伏せし、同じようにズボンを脱がせて睾丸を擦り、射精寸前に放免してからかったり罵ったりした。その後で彼女らは陰部の辺りをさらけ出して踊り回りながら、しなやかな若枝でむき出しの腰を互いに打ち合った[8]。ザルツブルク地方の大アルル谷の女性たちは、紡ぎ部屋に足を踏み入れた男のズボンを引きずり下ろして去勢するぞと脅したが[9]、バットスと称する不幸者は実際にそんな目に遭った由。彼はギリシアのキュレーネにおけるデメテル女神に捧げる豊饒祭で覗き見をして捕まったのである。

　ズールー族の乙女の女神ノムカバルワナの祭りでは、娘や婦人たちは一糸まとわぬ姿になり、淫らな歌を歌い猥褻な振舞いをしたが、それは五穀豊穣に必要なものとされた[10]。当地の男や若者たちは、グシイ族の女性が少女の陰核切除後にする振舞いの時とちょうど同じように、自制した。ズールー族の女性たちは性交をまね、ファルスを模した棒で他人を殴り、《ファックしろ！》《おらはお前たちにおまんまはやらねえぞ。何しろスカートをまくり上げる女は一人も見えねえだからな！》というような猥褻な言葉を投げかけた。ある時のこと、このような祭りで暫くして女性軍が疲れた際、一人の老いたやもめが大声で叫んだ。すると女どもは陰部の辺りをさらけ出し、ほかの女もそれに習った。このように彼女らが羽目を外すと、性的に辱められ、虐待され、したたかぶん殴られる危険を冒したくない男は姿を見せないようにした。とりわけ女性たちだけで淫らな裸踊りをする翌晩からがそうだった[11]。

男性に対するこのような性的な虐待と強要は、たとえば分娩、月経、割礼といった〈女性の事件〉をめぐる女性の祭りで、あるいはまた婦人たちだけで男性を排除して行う洗濯、漂白、収穫、草むしりなどの仕事の最中でも、かなり祭儀の形を取った随伴現象として行われた。

日常生活で女性が男性を強姦するケースは、すべてそれとは異なっている。そのすべてのケースを見れば、肉体的に婦人より強いこととは関係なく、男だけが他人を強姦できる、と主張する行動科学者や性科学者の言い分が誤りだと分かる。因にそれは〈自然界でも〉雄はしばしば戦って自分の望むセックスを勝ち取ることを考えれば、驚くにたらぬと彼らは主張する。(12)

たとえばコロンビアのシエラ・ネバダ・デ・サンタ・マリアのコギ族では、二、三人の既婚婦人が畑や街道の脇で待ち伏せして、通りがかった男を強姦する事件がよく起こる。(13) また台湾の山岳地帯のセデク族の女も以前は時折、中でも格別淫らな者が数人徒党を組み、同じような目的で郊外の荒れ野で男に襲いかかった、と言われている。(14)

カスカ族では、ひときわ力強い女性が男を襲い、後ろから地面に投げつけ彼の上に馬乗りになる、と情報提供者は報告している。この種族では、普通女性は男の陰部に手を触れないが、(15) この場合は勃起するまで被害者を擦り、それから彼のペニスを膣に挿入する。(16)

報告者の言葉が真実なのか、〈男どもの虚構〉なのか決めるのは、民族学者にとって不可能ではないが、難しいケースが少なくないのはもちろんである。ネパール北西部のタカリ族の男性たちは、チベット女性の集団暴行の被害者になる話を語り合うのが好きだ。チベットの女性は攻撃的な性を好むとの評判が高く、そんな振舞いはタカリ族では普通の女性はせず、魔女だけがするとされる。ある女性民族学者は、《実際に、〈性交して〉情報をえた》ので、その手の魔女と見られたのは辻褄が合っている。[17] 一八世紀の初め、さるオランダの旅行者は黄金海岸の内陸部に住む女性たちについて、こんなことを聞いている。《彼女らはとても情熱的で、若者を一人で手に入れられれば、その陰部をむき出しにして彼の上にわが身を投げかける[18]》

ズニ族では、女性に強姦されるのではないかと、男性たちが心配する話はたくさんある。[19] また古代神話にも、セイレン（73図参照）やスフィンクス[20]のように、力ずくで男に《馬乗り》になり、精液を

73　セイレンが男と交合する，紀元前1世紀.

74　毅然とした男の男根をしごく.
『ジャン・ド・ベリーの時禱書』（1408年）より.

絞り出す女性はいっぱい出てくる。フェニキアのアナトについて、《彼女は情熱的で男の陰嚢をつかむ》と言われている[21]。

後代になっても、男が強姦される話は文学や学者の討議のテーマになる。シニストラーリが、特大の陰核をもつ女性が男性化し、時に男どもと格闘して倒し、肛門を貫くと主張する時[22]、セネカのような古代の権威を引き合いに出し、また中世詩人が田園詩《パストレル》の中で、彼が《醜女》に捕まって交合を迫られたと控え目にほのめかす時、衝動的な百姓女を利用する。《(彼女は)私を見つけると、私にのしかかり、口には出せないようなことを言った[23]》。

一四〇八年に成立したジャン・ド・ベリーの時禱書で隠者パウロは、悪魔のような女が、縛られて抵抗できない男の男根をしごいているのを見て、衝撃を受けた。彼女はそうして彼を勃起させ、強姦を可能にしたのである。男は快感が高まるように見えるが、しかしながら敬虔で道徳的に毅然とした男だったので、快感を断ち切るため舌を嚙みきり、実は女性などではなく本物の悪魔である例の恥知らずな女の顔に血を吐きかけた(74図参照[24])。ジョルジュ・ドゥヴローは亡くなる直前、民族学の文献でこんな報告に出会った、と私に知らせてくれた。それによると、あるキリスト教の宣教師が彼を辱めようとしたアフリカの首長の指示により、女性にマスターベーションされたと言うのである。この敬虔な男性は実際に舌を嚙み切って、射精に至らなかった[25]。

しかしながら女性を犯そうとしたある若いディンカ族の男は、それほど敬虔ではなかった。彼はアヨクという勇敢な乙女が、急いで被害者を助けに来るとは予期しなかった。彼女は猟人を逆に獲物にしてしまい、ついに彼をしとめてしまった。《彼女はおれに摑みかかり、その恨みは今日でも忘れない。奴はおれの陰嚢を摑みやがった。それからヤシの実でも摘むようにおれを摘んだ。で、おれを絞り出しやがった、まるで乳を出す山羊みたいにな。参った、アヨクはおれを雌牛同然に乳搾りしやがった！》[26]

裁判記録には実際にこんな例が伝わっている。一七〇三年バンベルク領内で、ちんぴらに感情を害された若い乙女が彼を地面に投げ、ドロテーア・ディーツィンは《彼の心臓を膝でくみ敷き、ズボンを手荒に下ろして、抱きしめキスをした》[27]一七世紀初頭の英国でも、ある女が一人の男性と格闘し《あお向けに投げ倒し、その陰部を引っぱり出した》。仲間の女が二人《トーマス・ペリーを縛って板の上に倒し、彼の陰部を引き出し、彼と情交を結ぼうとしたものだ》。ほかの百姓の女中たちは確かに男のペニスを摑むことで満足した。《そしてそれを手の中で上下に転がした》。男どもはズボンをウエストの所であまりきつく締めないので、強く引っ張るとたちまち女性の思い通りになった。これを《ズボンを緩める》と呼んだ。[28]

75 《女性たちが馬鹿者（道化）を裸にして物を奪う》トーマス・ムルナーの「阿呆のマット」の木版画，バーゼル，1519年.

一六八三年にレイトンのピヴアーハウス出身のエリザベス・

マッセイ某女は、公衆の面前で《私は白痴のコッブズのジャックを一軒の家に連れ込み、その陰部が立つまで擦った》と自慢したので、裁判所に呼び出された。一六三五年酒場の女中アン・サヴィッジは、あわや男を強姦するところだった。彼女は男を物置に引きずり込み、ズボンを無理やり下ろして《彼の陰部を引っぱり》出した。ところが余りにも手荒にやったので、被害者は痛さのあまり大声で叫んだのが、彼に幸いした。なぜなら、近所で糸紡ぎをしていた婦人が何人か駆け寄ってきて、最悪の状態から彼を救ったからである。アン・サヴィッジは衝動的な気性の荒さで名を知られた女で、酒場の女中仲間三人と一部屋に寝ていた——彼女は一つのベッドで、ほかの三人は別のベッドで一緒に。ある夜のこと、彼女はまるで毒グモに刺されたように女中たちが寝ているベッドに跳びこんだので、彼女らは目を覚まし《自分たちが犯されようとしているのを悟った》。というのも、三人ともアンが女性を一人であれ二、三人であれ犯すなんて、夢にも思わなかったようだ。実際に彼女が一人の女中に馬乗りになろうとしたところへ、寝巻姿の酒場の主人が近づき、三人に加勢した。アンはやにわに主人の陰部をむんずと摑み、彼の気勢をそいだばかりか、《それを荒々しくしごき》続けた。それで彼は、急いで助けに駆けつけた隣人たちに苦境から救い出してもらわねばならなかった。安っぽいポルノ物の一カットのように聞こえる事件も、一度だけではなかった。アンは酒場でスカートをたくし上げ、《数人の男の前で裸体を見せたり、下腹部を手で音を立てて叩いたりした》からである。いつも彼女は男どもに襲いかかり、馬のような哀れっぽい鳴き声を出して、〈白い襟を取りな〉と言うのだった。それから、彼女は男の手を摑んで自分の股間に導いたり、男どものズボンからシャツを引っぱり出し、前から手を差し込んで《彼らの陰部をしごいたり、握ったり、獣のように淫らに弄ばれた者もいる[29]》。

後世になると、女性による男性の強姦は、刑法的にたいていは「普通の」強姦とは扱いが違った。《厚かましくも男性や青年を強姦しようと力ずくで押さえつけようとする女は、［……］裁判官の裁量により意のままに罰せられるか[30]》それとも彼女の犯行はまったく表沙汰にならないかのいずれかだった。二〇世紀の七〇年代後半の北米では、テキサス州とニューハンプシャー州を筆頭に、女性が強姦の廉で判決を下される可能性があった[31]。その行為も刑法的にはたいてい取るに足らぬものであったが、それは決して強姦が行われなかったことを意味しない。またそれが稀になったと考える拠り所もない――いや、むしろ逆のように思われる。たとえば一九八六年のアメリカでは、犯行を自白した犯人のうち女性は確かに一・一パーセントにすぎないが[32]、専門家筋は潜在的な数値をさらに莫大なものになると想定している。男の被害者は女性の場合よりその行為を届け出にくいからである。ともかく、一九八八年に《男性または女性の同僚》からセクハラを受けたアメリカ軍人の男性一七パーセントが届出をし、うち六〇パーセントが女性ないし女性の集団によるものだと申し立てている[33]。

男が女に強姦された時に受ける不面目と屈辱は、どうしても

76　アルジェリアのリトグラフ，1850年頃．

女の被害者のそれに劣らないように見える。たとえば、ワイオミングで一人の若者が六人の女性集団にしごかれてから強姦されたが、恥ずかしさのあまり程なくして自殺した[34]。また三三歳になるホモセクシュアルの男は、ある女性に強姦された後でこう言った。《私は暴行されたと感じた。恐怖で言葉も出ず、頭がほとんど働かなくなった[35]》。

大柄で腕力もあるトラックの運転手が女性集団に強姦された。衣類を剝がれて裸にされ、猿ぐつわを嚙まされ、寝台の枠にくくりつけられた。四人の女が彼を弄んでから、順々に馬乗りになったが、中の一人の女は何度もそうした。彼は二度、それも極めて早く射精した。その後もはや彼がどうしても勃起しなくなった時、女どもは小刀を彼の睾丸の間に押しつけ、《もう立たないなら》キンタマを取ってしまうぞと言った。彼の感じでは、まるまる一昼夜も性的な虐待を受けてから、ついに女どもは彼をいたぶるのを止めた。彼は決して届け出なかった。そんなことをしたら、《女に強姦された男のくずだ》と世間から見られると、彼は確信していたからである。因に、当人は他の大勢の被害者同様、その後ずっと性的不能に陥った[36]。正に男っぽさ《マッチョ》を誇示する男にとって、女性に〈名誉を奪われる〉のはどうやら男性に犯されるより始末が悪いようである。だから、ラテンアメリカの刑務所でも、被害者が男の場合、男性でなく女性に性的な拷問をさせた方が、はるかに屈辱を与えやすいことが忽ちにして分かった[37]。

多くの男性は、その行為の最中自分は決して快感がないのに、性的に反応することにとても驚いている。強姦された際オルガスムスに耐える女性のように、彼らは勃起し射精することをとりわけ屈辱的と感じている。ある男は自分を襲った女性についてこう言っている。《私は（女に）手の付けられない狂暴性を感じました。お手上げで、止めるなんてできませんでした。私の感情なんかお構いなしに、奴はどんどん続けました。勃起するなんて信じられませんでした。いつも性的に興奮して勃起が起きるのですから。それから女は私に馬乗りになり、すばやくオルガスムスに達し、事は終わりました。私は射精しませんでした。私の頭は混乱し、自尊心を傷つけられた思いでした》。因にこの女性犯は治療専門家に対し、多くの男性強姦犯と同じように、その行為の原因について述べている。私は狂乱状態にあり、男を傷つけてやろうというのがそもそもの動機だった。《セックス》は《自分の怒りを彼にぶつける》手段として利用したにすぎない、と(38)。

この例も含め多くのケースでも、被害者は恐怖のために勃起するので、膣による強姦(39)が可能だった。男性の場合、ひどい緊張や恐怖の状態によってそれはよく起こるし、恐ろしい夢の中でも勃起どころか射精に至ることもある。たとえば、試験中などであり、それゆえ以前《大学入学資格試験《アビトゥーア》性勃起》が話題になったこともある(40)。店で万引きする女性も捕まりはしないかという不安が、強烈な性的快感を呼び起こす引き金となると言っている(41)。

多くの場合、それはむしろ強いられた《末端神経の刺激》と呼ばれる(42)もののように見える。女性犯たちのそれはマスターベーションかフェラチオによって達せられる(43)。多くの〈男子同性愛者〉も若者の意に反して《尺八を吹い》て彼らを犯すのは、周知の通りである。ギリシアの戦士たちは、征服した敵の名誉を奪うためにそれを行った(44)。

またその他のケースは、被害者が何らかの理由で無力だったり、あるいはむしろ《性的脅迫》と呼ばれるものである。――たとえば前者については一六世紀の『メキシコ史』では、メキシコ三代目の

77　エーリッヒ・シュテール『聖なる春』（1899年）の挿絵.

国王ヒマルポポカの統治時代に、泥酔した男を強姦した廉で投石刑で処刑された一女性が話題になっている[45]。また後者については中央インドのカマル族で、ある種の女性たちが若者に対し言うことを聞かなければ、お前たちに強姦されたと村中に言いふらすぞと脅して同衾を迫った[46]。

男性だけでなく、女性も女の性的な餌食になったし、今もなっている。すでに一四世紀にチノ・デ・ピストイアは、他の婦人を犯す、つまり普通は男の特権である行為を婦人相手に仕かける、女性がいたことを示唆している。一六一九年に修道女ペスキアのバルトロメアは、尼僧院長が《二十度も》いやがる彼女の陰部にキスし、指を使って刺激し、彼女の陰門を自分のと擦り合わせてオルガスムスに達した、と供述している[47]。一七九七年のアムステルダムでは、クリスティーナ・キップ某女が張形を使って一四歳の少女を強姦して法廷に呼び出された。その裁判中ある女性証人がこう発言した。ある時私が、被告人になぜ結婚する気がないのかと尋ねたところ、クリスは《ファックするためだけに結婚するの？　それだけなら自分で何とかするわよ！》と答えた[48]。女性刑務所でも、囚人仲間にクンニリングスや相互マスターベーションを強いる女は少なくない。また男根状の物を力ずくで膣や肛門に挿入することも稀にはある[49]。かつてドイツの強制収容所に入れられた女性は、看守を助ける監督役の女囚が強姦する例を報告している[50]。アメリカの大学の〈女子学生社交クラブ〉では、新入りの《シスター》が将来の仲間に裸にされて箒の柄を膣内に挿入されるのが、参入儀礼だったが[51]、同じようなことはすでに小学校でも行われた。たとえば、カリフォルニアでは九歳の少女が、年上の女生徒三人にビール瓶を使って強姦された[52]。

最後にアメリカの女ギャングが将来の仲間を性的に征服した例もあげておく。ある既婚婦人はこう報告している。就寝中の彼女は目が覚めると、ほかの女が馬乗りになり、さらに二人の女が彼女を押さえつけていた。《王様のような偉大なシスターが私の折りたたみベッドに座って、私を撫でました。〈あんた、それ好きかい？　好きなら、じゃあうまくやるんだね。なんしろ私たちはギャングだからね。お前は仲間に入るか、殴られるかしかないんだよ。私たちの一味になる気がなけりゃ、殺されるのさ。刑事なんかお前のために指一本も動かしやしない〉》。それから彼女は二人の女に壁に押さえつけられ、《ビッグシスター》は彼女の乳房の間に、火のついたタバコを押しつけた。後に彼女は夫にそのことを報告したが、彼女が言いなりになって女どもにしたい放題させた顚末を、すべては語らなかった[53]。

10 《おれの尻《けつ》をなめろ！》

さて、多くのケースで前から陰門を見せて強姦すると脅すことに納得しても、それは後ろから陰門を見せる状況にはほとんど当てはまらないだろう。それどころか、本当に陰門を見せているのか、むしろお尻ではないか、それとも両方か、それすらはっきりしないことが多い。それに加え、臀部を表す言葉が陰門の意味に使われることも多い。中世でもその方が品が良いと感じたからである[1]。しかし中世末期から近世初期にかけてのテキストの中に女性の *fud* が出てくる時でさえ、それが実際に陰部をさすのか分からないこともある。確かに中世高地ドイツ語で *fud*、*fut*、*vut* という語の原義は《陰門》だが、《肛門》の意味も派生したので、男性の *fud* を意味するかもしれない[2]。たとえば一五五二年スイスのザンクト・ガレン市でジーモン・フーバー某は、シュピーゼル門で公衆の面前でこう言ったため二日間《投獄された》。《修道院長を刺し殺そうとした奴らはどこにいる。院長はこの中にいるぞ。奴の尻の穴をなめてやれ[3]》。
たとえばフリッツラー市の女たちが、市壁の上から敵の軍隊に向かって《ぴかぴかの鏡[4]》を見せた時、どこをさらしたのか。またアールガウの地方貴族が攻めてきた時、ベルン領ブルク村の女性は同じように撃退したと言うが、厳密にはどうしたのか[5]。おそらくそれは永遠の謎だろう。

それに対し、実際にまぎれもなく尻を見せたと思われる場合もある――たとえばスイスのヴァリス州では恐ろしい旋風フェヤトンの進路をそらすため、サルヴァンの女性と男性は旋風にむき出しのお尻を見せた。ただし、一六五三年シュレージエンのゾーラウ近郊で起きたように、やりすぎることも間々あった。というのも、雨雲が現れる度に、女性の漂白職人たちが後向きになってスカートを捲りあげ、《私のお尻に雨よ降れ、ただし私の亜麻布には降るな！》と言いながら雨雲を迎えたため、当地では一六週間も日照りが続いたという[6]。

南スラヴ人はひどい軽蔑の念を表すのに、男女とも陰部の辺りをあらわにし、さらに女性は陰門を叩いたという。ただし陰門の代わりに、スカートをたくし上げお尻を手で叩いてもよかった[7]。しかし、女性が陰門の代わりに尻を見せる風習は各地に広まっていたわけではなく、南スラヴ人でさえ誰もがそうしたわけではなかったように見える。一九一三年五月、ドナウ河を航行する蒸気船〈ベルグラード号〉がスメデレヴォ近くでハンガリー側の河岸に近づいた時、船上のセルビア兵士や市民が何人か《身体のある部分を見せ》、岸辺に配置されたハンガリーの衛兵たちを愚弄した。するとハンガリー人はセルビア船に向け銃撃を開始し、船長と乗客一人に傷を負わせた[8]。ヨーハン・ラインホルト・フォルスターによれば、同じような事件が一五〇年ほど前にも起こった。それはクック船長の探検隊がニューヘブリディーズ諸島のタナ島に投錨した後のことだった。《われわれが船上にいる時、海岸の男が実に生意気なまねをし、海軍大尉に裸の尻を見せた》。このメッセージを十分理解した大尉は、すぐにその島民に向けて銃を構えると撃ち殺した。[9]

中世末期にこのようにお尻を見せれば、厳罰に処された――たとえば一四三六年にコンスタンツ市民ゲルバー・クラットは、灰の水曜日に《市内の至るところで人びとに尻を見せた》廉で半年間の市外追放となった[10]――。それゆえ、そうした振舞いが当時は破廉恥でなかったと主張する者がよくいるが、それは完全な誤りである。たとえば、お尻を見せるのを中世人は《まったく卑猥でない》と感じたと言う。さらに《お尻を使った例の中世の振舞いを、現代の文明化された人間ならもはや厄除けの魔術と見ないし、罰すべき行為と言わないまでも、ひどい侮辱と感じるだろう[11]》。こんな論拠を述べるのは、振舞いが卑猥で、それゆえショックを与えるからこそ、《魔的な》意味があったということを忘れているのだ。その上、五〇〇年前に他人に尻を見せれば、犯人は現代とはくらべものにならぬほど不愉快な結果を身に招いた事実も無視している。それは身振りそのものばかりか、同じような言葉による侮辱にも当てはまった。もっとも言葉で侮辱する時は、たいてい同時に尻を見せたのだが。たとえば一四世紀にチューリッヒで、ウーリ・リーティナーはエルジ・レープマン某女を、《この、使い古しの、ガタガタの、あばずれ女が！》、《淫乱で病気もちの泥棒猫め！》など不愉快な言葉で侮辱した時、《エルジに臀部を見せ、はっきりと侮辱した[12]》。ルツェルンの参事会議事録によれば、イェンツ・ファスビンダーの妻は亭主に対しまぎれもなく《私の穴をなめて、私の割れ目にキスしておくれ》と命じた。バンベルクの名誉棄損の訴えにこうある。《彼女は彼に対し〈あたしの尻をなめて、下履きにキスしな！〉とも言った[13]》。
中世では乳房のシーラが陰門を見せておびただしい教会を保護したとされたように、お尻を見せる石像が多くの市壁や公共施設を安全に守った。これらの像はたいてい前屈みでお尻を出した男性の姿で、たとえばバーゼル市庁舎の像のようにしばしば陰嚢を見せたり（78図参照）、時には垂れ下がったペニスを見せることもあった[14]。もっとも、昔ハイデルベルク市に北側から入る時に通った橋の塔のように、礼法上の理由から破廉恥のアレゴリーである猿が尻を見せることもあった。

オーデンヴァルトにあるブーヘンの市壁には、以前《歯をむきだしてにやつく男》の石像が立っていた。これは膝をついた男性像で、にやにや笑いながら外に立つ者を嘲笑し、お尻を突き出していた[15]。前世紀の半ばまで、アルザス地方にあるベルクハイムの市壁の上門、別名ラッポルツヴァイラー門にも同じような石像が据えてあった。捕吏が同市に保護を求める者を追跡し、逮捕しようとしても、このいわゆる〈ベルクハイムの小人〉の前で皆引き返さなくてはならなかった。小人はお尻を見せるほかに、なにか《怪しげな手つき》をしたようだが[16]、その仕草が何だったか、今となってはもはや分からない。乳房のシーラが陰唇を開くように、おそらく〈小人〉も尻たぶを広げたのだろう——これは今日でも、エイポ族で思春期前の少年たちが、互いにおならを

78　バーゼル市庁舎のブラケット．

かけて、嘲弄し合う時にする仕草である。[17] アイブル＝アイベスフェルトの報告でも、ヤノママ族の怒った母親が同氏に向かい乳飲み子のお尻を突き出し、尻たぶを押し開いたという。[18]

しかし、〈小人〉の身振りはおそらく〈尻をなめる〉よう、いささか上品に言えば《後ろをなめる》よう挑発しているのでもあろう。これは周知のように、ゲッツ・フォン・ベルリヒンゲンが壁の上にいるクラウトハイムの役人に意志表明したのと同じである。

因に、これは性的な挑発、つまりアニリングスの誘いだとか、それどころか《私のお尻にファックして！》の婉曲表現で、肛門性交に誘うアイロニカルな意味だと繰り返し主張されているが、私はまったくありえないことだと思う。確かにアニリングス――娼婦の隠語で《アルジェー・フランス風》――は存在し、とりわけ売春婦相手や男子同性愛者間の性技として行われる。[19] しかし、中世や近世初期にそうした性技が知られていたことを示唆する資料は何もない。[20]

もっとも、性的な意味のない〈尻なめ〉はあり、これは人間に対する最大の侮辱だった。たとえば、真夜中の魔女の踊りで、魔女志願の女性は悪魔の肛門にキスをして服従の意を示した。また伝説によると、皇帝フリードリヒ・バルバロッサはミラノ征服後、前に帝の后を侮辱したミラノ市民に対し、雌ロバの陰門に自分の鼻を突っ込みながら、肛門に押し込んだイチジクの実をまた取り出して飲み込めば、命を助けてやると言った。ほとんどの市民がそうした辱めを受けるより死を選んだ方がましと、その場で処刑されたという。[21]

性的な卑下としてのアニリングスは、現代ですらあるようだ。いずれにせよ性科学者マスターズが主張するには、ドイツに進駐した連合軍の元兵士とのインタビューから、第二次世界大戦直後、敗戦国ドイツの大勢の女性がみずから進んで戦勝国の兵士の肛門をなめたことが分かった。《その行為に及んだのは、進駐軍の兵士と性的関係を結んだ女性がほとんどだった。ドイツ女性にその行為をさせたのは、実にマゾヒスティックな快感だったらしく、目論み通り男のサディスティックな反応を首尾よく引き出したようである。この行為は、被征服者の征服者に対する全面的な服従を象徴していた[22]》。

中世には、路地をうろつき《人びとに尻を》見せる男性が時折いたが、現代の視点から当人の動機を確認するのは、不可能でないにしても難しい。というのも、たいていの裁判官は犯罪にならない行為には興味がなかったからである。だから、たとえば世間を挑発して《市民を仰天させる》ためだったのか、それともまた〈強迫行為〉、つまり性の逸脱という現代的な意味での《露出症》のためだったのか、依然として謎に包まれている。

いずれ述べるように、当時も男性の陰部露出症とはっきり分かるケースがある。しかし、臀部の露出が性的な〈強迫行為〉とかなりはっきりした例は後代にならないと見つからないようだ。たとえばルソーは一八歳の頃、つまり一七三〇年頃に《暗い小道や隠れた場所》を訪れた時のことをこう書いている。《そこで自分が女性のそばでこうしていたいと思うような格好をして、遠くから女の目に見せたのだ。彼女らの見たのは猥褻な物ではなかった。そんな物は私の念頭にも浮かばなかった。実はこっけいな物だったのである。こんなものを女の目にさらして感じていた愚かしい快感は、書きようもない。こちらのひそかに願っているような扱いを受けるには、もう一歩深入りすればよかったのかもしれぬ。もし私にじっくり待ちうけている厚かましさがあったら、きっと、誰か通りすがりの大胆な女がそういう楽しみを与えてくれたに違いない》。ルソーが何を考えていたか――お尻を打ってもらうことか、それともほかのことを望んでいたのか――、まったく分からない。いずれにせよ、ルソーはこうして若い娘たちに、彼の考えでは《誘惑的というよりむしろおかしな所作》をして見せた。《おとなしい娘は見ないふりをしている。ある者は笑い出す。またある者は侮辱されたと思って騒ぎだした（桑原武夫訳による）》。[23]

後世の、とりわけ女性は、お尻を突き出すのを正に攻撃的な行為と見ている。たとえば、実業家であり作家としても成功を収めたピール夫人は、娘時代の一八八〇年代後半に、《つけ尻《フォルス・バム》》とも呼ばれた造り物の《お尻》を正に武器として使った思い出を記している。《私はスカートを広げる腰当ての紐をきつく縛り、攻撃的に突き出るようにすると、歩きながら振り回したのです》。[24]

一九世紀から二〇世紀初頭にかけて、特に若い娘や女性の《ムーニング》が、つまり衆人環視の中でお尻を見せて挑発し、自慢気に攻撃する例が頻繁に報告されている。[25] 今世紀の五〇年代末には、ついに若い男性のグループ全員による《ムーニング》（79図参照）という新現象が話題になり、七〇年代半ば以降は若い女性のケースもますます増えている。[26] たとえば、ベルリン女子刑務所の女囚たちは定期的に監房の窓からお尻を見せた。すると、刑務所の前にずらりと並んだ男性露出症者たちがズボンを下ろして〈反撃した〉ので、本格的な合戦となった。[27] ほぼ同じ頃アイオワ州のある大学では、女子学生たちが夜な夜な明々と照らされた部屋の窓際で服を脱ぎ、スリップとブラジャーだけになって男子学生たちを挑発した。この行事に参加した一女子学生はこう言っている。《夜もふけてから部屋に閉じこもると、男の子たちをからかうため窓際でストリップとダンスをしました。それでもいつもは決まってブラとパンティ止まりでした。ある夜、リーダーの女の子たちが酔ってハッピーになった時、覗き見ショーやストリップはやめて〈集団ムーニング〉をすることに決まりました。一部屋毎に女の子が一人、暗闇の中で椅子の上に立って体を屈め、窓にお尻を押しつけ準備しました。それから他の子がほんの数秒だけ部屋の明かりを点けたのです。まるで挑戦してるみたいでした。下品で行儀の悪いこととは分かってましたけど――それでもやってみたのです[28]》。

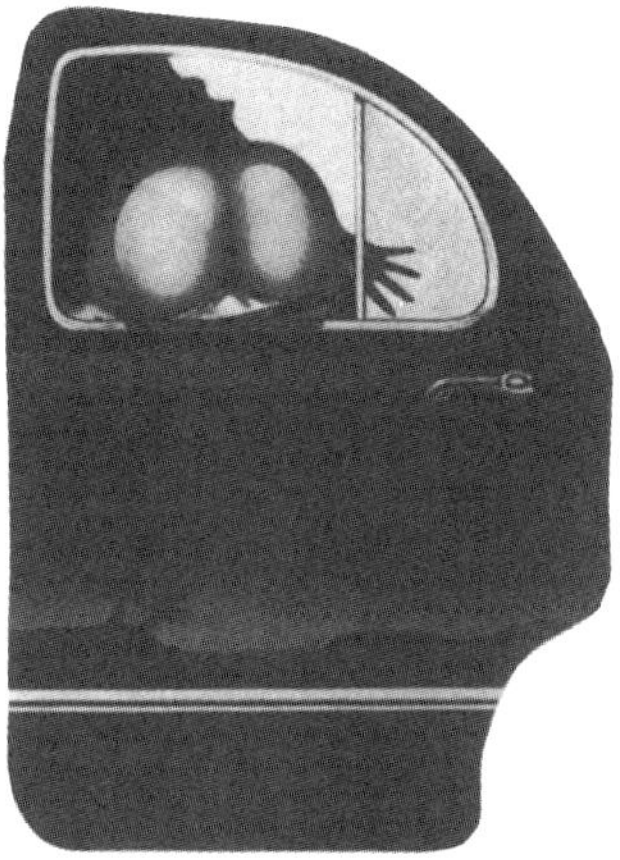

79　〈ムーニング〉，カナダの絵葉書，1980年．

七〇年代初頭、北アメリカに現れた《ストリーキング》（80図参照）は、やや遅れてドイツにも入り《Blitzen》と呼ばれたが、それはわざと規則を破り、挑発する点で《ムーニング》に通じるものがあった。《ストリーキング》には、当初は若い男性だけが参加したが、次第に若い女性も増えた。七〇年代半ばには、とりわけアメリカ西海岸で大変なブームとなり、ロサンゼルスの放送局は特に《ストリーキング警報》を発令するほどだった[29]。しかし《ストリーキング》も決して二〇世紀の発明ではなかった。というのも、すでに中世末期や近世初期には、《裸踊り》で公衆を挑発する若者たちが繰り返し現れているからである。たとえば一六世紀にはある若い女性が《軽佻浮薄な仲間とともに裸踊りを繰り返した》廉で《一時投獄》され、《罰金も課せられた[30]》。近世初期にはイギリス貴族の若者たちが羽目を外し、また市民の感情を害するため、素っ裸でロンドンの小路を走り回った[31]。こうした流行の《ストリーキング》にしても、先の《裸踊り》にし

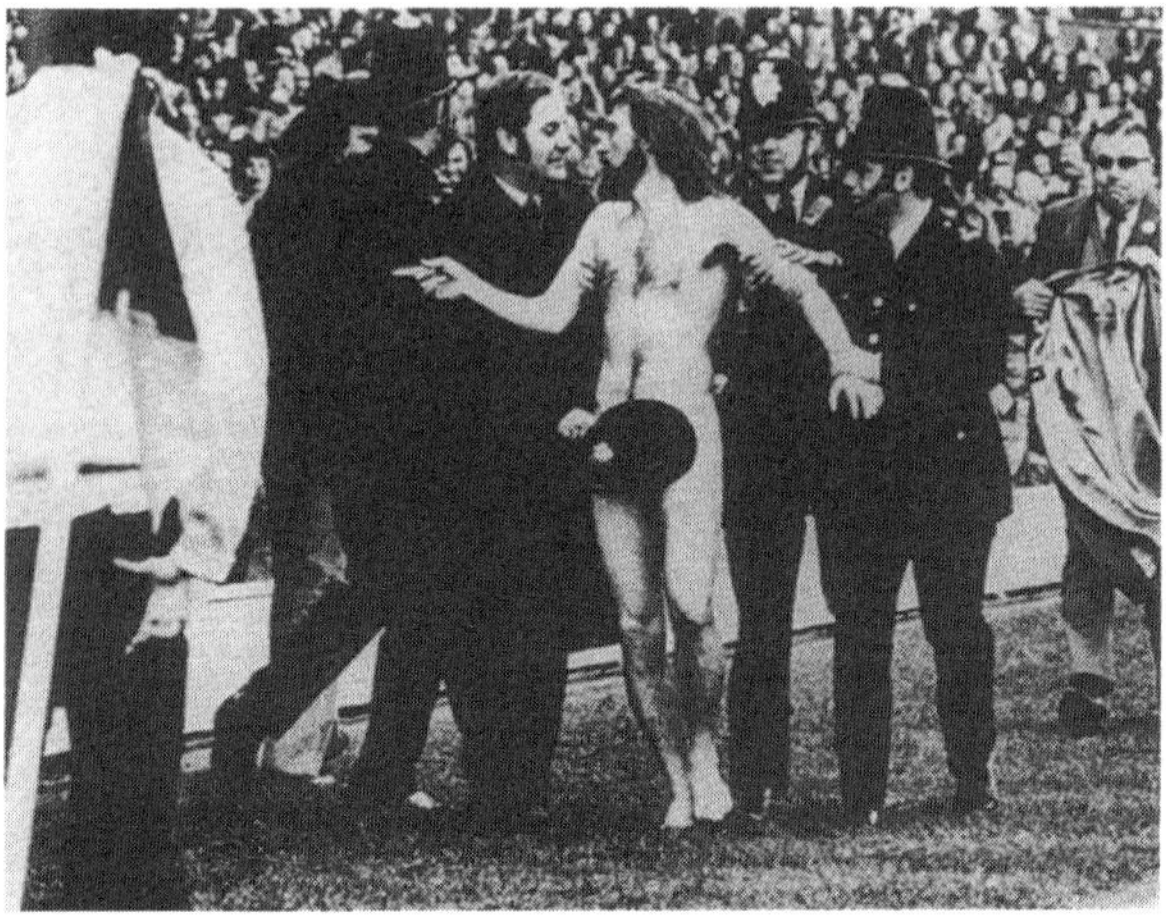

80 〈トウィックナムのストリーカー〉．イアン・ブラッドショー撮影，1974年４月．

ても、社会の羞恥閾が今日より低かったことの現れではなく、意識的にタブーを破ったのであり、たいてい現代より厳しい処罰を受けた[32]。

露出症者も《ムーニング》や《ストリーキング》の常連だったことは、もちろんありうる[33]。ただし、一般に男性特有の強迫観念に囚われた露出症は女性とは無縁だった、と言い添えねばならない[34]。たとえば、一七歳のある娘がとりわけ兵隊に陰部を露出して見せた理由は、男たちを《驚かせ》て興奮し、その時《快感》を覚えたからと述べたが[35]、しかしながらこうしたケースはむしろ稀である。女性が身体を露出するのはたいてい、相手を驚かすのではなく、性的に興奮させたり[36]、相手の注意を自分に向けたいから[37]である。驚かそうとするだけなら、相手が不安を抱くため普通は性的な快感は引き出せない。〈被害者〉の示す反応は、驚いたりショックを受けるより、むしろ不信の念を抱いたり、気まずい思いをするケースが大半を占める。たとえば、若い女性が素肌にレインコートだけをまとって路上に立ち止まり、男性が通りかかるとコートを開いた場合のように、[38] せめて行為の背後に攻撃的、侮辱的な意図が見えないと、不信の念を抱いたり気まずい思いをする。それに応じて、ドイツ連邦共和国刑法第一八三条第一項でも女性の露出行為は懲罰の対象にならず、しかもそれは《社会的に無意味で、刑法上の関心がない》[39]ためである。にもかかわらず、いや、おそらくそうだからこそ、専門家は女性の露出症という謎に包まれた広大な領域と取り組んでいるのだ。[40]

11　威嚇するファルス

周知の通り、露出症患者は女性より男性の方がはるかに多く、たいていは動機もまったく異なっている。確かに露出症の男性は、裸を見せる女性と同じように、〈ピューリタン風に〉躾の厳しい家庭で育った者が多く、そこでは肉体の露出はすべて厳禁されていた。[1] しかし、彼らは性的な見世物より、むしろ〈力を行使し〉たいのである。たいていの場合、露出したペニスは勃起して、力に満ち溢れており、できるだけ大きく見せようとする。たとえば四五歳のある男性は雑踏する歩道の脇にいつも車を停めると、ウィンドーを下ろし、むき出しの陰部にかぶせた巨大な作り物のファルスを窓から突き出した。[2] だがほとんどの露出症患者は相手を威圧するだけでなく、[3] 不安や驚きを抱かせ逃げ出させたいと思っている。だから一人前の女性より、性的体験が少なく、ショックを受けやすいはずの若い女性や少女、子供たちに裸を見せるのである。[4]

女性の恐怖を楽しむ時、《強烈に力や強さを感じる》と言う男性は多い。その時の状況を、露出中は《家の壁もまっすぐ突き抜けられるほど[5]》強くなった気がする、と述べる者もいる。また、こう言う者もいる。《女の顔に恐怖の表情が浮かぶのを見るのが好きだ。その瞬間、俺はイクのさ[6]》。こうした理由から、被害者に仕立てるつもりの相手が自信満々で馬鹿にした態度をとったり（《あら、そんなに小さいの？》と言ったり）、それどころか嬉しそうな様子を見せると、露出症患者は当然欲求不満になる。ある男性は行く先々の外国で裸を見せようとわざわざ商船隊に入ったが、たとえばインディアンの女たちは《ただ笑うだけで、惨めな気分になった》ので、彼女らは苦手だった。結局、彼はヌーディストクラブに入った。そこなら満足できると思ったからである[7]。

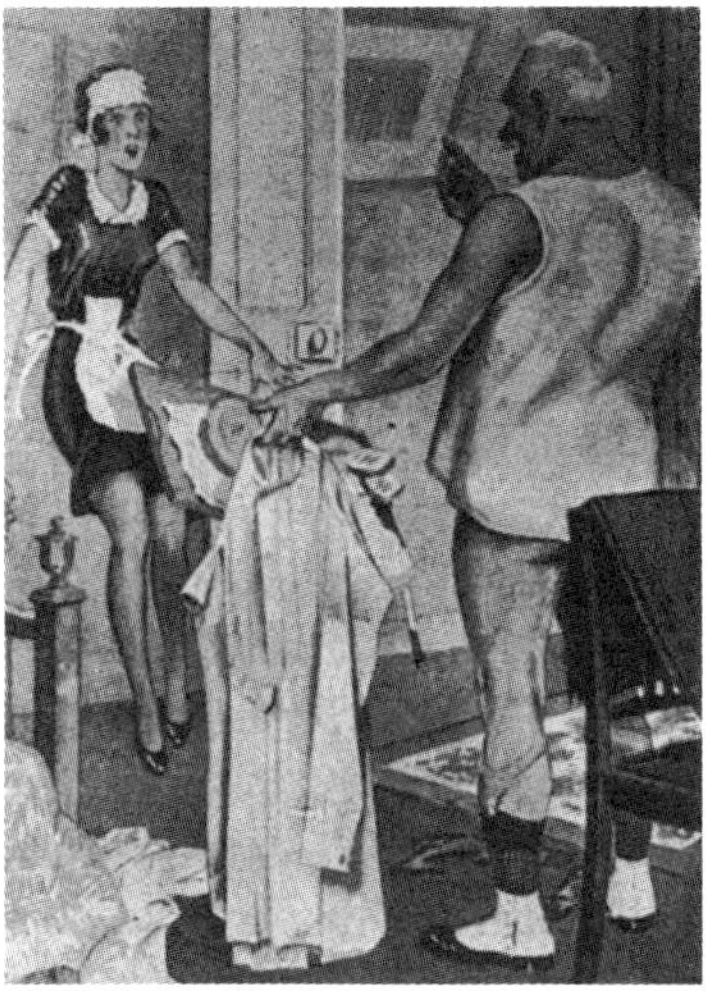

81　G・レオネック〈お入り！〉. 水彩画，1927年頃.

常習的な露出症患者は、非常に強い性的興奮から犯行に及ばざるをえないのだが、〈気まぐれの露出症患者〉がそうする原因はたいてい快感よりも怒り、憤激、憎しみなどである。後者の男性こそ〈露出症患者は人畜無害という神話〉をひどく損なう張本人のようだ。幾つかの調査によると、およそ二〇パーセントの露出症患者が攻撃的で卑猥な言葉を浴びせてから、被害者の乳房や陰部を摑んだり、精液を〈発射し〉たりしている。ある男性は女性の郵便配達員に露出するとこう叫んだ。《お前が欲しいものを見せてやる、この売女め！　お前にやるよ！　ちょうどこれが欲しかったんだろう、この魔女め！　こっち来いよ、生涯で最高のセックスをしてやるぜ！》[8]。

さて、エリアスの文明化理論の信奉者たちは、このような性行動のパターンを否定する態度は比較的近年になって生まれたと主張する。ことにヨス・ファン・ウッセルは、露出症は《一八世紀、特に一九世紀になり》ようやく《性の逸脱であり懲罰に値すると見なされる》ようになった、との意見を述べた[9]。

もちろん、そうではない。それどころか、いかなる理由にせよ衆人環視の中で陰部を見せた男たちは、中世や近世初期には現代よりはるかに厳しく罰せられた、という印象を受ける。それより以前の時代には、女性に向かい恥部を差し出したその手を切り落とされずにすめば、ほっとしたことだろう。たとえば一三〇七年にニュルンベルクではこういう事件が起こった。《ローゼンラッハーは一三〇七年の福者グレゴリウスの日に、路上のご婦人方の前で男根を露出した件につき、手を切り落とされる罰を受けた。男はその上二年間都市から五マイルの所に市外追放するとの判決を受けた》。そして一三四八年の判決の内容も同じである。《袋物師ウルリヒに対し市当局は、おのれの一物を無作法にも女性に見せた廉で、五年間町から五マイルの所に市外追放する[10]》。一四九六年にブレスラウのある男性は女性の前で恥部を《出して見せた[11]》ため、穴牢獄にぶち込まれた上に罰金刑を課せられた。また一五二七年にはブライスガウのフライブルクでも、他人の前で《恥部と男根を取り出した[12]》男性が同じ罰を受けた。一五五〇年一月ヴェネチアで、ドメネゴ某はミサの間、居合わせた女性たちに繰り返し露出したため、半年間の禁固に処せられた上に一〇年間の市外追放を言い渡された[13]。一五九一年、ユダヤ人イルツィング・ウツメミンゲンは《女性の前で小便をした[14]》ため、ネルトリンガー塔の牢獄にぶち込まれた。その四年後、ヘッセン方伯領シュタインバハの裁判所書記はこう記している。《おのれの恥部を卓上にあったマティアス・オイルナーの帽子の中に置いた廉で、ヨハン・シュミットに三フローリンの罰金を課す[15]》。

特に居酒屋でへべれけに酔った時など、自分の《一物》をズボンから取り出し、立派な〈男根〉だろうと居合わせた人びとに自慢したい、という衝動が湧き上がる男が少なくない。たとえば一六〇九年、飲み屋で酩酊した客が《男根をまな板の上に》おき、同じようにして大きさくらべをしよう、と飲み仲間を誘った[16]。一七三二年にはプファルツのヴァルトグレーヴァイラーで店の主人と客が公序良俗違反の廉で罰せられた。客が《主人から、お前は女房相手だとからっきし意気地がないと言われたので、主人のズボンに手を突っ込み、大勢の人びとの前で恥部を見せた》ためである[17]。

だが、性交を望む男性も前戯として、酔っ払いと同じくらいズボンからペニスを出す。それは、立派なペニスで相手の女性を恐れ入らせたり、被害者が自分の言うことを聞くよう威圧するためである。一六二三年にロイドン出身の女中メアリ・ウッズは、ホーンドン出身のウィリアム・スティス某を猥褻物陳列と強姦未遂の罪で告訴した。ウィリアムは《陰部を引き出し、言うことを聞くまでメアリを逃がさないと言った[18]》が、彼女はやっとのことで逃げ出したのである。一六三一年にプレスコットで、ジェイムズ・ホートンなる男性はエリザベス・ハイの亭主が留守だと知ると、その家の窓の前に現れ、ズボンから男根を出して大声で呼びかけた。《こいつは長さが天秤棒七本分もあるんだぜ》――信じないなら自分で測ってみろ、と。ところが《お前には五本分》、それ以上はだめだ、と制限した。《二本分は女房のために取っておくから》。[19]

それに対し、強迫的な露出症の舞台はむしろ大都会で、犯人は正体を隠しおおせる利点を利用した。一例をあげれば、パリでは一七三六年にセンタールというまだ若い労働者が、路上で女性を前にオナニーしたために逮捕された。[20] また一九世紀初頭のロンドンでは世論が二分した。それは《故意に》陰部を見せ、しかも《女性を侮辱する意図がある》場合、法律で罰すべきかという問題だった。一八二三年の『モーニング・クロニクル』紙によれば、犯人を逮捕するのは警察の仕事に定まっている、と言う者もあれば、そういう行為は《民衆の私刑に任せておけばよい》との見解をとる者もいた。ライバル紙『クリアー』も、かくも無礼な方法で道行く女性を侮辱する《ごろつき共》は、礼儀をわきまえた男性の通行人が《殴り倒す》のが一番と論評した。[21]

ツングース族にも、機会があれば女性にペニスを見せ、堅くなるまでしごく男たちがいたが、同族の女性には犯人を追い払う紳士は要らなかった。上述の露出症患者がアメリカ人でズボンを下ろした時、インディアンの女性たちに笑い者にされたのでお楽しみは台なしになったように、ツングース族の女性も露出症患者に面と向かって大笑いする。つまり、行為中に一種のトランス状態にある男性は、女性たちの朗らかな大笑いによって厳しい現実に引き戻されるのである。たちまちペニスは萎んでしまい、心底から恥ずかしくなり、さっさと逃げ出すことが多い。ツングース族の女性たちなら、露出行為を見て怖いと感じるどころか、むしろ気晴らしに役立つ面白い見世物と考えるだろう。[22]

これが異性の前での強迫的な露出症だとすれば、激しい情動に応じてペニスを見せるのは、むろん

82　ニコラ＝マルタン・プティ〈タスマニア先住民のグループ〉，1802年.

多くの社会で見られたし、今も見られる。たとえばフロレス島のシカ族では、わりあい若い男性たちが激しい議論をする際に着物の上からペニスを擦るのを、私は幾度も目にした。ニューギニアのアスマット族やアウユ族では、ペニス覆いの瓢箪をつけない男性たちは、少し足を開いてペニスを摑むとしごいて勃起させ、さらに腰を振る。それは、興奮したり、不安に包まれたり、大はしゃぎしたり、とても驚いた時などである。たとえば、親切に自宅に泊めてやったよそ者と別れる時、敵と戦って勝利を収めた時、骨の折れる共同作業を終えた時、また小屋の火事や激しい嵐の最中のように不安に襲われる出来事が起きた時である。[23] あるヨーロッパ人は、何人かのアスマット族と不意に出会った時の様子をこう述べた。《川が急カーブを描く地点で、われわれは丸木舟に乗った五人のアスマット族に出会った。われわれが音も立てずに急にそばに近寄ったため、彼らは驚いた。先頭の二人はどなり声を上げながらペニスを摑み、幾度もわれわれを脅した。［……］われわれが突然近づいた時、まず

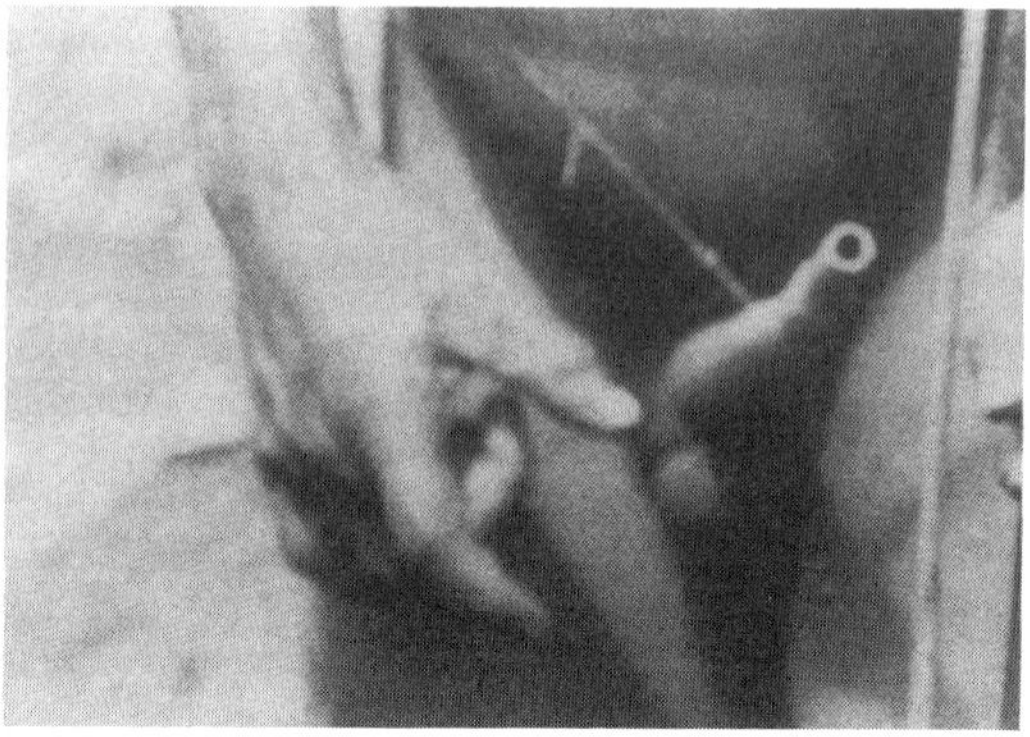

83　ペニス覆いの瓢箪を指ではじくエイポ族の男性．

ペニスを使って脅し、それから武器に手を伸ばすという反応を示したのには驚いた[24]》。

一八一六年に出版された『オーストラリア大陸探検旅行』には、探検隊に同行した画家プティが一八〇二年にタスマニアで描いたグアッシュ画が掲載されている。これには中でも、左手でペニスを弄ぶ男の姿が見える（82図参照）。この場面の解釈をめぐり、たちまち学会で論争が巻き起こった。ある一派は、タスマニア人の仕草は当然《破廉恥な侮辱》に違いなく、《ヨーロッパの大都会に住む下層社会でも同様の身振りは簡単に見つかる》とした。またこれを羞恥の身振りと見なす一派もあり、先住民は《念を入れて自分の包皮を亀頭にかぶせるので、皮膚の襞はしっかりと覆われる。ポリネシアにも、こうして羞恥心を表す男性がいる》と述べた[25]。

ダニ族は興奮したり、嬉しい時や驚いた時に、瓢箪を乾燥させて作ったペニスサックを親指の爪ではじきながら、大声で《ワー、ワー、ワー！》と叫ぶ[26]。同じようにエイポ族も、恐ろしい時や驚いた時、ペニス覆いの瓢箪を指ではじき（83図参照）、かちかち音を立てる[27]。この時エイポ族の男性も言葉を発するが、その言葉には、われわれが言う《おお、イエスよ！》や《神様！》のように、わが身を守る厄除けの働きがある。[28] 時には、ペニス覆いの瓢箪を支える紐を緩め、敵に向けて幾度も腰を前後に振り、瓢箪を激しく上下に揺らすこともある。たとえば、昔魔女として殺された女性の遺体が小川に投げ込まれた時、一人の男が岩によじ登るとそこで跳ね回りながら、〈魔女〉に向けて性交の仕草をしてみせた。[29]

ある民族学者の報告では、ビメ族の男性は、わくわくさせる戦争の体験談を語る時、また隣村のダンス祭りに出発する直前など、この学者の前に立ちはだかると、腰を振りながら上下に跳びはね、ペニス覆いの瓢箪を揺らした。[30] アドミラルティ諸島に住むマヌス族やマタンコル族の男性は、遠征や戦いの踊りの前にペニス覆いの貝を身につける。そして踊り手たちは腰を動かしながら、ペニスをぶらぶら揺らし、くぐもった唸り声を発する。[31] 最後に、アモク病にかかったマライ人は、この死に至る病が突発する前に、しばしばペニスをしっかり縛り付けるので、ペニスはまるで勃起したように身体から突き出た格好になる。[32]

こうした〈アルカイックな〉身振りは、《低い文明の段階》にある《典型的な人間》特有のものであり、その段階では情動の動きがずっと直接的に外的な行動となって現れる、と信じる方は、まだ見たことがなければ、毎週土曜日の夕方に三〇分時間を割いて、テレビのスポーツ番組〈ドイツ連邦リーグ・ニュース〉を見てほしい。サッカー選手はゴールにシュートを決める度に、急いで芝生を飛び越え、腰や拳を使って〈雄羊〉よろしく性交時の動きをするが、これはたった今敵を〈ファック〉したと強調する身振りなのだ。このテーマはいずれまた取り上げよう――今のところは、現代ヨーロッ

84　ドレスデンのネオナチ，1991年

パでも、ドレスデンのネオナチに限らず（84図参照）、ペニスを見せる仕草にお目にかかることを指摘しておけば十分である。たとえば一九九一年八月二三日にラトヴィア共和国で共産党が禁止された時、共産党最高幹部たちはリガの党本部を去る際に、彼らを撮影していたテレビ局のカメラ・クルーに対し、ズボンのファスナーを隠す前立ての前でペニスの代わりに指を立てて見せた[33]。

敵の男性や、とりわけ女性にペニスを見せる、つまり相手と象徴的に〈寝る〉方法は、実に多くのヴァリエーションがある。たとえばアメリカでは、ある夜四五人の学生組合員が女子大の食堂に押し入り、食事中のおよそ三〇人の女子大生を取り囲んだ。彼らはペニス羨望に関する心理分析理論を無理やり聞かせ、さらに一人がゴム製のファルスを使ってさまざまなオナニーのテクニックを披露した。その間、若い女性たちは沈んだ様子で一言も発することなく、じっと床の上を見つめていた。後で侵入者たちは《これは伝統なんだ》と説明し、さらに毎年の恒例行事だと付け加えた[34]。

あるレスビアンは、《隣室の男が自分のペニスをスケッチして、アパートのドアの下から差し込みました》と言う。レスビアンのカップルも似たような話をしている。《私たちが一階の部屋に住んでいた頃、男たちが窓際でオナニーをし、射精したことがあります》。また、別のレスビアンたちの証言によれば、海岸で男たちが――彼らはどうやら強迫的露出症患者ではなかったようだが――目の前でこれみよがしに露出しオナニーしたという(35)。

『ボストン・ヘラルド』紙の若き女性記者リサ・オルソンがネタ捜しのため、フットボール・チーム〈ザ・ニューイングランド・パトリオッツ〉の更衣室に勇を鼓して入ったところ、その場にいた数名の選手が、卑猥な言葉を吐きながらズボンを下ろし、女性記者に陰部を見せた。その後、女性記者が《精神的なレイプ》を受けたとして訴訟を起こすと、選手たちはリサ・オルソンの行為を《女性特有の押し付けがましさ》と受け取った、と証言した。後にあるパーティーで、パトリオッツのオーナー、ヴィクター・カイアームは付け加えて言った。「イラク軍とリサ・オルソン記者には共通点がある。両者とも間近でパトリオット・ミサイルを目撃したんだ」。この発言に対し女性記者は二度目の訴訟を起こした(36)。

ことに一九世紀末から二〇世紀初頭にかけて、工場内で女性労働者の目の前で男性が陰部をズボンから出し侮辱した、との報告は無数にある(37)。現代でも、ハンブルクの看護婦が日常生活でのこんな体験を述べている。《夜勤の時、朝になると洗面器を配り、患者を洗面台に連れて行き身体を洗わせなくてはいけません。その時、長いこと裸で病室を歩き回る人がいます。女性患者でそんなことは一度もありません。女性は身体を洗うとバスローブを着ますが、男性は裸で走り回るのです。男性のこれみよがしの行動は、サウナでも目につきました。そういう人たちは用もないのに、かなり長い間裸で駆け回ったり、体中が見えるように、股を大開きにして座ったりします。病院で特にそうした振舞いが目立つのは、多くの場合四〇代の男性です。この人たちは、朝になると看護婦がベッドメークをしに来ることをよく知ってます。だからベッドカバーを取ると、裸で寝てるのです。それから、とても意地悪い目つきで看護婦の顔を見つめながら言います。〈さあ、これはどうだ。まだ赤くなったりするのかい？〉そして部屋中に響くような大声で笑うのです(38)》。

サウナ研究家もそれが事実だと認めている。〈混浴〉サウナの女性常連客たちの話では、これみよがしに股を開いて座り《いつも男根を見せる》男性が何人かいるという。しかし、ある男性客は、少なからぬ《女権拡張論者》もそれに引けを取らない、と述べている。彼女らは《サウナでも股を開いて横になったり座ったりするのを、自分たちのイデオロギーから発していると考える。怖いものなしなのだ(39)》。

しかし、ファルスの模造品を使う場合も、男は昔から女性に狙いをつけていた。たとえば一六六四年、ナポリの謝肉祭では《馬のように大きな》木製のファルスを担いで小路を練り歩いたが、それはわざわざ女性にショックを与えるためだった(40)。またインディアンのカスカ族には、かつて趣味が高じて自作のポルノ作品で異性の羞恥心を傷つけるに至った男がいた。彼は流木を彫って巨大な男根を作るとディーズ河に投げ込み、川でカヌーを漕ぐ女性たちを驚かした。もう一人の男もこの趣味を真似たが、彼は例の品を林の中にぶらさげたり、道端に立てたりした(41)。

もっとも、これは女性の気分を害するためだけでなく、たとえば古代ローマ諸都市の街角に取り付けられたファルスのレリーフ[42]や、ゴシック様式の教会の内陣や外壁にペニスを見せる男性の彫像を据えたように（85図参照）、〈魔〉力を追い払うためでもあった。一七世紀末までインドのパンジャーブ地方のパティヤーラーにはこんな習慣があったらしい。当地のマハラジャが、一〇〇一個の青白いダイヤモンドを継ぎ目が見えないほどびっしり並べた胸当てだけを身につけ、下半身は裸で、年に一度民衆の前に姿を現し、実り豊かな土地に災いを呼ぶ悪霊を追い払ったという[43]。またセイラーム島のアルフル族の人びとは、嵐を呼ぶ悪霊にペニスを見せると恥じ入って退散した、と語った[44]。

モンテネグロには各地に、魔法使いが乳房の痛みを訴える授乳中の母親を次のような方法で治療する風習が、一九四一年になっても残っていた。ある晩、魔法使いはまず太陽の沈む方向に向けてファルスで輪を描く。それからファルスで病人の乳房をさすりながら、《汝、忌まわしきものよ、去れ！》と唱えた。一九一五年に死んだコサニカ出身の有名な《乳房の魔法使い》ボグダン・ラキチェヴィックはいつも、儀式の間そのペニスが見えないよう、女性が顔に布をかぶるよう求めた[45]。

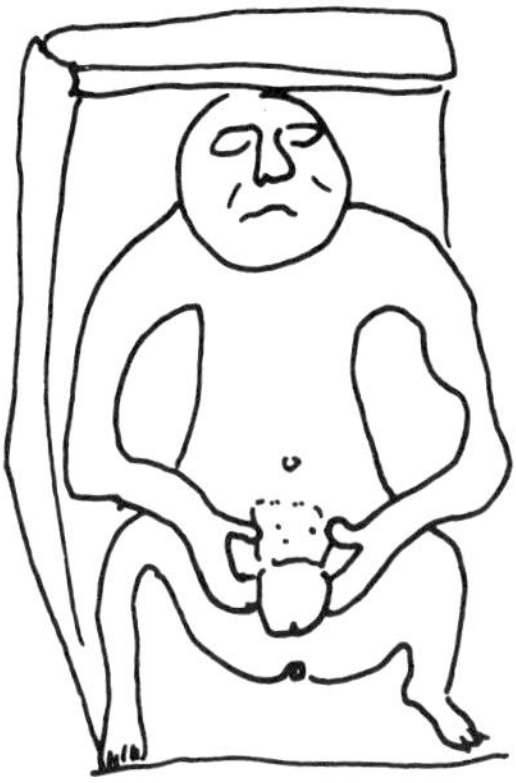

85　包皮を引っ張りペニスを見せる男；サヴィニャク＝ドーロ，中世末期．

イタリア南部カラブリア地方の農民は、疫病神《イエッタトーレ》の邪視《マロッキオ》から身を守るため、ペニスを手に摑んだし――もっとも、自分一人の時でなければ羞恥心のためにできなかったが[46]――、コソフスカミトロヴィツァのジプシーもそうした。畜舎から雄牛を連れ出し轅につなぐ時、彼らはズボンに手を差し込みペニスが堅くなるま

86　他の猿にペニスを見せるピグミー・チンパンジー．サンディエゴ動物園．

で擦ったのである。そうすれば家畜が魔法にかからずにすんだ[47]。ただし、こうした行為や男根をさらす時には注意が必要だった。というのも、自分一人だけだと思っても、本当に一人の時はめったにないからである。ギリシアの昔、詩人ヘシオドスは、どこでも——屋内でも屋外でも——不用意に男根を露出してはならない、と忠告している。《陽に向かい、立ったままで放尿してはならぬ。しかし陽が沈めば——よいか忘れるなよ——陽がまた昇るまで、道の上であろうと、道から外れておろうと、歩行中に放尿してはならぬ、また前をはだけてしてもいかぬ、夜は至福なる神々のものであるからな。分別のある男ならば、しゃがんでするか、堅固に囲った中庭の壁の傍らまで行ってする。また家の中で、淫水に汚れた陰部を炉の傍らで露わしてはならぬ、そのようなことをしてはならぬぞ（松平千秋訳[48]による）》。

動物、特に猿はひどく興奮した時、とりわけ脅えた時や攻撃する時に勃起するばかりか、人間の男性のように、同類の動物に向かい陰部を見せるところが観察されている——イデオロギー上の理由で繰り返し反論が出るにしても、これは明らかに相同である。たとえば、コモンリスザルの一亜門の雄は、交尾期になると股を開いてペニスを擦り、勃起させる。そして少し小便してから、他の猿の顔に勃起したペニスを突き出すのである。相手が雌ならば、これはおそらく求愛行動だろうし、雄ならば、明らかに相手を下位に置こうとしているのだ。そこで相手の雄が大人しく言いなりになって座っていないと、——たいていは情け容赦なく——攻撃される。[49] また人間の場合、ペニスを見せるように陰門を見せることがあるが、コモンリスザルの雌も同類の猿に向かって後脚を開き、時に勃起して大きくなった陰核を見せて、相手に対する優位を見せつける。[50]

同じように、鹿や羚羊、いろいろな種類の猿も、勃起したペニスを見せて相手を威嚇する。[51] しかしチンパンジーの雄は、上位の雄には勃起したペニスを隠すことがよくある。これは人間のもつ肉体の羞恥の原型であり、優位の身振りと見られる仕草によって、上位の雄の挑発をかわそうとするのだろう。だが、動物は交尾の意志を他の動物に表明すると、よく攻撃されたり煩わしい思いをするので、こうして攻撃や面倒なことから逃れる意味の方がはるかに大きいと思われる。[52]

人間に一番近い霊長目類であるピグミー・チンパンジーの雄も、やはり感情が特に高ぶった時に、勃起したペニスを見せる。たとえば、お互い見知らぬ二頭のピグミー・チンパンジーがはじめて出会うと、ペニスを見せ合う。《最初、その二頭は、さまざまな叫び声を続けざまに発して感情的な対話を交わしながら、お互いの周りを回っていた。二頭とも勃起しており、それを相手に見せつづけた[……]。叫び声のコンサートはたっぷり六分は続いた。それはまったく攻撃的ではなく、むしろ極めて神経質に聞こえた。どちらの雄も、相手と接触したいが、信頼できるか分からない、という様子だった》。最後に二頭は抱き合い、勃起したペニスをお互いに擦りつけたのである。[53]

12　ペニスケースと衆人環視の中での勃起

ニューヘブリディーズ諸島のマレクラ島に投錨してまもなく、クック船長はこの南海の島民が奇妙な格好をしているのに驚いた。それはロココ時代の礼法基準にまったく反するものだった。船長は日誌にこう記している。《男たちは裸で歩きまわる。陰部を隠しているとは言いがたく、睾丸は丸出しだ。しかし、布や葉の切れ端を帆桁（ペニスのこと）に巻きつけ、それを腹の辺りで、腰に巻いた紐やバンドに縛りつけている》(1)。船長に同行したゲオルク・フォルスターもそれを確認している。《ほとんどすべての民族は、羞恥心から身体を覆う衣服を発明した。しかし、当地の男は男根を布で巻いただけで、あるがままの姿で上向きにして縄や腰紐に縛り付けている。従って隠すどころか丸見えであり、われわれから見れば、無作法この上もない》。

それでもフォルスターは、こうして男根に巻きつけてあるものは、グロテスクで〈覆い〉と呼ぶ価値もないが、羞恥心の芽生えの表れではないか、と疑問を抱いた。しかし、《羞恥心が貞潔から生まれるという考え方は、単にわれわれの教育の賜物》に他ならず、《生まれもった概念ではない》からとして、彼はこの考えを退けた。《自然の状態では、恥じらい、貞潔などの美徳はまったく知られていない》事実がその証拠だ、と言うのである。もっとも、フォルスターはこの類いの論証で心底満足していたわけではないようだ。というのも、彼はこう付け加える。《マレクラ島》の男性に本当に羞恥心があるなら、ペニスをかくも目立つように隠そうなどとは、とても思いつかないだろう。ところでこれは確かに女性にも当てはまる。《彼女らが腰布の代わりに惨めな藁束を身に付けるのも、羞恥心のためというよりむしろ男に取り入ろうとする欲望のためか》[2]が大いに疑問だからとも。

フォルスターは、マレクラ島の男性がペニスを上向きに縛りつけるのは、絶えずペニスで威嚇し、おそらく自分の男性としての力も強調しているのでは、という疑いを抱いた。というのも、同じような格好をするタナ島民について、探検隊員たちは《古代人が果樹園を献じた、あの豊穣の神そのものの姿を》[3]見る思いがした、とフォルスターが記しているからである。豊穣の神とはプリアプスのことで、果実を盗んだ者には罰として肛門を犯すと威したことは周知の通りである。

ゲオルクの父親ヨーハン・ラインホルト・フォルスターは、この習慣が羞恥心によるものかどうか、という問題の結論を出すのは大事を取って控えた[4]。しかし、その後二〇〇年間に彼の息子の見解が一般に認められるようになったので、今日では民族学者、社会学者、歴史学者で、そうしたペニス包み、ペニスケース、ペニス隠しの瓢簞が周囲の注意を陰部にひきつけることを疑う者はほとんどいない。因にそれは、肉体の羞恥が人類の普遍的特性ではないという証拠にもなっている[5]。

もっとも、わりあい長い間マレクラ島に滞在しフィールドワークをした研究者たちは、島民の男性がペニス覆いをしていない姿を他人に見られるととても恥ずかしがる、とすぐに確認した。(6) また島では儀式で割礼して亀頭をむき出しにする地域があるが、露出部分が見えないよう *namba* と呼ばれるペニス覆いで隠した。(7) ニューヘブリディーズ諸島の南端にあるタナ島の男性は、包皮をむいた亀頭を人に見られるのをひどく恐れ、ペニスにキャラコを幾重にも巻きつけた。結局、覆いは長さ六〇センチ以上にもなったのに、陰嚢は丸出しだった。(8)

西イリアン高地のバリエム谷に住むダニ族の少年は、四歳から六歳の間にペニスを覆う瓢箪（*holim*《ホリム》）をもらう（87図参照）。この瓢箪はもっぱら羞恥心から身に付けるので、小便する時以外は外さない。だから男性はいつも仰向けに寝る。(9) 大人になると、長さが六〇センチにもなるこの瓢箪を、繊維を使って腰紐と陰嚢にしっかりくくりつけるが、繊維がぴんと張っているので睾丸は紐で二分され、いつも圧迫されている。この事実は、この種族の出産率が低い理由とされた。(10) ダニ族でもペニスを誇示したり強調したりするのは、力、攻撃欲、性欲の表れではないとされるように、ペニス覆いの瓢箪には、奇妙に聞こえるかもしれないが、どうやら《ファルスの》意味はない。(11) むしろダニ族は異常なほど《性的関心が低い》とさえ述べられているのだ。(12)

事情はどうあれ、こうした覆いやケースがペニスを強調する事実にもかかわらず、それを身に付ける者の抱く亀頭に対する羞恥が、たとえば現代のヨーロッパ人や北アメリカ人よりはるかに大きい事実は疑う余地がない。上述のエイポ族では、成長期の若者は勃起する年頃になると、ロタン籐製の腰紐とペニス覆いの瓢箪（*sanyum*）をもらう。(13) ペニスや、さらに亀頭について、エイポ族はひどい恥ずかしがり屋で、何らかの理由で *sanyum* を外さねばならない時は、必ず包皮で亀頭をくるんでから縛り付ける。だからフィールドワークをした研究者たちが《*sanyum* をつけたり外したりする様子をフィルムに収められたのは、ムトゥブが習慣にとらわれず勇気を出した》おかげだった。《もっとも、亀頭が露出しないよう、ムトゥブは前もって包皮を繊維で結んでおいた》[14]。セピック河流域に住むウメダ族の若者は、一六歳になるとペニス覆いの瓢簞（*peda*）をもらう。それはこれから自分の性が《監視下に》おかれるという意味であり、瓢簞を取る時には、やはりいつも包皮を縛って閉じねばならない。カッソワリのダンサーは、豊穣を祈る儀式の踊りの際に特製のペニス覆いの瓢簞（*pedasuh*）を身につける。これは普通の瓢簞よりずっと大きく、日常用のものとは違って〈勃起したペニス〉を表す[15]。

87　ペニス覆いの瓢簞をつけたドゥグム・ダニ族．

ニューギニア内地ではたいてい、乾燥させ穴を空けた果実をペニス覆いに使う。海岸地方ではむしろ浜辺や浅瀬で見つけたものを使い、画家ヤン・ホサールトも近世初頭に礼法上の理由から、海神ネプチューンにそれをまとわせた（88図参照）。たとえば、ニューギニアの北東にあるアドミラルティ諸島に住むマヌス族やマタンコル族の男性は、白いアン

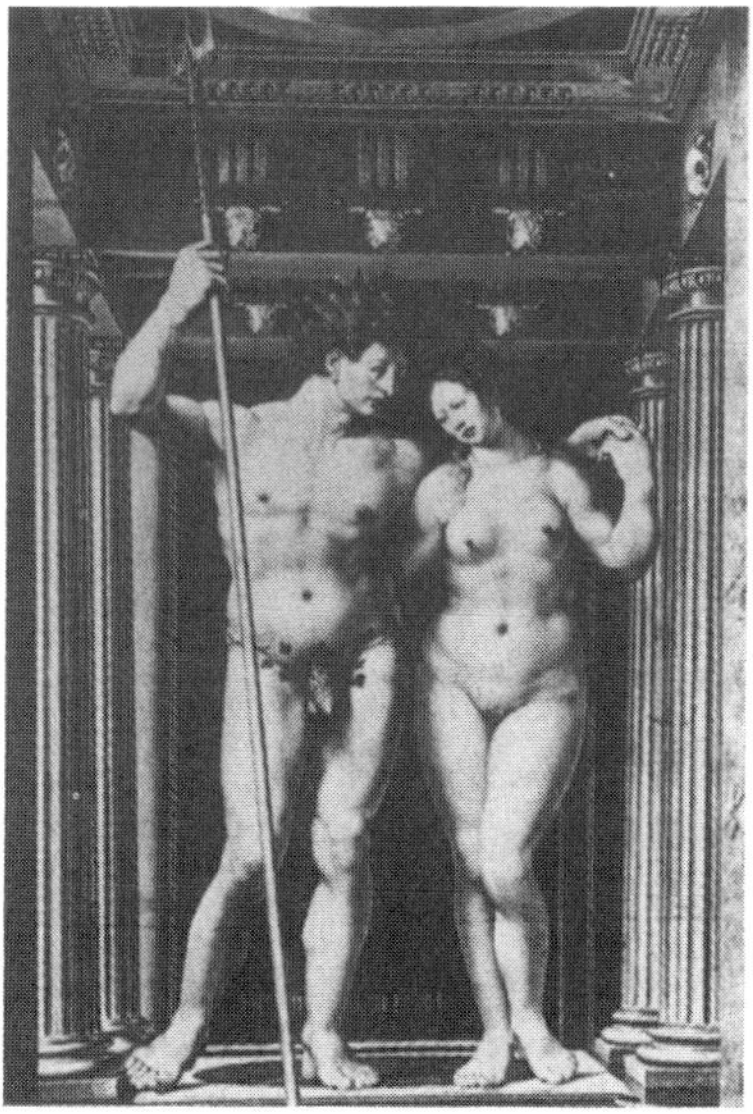

88　ヤン・ホサールト〈海神ネプチューンとアンフィトリテ〉，1516年．

フィペラス貝の螺旋部分を前もって叩き壊しておき、包皮を亀頭にかぶせるとペニス全体を貝の口に挟む。男はたとえ同性の前でも決して裸を、つまりペニス覆いの貝を外した姿を見せない[16]。アドミラルティ諸島のタウイ島民は貝に小さな穴を空け、貝をつけたまま人前で小便もできるようにしたのが、精々のところだろう[17]。

ペニスや、とりわけ亀頭に対する同じような羞恥は、南アメリカ奥地のインディアンの部族すべてに見られる。たとえば、あるアメリカの民族学者は、てっきり〈自然児たち〉の中にいると思い込み、水泳パンツもはかずに川の流れに入って行った時、シャバンテ族の人びとにショックを与えたので、そのことに気づかざるをえなかった[18]。すなわち、シャバンテ族では、女性に亀頭を見られるのは、きわめて恥ずかしいと考えたが、相手が男性でも同じである。ヤシの樹皮でできた小さな螺旋形の物をペニスの先端に付けるが、——たとえば競技の練習時など——万一これが落ちると、すぐさま陰部を手で覆う。また女性は立ち小便をするが、男性はしゃがんでする。この方がむき出しのペニスをうまく隠せるからである[19]。

スララ族とパキダイ族は腰紐を前で蝶結びにし、上向きに結び付けたペニスの包皮をそこに通す。もし何らかの理由で、衆人環視の中でペニスが蝶結びから滑り落ちぶら下ったなら、それこそ身の破滅であり、目撃した女たちは大声で叫び、顔を手で覆うだろう。その際、亀頭まで見えたとすれば、この災難は《まさに忌まわしい犯罪》とされ、この不幸な男は恥をかいた上、皆から袋叩きにされるだろう。[20] そうした理由から、シリオノ族はまだ全裸で生活していた頃、包皮ができるだけ長くなり亀頭をすっぽり隠せるよう、いつも包皮を引っ張っていた。[21]

またトゥパリ族はペニスを下腹部に押し込み、ペニスが消えた部分にできる皺に、tãmaram と呼ばれる覆いを付けた。この陰部覆いが遊びや狩りの時に落ちたりすると、彼らはすぐさまそこを手で隠した。民族誌学者の報告によれば、酩酊した時に飲み仲間や、さらに女性や若い娘のいる前で腹腔からペニスを出して喜ぶような厚顔無恥のインディオもほんのわずかながらいたという。それに対して女性たちは驚き、飲み仲間の男たちは恥ずかしがる者もいれば、卑猥な笑い声をあげる者もいた。〈文明化された〉ゴム詰め労働者は時々裸で水浴びするが、彼らの振舞いをトゥパリ族は破廉恥で品がないと感じ、そうした男性を猿やバ

89　エクアドルの熱帯雨林でのアウカ族の狩人.

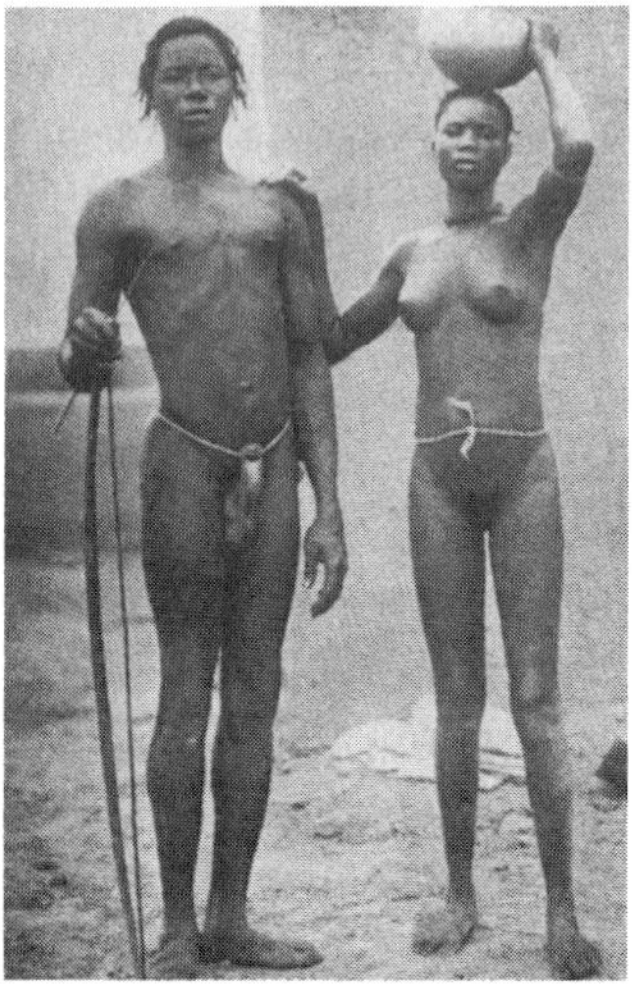

90　ボボ族の若者と乙女.

クにたとえる[22]。

アフリカ社会でも、男性はどんなことがあっても亀頭を覆っておくよう、きわめて入念に気を配った。ブラックボルタ川流域のボボ族のように、包皮を腰紐の下にはさんだり（90図参照）、ペニスをケースに入れたりしたのである。ズールー族もかつては、ハタネズミやイエネズミの毛皮でできたケースを身に付け、ペニスケースを外して川を渡る度に包皮を縛って結んだ[23]。全裸の姿を見せるのは、無作法なばかりか、礼儀に反した犯罪と見なされ、誰でも当人を殴り殺す権利があった[24]。

さらに、たとえば南洋など世界の他の地域でも、他人の前で亀頭を露出するのは無作法の極みだった。ポリネシア諸島の多くの島々では、女性と違い男性は確かに腰布を外してもよかったが、それには条件があり、包皮に靭皮の紐を巻き亀頭を見せてはならなかった[25]。またマルケサス諸島民は、たとえば紐が緩んだり切れたりしないよう、実に細かく気を配ったという[26]。ヴィルヘルム二世治下の時代にある医師は、サモア島民がペニスを恥ずかしがり、診察の際にしばしば大騒ぎするのは《まったく滑稽》である、と述べている[27]。クック諸島南部のマンガイア島の住民は、ヨーロッパ人が水浴びする時、子供のように無邪気に下半身をさらすので仰天した。なぜなら同島でも、《もう帽子をかぶってない》、つまり割礼したり[28]、身体の成長に伴い包皮がむけたペニスは、もはや見せてはならないからである[29]。もっとも《包皮をかぶった》ペニスでも、他の男性や、とりわけ女性に見られるのも概して嫌った。たとえばティコピア島の男性は――ところで彼らは決して女性と一緒に水浴びしないのだが――水中から出てくる時[30]、片手で陰部の辺りを隠し、もう一方の手でごしごし擦って乾かした。身体から塩水を洗い流す場所で、女性たちが桶に真水を汲んでいると、男性たちはすぐに立ち去るよう遠くから彼女らに呼びかけた[31]。

トルコの村で少年が割礼を受けると、もう他人に裸を見せてはならず[32]、それ以降は母親も小さな息子のペニスに触れるのは禁じられた[33]。少年の〈羞恥心が目覚めた〉時に割礼を行うのは理想的であり、割礼を受けた者はその後二度と恥じらいを忘れることはない。たとえば、皮膚泌尿器科の女医が私に語ったところでは、トルコ人患者は診察の際にペニスと陰嚢は露出するが、亀頭はいつも手で隠した。古代ギリシアやエトルリアの運動選手は練習の時、もちろんそんなことはできなかったので、包皮を結紮で結ぶか[34]、包皮を上に引っ張り腰紐にはさんだ。たとえば〈猿の墓〉に描かれたエトルリアの槍投げ選手が後者の例である（91図参照[35]）。

91　エトルリアの槍投げ選手．〈猿の墓〉，キウシ，紀元前 5 世紀初頭．

羞恥心からペニスや特に亀頭を腹腔に押し込んだり、紐で巻いたり、ケースに差し込んだりしたというテーゼに対し、男性がヨーロッパ式のズボンをはくようになり、いかなる場合でも羞恥心は満たしたはずなのに、多くの社会でこの習慣がまだ行われているのは、そのテーゼに矛盾する、と異議が唱えられた。[36] もっとも、そうした事実は因習社会における〈保守主義〉で簡単に説明がつく。たとえば、一九三六年になってもコマンチ族の古参兵士は、伝統的な陰部隠しの腰布を西洋風のズボンの下にはいていた。というのも、陰部隠しの腰布をつけない男は無作法に振る舞いがちだったからである。[37] マデイラ河流域に住むパリンティンティン族またはカヴァヘム族（または単数形でカヴァヒム族と呼ばれる）は、白人のズボンの下が《裸》なので破廉恥だと見た。[38] トランスカイのバカ族の男性も、つい最近までヨーロッパ風のズボンの下に亀頭を覆う小さなケースを付けていた。これは柔らかな山羊の皮や木の実をくりぬいたもの、草、虫の蛹で作り、ケースがないと《まるで裸のような気がする》[39]、と彼らは言う。

しかし、男性の肉体の中でどこよりも亀頭を一番恥ずかしく思うのはなぜか。勃起の際に包皮は伸びるので、完全に露出した亀頭は、男性の性的な興奮を表す幾つかの特徴の一つとなる。包皮が亀頭を覆っている思春期前の少年や、一種の〈包皮袋〉がペニスをくるむ哺乳類の雄とは違い、たいていの男性は性的に成熟する過程で包皮がむけるので、だらりとした時も亀頭の最先端だけは見えている。ところで、この一部を露出したペニスはファルスを思わせ、つまり、性のパートナーになるかもしれない相手を強烈に刺激する役割を果たし、さらに他の男性を性の競争に駆り立てると思われるが、これについては後で述べよう。それゆえ、他人に見えるむき出しの亀頭には、――たとえば股を開いて座る時に――女性の陰唇や陰核が目に入るのとまったく同じ効果があるのだ。そして、知られている限りの人間社会で、女性が陰門をおおっぴらに見せるのを避けるのとまったく同じように、男性も普通は少なくとも亀頭を、たいていの場合はペニスも含めて、公然とは見せないのである。たとえば前世紀の報告では、南バジルミに住むモーフ族の男性は確かに、ガゼル、山羊、山猫の毛皮を腰のまわりにまとうものの、それはもっぱら臀部をすっぽりと隠した。他人に陰部を見られないよう、男性は立居振舞いの際にペニスを太腿にはさんだ。これを彼らは実に器用にやってのけたが、もちろん走ったり跳ねたり、足を急に動かす時は別だった。[40] ニューギニアのメラウケ河近くに住む同じ種族の男性は、男同士の時は確かにペニスを自然にぶらさげたが、誰か女性が近づくやいなや包皮を亀頭に被せ、引っ張り上げて腰紐にはさんだ。[41] 誰にも――男にも女にも――恥部を見られないよう、ムボワム族はいつもまわりに布を結びつけており、医師が下半身の疥癬を治療しようとしても、陰部をさらそうとする男性は一人もいなかった。[42] そうすれば、彼らは羞恥心を傷つけられたことだろう。

しかし、陰部そのものばかりか、その名称や陰部を覆う物も、しばしば恥ずかしいと感じられる。たとえば、民族誌学者がワロペン・パプア族の人びとに、ペニス、包皮などをさす言葉を尋ねた時、彼らは非常にきまり悪そうだった。[43] パプアと西イリアンの国境近くに住むカヌム・イレベ族の男性も、お互いに恥ずかしがって、陰部隠しに使うメロ貝や小さなヤシの実の名を口にしなかった。[44]

こうした例は幾らでもあげられるが[45]、それらを見れば、陰部の辺りを特に恥ずかしいと思うのは近世後期の西洋社会の特徴であると主張し、いかにもそれらしく、人間が最初に身に付けた衣服は腰布だとのテーゼまで立てたヨス・ファン・ウッセルの主張ほど誤ったものはない、と分かる。しかし西欧社会でもようやくこの数世紀以来、そうした《性器中心の発展》が観察できるようになった。それは、《お上品ぶりがつのるにつれ》発展し、それに対し《他の時代や他の文化では［……］違った感じ方が確認(46)》できる、と言うのである。エリアスの文明化理論の信奉者たちはこの主張を支持し、彼らは巨匠の言う意味で、近世初期には陰部に対する羞恥心と呼ぶに値するものはなかった、と明言している(47)。

さて、亀頭が男性の肉体で一番恥ずかしい部分ならば、あらゆる人間社会で衆人環視の中での勃起はこの上なく気まずく、絶対に避けねばならない。たとえば、イラヒタ・アラペシュ族のある男性は、ヨーロッパ風のズボンがとても良い点は、それをはいていれば気まずさゆえに苦境に陥る不覚の勃起をうまく隠せるから、と述べた。いずれ見るように、不意の勃起は衆人環視の中ではほとんど起きないが、それにもかかわらず、その不安がアラペシュ族ではいつも問題となる。勃起がたいてい意志とは無関係に起こる事実に、かつて聖アントニウスもそうだったように、同族の男性も不安を抱くのだ。たとえば、アラペシュ族の人びとはこんな話をし合う。敵の村を襲撃した時、ある女性の鼠蹊部に槍が刺さった。槍を引き抜く手術をするため、勝利者たちはその女性のまわりに集まった。ところが竹槍は刺さる時にささくれ立ったので、手術は思ったより面倒だと分かった。しかし、さらに面倒なことに、運を天に任せて手術しようとすれば、女性患者の陰門を目にしなくてはならず、そのため次々と勃起してしまい、恥ずかしさに引き下がらねばならなかった。結局、目隠しを思いついたおかげで、かろうじて槍を抜くことができた(48)。キワイ・パプア族の語る話もある。若者が少女とカヌーに乗った時、娘が座ると草のスカートの下が見えた。この若者も思わず勃起してしまい、水中に飛び込むしか手がなかった[49]。

かなりフィクションが混じるそうした話は別にしても、自分の勃起をほぼ完璧に制御できる、つまり、立派に機能する《自己抑制装置》を意のままにできるのは、いかにもこのような社会の男性らしい。これはエリアスによれば《〈文明化された〉人間》の《習性でもっとも重要な特徴》として際立ち[50]、《低い発展段階》ではまったく、ないしほとんど存在しないのである[51]。たとえば、アシェ族とともに一年近く過ごしたピエール・クラストルは、裸で生活する男性が勃起して驚くのを一度も見たことがない、と述べているし[52]、レヴィ＝ストロースもナンビクァラ族についてそれを認めている。すなわち、夫婦がハンモックに横たわり、相手を愛撫して《愛の遊戯》に耽っている時でさえ、男性のペニスはそのままだった[53]。こうしてタピラペ族の男性が妻を愛撫していた時、彼のペニスが堅くなりだした。すると男性はすぐさまハンモックから飛び降りると、民族誌学者に背を向けて言った。妻と自分は原生林に行かなくちゃ。《俺たちは小便しに行くんだ[54]！》。

しかしながら、こうした出来事はめったに起こらないように見える。別の民族誌学者も、ニューブリテン島では睡眠中の男性でさえ勃起の兆候を一度も見たことがない、と述べている[55]。ベテランのフィールドワーカーであるヤン・ファン・バールが私に宛てた手紙にも、マリンド・アニム族も性的な興奮が表面に現れるのをほとんど完璧に制御していた。エロチックな踊りの際でさえ勃起は見られず、それどころか露出した亀頭はただの一度も目に触れたことがない、とあった[56]。かつてエヴァンズ＝プリチャードも、ヌエル族のもとに長期間滞在していた間に勃起は一度も目撃しなかった、と私に語った。しかし、人目がないと思った男たちが、包皮を引き伸ばして亀頭を完全に覆うところは目にした

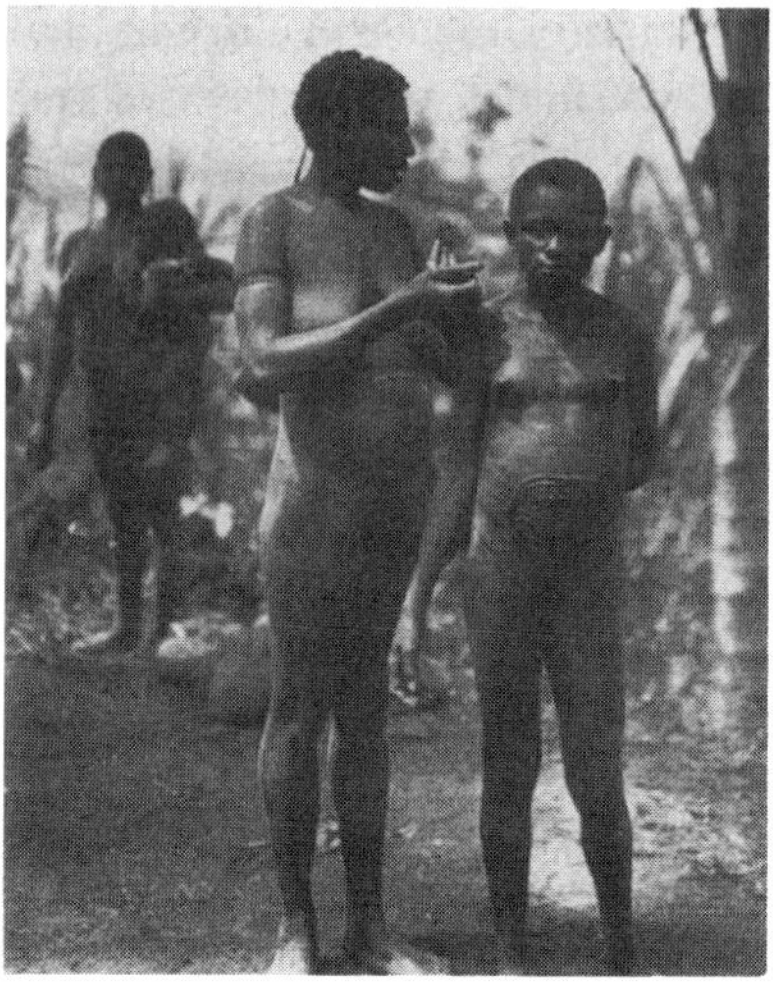

92　イェシャン村のクウォマ族の女性，1912年

という[57]。そしてゴドフリー・リーンハートも、やはりディンカ族の勃起は一度も目にせず、もし衆人環視の中でそんな不手際を演じたら、その男は自殺を考えるだろうと言われた、と私に書いてよこした[58]。ヤノママメ族は勃起の前兆が現れれば、極めて気まずい思いをするだろう、と言われている[59]。アボリジニ族がまだ服を着ていなかった頃、彼らと暮らした民族学者たちは、上品な専門用語を使いこう報告している。《横になった陰部の位置をすこしずらした》ことを男性は実に恥ずかしがった。つまり、確かに座ったりしゃがんだりすればペニスは見えるが、寝る前やひなたぼっこで背伸びする時は決して亀頭が見えないよう、たいていは陰部を注意深く両足の間に挟んだのである[60]。

しかし、包皮やケースなどでペニスを隠していても、陰部を直接見るのは無作法とされた。たとえば、カヴァヒブ族の五歳くらいの男の子が水浴びする男性のペニスを見て、あの小父さんには《大きなしっぽ》がついてる、と後で母親に話した。すると母親は子供を叱ってこう言った。《お前が大きくなって、他人のおちんちんを見たりしたら、目が潰れるよ！》。その男性にまた会った時、男の子は尋ねた。《どうしてそんなに大きくなったの》。男は答えた。《それはね、小父さんはこれでよく奥さんを喜ばせるんだ——だからこんなに大きいんだよ》。男の子はこれも母親に話した。すると母親はかっとなって言った。《小父さんにそんなことを聞くなんて、何てことを思いつくんだい！　そんな事するんじゃない！》。ところが男の子は《だって、知りたかったんだもん！》と答えたので、母親は革紐と棒を手にして、息子をさんざんにぶん殴った。(61)

しかしこれらの社会では、男の子が気まずい事態を避ける術をまだ知らないため時折勃起した場合、どう反応するのだろうか。ニューギニアのクウォマ族の男の子は、裸の女性や成熟した娘（92図参照）がそばを通る時には〈そちらを見ない〉よう、まだ幼い頃から厳しく仕込まれた。それにもかかわらず小さなペニスが堅くなり、当の女性や娘がそれに気づくと、またうなだれるまで小さな棒でペニスを叩くのが普通だった。それどころか、たいていは少年の姉が勃起しないよう見張り、もし弟にその気配が生じればすぐに制裁を加えるよう言い付かることさえあった。その場合、兄たちはただ弟をからかうだけで、恥ずかしく思え、そんなさまを女に見せるなと言うだけだった。恥じらいと罰の混じり合ったこの方法は明らかに効果著しく、女性と同じように服を着ない年長の若者や成人男子が、公衆の面前で不覚の勃起をすることは決してなかった。さらに、幼い年頃の少年たちは、ペニスは自分のものではなく、将来のお嫁さんのものだときつく言い聞かされ、自分の陰部をいじってはいけないと教えられる。男の子たちはこのことを徹底的に内面化しているので、小便する時でさえ自分のペニスを摑まない。(62)

誰の目にも分かる勃起で気まずい思いをするのは、ヨーロッパにも古くからあるテーマである。今世紀になってもヌーディズムの批判者は、男性はなるほど妻の前では勃起せずにいられるかもしれないが、成長した自分の娘やよその奥さんの場合は無理だ、と裸体主義に反対する論拠を述べている。《たとえその男性が品行方正、貞潔で禁欲的な教育を十分に受けていようと、裸体の女性を見たとたん、いくら自分の意志で逆らってみたところで、潜在意識のために元の状態ではいられなくなる》[63]。また数十年後にもあるヌーディストが、はじめてヌーディスト村を訪れる前に悩まされた不安について語っている。《白状しますが、覗き穴を通さずに全裸の女性を見られるという期待に心を惹かれたのです。しかし、当然のことながら生じる不安が、さしあたり好奇心を自制しました。それは、占い杖で水脈を探す人が占い杖をコントロールできないのと同じように、自分の肉体の一部をコントロールできない男性の抱く不安でした》[64]。

聖アウグスティヌスが、このように〈占い杖〉がわがままなのは堕罪の悲しむべき結果だと考えたのは、周知の通りである。つまり、われわれが腕を上げたり、ある者が耳をぴくぴく動かせるように、楽園のアダムがペニスを自在に堅くできたとすれば、神に従順でなかった人祖アダムは、陰部が従順でなくなる報いを受けたのである[65]。その上、楽園での勃起は欲望と無縁だった。なぜなら欲望には羞恥心がつきまとうことから分かるように、無垢の状態にはまだ性的興奮はなかったのだから。それは堕罪の後にはじめて罰として生まれた、と考える方が理にかなうようだ、とも言っている[66]。晩年の聖アウグスティヌスはそれにあまり確信がもてなかったが、それでも楽園に欲望があったとすれば、それは意志に従う欲望だったに違いなく、制御できるのだからアダムとイヴの尊厳は損なわれない、と固く信じていた[67]。

後代にはアルベルトゥス・マグヌスも、神は罰として人間から性器の支配権を奪い給うた、と確信した[68]。一方、中世末期のハインリヒ・コルネリウス・アグリッパは、堕罪と最初の性交を同一視した。イヴを誘惑した蛇とは、アダムの堅くなったペニスにほかならない。蛇（*serpens*）の語源となる *serpere* には《地を這う》ばかりか、《膨らむ》の意味もあるのだ、と。楽園には勃起がなかったので、人類の父（アダム）に勃起したペニスを見せられた人類の母（イヴ）は弱気になったのである[69]。

ルカによる福音書のイエスも、サドカイ派の人びとに対し、死者の復活後の天使のような人びとは、もはや勃起や性欲に襲われない、と述べている[70]。後代に、とりわけ幾つかの宗派はこのお告げを喜んで受け入れた。たとえばシェーカー教徒によれば、天国には勃起も性交もなく、真のキリスト教徒はそうした極楽の状態をすでにこの世で先取りするよう励まされた[71]。

このような彼岸のイメージに、どれほど民衆の考えが反映されていたか、また逆に影響を与えたかを判断するのは、もちろん容易ではない――中世後期には、天国での性生活を期待する考えがあまねく広まっていたのは確かだと思われる[72]。そして、一五五五年にトレド出身のビロード織工ロレンゾ・ブスタマンテが友人ディエゴ・デ・ラ・コスタに書いた手紙は、当時の一般的な考えを反映していると思われる。《セックスできる娼婦が天国にいるなら、喜んで行くさ。さもなけりゃ、女が手にはいる地獄に行った方がましだ[73]》。

事情はどうあれ、気まずい思いをさせる男根の〈私生活〉は、教会の権威が論争する対象となったばかりか、ヨーロッパ文化だけでなく異文化でも大いに論じられるテーマとなった。たとえばファン・ウッセルが前近代について、《性行動は、ほとんど独立した器官の部分的な行為とは見なされなかった[74]》と述べたのはまったく的外れである。

たとえば中世末期の短編物語『好色坊主』の断片では、主人公がうるさい自分のペニスについてこう言う。《すると彼の息子が立ち出した。そして着物が激しく揺れた。彼はまた長いこと考え込んだ。〈わしのモノがこんな見事にもち上るとは〉彼は独り言を言った。わしの息子がこんなに嬉しそうにする姿は見たことがなかった、と[75]》。

男の股間にでしゃばりな奴が垂れ下がってるように、女の腹の中にも我がままで貪欲な生物が住んでいる。というのも、ラブレーの小説でロンディビリスがパニュルジュに語るように、《もし自然がこれら女性の額に僅かばかりながら羞恥の色を注ぎかけませんでしたら、躍気となってかがり紐追いに耽ることになることは必定》だからである。つまり女性を動かすのは、腹の中に潜む《動物》である。《善良な御婦人方は大いに賛美すべきだということですが、即ち、貞淑に暮らして後指一本さされず、今申した放縦な動物をば理性に屈服させるだけの徳操を備えて居られるような方々ですな。更にまた、こう付け加えて話を打ち切ることにいたしましょう。つまり、例の動物は、自然が男性の体内へ調えて置きましたる糧を取って満腹と相成りますと、(もし満腹になりえましたらでございますが、)その固有の運動はすべて目的に達したことになりますし、その慾情は一切充たされますし、その狂暴さも悉く鎮められてしまうことになるのでございます(渡辺一夫訳[76]による)》。

男女を問わず陰部は別の生物だと考える傾向は、ムリア族にもある[77]。そしてほとんどの社会で、自分のやりたい放題にやる、と言われるのはペニスなのである。ニューギニアのサンビア族が言うには、フェラチオ相手の若者の口の中に飛び込むのはペニスそのものの意志だというし——《ペニスは自分自身の考えをもっている。自分の意志で堅くなるのだ[78]》——、まったく別の文化圏でも、レオナルド・ダ・ヴィンチが、ペニスには《独自の感覚と、人間から独立した理性》があるらしい、と記している。[79]

ガンジーのような男性にとっても、男がペニスを支配できないという事実は、およそセックスと同じように品位を下げる〈家畜同然のもの〉だった。そこで彼は、インド古来の伝統でみずからの制御装置を完璧にするため、何年も若い娘と同じベッドで寝た。ガンジーは言った。《自分の性欲をすっかり焼き払った人間こそ、性器を支配したと見なせるのだ》。[80] ヨハネス・カッシアヌスによれば、ある天使が砂漠の苦行者パフヌティウスに、裸体の美しい乙女を抱擁せよ、と助言したという。つまり、それでもペニスが堅くならなければ、性的衝動を克服したと確信できよう、と。[81] それに相当する一種の〈儀式〉が、アメリカの幾つかの学生組合で行われ、自制心の能力を試す場となっている。男子学生に短編のポルノ映画を見せ、突然明かりをつける。それから皆立ち上がり、誰のズボンが不本意にも膨らんでいるか見るのだ。[82]

多くの場合、思春期の少年は、変幻自在のペニスを自分の〈肉体のあるべき型〉にうまくはめ込められない。成長後はしばしば勃起し、勝手に射精するので、少年はペニスを異物と感じる。それどころか、ある若者はペニスを手術で除去するよう求めた。[83]

しかし、多くの社会で、ペニスの自立性を笑いものにするのは女性であり、[84] それは男性が衝動的で自制心のない表れだと厳しく批判する。シナイ半島南部に住むムゼイナ・ベドウィン族の女性は、イスラエルの女性民族学者に向かい馬鹿にするように言った。《男どもめ――ペニスがすぐ堅くなるような奴をあんたはどうして信頼できるの》。[85] 売春地帯のあるサド専門娼婦もインタビュアーにこう言った。《ペニスがおっ立てば、理性は役立たずさ[86]》。イスラムの神学者アル・ガザーリーも一一世紀に、《勃起とはアダムの息子たちに対する悪魔の何よりの手段だ》から、勃起に逆らえる男はこの世にいない、と教えている。《ファヤッド・ブ・ナジートは〈ペニスが勃起すると、男は理性を三分の二は失う〉と言った。〈信仰の三分の一を失うのだ〉と言う者もいた[87]》。また、一八八三年にアメリカの女性フェミニストであるアンジェラ・ヘイウッドは男性にこう警告した。男性は《自分自身のペニスと真面目に顔を合わせ、真剣に見つめて、ペニスの主人となるべきです。もはやペニスが支配したり、男性と男性に犯された犠牲者の主人であってはなりません[88]》。

もっとも、人前で勃起したり、勃起を制御できないため生じる気まずさは、西欧社会ではここ二〇年間に随分と減ってきた。裸の男性が目の前で勃起したら、子供たちにどう言いますか、という社会学者の質問に対し、アメリカ人ヌーディストは少し前までは確かにこう答えている。《あの小父さんは病気かなんかだ、と言いますよ[89]》。しかしその後、勃起は大人の間では、いろいろな点で以前より取るに足らないものとなるか[90]、せいぜい悪趣味なものとなった。たとえば〈リバティ・ボーイズ〉の男性ストリッパー、アレクシスはこう言った。《確かに会場の女性にはそそられるけど、それは後の話だよ。ショーが終わると、女性たちが僕らのとこに来るんだ。けどね、僕がショーでおっ立てて動き回る姿は、とてもじゃないけど頂けないな……そんなのストリップじゃない、下品なだけさ[91]》。

『ノイエ・レヴュー』誌の〈性の相談室〉で、ラーテカウ在住のA・L氏はこう訴える。《私（二八歳）はすぐに勃起するので、ヌーディスト海岸に行く勇気がありません》。ところが困ったことに、彼の恋人は正にそのヌーディスト海岸に無理にでも連れて行きたがっている。《確かに一緒には行きたいのですが、私は下半身が元気なので、海岸で勃起したまま歩いたり横になったりしたら恥ずかしい思いをするでしょう。美女たちが通りかかったりしたら、私はすごく勃起するでしょう》。ところで私の恋人は、そんなことは馬鹿げてると言いますが、私はどうしたらよいのでしょう。回答者の専門家ボルネマン教授はこう答えた。《あなたの恋人の言う通りです。あなたのご相談は本当に馬鹿げています。衆人環視の中では絶対に勃起しないか、さもなくば、あなたが勃起しても、誰も悪くは取らないでしょう(92)》。

また、女医向けの指導要領にはこうある。《多くの女医が断言する通り、男性の陰部を診察する際に手袋を着用すれば、そうした接触は女医と患者の両方にとって〈非セックス化〉します。これからの診察の手順を、女医はいつも説明しなくてはなりません。陰嚢が敏感なことを考慮し、ペニスに接触すれば勃起することがあると指摘しておきます。実際に勃起が起これば、女医は患者の気を鎮め、このような反応はよくあることと言いましょう(93)》。

13　ズボンの前当てと股袋

一七七四年夏、南洋のマレクラ島でフォルスター父子は、メラネシアの男性がペニスに《道具》を巻き上向きにしてはさむ奇妙なモードを目の当たりにした。父フォルスターは、この《発明品》が本当に羞恥心から生まれたとしても、[1]《うまい思いつき》とは思えないと述べた。しかし、近世初期のヨーロッパのモードを考えれば、これについてメラネシアの人びとを非難できない、と忘れずに付け加えた。《けれど、ヨーロッパの昔の甲冑や一五、一六世紀の衣裳も、正にこの点ではいたく繊細さに欠けていたのである[2]》。息子のゲオルクも、かつて《ヨーロッパ中の宮廷で流行した》例の《衣裳》を思い出し、《今なら無作法極まりなしと見なす》だろうと述べた。さらにゲオルクは、だが一八世紀のわれわれは本当に昔より上品になったのだろうかと問いかける。《現代人が当時より羞恥心が強くなった、などとあえて主張する者はおるまい[3]》。

フォルスター父子の念頭にあったのは、もちろん近世初期に念入りに作られたズボンの前当てだった。これはしばしば股袋《ブラゲット》とも呼ばれ、一六世紀に発達して本格的な陰部隠しの袋となったが、事実父子の推測通り、新たに発見された〈エキゾチックな〉民族がつけるペニス隠しの瓢箪やペニスケースにそっくりだった。だが、異民族が何より羞恥心を考慮してペニスを覆ったとすれば、ヨーロッパのズボンの前当てはどうなのだろう。その役割は何だろう。たとえばフィリップ・アリエスは、おびただしい文化史家と同じように、こうしたアクセサリーは《ある程度勃起を真似た》もので、陰部に対する羞恥が少なかったと思われるあの時代だけに見られると主張するが、それは正しいのだろうか。(4) ヨス・ファン・ウッセルも同じように、ズボンの前当てが流行したことから《昔は陰部はあまりタブー視されていなかった》と結論を下したが、彼の考えに同調できるだろうか。(5) それとも、これらの理論家諸氏は文明化の過程について先入観があるため、この衣裳の発達と役割をさらに詳しく研究しようなどとは、まったく思わなかったのだろうか。

まず、その歴史を一瞥してみよう。古代ゲルマン民族の伝統では、男性の〈ズボン〉は二つに分かれる。一つがBruche（*brōkr*、古英語の*brec*、古仏語の*braie*）、つまり今日ズボン下と呼ぶもので、もう一つが*hosa*（今日のズボン）である。古い時代にはズボン下は腰から膝まで、*hosa*は膝から足まであった。(6) しかし中世になると、亜麻織りのズボン下は次第に短く、〈タイツ〉はだんだんと長くなった。〈タイツ〉（93図参照）——たいていはベルトについたバンドで緩く結ぶ(7)——が触れ合うか重なる部分は、陰部がかなりはっきり目立った。もっとも、男性が下着だけで公衆の面前に出るのはごく稀だったので、特に気まずい事態にはならなかった。(8) 若者の上着は以前は少なくとも膝まであった

93　医者の診察．ギー・ド・ヴィジェヴァーノ『解剖学』の挿絵，1345年．

が、一四世紀にはそれが次第に短くなり、上着の裾でもはや下半身をすっぽり隠せなくなると、もちろん変化が生じた。確かに大部分の男性は保守的で、この新しいファッションも、一四世紀にはまだ特定の――たいていは青年層の[9]――流行好きの伊達男に限られたものの、西ヨーロッパの至るところで激しい憤激の声を呼び起こすには十分だった。たとえば中世末期のイタリアでは、普通はズボンがまだ一般的だった[10]。しかし、それらが一四世紀に発達し、所々皮膚に密着する亜麻織りのタイツとなると、一三八八年にピアツェンツァのジョヴァンニ・デ・ムッシは、《そのために尻あるいは臀部、四肢、陰部が誇示された》と嘆いた[11]。一五世紀初頭にベルナルディーノ・デ・シエナは、子供たちが同性愛の傾向を示すのは、破廉恥で刺激的な服装を許した両親に責任がある、年長の男色家がそうした姿を見て性的に刺激される事実にもっと驚かないのか、とフィレンツェの町で怒りをあらわにした。ベルナルディーノはさらにこう問いかける。《男色家たちが肉体をたっぷり見られるよう、臍までしかない胴着、前後に小さな印のついたタイツを仕立てさせるの》は重罪であることを、両親は耳にしたことがないのだろうか、と[12]。

ドイツでは同性愛がイタリアほど焦眉の問題でなかったので、むしろ若い娘の純潔や女性の羞恥心に配慮した。男性用上着が下半身を覆うとしても、若者が前に身を屈めれば、女性には何かが見えるからである。たとえば詩『上着』にはこうある。《男が身を屈めようとすると／女どもは覗こうとする／彼女らは皆笑って言う／あれこそ男の持物よ[13]》。一四六五年のテューリンゲンの年代記によれば、《男性がかなり短い上着や外套を身に付けたり、短い普段着の下についた穴を身体の真中で裏返すなどして、恥部を隠さないので、これで敬虔な有徳のご婦人や乙女の前に出れば立派な犯罪である（上品で裕福で名誉ある人物であっても、特に宮廷では、臀部が見えるような短い上着は、神に罰せられよう）[14]》。

ドーバー海峡の彼方でも、一四世紀にジェフリー・チョーサーが《ひどく乱れた短い衣裳》について憤激している。《こうした切り詰めた上着や短な上着は短すぎて男性の恥部を隠せないが、それは邪な意図のためだ。なんということだろう！　中には肉体の輪郭を両方とも見せ、満月形の雌猿の尻のように、尻たぶを出す者さえいる[15]》。最後にフランスでも、一三四六年にサン・ドニの修道僧が当時の男性の《破廉恥ぶり》を非難している。彼らの《上着は実に短く、尻までしかない》。さらに《肌に密着しているので、着る時も脱ぐ時も人の助けが要る。そして脱がせる時には、まるで体の皮をはぐように見える[16]》。

多くの人びとはこのような服装の若者を女性化したと感じ、破廉恥のアレゴリーである動物にたとえた。それは宮廷で飼われる猿で、たいてい短い上着を着せられ、〈下は丸出し〉だった[17]。

もちろん、新しいモードを猥褻と非難するだけでは満足せず、公的な対抗措置が取られた。すでに一三三五年にはナポリ王ロベルト・ダンジューが公の場に掲示して、《行きすぎたばかばかしい》男性のモードを弾劾し、数年後にはミラノ、フィレンツェ、ローマなどの大都市がそれに倣った。[18] 一三九〇年にはコンスタンツ市参事会が市民などにこう命じた。《また、いかなる者も胴着だけで踊りに行ったり通りに出てはならず、恥部が見えぬよう前も後ろも隠し、礼儀正しい服装をすべし》[19]。それに先立って一三五四年には、ゲッティンゲン市の服装規約で、男性用上着は膝上四分の一エレ以上でなければならない、と詳細に定めた。[20] 一四八〇年のシュトラスブルク市条令にはこうある。《破廉恥な男性用の短い衣服は、前後から恥部が見えて見苦しいため、今後は着用を禁ずる。市民、当市に居住する市民権のない者、その召使いの着物は、上着であれ外套であれ、恥部用に少なくとも四分の一ガングある物を仕立てるべし》[21]。

当然のことながら、この新しい《破廉恥な》モードに憤慨したのが主に当局と数名のモラリストだったのか、それとも幅広い民衆層だったのか、もはや正確には突き止められない。いずれにしても、一四世紀初頭なら確実に弾劾された短い上着を着る若い市民は次第に増えたようである。中世末期の市民がこの男性ファッションに示した反応は、今世紀の七〇年代初めに、女性がTシャツに乳首を浮き出させたり、トップレスで海岸を歩く風習に対する市民の反応に似ていた、と仮定しても間違いではないだろう。

事情はどうあれ、恥部を際立たせる傾向に対し何らかの措置を取らざるをえなかったのは確かである。そこで《長ズボン》が作られた。つまり、タイツを縫い合わせ、《上着や衣服が翻っても、恥部は覆われる》ようにしたが、[22] これが発達して近代のズボンとなったのである（だからヨーロッパ語のズボンはたいてい複数形である！）。さらにまた陰部の辺りに前当てを付けたが、これはたいてい下側が縫い付けられ、上はボタンや紐でズボンに結ばれた。

しかし、今度はズボンの上部が見えるばかりか、前当てについても憤激の声が至るところで聞かれた。前当ては確かに陰部を隠すが、しかしながら形を見れば裏に隠したものがありありと分かる、というのである。それに加え、《目立つよう》に前当てに詰め物をする若者もいた——恐らく女性の情欲をそそるためだろうが、すでに一四世紀半ばにイギリスではこんな不信の声が上がった。《短い着物や、股袋《コドピース》の詰め物の膨らみ具合に気を配りながら、恋心を駆りたてようとする連中があちこちにいる[23]》。

一五世紀のニュルンベルク市参事会条令にはこうある。《下品で破廉恥な風習に染まった男たちが現れた。つまりズボンに付けた前当てを必要以上に膨らませ、それを舞踏場など至るところで、名誉ある女性や乙女の前で厚かましくもむき出しにしている。これは神のみならず、名誉や男性の礼儀に反するぶしつけな振舞いである[24]》。

現代ではこんな意見が主張される。この点について《視覚的な操作により、少なくとも性的領域では男性優位が保たれることをこれみよがしに示したのだろう》。なぜなら中世末期には《男性社会の一部で自意識が明らかに空洞化》し、このような《男らしさの誇示》が必要になった、と[25]。もっとも、中世末期の前当てブームをこのようにフェミニストの視点で解釈するのは、私は的外れだと思う。この現象は、むしろ〈女性化〉し〈男らしくない〉と受け取られたのであり、ある点では今世紀の六〇年代に起こった男性のヒッピー・ファッションにたとえられよう。というのも、ゴシック時代後期の若者が短い上着や詰め物をした前当てで若い娘を威圧し、自分の力をひけらかそうしたのでは決してないからである。むしろ彼らは――いわば女性のやり方に倣って――異性の気を引き、性的に刺激しようとしたのだ。たとえばイギリスのアレクサンダー・バークレー某はこう苦情を述べた。フランス人の恩恵を蒙るのは梅毒ばかりでなく、若い娘を混乱させ、性交へ誘うように作られた、男性向けの《さまざまな衣裳》もそうである。現在では男性を性的に興奮させるのはもはや女性ではなく、むしろ逆に男性が女性を煽り立てるのだ、と。[26] 一五〇九年にはシュトラースブルクのある注釈者も同じように、若い男性が陰部の前にたくさん詰め物をするので、《娘たちはそれがペニスだと思い込む。そんな奴らはならず者である》[27]と嘆いている。アルザス地方エンジスハイムの一四九二年の年代記にはこうある。《若い人びとは、ベルト下が手の幅一つ分もない上着を着るので、前後からズボン下が見えた。しかも実に刺激的でズボンがお尻のところで別れており、これは相当なしろものだった。また、大きく尖ったzulliが前に飛び出ており、机の前に立つとzulliが机の上にのるほどである。このような姿で皇帝、王侯貴族、名誉あるご婦人方の前に現れた。男女の間でこのような恥ずべき事態になり、神も悲しまれた》[28]。

アルザス地方の方言で《Zulli》とは、もともと《lutschi》《züpfel》、つまり《おしゃぶり》とも呼ばれる《赤子の吸う砂糖入りの袋》を意味したが、それから《ペニス》となり、さらに転用され《陰部の前当て》となった。[29] この前当ては一六世紀にはますます大きくなり、ついにいわゆる《股袋》となった。これは、綿を詰め糊で固めた球状の、または細長いカプセルで、縁飾り、蝶結びのリボンなどで飾ることもあった。[30]

騎士の家宝を敵の剣から守るため、甲冑に取り付けた半球状の金属が発達して股袋になったと繰り返し言われるが、これは誤りである。騎士の甲冑は臀部と陰部の辺りが〈開いて〉いたが、さもないと騎士は鋼の部分をじかに尻に敷き、鞍にまたがる際も引っ掛かりがないからだった[31]。それはさておき、中世末期の歩兵の甲冑に金属製の股当てを探してもむだである。それは近世初期の甲冑には見られるが（94図参照）、明らかに〈日常生活でつける陰部隠しの袋〉の模倣である。たとえば、傭兵がはく牛の口に似た《鉄靴》も、一般に流行していた先端が平たい靴を真似たものであり、その逆ではない[32]。因に、股当てに保護する機能がなかったことは、一六世紀前半、旗手や槍兵はエリートとして最前線で戦ったが、決して金属で陰部を守らず、金属製の甲冑に布製の普通の股袋をつけたことからも明らかである[33]。

94　ハインリヒ8世蔵になる鋼のズボンのついた歩兵の甲冑，1520年．

もっとも、フリードリヒ・デデキントが一五四九年にパロディ『グロビアヌス』で描いたように、まずはとりわけ《軍神マルスの後裔たち》が股袋を身につけた[34]。他の文献からも、特にスイス人傭兵のおかげでこの衣裳が大流行したと分かる[35]。ラブレーの作品でパニュルジュは言う。

《さて、ここ暫くの間は、少なくとも一年の間は、武術兵法の息抜きをいたしたく、これ即ち、嫁をもらいたく相成りました故に、股袋《ブラゲット》も履かず、従って洋袴《オ・ド・ショース》もつけませぬ。なぜかと申しますに、この股当て《ブラゲット》

95　ウルス・グラーフ，傭兵．ペン画，1519年．

なるものこそ武人が武装をいたす場合の装具の華だからでございますよ。されば、トルコ人どもは股当てをつけることが法令で禁ぜられて居りますからこそ、その武装も十全とは相成りませぬと、たとえ火焙り台にかけられても、（いや、それは真っ平ご免でござるが、）主張いたすしだいでございます（渡辺一夫訳[36]による）》。

さて、こうした股袋なら、上に述べたフェミニストの言い分は当てはまるようだ。実際に男らしい戦士が《いつも勃起してる》ように見せかけるのだが[37]、それは細長い物で（95図参照）、球状の物は陰嚢を張ち切れんばかりに膨らましたように見える。男はこの股袋をひけらかして、女を挑発し〈言い寄った〉。その様子は、一五三六年にバーゼルで謝肉祭劇の上演中に起こった騒動の報告からも分かる。《穀物広場で劇を上演していると、このトーマスがズボンと胴着だけで前舞台に上がり、後から上がろうとする者を突き落とした。その中に大熊亭の主人もおり、上で見ようとしたが、顔にトーマスの肘鉄砲を食らった。ご婦人や若い娘が上に手を伸ばすと、トーマスは前当てを差し出し、さあ、この釘にしっかり捕まりな、と言った[38]》。

股袋が力と支配を体現することは、反抗的な女房が尻にしいた亭主から支配権のシンボルを奪うこ

96　〈ズボン下をめぐる争い〉．ネーデルラントの木版画，1555年頃．

とによって、象徴的に去勢することにも現れている。たとえば一五五五年の木版画〈ズボン下をめぐる争い〉では、女房は亭主に無理やり手伝わせてズボン下をはき、一方亭主は前当てを取られたと嘆いている。女房は亭主から支配の象徴を奪った上に陰部の辺りを露出させて、亭主の弱さと惨めさをさらに強調している（96図参照）[39]。『ツィンマーの年代記』によれば、悪戯者に《ズボンの結び紐》を切り取られた男も同じような目にあった。そのため女性たちに《お尻を、さらに睾丸を》見られ、《大笑いされた》ので、男は死ぬほど恥ずかしがった[40]。ボッカチオ作『デカメロン』では、生意気な若い娘がアンコナ出身の裁判官のズボン下の紐をほどいたので、《裁判官は裸で丸出しになり立っていた》（97図参照）[41]。

とりわけ、闘争好きで攻撃的な男性は、目立つ股袋をつけた姿で繰り返し描かれる。刑吏、獄吏（98図参照）、支配者に傭兵などで、股を開いて立ち、両手を腰に当てることが多い――この姿勢は猛々しいと見られ、どうやら多くの若者が真似たようだ。というのも、エラスムスを始めとする大勢のモラリストはこの身振りを非難し、馬鹿者どもが気に入るのだから、それだけでも礼法に反すると指摘した[42]。窮屈なズボン下しかはいていない時でさえ、好戦的な男性は奇妙な股袋をつけた姿で描かれることが多かった。たとえば、クルムバッハのハンスが一五〇一年に描いたスケッチには、裸に近い男性が刀を抜こうとしている（99図参照）[43]。ここでも股袋は勃起したペニスを表し、この男の攻撃欲を強調するようである。それは、異文化社会で戦士の攻撃衝動を時折ペニスケースやペニス覆いの瓢簞で強調するのと軌を一にしている。たとえば、以前マブイアグ島民は日常裸で暮らしたが、戦となると

97　裁判官を侮辱する．フランス語版『デカメロン』の挿絵，15世紀．

98　バーゼルの工房，キリストを鞭打つ，1515年頃．

貝を亀頭にかぶせた(44)。

本来、もっぱら礼法上の理由でズボンの前部の布に前当てを結びつけたが、近世初頭にそれは巨大に膨れ上がり、もはや礼儀を守るどころではなかった(45)。反対に大部分の民衆もどうやら、破廉恥で無作法と感じたようである。たとえばザンクト・ガレンの市参事会は一五二七年に、男性は皆ただちに《粗野で卑猥なズボンの前当て》を外すべしと命じた(46)。二年後にはニュルンベルクの市参事会員は市の衛丁に対し、《舞踏場では、若者の胴着とズボンを禁じ、長い上着を着て踊らせること。違反者は罰する》よう指示し、さらに一五四〇年春には、舞踏場で演奏する笛吹きと太鼓手に対し、《ズボンと胴着で踊る若者がいれば、演奏をやめるべし》と命じた(47)。

しかし、《卑猥な前当て》に不快感を抱いたのは当局ばかりではなかった。モンテーニュのような人物も《この見苦しい下履き》、つまり《われわれの身体の隠された部分を、まるでむき出しにするような(48)》股袋に反対した。一五五八年にジョヴァンニ・デラ・カサはこう忠告している。前当てをつけた男性は《いつもきちんと着物で覆うべき男性の局部がむき出しになったり、見えたりする姿勢で》決して座ってはならない。《なぜなら、お互い恥じることのない人びとといる時でさえ、こんな事はしないものだから(49)》。

99　クルムバッハのハンス・ジュースの素描，1501年頃.

確かにすべての文化史家は、股袋《ブラゲット》を公然と身につけても《当時の一般的な道徳観に反しなかった[50]》と主張するが、しかしながらこのように一般化しては、彼らの発言は明らかな誤りとなる。たとえば一五三九年にはツヴィッカウで、《ズボン》のために《ご先祖様も恥ずかしくなるような大騒ぎがもち上がった》と非難する記録があり、しかもそれは前当てをしない《若者たち》によるものだった。《彼らは生まれつき隠すべき四肢を露出して、教会や通りで名誉ある紳士、淑女、乙女の前でも歩き回る。異教徒やトルコ人さえ恥じてしないほど破廉恥な行為である[51]》。一五二九年にクリストーフ・ヘーゲンドルフは、侮辱と恥辱をわが身と世界中にもたらす若者たちに憤慨している。連中は名誉ある若い娘や非の打ち所のない年配のご婦人方の目の前で、失礼千万にも自分の《男性自身》を見せ、また、大きな前当てを隠すよう求めた教師に悪態を吐いたからである。そしてヘーゲンドルフは、男根の名を口にするだけでも無作法である、というキケロの言葉を持ち出す[52]。暫くしてアンドレアス・ムスクルスの話では、ある画家が最後の審判の絵に股袋をつけた悪魔を描いた。《すると悪魔がやって来て、画家にものすごいびんたを食らわした》。さらにムスクルスは、《結び紐はおろか前当ても隠さない》男性の上着がいかに破廉恥か語る。《そしてズボンを実にだらしなくし、地獄の炎とぼろきれを使って前当てを人間離れした大きさにし、そこら中から悪魔に顔を覗かせる。それも無知で無垢な哀れな乙女をこわがらせ、悪事へと唆すためである。お前が目の前に現れた時、乙女たちが逆らいがたく必ず抱く考えがどのようなものか、お前自身に指摘してやろう。だがお前もそれを知っており、それ故にこんなことをするのだ[53]》。

ラブレーはガルガンチュワの巨大な股袋をこう描写する。《中の詰め物もこれまた実にたっぷりしていて、実に豊かなお授かりものであり、山といる有象無象の色男たちの見かけ倒しの股袋などとは、まったく類を同じゅうするものではないということである。色男どもの股袋は、ご婦人方にはまことにお気の毒ながら、中はただがばがばなだけである（渡辺一夫訳[54]による）》。思うにこれはむしろ、好色な女は大きな〈男根〉を欲しがるという〈男性の抱く幻想〉を、若者がひけらかす男根に対する女性の実際の感情としてラブレーが描いたものだろう。少なくとも股袋には、露出症患者の行動のように多くの女性を畏縮させる効果があったらしいことが、アンドレアス・グリューフィウスの作品のある箇所から明らかになる。サン・ディエゴという召使いが、《女》運のないダラディリダトゥムタリデスにこう言う。《スイス人のみたいに、あなたの前当てにはしこたま悪魔が[55]》詰まってると女どもは思ってる、と。この文学作品の実例にあまり説得力がないとしても、次の例はそれだけに有力である。すなわち一五五三年にイタリアで、スカートが短すぎて足が見えると非難された女性たちの中には、男性の股袋の方がはるかに破廉恥で、いつもその道具が目に入るのにはうんざりする、と答えた者もいた[56]。

100　股袋のカリカチュア，16世紀．

女性がよく貴重品の小物を胸の中、ガーターの下、時には膣内にも隠すように、男性はよく股袋を財布代わりにしたが――たとえばハンス・フォン・シュヴァイニヒェンは《いざという時に備え、ドイツ風の前当ての中にいくばくかの金貨を縫い込んだ(57)》と語る――、まったく同じように現在でもダニ族の男性は紙幣をペニス覆いの瓢簞に保管する。(58) 時折男性が硬貨を出すため女性の面前で前当てをいじりまわすのは、女性にとりわけ気まずい思いをさせると考えられた――すでに一四世紀末の詩〈最近の風俗について〉がこの不快感を取り上げた。《私もよく赤面するような、破廉恥な風俗が流行している。それはズボンにつけた財布で、悪趣味この上もない。これが私をよく赤面させる代物だ。そいつを最初にぶらさげた奴の手を切り落としてやりたいものだ！　さあ、皆さん、この邪悪で破廉恥な男をご覧なさい。彼が美女の目の前で一ペニヒ出そうとすれば、まるで小便をするように服をたくし上げねばならないのだ(59)》。

すでにグリューフィウスの引用から分かるように、一七世紀にも、つまり古典的な股袋が廃れた後も、〈無作法な〉ズボンを履いた。同世紀初頭、たとえばスイスでは、農民が胴着を着ないことが多かったので、人の目に触れない方がよい局部がはっきり分かる、との苦情がよく聞かれた。この不快の念はそれから二〇〇年続いたが、一七七三年には政府がウンターヴァルデン州の牧師たちに、破廉恥な流行に対し措置を講じるよう要請した。破廉恥なズボンを仕立てたズボン職人の女性たちは厳しく罰され、再犯の場合は職を奪われた。しかし一八世紀末には、エーベル博士某がアッペンツェル州で破廉恥なズボンを履いた牧人たちに出会い驚いている。《彼らの服装習慣は、実に無作法に思えた。薄手のシャツで覆っただけなので、身体を動かしたり、とりわけ座った時に、局部の形が丸見えになるのだ(60)》。

確かに一八世紀には、近世初期の股袋を、ゲオルク・フォルスターのように《無作法極まりなし》

と思った人びとが少なくなかったし、それどころか〈清教徒〉の中にはブリューゲルやホルバインの絵に描かれた股袋を塗り潰した者さえいた(61)。また、バロック時代末期には織物、編み物を問わず貴族のはいた細みのズボン《キュロット》は肌に密着したので、解剖学的な細部まで世間の目にさらしたも同然だった。一七二七年に出版された「弁明、あるいは箍骨《パニエ》の弁護」には、ピストルのケースのようにぴったりしたズボンを履く男性に、当時の女性のファッションを《ふしだら》と批判する権利はない、とあった(62)。またメルシエはフランス革命前夜にこう述べた。手袋のようにぴったりしたズボンを履く男性にくらべ、イチジクの葉をつけたアダムの方がはるかに礼儀正しい身なりをしている、と。こんな噂もあった。レヴィ公はズボンが体に密着しすぎて座れないし、アルトワ公は普通のやり方ではズボンが履けない。召使いがズボンを捧げ持ち、公はその中に飛び込むのだ(63)。

101　アンヌ＝ルイ・ジロデ＝トリオゾン〈ジャン＝バティスト・ベレの肖像〉，革命暦５年（1797年）頃.

　革命が起こっても、ぴったりしたズボンは相変わらず流行しており、たとえばサン・ドミンゴ島の代表ジャン＝バティスト・ベレの肖像画（101図参照）のような絵画を見てもそれは明らかである(64)。また淑女同士が歓談しながら、話題の男性の〈下半身〉の様子をこまごまと教え合ったのも、繰り返し非難の的となった。たとえば、ヴァイマルの『デラックスとモードの雑誌』一七九五年版にはこうある。《他界されたローマ教皇がこうしたぴったりするズボンを禁止され、慎み深いローマの女性からあらゆる不快感を取り除いたのは、誤りだったのでしょうか――いいえ、そんなことはありません。さもなくば丸裸になったかもしれないのです[65]》。一九世紀初頭、アメリカ人トマス・ブラナガンは、ヨーロッパから溢れ出るように伝わった〈裸体モード〉について、このファッションは女性が着れば、まさに《熱情的な男性を暴力行為に》駆り立てるが、男性が肌にぴっちりしたウールのズボンを履いた姿も女性に見せるべきでない、と述べた[66]。その頃、オランダ女性ヘールトルイーデ・ファン・デン・ヘーヴェンの取った措置も、いかにも当時のことらしい。彼女は市民軍の伍長だったが、男性に化けるため、銅製のバックルがついた革バンドを陰門の前に付け、ズボンを膨らませペニスと思わせたのである[67]。

14　男らしさの根源

傭兵が革や布製の《ファルス》で敵や女性を威圧したように、他の時代や異文化社会でも勃起したペニスは権力欲、攻撃欲、闘争心を体現したし、今でもそうである。たとえば、オーストラリアのピチャンタラ族では、血縁の仇討ちの遠征に参加する者は、出発の直前に互いにペニスをしごき勃起させたが、このように性欲と攻撃衝動が奇妙にないまぜになっていた。[1] またシングー河沿いに住むメヒナク族の男性は勃起すると、ペニスが《怒っている》と言った。[2] マオリ族の戦士は、戦闘開始の直前に敵の目の前で踊りながら、《お前らのペニスはいつ怒る？　お前らのペニスはいつ堅くなる？》と歌って挑発した。そして遠征軍の指導者が目覚めた時に朝立ちすれば、吉兆と見なされたのである。[3]

マオリ族の者は魔法をかけられたと思った時も、しばしばペニスを摑み、包皮をむいてこう言った。《俺のペニスは悪魔どもを食らう、俺のペニスはタプーを食らう、俺のペニスはお前の魔力を食らう[4]！》。《勇敢な》を表す言葉 *toa* には《性的能力がある、好色な》の意味もあり[5]、主人公が死闘の際に激しく勃起した、と語るポリネシアの物語は無数にある。つまり、ペニスが張ち切れそうになればなるほど、ますます勇気が湧いてくるのだ[6]。だからマオリ族には、戦士が祭司《トフンガ》の股の間に入り、ペニスからマナを受け取る儀式もあった。このマナは、戦士を弱気や臆病にする悪霊《アトゥア》除けなのである[7]。ポリネシア南部のトゥブアイ諸島では、首長は《堅いペニス》と呼ばれた。そのほかのポリネシアの島々でも、将来できるだけ大きく堂々としたファルスになるよう、小さな坊やのおちんちんを始終引っ張っていた[8]。

アラビアの伝承によれば、中世初期にアムル・ブン・アブド・ウッドがアリと戦った時も陰部をさらした。もっともアムルは、アリが羞恥心から目をそらした瞬間に殺そうとしてやったと言われるが[9]、どうやら後代に物語を改作した人びとは筋書きの意味がもはや分からなかったらしい。アムルは敵と象徴的な性交をする、つまり殺すつもりだったのである。

勃起したペニスは、勇気、意志を貫徹する力、さらに富も体現する。たとえば、モンバサ族の男子同性愛者で〈女役〉は、愛人の〈男役〉がとても裕福なことを、彼の《ペニスは固い》と言う[10]。またアンデス山脈のボリビア側に住むライミ族は、とてつもない偉業をなし遂げた者のことを、《大きなペニス》をもっていると言う[11]。「まったく確かな」を意味する《cocksure》は英語でよく使われる表現（cock はペニスの意）で、〈男性意識が過剰《マッチョ》な〉自信を表す[12]。多くの男性にとって、ペニスが短小だと感じるのは、自負心にかなり悪い結果をもたらす。そのため、決して勃起力不全ではないのに、ペニスにシリコンの棒を埋め込む男性もおり、これはとりわけアメリカ人に多いようである[13]。その一方で、一七六二年にジェームズ・ボズウェルのような男性は、ロンドンの娼婦に勃起した《ペニス》を見せると、自信満々でこう記している。《娼婦はわたしの物のサイズに驚いた。もし処女を犯せば、相手は泣き叫ぶだろう、と女は言った》[14]。

女性が認めようと認めまいと、勃起したペニスが女性の主人であり支配者だと女性は認識している、さらに適切に言えば、感じている、と〈男性意識が過剰な〉人びとは確信している。パリの男子学生たちは、ソルボンヌ大学で開催されたフェミニスト集会に参加した女性たちに向かい《力はペニスの先端にあり！》と叫んだ[15]。それより七〇年前にオットー・ヴァイニンガーはこう明言した。《女性が男性の陰部を美しいとか可愛いと見る、などと私は決して思わない。むしろ、人びとがメドゥーサの頭に、鳥が蛇に抱くのと同じ感情を女性はもつのだ。ファルスの及ぼす作用により、女性は催眠術をかけられ、魔法に呪縛され、魅了される。女性はペニスをある物、名状しがたい物と感じる。ファルスは女性の運命であり、女性がそれから逃げることのできない物である。それだけに、女性は裸の男性を見ることをはばかり、ファルスに対する欲望を男性に気づかせまいとする。その瞬間に負けてしまうと感じるからである。ファルスこそ、完全に、しかも決定

102　トマス・ヘニッヒ撮影.

的に女性から自由を奪うものなのである[16]》。

　メキシコ人のマッチョはまさしく必死になって〈巨大なペニス〉に憧れ、そうしたペニスがありながら早漏になったり、いつか不能になることを恐れる。一方、メキシコ女性は不感症など少しも気にせず――男性は一般的な性行動ではそれに気づかなかっただろう――、むしろ不妊症を心配する[17]。こうした関係では、おそらくペニスよりも睾丸の方がはるかに重要だろう。近世初期でも、細長い股袋よりは張ち切れんばかりに膨れた丸い股袋の方をよく着けたように思われる。アンダルシアでは、攻撃的で自信たっぷりに振る舞う本物のマッチョを、《でかい玉《コホヌード》》をもつ男と呼ぶ。たとえば、カフェで他の男たちに会うとよく自分の睾丸に手をやるという独特の仕草をして、自分の男らしさを証明して見せるのである。*tener unos cojones*（睾丸がある）は《当惑する》の意味だが、《玉のある奴》は文脈や状況次第で、勇気のある積極的な男になったり、太った小心者、お人好しにもなる。それに応じて、他人に騙されず、向こう見ずで自信たっぷりの女性を《でかい玉をもつ女《コホヌーダ》》と呼び、《彼女は体内に玉がある》と言う。そんな女と結婚した男に同情する男たちは、重いものを量る仕草をしながらこう言う。《奴はあんなでっかい玉のある女をどうしようってんだ[18]》。

　シチリアでも、大きな権力を握る男性を、地面を引きずるほど大きな陰嚢と睾丸をもつ男と呼ぶことが多い。また大いに尊敬される女性のことも、《あとは玉がないだけ[19]》と言う。同じように北アメリカでも、ある男性に《玉》があると言うばかりか[20]、かなり自信家の女性についても《彼女には玉《ボールズ》がある[21]》と言う。

　中世末期から近世初期にかけて、睾丸（couillon）をさす語がしばしば間投詞に使われたが[22]――たとえばラブレーの作品でも《まあ、聞きなさい（Escoute, couillon）》、《さあ、話してみなさい（di, couillon）》などと言う——、同じようにパシュトゥン族の男性は興奮して話す時に時折《ペニス！》と叫ぶ。[23] 一六世紀には妻が夫を侮辱する時、たとえば《卑怯者！》とか《弱虫！》と呼ぶ代わりに《玉なしめ！》と怒鳴りつけた。[24] だから、睾丸の切除は男性が蒙る最悪の侮辱だった。フランスの笑話詩《ファブリオ》では、好色な牧師に妻を〈寝取られた〉鍛冶屋が、腎臓ほど大きな睾丸と、財布が作れるほど大きな陰嚢を切り取ってしまう。[25]『ヴァイセンホルン史』によれば、一四八〇年にある司祭が実際に同じ災難に見舞われたという。《アイヒのヘンスリンは実に凶悪ならず者で、メミンゲン近郊のアメンディンゲンで主任司祭を務める老僧の睾丸を切り取った》。[26]

数世紀経っても、〈小さな玉〉は性欲減退や意気地なしを表し、一七九一年にも医師B・C・ファウストはズボンの廃止に賛成してこのような意見を述べた。高地スコットランド人が七年戦争や北米で勇敢に戦い、娼婦どもを大いに満足させたのは、彼らがズボンを履かず、並はずれて大きく強靭な睾丸とペニスをのびのびさせたためである、と。[27] 女性が陰嚢を隠しもつと、権勢欲が強まり反抗的になることは、すでに一三世紀フランスの笑話詩のテーマとなった。若き伯が家の実権を握る義母に向かい、体内に睾丸を隠しもってるのがお義母《かあ》さんらしい所だ、と言う。伯は義母の大腿を二、三箇所切り、手術で取り出したと称して一組の牛の睾丸を見せる。すると義母は失神するが、意識を取り戻した時には、支配欲は跡形もなくなったようだ。[28]

しかし、さまざまな社会で〈大きな睾丸〉入りの陰嚢が、生殖力、性欲、勇気を表すのはなぜだろう。睾丸が大きいほど精液量も多く、そのため雌が多くの雄と交尾する、つまり雄同士が性的なライバルになる場合――社会生物学の見地では――大きな睾丸が有利である。[29] この事実――それが事実だとして――はさておき、性的興奮度の上昇曲線が一時停滞するプラトー段階では、血管が充血するため睾丸は膨張し、通常の五〇パーセントから一〇〇パーセント大きくなる。[30] 反面、不安を抱いたり、他人に屈服し服従する時、男性のペニスと陰嚢は冷水に飛び込んだ時のようにしばしば縮み込む。[31] その上、精巣挙筋が収縮し、睾丸をもち上げる。この場合、検査対象となった若者の九〇パーセント以上で睾丸が鼠径管に入り込み、しばらくなくなったように見えた。この瞬間、若者たちは陰嚢の中で急激な上昇運動が起こるのを感じ、独特の仕草で陰嚢に手をやった。[32] それは、アンダルシアの若者がライバルのいるカフェに足を踏み入れた時にする例の身振りを思い出させる。

　モルモットは、睾丸を陰嚢から下半身の体腔に入れたり出したりできる。他の雄を脅かす時には、尻を持ち上げ、睾丸を充血した陰嚢内にさっと入れる。逆に、あるマカクサル属の雄は、上位の猿が近づくと睾丸を鼠径管に押し込むので、上位の雄には空っぽの〈力ない〉陰嚢がぶらさがっているのしか見えず、[33] これは決して挑発になりえない。そこで思い出すのが、ずっと前に述べた、上位者の前では手で勃起を隠すチンパンジーの例である。[34]

　ところで、勇敢な成功者の男性の陰部が大きいとすれば、服従する臆病な男性は象徴的にしばしば女陰がついたり、まさに女性と〈同一視〉された。ロシアでは大胆で反抗的な人物を、それが女性であっても、猥褻な言葉で〈ペニス〉と呼び、弱虫のことは、奴は《陰門》だと言った。[35] 同じようにドイツでも、恥知らずの男、他人にされるがままの男を《雌犬の陰門《フンツフオット》》と呼ぶ。[36] すでに古代エジプト人は臆病者や敵の戦士を *ḥmti* と言ったが、[37] これは《陰門》と訳せる。[38] ヘロドトスによれば、エジプト王セソストリス三世は、あまり勇敢でない敵を象徴的に妻とした。《また戦闘もなく容易に町々を占領できた国には、勇敢に戦った民族の場合と同様の事項を記念柱に刻んだ上、さらに女陰の形を彫り込ませたのである。それによってこの国の住民の怯懦であったことを示そうとしたのである（松平千秋訳[39]による）》。

かつてデルタ地帯の諸侯を打ち倒した国王は、ある碑文に《雄牛を娶った猛き支配者[40]》と記されている。紀元前二九〇〇年頃の化粧板には、雄牛の姿をした国王が屈服した敵の肛門を犯す、つまり完全に自分の妻にする、ちょうどその場景と思しきものが実際に描かれている（103図参照）。本当にエジプト人が負けた敵の兵士の釜を掘ったか、証明はできないが、同じテーマは古代エジプトの神話にも登場する。セト神は男と思い込んだ相手を侮辱するために犯すが、それは男装したアナト女神だったのである[41]。

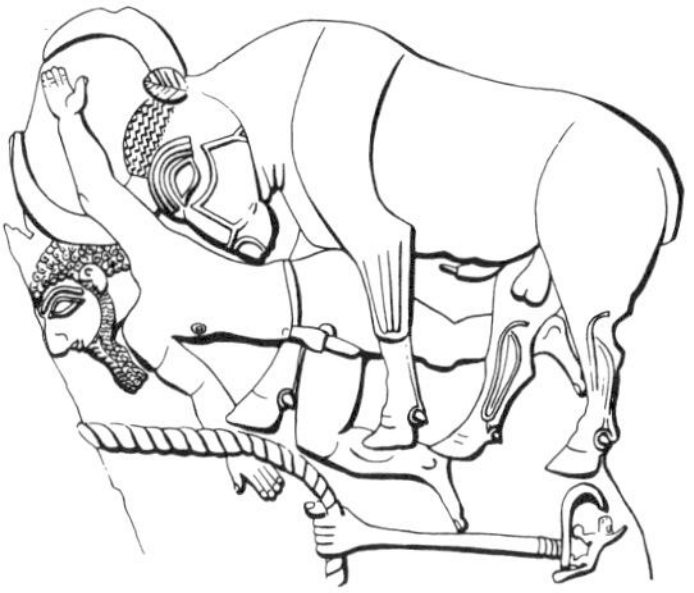

103　国王が雄牛の姿で敵を辱める．エジプトの化粧板，紀元前2850年以前．

一七四二年にインディアンのイロコイ族がデラウェア族に勝った時、負けた敵を《妻に》したという。デラウェア族が犯されたかどうか伝わっていないが、女装させられたのは確かである[42]――繰り返し〈母権制〉社会の典型的な例にされる部族にしては驚くべきことだ[43]。ウィネバゴ族の話では、昔一団の男が戦に向かう途中で全滅した。一人の戦士が生還し、敵に死んだと思われたお陰でなんとか助かった、と言った。ところが、しば

104　黒石でできたシャイアン族のパイプの雁首，1850年頃．

らくすると生き残りがもう一人現れ、まったく違った話をした。それによると、先の戦士は臆病者のように振る舞い、茂みに隠れていたのである。そこで戦意のない嘘つきは女装させられて、名誉を奪われ軽蔑されたまま余生を〈女性〉として過ごさねばならなかった。[44] アステカ王国の支配者モテクソマは、そうした目には遭わずにすんだが、スペイン人に厳しい態度で臨まなかったため《女》として侮辱された。すなわち、モテクソマ王がスペイン人に監禁された宮殿のテラスから国民に向かい演説すると、《突き落とす鷲》の異名をもつクアウテモクが立ち上がり、大声で言った。《このモテクソマの奴は、スペイン人どもの女は、いったい何をしようというのだ。奴をそう呼んでも構わない。なにせ奴は女々しくも本当に怖がってスペイン人に身を任せたんだから[45]》。

平原インディアンも味方や捕虜の臆病な兵士にベルダーシュ役を無理やりあてがうことがあった。[46] すると労役やセックスの相手に使われ、大勢の男たちに肛門を犯されたり、フェラチオをしてやらねばならなかった。[47] シャイアン族は少なくとも象徴的に敵を〈妻〉にする習慣があったが、あるバッファローの毛皮に描かれたのもおそらくそうした場景だろう。そこでは激しく勃起したシャイアン族の戦士が敵を殺し頭皮を剝いでいるが、負けた戦士にはいかにも敗者らしく、まったく陰部がない。[48] その上、戦士はバッファローの頭飾りをして描かれているが、[49] バッファローは闘争心や性欲のシンボルと見なされた動物で、[50] 死をもたらす角は勃起したペニスと同一視されたのである（104図参照）。[51] 言い伝えによれば、シャイアン族は遠征前に妻と同衾せず、〈性的エネルギー〉をすべて敵のために保存しておいた。[52] さらに白人ばかりかインディアンの他の種族の間でも、シャイアン族の戦士は婦女暴行者として実に悪評が高かった。[53]

現代でもアメリカの軍事教練の教官は新兵をよく《ダーティ・カント》とか《プッシー》と呼ぶ。ナチス時代のドイツ国防軍では中隊付曹長が兵隊に向かい《お前を女のアソコにしてやる》と罵った。[54] しかし、味方だけではなく、とりわけ敵を軟弱で女々しいと見なすのも好まれた。たとえば、ソ連の占領予定地域でドイツ人官吏がとるべき態度に関する一九四一年六月一日付の極秘指令にはこうある。《ロシア人には女性的な素質があるため、男らしい行為にも欠点を見つけようとし、男らしさを侮辱するかも知れぬ。だからといって、女々しいところは決して見せず、北方人らしい姿勢を失わぬこと！》[55]

15　破城槌と城門

数世紀にわたり、都市、国家、大陸は、征服者から性的に〈奪われる〉のを待つ女性、不安と欲望が入り交じった気持ちで処女喪失を待ち受ける乙女にたとえられた。たとえばエルンスト・ユンガーは、『パリ日記』の一九四四年八月八日にこう記している。《サクレ・クール寺院の展望台にいま一度登り、この大都会に別れの一瞥を送る。歴史の新たな抱擁を期待するように、石造りの街は暑い陽の光を浴び震えていた。都市は女であり、勝利者だけを愛するのだ[1]》。

ゲッベルスは手に負えない愛人のようなベルリンにひれ伏したと言うし[2]、カール・ツックマイアーはこの都市をむしろ半処女のような存在と見なした。崇拝者を手なづけておいて、たいていそれっきりなのである。《ベルリンに手が出せない人びとは、この街を望ましい女に見立てて語った。冷淡ぶりと媚態で知られ、ものにする当てが少ないほど、さらにひどく罵られる女のように。われわれは彼女を自惚れ屋、俗物、成り上がり、無教養、下品と呼んだ。しかし心の内では、誰もが彼女を願望の目標にしていた。豊かな胸を高級下着に包んだでっぷりした女に思い描く者もいれば、小姓用の黒い絹のズボンを履いたほっそりした女と考える者もおり、節度のない連中はその両方を夢想した。彼女が残忍だとの噂にますます攻撃欲をかき立てられた。誰もが彼女を欲しがり、魅了され、そして始めは玄関払いを食らわされた。その時うまくしてやったのが、半端者、見かけ倒しな奴、はったり屋などだった。というより、ドアの隙間からするりと入り込み、しばし彼女のお気に入りになりすましたのだ[3]》。

レバノンの作家エリアス・クーリーはベイルートを、休みなく犯されても平気な売春婦になぞらえる。《この都市は何者だろう。一人の娼婦だ。千人の男と寝て生きのびる女など、誰に想像できよう。この都市は爆弾を一〇〇〇発落とされても存在し続けるのだ[4]》。一方、レヴァント地方の諸都市に住む彼の祖先は、戦士の意のままになるまいとあらがう貞潔な乙女に見立てた。たとえば、詩人アル・サフティは感激してこう述べた。《絶世の美女アッカには玉璽がなくとも王者の素質がある。多くのよそ者が彼女を手に入れようとして果たさず、不能者のごとく、花を散らすことはならなかった》。ところが、どの乙女にも最期の時が訪れる。イスラム社会の指導的人物《シェイク》リファ・ア・アル・タータウィはアル・サフティの詩にこう加える。《しかし、われらが君主はアッカの処女の封印を破られ、無垢の処女は失われたのだ！　君主はアッカには役立たずと思われていた。だが、われらが強大なる君主は、シリア内外の都市の処女を奪うことができるのだ[5]》。

一八三〇年頃に描かれたグアッシュ画（105図参照）には、孔雀の王座に座るペルシアのナーディ

105　デリーを征服するペルシアのナーディル・シャー，ネパールのグアッシュ画，1830年頃．

ル・シャーがデリー市を征服する姿が描かれている。帝国自由都市ケルンは同じ運命に見舞われないよう――恐らく一七世紀に生まれた箴言で――、難攻不落の市壁に象徴される都市の処女性を守るよう市民たちに求めた。《そこで私は忠告する、ケルンの市民よ。私が乙女のままいられるよう、あなたがたの祖先が築いた壁を命にかけて守るように[6]》。

一五九六年、イギリスのウォルター・ローリー卿は女王エリザベス一世に、アマゾネスの国ギアナの征服がいかにも魅力的と見えるように、処女王に向かいこの処女地の様子をありありと描いて見せた。《ギアナはいまだ処女地です。いまだかつて略奪も耕作もされず、手を加えられていません。地表が裂かれたことも、魂の操や塩が肥料で荒らされたこともありません。黄金探しに墓を荒らしたり、大槌で鉱山を掘ったり、聖像を神殿から引きずり降ろしたこともありません。どのような強国の軍隊も侵入したことなく、キリスト教国の王子が征服、統治したこともないのです[7]》。少し後にヤン・ファン・デル・ストラーツが描いた版画では、まさに文字通り〈あらわになった〉アメリカのアレゴリーが何ひとつまとわずハンモックに寝そべり、発見者アメリゴ・ヴェスプッチの前で少し股を開いている。おそらく、北部でイギリス人開拓者が処女地――ヴァージニア州――の花を散らしたように、〈征服される〉のを待ち受けているのだろう。[8] もっとも、それから四〇〇年後に彼らの祖国は同じ運命に見舞われた。すなわち、イギリスに向けてユーロトンネルが掘られるのを、イギリスの新聞はブリタニアが《純潔を失う性行為》の《前戯》と見たのである。そして、《重量一五〇〇トンの巨大な削岩機》[9] が《乙女イギリスを征服する》と嘆いたが、実はその時まだ一メートル半しか掘り進んでいなかった。

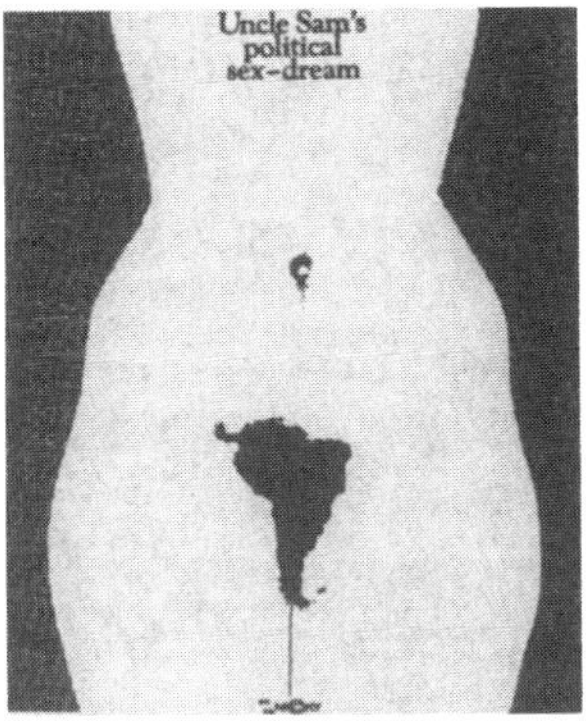

106　ニコラス・ペカレフのカリカチュア，1985年.

107　ロバート・グロスマン〈西部開拓史〉.

ヴェトナム戦争ではヴェトナム女性ばかりか、国全体が強姦された——スタンリー・キューブリック監督の映画『フルメタル・ジャケット』で海兵隊員が言うように、《この戦争は自由のためじゃない、プッシーのためなんだ》[10]。アメリカの新聞は《クウェートに対するレイプ》に憤慨したが[11]、その前に《米国政府《アンクル・サム》が夢見る政治的なセックス》は、《南米のファック》だとおおげさに書き立てた（106図参照）。もっとも、それは数世紀も前にスペイン人が徹底的にやってのけており、彼らは——アンダルシア地方で使われる言い回しでは——片手に十字架、片手にペニスを握ってアメリカを征服した[12]。

108　行商人が売り歩いた手彩色の絵，ドイツ，1890年頃．

109　〈女性をめぐる一騎打ち〉．日本の木版画．

また、ドイツ人とデンマーク人を両親にもつ奴隷商人レーマーはアフリカを《外国の膣[13]》と呼んだが、さまざまな国がそこへ《挿入する》のに参加した。

このような次第で、大昔からペニスを武器と見たのは、実に筋が通っている——『エッダ』ではトール神の槌に見立て、結婚式で乙女の膝に乗せるし[14]、槍、ナイフ、投げ槍、矢にもなる。アウグストゥス帝の時代に編まれたラテン語詩集『プリアペイア』には、自分の武器を隠す神はいないからプリアプス神もペニスを隠さない、とある[15]。ゴシック後期に若返りの泉を描いたバントロレンマイスターの銅版画では、若者が陰部の辺りにもったナイフを指さし、女性を性交に誘っている。チョーサーの作品でも「ナイフ」は普通ペニスを表し[16]、中世の他の作家も同様である。実際に、勃起できずにナイフをペニス代わりに使う男性も多かった。たとえば、一六七一年に逮捕されたジョージ・ブース某は、マクリズフィールドの法廷でこう証言した。《彼女のエプロンの下に手を差し込んだけど、アレが全然立たなかった。それでナイフを出して、柄を女の割目に入れた。もうちょっとで済むとこだったのに、ジョンソンさんが入って来たんだ[17]》。

ヘンリー・パロットの作品では、好き者の未亡人が大人しい兵士に向かって言う。《兵隊さん、あなたは勇敢かもしれないけど、お盛んではないようね。武器をもってないか、錆びつか

110　ハンガリーの蔵書票，1931年.

111　トマス・ローランドソン
〈情事の進展，あるいは恋人の奪われた唇〉，
1814年.

112　西ドイツ映画の一場面，1968年.

せちゃったんでしょ[18]》。

都市の環状になった城門を粉砕する破城槌を、力ずくで女陰を開く勃起したペニスにたとえることもあれば（110図参照）、逆にペニスを包囲戦の武器にたとえることもあった。ピエトロ・アレティーノ作『宮廷の話』で一人の娼婦はこう言う。《さて今度は、農夫の破城槌を城門に入れ、喜びのあまり死んでしまった女の話をしましょう[19]》。

ソロモン諸島にあるマレイタ島のバエグ族は、戦闘用の棍棒をさす言葉 *alafolo* で暗にペニスを表した[20]。また、スーダンに住むコマ族は一九三〇年まで幾度も奴隷狩りに遭い、こう嘆いた。《おれた

ちに何があるっていうんだ？　武器なんか一つもない。おれたちは女と同じだ。男じゃない、チンポコなんかないんだ[21]！》

　数世紀にわたり、とりわけカリカチュアではファルスの代わりに砲身を描き[22]（111図、112図参照）、また、ややお上品に携帯火器、マスケット銃、火打ち石銃も使われた。たとえば、シェイクスピアはペニスをよく《ピストル》と呼び、放たれた精液は男性が女性を撃つ《弾丸》だった[23]。同じように、現代でもクレタ島で「ピストーラ」はペニスをさす一般的な名称であり[24]、人差し指と中指の間から親指を突き出す《ファック・ユー！》の仕草は、コロンビアで「ラ・ピストーラ[25]」という。

113　ルー・マイアズ作のカリカチュア.

　さて、男根をこのように見るのは、セックスでもまだむき出しの攻撃衝動を存分に発揮した、〈前近代の〉わりと〈欲求不満な〉タイプの人間特有のものだろうか。現代〈西洋〉人のセックスに関する語彙を一瞥すれば、そうした語彙や、それを口にする感情に軍隊色が弱まったとは考えられない。

　たとえば、第二次世界大戦時にある兵士は、仲間が〈特殊な状況下で〉同性愛行為に耽るのは、とりわけ《自分の武器で何を狙えばよいか》分からない兵士が実に多いからだと考えた[26]。また、あるヴェトナム帰還兵は、いつも武器を担いで走り回るのは〈長い間勃起している〉のと同じだと言った。《銃を担ぎっぱなしで

114　コシャン作のカリカチュア，1983年．

いるのは、アレがずっと立ってるようなものさ[27]。アメリカの格言に曰く、《兵士とは何ぞや？　端に人のついた堅いペニスなり[28]》。すでに第一次世界大戦時に、戦闘機のパイロットは急降下する時に勃起すると語っている[29]。ヴェトナム戦争でもおびただしいパイロットがこれを裏付け、あるパイロットはすっかり感激して言った。《飛行機に乗ってロケット弾を撃つと、翼からシュッと飛んで行く音が聞こえる。それから出し抜けに命中する。ポン！　まるでオルガスムだよ》。第二次世界大戦時に爆撃機の乗組員は、ドイツの都市に爆弾を投下する時に放った射精は、女性相手より《良かった》とさえ述べた[30]。

ジャン・ジュネが一九五〇年に制作した映画『愛の唄』は、当時秘密上映しかできなかったが、そこにこんな場面がある。警官が囚人にフェラチオしてくれるよう頼む勇気がないので、囚人の口に拳銃を押し込み射精に至るのである。また、その一五年後に作られた有名な日本映画『黒い雪』の主人公は、性交する時に弾丸をこめたリヴォルヴァーを握って射精する[31]。

男性誌『ハスラー』には、男性が女性の口に拳銃をねじ込み、無理やりしゃぶらせている写真が載った[32]。また『シック』誌の〈切り裂かれるコランバイン〉というタイトルの写真では、性的な恍惚に陶酔したブロンド女性が巨大な包丁を膣に突き刺し、血が吹き出している[33]。

さて、こうした場景は決して映画や雑誌の写真に限らず、しばしば現実にも起きている。たとえば、強姦魔に襲われた売春婦が、〈無料サービス〉してあげるからひどい目にあわさないでと頼むと、犯人は一段と残虐になった。そして、犯人は〈用を済ませる〉と、リヴォルヴァーの銃身を彼女の肛門に差し込んだ。最後に、弾をこめた拳銃で売春婦の陰門をしばらくの間狙っていたが、引き金は引かなかった[34]。大勢の強姦魔は、火器を発射したり、また武器を眺めるだけでも、勃起し射精すると証言している。その一人はこう言った。《拳銃はある月曜日に買った。まだよく覚えてるよ。その日の晩、銃を眺めてた時に初めて射精したんだ。銃を包みから出してる時だった［……］銃で撃つのを想像するたびに射精したな。時々、人を撃ってるんだって想像したものさ》。また、他の強姦魔はこう言う。《おれが撃ち殺した女たちの中で、こいつが一番抵抗したな。それから女を地面に放り出して服を引き裂くと、すぐに射精しちまった[35]》。

一九七五年に有罪判決を下された性犯罪者ヨーゼフ・カールリンガーは、ナイフを手に握り女性の腹を引き裂くか、乳房を切り落とすと想像しないと、どうしても勃起できなかった。ヨーゼフは、拳銃で大人しくさせた男性にフェラチオしてペニスを嚙み切るようある女性に命令したが、拒まれたのでその女性を殺害した。彼女を刺し殺している間に、ヨーゼフは射精した[36]。

さて、これらは病んだ衝動的な犯罪者や快楽殺人犯の極端なケースであり、現代〈西欧〉社会の人間に特有の衝動のモデル化の基準を、そこから帰納してはならない、と異議が出るだろう。それでは、

115　チャールズ・ブロンソン，1970年．

〈正常〉と見られる人間は、この点でどのような状況にあるのだろうか。

《それはちょうど、女の中のずっと奥深くに武器を押し込むようなものさ》——ある〈正常な〉アメリカ男性は、女性と性交する時の感じをこう述べた。また別の男性は、犬が木におしっこして印をつけるように、その女性が自分のものだと精液で〈マーキングする〉と述べる。《ある女と初めてセックスした時、後になってみれば、射精でそいつを征服し、次に会う時も自分のものとなるよう確保したと感じるんだ[37]》。

ある〈正常な〉男性、つまりアウシュヴィッツで火葬場の責任者だった大隊長モルのこんな話がある。彼は到着したばかりのユダヤ人からとびきりの美女を二〇人選び出し裸にすると、焼却坑の縁に一列に並ぶよう命じた。それからリヴォルヴァーで陰部を狙うと、女性の膣内に撃ち込み、炎の中に落とした。《死ぬまで何度も弾を撃ちこまれた女性も数名いた[38]》。

一五六一年にニュルンベルクで出たパンフレットによれば、ロシア兵がリヴォニアの人妻や少女たちに極めて残虐な暴行を加えたという。《ロシア兵は屈辱的で淫らな行為で女たちを痛めつけて息も絶え絶えにすると、衰弱した女たちを裸にして木に吊るし、それを目がけて矢を放った。吊るされた女の恥部に命中させた者は褒められた[39]》(116図参照)。

116　ロシア人がリヴォニアで行った残虐行為
『ノイエ・ツァイトゥング』紙の木版画，1561年，ニュルンベルク．

ノルベルト・エリアスによれば、こうした振舞いは《文明化された人間の心的な特性》に反する。文明人はこうした《突発行為》を夢見るだけか、また今日では症候と称される希有な例でしか知らない、と[40]。それでは、ロシア兵がリヴォニアで残虐行為を行ってから四世紀後、その子孫たちはドイツ東部を占領する際に《人妻や少女》に対しどのような振舞いをしたか、と質問が出るだろう。

自分が犯した女性の膣に木の棒を押し込んだり、鉄の棒を打ち込むのを赤軍兵士が特に好んだことは、おびただしい証人が報告している[41]。たとえば、シュレージエン地方のシュトリーガウでは《一七歳の娘の下半身に箒の柄が三〇センチほど突っ込まれていたケース》[42]があるし、またレフ・コプレフはプロシア東部ナイデンブルクでの目撃談を伝えている。《脇道の家に、高い格子で歩道から区切られた鑑賞用の生け垣があり、そこに老女の死体があった。着物は切り裂かれ、痩せ細った太ももの間に電話がおかれ、その受話器は膣の

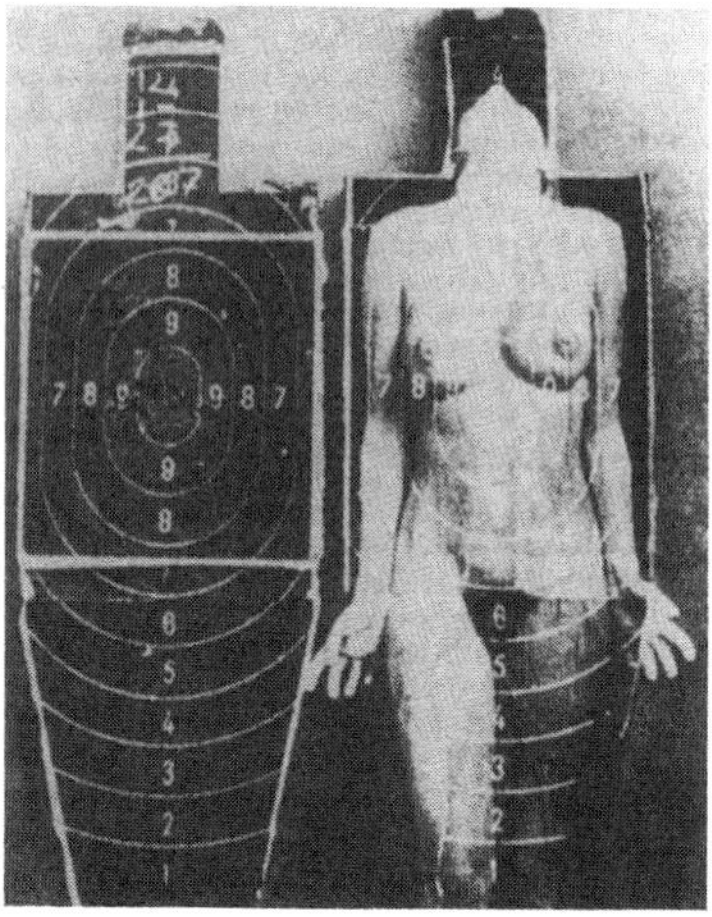

117　スイス軍の標的，1982年．

中へ入るだけ押し込まれていた[43]》。

　膣に棒を押し込むのはヴェトナム戦争でもよく見られ[44]、今では世界の多くの国で拷問の定番になっており、捕らえた女性の膣や肛門に棒や瓶、棍棒を突き刺している――たとえばトルコ娘アイセ・セルマは、さらに陰唇から突入電流《インパルス》をかけられた[45]。サンパウロにある準軍事組織〈サンパウロの行動〉（OBAN）本部では、裸の女性の股を広げ、《オウムの止まり木》と呼ばれる横木に逆さ吊りにすると、陰部に物を押し込んだり、電気ショックを与えて痛めつけた。それと同時に、隣に女性たちの亭主を吊るし、葦の茎を肛門に突っ込み、ガソリンを染ませたぼろ切れをその茎の端に巻き付けて火を点けた[46]。

　しばらく前に、スイスのベルン州高地地方でベルナー・オーバーラント要塞勤務の第二中隊第六小隊は、本物の女性がいないので、身を捧げるように頭をのけ反らせた裸体の女性の写真を拡大して標的にした（117図参照）。確かに女性の臍や乳房、首に当たっても高得点になったが、しかし標的を事前に知らせないいわゆる《運試し射撃大会》では、膣を撃つとたいてい最高点になった[47]。デトロイトにあるトップレス・バー「ブービー・トラップ」で毎週木曜の夜に開かれる〈ランボー・ウェット・パンティーズ・ナイト〉の様子はこうだ。ぴっちりした褌のようなパンティだけを身に付けた若い女性が足を広げて舞台に立ち、ランボー気取りの客が玩具の機関銃で陰部の辺りめがけて勢いよく水をかけるのである。当店のマネージャー、リック・サラスは言う。《欲求不満になる男性もいるかもしれません。けど、女性をレイプするより、水鉄砲で撃つ方がずっとましですよ[48]》。

レー男爵の一八二〇年作の標的が証明する通り、昔も狙撃手は《薔薇》、つまり乙女の陰門を的にして撃った[49]。大きな襟あきの服を着た若い娘が掲げもつ板にはこう書いてある。《わたしは乙女ですが／小さな籠を差し出しましょう／腕の良い射手は恥ずかしがってはなりません／その方はわたしの薔薇に命中できましょう[50]》（118図参照）。ヒマラヤ北部に住むマガル族は、現代でも夏至や冬至の祭りで女性に求婚する射撃競技を行う。若い求婚者たちは、吊るした女物の首飾りを通して豚皮の黒い毛で覆われた部分（*kundele*）を射る。それは女性の陰部を表すのである。日常生活でも青年が若い娘に《もう少しで君の豚皮を射ぬいたのに》と言えば、《もう少しで君とセックスできたのに》ということである。西部のタマン族は《陰門》と呼ばれる白墨の輪を木の板に描いて、そこに矢を放つ。矢を射ることを*byaba*というが、民

118　カルル・レー男爵の木製標的，ハンガリー，1820年．

族誌学者はこれを《セックスする》と訳した[51]。バンウォロ湖の北東に住むベンバ族のチスングーの儀式では、若者が花嫁の頭越しに壁の丸いマークを射てから、花嫁の頭に足をかける。この瞬間、居合わせた者は《若者が彼女を射ったぞ！》と口をそろえて叫ぶ[52]。

中世末期の謝肉祭劇では、弩の射手が乙女の陰門に矢を撃ち込み九カ月間はらませてやれる、と自慢する。《ご亭主殿、私はシュトルルフェングルッツと申し、弩の名手であります。的のど真ん中を射ることもできますし、足の指にワインを注ぐこともできます。靴を履いたウズラも射ます。私の矢が女の黒い部分に当たりますれば、彼女の腹が膨らみます[53]》。

中世で性交をしばしば《鋭い突き》と言ったのは、騎士が《馬上試合用の槍》で貴婦人を射止めるからである。たとえば一五世紀半ばのアントワーヌ・ド・ラ・サルの作品では、殿様がサラセン人と戦っている間に、ある貴族が奥方をものにしてしまう。他の箇所にもこうある。《扉が閉まるが早いか、彼は身につけていた胴着を放り投げ、寝台に跳びのると、槍を手にして貴婦人にぴったり身を寄せ、戦いを挑んだ。小競り合いが起こる瀬戸際で、婦人は牛の角のようにまっすぐに立った彼の槍をつかみ取った。その槍が堅く強いと見るや、彼女は叫び声を上げ、こんなに強い武器に持ちこたえられるほど、わたしの盾は丈夫ではありません、と言った。殿様がどうあがこうと、この盾と槍の勝負を止めさせることはできなかった[54]》。

十字軍騎士の妻たちは、アラビア人の目には刺激的な装いをしていた。アレッポで彼女らを見て興奮したイブン・アル・カイサラーニーは、フランク人の女どもを、その亭主より上手に〈刺したり〉、〈乗ったり〉できると豪語した。《どのみち奴らの夫の騎士は槍試合でもおれほど勇気がないし、うまく乗りこなすこともできない》[55]。またイスラム社会の指導的人物《シャイフ》ナフザウィは『薫る庭園』で、あらかじめ勝者の分からない槍試合を性交にたとえている。《神に称賛あれ》とまず全能者を称えて言うには、《神は男のいとも大きな愉しみを女の割れ目とされ、女の悦びは男がもつ槍の穂で絶頂に達するよう計らわれた》。この割れ目こそ、槍の騎士たちが生死を賭ける戦場である。《大腿の間を神は戦場となし、豪華に飾りつけられた戦場は獅子の頭さながらである。人それを陰門と呼ぶ。おお、死はどれほど大勢の男たちをその入口で待ち伏せることだろう。そして、その中にどれほど多くの英雄がいることだろう。神はその物に口と舌、二枚の唇を与え給うた。それは砂漠の砂に残されたガゼルの足跡に似ている》。割れ目の戦いでは、二人のうち先に〈いった〉方が負けである――《最初に気を放った者が敗者であり、すなわち悠然たる者が勝者となる。まことに素晴らしい戦いである》[56]――それに対して、西欧の《愛の槍試合》ではしかるべき見解に従い、必ず女性が勝つ。なぜなら、騎士の《槍》はいつか割れ目の中で折れるからである[57]。

119　貴婦人のかかげた輪に槍を通すフランケンの騎士，1594年.

《女の陰部は男を殺す》とマオリ族

の人びとは言った。というのも、大昔から男の堅いペニスを《死なせ》、性交の戦いに勝ったからである。[58] ジャコモ・カザノヴァのような男性もこの見方に同意しよう。もっとも、シャイフのナフザウィの意見と同工異曲といえようが、それによれば先に自制できなくなり射精した者が〈死ぬ〉のである。カザノヴァは相手の女性の一人についてこう記している。《この最後の戦いで、彼女はすっかりへたばってしまった。私は寝そべった彼女の下半身を起こし、そのままの姿勢で持ち上げると、彼女の愛の神殿に口と舌で寵愛の念を示した。それによって、あわや彼女を死に至らしめんとした私の武器を、彼女にも可愛がってもらいたかったのだ。この英雄的な行為に疲れると、私は彼女を再び床に戻し、休戦を乞わねばならなかった[59]》。

時代を問わずさまざまな社会で、男性による性行為を言い換えて《射る、撃つ》、《刺す》、《殴る》、《殺す》、《屠る》などと表現する。たとえば、アメリカでよく使われる粗野な決まり文句では、《月経が始まる年頃なら、屠殺するのに十分だ[60]》。ヤトミュール族の男性が女性について、《そう、おれたちは女をファックするけど、あいつらは決して仕返ししないんだ[61]》と言うのも、いかにも彼らしい。一八世紀の『俗語辞典』には〈女性と寝る〉を表す言葉としてよく使われる《to knock ノックする》、《to wap 殴りつける》が載っている。[62] また、今世紀の五〇年代にオーストリアの不良は《こてんぱんに打ちのめす》という隠語を好んで口にした。《〈彼女をこてんぱんにしたのか〉と尋ねれば、答えはたいてい〈いや、お触りだけさ〉だった[63]》。

シナイ半島南部に住むムゼイナ・ベドウィン族の女性は、夫が性的に近づいてくるのはすべて攻撃的な行為であり、じっと我慢するしかないと感じている。しかし言い争いになると、『女の平和』の

120　ニュージーランドの広告写真，1983年．

主人公リシュストラーテの忠告に従い性行為を拒んで、自分の意見を押し通すことがよくある。もっとも、とりわけ新婚時代には、たいていの夫は妻を文字通り打ち負かさないと性交できない。しくじると家畜で我慢するしかない。ある男性は女性民族学者にこう言った。《あんた方イスラエル人の娼婦は、おれたちにとってはロバなんだよ》。男はペニスを*ʿasā*、とか*ʿasāya*と呼ぶが、これはラクダを折檻する鞭の名前であり、性交のことは《ラクダの鞭で彼女を打つ》という。(64)ニューギニア高地の東部に住むカマノ族、ウスルファ族、フォレ族、ジャート族などにとっても、性交は武器を使う戦いの一種であり、《矢の持主》が射精で女性を《射《い》殺す》と見なす。男女とも性交中は相手に対しきわめて攻撃的になり、噛みついたり引っ掻いたり、火傷さえ負わせる。しかも、女性の方から性交をもちかけ男性を導き入れた時でさえ、強姦のような有様となる。(65)昔バルヤ族は、野豚や敵を殺すのに使う竹の矢で陰門を描き、フライ河とトレス海峡の間に住むケラキ族は、首狩りで人を殺すのを一種の性的な強姦と考えた。棍棒で被害者の頭蓋骨を打ち砕きながら、《トクジェンジがお前をファックする！》と叫ぶ。トクジェンジとはヘラ状の木片の一端に紐を付け、振り回して鳴らす呪術用具「うなり木」のことである[66]。アンダルシアの闘牛士も、剣で雄牛を《ファック》しなければならない。さもないと牛に角で《ファック》されるのだ[67]。

殺すことが、女性に男根を挿入することと密接な関係があるのは、《自然民族》や《伝統的》社会ばかりではない。たとえば、イギリスの風刺詩はある紳士をこう歌っている。たとえ《その乙女が美しくその気になっても／彼の武器では柔らかすぎて殺せやしない[68]》。またヴェトナム戦争では《ヴェトコン兵を撃ち殺す》のを《アジア野郎をファックする》といい、アメリカでは日常生活でも《じっと見つめる》ことを《視姦する》という[69]。フランス語の *baiser*（キスする）には《性交する》や《口車に乗せる》の意味もあり、たとえば《彼は警察にキスさせた》は《彼は警察にぱくられた》の意である[70]。

性交の前戯や本戯を狩猟のメタファーで表すのも世界中に広まっており、そこでは〈攻め〉手が狩人で、〈受け〉手が狩りの獲物になる。たとえば、あるギリシアの皿絵では、〈攻め手〉、つまりペニスを〈挿入する〉エラステスと、そのペニスを大腿の間に〈受け入れる〉エロメノスとの大腿性交を、犬のウサギ狩りにたとえている（121図参照[71]）。こうした意味のウサギ狩りは中世の欄外注釈で始終お目にかかるが、さらにフランス語の《*conin* ウサギ》と《*con* 陰門》をかけた言葉遊びが一役買うし[72]、現代でもとりわけオーストリアで、《ウサギを撃つ》は《女性とセックスする》の意味でよく使われる。

スンバ島東部のリンディ族では、割礼の直前に若者に、《これまで何人の女を槍で刺したか》と尋

121　エラステスとエロメノスの交わり.

ねる。すると〈押し倒した〉女性の数を言わねばならない。[73] マッサイ平原南部のカグルー族も、女性を〈狩り〉の対象となる〈豚〉と見る。また、少女の成人式には象徴的な野豚狩りが行われ、女性を表す豚を仕とめる、つまり性交するのだが、《射精する》には《殺す》と同じ言葉を使う。日常生活でも性交を表すのに、たとえば《杭を打ち込む》、《殴り倒す》、《侮辱する》などの言葉に置き換えられる。これらは力ずくの辱めを表す語だが、普通乱暴な性交が行われるので、現実を如実に反映しているのだ。[74]

ヴァウペス河沿いに住むインディアンのデサナ族で《狩る》を表す語は《動物と性交する》であり、狩人は獲物を仕とめると、その陰部を念入りに調べ観察する。ある民族誌学者が、狩りで性的に興奮するか尋ねると、その情報提供者は、《殺すのは性交することだ！》と答えた。[75] オジブワ族の言語で、*nenochean* は文脈によって《私は人を狩る》、あるいは《私はある人に対し（セックスで）全力を尽くす》となり、*nenoche besheway* は《私は大山猫を狩る》、あるいは《私は女性の陰門を弄ぶ》となる(76)。

前世紀の上部バイエルン地方では、若者が農家の娘を首尾よく〈ものにする〉と、《メスのノロ鹿を撃った》とか《持ち帰った》と言った。歌にもこうある。《お山のカモシカは／鉄砲も怖がらない／僕のディーンドルちゃんもベッドでは／鉄砲を怖がらない／――夜にはね(77)》――、それより六世紀以上も前にゴットフリート・フォン・シュトラースブルクの叙事詩『トリスタンとイゾルデ』で、主人公が獲物をもって狩りから帰ったのに似ている。《トリスタンは王妃を仕とめた／それはミンネの獣で／犬も連れずに一人で捕まえたのだ(78)》。

軍人や猟師の使う性のメタファーの実例から、多くの人間社会で性交には暴力的な性質があるとの結論を出せるだろう。それどころか、男性が行う性行為は本質的に、女性を屈服させる攻撃的行為であると主張する女性フェミニストたちの意見を認めたくなる。またアンドレア・ドゥオーキンは定義している。《ファックとは男性が女性を植民地化する手段である。既婚未婚を問わず、ファックは所有行為である。その所有者はペニスの持主なのである(79)》。

性行為それ自体は、男性が女性の肉体を所有するものではなく、またドゥオーキンは皮肉にも、特殊な、つまり〈男性優位《マッチョ》の〉見解、感じ方を〈人類一般に当てはめ〉たことはさておき、さまざまな文化と時代に見られるこうした実例で、性行為が加害者―被害者のモデルで〈構成され〉ているのは事実である。もっとも、〈エロチックな狩り〉がすべて暴力的な状況を表す、と見るのは慎むべきであろう。たとえばナロ・ブッシュマンの女性は、前戯で〈狩られる〉のを好む。お目当ての若者の前で、挑発するように陰部覆いの腰布をさっと持ち上げると走って逃げ出す。その男性が追いかけてくるのを期待しているのである。既婚女性でさえ、冗談仲間の男性に同じような事をするが、もっともそうした〈狩り〉は性交に至らないところが違っている。いずれにせよ、〈エロチックな狩り〉は無理強いや暴力行為とは無縁であり、民族学者が〈文明化された〉世界の強姦の話をすると、ナロ族の男も女もいたく驚き、信じようとしなかった。男性が女性を暴力で性的に〈奪う〉という考えにブッシュマンは本当にショックを受けた。そもそも、そんな行為があることさえ、彼らは知らなかったのだ。(80)

16　敵とライヴァルを《ファックする》

北アメリカでは無敵の戦士たちは時に、打ち負かした敵でも特に臆病な者や、また自分勝手な行動をとる戦争嫌いに、女性の衣類を着せたり、無理に〈男女《おとこおんな》〉のベルダーシュにして〈女にした〉が、彼らはその後で性的な奉仕をさせられた。また別の方法で敵を〈去勢〉することも珍しくなかった。たとえば、槍、杭、棒のような尖った物を肛門に挿入して、強姦したのである。たとえば、一八世紀のジャック・ル・モワンはフロリダのティムクア族の戦士たちについて、《彼らはすでにひどく毀損した敵の死体の肛門に杭を突っ込むまで、戦場から退こうとしないのが、かつて私には不思議でならなかった》と報告している(1)。

以前モハヴィー族の戦勝祭では、老婆と今日われわれが《女役》と呼ぶ受け身のホモが、意気地なしと分かった戦士たちの後を追いかけ、造り物のファルスを彼らの肛門にさし込んで屈辱を味わわせ

122　トゥピナムバ族の女性インディアンが，捕らえた戦士の屍の肛門から杭を突っ込む．テオドール・ド・ブリュイ『アメリカ』，1592年．

た[2]。テオドール・ド・ブリュイが一五九二年に描いた挿絵にも、同じような場面があるように見える。挿絵に付いたテキストには、トゥピナムバ族の女性たちが打ち殺された敵の死骸を切りきざむ時、内臓が飛び出さないように肛門を杭でふさぐとあるが[3]、むしろ彼女らはどうやら死後もなお敵兵たちを〈女にしよう〉としているらしい（122図参照）。

歴史家ニケタス・コニアテスはこう報告している。ビザンチンの皇帝アンドロニコス一世は一一八五年、暴動のさなかに退位させられ、国民に虐待され殺された。彼らは屍から衣類をはぎ取ってから、わずかに残した恥部の覆いをずり下ろして陰部を傷つけ、最後に《両手で刀身の反った剣を皇帝の肛門に》さし込み、《誰の剣が鋭いか競った[4]》。

中世でもこのような悪行を野蛮で恥知らずと感じ、各地で断罪したにもかかわらず、時には

123　ムルテンの戦いの後，スイス軍が木の上に逃れたブルグンド人の肛門に長槍を突き刺す．1515年．

生きた人間に対しても行われた。一一〇一年、アルベルト・フォン・アーヘンは激昂してこう語る。《粗野で恥知らずな》十字軍士どもは、《まったくとるに足らぬもめ事がもとで、公共の広場で若いハンガリー人の秘処に杭を突き刺した》(5)。一四七〇年には、国王エドワード四世の命を受けたウスター伯がサザンプトンで絞首刑に処した二〇人の裏切り者の遺体に、こんな事件がふりかかった。《その後で死体を逆さ吊りにすると、両端を鋭く削った杭の一方を死体の尻に打ち込み、もう一方に生首を突き刺した》。しかしながら人びとは破廉恥きわまりないこの処刑法に激昂した。《これに対し国民は大いに憤慨した。それからというもの、ウスター伯は人びとの嫌悪の的になった。伯の処刑法は国法にも反していたからである》(6)。これは男子に加える最大の屈辱だったにもかかわらず、あるいは正にそ

124　ゴヤの連作「戦争の災い」の一枚．1815年頃．

125　サン・ジミニャーノにあるタッデオ・ディ・バルトロのフレスコ画，1396年．

れゆえにと言うべきか、とりわけ戦争や内戦において、征服した敵をよくこのように殺した。たとえば、一四七六年初夏のムルテンの戦いの後、スイス人に追われたブルグンドの兵士たちを描いた図（123図参照）や、一八〇八年にスペイン人がフランス人に対して蜂起したシーンを描いたゴヤの挿絵（124図参照）に見られる通りである。(7)

しかし時には女性も棒などの尖った物を膣内に突き込まれる屈辱を味わった。(8) 特に地獄では、同害報復法によりすべての不品行な女性に対するこのような刑罰が盛んに行われた。たとえば、サン・ジミニャーノにあるタッデオ・ディ・バルトロのフレスコ画には、好色な顔つきの悪魔が一角獣の角を、身持ちの悪い女性が地上でいつも罪を犯した器官に突き刺している。一角獣の角がペニスを象徴することは周知の通りである（125図参照）。それより先一〇九一年の大晦日の夜、聖職者のガルシュランはこんな幻を見た。つまり、この敬虔な男は馬に乗った《女性の群れ》と出会った。彼女らは明らかに身分の高い貴婦人であったが、馬の鞍の灼熱した釘に苛まれていた。《人間どもが楽しんでいる淫らな誘惑と快楽のせいだった》。(9) 一八世紀になってもなお、シェーカー教の生みの親アン・リーは、性交で喜びをえた女性はすべて死後、その罪深い局部を責め苛まれると書いている。彼女は少女の頃から性に関する事柄についてはいかなるものにも嫌悪感を催し、後には夫とも交わりを絶ったほどの人である。《おのれの欲望を満足させて生きる者は、その部分を責め苛まれて拷問を受ける》。(10)

逃げたり敗北したりした敵は、もちろん棒や槍で肛門を貫かれるだけでなく、ペニスによる肛門姦でも名誉を傷つけられ、あるいは少なくとも《ファックされるぞ》と脅されて、象徴的に《女に》された。敵に対するこのような《ファック》は、すでに聖書時代のイスラエル人の間で広く行われてい

126　シュトゥットガルト詩編《敵の後ろを撃つ》（二つ折り判，94v，詩編78）．

た。[11] 旧約の詩編七八章六六節には主についてこう書かれている。《主は敵の尻を撃って、とこしえに嘲られるものとされた》（126図参照）。中世ではこの場面は、猿や裸の半人半獣が尻をさし出し、そこを射手が狙う様子がしばしば挿絵として描かれた。旧約聖書の神がその敵を撃ち負かし、肛門に強姦するなど信じようとしないお上品な解釈学者たちは、このゴチック活字の欄外注釈を、矢を射るのは臀部を危険にさらして迫り来る危険をまたしてもかわそうとする罪人への、神の罰のアレゴリーと見る。[12] もっともティトゥスの軍隊がエルサレムを征服した後で、ヘロデの神殿の祭司たちの肛門に挿入したとの伝承もある。ダビデ王の使節も、アンモン人から、このように強姦されずにはすまなかったように思われる。《アンモン人の王ハヌンはダビデの使節を捕らえ、髭を半分そり落とし、衣服も半分、腰から下を切り落とした》（サムエル記下一〇章四節）。アンモン人の王の家来たちは、今日われわれが女性の身体を奪うと言う時と同じ語法で、イスラエル人たちを〈捕らえた〉（*viqqah* については、アラビア語の *liqāh*《精液》を参照のこと）と理解しなければならないのは明らかである。[13] もちろん敵がイスラエル人たちを〈女にした〉方法はほかにもある。とりわけ、彼らが負かした者の《足の毛》を剃るのもその一つである。その場合、

127　使節を侮辱する．クルマウのクレクションの細密画，1420年頃．

《足》なる語は旧約聖書では往々にして《陰部》を意味する[14]。つまり、彼らは敵の恥毛を剃り落とすことによって、象徴的に女にするのである。なぜなら、女性しか恥毛を剃る習慣はなかったからである[15]。《その日には、私の主は大河のかなたで剃刀を雇われる。アッシリアの王がそれだ。頭髪も足の毛も髭を剃り落とされる》（イザヤ書七章二〇節[16]）。

見知らぬ女性にペニスの〈杭を打ち込んだ〉者に対する同害報復法の刑罰として、死に至る杭打ちの刑もある。たとえば、シメオン族の首長ズィミ・ベン・サルはミディアン族のお姫様コツビ・バス・ズルとの不倫の現場で捕らえられ、祭司によって槍で肛門と下腹部を貫かれたと言われるが、その後不倫相手のお姫様も膣から腹へ抜けるほど槍を刺された[17]。古代アテネでは寝取られた夫には、浮気男を δαφανιδωδοις で罰する、つまり大きな大根を肛門に挿入する権利があった[18]。また古代ローマ人は同じように大根でも魚のボラでも好きな方を使って、既婚婦人を誘惑する男に屈辱を与えることも珍しくなかった[19]。

ローマの剣闘士のテラコッタ像を見れば明らかなように、このような見世物用の戦士たちは見たところ兜の前にたいていファルスを付けている[20]。彼らはどうやら闘技場《アレーナ》で、ローマの兵士たちのように敵を〈ファック〉したらしい。ローマの兵士たちは鉛でできた投擲弾（glandes《亀頭》）を使って敵をファックした。たとえば紀元前四一年、オクタヴィアヌスはペルージアの町を攻囲し、ついに占領したが、その際守備隊や市民をそのようにしたのである(21)。

しかしながら、不法に庭に侵入し、なっている果実を食べた者は、その場で見張るプリアプスの柱像によって、強姦するぞと嚇された。それどころかギリシア神話の生殖の神プリアプスは淫らにも、果実泥棒を力ずくで犯そうと待ち受けているような印象を与える。もし泥棒が自分の庭にある物で代償を払うなら、わが家の庭になった果実を楽しむことができる、と彼は言っている。庭をうろつく泥棒に彼は、《お前がわしのイチジク《ファイゲ》を取るなら、わしはお前の尻にある膣《ファイゲ》を取ってやる》と言って嚇している。

プリアプスが喜んで強姦したことは、彼が欲しがるすべすべとして毛のない美しい少年のような肛門をもたない成人男子（《髭男》）は、口腔を犯すことを好んだ事実からも見てとれる。だが、彼は今日われわれが《ホモ》と呼ぶ人間ではなかった。なぜなら彼は庭の果実を奪う人妻や娘も同じように喜んで〈ファック〉したからであり、しかも前でも後ろでも、身体の穴ならどこでもよかった。だから彼は若い娘には《お前の第七肋骨に達するほど》わしの巨大な男根をぶち込んでやると脅し、人妻にはわしが中を散歩できるほど、お前の尻の穴を広げてやると嚇した(22)。

プリアプスはすべてを楽しんだが、いかなる場合にも彼は一つのこと、つまり被害者に快楽を味わわせることはしなかった。彼にとって重要なのは、強姦し屈辱を与えることだった。これはまったく簡単にはいかないように見えた。彼は何編かの詩の中で、わしは巨大なペニスのために女性や女役の

128　パンが若い牧童を追いかける．アッティカの壺．

ホモに押し掛けられて困るのだ、と主張した。そのようなわけで夜半に、雀のように好色な女性が、彼に〈たっぷりしてもらいたい〉と庭に侵入した。そのおかげで、彼は泥棒たちを実際に罰せられないほどに衰弱した。彼は女性や娘たちは叱りつけるだけですませ、女役のホモは放っておき見ても見ないような振りをした。《ガチョウの柔らかな肉より柔らかな一人の男が、プリアプスに対する恋心から罰を受けようと盗みにやって来た。それなら好きなだけ盗むがよい――わしにはその男が見えない[23]》。

　正常な男や男児にとって、女性や女役のホモのように〈ファック〉されるのはもちろん大きな恥辱であり、屈辱だった。プリアプスは泥棒たちに、強姦の件は誰にも知られないなどと考えないよう警告した。なぜなら彼は、testes には《目撃者》と《睾丸》の両義があるとほのめかしながら、この行為には常に目撃者が存在すると思い起こさせているからである[24]。確かに古代のギリシアでもローマでも、この神話以外にも敗者は征服者にしばしばファックされた、という点から論を進めることができる。これは文学や民間信仰だけでなく、現実にも見られる。文学ではテオクリトスが詩の中で、ある山羊の牧童が羊の牧童より優れている証拠に彼の〈尻にファッ

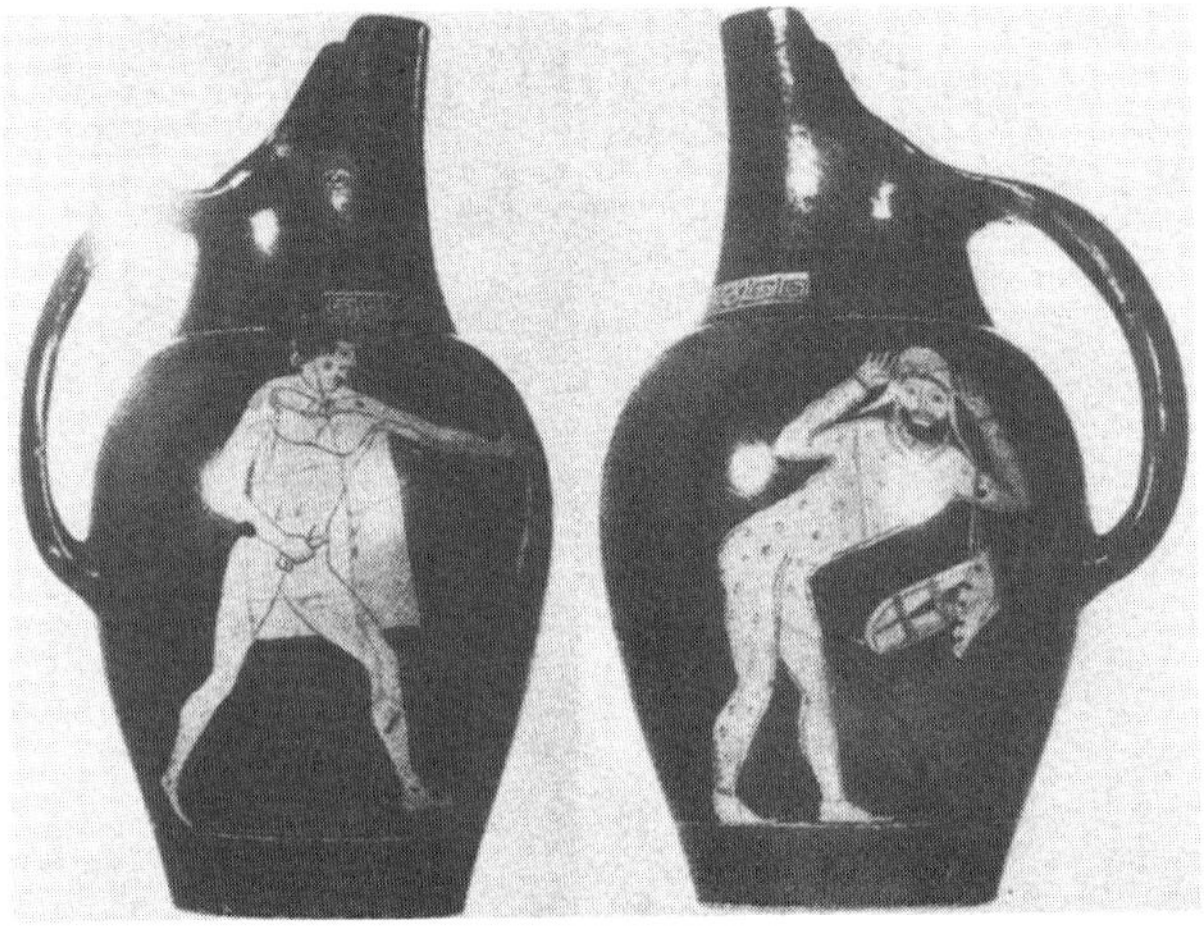

129 《われわれはペルシア人をファックした》. ワイン缶，紀元前460年頃.

ク〉したと引用しているし[25]、民間信仰ではパンが若い牧童を強姦している（128図参照）。現実においても、とりわけ若者と思春期前の男児が、ちょうど今日の若い女性や少女と同じような危険にさらされていた。だからデモクレース某はもっぱら個人浴場に通ったと言われるが、それでもある時一人でいるところを捕らえられ、犯された。彼は恥辱に耐えかね、沸き立つ湯の中に身を投げた由[26]。

それゆえ、アッティカの赤絵式ワイン缶に描かれたような光景が、戦い破れた後の現実を映しているのと、取れないこともない。このワイン缶では、ペルシアの射手が身を屈め《私はエウリメデオンです。私は前屈みに立っています》と言う。一方彼の後ろから、いきり立ったペニスを手にしたギリシア人が近づいてくる（129図参照）。この絵は、紀元前四六六年に小アジアのエウリメデオン河で、キモンがペルシア人に勝利を収めたところを描き、《われわれはエウリメデオンでペルシア人をファックした》と

130　トミー・アングラー〈帝国の概念〉. プラカード, 1989年.

いうような意味がある[27]。

一九六二年にアルジェリアで、フランス人外交官が公衆の面前でアルジェリアの国民主義者に肛門を強姦された時、みずから《偉大な民族》を自称するフランス人たちはこのような屈辱を蒙った。フランス本国ではこの事件をこの上ない恥辱と感じ、政府系の新聞はすべて黙殺した。野党派の反ドゴール系の新聞だけがそれに触れ、同国人に加えられた《最大の侮辱》に気まずい思いで言及した[28]。この事件の前からすでにフランス人は、北アフリカにおいてこのような方法で繰り返し挑発され、笑い者にされた。たとえばチュニジアでは総司令官ルネ・ミレーは、役者がフランス女性マリアンネに扮した男の役者を、力ずくで尻から〈ファック〉するような場面のある芝居を上演禁止にした[29]。八〇年代の半ば、テヘランで西欧風の服を着たイラン人の学生が、政治集会で笑ったため若い革命守備隊員のグループに強姦された[30]。中世の詩人イブン・アル・ハバーラは、かつてそのような事件の目撃者になったことを、思い出したと称している。高官と賢者たちが座って和やかにやっていた時、突然一人の客が助けてくれと大声で叫んだ。一同はそちらを見てひどく驚いた。アブ・ジャファアル・アル・カサス某が盲目の老詩人アブ・アル・ハサン・ブ・ジャファアル・アル・バンダニーイを後ろから襲い、犯そうとしていたのである。結局彼は射精した後で、動じる様子もなく被害者に向かいこう説明した。《アブ・ル・アラ・アル・マーリイが無神論者で信仰心がないので、本来なら彼の尻にファックしたかったが、その機会がなかった。それでおれは彼の代わりに、盲目の老いぼれ学者であるお前をファックしたのだ[31]！》

今日でも侮辱されたパレスチナ人は《私の名誉は彼にファックされた》と言う[32]。トルコの若者が〈論争〉して、誰かが冗談に相手やその母、姉の、口、尻、膣などにファックしてやると脅し、ファルスをかざして侮辱した際、それに対しうまくしっぺ返しできないと彼は〈言葉でファック〉されたと見られる[33]。

アンダルシアでは、他人に譲歩ばかりする男は、他人から《ファック》されると言い、企業家が労働者に対して屈服するのは、《労働者の前でズボンを下ろす》と言う。アンダルシアの女性は坐薬を詰め込まれても平気だが、たいていの男性はそのような不名誉には断固として抵抗する。彼らは〈後ろに〉はいかなる物も、たとえ医者の指ですら差し込ませない。なぜなら、それはmariconadaであり、女役のホモ《マリコーネス》の業だからである。これを許す者はそれが好きで、本人も〈その気がある〉とからかわれる[34]。ボリヴィアのカネ族でも、以前は事情は同じだった。白人たちはしばしばインディアンに向かい、浣腸させる、と言って辱めた。これは多くの場合、死刑の宣告を受けたに等しかったようだ。というのも、当人は屈辱のあまり自殺したと思われた[35]。アルゼンチンのグランチャコ草原のピラガ族の青少年に対する脅し文句は、男女とも《お前をファックするぞ！》とか《お前のけつにファックするぞ！》だった。民族学者たちはこんな光景を観察した。陰門をあらわにした一人の少女が、二人の少女を村中追いかけ回した。そして彼女が一人を捕まえて取り押さえ、そのむき出しになった下腹部に向かって性交のように腰を振る仕草をすると、被害者の方は両手を陰部の前に当てがった。別の少女は二人の男の子を追いかけたが、彼女はゴムホースの切れ端を股の間にしっかり挟んでいた[36]。ヤノマメ族では以前、棒の決闘に敗れた方が勝者の向かいに座り、大腿を勝者の腰に巻きつけ、しかる後肛門を犯された、と言われている[37]。

女性だけでなく、寄るべなく引き渡されたり、戦いに敗れた男とも性交しようとする多くの男の攻撃欲は、ある男の次のような告白にも現れている。《私の父が義弟に殴り合いでさんざんやっつけられた時、私は突然父を相手に肛門を犯したい思いに駆られた[38]》。以前植民地で、黒人の奴隷女に鞭打つ時は股を広げて縛りつけ、その陰部が見えるようにしたのに、男の奴隷は腹ばいに縛りつけられ、鞭打つ男に尻を差し出さねばならなかったのも、きっと偶然ではない。もちろん母国ではそのようなことは余り公にはやらなかった。たとえば、マルセル・ヴェディエは逃げようとした黒人をこの不名誉な格好にしたところを描いた『植民地における四本の杭による懲罰』(一八四三年・131図参照)を、パリの展覧会に出品したが、この絵画を公開展示することは拒否された[39]。

サン・サルバドルの刑務所〈希望《エスペランサ》〉に収容された男性政治犯四三四名のうち、二人が拷問吏により肛門の強姦を受けた、と供述した。また六五名が強姦するぞと嚇されたと申し立て、七六パーセントが性的拷問を訴えた。その後遺症として、しばしば性的不能、性欲減退、早漏などが起きたが、狭義の精神的な傷害については言わずもがなである。男性の同性恐怖症を利用することも多く、無理やり囚人相互にオナニー、フェラチオ、肛門性交をやらせ、屈辱を与え自尊心を奪った[40]。

131　マルセル・ヴェディエ〈植民地における四本の杭による懲罰〉，1843年．

他人を辱める時に感じる性的な欲望と快楽の混じり合った一種独特な感情は、拷問吏がよく詳述するところだが、それは若者が一時期共同生活する場にもっと罪のない形で、現れる。一アメリカ人はこう報告している。《一二か一三歳の頃、キャンプでわれわれのグループは *wasbah* と呼ぶ儀式を行った。そこでは何人かの少年が友人を一人捕まえ、ズボンを下ろし、髭剃りクリーム、髭剃り後のローション、体臭除去剤などを手当たり次第に彼の陰部に引っかけこすりつけた。ずいぶんとひりひりしたことだろう[41]》。学生寮や士官学校の寝室で仲間を強制的にオナニーすることも、長い間伝統的に行われた。取り押さえられた被害者のペニスがしごかれているうちに硬直し、それを部屋全体で楽しんだ[42]。そのやり方は〈気取った〉五〇年代になっても、相変わらず人気があった。《一人の犠牲者が服を脱がされ——ペニスをしごかれた。みんな見守るように、またむさぼるように彼の周りに立っていた。選ばれた男は不安と恥辱に襲われながらも、興奮させられ、ついに〈いった〉。それは犠牲者を選んだわれわれの大勝利であり、われわれは荒い息を吐きながら、大声で笑った。自分の男根が立ったとは誰も白状しないだろう。私の体験した限りでは、〈被害者〉になるのはクラスの変わり者だけでなく、自制心の強い者もよくなった。彼はしっかり押さえられてペニスをしごかれ、どれほどの性的能力があるかを見せた[43]》。

132　ニュルンベルクの帝国議会演壇の壁の落書き，1984年．

釜を掘ると嚇すのも従来と同じように、今日でもなお広く行われている。たとえばマンハイムでは、他人を厳しく叱る時、以前は《奴にペニスをぶち込んでやる！》と言ったが[44]、今日ではむしろ《奴はすぐファックされるぞ！》と言う。ネオナチは《トルコ人のけつにファックしろ！》とスプレーで落書きしたが（132図参照）、ドイツ語の《Scheiße》に当たるアメリカで有名な呪詛の言葉は《Bugger it!》つまり《釜を掘るぞ！》の意である。手振りでそれに当たるのは、手の甲を下に向け軽く曲げた中指を上に伸ばす仕草だが[45]、伝統的な〈イチジク〉（あるいはフィカの仕草）もある。親指を人差し指と中指の間にさしこむ例の仕草である[46]。馬具の飾りになったこの〈イチジク〉が、つい最近いわゆるニーヴェッドの低地で発見された。そこは大湿原と石灰岩産地の間の隘路で、紀元後九年にローマの将軍ヴァルスの軍団が全滅したと伝えられる所である[47]。一九世紀になってもバイエルンの森では、ドアのノブに〈憎しみのイチジク〉が用いられた。魔女や魔法使いが家や馬小屋に入ろうとすると、それで〈ファック〉されるのである[48]。因に〈イチジク〉の仕草は、男性特有のものではなく、男も女も自由に使うことができた。たとえば、一六一三年にザルツブルク領で、ある女が一人の男に《向かってたまたまイチジクを》見せたし、別の女について、《タンツベルガーの女房はイチジクの仕草で亭主の鼻の下を突いたので、彼は血を流した》とさえ言われている。[49] またそのしばらく後、『復活祭の物語』[50]ではある女が人びとに向かって樽の注ぎ口からイチジクの仕草をした指を出したと述べられている。

《Bugger it!》から明らかなように、アメリカ社会で肛門を強姦するぞという脅しは、地中海圏や近東の男《マッチョ》社会におけると同じような大きな役割を果たしている。一九七〇年のアメリカの反戦プラカードには、ヴェトナム地図の上に《ニクソン！ ファックするぞ、お前のけつに気をつけろ！》[51]と書かれていたが、ジョンソン大統領にとっても《ファックするか、されるか》は、ヴェトナム戦争中の問題だった。彼は爆撃中止を命じる時、《ホー・チ・ミンが私の尻に奴のトラックを押しつけてくるからね》と言っているし、[52] それ以前の一九六四年にトンキン湾決議案を議決する時も、《私はホー・チ・ミンをファックしただけでなく、その男根を切り取ってやった》[53]とコメントしている。因にこれは、アメリカ兵がヴェトコン兵に対し実行に移せとの勧めでもある。

133 ジョンソン大統領，トミー・アングラーのコラージュ．

一枚のラテンアメリカの漫画（134図参照）は、も

134　アメリカがニカラグアに侵攻して威嚇するのを描いたラテンアメリカの漫画．

う少し後の時代のものである。そこにはレーガン大統領が戦争映画のヒーロー、ランボーに扮し、ニカラグアの民族解放戦線の指導者ダニエル・オルテガを追いかけ、ロケットで彼の尻を狙っている。藪の後ろではフィデル・カストロが成り行きを見守りながら、性交を思わせる腰を振る仕草で有名な南米のダンスを暗示する歌を歌っている。アメリカのリビア空襲後、ワシントンのホワイトハウス報道官ラリー・スピークスは、米軍がカダフィー大佐の《けつに爆弾を突っ込んだ》と宣言した。それを受けてアメリカ当局の広報の合成写真には、リビア大統領が化粧してけばけばしい服を着た女性、つまりホモの女役として描かれた(54)。

17　ホモセクシュアルの性的暴行

古代アテネで男性が力ずくで肛門を犯されれば、面目だけではなく名誉も失い、しかも《女にされた者》として本当に市民権を失ったのである。[1] 中世以後そういうことはなかったが、被害者が受けた恥辱は依然として残り、改めて女にされることのなかった女性が暴行されるより、その恥辱ははるかに大きかった。[2] アテネと同じように、とりわけ若くて華奢な男性と、若者が脅かされていた。それは彼らが暴行されやすいだけでなく、大人より〈少女っぽかった〉り、また〈両性具有者〉でもあったからであり、その点ではむしろまずおのれの性欲を満足させるために、暴行犯のエロチックな理想に適っていた。そのようなわけで、たとえば中世後期のレーゲンスブルク市におけるホモセクシュアルの暴行は、《男児に対する暴行沙汰》の形で行われた。[3] 北イタリアでも犯人たちはたいてい若者に目をつけ、[4] 彼らを相手に満足した後、短剣で刺殺することも少なくなかった。[5] たとえば一五一八年二人の亜麻織工がデイジョン市から追放され、全財産を没収されたが、それは《いわゆる男色と呼ばれる異常な大罪のためだった》。両人は二、三週間にわたり一三歳の徒弟に性的暴行を加え、《娘っ子に乗っかるのはなんて気持ちいいんだ、とその少年に言った》。

一五二七年同じくデイジョン市で若い女中がそのような目に遭ったのだが、思春期前の少女も、時に肛門を暴行された。しかも犯人たちは子供の膣内に侵入しようとして果たせず[6]、あるいは単に、特にイタリア人の場合、肛門性交を好んだという理由で、それはしばしば行われたようだ[7]。

一八世紀の初頭には、パリのホモの世界でも暴力沙汰はよく起きたらしい。たとえば一七二四年パリのチュイルリー宮で三人の紳士が逮捕されたが、その一人の陸軍准将は通行人の面前でズボンからペニスを引き出し、彼に《今突っ込んでやるから待ってろ！》と言った。通行人は何も答えられないうちに、彼と二人の従者に情け容赦もなく尻を摑まれてしまった。若い男性がたまたま――そうでない時も――この界隈にたむろしていると、ゲイボーイの鴨を漁っている〈求婚者たち〉に暴行されることも稀ではなかった[8]。当時アムステルダムでも同じような事件が起きた。ただし、当地では一味の者は公衆便所をうろついて被害者に襲いかかり肛門を犯したらしい。彼らは一〇年間ふらちな行為をしたあげく、ついに捕らえられ首領は絞首刑に処された[9]。

一七、八世紀のロンドンでは、いわゆる〈mollies〉、つまりややなよなよして女性の服を身に付け、性的には〈女役〉に、時に〈男役〉[10]にもなる男子同性愛者が[11]、時々ほかの男たちを酔わせてから暴行した。当時宿屋ではしばしば二人の男性が一つのベッドで寝るという習慣も、彼らはよく利用した[12]。たとえば、ジョージ・ダファス某はベッド仲間が休んでから、毎度変わる隣人に手を出しキスしだした。抵抗されると、彼は時おり相手の肛門に挿入したり、少なくとも股間に射精したりして暴力で彼を〈奪った〉。こうしてある晩、一九歳のジョン・フェニモアが《今受けている激しい痛みと苦痛で》目覚めると、《相手のy--dが自分の体内にあるのを見つけた[13]》。またほかにも、その気はまったくないと思われるが、力ずくで男性たちにマスターベーションを施したあげく、彼らを《ソドミスト》だと告発してやるぞ、と脅して金品を巻き上げる者もいた[14]。

とりわけ見習い水夫は、かなり長いこと女性と関係をもてない男たちと、共同生活しなければならないので、自分の肛門をしばしば《女性の陰門》代わりに、水夫たちに使わせざるをえなかった。たとえば、ある時水夫チャールズ・フェレットは、ヘンリー・ニュートン某が見習い水夫トーマス・フィニーに暴行する物音で目覚めた。そこで彼は犯人の陰嚢を摑んだ。《私は左手をあげ、彼の睾丸をしっかりと摑んだが、ほかの部分は少年の体内に入っていた。私は彼にそこで何を手に入れたか尋ねると、彼は女陰さと答えた[15]》。

上述のケースでは、問題はむしろ自分の満足のためには相手の意志などお構いなしに被害者を利用する、ホモの気のある、あるいはかなり意識的なホモの〈性質〉をもつ男たちだったが、そのほか性とは無関係に目的を達成するため、犯人がむしろ性的な手段を用いるケースもある。

この意味でローマのカトゥルスなどは敵に対し、肛門性交やフェラチオで脅かしているが《私はお前たちの釜を掘り、尺八させてやるだろう[16]》)、古代ではフェラチオは肛門性交よりもっと屈辱的だったらしい。プリアプスはどうしようもない泥棒に、盗みを止めないならお前は〈肛門性交〉よりフェラチオの目に遭うだろうと脅しているからである[17]。そしてパンはある男にまずこう告げた。おれはお前の肛門に挿入するが、お前がこれを楽しんでいると気づいたら、〈お前の口でファックするぞ〉。因にこれは〈男役〉にとって格別魅力的だった。なぜなら〈しゃぶられる〉ことはこの世で最大の快楽であり、肛門や膣にもはや歓びを見出せないペニスも口内ですべて報いられるからである。[18]

ポンペイの壁画で、ある人が他人の〈尺八を吹い〉たり、女性を〈なめた〉りしているとされるのは、極めてひどい侮辱になる。[19]古代ギリシアでもローマでもフェラチオを嫌がらないのは、受け身のホモセクシュアル、客を引くゲイボーイ、非常に値段の高い娼婦だけだった[20]——カトゥルスでは《小便臭い娼婦の悪臭を放つ唾液》が話題になっている。

モロッコの盗賊団の一味は襲いかかった旅人に性的暴行を加えたが、それはざっとこんな具合だった。彼らはまず旅人にフェラチオをさせた後《絞り出》させ、そのあげくに旅の男たちを身ぐるみ剝ぎ素っ裸にして置き去りにした。[21]チベットの聖者ドルクパ・キュンレグの物語に見るフェラチオのもつ攻撃的な性格になると、もっとはっきりする。この聖者がある時洞窟の入口の前で休んだ時、大声でひとりごちた。《どうか私にご同情下さいますように!》《真夜中に彼は、髪の毛を風になびかせた獰猛な悪霊に眠りを破られた。〈おのれの同情を乞うとは、お前は誰じゃ。お前は何か変わった物をもっておるのか〉と悪霊は怒鳴った。〈ここにあるのがそうだ!〉とラマ僧は答え、彼の鋼鉄のように固い男根を悪霊に見せた。〈いやはや! この男根ときたら、頭は卵のごとく、胴体は魚のごとく、下は豚の鼻のごとしだ〉と悪霊は叫んだ。〈一風変わった動物はいったい何だ?〉〈わしがお前にすぐそれを見せてやる〉とキュンレグは叫ぶや、燃えるような英知の石矢を悪霊に向け、その口の中に打ち込んだ。すると、悪霊の歯は一本残らず喉の中へ突き飛ばされてしまった[22]》。

135　ベロナ島民の自己卑下，メラネシア，1958年．

戦いにあっても——たとえば先頃のレバノン戦争で——、敵は生前も死後も切り落とされたおのれのペニスを自分の口の中に突っ込まれる屈辱を受けた[23]。しかし〈正常な〉性交でも、男女を問わず自分のパートナーの誇りを傷つけるため、フェラチオを楽しむ男性はたくさんいるように見える。《おれが彼女にフェラチオをさせられたら、そいつはお手柄だ。どういうわけか、女におれの一物を口にくわえさせる行為から、彼女の品位を汚す身振りを連想するのさ[24]》

こういう次第で、二、三の社会では他人の陰部に口や鼻で進んで触れたり、そうしてもいいと宣言したりするのが、正式な屈服、あるいは少なくとも好意のジェスチャーとなっても、驚くには当たらない。それでポリネシアにあるソロモン群島のベロナ島民は平和条約締結に当たって、自己卑下の印として互いに鼻を陰部に押しつけ合う（135図参照）。周知の通り、ポリネシア人が鼻をこすったり、鼻を押しつけ合ったりするのは——もともとは相手の匂いを吸い込む行為だった[25]——ヨーロッパ人のキスに代わる働きをしたが、キスは南太平洋諸島の人びとには猥褻と映り大きな衝撃を受けた。[26] 従って、ベロナ島民はだいたい以前の敵に〈フェラチオ〉をしたが、陰部は悪臭がし不潔とされただけに、それはとりわけ屈辱的だった。[27]

ニューギニア西部のアスマット族では、ある男が気づかずに他人を侮辱し、相手が激怒して刀に手をかける事態になった時、彼は相手のペニスを自分の口にくわえ、侮辱された当人の気が鎮まるまでそれを吸った。この卑下のジェスチャーによって、傷つけられた男は面子をつぶすこともなく、暴力による報復をせずにすんだのである。[28] ジェンデ族の人びとが挨拶としてふつう交わす《おれはお前の陰部を食うぞ》の決まり文句や、シンブ族で女性が男性に親愛の情を示す時に《私はあんたのペニスを食べるわよ》という事実も、同じように解釈されよう。[29] 因に、後者は常套句になっており、女性がこれをほかの女性に言うこともできる。[30]

このようなケースでは実際に、あるいは象徴的にフェラチオをしてもらうが、ガフク・ガマ族の慣習[31]で、同性の相手の陰部に触れるのが挨拶になるというのは、むしろ服従のジェスチャーで、ないし〈鎮める〉ために当人にマスターベーションすることを暗示している。野生のチンパンジーの世界では、雄でも雌でも攻撃的な雄のペニスを擦って、その雄を鎮めてやるのはよくあることだ。同じように雄どもがひどく興奮した雌の陰門を弄んで、鎮めてやるのも観察された。[32] アーネムランドには以前、限りなく長引く争いごとを丸く納める儀式があった。それは相手の緩めたこぶしの中に自分のペニスを入れ、しかる後にそれをまたゆっくりと引き出すのだ。この儀式は卑猥と感じられるので、女子供たちは何も見えないように一人残らず顔を覆わねばならなかった。[33]

このように二人のライバルが互いにマスターベーション、フェラチオ、あるいは性交をし合うのは、二人が優者であると同時に劣者でもある、つまり勝者がいないことを表そうとするのである。たとえばフランスのある若者の一味で、新入りが加入儀礼として未来の《首領》に肛門に挿入されるような行為を、[34] わが身に認める者は相手の優越性を受け入れることをはっきりと示している。逆に、たとえば植民地時代のオランダ領インドネシアで、一〇人のジャワ人の〈下層労働者《クーリー》〉がベルギー人の大農場所有者に反抗し、一人ずつ順番に彼の肛門に暴行したのは、[35] いかにもそれらしいやり口である。彼らはそれによって、大農場所有者の支配の時代が去ったことを示したのである。

　また男性に性的暴行を加えた大勢のアメリカ男性を見て、取調官は彼らが何はさておき被害者を征服したかったのだ、と確信した。犯人の半分は異性愛者（うち四分の一は既婚者）であり、三八パーセントが両刀使い（うち三分の一が既婚者）だったが、残りの者は――わりと少ないが――もっぱら男性と性行為をした。被害者の半分は肉体的に暴行されたのに、残りの半分は脅迫によって言うことを聞かされた。事件の六四パーセントで被害者は肛門に挿入され、三六パーセントで犯人にフェラチオをさせられ、一二パーセントで被害者は他の被害者にフェラチオをするよう強いられた。事件の半数のケースで、犯人が被害者を射精させようと努力し――三二パーセントは被害者にフェラチオを施して射精させようとした――のは、驚くべきことかもしれない。しかも、それによってどうやら被害者を完全に〈所有〉しようとしたらしい。事実、犯人にいやいや射精させられた男性はすべて、ひどい屈辱感を味わった。[36] 一人の被害者は言っている。《脅されたら男は勃起できないと、以前私は思っていました。それで奴にイカされた時は、本当に気が動転してしまいました。もしかすると、自分は

136　ピエール・クロッソウスキーの素描，1981年．

どこかおかしいのではないか、と思いました》。犯人の陳述からも、彼らが被害者を射精させると、一種の〈支配のオルガスム〉、優越性という最高の感情を体験したと確認できる。被害者が《イク》と、《おれは彼を完全にコントロールしたと》感じたとある犯人は表現した。

犯人の三八パーセントは他の男性に対して性的暴行の前歴があり、二五パーセントはもっぱら女性を強姦し、一二パーセントは男女両方を凌辱した。しかし、すべての異性愛者にとっては、被害者が男でも女でもよいように見えた。彼らはもしそうなったとしたら、同じように女性を強姦しただろうと申し立てているからである。これに対し、同性愛者と両刀使いの犯人たちは、男を犯すことしか興味はないと述べた。それはさておき、全員ではないにしてもたいていの犯人は、他人に対する優越性と、他人を支配し面子をつぶすことを強調しているように思われる。その際、異性愛者と自認する犯人はそれどころか、自分の犯罪を同性愛の行為と誤解されないことを重視している。たとえば、一人の強姦犯はある男に侮辱されたので、その男をシャワーの下で襲ったと報告している。《〈手でしてやろうか〉と奴がおれに尋ねた。おれは言った。〈おれを何だと思っているんだ、ホモとでも？〉それからおれは奴に言った。〈お前の穴《けつ》を貸せよ〉。そして奴とやった。性のためじゃない。おれはかんかんに怒ってたし、おれと奴の正体を見せてやりたかったのさ》。別の男はこう言っている。《おれが奴を脅したら、奴におれのしたい事をさせられたろう。おれは立たなかった。ほんとにセックスなんか興味はなかった。おれは強くなった気がして、奴を痛めつけてるうちに、興奮してきたんだ。おれの物を吸わせたのは、肉体的に満足するより奴を侮辱するためだったんだ(37)》。

多くの、いやたいていのこの手の暴行事件の特徴は、犯人が激怒するとたちまちその激怒の元となった人を、あるいは誰でも性的に服従させようとする衝動に駆られることである。その際、正常な性的満足をえようとするのではなく、サド的な快楽を求め、他人の面子をつぶしたり、傷を負わせたりして楽しんでいることを、犯人たちはしっかり意識しているようである。トルコの婦人に対するアンケートから、この国の男性の半ばはいつも妻を鞭打った後で、すぐ妻と性交したいとの激しい欲望を感じ、女性が嫌がればたいていは力ずくで犯すことが明らかになった(38)。非トルコ人の女性は夫についてこう語っている。《最近争いごとが起きた時、夫は後でお前に仕返ししてやるからなと申しました。すると小さな娘が泣きながら言いました。〈ええ、知ってるわ、おちんちんでしょ(39)！〉》

中央ニューギニアのムボワム族の男たちがかっとなると、陰部を隠す腰布を足の間に通しゆるまないようにぴんと張るのは、恐らく怒りの勃起を人に悟られまいとするためだろう(40)。セダング・モイ族では怒りと性的興奮は密接に結びついているようで、勃起を《ペニスが怒っている》と言っている(41)。

同じように女性についても、激怒や怒りなどの情緒に随伴して起こる性的興奮も報告例がある。すでに一九〇三年、あるドイツ人医師は、若い女性患者の報告を書き記している。《不快な気持ちに襲われる度に、たとえば買い物に長いこと時間をとられ、間に合うために大急ぎで走らねばならぬなど、不安な気持ちになる時に特にそうだが、彼女は性的な興奮状態に陥る。それは性交の感じによく似ており、粘液がなくなると終わる》。医師スタンレー・ホールは女性患者たちについて、《乳房や性器の状態が過敏になるのは怒りを肉体的に表現したものであり、あるケースでは激しく怒りを発散させる度に射精を伴う[42]》。

〈激怒の交尾〉とは怒った動物が仲間の雄や雌に乗りかかり、性交運動をしたり、他の動物と肛門や膣で性交する事実をさすが、それは久しい以前からゾウアザラシ、猿などの哺乳類について知られていた[43]。人間と同じように、怒り以外の激しい情緒によってもこのような行動は起こる。ひどく興奮すると、たとえばベニガオザルなどの雌はほかの雌に〈乗りかかり[44]〉、雌のやり方で性交する。〈乗りかかった〉雌は――雄とは違い――パートナーの腰をつかみ自分の膝の上に引き寄せ、時にはオルガスムスに達することもある。ふだんは離れて暮らす六匹の雌を一カ所に集めると、《お互いに攻撃して混乱が起こり、それから次々とマウンティングが始まった。まるで攻撃がいつの間にかセックスになったようだった[45]》。餌をもらう直前に起こる興奮の時にも、ベニガオザルの雄と雌だけでなく[46]、ピグミーチンパンジーの雄も雌も互いに乗りかかる。この性交には餌をもらう時に生じる葛藤や緊張を和らげる働きがある、と思われる[47]。

ある調査によれば、アメリカの刑務所内で、黒人に暴行された被害者の七一パーセントが白人だったのに、白人はたったの一人も黒人を犯さなかった事実からも、ここでは時に支配欲が問題になるように思われる。しかし、こうしたいわゆる〈獄中の暴行〉は、〈激怒の交尾〉とは区別しなければなるまい。〈正常な〉生活においても、白人が黒人を犯すより、はるかに多くの黒人が白人の女性を犯している。おれは白人に対する報復として、白人女性だけを暴行した[48]、とのエルドリッジ・クレバーの供述が思い起こされる。

〈獄中の暴行〉はどの時代にもあったろう――バビロンの予言入門書スンマ・アルでもすでに、牢獄内でそのような欲望を発揮する者は《悪い目に遭う》だろうとあるが[49]、それは今日より稀にしか起こらなかったか、あるいは告発、追求されたり後世に伝えられるケースが少ないかだった。フランスの《流刑地》で行われた暴行など[50]――このような暴行事件が記録で確認されるのは、ようやく一八世紀になってかららしい。無数の年かさの囚人が若い囚人にむりやりフェラチオをさせた、と一八三六年にイポリート・レイナルは報告している[51]。

ナチス時代の強制収容所でも、《異民族の》警備班員、特権をもったユダヤ人の囚人[52]、とりわけ常習犯罪者のような収容者の性の餌食になったのは、圧倒的に未成年者だった。これに対し犯人の中にナチスの親衛隊員はほとんどいなかった。このような《民族の恥》は特に厳罰に処されたからである。にもかかわらず、親衛隊員には囚人を拷問しながら時にマスターベーションにふけった者も少なくなかった、との報告もある[53]。エーベンゼー強制収容所のかつての一囚人は語っている。《ある晩、ハンガリーのユダヤ人の若者が闇にまぎれて、誰とも分からぬ人々に襲われ、仕事場に連れ込まれて何人かの男に順番に性的暴行を受けた。彼らは仲間内ではドイツ語をしゃべり、酒臭い匂いがした。若者は重傷を負い、包帯と治療のため営内病舎に連れて行かれたが、収容所の医師たちは局部が引き裂かれ後遺症の残る暴行の記録を、調書に残した。これは事件の氷山の一角に過ぎない[54]》。ことに《アーリア人》がこのような行為に加わった時は、確かに激しく追及された。アウシュヴィッツでドイツ人の囚人たちが若いユダヤ人やポーランド人を犯したり、誘惑しただけでも、いわゆる《自発的な》去勢をさせられた。一方強姦された若者の方は射殺されたが[55]、それは《獣姦》の犠牲になった動物を焼き殺す中世の慣習を想起させる。このような暴行事件を防止したり、少なくともその数を減らすため、強制収容所内に女郎屋が設けられたところが少なくない。ただし、そこで働く女性たちが非ユダヤ人だったので、ユダヤ人の囚人は入るのを禁止された[56]。

今日では、特に北アメリカの刑務所でのホモの暴行が報じられているが、そこでは日常茶飯事に行われている。それは麻薬犯罪で世間知らずの若者が大勢牢獄にぶちこまれた六〇年代、七〇年代にとりわけ多かったようである。獄中で彼らはたいてい黒人の犠牲になった。黒人たちは髪の長い白人の《ヒッピー》をなよなよして弱々しく、それゆえ女の代わりには理想的だと感じた[57]。

実際にフィラデルフィアの刑務所では、すらりとして華奢な若者はみな入獄して一、二日後には、性的な暴行を受けた。当時《戦うか、やられるか》という刑務所のモットーによって、いわば自分の性を保てるか、あるいは最初の性的暴行以後出所するまで被害者の烙印を押され、相変わらず〈釜を掘られる〉か決まる。いったん釜を掘られたら、punk（「お稚児さん」の意）、戦うこともできずその気もない弱虫、臆病者とされ、彼を犯した狼（wolf）はもともとホモセクシュアルの行為をしたのではなく、大勢の意見によれば、むしろ〈オナニーをした〉のであり、その際 punk は〈春本〉にすぎない[58]。punk は異性愛者の若者であり、心ならずも性的に利用されているのに、fag ——西海岸では queen と呼ばれた—— はたいていなよなよしたホモで、〈掘られる〉のを楽しむ〈ホモの女役〉である。だから《punks は作られるが、fags は生まれつき》と言われる[59]。punk はしかし心ならずも犯されるのだから、少なくとも自分の気持ちに従う点では〈能動的〉な fag よりさらに〈受け身〉である。それゆえ犯された男のランクは、punk boy とは逆にたいていは sissy, freak, girl と呼ばれる〈ホモの女役[60]〉よりもっと下になる[61]。

狼は ripper, jocker とか gorilla とも呼ばれたが、たいていは黒人であり、しばしば暴力犯罪を引き起こし、女性を力ずくで犯した[62]。punk はたいてい白人で、黒人の犯人たちが言うにはいやがる白人と《やる》方が黒人とやるより《とても気持ちいい》と。他人に性的暴行を加えるのを断念すれば、いつも嘲笑され、《ひねくれ者》扱いされる。ロードアイランドでは新入りの黒人は、少なくとも一度は ripper を演じ、白人の《穴《けつ》を掘って、兄弟たち》の尊敬をかちえる[63]。しかしながら、それはヒエラルヒーの地位のためだけではなく、わが身の安全のためでもあった。多くの囚人たちは自分自身が暴行されないように、他人を暴行するように見える。

そうしても犯人たちは余り危険な橋を渡ることにはならない。なぜなら刑務所の看守もたいていそれに加わるから、実際には暴行事件に断固たる処置を取れない。それどころか彼らは後で、被害者をよく嘲笑したからである。多くの新入りはへとへとになるまで抵抗する。暴行に参加しない囚人と看守は耳を澄まして終わるまで待つ。《これで若い女が一人生まれることを彼らは知っている。その後は自分もそいつを利用することしか考えない者もいた》。だが、被害者の方もだいたいは泣き寝入りした。フィラデルフィアでは二千件の暴行事件のうち九六例しか事件を告発せず、これらのケースで牢獄当局から警察へ通報したのはたったの二六例にすぎない[64]。アラバマ州のアルトモア州立刑務所では囚人たちの意見によれば、刑務所の管理部はこのような《関係》を認めたり促進したりすらした。他の男を〈征服〉し、自分の〈妻〉とした男[65]は管理しやすい、と彼らは考えたからである。《〈悪魔〉とは〈彼女をもったタフな若者〉のことだが、彼はよく働き、看守や囚人を殺さず、逃亡未遂も起こさない。彼は夫のように大人しいという意見だった[66]》。

被害者にとって暴行は普通今までに経験した最悪の屈辱であり、ほとんどすべてのpunkは後に面子を失い憎悪と恥辱に満ちて、刑務所を去る。《私は人間としてこれまでこんな目に遭ったことはありませんでした。暴行ほど、私の個人的な尊厳を傷つけ、心の痛みを感じさせるものはありませんでした[67]》と釈放された一囚人は語った。フィラデルフィアの州立刑務所である証人は、一二人の黒人にすでに二時間にわたり次々に肛門を暴行された、二四歳の囚人仲間について報告している。《その後で自分のベッドに戻って来た彼は、涙を流しながら〈奴らに次々にやられた〉と述べた。彼はそこで二〇分ほど寝ていると、シャイアンが坊やのベッドにやって来て、彼のパンツを引きずり下ろしてのしかかり、再びレイプした。シャイアンが終わると、馬野郎がまたそれを行い、続いてまた四、五人ほどの男が彼にのしかかった。一人がのしかかっている間に、馬野郎がやって来て〈口を開けてこれを吸え。噛むなよ！〉と言った。そしてペニスを彼の口内に押し込んでそれを吸わせた。被害者は喉が詰まって叫んだ。馬野郎は〈噛まない方がましだぞ。さもないとてめえの歯を蹴飛ばしてやるからな〉と言った。彼がやられている間に、連中はE棟の別のセクションからウイリアムという坊やを捕まえてきた。ウイリアムはパンツを脱いで屈ませられ、順番にやられた。これは馬野郎と、シャイアンら七人ほどの黒人だった。七人のうち二人は兄弟だった。馬野郎は戻って来ると言ったものだ。「おい、おれは一晩で二人のヴァージンとやったぞ。おそらく三人になるだろう」。こう言いながら、奴はおれの方を見つめた。おれは言った。〈何見てるんだ？〉すると彼は答えた。〈そいつは明日の晩用にとっといてやる(68)〉》。

わが国ドイツでは刑務所内の暴行はアメリカより極めて少ないように見えるが、専門家の意見によれば、ことによると《ドイツでは概して》囚人たちが《わりと小さな獄房》に寝かされるせいらしい。ただし、当地では狼と呼ばれる《彼氏》自身は「暴行なんかたいていは必要ないさ。というのは、新入りの若い奴がまず肛門性交を見たら《欲情をそそられ》、実際に一人残らず自分から進んで《やらせ》るだろうよ(69)」。しかし、この主張は疑わしい。なぜならドイツの刑務所では大勢で、囚人だけでなく看守も加わった暴行がいつも行われた、と元囚人は報告しているからである。たとえば、殺人の廉で青少年刑務所送りになった一七歳の男はこう書いている。《そこには、たとえば夜勤中の拘禁室で、誰か囚人に尺八を吹かせて、タバコをやる役人も何人かいた。あるいは唾を付けあわただしくやる者もいた。残酷ないじめをして、いささか苦しめるサドも二、三いた。素っ裸に脱がせ、乾いたままファックするのである。そいつらはさっとすぐ立ち去るが、すると夜警がまた来た。中にはファックの前に、ゴム製のペニスを押し込むほんとの豚野郎もいた。ただ痛がらせて楽しむのだ。だが、一度も告発する者はなかった(70)》。次の報告はテーゲル刑務所のものである。《Sが入獄してから、彼をものにする者はトランプ遊びで決まった。［……］Sと他の囚人たちの間で、口や肛門による性交が行われた。獄房は女郎屋みたいになった。欲求を満足させるため、他の獄房からも囚人たちが加わった。Tの出獄後、代わりに獄房に入ったのは囚人Kだった。彼は強盗で五年の刑を食らった。KはSを欲しがったが、駄目だった。最初の晩、Sは彼に口で奉仕しろと言われたが、拒んだ。Kは彼を何度か殴りつけた。それでも効果がないので、Sの頭上に毛布を投げつけ、テーブルの上に寝かせて押さえつけながら、KはSの直腸に暴行を加えた。Sはわめいた。隅でしくしく泣きながら寝ているSを見て、主任看守は睡眠剤を一錠やった。数日後。いやがるSはKとLに裸にされ、猿ぐつわを嚙まされてテーブルにがんじがらめにされた。彼は暴行され、抵抗すると殴られ、頭には傷口が割れ血が流れた(71)》。

18　征服としての男性の去勢

アメリカの《刑務所の狼》は犠牲者に《お前の男を奪ってやるぞ》と言って肛門を犯したが、伝統的にそれとは違ったやり方があり、敵を去勢し、つまりペニスや睾丸を切り取ったのである。ハワイの大首長ケオワが百戦連勝の敵カメハメハに敗れて降伏した時、征服された印にその祭壇の前でみずからの亀頭を切り落としたが、[1]このような辱めは普通勝者が行った。たとえば一八世紀にデラウェア（レナペ）族とイロコイ族についてこう言われていた。《敵をもっと激昂させたいなら、敗者の肉体を切断し、敵を男と思わないと知らせるのだ》。[2]アメリカインディアンなどの異民族がヨーロッパ人にくらべ、いかに〈野蛮〉で〈文明化されていない〉かとヨーロッパ人が認識したのは、とりわけそのような〈野蛮な〉戦争の慣習だった。しかしながら、当時一七四六年、〈文明化された〉英国人がカロドゥンの戦いの後で、〈野蛮人〉と戦死したスコットランド人の陰部を切り落としたことは、考え

137　ズールー族が敵を去勢し，干した陰部で作ったネックレスで身を飾る．銅版画，16世紀末．

もしなかった[3]。

その昔、ファラオのメルエンプタハはリビア人に勝利を収めた時、帰郷する戦士たちが《リビアの国のペニスを》、つまりまだ割礼されていない男性の局部を積んだロバを追い立てたと書かれた碑を建てさせた[4]。エジプト人も敵に対し、ホルス神が征服したセト神にしたように、睾丸を切断し、そうして敵の生命力をわが物としたのもありえないことではない[5]。わけてもアフリカの北東部では、陰部の切断の話は数千年来伝えられている。古代ではローマ人は《家庭のために》戦い、一方リビア人は《ペニスと睾丸のために》戦ったと言われていた[6]。たとえば、エチオピアのコンソ族は負かした敵の陰部を切り落とし、天日に干したペニスを腕輪にして誇らしげに身に付けた。敵を殺して去勢したある戦士の墓に、以前ファルスの石を建てたが、それは《男らしさの石》と呼ばれた[7]。カッファ族でも敵のペニスと睾丸を切り落としたが、戦士がひときわ勇敢で立派な時は金属のファルスが与えられ、彼は以後それを戦いや盛装のアクセサリーとして身に付けた。それは敵方から力ずくで奪い取り今やわが物とした、性的能力と戦士としての能力のシンボルである。しかしもっとも強力なファルスを身に付けていたのは、カッファ族の皇帝だった。一八九七年アムハラ族に王冠を略奪されたのは種族全体の恥辱だったが、その王冠には亀頭が三ついた銀のペニスが取り付けられていた[8]。

マケドニア人とモンテネグロ人は、敵方から切り取ったペニスを災難除けのお守りとして、悪霊に対する《ファルスの脅し》として身に付けていた[10]。シチリア人もそうだった。彼らは一二八二年春の〈シチリアの晩禱〉と呼ばれる暴動で、民衆が憎むべきフランス人支配者を虐殺した後で、漁師の力を借り、フランス人の肉体の部分を樽にいっぱい詰めて送った由である[9]。しかしながらついでに言えば、中世のヨーロッパでも戦死者の去勢の慣習は、《騎士にふさわしくない》と烙印を押されはしたものの、広く行われていた[11]。それで年代記作家などは一二六五年のエーヴェスハムの戦いの後のシモン・ド・モンフォールによる屍体の切断を厳しく非難し、この不法行為は《軍隊の秩序の教えるところに背く》ものである、と指摘した[12]。

中世以後の時代にもこの慣習はなおも続き、それが廃れたとの兆候は何もない。たとえば一六世紀のサストローは、進軍中のスペイン軍が敵味方の国々で農婦を強姦し、その夫たちの陰部を肉体から切り放した、と報告している[13]。一六三四年にヘヒシュテットを征服した《ポーランド人》と《コサック人》は、住民の大勢の男子の《陰部を吊るし、それを釘で刺した等々》と言われている[14]。

内戦、民衆の暴動、私刑などの場合には、戦いや要塞地の征服のような〈公式な〉抗争より以上に、男性は残酷に陰部を奪われたり、ペニスと睾丸を虐待されたりしたが、――おそらくは〈性の対立〉の現れだろうが――婦人が大きな役割を果たすことも稀ではなかった。一〇七八年ブライスガウ伯ベルトルト二世が、彼に反旗を翻してバーゼルとシュトラスブルクの司教に味方した農民たちを鎮圧した時、農民の中には生きながらにして陰部を切断された者もいた[15]。バーソロミューの虐殺の夜にも、大勢の男が裸にされて去勢された[16]。

一七九二年八月一〇日、チュイルリー宮を襲撃した後で、とりわけ女性たちが死者だけでなく、まだ生きているスイス人近衛兵のペニスと睾丸を、サーベルと小刀で切り取ってから、屍と瀕死の人々を敷石に積み上げた[17]。その翌年ケムニッツで出版された『自由の赤い帽子』によれば、《女どもは何と恥知らずなことに、殺したスイス人と廷臣たちの恥部を持ち歩き、小路で見世物にした[18]》。また別の文献によれば〈九月の虐殺〉の後でも《殺された人びとの恥部は女どもによって見世物用に運ばれた[19]》。四八年の革命についてもフリードリヒ・ヘッベルは、ウィーンの反動勢力に対する攻撃の後、自分のペニスを口の中に押し込まれた男たちの屍が小路に転がっていた、と報告している[20]。

ところで世人はおそらく、――今日広く行われている文明化理論によって――敵を銃剣よりむしろボタンを押すことで殺す〈きれいな〉戦争をする今日の典型的な人間にとって、上述のような残酷な行為は無縁で不愉快なものとなり、従って例外的にしか起こらない、と推測するだろう。それでは、この〈文明化された〉近代の人間が戦争でいかなる振舞いをするか、見ようではないか。

第二次大戦中、殺したロシア人の陰部を切り取るのが、ドイツ国防軍のありふれた処置法だった[21]。

ハリコフの一市民は一九四三年このように報告している。《ある朝のこと、われわれが家から外へ出てみると、一人の赤軍兵士がドアに磔にされているのが見えました。水平に伸ばした腕は釘付けにされ、頭は耳をそがれて垂れ下がり、陰部はちょんぎられ、ズボンは膝までずり下げられていました[22]》。逆にソビエト軍の方もドイツの軍人に対する振舞いは同様だった。戦争末期の頃、赤軍兵士は無防備の大勢のドイツ文民を、生きたままペニスと睾丸を切り取った[23]。

〈文明化されない〉日本の軍人が、無力な敵方の、ことに陰部を傷つけたり、切り取ったと戦後に激昂したアメリカ人ですら、陰部の切断は昔からの伝統になっている。すでに一八六四年のサンドクリークの虐殺において、合衆国の騎兵隊は殺したシャイアン族の睾丸を切り取り、それで刻みタバコ入れを作らせた[25]。ヴェトナム戦争中に、ヴェトコン兵とアメリカ兵はお互いに陰部や耳を切り取るのが常習化しており、殺したり瀕死の敵兵のペニスを口に押し込み、その写真を撮った[26]。上官はこのような処置を大目で見たりむしろ促したため、それが激増したので、ウェストモアランド司令官は全指揮官にこのような処置を禁じる命令を出した。それは《すべての政策に反し、人間の礼法の最低基準にも満たないもの》である、との論拠だった[27]。とにかく、他の高官たちがいかなる《人間の礼法の基準》を〈身に付けていた〉かは、たとえば第一一機甲連隊司令官であり、かの有名な世界大戦の英雄の息子であるジョージ・S・パットンを見れば明らかである。彼はサイゴンでのお別れパーティーでお気に入りの戦利品、とは左の眼窩の上に射入口のあるヴェトコン兵の頭蓋だが、それを持ち歩いていた[28]。そういう次第で、ウェストモアランドの命令は、大きな効き目があったようには見えない。ある兵士はヴェトナムに到着直後《アンテナに人間の耳を二〇ほど結びつけた》軍隊の運搬車を見た、と語った[29]。《われわれはいつも彼らの耳を切り取った。それはわれわれの戦利品だ。もし誰かが耳のネックレスが欲しいと言ったら、そいつは立派な殺し屋だし、立派な兵隊だろうよ。耳をそぎ落としたり、鼻を切り落としたり、奴のペニスを切り落としたりするよう励まされてたな。女なら乳房を切り取った。将校はわれわれがそうするよう期待していた。さもないとどこかおかしい奴と思われるぞ》と、ある帰還兵は報告している。

だから、ヴェトコン兵の耳やペニスを、殺した女ならその乳房を切り落とさない者は、ちょうど刑務所で新入りの囚人の肛門にペニスを突っ込まない者と同じように、仲間や上官の間で〈変わり者〉と見られた。ただし両者とも、このことを外部の者に向かって触れ回ることはしなかった。ヴェトナムのほかの帰還兵はこう回想している。《もちろん、おれの部下たちはさっさと耳を切り落としたさ。彼らはそれを乾燥して、首の回りに付けたよ。CBS局やUPI通信の連中がそこへやって来たが、死体には耳がなかった。将軍の野郎は頭にきちゃって、こう言ったもんだ。〈部下を呼んで、耳を死体の頭に縫いつけさせろ。こんなことは我慢ならんぞ!〉ってね[30]》。

しかしながら、戦争中だけでなく、アメリカでは日常生活でも、たとえば秘密結社のKKK団が無差別に黒人に襲いかかり、彼らの睾丸をえぐり取るようなことは時折起こった[31]。黒人にリンチを加えたり、焼き殺したりした白人がいつもとりわけ被害者の陰部に興味をもち、それをさんざん弄んでから切断したのは明らかである。その後で犯人たちは切り取ったペニスを、仲間内で分けた。それによって、まるで《黒人》にあると信じられた優れた性的能力をわが物としようとするかのように[32]。

現在でも戦争や内戦で、陰部の切断はまともとされる随伴現象である。セルビア人はクロアチア人やボスニア人を去勢したが、一八歳のモニカ・シモノヴィッチのような女性もしばしばそれに加わった。彼女はセルビアのブルチュコー収容所で、ボスニア人の捕虜たちをガラスのかけらで去勢し、腹を裂いて開いた[33]。イラクの兵士たちは生きているクウェート人からペニスを切り取ったし、一七歳の息子の陰部をビニールの袋に入れてその母親に手渡したりした[34]。アストリア地方のザマ・デ・ラングレオ警察署で、ストライキ中の鉱山労働者シルビオ・サピコは秩序の番人たちによって、睾丸を焼かれながら去勢された[35]。ナブルス出身のアハマド・エル・ハドホドはわが身に加えられたイスラエル人の扱いについて、こう報告している。《始めは警官に平手で耳を殴られて出血し、もはや聞こえなくなりました。それから素っ裸にされ、テーブルの上に仰向けに寝かされました。一人の警官がちょうど外科医が使うような手術用の糸を取り、一方の端を私の睾丸の周りにきつく結びつけました。もう一方の端はテーブルの隅に打ちつけられた釘に張りました。それから秘密警察官たちはかわるがわる〈お前はまだ子供が欲しいのか〉とか〈何も言わないなら、もう二度と結婚する必要はない〉お前の睾丸をえぐり出してやるぞ[36]！　などと言うのでした》。

性器が犯したすべての犯罪の因果応報の刑罰としての去勢は、まったく別の問題である。それはすでに初期の部族法に現れているが、刑の執行に関しても実際より規則の方が厳しく、とりわけ自由人がそのような屈辱にさらされるのはごく稀だったことは、忘れてはならない[37]。たとえばアルフレッド大王のアングロサクソン法によれば、奴隷が女奴隷を強姦した時は睾丸を切り落としたのに、自由人が同じ罪を犯しても高額の罰金刑で難を逃れた[38]。これに反し、愛に飢えた騎士ゴドフロア・ド・ミレーはある乙女の部屋に足を踏み入れただけで、去勢された、と一二四八年にパリのマタイは報告して

138　強姦犯の去勢，16世紀.

いる[39]。一一世紀のアウクスブルク司教ハインリヒにとって、彼が皇帝ハインリヒ四世の妹をどう見ても強姦したのではなく、ただ傷つけただけという事実は何も役立たなかった。『ツィンマーの年代記』によれば、皇帝は彼を捕らえさせた。捕吏たちは《彼をさらし台へ導き、そこで工具と女性に対して用いた彼の道具を引き出して、さらし台の上に置いた。犯した行為の罰として、彼らは彼の男根に木の杭を打ちつけた[40]》。

当時英国で、強姦犯に対する刑罰として広く行われていたのは、目をえぐり睾丸を取ることだったが――中世の後期になると一方の刑は緩和された。それは犯人が既婚者で、その妻が法廷に出頭して夫の睾丸が彼女の所有物と要求した時に限られた[41]。その背後には無実の妻をともに処刑してはならないとの考えが潜んでいた。なぜなら、睾丸を摘出された夫はもはや結婚の義務をまったく果たせないからである[42]。

強姦や誘惑だけではなく、ほかにも犯人が男根を使って行った、特に〈自然に反する〉性行為も、しばしば去勢によって罰せられた。たとえば一六〇六年にシュレジアのフランケンシュタインで、《死んだ乙女と教会内で淫らな行いをした》ある墓掘り人夫は、同害報復法により《灼熱の火ばさみで男根をつまみ取られ》、しかる後に《薪の山にのせられて、焚刑に処された[43]》。とりわけ、一五一九年ルツェルンで伝えられる他人の《尻に性交したり[44]》、動物の膣内にペニスを挿入したりした《ソドミスト》は、このようにして処罰された。一二六〇年の『正義と裁判の書』によれば、犯人は初犯で睾丸を失い、再犯でペニスを失い、三度目には火あぶりの刑により生命を失った[45]。この規定は数十年後、『トゥールーズの慣習法』にも採用された。《ソドミーを行ったと証明された男どもは、彼らのcを》、つまり〈couilles 睾丸〉を失わねばならぬ。《それを再び犯した者は陰茎を失わねばならぬ。三度それを犯した者は焼き殺されねばならぬ。女性がそれを行った節は、その都度四肢を一本ずつ失い、三度目には焼き殺すべし[46]》（139図参照）。

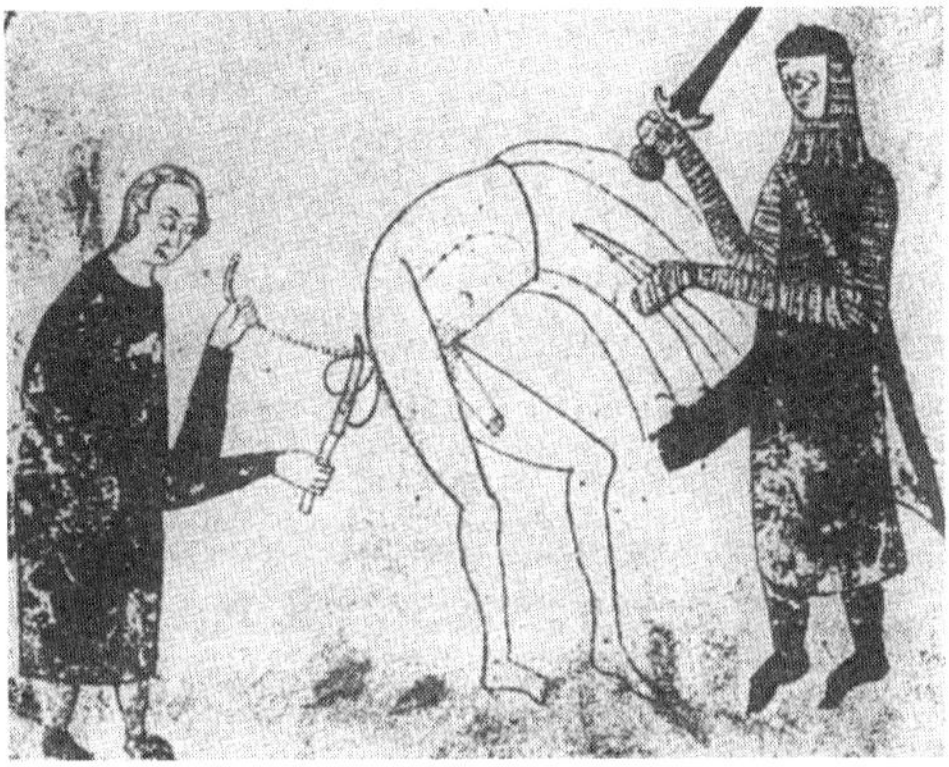

139　風俗犯に対する去勢
『トゥールーズの慣習法』より，1296年.

ただし、特に近代に入り、一六、一七、一八世紀には性犯罪者だけでなく、他の悪質な犯罪者も死刑に加え、処刑の前後に去勢して屈辱を味わわせるようになったが、それはもちろん死刑執行人のような名誉なき人の手に委ねられた(47)。たとえば一六八一年ロンドンで、ある内乱罪の犯人は四つ裂き刑を執行される前にペニスを切り取られたが、その一三年後のブリュッセルでは車裂きの刑にかけられた人殺しが死ぬまで、少なくとも刑吏は待ち、その後《尾籠ながら、恥部》を奪い取った(48)。

それゆえ、ある男の〈男性の力〉を奪うとは、一つには実際に彼の生殖能力を奪うことを意味する。イスラエル人が拷問を加えたパレスチナ人にそのことを想い起こさせたのは、われわれがすでに見た通りである。喧嘩するチンパンジーがよく相手の睾丸に嚙みつこうとするのも、観察できる(49)。それは社会生物学的に見れば、生殖のチャンスに関して競争相手より有利になる戦略として、まことに理に適っている。また一つにはそれによって相手の性以外の力を奪い、象徴的に男を女性にすることを意味する。それゆえ、たとえばトルコ人は前世紀にもまだ征服した地域の男児を去勢した。すなわち、こうすれば子供たちが将来戦士になれないであろうとの理由で(50)。

19　辱めとしての女性の性的毀損

他人を脅したり、屈服させる権力や力を表す男性の局部が、敵やライヴァルによって無理やり奪われることがあるように、女性もそれに当たる陰門と乳房が切除され、責め苛まれたことが、歴史の上で繰り返し見られた。

たとえば、ティートマール・フォン・メルセブルクはこう報告している。昔ポーランドの異教徒が同害報復刑によって、公娼の陰部を切り取り、その客になるかもしれぬ男に警告するため、切り取った陰部を彼女らの家々の扉に打ちつけた。《だが、娼婦が見つかった時、その女は残酷な刑罰により、恥ずべき陰部を切り落とされ、こう言ってよければ、皮が戸口に吊るされた。入って行く人の目が不快感を覚えて、それゆえさらに心して将来のことに思いを致すようにと》。しかし今日では、ということは一〇世紀末に、彼女らはなにも恐れることなく、夜の商売をしている、と。[1]

140　貴族の娘の陰部を力ずくで切除する
『サンタ・マリア賛歌集』より，13世紀.

すでに述べたように、『トゥールーズの慣習法』によれば、一三世紀に《ソドミー》を犯した、つまり同性の女性や動物たちと性的な関係をもった女性たちも、男性の《ソドミスト》に応じて、罰せられた(2)。男性の場合、初犯は《睾丸》を、再犯はペニスを失った。女性の陰門のどの部位が睾丸やペニスに当たるのか、今では分からない。またそのような刑が当時女性に適用されたのかも、定かではない。

もっともその頃、戦争や少なからぬ強姦事件で、女性が陰部を切断されたというのはありそうなことだ。そのような事件は、例の「笑話詩《ファブリオ》」のような文学作品に見えるかもしれない。その中でたとえば、ある〈トリックスター〉が女性の尻と膣を切り取り、敵の口と鼻だといって大公に差し出した。《彼は尻と膣を切り取り／それを袋に入れた。／〈殿様〉と彼は言った。ここにグーリラの口と鼻の穴がございます(3)》。『サンタ・マリア賛歌集』と題する一三世紀のスペインの詩では、愛情のない富豪といやいや結婚させられた淑やかな貴族の娘が、この男との同衾を拒む。夫はその罰に四人の女に彼女を押さえさせ、《作者《わたくし》は恥ずかしさに名をあげることのできない彼女の場所に》傷を負わせたと、慎ましやかに述べているが（140図参照）、実は彼女の陰唇と陰核を切り取ったのであろう。しかし、マドンナは彼女を憐れみ、奇跡によりその女の傷を癒した。(4)

ルーマニア南部のワラキアの領主ヴラド・ツェペシュはドラキュラのモデルとして知られるが、女性や若い娘の陰部を切除させた、と噂されている。ただし逆の理由からで、ということはこの女性たちはあまりにも放縦に性を弄んだのである。(5)ほぼその頃の『シュヴァーベン年代記』にはこう書かれている。《断食期の第一週目にウルムで一人の男が溺死刑に処された。彼は妻の陰部を蠟引きの糸で縫い合わせたのである》。(6)それが妻の性的な放縦に対する厳罰なのか、(7)それとも予防策なのかは伝えられていない。(8)しかしながら、夫に対する極刑を目の当たりにすると、この行為がとりわけ残酷と感じられたことは確かである。

いつの世でも女陰の毀損より、乳房の切除の方がよく行われたように見える。乳房と男根を同一視する考え方は、エーゲ海地方の治療師の指示にもっとも明瞭に現れている。恐ろしい悪魔の目をしている者の、好ましくない部分を次のように取り除けというのである。《女がそんな視線を投げるなら、彼女の乳房を切除せよ！　男ならその陰部を去勢せよ！》(9)

すでに七世紀、古代アイルランドのアダムナイン法には、前代のことが述べられている。それによると、彼らは戦う女、つまり女性戦士の頭か両の乳房を切り取って、戦利品として家に持ち帰ったという。(10)そのようなことはほかの文化圏でも、また戦争以外でも起こったに違いないことは、古代フリースランドのフィフェゴール法の規定を見れば、明らかになろう。そこには、人妻や娘の乳房を切り取った者は誰も、男を殺したり去勢したとまったく同額の人命金を、まるまる払わねばならぬとあっ

142　フランチスコ・スルバラン〈聖女アガーテ〉，1635年頃．

141　《彼は女性の乳房を切り取る》トルコ人が女子供を虐殺する．木版画，1529年．

た。[11]　一三〇〇年頃に発布された古代フリースランドのフンゼガウ法によれば、犯人は人命金の三分の二を支払うよう判決を受けた。[12]

　女性の乳房や乳首を切り取るというのは、全中世を通じ、さらにそれ以後も、男が女性に対し危害を加えうる、まずは最悪のものだった。とりわけサラセン人と、後にはトルコ人がこのような残虐ぶりを特に好んだと噂された（141図参照）。聖女ドロテアや聖女バルバラのようなキリスト教の殉教者たちも、このような辱めを受けた、とされる（142図参照）。一三世紀前半に、オーストラリア大公フリードリヒ好戦公についての恐ろしい話が人口に膾炙していた。公は母親や妹の財産を奪い、自制心のない獰猛な性格と見られていた。恐ろしい話とは母親に対し、その乳房を切り取ってしまうぞと嚇したのである。そのため、公は後々まで悪評が高かった[13]。またユダヤ人にまつわる噂も広まっており、彼らは黒ミサ用の血を手に入れるために、キリスト教徒の女性たちの乳房を切り開いた、と言うのだ[14]。

一方、特に三十年戦争中に女性に対するそのような残虐な行為が行われ[15]、また近世の初期になってもヴィクトリア王朝時代に切り裂きジャックのような残虐な人間がいた、というのは噂でなく事実である。切り裂きジャックは女性の、とりわけ乳房や陰部をえぐり取ることに関心を抱いていた[16]。たとえば一五七〇年モラビアの大量殺人犯パウル・ワサンスキーは、次のように告白した。自分と仲間は《二人の少女を打ち殺して、彼女らの乳房を切り取り、少しばかり奪った》。その後、別の少女にも同じようなことをした。ワサンスキーは残酷な方法で処刑される前に、同じように《彼の乳を火ばさみでもぎ取られた[17]》。これは一八世紀に至るまで[18]、わけても女性犯に適用されたもっとも苦痛を伴う恥辱刑だった。中世後期のポーツマス市では法により、男の泥棒に対し《熱湯を浴びせて目をえぐり出す》刑罰を科したが、女の泥棒に対しては《シャル十字路にて乳房を切り取るべし[19]》。また嬰児殺しの女性[20]や魔女の有罪判決を受けた女性は、しばしば灼熱した火ばさみで乳首をつまみ取られた[21]。

ノルベルト・エリアスにとっては、女性の乳房に対するそのような〈古風な〉毀損ないし切断は、自制心のない衝動的な残酷性の現れで、中世においてはまだ典型的なものだった。たとえば、戦士たちは当時まだわりと自由に攻撃と女性蔑視を存分に味わうことができた。これに対し後代の兵士、とりわけ二〇世紀の兵士たちは文明化されており、ということは自制心が強いので、そのような残酷な行為は《突発的に二、三件起こるにすぎず、われわれはそれを症候として記録する[22]》。《かくのごとき

143　ペリニャン伯夫人とその娘の陰部を切断する．銅版画，1792年頃．

情動の爆発は、例外現象として、〈病的な〉変性として後の社会的な発展段階にもまだ現れるかもしれない[23]》。

この主張は現実を映しているだろうか？　それはむしろホロコーストの前夜の現在を美化するのではないだろうか？

フランス革命中、とりわけ貴族の女性を殺した者たちは、行為の前後に被害者の陰部をむき出しにした。それはいわばこの女性たちの奔放と言われる性生活の痕跡を見つけようとするかのように、観察しただけでなく、陰部を切断し切り取るためでもあったのだ。たとえば、こう言われている。革命軍兵士たちはペリニャン伯夫人とその娘を素っ裸にして、夫人を机にくくりつけ、乳房と陰部を切り取って死に至らしめた[24]（143図参照）。一七九二年の九月の報告によれば、〈美しき花売り娘〉と呼ばれた一少女は、かつて愛人の男根を切り落としたのは嫉妬からと言われているが、彼女も同じような運命にあった。《（彼女は）股を広げられ、足は地面に釘付けにされ、裸姿で柱に縛り付けられた。人びとは燃える藁の松明でこの犠牲者を焼いた。サーベルで幾度も切りつけ、乳房を切り取った。彼女の肉体を長槍で突き刺し、刃を真っ赤に染めた。最後にその赤く染まった刃で杭打ちの刑に処せられると、彼女の叫び声はセーヌの流れを越え、対岸の住民を震え上がらせた[25]》。だが、これはどうも眉唾と思われる。

その頃王妃の《お相手》で、美貌を謳われたランバル公爵夫人も、暴徒に辱められ、惨たらしく殺された。ランバルは大分前からポルノのパンフレットや絵入り雑誌に、自然に反した欲望をもつ娼婦として描かれていた。たとえば『マリー・アントワネットの恋の日、あるいは最後の快楽』には、王妃がランバルと愛欲にふけり、彼女に張形で肛門性交を教える[26]、とあった。ランバルを殺した者たちは、彼女を虐殺し、切断したくてうずうずしているように見えた。ミシュレは彼女の死について次のように語っている。《小柄な鬘作り職人のシャローは、義勇軍の太鼓手として彼女のもとに歩み寄り、長槍でその帽子を頭からはね落とした。彼女の美しい髪はほつれ、ざんばら髪になった》。むしろこれが合図となって、公爵夫人は打ち倒され、地面に転がったところを刺し殺された。《彼女が息を引き取るやいなや、周りの者どもは下品な好奇心から、彼女のもとに殺到して観察したが、それが彼女の死因となったのかもしれない。殺人者の中には淫らな覗き魔たちもいて、彼らは巷の噂通りの破廉恥な秘密を発見できると信じ込んでいた。彼女は衣類も肌着もすべて引きちぎられ聖アントワーヌ通りの入口の境界石に素っ裸でのびていた》。朝の八時に、血塗れになって歩道に横たわっていた屍を群衆は検査した。《一人の男が屍のわきに立ち、怒濤のような人波を阻止しようとした。群衆に屍を示し、〈見たか、なんと雪のようではないか? そのきれいな肌を見たか[27]?〉》その後の詳細について

144　マリー・テレーゼ・ド・ランバル公爵夫人の屍を切断する．1792年頃．

はまったく明らかにはされていないが、彼女が首をはねられたことは疑いがない。そしておそらくは乳房と陰部も切り取られたことだろう（144図参照）。それが当時は普通だったし[28]、群衆は乳房や陰部の一部をサーベルの先に刺して歩き回ったことだろう[29]。

アメリカ人が一八六四年にシャイアン族に行った、サンドクリークの大虐殺の翌晩、コロラド第一騎兵隊の兵士たちはシヴィングトン大佐の命令一下、頭皮を剝がれて埋葬されたインディアンの女性たちを掘り起こし《引っぱり出し淫らにも身体を拡げた》、と後にエイモス・ミクシュ伍長は供述している。ジェームス・D・コナー中尉の供述によれば、血の海となった殺戮の最中も後で多くの兵士が、司令官の同意をえて女性たちの陰部を切り取ったというが、それは他の士官たちも確認している。《男、女、そして子供たちの性器が切り取られた。ある兵

145　リトル・ウルフ・レジャー，レノ少佐の部下の兵士たちがスー族の女性と子供を殺害する，1877年.

士は、女の秘処を切り取り、棒の先につけて見せて回った、と言ってました》。彼はさらに供述している。《兵士たちが女の陰部を切り取って、鞍の前輪の上に広げて乾かし、進軍中帽子の飾りにした、という話も何百と聞きました[30]》。

第二次大戦中ドイツの兵士の一隊が、白ロシアの都市バリサフ近郊で逃走する女性たちの大群に襲いかかった。三六人の女性が強姦されてから殺された。中には一六歳の少女もいたが、彼女はいわば公衆の面前で強姦された。その後兵士たちは瀕死の少女を板に釘付けにしながら、その乳房を切り取った[31]。これは唯一の例ではないように見える。なぜならレムベルク市などでも、ドイツ国防軍の兵士が女性たちを強姦し、しかる後に彼女らの切り刻んだ裸の死体を、中でも切り裂いて開いた乳房を見世物にした[32]。一九四一年モスクワ近郊の村で、ドイツ軍によって乳房をずたずたに引き裂かれて切り取られた末、扼殺された（146図参照）[33]、若き女性パルチザン、ソーヤ・コスモデミャンスカヤの写真は有名になった。それはドイツの一兵士が撮った素人写真だったが、死体の傍らで発見され、後にソビエト軍によって宣伝用に使われた（147図参照）。

　ロシアの女性パルチザンもほとんど例外なく裸にされ、惨たらしく乳房を摑まれ引き回されたようだ。[34] ナチス親衛隊員があるユダヤ女性を強制収容所へ連行中、うら若い一少女に対する暴行について報告している。《彼は少女の乳房を摑み、あらん限りの力で押しつぶした。少女は苦痛のあまり大声を上げ、舌の下に隠していた金貨を一枚思わず吐き出してしまった。コヴァッチュは笑いながら拷問を続けた。彼は責めながら〈もっと出せ！、もっと出せ！〉と吼えた。司令官も笑っていた。われわ

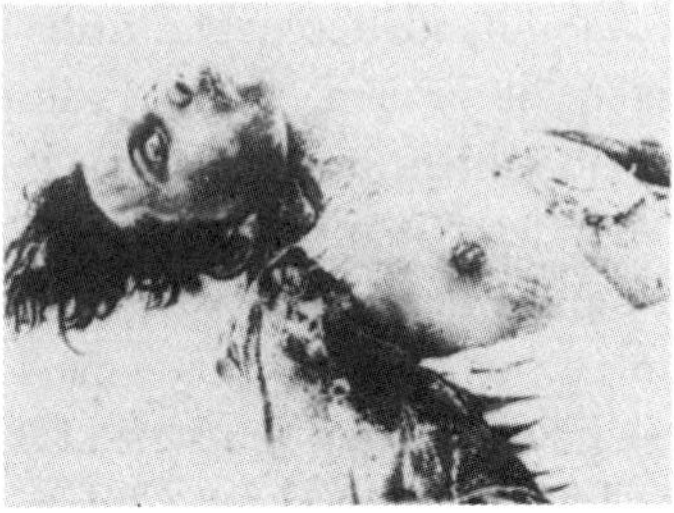

146　モスクワ近郊のペトリツェーヴォ村で女性パルチザンのソーヤ・コスモデミャンスカヤの切り刻まれた死体．1941年．

147　ソビエト軍の宣伝用プラカード，第2次大戦．

れは彼が笑うのをはじめて見た[35]》。

戦争末期の頃、ソビエト軍の兵士たちも同じように女性を虐待したが、たいていの場合被害者がいま〈解放した〉ばかりの同盟国の人であろうと、敵国の女性であろうとお構いなしのように見えた。それで赤軍兵士たちは大勢のユーゴスラヴィア女性を強姦してから、その乳房を切り取った[36]。彼らはドイツの東部地域で行為の最中、叫ぶ被害者たちの乳房や臀部をしばしば指の爪で切り裂き[37]、ついには陰部を下半身から切り取った。たとえば、東プロイセンで医師団、犯罪捜査官、外国のジャーナリストから成る特別委員会が、ほぼ三千の婦人と少女の屍の山を検査した。《相当数の女性が、乳房を切り裂かれ、陰部に刺し傷が見られ、下腹部が切り開かれていた[38]》。一目撃証人は、ある教師の妻がセルビアのパルチザンによってどんな目にあったかを、ハンガリーのバナトから伝えている。《彼女は二人のパルチザンに押さえ込まれ、三人目の男が彼女の腹を切り開き、陰部と、太股の内部から膝にかけての肉をえぐり出した。彼はえぐり出した物を箱に向かって投げつけた。クフト夫人を押さえつけていた二人のパルチザンが、今度はその体を裏返すと、彼女の乳房がすでにナイフで切り取られているのを、私は見た[39]》。

ヴェトナム戦争でも無数の地元女性が、〈アメリカ軍兵士〉によって陰部や乳房を惨たらしく扱われ、切断された。何人かの兵士の語るところによれば、仲間が一人ひとりヴェトナム女性を強姦した後で、自分たちは看護婦の膣と肛門内に手榴弾を突っ込み、そしてピンを引き抜いた[40]。一五歳の少女については、一帰還兵の次のような報告がある。《彼女をレイプし、処女をいただいた後で頭に弾丸を撃ち込むと、おれの言ってること分かるだろ、おれたちは彼女の死体を文字通り蹂躙しだしたんだ。

皆それを見て大笑いさ。殺したばかりのシマウマにたかるライオンを見ているようだった。『野生の王国』とか何とか、動物映画に出てくるやつさ。ライオンの群れがみんなやって来て、死体で宴を始めるんだ。おれたちは顔や肋骨、そこらじゅう蹴り込んだよ。それから彼女の耳をそぎ始めた。鼻も切り取った。分隊長が言うんだ。〈誰に耳をやろうか。鼻は誰かな。奴が耳をもらう番だな〉。おれの親友はカリフォルニア産で白人だが、こいつがヴェトナムでいかれちまった。で、奴が跪いて泣いたものさ。耳がほしいと頼むんだ。分隊長が言った。〈そうだな、今度は奴にやろうや。とどめを刺したんだからな。奴にやろう〉。それで、そいつに耳をくれてやった。乳も片方切り取ったけど、それはほかの男がもらった[41]》。

これらすべてのドイツ人、ロシア人、アメリカ人の兵士が病的な〈色情性殺人者〉ではなく、ある程度〈正常な〉人間となると、ことは重大である。彼らの振舞いは戦争という異常な条件下ではあるが、アメリカの日常生活という普通の条件下で強姦をする人やウエスト・マンハッタン一九番街の公然と営業している劇場〈ベル・ド・ジュール〉の客と変わらない。前者は女性の《女らしさ》を壊すために、被害者の膣に咬みつくし[42]、後者の劇場で客は三〇ドルの入場料を払えば、ペンチで女性の乳房をつまんだり、あるいは流れる蠟を乳房に垂らすこともできるのである[43]。

20　身ぐるみ剝いで辱める

戦場で殺した敵や、瀕死の敵を辱めるために、鎖かたびらや衣類を奪うのは、中世では広く行われていた。それどころか、戦死した敵の衣類を剝ぐ「掠奪権」についてもずばりと語られていた。[1] もっとも、敵の尊厳を傷つけるのは一つの動機にすぎなかった。ほかの動機は、刑吏とその配下が処刑者の衣類を要求したのと同じように、打ち殺した人の衣類を我が物とすることだった。しかし一般にどちらも、少なくとも下着は当人に残すことによって、ある程度の礼儀作法は守られた。しかしながら、《首をはねたり絞首刑や車裂きに処した哀れな罪人たちのズボンを性急に剝ぎ、裸のまま大勢の目の前にさらして、悪評を買いひどく罵られ、激しい怒りを買った》貪欲な死刑執行人がいた。[2] そのように、戦死者にズボン下すら残さない兵士たちもいた。百年戦争のある年代記作家は、死体がまるで母胎から生まれたばかりの赤子のように、素っ裸で戦場に転がっていたと報じている。[3]

とりわけ後代になると、もはや礼法規範に何らの配慮もしなくなったように見える。まだ一四一八年にはパリの大量虐殺の証人は、小路を百歩も歩めば、《ズボン以外》には何も身にまとわぬ男性の死骸にぶつかった、と書き留め、やや後には殺された婦人たちが《シュミーズ以外の衣服もなく(4)》舗道に投げられていた、とある。が、たとえば一七四六年のカロドゥンの戦いの後では、乞食や浮浪者の群れが死んだり瀕死の高地スコットランド人に襲いかかり、身ぐるみ剝いで、素っ裸にした。この哀れな人びとは衣服と金目の物だけが目当てだったが、無差別に大勢の一般市民を虐殺したイギリスの竜騎兵の関心はほかにあった。彼らは捕らえたスコットランドの婦人たちをすべてほとんど例外なく、衣類を剝いで素っ裸にしてから、強姦し殺した。一目撃者が、自分はインヴァネス郊外で《身ぐるみ剝がれ、実に淫らな姿で横たえられた(5)》女の死体にぶつかったと報告している。上述のように、一七九二年パリの〈九月大虐殺〉の時も、女性に対するこの上ない辱めは、裸の犠牲者の股を拡げて縛りつけたり、釘で打ち付けたりしたことだが、犯行にはどうやら女性も加わったらしい(6)。

確かに中世後期にも、女性をこのように辱めるケースが稀にはあったが、しかしながら当時、かかる淫らぶりは決して普通ではなかったし、そんなことをしたら一斉に憤激を買ったろう。たとえば、一四二一年に《パリの一市民(7)》は日記にこう書き留めている。残酷な暴君ドニ・ド・ボーリュは一人の名誉あるご婦人をニレの樹の所に連れて行き、《彼女を縛り上げると、羅紗の着物をすべて猛烈な勢いで切り裂いたので、へその辺りまで見えた。それはおよそ考えうるもっとも恐ろしい非人道的行為だった(8)》。

その一〇年後、ジャンヌ・ダルクが薪の山の上で煙により窒息した時、身体が火に包まれない内に燃える薪を身体から取り除いた。日記を記した市民はこう書いている。乙女は《やがて息絶え、着物も残らず焼けてしまった。次に焔が片づけられ、乙女の全裸姿と、女性にあるはずの、またあるべき秘処をすべての人が目にして、人々の疑念も晴れた》[9]。中には明らかにまだジャンヌが女であることを疑う人びとがいた。死刑執行人により女体がむき出しにされ、周りに立っている人びとはついに《女性にとってのシンボルともいうべき秘処をも》見ることのできる事態に立ち至った。それは乙女がすでに死んでいるにもかかわらず、一般にはスキャンダラスと感じられた[10]。

女性の階級を問わず、男の手で下半身をむき出しにされるのがもっとも屈辱的であり、いたく心を傷つけたことは、中世や近世初期の多くの文献から明らかになる。たとえば、一三六六年に巡礼女イサベル・ペアウエステルが三年にわたる聖地への旅から、ブリッジウォーターの自宅へ帰ってきてから、最悪で極めて屈辱的な体験を語ることができた。ある時サラセン人たちが彼女の衣類を剝いで裸にし、この状態で台に逆さ吊りにしたというのである[11]。これはどうやら盗賊のようなベドウィン人の得意技らしく、その後も数世紀にわたり男女を問わず大勢の不信心者をこのようにして辱めた[12]。

一五五二年の六月二四日のこと、ガレオン船〈サンノ・ヨアンノ〉号がナタール沿岸で難破した折り、乗客と乗組員たちは陸地へ難を逃れた。その中には船長マノエル・デ・ソウサ・セプルヴェーダとその妻レオノール夫人もいたが、一同は陸地でズールー族と思われる《不作法者》に二度にわたり襲われた。彼らは《みなの衣服を剝ぎ取り、素っ裸にして帰らせた。レオノール夫人は衣服を彼らに脱がせずに抵抗し、拳固や平手打ちを食らったことが語り草になっている。というのも、彼女は不作法者の目の前で裸姿をさらすより、むしろ彼らの手に掛かって殺された方がましと、考える女性の一人だった。もしどうか衣服を脱がさせてやれと彼女に懇願する夫がいなかったら、やがて命を落とすのは疑いない。そして夫は彼女に、この世に生まれた時は裸で、今また裸になるのは神の御心に叶うのだ、と思い起こさせた》。ついに彼女は黒人たちに、みずからの衣服を剝ぎ取るのを許した。《レオノール夫人はわが身の裸姿を見るや、たちまち地面に身を投げ、非常に長い髪の毛ですっかり身体を覆った。彼女は砂の中にくぼみを掘り、その中に入って腰まで隠し、二度とそこから立ち上がらなかった》。ポルトガルの男たちが慎ましやかにそこから少し遠ざかった時も、一時しのぎに何とか彼女の陰部を覆うに足るちぎれたヴェールを、夫が掛けてやった時すらそうだった。この毅然とした女性は暫くして亡くなった、と生き残った者たちは伝えている[13]。

異国だけでなくヨーロッパでも女性は、たとえば激しい口論の末に男に襲いかかられ、力ずくで服を脱がされる羽目に陥ることもあった。たとえば、一三世紀にウンブリア州のトーディに住むドミナ・ロザーナという婦人の場合がそうだった。彼女は路上でコンソラヌス・バルトーリと諍いをするうちに、男は彼女を《汚れた、卑劣な娼婦》と呼び、地面に突き倒して、ついには彼女の衣類を剝ぎ取った[14]。

追剝ぎもいつも犠牲者を身ぐるみ剝ぐが、ただし彼らが戦場の兵士同様にある種の礼法規範は守り、婦人には少なくともシャツを、男性にはズボン下を残すよう期待された。そのため、追剝ぎがこの規則を無視すると、非常な憤激を買った[15]。このような場合、襲われた人びとは例のレオノール夫人とか、中世の笑話にあるように、ズボンまで剝ぎ取ろうとする時だけ盗賊に抵抗するよう忠告を受けた修道士のように、振る舞う人が少なくなかったのは、大いにありそうなことだ。

ドミニコ会の修道士フェリックス・ファブリはこんな話を報告する。彼は一四八〇年にケンプテンに立ち寄った折り、今しがた追剝ぎに略奪されたばかりの四人のイングランドの巡礼に出会った。確かに追剝ぎどもは最初、ことによると金を縫い込んでいるのではと調べたので《身ぐるみ》剝いだが、その後少なくとも恥部を覆うだけの《僅かばかりの》衣服は返してやった。[16] 一五八二年オランダの画家カレル・ファン・マンデルとその妻がクルトレの町を発った後、同じように《身ぐるみ剝がれた》が、彼らの最大の宝である金貨を隠しておいたある種の下着類はお目こぼしにあずかったのは、不幸中の幸いだった。盗賊どもはこの夫婦が身に付けていたそのほかの物はすべて、赤子のおむつに至るまで奪ったのに、シャツを残したのは礼法上の理由からだと推測はつく。[17]

そのような襲撃の際に、被害者が犯人を侮辱すると、時には異なった結果を招いた。たとえば一七世紀に、《追剝ぎ》トーマス・コックスに略奪された一女性が彼を口汚く罵ると、《男は懸命になって頭のてっぺんから足まで女性を素っ裸にした》。またある売春婦とそのひもも、盗賊が厚かましくも風紀裁判官となって、突然二人を裁こうとする事態に見舞われた。こんなことをしたのはケンブリッジシャー出身の《追剝ぎ》ネッド・ボネットで、彼は公娼のお供をしていた男に襲いかかったのである。追剝ぎは二人を無理やり《素っ裸に》して身ぐるみ剝いだ上、男を女の股の間に寝かせた。それで二人はまるで、普通男が娼婦に金を払わねばならない仕事をしているように見えた。盗賊はこんな格好の二人を一緒に縛り上げて、馬の背にくくりつけ、馬に《鞭を》くれた。馬は両人をケンブリッジまで運んだそうな。[18]

昔は反乱や戦争の時ですら往々、婦人には少なくとも乳房や恥部を包み隠すだけの物は残してやった。たとえば、ジグムント・マイステリンは一四世紀半ばニュルンベルクに起こった反乱について、いささか述べている。《この悲惨なドラマの中でもっともひどい事態は、極めて名誉の高い、敬虔で慎み深い女性と、清らかで貞節な処女が半裸にされて、泥棒の巣へ引き立てられたことで、それは破廉恥で痛ましかった》[19]。ドイツ農民戦争の時、暴徒の群はオーバーラウダ城を占領し、郡長官フィリップ・フォン・リーデルンの妻と子らを捕らえて、《シャツは除き》服を剝いで辱めた[20]。

三十年戦争以後の時代には、このような配慮はほとんどされなくなった。ロシア人のヘヒシュテット市攻略後、《実に多くの男と女が素っ裸にされて、縄につながれ町中あちこち引き回された》と言われている[21]。一六四六年に修道院長マウルス・フリーゼンエッガーは、皇帝軍の残虐ぶりを日記に書き留めた。《彼らは老若男女お構いなしに人びとを縛りあげ、素っ裸にした上、凌辱して死に追いやったり、寒さ厳しい秋の候というのに全裸で追いやったりした。長びく戦争のため、人間がそのような野獣と化したのである[22]！》

パリ・コミューンの敗北後、女性は男性と違い、処刑前に公衆の面前で服を脱がされた、と何人かの外国新聞特派員は報告した。また一八七一年五月二六日に『タイムズ』の特派員は、女性が一三人《石油をまき散らした廉で捕らえられ、バンドーム広場の公衆の面前で辱められたあげく》処刑されたと本紙に報告した[23]。反乱を起こしたこの女性らの中には、わざわざこのために陰部を露出して写真を撮られた者もいて、死後もさらに辱めを受けた。カタロニアでは一九〇九年と、一九三六年の《アナーキーの短い夏》に、スペインのアナーキストたちも同じようなことをした。とりわけ後者では、修道尼や司祭のミイラ化した屍を掘り出し、ことに修道女の乳房と陰部を露出して棺の横に並べ、人目にさらした[24]。

　一九四四年にフランスがドイツの支配から解放された後、大勢の対独協力者と、ドイツ国防軍の軍人と性的関係があると噂された女性が、パリなど多くの都市で裸にされ大通りを引き回された（148図参照）。ペリグー市からある目撃者はこう報告している。《女性はたいてい市庁舎前の広場に連行された。［……］それから椅子に座らせられ、男性たちにしっかり押さえられた。嫌がらせを受けた後、彼女らは時には素っ裸のこともあったが、たいていはパンティとブラジャーだけで、町中を通って歩き、刑務所へやって来た》。刑務所ではほとんどいつもさらにサディスティックに虐待された。グルノーブル市の近郊からは、別の証人がある不幸な女性について報告している。《彼女は素っ裸にされて、まずMから一時間も尋問され、それからRに、さらにFから尋問を受けた。MとGは彼女の恥毛をむしり取ろうとした[25]》。

148　ドイツ人と付き合った女性が，1944年8月25日パリの大通りを引き回される．

　一九四六年、ポンメルンからソビエト占領下のドイツへの途上、ドイツ婦人はポーランドの兵隊の前で服を脱いで全裸になり、《検査を受け》なければならなかった。そして、大勢の人がみなの目の前で強姦された[26]。男だろうと、女だろうと若い娘だろうとお構いなしに、強制収

149　捕吏が罪人を絞首台に追い立てる．
フランスの細密画，1389年．

容所に送り込まれた多くのドイツ人は、同じように無理やり素っ裸にされ尋問を受けた。ポーランド人は男性ならたいていは薪割台の上に投げつけ、意識を失うほど殴った。裸の女性の方は尋問中、時に強姦された。虐待者たちは長靴で少女の乳房を蹴ったり、石油をしみこませた貨幣を彼女らの膣内に突っ込んで、これに火を付けてひどい火傷を負わせた[27]。

ヴェトナム戦争のさなか、大勢のアメリカ兵はたまたま道で出会った若いヴェトナム女性の乳房を、時には全裸を露出するのが習いとなっていた。〈バーニング第五海兵隊〉の一等水兵トーマス・ヒットマンの証言。《われわれが村の中を通って女を見ると、無造作に衣類を引きずり下ろした、少なくとも上半身の。そんな光景をよく見たし、自分でも何度かやった。無造作に非戦闘者の衣類を引きずり下ろす光景を、おそらく三、四〇回は見た。ただ相手が女性で、しかもそれで楽しめる年齢だというだけの理由で[28]》。

他人の、特に女性の身体をあらわにさせることに関して、まだ中世の後期にはある種の礼法規則がしばしば守られていたが、被害者が〈社会からの追放者〉、とりわけユダヤ人だとほとんど当てはまらなかったように見える。罪人は少なくともキリスト教徒ならズボンをはいてあの世に送られるのに（149図参照）、ユダヤ人は、ことに大量虐殺の場合、時には素っ裸で命を奪われる（150図参照）。ほかにも、たとえば逆吊りの絞首刑など極めて屈辱的な処刑も行われた(29)。ことにユダヤ人に対する組織的な凶行《ポグロム》が進むにつれ、ユダヤ人の男女は無理やり衣服を剝がれた。たとえば一〇九六年のヴォルムスだが、当地では十字軍士が家々に押し入って、無防備の住人を殴り突き刺し、衣服を残らず剝ぎ取り、死者や瀕死の者を窓から小路へ投げ落とした。かの地では、裸の屍やまだ息のある者の上にもどんどん投げたので、ついにはうず高い山となった(30)。こうして《彼らは屠殺用の家畜の如く殺された》と同時代のユダヤ側の文献は訴えている。《彼らは小路や大通りを乱暴に引き回され、屠殺台に引かれる羊の如く引っ張って行かれ、打ちのめされ裸にされた。なぜなら、敵は彼らの衣類を剝ぎ、裸のままうっちゃって置いたからである。ほかの人びとはイスラエルの彼らの兄弟たち、貞淑な娘たちがこのように

150　車に掛けられたユダヤ人を火あぶりの刑にする．アルベルト・クーネの木版画，1475年．

裸で横たわるのを見ても、やむをえず狂人たちの意志に従わざるをえなかった》。大虐殺が終わった後で、生き延びた人びとは何はさておき、埋葬しないうちに屍に衣を着せて、死者の尊厳を回復しようとした。[31] 一三四九年にシュトラスブルクで捕らえられ、ユダヤ人墓地の薪の山へ引き立てられたユダヤ人たちも、暴徒に衣服を残らず引きちぎられた。《美貌の》ユダヤ女性が数人と大勢の子供たちは、強制的にキリスト教の洗礼を受けさせられ、ほかの者は一人残らず火あぶりとなった。[32]

男女とも中世のユダヤ人にとって、このように公衆の面前で裸にされるのは、ことにユダヤ文化が古来肉体的な羞恥域が非常に高いことで知られていたので、この上ない屈辱であり不名誉であった。すでにヘレニズムの時代から、ユダヤ人たちはギリシアの運動選手の裸体を非難した。その論拠は、恥部を隠すのは決して歴史的な偶然や社会的な慣習によるのではなく、神がアダムとイヴを楽園から追放する前に彼らに皮の衣を与えたように、それは人間の本性に深く根を下ろしている、と言うのである。[33] 近代に至るまで、ユダヤ人は他人の陰部――ʿerwāh は《裸》とか《露出》と呼ばれた――の《覆いを取っては》、つまり見てはならなかった。男性の陰部もさることながら、とりわけ女性の陰部、《恥多き裸体》を見ることは禁じられた。[34] 礼法上の理由から、まだ衣服をまとわぬうちは祈ってはならず、[35] またとりわけハムの有名な例から明らかなように、同じ家族の一員であっても、他の者の前で裸になってはならなかった。[36] ノアが酒に酔い、天幕の中で裸になっていた。ハムは父の裸を見て二人の兄弟セムとヤフェトにそれを告げた。《セムとヤフェトは着物を取って自分たちの肩に掛け、後ろ向きに歩いて行き、父の裸を覆った。二人は顔を背けたままで、父の裸を見なかった》（創世記、九章二三節）。しかしノアは酔いから醒めると、《末の息子がしたこと》を知り、彼とその子孫を呪った。

この禁止令はもちろん父親のような尊敬すべき人物の場合だけではなく、男女を問わず他の人すべてに当てはまった。《災いだ、自分の隣人に怒りの熱を加えた酒を飲ませ、酔わせてその裸を見ようとする者は》（ハバクク書、二章一五節）。それどころか、一二世紀にラビのユダ・へ・ハシッドは男は一人の時でも裸になってはならず、他人の前では上半身さえさらすべきではない、と述べた[37]。礼法規則は女性の方が男性よりずっと厳しく、またユダヤでは伝統的に人間は動物よりどれほど優れているかが繰り返し強調された。それというのも、婦人の乳房は《理性の場に》、つまり心臓の前にあるから、乳飲み子は獣の子とは違い《例の場所》、つまり母親の陰部を見ることができないからである[38]。

タルムードの掟によれば、女が下着を洗濯しながら臑をあらわにした姿を、男が見ることを禁じた[39]。紀元前五世紀にエズラが作ったとされる規定によれば、どの女性も万一の場合に備え、衣服の下に腰巻きやズボン下のような物を身に付けるべしとされた[40]。既婚女性が人前でわざと前腕部をさらせば、それはすでに離婚理由と見なされた[41]。また女性が夫、兄弟、息子の死後、悲痛のあまり衣服を引きちぎる時も、せいぜい腰までそれより下に裂け目が入らぬよう、必ず注意しなければならなかった[42]。

月経後の儀式としての水浴びで、礼儀正しい女性は誰も首まで水に浸かり、しかも他の女性に裸を見られぬよう、足や腕で水を波立たせた[43]。ユダヤ人の潜水浴、つまりユダヤ教に入信した者が誰もやるいわゆる改宗者の洗礼は、男は腰までだが、女は首まで水に浸からねばならなかった。この習慣は誰も女性の乳房を見てはならぬことから説明できる[44]。

ある女性が他人に陰部の辺りを見られた時、彼女はもちろん名誉を失った。だから、以下のように書かれている。《エルサレムは罪に罪を重ね、笑いものになった。裸を見られたので、重んじてくれ

151　子供モーセを引き上げる．
パンプローナ版のヘブライ語聖書の挿絵，1197年．

た者にも軽んじられる。彼女は呻きつつ、身を引く》（哀歌、一章八節）[45]。それどころか、夫が見た時でさえ、それはある程度当てはまった。なるほどユダヤの男たちは一般に、妻の陰部を見るのをはっきりと禁じられてはいない。しかしながら、タルムードではともかくこう言われている。父親が母親の陰門を見たので、子供たちが盲目でこの世に生まれたと、ラビのヨッハン・ベン・ダバイは天使から聞いた、と。[46]中世のユダヤ人がどれほど女性の裸体を見慣れなかったかは、ことによると裸の女性の描き方から分かるかも知れない。一一九七年のパンプローナ版のヘブライ語聖書の挿絵には、ファラオの娘が二人の侍女とナイルの滔々たる流れの中で、小さなモーセの入った箱をまさに発見したところが見える（151図参照）[47]。三人の若い女性は素っ裸であるにもかかわらず、細密画家は彼女らに衣服の襟ぐりを付けて描いた[48]。因に、彼女らには陰部はない。乳房については、まるで前世紀に流行った《裸に見えるトリコット》と呼ばれた物を着ているように見えると、それとなく示しているだけである[49]。

その後も数世紀にわたり、ユダヤ人の肉体に対する著しい羞恥は依然として残り、他のユダヤ人のむき出しになった陰部の辺りを見るのは一般に禁じられた。たとえば、映画『集団虐殺』の制作者にとって、大量の裸の人間がガス室へ駆り立てられる場面をどのように処理すべきか問題[50]だった。結局、彼らはその場面をかなりカットし、しかも青のフィルターをかけて異化することに決めた。

21　地獄の入口で

旧約聖書の幾つかの箇所から明らかなように、当時ユダヤ人は姦通女や娼婦を《露出させて裸にして》罰した[1]。それはおそらくこの女性たちの衣服の前を切り取ったり、たくし上げたと解せよう。たとえば娼婦は、古代アッシリアの首都ニネヴェになぞらえて脅かされた。《私は、お前の裾を顔の上まで上げ、諸国の民にお前の裸を、もろもろの王国にお前の恥を見せる》（ナホム書、三章五節）。そして娼婦バビロンにはこう言う。《ベールを脱ぎ、衣の裾をたくし上げ、すねをあらわにして川を渡れ。お前は裸にされ、恥はあらわになる》（イザヤ書、四七章二節以下[2]）。

ユダヤ人は敵からも同じように辱められた。アンモン人の王ハノンが、ダヴィデの使者たちの衣服をとりわけ《腰まで》半ば切り取らせて名誉を奪ったいきさつについては、われわれはすでに知っている。アッシリア人も敵の女たちのスカートの前を切り取らせたり（152図参照）、無理やりたくし上

152　サルマナサル3世に捕らえられたユダヤ人の男女．
テル・バラワトから出土した青銅の浮彫り，紀元前9世紀．

げさせて敵を辱めた[3]。

ユダヤの女性はふだん異性の前で、もはや顔と手以外あらわにしなかった。とりわけ彼女らは古代、中世のみならず、一九、二〇世紀になっても、このように、あるいはもっとひどいやり方で辱められた。ユダヤ人女性は昔から確かに顔を覆わなかったが[4]、少なくともイスラムの二、三の地方で、しかもセクハラから逃れるため、顔にヴェールをかぶるのを許されたら、喜んでしたろうと思われる。一八七六年に東洋学者ヨーゼフ・ハレヴィはこのように報告している。自分はマラケシュの街頭市場で、ヴェールもかぶらず髪もむき出しのユダヤ人娘を大勢見たが、彼女らはイスラムの男から淫らな視線を浴びていた。ついに政府はユダヤ人に身体を覆うのを禁じる指令を出す、と私に告げる者がいた。それはヴェールがなければ長い間名誉を守れないのを十分承知の上で、ユダヤ女をイスラム教に無理に改宗させるため、わざと強制手段として出したのだ。

事実ユダヤの女性は、イスラム諸国で売春婦のような扱いを受け、手を触れられ、それどころか強姦された。たとえばペルシャの王ナサル・アド・ディンは一八九〇年に、いかにもイスラム国家らしい口振りだが、《まるで公娼のように》公衆の面前で顔をあらわにす

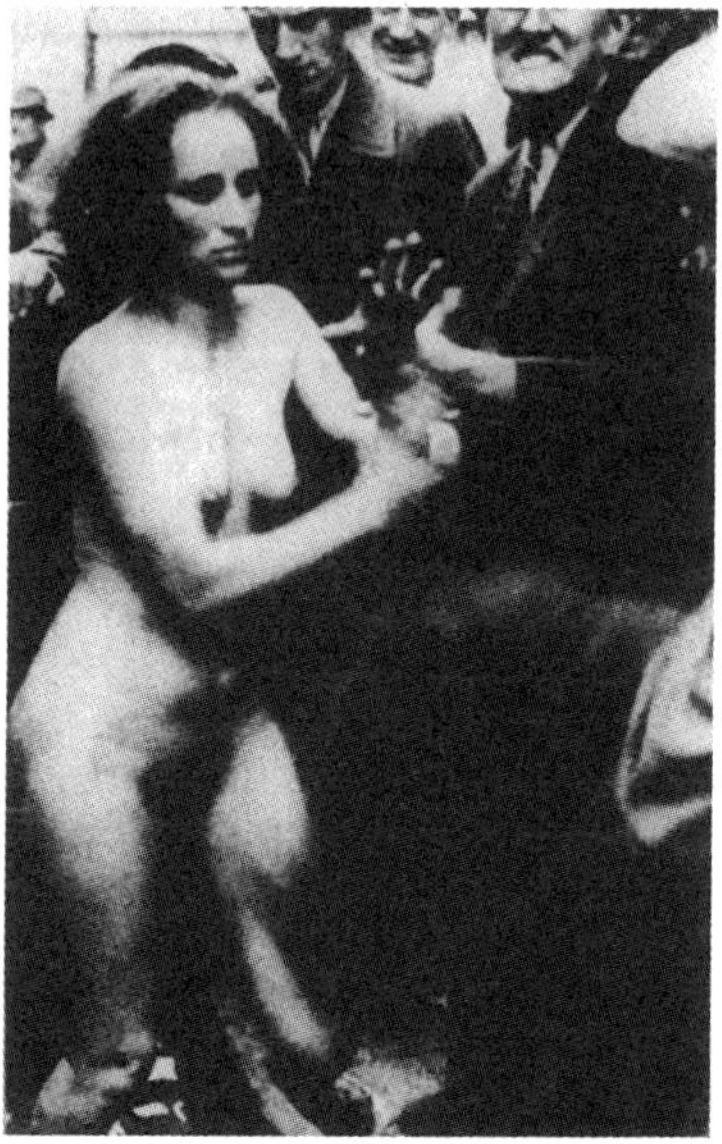

153　ウクライナ領レンベルクのミリツにおけるポグロムの最中，嘲りの目にさらされて人々の間を歩く，1942年．

るすべてのユダヤ女性を、死刑にすると嚇す勅令を改めて発布した。このようなヴェールをかぶらないユダヤ女性は、イスラムの男たちにとっては常に性的な誘惑の的となった。ユダヤ人に対する組織的な凶行《ポグロム》が起これば、彼女らは例外なく格好の獲物となった。たとえば一八二〇年のイスラムの断食期《ラマダン》の一三日目に、イスラム教徒たちがフェスのユダヤ人街を略奪した時、ユダヤの人妻と娘たちは一人残らず裸にされた上強姦された[5]。非イスラム地域でも事情は変わらなかった。ことに東ヨーロッパでは、ユダヤ人女性は常に集団暴行の前に衣類を剝がれた[6]。ユダヤ女性の伝統的な〈性的側面の強調〉がこのような行き過ぎを助長させ、まさに自分自身を餌食にする結果となった。白人が数世紀来、黒人女性を実に衝動的であると考えるように、ユダヤ人についてよく言われる好色性も諺のようになった。《決して満ち足りない者は誰か？　ユダヤ男の財布とユダヤ女の膣さ[7]》と、この種の諺は言っている。ユダヤ人のこの好色性を示すため、ワルシャワのゲットーでナチは男と女をいっせいに沐浴場《ミクヴェ》に駆り立て、無理やり服を脱がせて裸にし混浴させて、それを映画に撮った[8]。

かかる強制的な露出へと駆り立てる理由は主として、性的な覗き趣味というよりはむしろ、被害者の尊厳と人間的な完全性をぶちこわし、それによって抵抗力をも奪おうとすることだった[9]。こうした理由から肉体を露出させるのは、人格を変えるのを主眼とするイニシエーションの儀式で常に大きな役割を演じた。そのほかにも牢獄とか娼家のような施設へ収容する時もそうだった。たとえば、第二次大戦以前にユダヤの人身売買業者の手で、特にブエノスアイレスに船で運ばれたユダヤ人少女たちは、到着すると特殊な競売館で素っ裸にされ、買い手になるかもしれぬ男たちに調べられたり、手で触れられたりした。その後、彼女らは概して安いアルゼンチンやブラジルの淫売宿に消えていった。ほとんどの少女はすでに船上でも、後に売春婦になってから新たな〈自我〉が芽生えるように、衣類を剝がれたり、強姦や淫らな行為でとことん堕落させられていた[10]。

KGB（ソ連国家保安委員会）の収容所ではまだ数年前まで、女囚は脱衣を強制されて辱められ、弱気になった。〈政治〉犯イリーナ・ラトゥシンスカヤは以下のように報告している。《女性たちが恥ずかしがりやですって？　さて、あなたは徹底的な身体検査で衣類を脱いで素っ裸にされます。未決勾留であなたが浴場へ連れて行かれる時、〈まったく偶然のように〉KGBの士官たちがそばを通り過ぎていっせいに笑い合うのです。そして収容所内で、あなたは医者に、所長に、検事にわが身を見せねばなりません》。スターリン時代に、〈収容所群島〉ではもっとひどいことが起こった。《ほかならぬまさに収容所の浴場で商品となった裸体の女性を観察する者がいた。浴場には水があろうとなかろうと、シラミ検査や腋毛と恥毛を剃る際に、理髪師は（彼らは収容所の階級では貴族に属した）新入りの女性をじろじろ見る機会があった。ほかのろくでなし共もすぐにその検査を見に急いでやって来た[11]》。

だが、もっとも残酷で非人間的だったのは、第二次世界大戦の際ナチの強制収容所へ送り込まれたすべてのユダヤ人男女の〈入所儀礼〉だった。彼らの屈辱を表すのにもっとも良いのは、おそらくダッハウのナチ親衛隊が行った〈挨拶〉の言葉だろう。《お前たちには名誉がない！　お前たちには身を守る物もない！　お前たちは一かけらの糞だから、これからはそれ相応に扱ってやる[12]！》

彼らはすでに強制収容所への途上、たちの悪い屈辱を受けてきたが――たとえば、ロードス島から拉致されたユダヤ女性たちはアウシュヴィッツへ来るまでに《親衛隊の兵士らの目の前で無理やり素っ裸にされて》愕然となった[13]――、この上ない屈辱は収容所に到着後彼女らを待ち受けていた。ハンガリーの一ユダヤ女性は、アウシュヴィッツに収容された時のことを忘れない。《われわれは直ちに、飛行機の格納庫のようながらんとした巨大なホールに駆り立てられました。そこは石張りの床でした。われわれが中に入るやいなや、馬鹿でかい声の男が素っ裸になれと命じました。驚き誇りを傷つけられて、われわれは服を脱ぎ、衣類を吊るす場所を探しました。親衛隊の連中がこれに気づくと、大声で〈何もかも地面に投げろ！〉とわめきました。われわれは言うことを聞き、われわれの周りを走り回りいやらしい事を言いながらどっと笑う番兵たちの間で、素っ裸で立っていました。どんなひどい夢の中でさえ、こんな屈辱を想像したこともないでしょう》。それからグループに分かれ、彼女らは前より小さなホールへと追いやられた。《またしてもわれわれは親衛隊の連中にじろじろ眺められ、恥かしさのあまり手で身体のどこを隠したのかもはや覚えていません[14]》。

売春婦もふくめ中にいた大勢の女性ははじめ、じろじろ眺める見張りの前で服を脱ぐのを拒んだが[15]、ついにそのために鞭打たれた。しかしながら、最悪の事態が彼女らを待っていた。その後の処置については《よく書かれているが、これは私には忘れられないショックでした》と、以前収容所にいた女性は語った[16]。それは毛髪や体毛を残らず剃ることを指すのだが、人妻も娘もしばしば男たちの手によって行われた。《その後われわれは男子収容所へ、後のB収容所ですが、連れて行かれました。そこでわれわれは裸にされ、もう何年も女を見たことのない男性の囚人たちによって、身体中を剃られました》と、ある女性はビルケナウ収容所について語った[17]。

若い娘たちにとって、この処置は特に恥ずかしかった。一四歳でラーヴェンスブリュック強制収容所へ送り込まれたある女性は、こんな光景を覚えている。《その時私は素っ裸で、はげ頭の親衛隊員の前に立っていました。これまで私は両親以外に、裸姿を見せたことはありませんでした。とても恐ろしかったです[18]》。アウシュヴィッツでは剃毛の後で女性が全員集められ、ナチの親衛隊員の前で《衣類を上へ高くさしあげ》ねばなりませんでした。まだ恥毛を付けている者は《引きずり出され、こっぴどく殴られました[19]》。表面だけ見れば、毛を剃るというのは確かに衛生対策の一つではあったが、実際はとりわけ女囚にとってはこの上ない辱めで、最後まで残した尊厳はこうして奪われたのである。それは特に《アーリア人の》囚人の中でも、侮蔑された男子同性愛者だけが受けた処置だったことからも、窺える[20]。

そのほかにも囚人たちは、当時少女だった人の言葉を借りるなら《家畜のように》扱われた。特に女性たちは《家畜市場のように》鑑定され、手で触られ《口を開かされるなどした》。《順番が来ると、親衛隊の軍医が私の乳首をつまんで引っ張り、〈ははん、やっぱりユダヤ女だ!〉と言いました[21]》。隠した金目のものを引き出すために、男なら情け容赦なく肛門内に、女ならおまけに膣内に手を突っ込むのも、非人間的なやり方だった[22]。因に大戦の終わり頃、無数のドイツ女性も赤軍兵士によりそのような屈辱を味わったが、ケーニヒスベルク出身の一女性証人の報告によれば、彼らは被害者の《隠した装飾品を探すため産婦人科医のように検査した[23]》。

この種の辱めはその後も止まず、ナチの親衛隊員と収容所の看守を助ける監督囚たちは、女性の傷つけられた羞恥心を見て図々しくも楽しんだ。《バラックの前には、サウナで働く女囚が立っており、彼女は消毒液の入った釜の中に一枚の布を浸した。われわれは順番に並んだ。彼女はわれわれ一人一人の腋の下と股間を擦るのだが、すると近くに集まった親衛隊員たちが喜んでどっと笑うのだった。親衛隊員たちはグループになって周りに立ち、われわれのぎこちない恥ずかしげな動きに興奮するのが見て取れた。消毒を逃れようとしようものなら、下品なののしり言葉を浴びせ力ずくでその女を引っぱり出した。彼らは年のいった女性たちにこの上なく熱狂したが、彼女らにとっては戸外でのこんな催しは大きなショックだった[24]》。

生き延びて強制収容所での体験を筆にした女性たちのほとんど誰もが、見張りが《好色の目で》自分たちをじろじろ眺めるのがどんなに屈辱的だったたか、せめて下着だけでも付けさせてくれと懇願しようものなら、見張りたちにさんざん殴られるのが落ちだった、と忘れずに書いている[25]。もっとも、時とともに彼女らの羞恥心も薄れ、男どもに見られてももう平気になる、と告白する女性も何人かいる[26]。

強制収容所の女性捕虜たちはすでに戦争中から、ハリウッド映画のポスター風に描かれたアメリカ軍の宣伝ビラで、ナチスの将校の性的な獲物として描かれていた（154図参照）。事実、彼女らは常に性的強要と強姦未遂にさらされていた。もちろん、犯人がナチスの親衛隊員であることはめったになかった。なぜなら、彼らはいかなる《民族の恥》に対しても科せられる厳罰を恐れ、狭義の性的干渉を犯す勇気がなかったからである。たとえば、ナチスの突撃隊長マックス・トイバーはユダヤ女性のヌード写真を撮り、ある女性の《股間を》棒で弄んでいるところを親衛隊員に捕らえられた。彼は一九四三年五月、〈親衛隊及び警察裁判所〉により三年の懲役、加えてその他の犯罪の廉により計一〇年の懲役刑の判決を受け、親衛隊から放逐され《国防にふさわしからず》と宣告された。判決理由の中には、裸体のユダヤ女の《悪趣味な恥知らずの写真は劣等な性格の現れである》[27]とあった。

154　アメリカ軍の宣伝ビラ，第2次世界大戦．

にもかかわらず性的な辱めは、たとえばシュトゥットホーフ強制収容所のようにしばしば行われた。そこでは〈ストリップショー〉で生死が決められた。《バラックの病棟で、ナチの将校らは個人的なささやかな〈選考〉をして楽しんだ。彼らは病気の女性たちの服を無理やり脱がせ、ファッションショーのモデルよろしく目の前をあちこち歩かせた。彼らは丹念に女性の品定めを行い、淫らな言葉を交わし合ってはからかい、この女は労働向き、あの女は強姦向きと決定した。彼らは被害者の羞恥心を楽しみ、好みに合わないと〈火葬場行きだ〉という恐ろしい言葉を吐いて満足した》。しかしながら、殺されずにすんだ病気の女性をその後で強姦したのは、これらの将校や他の親衛隊員たちではなく、監督囚《カポス》だったのが特徴である。カポはしじゅうバラックの病棟に現れ、一人の女性を皆の目の前で犯した(28)。別の報告によれば、カポはベッドの中の新入りの裸を見せてもらうため、入所したばかりのユダヤ女性の髪を剃る女にこっそり食料を与えたりした(29)。当時二二歳だった女性は、アウシュヴィッツに収容された時のことを報告している。《その翌朝、点呼の後すぐブロックの最年長の女性が私を隠してくれた。というのも、カポが誰を捕まえようかと探し回っていたからである(30)》。

極めて卑劣な屈辱にさらされたのは、ユダヤ女性のみならず収容所の他の女囚たちもそうだった。たとえばあるドイツ女性共産主義者は、ラーヴェンスブリュック強制収容所で木馬に跨るよう言われた、と報告している。《私の両足は木製の締め具で固定され、女性常習犯が私の上半身を縛り上げました。私のスカートは頭の上に引っ張り上げられました。それでお尻が丸見えでした。――ズボンはとっくに親衛隊員の目の前の木馬の上で脱がねばなりませんでした(31)》。権力の手先たちは鞭打ちを食らわせた後で、親衛隊員らが何もかもよく見えるように、女性たちを一列に並ばせ、スカートをたくし上げて前屈みになるよう強いた。彼らは《笑いながら下品な言葉を吐きました。木馬の上の拷問の後、今度はこの屈辱でした(32)！》

フランス革命の最中でもすでにそうだったが、拘置された修道女の尊厳を冒すのが特に好まれた。

上述のラーヴェンスブリュック強制収容所の女性共産主義者も、それを確認している。《親衛隊員らは震え上がった尼さんたちが水浴びしたり脱衣するのを見物して楽しんでいました。収容所の医師は尼僧らを裸にして目の前を行進させる時、とりわけ皮肉っぽいコメントを述べておりました[33]》。

ポーランド女性のような《下等人種》の場合は、概してもっとひどい扱いを受けた。一九四四年にノイエンガンメ強制収容所での、三人の若いポーランド人看護婦ともう一人の女囚に対する振舞いについて、ある証人はこう述べている。《四人は浴場へ連れて行かれるや、すぐに一群のナチ親衛隊員が現れたが、中に大隊長のクレムトもいた。それから四人の娘たちは素っ裸にされ、収容所の男性理髪師は体毛を残らず剃るよう命令された。親衛隊員らはこの見世物を楽しげに見物したが、クレムトは居合わせた者に〈収容所内にネズミが入り込まぬよう、女どもをきれいに剃らねばならぬ〉と説明した。こんな処置にもかかわらず二、三日後、四人の娘は浴場の向かいにある防空壕で、さんざん嫌がらせをされ非人間的な拷問を受けた上、またも一群の親衛隊員の目の前で素っ裸にされ、絞首刑に処された[34]》。

ドイツへ連行された女性の外人労働者たちも、難民一時収容所でのシラミ除去と医者の診察の間に、婉曲に言えば、彼女らの羞恥心に対しいかなる配慮もなされなかった。難民一時収容所では、その上髪の毛は短く刈られ、腋毛と恥毛はそっくり剃り落とされた[35]。一ロシア婦人は後に《リッツマンシュタットで私たちはシラミ取りをやられ、また下着を受け取るために、ドイツ兵たちの横を通って裸姿で並ばねばなりませんでした。それは実に屈辱的でした。だって私たちは一六歳になったばかりでしたから[36]》。

もっとも、このようなやり方を苦々しく思うナチスの者もいた。たとえば、一九四二年の秋、ハリコフの技能工専用収容所長は、《大ドイツ帝国の尊厳と名声を》傷つける状態について嘆いている。《中には男が世話を焼いたり、ほかの男たちもシャワー室で女性や娘たちの中で働いたりうろついたり――あまつさえ石鹸を塗ってやるとは！――、女性用シャワー室で写真を撮ったりするなど、シラミ取り施設のかんばしくない状態に関しては耳にしている。主としてこの二、三カ月間に運ばれてきたウクライナ地方の住民は、ことに女性に関しては、風紀的に極めて健全であり、厳しい躾に慣れておるので、かかる取り扱いは民族的な不名誉と感じるに違いない》[37]。

22　中世から近世初期にかけての女性に対するセクハラ

流布している文明化理論によれば、中世では《挨拶や会話やダンスの際》今日では秘処とされる場所、たとえば乳房など女体の部分に、男が触れるのはありふれたことであり[1]、いやそれどころか公衆の面前で、男が女の股ぐらに手を差し込むのさえ《猥褻とかいかがわしい》と感じられなかった。なぜなら、《性的なものが問題になる》のは一八世紀後半からだから、と言うのである[2]。また別の箇所でも、陰部が次第にタブー化され、――それとともに《エロ化》された――以後、当然の事ながら、まあ言ってみればもはや指のように扱われてはならなくなった、と書かれている。《その後》、この《タブーは女性の乳房のように、性交や陰部と無関係なところ》に触れることにまで向けられた。その一方で、ここ数十年の間に見られるようになった乳房の脱エロ化は、《疑いもなくますます一六世紀の状態へと向かっている[3]》。

155　若返りの泉．バントロレンマイスター の銅版画の部分，1460年頃．

巨匠エリアス自身もやや粗い論拠を用いている。彼もこれに関しては一三世紀や一四世紀の《状態》と似たようなものと考えているのは、たとえばエリアスが一五世紀の礼法規則にコメントを付けている箇所から明らかになる。そこには、男は《密かに》語り合う女に《腕さえ触れては》ならないとある。つまり、前代と比べて《婦人に対する配慮の度合は》文明化の過程で進歩したことを意味し、それによって男は《かなり努力を必要とする》ようになった、と。[4] それゆえ、エリアスもどうやらそれ以前の時代には、男が無造作に女に《触れ》られたことを前提としているように見える。

その間の事情についてはもっとよく知っていると思われる、多くの文化史家及び美術史家も、中世の男女交際については同じようなイメージを描いてきた。たとえば、一四六〇年頃描かれたバントロレンマイスターの銅版画には、とりわけ《花婿が花嫁に手を触れる》ところを見られる、と書かれている（155図参照）。それは中世では〈Anagriff〉と呼ばれ、後になって『ロタリス法典』によって《淫らなこと》として禁じられた、とも。その後、未来の夫は花嫁の股間に手を伸ばす以外、《すべての自由》は許された、と書かれている。[5]

文献に再三現れるこのような主張は、[6]もちろんいかなる根拠もない。一つにはバントロレンマイスターの版画は、中世後期に大変愛好された[7]若返りの泉の場面を再現したものであり、[8]そこでは若返った男が羽付き帽子をかぶっており、泉の水のおかげでふたたび手を伸ばせるようになったことを示しているのである。さらにこの銅版画は、もっとも重要なゲルマンの部族法の一つで、ランゴバルディ人の最古の成文法『ロタリス法典』の規定とは、まったく関係がない。そこにはこう書かれている。《自由民の少女、ないし未亡人が縁者の同意なしに、ある男の元へ走った時には、たとえ男が自由民であっても、女を妻とした男は手を触れたことに対して二〇シリング、復讐《フェーデ》行為の代わりに二〇シリング支払う[9]》。

それゆえ、この規定には花婿が花嫁の陰部に触れる件は話題になっていない。[10]〈触れること〉は詳しく述べられてなく、乙女や未亡人に触れた際の代償金が話題になっている——二〇ソリドである。因に、それは大した金額で、奴隷身分から解放された女をその意志に反し《奪った》、つまり強姦した男が支払わねばならなかった額と同じであった。[11]『古代バイエルン法典』には、既婚と未婚を問わず女性に、バイエルン人が *horcrift* と呼ぶ行為をした男は六シリング償わねばならぬ、とある。この《手を伸ばす》行為とはどうも、陰門に触れるのではなく、この関連で〈もっと重要でない〉肉体の部分に触れることをさすようだ。なぜなら、さらに男は《衣服を引き上げた》場合、つまり彼が女の衣類を膝の上までたくし上げた時は、一二シリング支払わねばならない、と追って書きがあるからである。[12]

九世紀にアングロサクソンのアルフレッド王が発布した法律によれば、自由民の婦人の胸を摑んだ者は、強姦未遂の罪を犯したことになり、五シリング払わねばならなかった。変質者が好色心から尼僧の乳房に触れたり、彼女の衣に触れただけでも、俗人の女性に対するより倍も支払わされた[13]。同じように自由民の婦人を押し倒した者は、彼女の体内に侵入しなくとも一〇シリング払った。それが既婚婦人の場合だと三〇シリングとなり、乙女の処女を破った者は六〇シリング払った。しかしながら、女性が貴族の生まれとなると、これらのいかなる行為に対しても比較にならぬほど莫大な出費となった[14]。

七世紀の古代アイルランドのアダムナイン法は、次のような代償支払いを規定している。《乙女を強姦した際には、それに対し七クマーレ半。帯の上、ないし中に手を置いた時は、一〇オンス。女性を辱めるべくその衣服の下に手を置いた時は、三オンスと七クマーレ。女性の衣服を引きちぎった時は、七オンスと一クマーレ[15]》。

古代アイスランドの成文法『グラガス』の規定は、はるかに厳しかった。それによれば、淫らな意図で女性を地面に押し倒したり、女性の寝台に上がった男は〈skóggangr〉つまり、生涯追放の目にあった。彼女の寝台のそばに寄るだけで、あるいは共寝する気はないかと尋ねたり、婦人服を着て女性を欺いたりなどのような違反行為には〈fjorbaugsgarðr〉つまり、普通は三年間の所払いという《軽追放》だけが科せられた[16]。

すでに古代バイエルン人にあっては、女性や乙女に指で触れる行為は、猥雑な振舞いとされた[17]。八世紀フランクのサリカ族の『サリカ法典』によれば、指や手で自由人の女性に触れた自由人の男は――それは裁判用語ではDrücken と呼ばれた――、一五シリングを失った。因に当時一ペニヒで二四ポンドのパンが手に入り、一シリングで角のある元気な雌牛が一頭、また一二シリングで馬一頭、あるいは甲冑一揃いが手に入ったことを、考慮に入れておかねばならない。犯人の手が淫らにも上腕部に〈進めば〉進むほど、ますますたっぷりと金を払わねばならなかった。彼が下膊部に《手を触れる》と、三〇シリングを、肘の場合は三五シリング、乳房の場合は四五シリングとかなりの金を払わねばならなかった。[18] 他人の鼻や耳を切り落とした男が六〇〇ペニヒ、ないし一五シリングだけ、言いかえると三分の一の額だけ調達すればよかったのだから、それがどんなに厳しい刑罰だったか分かるだろう。[19]

古代フリースランド法によれば、女性の頬を撫でるのも、淫行として罰せられた。後代になると、頬の語は乳房に取って代わられたが、それは書記が取り違えたのか[20]、それとも後世になると乳房に手を触れるのも、かつて頬を撫でた時と同じ罰金を払えばよくなったほど、フリースランド人の刑法が緩やかになった証拠なのか、それは定かではない。事情はどうあれ、淫らにも女性に触れるのは、一定の基準に従い等級がつけられた。一四世紀のエムス市法によれば、衣類の上から女性に触れた男は三シリング調達しなければならなかった。衣類の下の素肌に触れるとたっぷり九シリングだった。しかし女性が妊娠していたり、月経中だったりすると、この不法行為の破廉恥ぶりは相当のものとなり、これに対して一マルク取られた――一マルクとは大方の者にとって一財産であり、他人の頭を割って殴り殺した者の払う罰金と同額だった。女性を突いたり押したりして帯の下をあらわにした者に対する刑罰も厳しかった――すなわち一五シリングの罰金だった。[21]

女性に対するキスも淫らな接触の一種とされ、犯人にとってしばしば重大な結果を招いた。たとえば『グラガス』はほとんどが一二世紀に成立し、サガの法解釈とほぼ一致するものだが、そこには男が妻以外の女性にキスした場合、女が嫌がらず、しかもおそらく口にキスしたのだと思われるが、男は三マルクの罰金を支払うべし、と規定されている。だが、嫌がる女にキスすれば、男は vogelfrei、つまり誰が彼を殺しても罰せられないと宣言している。[22] 後になると、女性からキスを奪った者はさすがにもうそれほど苛酷な判決を受けないが、それでもその行為は相変わらず淫らに女性の乳房に触れたと同じ扱いを受けた。たとえば、ヴィスビーの古い市法などがそうである。[23]

また中世盛期のカスティーリャでは、女性の太股などをむりに露出させたり、乳房や尻や、それどころか陰部に手を伸ばしたりしても、相手が乙女の場合、せいぜい所払いになるだけだった。当の女性が独身女性の場合はひどくなり、未亡人の場合は一段とひどくなり、既婚者だと最悪だった。このような場合、犯人は女性の名誉を傷つけただけでなく、その夫や夫の縁者の名誉も傷つけたことになるのである。それゆえ、たとえばスペルベドラでは高額の罰金刑に加え、『同害報復法』に則って、《乳房には乳房を、陰門には陰門を》のモットーのやり方が取られた。具体的に言えば、犠牲となった女性の男性縁者たちは、犯人の妻、姉妹、あるいは近親の女性を襲い――その行為に応じて――乳房やスカートの下に手を伸ばしたのである。もっとも男たちも概して、無実の女性の恥にならぬよう名前は漏らさなかった。[24]

男が淫らに乙女に触れようものなら、どんないやな目に合うか、一四六六年ボヘミアのロイ・フォン・ロズミタール男爵の供の者たちは身をもって知った。ボヘミア人たちはカスティーリャのオルメド市の宿で激昂した一団に襲われ、ボヘミア人たちは石弓で防戦したが、国王が彼らを救うために派遺した数人の貴族によようやく解放される有様だった。ボヘミアのある騎士が少女の胸に手を伸ばしたところ、それに激怒したスペイン人を飲み屋から投げ出してしまったのが事の起こりだった。[25]

淫らにも女性に〈手を触れる〉のは、確かに〈文明化されない〉愚かな百姓特有の《雅でない》振舞いと繰り返し描写されているが、――たとえばある写本の挿絵（156図参照）には、ロバに乗って道化服を着た男、つまり《愚かな》パルツィヴァルが天幕の中で就寝中のイエシューテを襲い、彼女の胸に手を伸ばしている。それは彼が〈騎士としての〉行動規範を、心得ていなかったことを示している。[26] それにもかかわらずこの社会の男性たちが、衝動的で恥知らずと言われる百姓と本質的に違った振舞いをする、と証言する資料は何一つない。ともあれ、一三世紀のロベール・ド・ブロワはその『貴婦人の貞節』の中で、世間知らずの貴族の若い娘たちにこう警告している。《乳房の手触りを楽しんだり、身体に触れて楽しもうと》あなた方の襟ぐりの中に手をさしこもうとする好色漢が世の中にはいるので、恥知らずな手が乳房に触れにくいように、胸の上に縫い針を付けておきなさいと忠告する。

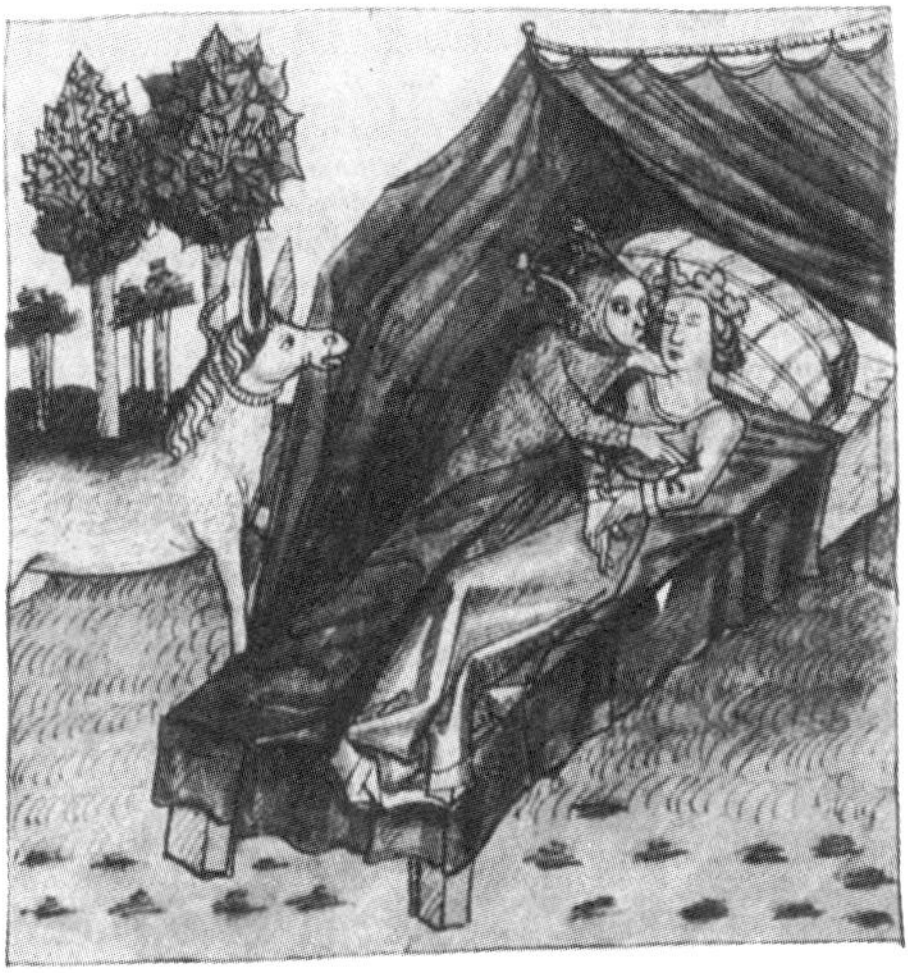

156　パルツィヴァルが寝ているイエシューテの胸に手を伸ばす．ある写本の挿絵，1467年．

《どんな男にも自分の胸に手を入れさせてはなりませぬ。誰が最初にブローチを考え出したのか、よくお考えなさい。夫以外の男が妻でもない女性の胸に手を入れてはなりませぬ[27]》。

文学作品にも男が女の乳房や陰部に手を触れる場面は現れるが、女性は被害者として憤慨することもあれば、また共犯者となりお触りを喜んで耐えることもある。《そのように彼は欲情を起こして／手を女の方に伸ばした。／そして甘美な乳房に触れた／それはまるでリンゴのように香った[28]》とあったり、またこう描かれる。《厚かましい若者は彼女を／緑のクローバーの上に投げ倒した。／ふらちな事をするように、／彼は輝く柔らかな手を／彼女の乳房の上に置いた[29]》。ウルリヒ・フォン・テュールハイムはイゾルトの口を通して、殿方たちは私のあるところに手を触れたがる、と語らせている。《私は身体に一つの物をもっております。／それは秘密の場所です。／どなたもそこに通じる小径はありません。／殿方はどうしてもそこに足を踏み入れたがるのです。／くるぶしの上に、ふくらはぎを上って、／お尻へ、膝の上へと、／手を伸ばそうとなさいます。／それを見ると欲望はつのるのです、と殿方はおっしゃいます[30]》。

最後に『ルオドリープ』では、ある《赤毛の男》が自分の妻を〈狙って〉いるのに夫は気づいた。夫はさも厠へ行くようなふりをして、実際に扉の穴から、例の好色漢が片手で妻の乳房を弄び、もう一方の手で太股をまさぐっているのを観察する。彼がそこで何をしているのか、夫はもちろん知る事ができない。妻がその辺りに毛皮の衣を広げているからである[31]。

文化史家たちはこのような箇所からえてして、中世では女性の性感帯に触れるのは今日とはまったく違った意味があり、不作法とは感じられなかったと主張しがちである。そんなことはもちろん問題

157　男が女の乳房を摑む．『グラティアヌス法令集』の細密画より　バーゼル，1482年．

にならない、いや当時男女間のいかなる肉体的接触も、今日より厳しく禁じられていたことを示唆する資料はたくさんある。それどころか、たとえばオルゲルーゼ・デ・ローグロイスのような多くの貴婦人方は、彼女らの前によその男が摑んだばかりの物に触れることすら避けた――これはつい最近まで東アジアと東南アジアに存在した慣習だった。《するとガーヴァーン殿は／馬の手綱を取られた。／彼は言った。〈それではご婦人よ、これをお取り下さい〉／彼女は答えた。〈あなたは分別がないようにお見受けします。／あなたの手の触れたところを／握るのはご無用に願います〉／そこで愛に焦がれる男は言った。／〈ご婦人よ、拙《それがし》はこの先の方は触れておりません〉》[32]。

確かに当時も今日と同じようにすべての社会層に、あわよくば女の胸や股間に手を伸ばそうとする男どもはいた。しかしながら、それは女性と、その夫や縁者の名誉に対する重大な攻撃と見られたし、そのようなことを許す女は浮気者とされた。それで中世後期には一般に悪徳に染まっていると見られたベギン会の女たちは、進んで自分の身体に男の手を触れさせると信じられた。だから一五二二年のある謝肉祭劇で、もう若くないベギン会の女は《まるで棒にぶら下がった空袋のように、私の乳が垂れ下がってからというもの》、誰ももう手を出してはくれぬ、と嘆いている。[33] 説教師ベルトルト・フォン・レーゲンスブルクは女性を総じて極めて好色な者と見ているが、彼女らは〈撫でられる〉のを嫌がらないのではないかと疑い、《男に手を触れさせておく》女性を弾劾してこう言った。《悲しいかな、悲しいかな、悪魔に襲われ、地獄の深淵でなんとも残酷な責め苦に遭うとは[34]!》その二世紀後、ガイラー・フォン・カイザースベルクはそれと同じような信念を抱き、説教でこう警鐘を鳴らした。《第三の足かせとは、欲望を抱いて素肌に、つまり人妻や乙女の乳房に手を伸ばすことだ。ご婦人と話も交わさずその乳房に手を伸ばしてもよいと考える傾向のある者が何人かおる。これこそ大変な好色漢だ[35]》。

もちろん女性をすべて非難した道徳説教師の言葉を、あまり忠実に取る必要はない。しかしそれにもかかわらず、中世後期の都市社会では性的な交際の形式がわりと緩んできたこと、中世初期にゲルマンの部族法に則って行われたほど、セクハラがもはや厳罰に処されなくなったことが読み取れよう。[36] だから小路で若い娘たちに《ぶしつけに淫らに手を伸ばして[37]》、あえて嫌がらせをする若者が少なくなかったのは理解できるように思われる。『グロビアヌス』の著者はそれを、近世初期の都市社会で風紀の乱れが広がっていた証拠の一つと見る。彼は皮肉をこめて若者たちに、さっさと〈手を伸ばせ〉と挑発する。《それを心に留めておくこと。路上で少女に出会ったら、強引に手を伸ばし、触れて見ろ。お上品ぶるな（なぜなら今では誰一人とて規律とか名誉を重んじる者がいないからだ）[38]》。

しかしながら当時下されたおびただしい有罪判決を見れば、女性に淫らに触れるのは今日からすれば大したことではないと扱われた、と思うのは誤りであろう。たとえば一五二〇年にユーバーリンゲン市で、女性に触れた廉によりバルトロメ・グンツ某の《両手を前縛りにし》同じく足も縛った上、ボーデン湖に突き落とせとの指令が死刑執行人に下った。ただし犯人を溺れ死にさせぬよう、《泳がせる》際には頭を水面から覗かせよ[39]。その一〇年前にはフィリンゲン市で、浮浪者フィット・ムオーデラーはふらちな《手振り》で女性や若い娘を悩ませたので、強姦未遂の廉で罰せられたし[40]、また一五一七年には七四歳にはなっている織工組合の地下酒場支配人は、鞭打ちの上市外追放を食らった[41]。彼はアウクスブルク市で《婦人や若い娘に抱きついた》が、中には六〇の坂を越えた婦人もいた。一五五三年にはスイスのザンクト・ガレン市で《ヴィンツェレンベルクの哀れなハンス》は、良俗に反し《ご婦人方》に手を触れた廉で塔牢獄にぶちこまれたし、やや後でハンス・ギーガー某も同じ憂き目に合っている。彼は病院で、《数名の女中に対し触るなどのふらちな振舞いをしたからである[42]》。特に病院では、どうやら女性患者や女中に対するセクハラがよく起こったようだ。なぜなら、一五〇七年のフライブルク市の患者規定の付則には、ハンセン病院の男性患者に対し、健康であるとハンセン病にかかっているとを問わず、《女性や娘》の乳房などに手を触れぬように配慮すること、と依頼しているからである[43]。またシュトラスブルクのハンセン病院では、そこで働く女中たちの《乳房》を悩まさぬよう指示している[44]。

当時からすでに《痴漢》、つまり後ろから被害者を抱きしめ、射精するまで腰を使う輩がいた。たとえば一五九二年、ニュルンベルク市のあるユダヤ人について、こう書かれている。《八月二五日、ユダヤ人ハイはリヒテナウから当地へ連行されてきたが、欲望の赴くままにキリスト教徒の女性たちを後ろから襲い、強姦しようとした。彼はふらちにも精を漏らすまで、彼女らと行為を続けた(45)》。

時には女が同性を辱めるため、彼女の恥部に手を伸ばすこともあった。このような嫌がらせの場合、一五六八年ギーセン市で行われたように、普通は罰金刑を食らった。そこにはこうある。《ヘルボルンのニクラウスの女房は、ディレンブルクのメルヒオールの女房の名誉を傷つけた廉で一フロリアン(46)》。ニュルンベルクの死刑執行人フランツ親方が一五八七年その日記に書き留めたように、他人を使い女性を辱めさせた、ある宿のあるじの娘の場合はもっとひどかった。彼女は《鍛冶屋をそそのかし》て雇い女中の《局部に手を伸ばさせた。彼はあるじの娘に必ずある印を持参しなければならなかった。女中の茂みから毛を数本むしり取って、渡したのである。女中が叫ぶと、あるじの娘はその口を押さえたが、自分の尻を女中の口の上に置いたのである。その廉で彼女を、お慈悲をもって当地にて鞭打ちの刑に処した(47)》。

近世初頭にあっては、それほど乱暴に《手を触れられ》なくとも、どんなに恥ずべきことであり、屈辱的だったか、トゥルンのレオンハルト・トゥルンアイサーの報告から明らかである。その中で彼は、自分の妻の娼婦のような猥雑な言動をありていに示している。というのは、彼はいつも自分を《騙して》いた妻が、ある女性に向かい、宥めるようにこう言った。その女はシュテックライン某に股間を触わられ、激昂して抵抗したのだ。《シュテックラインに陰部を触られたって子供が出来るわけじゃないわ。もし私がそんな目に合う度に、騒ぎ立て泣き出したりしたら、わずらわしくてたまらないわ》。一部始終を上の部屋の窓から聞いたトゥルンアイサーは、下の妻に向かって叫んだ。《わしはお前が名誉ある人びとと口を利くのは決して禁止せんぞ。だがな、尻や陰部に手を触れさせたり、乳を引っぱり出させたりなんて許せん。それを守るんだぞ、いいな》[48]。

続く一七世紀にも、無数の女性が《尻や陰部や乳房に》手を触れられたと、法廷に訴え出た。といっても、すべての事件がこの不法行為は――エリアスの文明化理論からする期待に反し――時とともに以前ほど厳しく処罰されなくなったことを、示唆するものではない。もちろん女性たちが告発した事実からすでに明らかなように、そのようなお触りは都市であれ、村であれ、正常な交際作法から生じるものではない。たとえば一六一五年にも、カンプトン・チェンバーレイン出身のさる男は、かかるふざけた真似は村の娘なら許されようが、立派な乙女には決して触れてはならぬと言っている。（《どんな場合でもまっとうな娘なら身体を触らせはしないが、それ以外のいちゃつきくらいなら娘の機嫌を損じることはない》[49]）。男の手が乳房や下半身に触れても逆らわない娘や人妻は、浮気者とか村の淫売と見られ、たいていは〈相手〉と同じように罰せられた。たとえばフランケンのライテンブーブである男が女中の《胸、ないし乳房に手を触れた廉で、本日四時間さらし台で罪を償ったし、またどうやら彼のお触りに耐えたらしい女の》方も、その廉で《さらし柱の周りを引き回された》[50]。ザンクト・ガレン市では一六三三年、マングス・ツォリコーファーとダフィート・ショービンガーと名乗る二人の男が逮捕された。彼らはゴンツェンバハ某の女房とキス、お触りなど淫行を犯したからである。両人は目玉の飛び出るほどの罰金を科せられたが、女の方は町から逃げ出し追跡された[51]。一方そ

158　クリストーフ・ルートヴィヒ・フォン・シャウムベルクのガラス絵，1630年.

の一〇年前、ブロムハム出のリチャード・テンチなる男はダンスの際に、ロバート・チョンドラーの妻にキスし乳房に手を触れたと、法廷で白状した。だが、それは《悪しき意図》つまり同衾の気持ちなしにやったのだと強調した。彼も女も警告だけで釈放された[52]。

もちろん男が性交を迫るために、女性のスカートの下や乳房に手を伸ばして触れることはしばしばあった。たとえば、ヘイル出身のヘンリー・ヒルは一六七六年、ホリー・レーンでキャサリン・ライトと称する女性の《恥部》に、手を触れたと法廷で告白した。この小路で《彼女はまるで自分の妻のように、されるままにじっと立っていた》。彼もその気になれば、彼女を性的に満足させることもできたろうが、《男根がどうしても立たなかった[53]》。その二年前には大西洋の反対側ニュージーランドで、エリザベス・ナイト某女はこう供述している。《感謝祭の最後の祝日でした。夕方私が牛の乳搾りをしていると、リチャード・ネヴァースがやって来て私に嫌がらせをしました。コートの下に手を突っ込むのです。だけど、私は大騒ぎをして逃れ、身を守りました[54]》。

時には性的にまだまったく未熟な少年たちも、こんなお触りや嫌がらせをしたが、彼らもたいていは処罰を免れなかった。たとえば一六九七年、チューリヒで四人の少年が《淫らなお触り》の廉で、自宅拘禁の罰を受けた。おまけに、彼らが成年に達してから、上述のようなお慈悲なしに短剣を下げることを禁じた。それによって、いわば未来の名誉を傷つけられたのである[55]。

23 その後の時代と現代の〈お触り〉

その後の時代にも、図々しく女性の《部分》[1]や《前掛けの下》[2]に手を伸ばす男どもはいた。男性たちがセックスなどの享楽をするのに、中世や近世初期より羞恥心をもち、ソフトにしようという文明化の過程の兆候は、いささかも認められなかった。

一七八一年フランケン領内で、三人の下男が一六歳の女中を野原で投げ倒し《衣類を剝ぎ、口を押さえ、ひどく感情を高ぶらせて彼女にのしかかり、淫らな手でその陰部をひどく傷つけたので、彼女は出血し、一晩中激痛を感じた》[3]。革命前夜のパリの警察報告書にはこうある。《一七八五年六月一〇日正午。靴工P・グリニョンの妻マリー・ジャンヌ・ケラン、五四歳は、路上で襲われた旨供述する。何人かの男にスカートをまくられ、腹、太股などに淫らに触られた由》[4]。当時、下履きを身に付ける女性は極めて少なかったので、男どもはたやすく悪戯できた。それは農村や大都市の女性労働者だけではなく、どうやら雅な上流社会でも、貴婦人方がデコルテの中やスカートの下に手を入れられることは珍しくなかったようである。たとえば、一七二九年に『フォス新聞』のパリ特派員は、このような報告を送っている。《最近当地の中央教会にて、崩御されたサルディニア王妃の葬儀が行われた際、さる楽士が雑踏にまぎれ不当にも隣にいたご婦人に手を触れ、大変な憤激を買った。その廉で彼は拘留された[5]》。一方、一七世紀末の宮廷で、公衆の面前で女に平手打ちを食わされた竜騎兵の騎兵隊長がお返しをしたやり方は、どうも筋が通らないように見える。プファルツのリゾレッテは一通の書簡の中で、他人の不幸を楽しむ気持ちをあらわに出してこう書いている。《〈紳士の皆さん、人を殴るなど男のやることで、女のすることではありません。これは確かめてみなくては〉と言うと、隊長は間髪を入れずその女に飛びかかり、スカートを頭上までまくり上げて叫んだ。〈皆さん、よく見て下さい。もし男なら皆さんとともに、こいつ奴の首をかき切ってやりましょう。しかし、もし本当にレディーなら、敬意を表し、私を殴った手にキスしましょう〉。部屋にいた人びとは一人残らず叫んだ。〈女だ！〉するとと隊長はスカートを元に戻した[6]》。

お上品ぶったと世間で思われている一九世紀には、性は公共生活の目の届かない所へと次第に後退したと言われるが、それでもセクハラに関しては事情は変わらなかった。当時のロンドンで、道行く女性が路上の大勢の目の前で、乳房や股間にお触りされたのに、それを目撃した男女は知らん顔をする場合が多かったことは、少なからぬ文献によって裏付けられる[7]。前世紀の五〇年代、ある若者がピカデリーで無数の女性の股間に触れた事件は有名になり、ロンドンの日刊新聞もその事件を赤裸々に詳細にわたり報じた。男は捕らえられた時、おれは何といっても芸術家だ、芸術家はよく激情の発作を起こすものだ、と自己弁護した[8]。

上流階級の紳士方にあっても、《他人に対する抑圧》が《自己に対する抑圧》へと変わることは稀だった、つまり礼法規範がほとんど《内面化》されなかったことは、いずれこの紳士方が他の文化圏へ赴いた時に明らかになった。ここで彼らは女性に対して、たちまち手荒になることが多かったのである。たとえば、モスクワ大公ヘルマン・フォン・ピュックラーは一九世紀の四〇年代に、フランスの領事館員に案内されてカイロの奴隷市場を訪れた時のことを述べている。《彼はいとも無造作に一四歳の少女の腕を取り、そのマントを脱がせ、果実の熟れ具合を調べるように、彼女の若い乳房に手を触れた。〈実に素晴らしい〉。彼はわれわれの方に向いて、叫んだ。〈ぴちぴちしてますよ、熟れたオレンジみたいにね〉。彼は今度は慣れたせいか、一度売られた別の女に手を伸ばし、嫌がるのも意に介さず、垂れ下がったガウンをもち上げたが、こう言いながらじきにまた下ろした。〈こりゃまったく駄目だ。使用済みです〉。三人目のエジプト女は前の二人より可愛かったので、頭のてっぺんから爪先まで調べられ、おまけに舌を出したり、歯を見せねばならなかった。しかる後彼女は身体検査の結果として証明書を発行してもらった。〈ご覧なさい、美しい娘だ。健康で腰つきも立派で。だが胸がありませんね[9]〉》。

とりわけ女性労働者は工場で働くことを余儀なくされたが、彼女らはしばしば上司や他の労働者からもいい鴨と見られ、セクハラを受けた。たとえば、ヴィクトリア朝時代や二〇世紀初頭の英国の綿紡工場では、多くの女性が乳房や陰部に触られた。一九一三年、マンチェスター近郊のオールダムでは、女性労働者たちは《屈辱的な行為を受けているが、あまりにも恥ずかしがり屋で公には認めないとの印象を与える》と言われている。[10] この世紀の初め、ロシアでも女性の工場労働者も同じような目にあった。彼女らは言葉による嫌がらせを受けたり、お触りされただけでなく、時には強姦もされた。女性たちは仕事の後で、何か盗まなかったか検査するという名目で、上司による身体検査を受けるのが決まりだった。検査の行われる女性出口の辺りには、いつも男性労働者が黒山の人だかりで、この騒ぎを見物したり、猥雑なコメントを付けたりした。この時女性らは身体中を触られ、しばしば乳房もあらわにさせられたが、これには多くの者が衝撃を受け誇りを傷つけられて、泣きながら帰宅した。

159　コルセット職人による仮縫い，銅版画，17世紀後半．

女性労働者たちの報告から、彼女らが炎熱のため工場ではたいてい下着姿で仕事せねばならず、これは彼女らには大変品位を落とすと感じられたと分かる。[11] 英国でも実状は同じだった。一八八六年に〈手作業式綿紡労働組合〉の男性労働者が一七〇人、ボルトン郊外のある紡績工場で三名の女子の就労に対して抗議したのは、皮肉の感を抱かせる。彼女らはむし暑い工場内で、下着姿で、しかも下品

160　『パリ婦人の生活』の挿絵，1890年．

な姿勢で働かされている、というのがその論拠だったのである。(12)
　男性がいつもよりご婦人に近づける微妙な状況も、男はしばしば利用した。仕立屋がご婦人方の新しいドレスの仮縫いをする時も昔からそうだった。以前ジャンヌ・ダルクも牢獄内で、ふらちな仕立屋から身を守らねばならなかった。この男は婦人服の仮縫いの際、彼女の乳房に《優しく》手を触れたのだが、それに対しジャンヌ・ダルクは平手打ちを食わせた。(13)その後の時代にも多くの貴婦人方はたとえば、スペインの王女マリア・テレサはこのような機会に、淫らな手を触れられるのを恐れた。一六六〇年にルイ一四世と結婚するが、彼女は仕立屋やコルセット職人によるフランス式の仮縫いの習慣（159図参照）に愕然とし、こんな野蛮な慣習を廃止するよう夫君にせっついたが、もちろん無駄だった。彼女は生涯この慣習を嫌い、仮縫いの瞬間には、たとえ侍女たちがいても衝立の後ろに退がると強く主張した。(14)
　一八五二年頃ミュンヘンのあるコルセット作り職人は、彼の〈妊婦用コルセット〉を三カ国語でこのように推賞している。《すでに身に付けているコルセットを基に、一インチの紐を使って必要なメ

161　ウイリアム・ホガース〈フィンチレイへの行進〉, 1750年（部分）.

ジャーを計れば、貴婦人方も他人の手によって採寸される必要はなくなる(15)》。また一八九〇年に『パリ婦人の生活』紙の報じるところによれば、ブリュッセルの高名な一流仕立師は、いついかなる時も手でお得意様の乳房に触れぬよう注意する。《そして同紙は〈顧客に対する感嘆すべき慎みぶり〉を褒めたたえる。失礼にも手でお客様方に決して触れは致しません。仮縫い係に修正個所を示すため、美しい歌姫M嬢の襟飾りや、偉大な悲劇女優のお召しになる古代ギリシアの衣ペプラムのスリットに軽く触れる時も、細い象牙の棒を用います》[16]（160図参照）。

嫌がる女性に対し淫らに手を伸ばしたり《お触り》したりすることに関して言えば、二〇世紀後半になっても男どもの振舞いは以前より〈文明化された〉兆しはない。かのホガースは、一兵士が後ろから牛乳娘の襟ぐりに手をさし入れ、驚いて振り返った娘の口にキスする場面を（161図参照）描いたが、こうした場面が公衆の面前で、めったに起こらなくなったような兆候もない。たとえば、ある女性ジャーナリストはミュンヘンの十月祭で給仕として働いたが、その時乳房、お尻、後ろから陰部に触れられた、と報告している[17]。またそのほか無数の女性が公道でお尻や股間[19]、とりわけ乳房に《お触り》される[18]。大都市の屋内プールでは、そのようなセクハラは日常茶飯に行われたが、特に若い娘が身体中至るところに《触られる》。中でも、犯人をあえて突き出したりしないトルコ娘のような外国人女性が被害にあった。しかしまた少年たちも、稚児さんを愛する男どもに陰部を触れられた。フランクフルトやハンブルクのプールではそのような嫌がらせがひどく増えたので、最近見張りがパトロールしたり、警察も水着姿の捜査員を投入した[20]。ミュンヘン近郊エアディングでの舞踏会の際、バイエルン州の文化相ツェートマイル（キリスト教社会同盟）、《カトリック男声連盟会長トゥンテンハウゼンと、バイエルン州では学校で祈禱させよとする熱烈な主張者の三人が[21]》ドイツ社会民主党の二人の女性州議会議員の乳房にお触りした。東南アジアで目撃された報告によれば、西欧の旅行者たちは売春婦や、そのたぐいと見た女性に対しては慎みもなく股間に手を差し入れた[22]。

二〇世紀初頭、婦人参政権運動の女性活動家が抗議した時、警官たちは彼女らのスカートが頭にかぶさるほど、頭を下にして抱えていったり、連行中とりわけ股間に手を伸ばしたりしたが[23]、半世紀後にもデモに参加した左翼系の女性は、連行中にしばしば乳房を掴まれて無理やり引きずられたり、[24] 警官たちに棍棒で乳房を殴られたりした。[25] ハイデルベルクの警察管内では、逮捕された女子学生たちは《武器はないかと身体中くまなく探索された》。[26] 尋問中の女性が肉体の秘処を触られたり、[27] かなり若い女性の窃盗容疑者がデパートのガードマンに《身体中》、ということはブラウスとスリップの下まで盗品はないかとまさぐられたり、素っ裸にされる事件は、後を絶たずますます増えていくようである。[28]

エリアスの文明化理論のある信奉者は、《性の爆発》は現代とは違い近世初期の情動の状況特有のものであると述べ、その例として一五六七年にルクセンブルクの村で、盗みの疑いのかかった男が容疑を晴らそうと服を脱ぎかけた男に向かい、飲み屋のおかみが冗談に《男の裸なんか見たくもないね》と答えたケースをあげている。[29] だが、二〇世紀になっても、こうしたおびただしい《爆発》を見つけだすのはさほど困難ではないだろう。

なるほど〈文明化理論者たち〉は今日の《行動と衝動の抑制の文明化》によって、《女性たちは新たな自由行動の余地》を手に入れた、と主張する。[30] しかしながら正に彼らが真実だと誓う《文明化》とはいかなる様相を呈しているのか、自問する者はこの手の理論家の中に一人としていない。最近の調査によれば、三人に一人の女性は仕事場だけで少なくとも一度はお尻を撫でられ、ほとんど四人に一人の女性が同僚に乳房を触られたと述べている。アンケートを求められたほぼ三分の一に当たる女性は、ズボンからペニスを出した男性の同僚に何らかの形で性交を要求された。[31] ドイツ文化省の女性大臣の委任を受けて行われた調査によれば、職業婦人全体の七二パーセントが仕事場で少なくとも一度はセクハラを受けている。この結果を見て、両性間のいわゆる文明化に染まっていない（ドイツ）

社民党の女性国会議員マルリーゼ・ドッベルティーンは、男どもには《結局口輪が》必要なのだ、それも目の玉の飛び出るほどの罰金で脅す形の、と言っている。(32) アメリカの調査によれば、この国の大学ではほぼ三分の一の女子学生が教授から、言葉や行為によって性的に〈攻撃〉された。(33) ドイツ総同盟の一論文を見れば、一九八八年にほぼ二〇万人の女性が、上役や同僚によるセクハラで彼らの期待通りに振る舞わなかったとか、自発的に退職を申し出たとかの理由で、職を失っていることが明らかになる。(34)

《お触り、乳房をつかむ、股間に手を伸ばす、お尻をつまむなど》は、ドイツの刑法第一八五条により確かに《嫌がらせ行為》で犯罪の構成要素となっている。(35) また〈ウイスコンシン法第四五〇条〉によっても、肉体の《秘部》に触れるのは罰とされるが、《秘部》とは乳房、お尻、肛門、そして会陰部とヴィーナスの丘もふくめ陰部をさす。(36) しかしながら、この種のお触りは実際にはしばしば《性的な強要》の犯罪要件を満たさない、些細な事件として扱われる。たとえば、ある男が路上で何度も女性の乳房や陰部に触れた事件で、裁判官の覚え書きはこう言っている。《性的な強要の犯罪には相当しない。この種の犯罪の要件を満たすには、かなりひどい性的行為と暴力がらみが必要である。不意打ちの性的行為は暴力がらみとは言えない》。(37) 一九八六年にツヴァイブリュッケン上級地方裁判所が、女性の乳房に触れたさるバスの運転手を釈放した時は、他の裁判所より一歩先んじていた。《乳房に触れただけ》では程度が低く《性行動》には入らず、それゆえ嫌がらせとか、ましてや性的強要の犯罪要件を満たすものではない、というのが論拠だった。(38)

また一九九〇年一一月、ツーク市の刑法裁判所はある男性婦人科医に対し、執行猶予つきながら一二月の禁固の判決を下した。彼が大勢の女性患者の同意なしに、彼女らの乳房や陰門に《淫らに触れ、マッサージを施した》廉による。これに対し彼は、自分は性的な気持ちから女性患者らを刺激したのではない、むしろ《医学的に認められる治療の枠内でもっぱら行ったのである》と主張した。[39] この反論を女性たちは性的な濫用と感じていた。同裁判所は医師に対する業務停止を見合わせた。新聞の報じるところによれば、ツーク市の婦人科医は《刑法審判後も週に二、三度診察を行っている。ただし、以前より厳しい適応症に限り、しかも女性患者の文書による同意を取り付けた上でだが[40]》。

24　男が女性の乳房に手を伸ばす

いわゆる《自然民族》やヨーロッパ以外の社会でも、乳房とか、ましてや陰部の辺りに手を触れるのは、当の女性や娘の名誉を傷つけるとされた。犯人にふりかかった刑罰は、中世初期の厳しいゲルマン部族法が科した刑罰にほぼ相当する場合も少なくなかった。しかし、時にはそれよりかなり重いこともあった。

アッサムのガロ族の男は少女を自分の思い通りにしようと、性的な刺激を与えるべく、よく女性の胸に手を伸ばした。このようなことは実に恥ずかしく、かつ屈辱的と見なされ、約五ルピーの罰金を科せられた。女性が寝ていたり、また抵抗できない姿勢の時、男が彼女の乳房に手を伸ばすのは、とりわけ刑罰に値するとみられた。このような〈お触り〉は *sikdraa* と呼ばれたが[1]、ガロ山脈のコッホ族ではさらに厳しかった。男が未婚女性に手を伸ばした時、身体のどの部分だろうと、また女性が同意しようがしまいが、男としばしばその両親も共同体から追放された。[2] ニアス島では女性の乳房に手を触れた者は、手を切り落とされた。[3] 台湾の山岳地帯のスカワマユン族の人びとが語るには、昔ある女性がよその部族の男に戯れに乳房を触れられたが、それは非常な恥辱と見られ、女性の縁者がすぐさま男を打ち殺した由。[4]

ビルマの島々では、人妻の乳房に触れるのは言わずもがな、その手に触れても姦通と見られた。また若い娘に触れるのも厳罰に処され、その慣習は現代の大都市にも残っている。たとえば、ラングーンで若者が公衆の面前でガールフレンドの手を撫でたら、彼はさる有名な弁護士を雇ったにもかかわらず、一年の禁固刑の判決を受けた。[5]

オラン・ベロギリ族、つまりフローレス諸島の最東端に住むアタ・キワン族の情報提供者は、私にこう語った。以前、一人の若者が少女の乳房に手を触れたが、結婚するのも、償いに指先から腕の関節に届くくらいの小さな象牙を払うのも拒んだところ、手斧で首を切り落とされた。今日では《新しい宗教》によってこんな習慣も変わり、好色漢は少女の兄弟たちに、《血が吹き出るほど》丸太でぶん殴られるだけですむ。[6] 一方、海ダヤク族の若者は、ふざけ回っている少女のむき出しの乳房に手を伸ばしても、悪く取られなかった。ところがそれが既婚女性となると、女性が結婚していると知らなくとも、重大な侮辱とされ、五〜八ムンクルの罰金を食らった。[7]

しかし、同じくボルネオに暮らす山岳ドゥスン族の人びとは、少女に対する〈触り魔〉には誰でも現金を要求した。たとえば、若者が一五歳の少女の背後から乳房に手を伸ばすと——たとえ衣の上からでも——、豚一頭と鶏二羽（一二ドル相当）を支払うよう判決が下された。男が既婚女性に〈手を触れた〉となると、もちろんくらべものにならぬほどの出費となった。それはおそらく娘たちと違って、人妻は乳房をむき出しにしていることとも関係があるのだろう。男が女性の手や腕に触れただけでも、もう鶏一羽、ないし二羽、乳房の場合は五〇ドルほど払った。客が酔っぱらってつまずいた拍子に、主人役の妻の胸に触れたら、水牛一頭（四〇ドル相当）を巻き上げられた。(8) 北ボルネオのサバの海岸近くに住むドゥスン（カダザン）族では、刑罰は次のように差がついていた。男が若い娘の手首に触れると、〇・五ドル、上腕部なら一ドル、乳房は一・五ドル、尻は二・五ドル、太股の場合は四ドルの支払いとなった。サロンをまくると二・五ドル、キスは改めて五ドルふんだくられた。男が夜に少女の家に夜這いをかけ、彼女に手を触れたり、のしかかったりすれば、二〇ドル以上払った。その際、罰金の金額は、触れた手の呼び起こす、もしくは呼び起こすやも知れぬ性的刺激の度合によった。(9)

ギリヤーク族の女性は見知らぬ男が乳房や股に手を触れても、激しく抵抗せず耐えていると、それは同衾を承知したことと見なされた。(10) 因に、それは〈伝統的な〉ヨーロッパでも同じだった。男が乳房を弄んだり、股間に手を入れるのを許せば、その男はそれ以上何をしてもよかった。一八六六年にホルシュタイン領内で、一人の女中が下男を《強姦未遂》の廉で申し立てた訴えは退けられた。彼女がその前に、《手を伸ばしていいかとの男の問いに対し、それに同意した》からである。(11)

グアヒロ・インディアンでは、男が女性の身体をどこでも触れるなんて、今日でも〈考えられない〉だろう。お尻をぽんと叩いたりしたら、この上ない侮辱となるだろう。(12) コーカサス東部に住むレズギヤル族では、故意でなくてもよその女性の素手に触るのは、暫く前までまさに性犯罪とされた。

たまたま女性に触れた不幸な男は、ほぼ間違いなくその女性の夫、兄弟、恋人に殺された。それゆえ、混みいった場所でダンスをする時、男どもは踊りの動きにつれほんの数センチまで女性に近づいても、女性と触れないよう細心の注意を払った。(13)

多くの〈伝統的な〉社会では、すべての処女にとって最高の掟は、語の厳密な意味で〈手つかず〉でいることだった。前世紀にはまだボスニアの青年たちは、まったくその気のない少女に何としても求婚しようとすると、裏をかいて少なくとも彼女の手を引っ張ったり、マントを彼女に投げかけた。彼女が〈お手つき〉になり、厚かましい若者と結婚せざるをえなかったからである。(14)トルコ南部のキルギス族や遊牧のタタチ族では、若者が崇拝する少女の乳房に触るやいなや、彼女は彼のごり押しに負けざるをえない、という考え方もこれと似ているようである。一六世紀のトルコの物語で、主人公は男に変装した恋人と戦う。ついに彼は彼女に躍りかかり、その乳首を摑むと一騎打ちは終わりとなり、二人は抱き合う。(15)

スー族やシャイアン族の平原インディアンの間には、こんな悪評高い慣習があった。その慣習によれば、一人の若者が女性や少女のスカートの下から陰門に手を触れて、彼女らの《名誉を傷つける》ことによって、仲間内で名声をえるのである。これは《大成功》と呼ばれ、武装した敵に手を触れるのと同一視された。(16)というのも、このような〈触り魔〉は大きな危険を冒したからである。シャイアン族の情報提供者が筆者に語ったところによれば、こんな事件が度たび起こったので、犯人は女性や被害者の親類に腹を割かれたという。クロウ族には、夜若い少女の眠るテント小屋の周りをうろつき、《どのようにして彼女の陰部に手を触れられるか》と、ある所の杭を引き抜こうとした未婚の若者が

162　ジョージ・クルックシャンク，死が〈過激な改革〉に扮し，〈自由〉（体制）の乳房に手を伸ばす，1819年.

いた。彼は捕まり、腕に丸太をくくりつけられた上、放免された。この慣習は *bierisace* と呼ばれるが、若者がみな参加したわけではない。というのも、それをまったく下品と見る者がたくさんいたからである。一つだけ例をあげれば、新生小屋の祭儀《太陽の踊り》で、特定の役を与えられるのは立派な若者、つまり少女の股間に手を伸ばしたりしない者だった[17]。

そもそも女性の乳房や陰部に手を伸ばすのを許されるとすれば、たいていの社会でそれは夫だった。独身の男が未婚の女性にそうすれば、往々にして結婚を義務づけられた。ミンダナオ島のマンダヤ族では既婚女性に手を伸ばすのは、重大な犯罪とされた。しかしながら、独身男が勝手に少女の乳房、踵、あるいは肘でさえ触れたら、当人は結婚しなければならなかった[18]。

アシャンティ族[19]では、結婚した男が妻以外の女性の乳房や、真珠製の腰紐に手を触れたら、

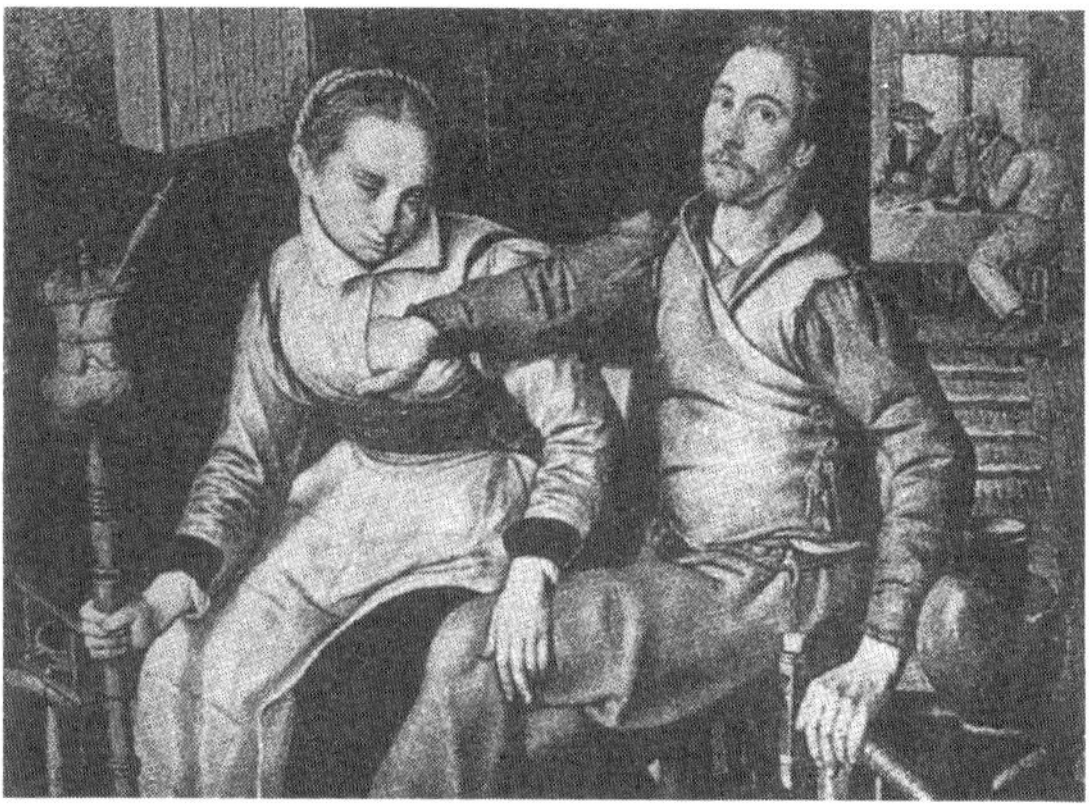

163　ピーター・ピータース〈宿での男女〉，16世紀後半．

二重の姦通、つまり自分と相手の夫婦のそれを意味した。それゆえ、彼は女性の夫には目の玉の飛び出るほどの賠償金を支払った上、自分の正妻にも弁償の贈り物をしなければならなかった。相手の女性が婚約しているだけなら、彼は最高二五ポンドの金を彼女の婚約者に払わねばならなかった[20]。エフィク族でも女性の乳房に手を伸ばすのは姦通とされた[21]。アカン族の女性が男に自分の乳房を弄ぶのを許したら、それはもう離婚の理由になった[22]。

古代ギリシアでは女性の乳房に手を触れるのは、たいてい強姦の前触れとされた[23]。古代美術のイコノグラフィーから見て、乳房に手を伸ばすのも同じ意味だった。たとえば、サモス島のヘラ神殿から出た紀元前七世紀の絵では、ゼウスが右手でヘラの乳房に、左手はそのうなじに手を伸ばしており、その後ろ側には一羽のカッコウが見える。周知の通り、ゼウスはカッコウの姿で女神ヘラと交わったのである[24]。確かに後のエロチックな壺絵には、色男が彼の愛する若い男のペニスや睾丸に優しく手を伸ばしているものがあるが、しかし同じように女性の陰門

164　ルイス・コリント〈シャルロッテとシャンペングラスの自画像〉，1902年．

に手を伸ばしているのは、歴然としたポルノグラフィーの娼家の場面にしか見られない。普通異性愛の接触の場面は、男子同性愛よりはるかに控え目に描かれる。つまり、男が女性の手首を取って自分の方へ引き寄せるとか[25]、極端な場合でもその乳房に手を伸ばす男性が描かれるのである。

　ほかの多くの社会と同じように、女性の乳房に手を伸ばすのは、性的なジェスチャーであると同時に支配のジェスチャーでもあった。しかも当の女性に対するだけでなく、このような際にいつも敏感に反応する彼女の男性縁者と夫たちに対する支配でもあった。たとえば、ヘロドトスはこう報告している。ペルシアの使節団がマケドニアの宮廷で、ギリシアの慣習に反し女性とともに食事したいと懇願した。《女性たちはそれに従った。が、したたかに酒を飲んだペルシア人たちは、すぐさま女性の乳房に手を伸ばした》。そのためマケドニア人はいたく名誉を傷つけられたと感じ、アミュンタス王は若者を女に扮装させ、ペルシア人を一人残らず刺し殺させた[26]。

　男が女性の乳房に手を伸ばすのは、後には女性を不意打ちして攻撃者の意志に従わせたり（162図参照）、またすっかり自制心を失った女性が情欲に支配されることも意味するようになった[27]。たとえば、

166　イギリスのジプシー夫婦，1983年.

165　メミ・サブとその妻；ギゼ，紀元前2500年頃.

一二世紀のヴェズレーのある柱頭には、悪魔が裸体の女性の乳房に手を置いているところがあるが、それは女性たちがおのれの情欲の虜になっていることを示しているのである[28]。

近代初期の絵画にも、いずれ家の主人になるとはっきり示している男も描かれる。たとえば、一六世紀のピーター・ピータースの油彩画には、主人顔した男が未来の妻の乳房に手を伸ばし、女性の方は目を伏せ、服従を表明している（163図参照）。これも一六世紀の後半にさるヴェネチア派の画家の手になる絵画も、同じように解釈できる。そこでは男が左手を若い女性の肩に回し、また右手は彼女の衣の中に差し入れているが、どうやら直接に乳房を摑んでいるらしい。普通このような場面は、《愛の場面》と解釈できるが[29]、鑑賞者を見つめる男の醒めた誇らしげな目つきといい、服従したように目を閉じる受け身の女性といい、ヴェネチアの高級娼婦と客、あるいは相愛の男女の前戯とは見えないようである。(30)

ルイス・コリントも一九〇二年に、『シャルロッテ・ベーレントとシャンペングラスの自画像』で同じように自画像を描いている。乳首が見えるように彼があらわな乳房を摑んでいる女性（164図参照）は、女弟子で愛人であり、半年後には彼と結婚する。(31) 画家は将来の支配者としてみずからを描いている。

伝統的なイコノグラフィーでは、男が女性の胸に手を置いて彼女に対する支配を表明するのは数千

167　ルー・ベルンシュタインの写真，1941年.

168　ドイツの広告写真，1983年.

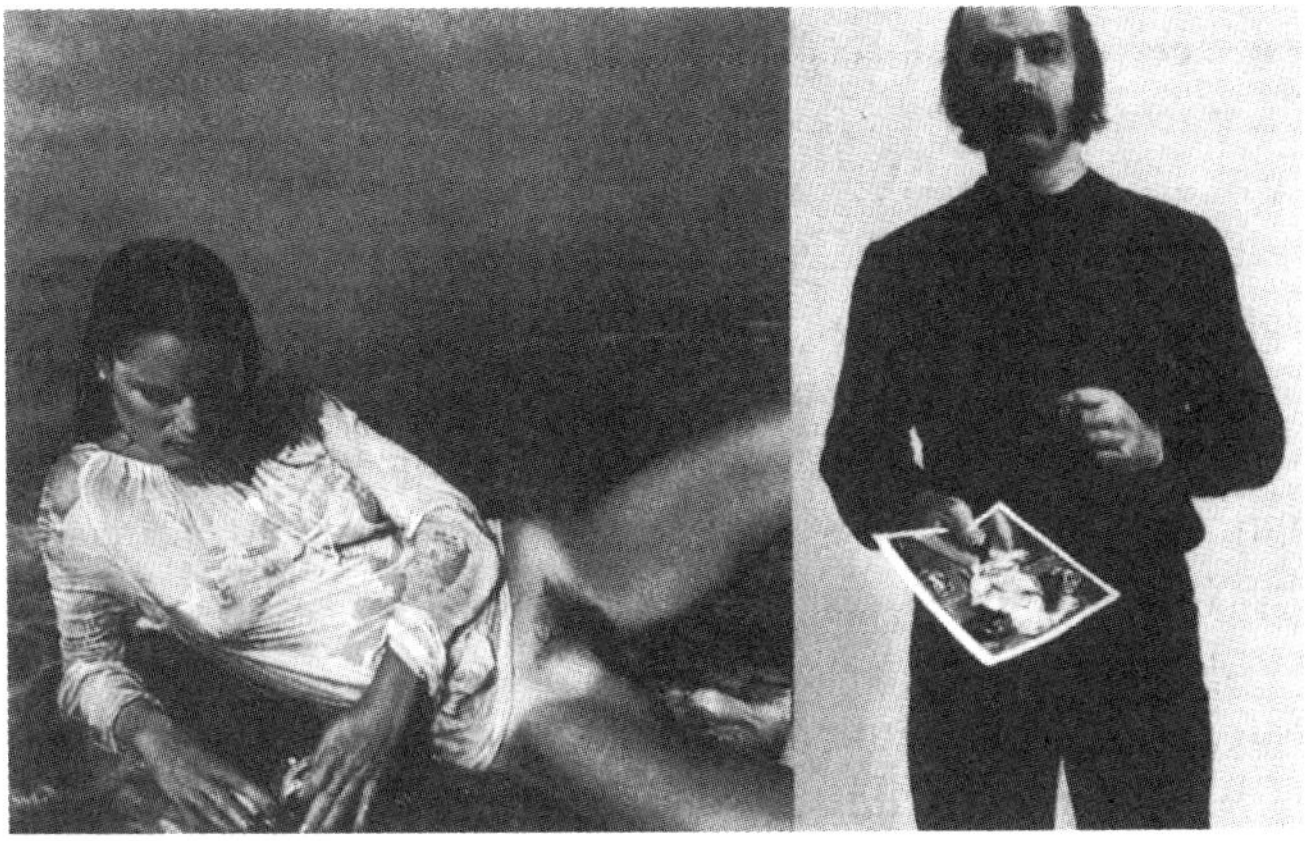

169　ペーター・ハンデル〈ヌードのある自画像〉，1980年.

年前からあるが（165図参照）、このジェスチャーは芸術だけとは限らない。多くの社会で実際に男たちを見れば、彼らは女性の肉体が〈大きな顔をして〉威嚇する恐れのある部分を〈しっかり握って〉、性と生殖のみならず、女性の攻撃性と抵抗力をコントロールすることがはっきり分かる（166図及び167図参照）。

過去と現在のすべての文化において、服従のジェスチャーとしては男が女性の陰部やお尻に手を伸ばすのが限度である。前世紀のパリでは、警察医による膣の検診に耐え鑑札をもらった公娼を、いかにもそれらしく〈従順な娘〉と呼んだ。[32]

確かに従来このように女性に手を伸ばす表現は、強姦、淫らな性、放縦な快楽の〈印〉だった。だが、それを男の妻、あるいは愛人に対する支配の一般的なシンボルと見たら、あまりにも猥褻すぎるかもしれない。しかしながら二〇世紀になると、性的な礼法基準がどんどん下がってきているので、男の女性に対するそのような優越のジェスチャーは、どこでも見られるのが当たり前になった。男が網の目のタイツをはいた女性の股間から尻に手を伸ばしている広告写真（168図参照）や、股を開いたモデルと、〈親指でそこを押さえた〉画家自身の姿を描いた絵画がその例である（169図参照）。

25　女性が男のペニスに手を伸ばす
あるいは《さあさあヴァギナや、男を食らうんだ！》

男が女性の乳房や女陰に手を伸ばすのは、男性の女性支配の印だったが、同じことは逆に女性がペニスに手を伸ばす場合にも当てはまった。それゆえ、女性がペニスに手を伸ばすのは多くの社会で恥知らずとされただけではなく、男性優位に対する反抗ないし反乱とも感じられる。それでキクユ族では、性交中妻はいかなることがあっても、夫のペニスに手を触れてはならなかった。(1) ズールー族の女性にとっても夫の陰部はタブーだった。ある時夫が妻を力ずくで犯そうとした時、妻がペニスの挿入を妨げようとその陰嚢を摑んだら、夫は離婚を訴え出た。(2) トゥゲン族ではこう言われている。《妻が夫に殴られるのを防ぎきれなかったら、夫のペニスを摑もうとする。そうすれば、夫は即座に殴るのを止める。なぜなら、妻が夫のペニスに手を触れるのは禁じられているからである。妻は夫と和解するために、彼女の山羊を一頭屠殺しなければならない(3)》。

グシイ族の女性も性交中は完全に受け身で振る舞わねばならず、パートナーのペニスに手を触れるのを禁じられた。うっかりそうしてしまったら、当の女性は精霊に罰せられ、霊を鎮めるために捧げ物をしなければならなかった(4)。

ポモ族の老女はこう語った。《インディアンの男は妻が自分の股間に手を伸ばすのを決して許さないだろう。彼はそれを嫌がる。それは悪いことだし、危険だと言われている。妻はそれを（つまりペニスを）台無しにすることができる。白人はそれが好きだが(5)》。それはナヴァホ族でもきつく禁じられた。しかし、男の客が泊まると、寝ている男のもとに忍び寄り、その陰部を露出させ、堅くなるまでペニスを擦るのを好む女性は少なくなかった(6)。

シャイアン族、つまり性的モラルが極めて抑圧された種族の女性も、シンボルとして挑戦的にそれを行った。彼女らは〈ファルスに似た〉根っこを掘り出すと、それを積んでキャンプに戻り、男どもが見えるところで雄叫びを上げた。すると男どもは女性たちを襲うようなふりをしながら、中でもごく大胆な男が根っこを幾つか取って、それを安全な場所に移した(7)。

多くの社会でペニスをきつく握るのは、男との戦いで女性がとる最後の、しかも往々にして有効な武器となった(8)。たとえばインガリク族の男が女性を襲って力ずくで犯そうとすると、女性は大声で助けを求めた。ほかの女性がこの叫び声を聞きつけると、すぐさま助けにやってきた。すると、たいていは二人が力を合わせ、犯人をとり押さえるのに成功した。彼女らは男を地面に投げつけ仰向けにし、しっかり押さえ込むと、その陰部を露出させてそれに《手を触れた》が、それは男にとって恥であり、屈辱だった(9)。

ドイツのロットヴァイル市の女性の場合、しばしば大喧嘩の相手になった夫に対する扱いはもっと手荒だったようで、それについては『ツィンマーの年代記』にこう記されている。《ある時、彼女は寝具をかぶって寝ている夫といさかいをした。それで彼女は夜中に寝台から急に飛び上がって、夫のパイプ（ペニスのこと）を摑み、すんでのところでそれを食いちぎるところだった。床屋医者たちが彼の傷を何とか治したが、大変時間が掛かり、拷問のような苦しみだった。こんな悪女の歯は抜いておくべきである[10]》。下部エルザスのドームフェッセル市の裁判記録は、ちょうどそのころ書かれたが、この記録から以下の事が明らかになる。当地である男が義兄弟と争って傷つけたところ、《女性の攻撃》が行われた。司祭もそれを調停できなかったので、犯人の妻は夫の一物を手に取り、《その陰嚢を摑んで、夫を石や汚物に投げつけているうちに、他人が助けに入った[11]》。

ニャサ湖の南部に住むアニャニャ族では、妻が夫と争った時、彼のペニスや陰嚢を摑もうとした。それがうまく行き、彼女はそれをぐいぐい下に引っ張ったので、相手はたいてい戦意を失った[12]。ただし、ヴィクトリア湖の西に住むバハヤ族の女性が、夫と喧嘩してそのペニスに触れようものなら、それは母親の胸覆いをはぎ取るのに匹敵するほどの重大な侮辱であり、離婚理由になるだろう[13]。

すでに旧約聖書にはこう書かれている。《二人の男が互いに相争っている時、一方の妻が近づき、夫が打たれるのを救おうとして、手を伸ばし、相手の急所をつかんだならば、その手は切り落とされねばならない。憐れみをかけてはならない（申命記二五章一一節以下[14]）》（170図参照）。その後ユダヤ教徒も、キリスト教徒も、確かに刑罰はかなり軽減されることも珍しくなくなったが、――タルムードによれば、問題の女性は罰金を払うだけですんだ[15]。しかしながら、多くの地方でモーセの掟は決して

170 《……相手の男の急所を摑む》
ヴェンツェル聖書，14世紀.

忘れ去られてはいなかった。一一世紀にはスペインのエルボ河畔のログローニョで、女性が男性の陰部を摑んだり引っ張ったりした時、彼女は片手を切り落とした犯人と同じ罰金を払うか、公衆の面前で鞭打ち刑を食らわねばならなかった。(16) 一六四二年にニューイングランドの清教徒チャールズ・チョンシーは、ある婦人がわが身を守ろうと男の弱点を摑んだため、《その淫らさのために手を切り落とされた（それは私の考えるモラルというものである）》と語った。(17) 今世紀の五〇年代にも英国では、女性が男の陰部にわざと手を伸ばした時の最高刑期は、男が女性の股間に手を伸ばした時の五倍だった。(18)

妻の《陰部》に手を伸ばす夫とは逆に、性交時すら上品な婦人は夫の《急所》に手を伸ばさないのが、実状だったようである。《ささやかな手仕事》、つまりペニスや睾丸を弄ぶのは、どうやら軽薄な女性や公娼に任されたらしい。それはコンスタンツ市のツィーゲルグラーベンにある娼家に通う客の物語に、明らかな通りである。(19) 後になっても、客のズボンの前当てに手を伸ばすところを描かれるのは、娼婦しかいない。たとえば、娼家のおかみが弱くなった客に精力剤を飲ませ、娼婦が寝込んだ間に薬が効いたかどうか調べている[20]（171図参照）。すでに小路では、公娼が鴨になりそうな客のズボンの中に手を入れ、陰部をしっかり握って離さない。たとえば、ロンドンや[21]、モンペリエ市の市壁添いにあるエステューヴ通りの売春地帯[22]、そしてパリだが、パリではこう言われている。《この小路では女どもが乳房をさらし、通行人や年老いた神父にさえ無理やり触らせていた》。誰かに見られるかもしれないので、メルシエはそれをかなり厚かましいと見た[23]。

一八世紀に、ボルンハイム市のさる娼家の客が、店の中の状況について報告している。《今度は三番目の娘がおれを攻撃してきた。奴はおれの膝の上に乗って、あれこれ手探りした。するとおれはたちまちいい気持ちになって、転々とした。奴はそれに気づくと、あちこちおれを優しく握りしめた[24]》。

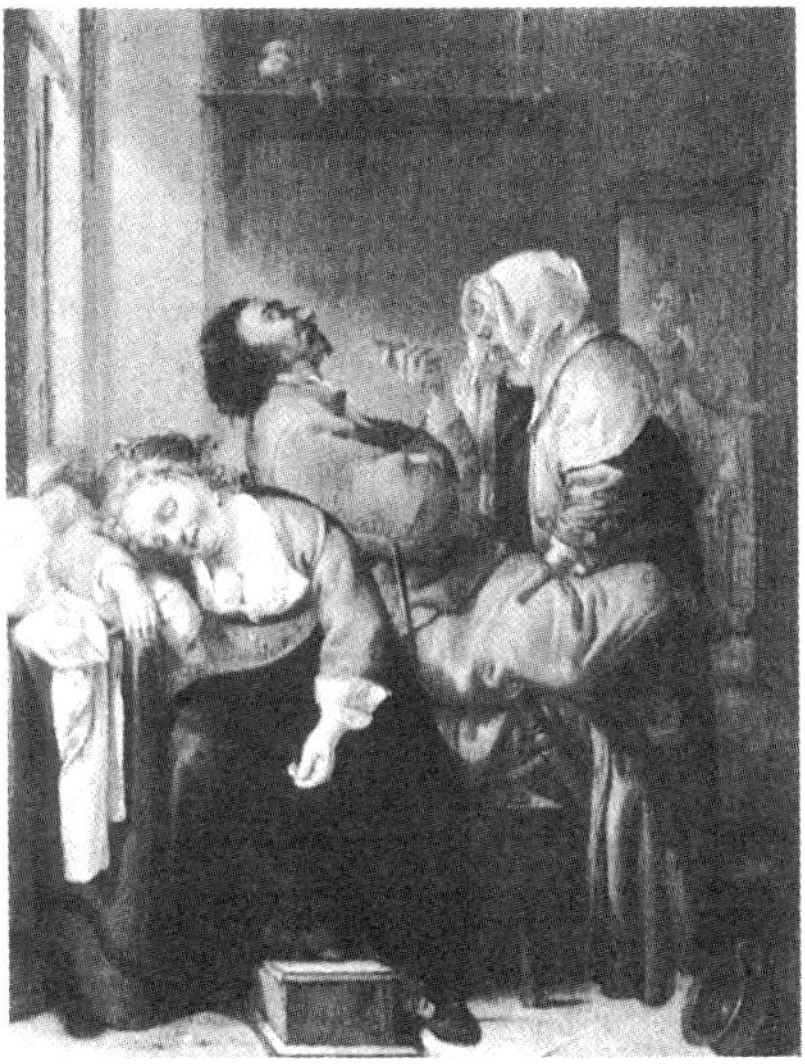
171　娼家のおかみが精力剤の効き目を調べる．ヤコーブ・ドゥックの油彩画，17世紀．

しかしながら本来の娼家だけではなく、悪評高い酒場やいかがわしい飲み屋でも、急所に手をやる女は少なくなかった。そうすることで男を物にすれば、少なくとも彼女の評判は失われた。たとえば、一六六三年、一男性は法廷でこう陳述した。自分はマックルズフィールドの飲み屋で、サミュエル・エルコックが女性のスカートの中に手を入れ、《彼女の品物に触れる》のを見た。一方《彼女もサミュエルの股袋《コッドピース》に手を入れていた。サミュエルはその界隈で信頼厚い人物と言われていただけに、人びとの憤激を買った[25]》。この英国女性が有罪判決を受けたかどうか、どれほどの刑だったかは、つまびらかでないようだ。ニュルンベルクの飲み屋兼宿屋「赤心亭」のおかみウルズル・グリミンの事件はこれとは違い、彼女は一五九五年に厳罰に処された。なぜなら彼女は何人かの男の《ズボンの前当てに手を伸ばし、一物を引っぱり出して言った。あたしは乳母だよ。だから手を伸ばしてもいいのさ。子種のある男は、さっさとうちの女の子に押しこみな。そして素っ裸になり、こう言った。さあさあヴァギナや、男を食らうんだ。それゆえ、彼女はさらし柱にかけられ、鞭打ちを食らい、しかる後両頰に烙印を押され、その上で追放された[26]》。

その一〇〇年前チューリヒで、ホルゲンのグレーテとリンドウのグレーテは、武器をもたず襲撃し陰嚢を握りしめた廉で、市に対しそれぞれ半マルクの極めて高い罰金と、ヘンマン・ディートリヒに対しそれぞれ一マルクの賠償金を払うよう、判決を受けた。《二人の女はふらちにも下の橋でヘンマンに襲いかかり、彼を殴って地面に倒した。彼女らは彼の陰部に手を伸ばし、きつく握りしめたので彼はひどい痛みを覚えた。そんなことをされても、彼は二人の女に何もせず、ただおれの女房の悪口だけは言わないでくれ、と大人しく頼むだけだった[27]》。

一方、女性が優しくペニスに手を伸ばすのは、同衾の前戯だった。たとえば、ヤン・ゴッサルトの素描で、イヴが左手をリンゴの方へ伸ばし、右手はアダムのペニスに伸ばしながら、彼をじっと見つめている作品がある[28]。女性がそうすれば、もう後戻りはできなかった。だから、強姦の廉で法廷に立たされた男たちは、女がその前に自分のズボンの前当てに手を伸ばしたと、裁判官の心証を良くしようとすることも珍しくなかった。一五二七年アウクスブルク市でフランツ・リーム某は、被害者とされている女性がまず彼に《手を伸ばし、さらに前当ての結び紐を開けようとした。自分はそれを見てその気になり、彼女と行為に及んだのだ》と申し立てた[29]。身持ちのいい女性はそんなはしたない事はしない。その六年後同じ町で下男のハンス・ヒーバーは、おれは女中のマルガレーテと結婚を約束してから、《彼女が寝台の中でおれを暖めてくれる》というので、よく彼女と寝た。この機会におれは奴の乳房や《あそこ》をまさぐったが、彼女の方からは只の一度もおれの《陰部》に手を伸ばしたことはなかった[30]。

次の世紀にも、女性を淫らで性的な主導権を握るとして評判を落とそうとする時は、比喩的にペニスに手を伸ばすところが繰り返し描かれた。たとえば、フランス革命中の反教会、反王党派の宣伝で、尼さんたちや（172図参照）、《王妃の冠をかぶった娼婦》マリー・アントワネット（173図参照）である。そして一八九三年には、レディウッド子爵の偽名で書いた著者が自伝小説『ギネコクラシィ』で、ある女性に彼の陰部をまるで彼自身のように手の中に入れられた時の感情を描写している。《彼女は後ろから私の股間に手を差しこんで、それをきつく握りしめましたが、私はそれを握られているだけで彼女に対し恥ずかしい思いでした。私がとうとう心身ともにあなたの奴隷ですと告白するまで、彼女はそれを引っ張りました。この時始めて私は、女性の力の湧き出る秘められた泉を知りました[31]》。

もう長いこと、女性が男性に対しこのような性的嫌がらせを行っている今日では[32]、男が女の股間に手を伸ばすのとは違い、女が男に対してするそれには何やら愉快なものが感じられる。伝統的に男性の〈支配する器官〉が〈冒瀆され〉ているからである。レディウッド子爵が《女性の力》を感じたほぼ同じ頃、一労働者がほころんだズボンを脱いで、前垂れを身体に巻き付けた。《するとローザが荷車から飛び降り、前垂れを身に付けた男に向かってやって来て言った。〈ヨーハン、じきにお昼よ。私お昼の鐘を鳴らしたいわ!〉こういうと彼女は前垂れを横に押しやり、彼の陰部を摑んだ。〈ビム・バウム、ビム・バウム〉と、摑みながら叫び続けた。誰も彼もみな立ち止まった。おかしさのあ

172　ジャン・ジャック・ル・クー
〈私たちも母親になれる，だって……〉
銅版画，1792年.

173　〈髪結いの報酬，あるいはいかなる仕事にも報いがあるべきだ〉，1789年頃.

まり、誰も先に進めなかったからである[33]》。

　しかしながら、中世の南ドイツ各地で、女性がいわば男の局部を大っぴらに摑むのを認められる状況が一つだけあった。一三二八年のフライジングのループレヒトの市法及びラント法に、強姦で男を法廷に告訴した女性のことが記されている。《また彼女には一騎打ちの判決が下された。強姦男はへそまで地中に埋めること。男と土の間に車引き用の綱一本分のゆとりをとり、彼が振り向けるようにすること。また男の左手は後ろ手に縛るべし。彼の手に戦い用の棒を握らせ、彼がその棒で届くほどの距離に、藁を巻いた輪を置くこと。頭にかぶる布の中に、芯となる重さ一ポンドの石を入れて女に渡すべし。その頭巾を女の手の下に緩めに巻き付けること。頭巾を下ろした時には、いつでも石が頭巾の中にあり、地面から手の幅一つ分の高さに浮かぶようにすること。一騎打ちの掟により、この両人を審判官に委ねるべし[34]》。

174 〈彼女は男の首とお道具を摑み，穴から彼を引き出そうとするところ〉，1467年.

　女性は犯人とされた男に打ち勝ったが、その時彼女は男の首を右の脇の下に抱え込み、左手で《彼のお道具》を摑んで穴から無理やり引っぱり出した。この光景は画匠ハンス・タールホッファーの『剣士の書』の挿絵（一四六七年）に見ることができる（174図参照）。それはフライジングのループレヒトのテキストを手本にして描かれたが、裁判で男と女が実際に一騎打ちしたかどうかは疑わしい[35]。事情はどうあれ、陰部を握られるのは、同害報復法によれば、どうも強姦者にとって不名誉となったようだ。犯人は自分が被害者の名誉を奪ったところに相当する場所で、その他の同害報復の恥辱刑のように名誉を奪われる。それによれば、強姦者は膣がないので、杭を一本下腹部に打ち込まれるのである[36]。

26　中世から近世初期にかけての女性に対する強姦

一三九三年の大晦日のこと、若い未亡人イザブル・デ・シャンピオンはパリの明かりのないラ・ユシェット通りで、四人の見知らぬ男に行く手をさえぎられ、性交を迫られた。この女性は自分と母親のための買い物の帰りだったが、この無体な要求を怒ってはねつけた。すると、一人の男はお前が娼婦だということは分かっている、一二年前に一度お前と《寝た》からだ、と言った。そして男どもは被害者を捕まえると、彼女の肩胛骨の間に小刀を突きつけ、さんざん殴りつけながら裏小路を引きずって行った。とどのつまり、彼らは外套を彼女の頭にかぶせ、人里離れた〈長靴屋〉といういかがわしい飲み屋に引きずり込んだ。そこでは彼らはもちろん人目を惹いたので、被害者を静かにさせ、大人しく家へ連れ帰る、とあるじに約束しなければならなかった。しかしながら、彼らはそのかわり未亡人を悪評高い女郎屋小路、マコンの水飲み場通りへ力ずくで引っ張って行き、人気のない娼家に連れ込み、そこで三人の男がその女性を手込めにした(1)。

当時は、薄暗くなってから用事で小路を行く者、とりわけ女性は危険にさらされていた。だから、たとえばパリの同業組合は、市の守衛が勤務に就けない時、黄昏になったら彼の妻が届けを出さなければならないという規定を改めるよう要求した。当時婦人が一人でも子連れでも、《美しかろうと醜かろうと、丈夫だろうとひ弱だろうと、また老若の差なく》人里離れた明かりのない小路を歩くのは、極めて危険だった(2)。娼婦以外にこの時刻まともな婦人が路上で何かを失くすことはない(3)、という正にそうした理由で自分の犯行を正当化する犯人は少なくなかった。

たとえば居酒屋のようなはっきりとした〈男の場所〉へ、夫や父親を捜しに足を踏み入れた女性も、追い出されなければ、娼婦と見られ、少なくともセクハラを受けた。かつてパリでは、若い女が飲み屋に入ると、たちまちこんな男の声を浴びた。《ここにブルネットの小娘が来たが、そいつとやりたくなった!》一九世紀になってもまだ、そんな居酒屋では婦人が引きずり出されて強姦されることがあった。一七六一年に一六歳になる市民の娘も同じような目に遭った。彼女はパリの居酒屋に足を踏み入れたとたん、二、三人の男に無理やりテーブルに座らされた。始めは彼女をその場から放さなかったが、やがて彼らと一緒に人里離れた場所へ行くよう強いられた。犯人どもの中に貴族が一人おり、彼は《初夜権》を主張して、最初に彼女と交わった(4)。

夕方大人しく家にいる女性たちも、時には危険にさらされた。彼女らが一人でいる時、つまり男性や家族の保護がない時であり(5)、また最下層の社会やユダヤ人など周辺グループの一員である時だった。そしてまだ社会的なネットトに組み込まれていない農村からの新しい流民もそうだった(6)。パリでは覆面をして武装した学生が徒党を組んで若い未亡人など保護者のいない女性の家に押し入り、彼女らを次から次へと強姦することも珍しくなかった[7]。

たいていの強姦事件で、犯人たちはこの犯罪行為の最中や前後に被害者を娼婦とか浮気娘と悪態をつくのが、いかにも中世後期らしい。《淫売呼ばわり》は一四世紀のノルマンディーで、集団暴行に対するおなじみの言い回しの特徴となっていた。パリ、ディジョンなど他の都市同様、当地でももっぱら若者たちが集団暴行に加わった[8]。若い婦人イザブルを強姦した者たちも、面と向かってお前は娼婦だと言ったのを、われわれはすでに知っている。一五一六年何人かの男がある婦人に襲いかかり、被害者の隣人に向かい彼らはこう叫んだ。《おれたちは淫売を捕まえるのだ》と[9]。

たとえば一四世紀にパリでは、売春婦を手込めにしても強姦の判決を下されなかったがゆえに、犯人たちは被害者をしばしば淫売呼ばわりして、自分らのリスクを少なくした、との見解を抱く歴史家も何人かいる[10]。確かに多くの事実は、犯人たちがお互いに、目撃者がいるかもしれない場合に備えて、また自分自身に対して強姦をいわば淫らな女性を罰する行為として正当化しようとしたので、淫売呼ばわりが頻繁に行われたとすることを、証拠立てているように思われる。しかし、当時のパリでは公娼に対する強姦は罪に問われなかったわけではなく——たとえば一三九二年ウド・ギーニュ某は売春婦に対する集団暴行に加わった廉で、絞首刑にあっている[11]。それにまた犯人は法廷で、被害者が《卑しい女》だったと立証しなければならなかったろうから。しかしながら、多くの強姦者が実際に娼婦、浮気娘や悪名高い女性を被害者に選んだこと、とりわけ学生たちが娼婦を時にいい鴨と見て夜の小路で襲いかかり、衣服をはいで裸にし、陰部をまさぐったり、手込めにしたというのはあくまでも正しい。[12]

強姦の、わけても集団暴行の犠牲になるのは、当時の女性にとっては現代の女性と同じように大きな不面目であり、恥辱であった。しかし、彼女らにふりかかった恥辱、つまり汚名は中世でははるかに大きく、その行為は大半の女性にとっては〈社会的な死〉と同義だった。既婚婦人は夫に捨てられ、若い女性は結婚市場での価値を失い、もはや娼家に行くしか手はなかった。[13]たとえば中世後期のサヴォイアンでは、婦人の恥辱と《悪評》に対する恐れは相当なものだったらしく、ためにたいていの強姦事件ではまったく告訴しなかった。[14]当時の英国でも、表に出ない強姦の数は非常に高いと想定されている。なぜなら、事件を告発した被害者は少なからぬ危険を冒すことになったからである。確かに本人と家族の恥となったし、多くの事件で訴訟手続きは彼女らにとっては大変やっかいであっただけでなく、極めて体面を汚すものだった。[15]少女や婦人が法廷に出頭し、〈この件〉について語るのは、耐え難い恥辱だったので、中世後期のドイツでは縁者が、女中の場合は雇い主が裁判官に告発できた。[16]

娘たちの受けた辱めによって、結婚のチャンスを台無しにすることに耐えられなかった貴族の家族のように、当事者は往々にして事件については黙して語らなかった。《この度の戦いで、スペイン人もドイツのさる有名な伯の城に侵入した。彼らがご婦人の部屋で娘たちや侍女に狼藉を働いた顚末については、私は書かない。それにもかかわらず、その後姫君たちはみな伝統にのっとり無事にお輿入れされた。これは神の格別のお慈悲によるものである。誰もそれを嗅ぎつけた者はいなかった。ふらちなことを言う者がいようか？　それを見た者がいようか？》[17]

なるほど立法者は再三にわたり、強姦された女性たちができるだけ不利益を受けないような努力を払った。たとえば、力ずくで処女を奪われたのにそうとは見なさず、将来の婚礼に当たって、被害者が《乙女の飾りをつけ、公然と花冠をつけて歩き、凌辱された売女、娼婦とは違ってヴェールで飾ることを認めた》[18]にもかかわらず、この法律的な規定も実際にはほとんど効果がなかった[19]。

その昔たいていの女性は強姦から身を守る術もなく、〈万事密かに耐えた〉と主張する文化史家は確かに少なくない。しかしながら、雌ライオンのごとく戦い決して譲らなかった女性も、文献には少なからず出てくる。凌辱された女性を待ち受ける運命のことを考えると、多くの女性は思いがけない力を出すことができた。たとえば、英国の裁判記録を見れば、大勢の女性が強姦から身を守ろうと、死ぬまで戦ったことが明らかになる[20]。『ツィンマーの年代記』の作家は、さる好色な修道僧によって一室に閉じこめられた少女について記している。《その若い娘は彼の狙いを悟り、おそらく彼が力ずくで襲いかかるだろうと察した時（なぜなら彼はすでに服を脱いで一物を引っぱり出していたからである）。彼女はぐずぐずしていなかった。彼の陰嚢を両の手で摑み、それを力の限

175　FVB（ブルージュのフランス）の画匠〈修道僧と紡ぎ女〉，1485年頃．

り握りしめたのである。すると修道僧は失神せんばかりの激痛に襲われ、娘に抵抗することも叶わず、悲痛な叫びを上げて、召使いに助けを求めた。［……］彼女はあわや彼のそれを押し潰さんばかりだった。そのため、彼はその後かなりの間かかる僧にあるまじき振舞いから遠ざかり、外科医の助けを必要としなければならぬほど痛めつけられたのだ[21]》。

その二世紀後、猟区の番人ジャン・ゴビノーはそれよりもっとひどい目に遭った。一七二八年の聖霊降臨祭の日に、彼はパルス村出身のマリー・ルイズ・コルペル某女を納屋で手込めにしようとたくらんだ。まずいことになろうとは露知らず、修道僧とまったく同じように、彼もそれで少女を犯そうと考えた肉体の一部をすでにズボンから引き出した。というのも、少女は《ポケットから小刀を取り出すと、その場にふさわしく使ったので、彼女を襲った男は古代ローマのタルクィニウス皇帝の身分を味わう代わりに、アベラールと同じ運命に見舞われた》。裁判官たちにはこの勇敢な行為がお気に召さず、それゆえ身を守った少女に《一般病院に五年間拘留すべし》との判決を下した[22]。

一四九七年のこと、《娘たらし、女たらし》と悪評高いヴィルテンベルク公エーベルハルトが、コンスタンツ市に滞在して市民たちの憤激を買った。公は実にたちの悪い淫らな振舞いをしたので、今回の訪問にかかわる公式の出来事はドイツ語で市の記録に記す市書記も、色事に関してはラテン語を用いた。例の女たらしは、とりわけ司教座参事会書記ハンス・フーバーの娘の〈尻を追い回した〉ので、司教座宮廷代言人がそうした方がガードが堅くなるだろうと、この若い娘をしばらく自宅に預かった。公は仕返しに二人の召使いに、その代言人が教会詣でするところをうかがい、袋叩きにするよう命じた。ところが、宗教裁判所の公証人ベアートゥス・ヴィドマーが《敬虔なる博士》を助けに駆けつけ、力を合わせ二人の廷吏を打ちすえて逃走させた。欲求不満の公は何とか欲望を満足させようと、万聖節の宵宮にある未亡人が二人の娘と住まう書記小路の一軒の家に、人知れず忍んでいった。彼は同家に侵入し、お目当ての妹娘に摑みかかった。しかし、彼女は激しく抵抗して、大声をあげて助けを求めたので、隣人たちが急いで駆けつけ、放蕩者の公は退散せざるをえなかった[23]。

どの犯人も、皇帝ハインリヒ六世の弟コンラート・フォン・シュヴァーベンと同じような目に遭いかねなかった。コンラートは一一九六年に《力ずくで犯そうとした》ある少女が加えた嚙み傷がもとで死んだ。その運命を年代記作家ブルヒアルト・フォン・ウルスベルクは非常に歓迎した。とりわけ大公も《まったくのところ、放埒と淫欲のおもむくままに姦通や放蕩や凌辱に耽っている男であったから[24]》。また、やや後になって一三世紀の初頭、英雄叙事詩『アイオル』も身を守った処女のために記念碑を建てた。そこには異教徒の王女ミラベルが、彼女を犯そうとした追剝ぎロバウトの睾丸を両手で押し潰し、戦意を喪失させたと描かれている[25]。

追剝ぎや海賊も時には襲った女性たちから、金や金目の物のほか名誉を奪うことがあった[26]。だが、彼らの計画をくじく勇敢な被害者に出会ったのは、英雄物語だけではなかった。たとえば、一七世紀の有名な海賊ヘンリー・モーガンはペルーに向かうスペイン船を乗っ取り、一婦人を強姦しようとした。この女性は雌の虎のように爪と歯で抵抗し、懐中の短剣を彼の心臓に突き立てようとした。モーガンは後ろに飛び退いて難を逃れたが、その後は彼女に手を出そうとしなかった[27]。

ほかの被害者たち、ことに非常に若い世間知らずの少女たちは、抵抗してもせいぜい言葉だけだったり、不安と驚きのあまりおびえて呆然としてしまい、一言も発することができず、なすがままにされた。一七八八年にブライテンブルク領のコルモーアの宿の夫婦は、若い女中アベル・エガースが嫌がったけれども、旅客のいかけ屋を夜の間に彼女の部屋に寝かせた。旅人は彼女より三〇も年上だった。後に彼女はこう言っている。《しばらくするとジークフリートは私に、お前の隣に寝ては駄目かと尋ねました。それに対し私は、駄目よと言いました。すると、彼は大したことはないさ、お前の体を壊すわけじゃなしと答えました。私はそんなことは止めてと言ったのに、あの人は自分の寝台から仕切り板を越えて私の寝台に入って来て、横に寝てしまいました。私はそっとしておいてくれ、とずっと言い続けました。ところが彼はそんなことは知らん顔で、自分の思いを遂げ、私と交わりました》(28)。

旧体制《アンシャンレジーム》時代のパリでは、少女たちは抵抗せず、行為の経過を法廷で何も語れなかったことがしばしばあった。攻撃に際し、彼女らは失神してしまったからである(29)。失神しないまでも、多くの被害者はまるでバジリスクに睨まれたように、振る舞ったと思われる。一七三三年にホルシュタインの一産婆は、出産の直前若い婦人が彼女にこう打ち明けたと述べている。ある日一人の男が自分の部屋にやってきた。彼は《そのうちに這い寄ってきて私に摑みかかり、私を弟の寝台に押しやりました。そして陰門を開き、男根を私の女陰の中にきちんと差しこんだのです》。この女性は行為後もかなり長いこと男と関係を結んだので、強姦は成立しえないというのがこの産婆の見解である(30)。因にそういうことはまったく珍しくはなかった。彼女らはいったん〈奪われてしまう〉と、どうやら犯人の〈物になった〉と感じたらしい。

産婆はこの行為を〈強姦ではない〉と評価しているが、しかしながら彼女の述べる見解は万人の賛成はえられない。たとえば一三八二年に英国政府は、《女性、貴婦人、未婚女性、そして少女》に対する強姦事件がますます頻繁に起こった、と確認している。その際、凌辱された後で多くの被害者は、合意の上の行為だと宣言したようだが、しかし、それにもかかわらず政府は同時に、このような場合でも行為はあくまでも強姦であり、夫や父親たちは犯人を捜し出し、その陰部と生命を奪わねばならない、との確認を強調した(31)。

とにかく、女性は手ひどく〈奪われねばならない〉、一見強姦のように見える行為も実は多くの女性が望んだものである、と考えた人は当時も大勢いた。女性はいったん〈乗っ取られる〉と、彼女の情熱は独りでに湧いてくるだろう、とも。この意味で、たとえばコロンブスの第二次アメリカ航海に同行したサヴォナ出身のミケーレ・デ・クネオは、友人宛の書簡の中でこのように書いている。《ボートで船出した時、私は非常にきれいなカリブ女を捕らえたが、上述の提督は彼女を私にくれた。彼女を私の船室に連れて行くと、彼女は習慣通り裸になったので、私は快楽に耽りたいとの欲望に捕らわれた。ところが、欲望を行為に移そうとすると、彼女はいやがり、爪を立てて抵抗するのでまったく何もしなかった方がましだった。だが、私はこれを見て、(君には一部始終を語ることにするが)一本のロープを取り、したたかに彼女を殴りつけたものだ。すると、彼女は君の耳には信じられないくらい、とてつもない咆哮をあげた。結局われわれは合意の上で行為をすることになったのだが、それで彼女は娼婦の学校で教育を受けたとの印象を受けた、と君には言っておく(32)》。

女が嫌がっても同じベッドで寝なさいと取り持ち女に勧められたら、まともな男は女性を〈奪わ〉ねばならぬ、とすでに一三世紀の笑話詩《ファブリオ》は伝えている。強姦の前触れに、《彼女はぼくの愛人になるだろう》と言ったとしても、不思議ではない[33]。女は性的な攻撃に対して抵抗しても、そのような振りをしているだけである。なぜなら女は至るところで勝利を収めたがるが、この戦いは例外だ、と一二世紀のフランス詩人クレチアン・ド・トロアは述べている[34]。この時代のドイツ文学でも、女性たちはしばしばいともおおらかに性を《強要》されている。《彼は愛をめぐって彼女と争ったが、ついに彼は彼女を意のままにした》といった具合である[35]。またコンラート・フォン・ヴュルツブルクにはこうある。《彼女は彼をあちらへ突き飛ばし、こちらへ押しやった。彼らは草の上で捕まえ合ったり、争ったりした。そのうちに緑の芝生はいつしか二人の臥《しとね》となった。そしていとも喜ばしい行為がそこで二人によって展開された[36]》。

正常な性交では男がどんなに攻撃的に振る舞おうと、強姦とは異なる。確かに中世では、この強姦に対して実に明確な表現があった――フランスではざっくばらんに《力ずくの性行為[37]》と言った。しかしながら、文学作品も年代記作家も強姦に対し、往々にして正常な性交と同じ語を用いた。たとえば、一五世紀に南西ドイツに侵入したアルマニャック伯の兵士たちについて、彼らは男どもを追い払った後で《人妻、娘、女中》を《愛した》と言っているのである[38]。

27 《叫ぶ口、濡れた女陰》

多くの社会で女性は、驚きのあまり身体中の力が抜け、強姦犯のなすがままになったり、犯人に小刀を喉に突きつけられて、まったく声も出せないわけではないにしても、せいぜい言葉で抵抗するくらいなので、強姦の被害者になっていることを他人に知らせる機会は少なかった。ソマリ族とアファル族の女性は強姦されそうになったら、わざわざこの時に備え習っていた喉の奥から絞り出すような金切り声（*ki-ki-kieee!*）を発しなければならなかった[1]。また一五世紀にレーゲンスブルク市法は古い規定を繰り返し発布したが、そこにはこう書かれている。《ある女性が誠実と名誉を奪われ、心ならずも手込めにされたと男を訴え出たら、彼女は大声の叫喚、ちぎられたリボン、逆立つ髪の毛、濡れた女陰でそれを証明せねばならぬ[2]》。

ベルトルト・フォン・レーゲンスブルクはある説教の中で、自分はしばしばこう質問されると言っている。《ベルトルト修道士よ、私は女性が抵抗し、大声をあげても野原で強姦される、とよく耳にします。どうしたら、女性が力の強い男をはねのけられましょうか？》これに対し、フランチェスコ派の修道士ベルトルトは答えた。《その時女性は嚙みつき、引っかきなさい。あらゆる知恵をふりしぼって抵抗するのです。できる限りの大声をあげなさい(3)》。

当時、つまり一三世紀に英国では、若い娘や婦人が男に襲われたら、《叫喚追跡》をしなければならなかった。その叫び声を聞いたら、近くにいる男も女もすべてすぐさま襲われた女性を助けに駆けつけることを義務づけられ、それに反した場合は罰せられた(4)。

ブリュンの陪審員記録には《もし彼女がたとえば大きな叫び声をあげず、黙していたならば、みずから合意したと見なされるだろう》とある(5)。すべての法規も文献も異口同音に述べている。被害者が少なくとも叫ばなければ、みずからにも責任がある、と(6)。一四世紀に一証人は法廷で述べている。《人声を耳にしたので窓際に行くと、二人の男が女性を引きずるのが見えた。その内の一人が窓の下で女性を押し倒してのしかかると、無理やり犯した。彼女は叫び声を上げ、自分が名誉ある女性であることを示した(7)》。

それに応じ、一五三六年にアウクスブルク市で、強姦罪で告発されたハンス・ランツベルガーは《彼女はもし嫌なら、大声で助けを求めたろうに》の論拠で自己弁護した。それ以前にもすでに同市である犯人はこう述べた。《あの女が抵抗したら、おれは犯さなかったろう。あの女がそれをしたいのかどうか分からなかった(8)》。

この理由からも、犯人は何とかして被害者に叫び声を上げさせないようにした。たとえば、一三八三年コンスタンツ市の肉屋フォーゲルは、若い娘を追いかけて地面につき倒し、喉にナイフを突きつけた(9)。ほぼ同じ頃、チューリヒの法廷でシュプリュングリの女房は、シュターデルホーフェン出身のヨハネス・リフ某についてこう述べている。《彼が私の家で飲んでかなり遅くなった時、宿を貸してくれと頼んだので、私は〈いいわよ。ベンチの上で寝る気はあるの〉と答えた。すると彼は〈喜んで〉と言った。それで私は夜具を二枚彼のために持ってきた。私が彼のもとから去ろうとすると、あの男は卑劣にも私に襲いかかり、長いこと私と争った。そこで私は大声で叫ぶと、彼は私に殴りかかり、小刀を私の喉に押しつけたので、私は危急の叫び声を上げた。こうして、私は言葉と振舞いで立派に身を守ったのだ(10)》。

中国では、一六四六年の清王朝による法律発布後、被害者が行為の最初から最後まで抵抗し、いかなる場所で性交が行われても、叫ぶのを止めなかった場合だけ強姦とされた(11)。もし止めれば、彼女が強姦による行為を楽しみ始めたことの間接証拠とされたらしい(12)。女性が抵抗と叫び声を止めると、その行為は単に両者合意の上の《許されざる性交》と見なされた。それに対して少女は重い竹で八十叩き、人妻は九十叩きを科せられたが、犯人はまったく処罰されなかった。強姦を目撃した男が、その行為の後で被害者に対し同じように〈事に及んだ〉場合、当の女性がすでに名誉を失っていたという理由で、その行為は強姦とされなかった。ただしこの場合、犯人は重い竹で百叩きを食らったが、もし被害者がまた徹頭徹尾抵抗し、のべつ幕なしに大声で叫ばなかったら、彼女にも罰が待ち受けていた(13)。

ヨーロッパでも中世後期から近世初期にかけて、法律的な観点からすると、たいていは被害者がいかんともしがたく挿入された時初めて強姦が成立し、暴力の脅しに屈したり、ひるんでしまった時は強姦とならなかった(14)。それでたとえば、一五一四年の皇帝マクシミリアン一世の州裁判所規則では、われわれが今日性的強要と呼ぶもの（《人妻と娘の意志に反し、あえて淫行を強いる者》）と、強姦（《あるいはその業を無理やり遂行する者》）をはっきりと区別した(15)。その後これに関していささか変わったとされるが、たいていの裁判所では実務上依然としてこの分類を守ってきた。たとえば、一九世紀のイギリスの法律では、強姦の事実が存在するのに、争いと肉体的な損傷を決して要求しなかったにもかかわらず、たいていの裁判官は事実上行為に先立って激しい争いがあってはじめて、強姦についてうんぬんする気になった(16)。二〇世紀末になっても、多くのケースでは事情は変わらなかった。今日でもたいていの裁判所では、被害者の打撲傷、捻挫、血まみれの掻き傷、怪我、脱臼などが証明できた時、はじめて強姦が行われたとした(17)。

《叫ぶ口》と《ちぎられたリボン》や《逆立つ髪の毛》から分かる争いのみならず、《濡れた女陰》、つまり精液まみれになった女性の陰部もしばしば、強姦の必須条件となった。年輩の名誉あるご婦人が、後には産婆がその痕跡や、むりやり挿入されたためにできた裂傷などの傷を診察した(18)。しかしながら濡れた女陰については、どこでも必要だったわけではなく、とりわけかなり古い時代には必要なかったようだ。たとえば、一三世紀以前の英国では、女性が格闘して押し倒され、挿入されるやいなや強姦が成立した。一三世紀に審理された一四五件のうち、たった一件だけ強姦の罪なしと宣告された。つまり、一二八七年にハートフォードシャーで強姦の廉で訴えられたヒューゴー某だが、彼は性交はしたが膣内に射精しなかったからである。ところが、この件については一四世紀のうちに事情が変わったらしく、犯人の女性の膣内への射精が必須条件となった[19]。たとえば、一七世紀にデヴィッド・ジェンキンスは裁判官のマニュアルで、《レイプは精液の流出のほか、争いの事実がなければならない。さもないと、それは重罪には当たらない》と断言している[20]。

もちろん、女性の膣内への射精が行われねばならなかった。それが行われたかどうかは、時として決めがたかった。たとえば、一六九八年マサチューセッツで行われた強姦裁判の中で、農民モーゼス・ハドソンは被害者メアリー・ホーソンの膣内に射精したと確信した。一方女性の方は、犯人は《欲望の赴くままに振る舞いました。が、私が懸命の抵抗をしてもみ合ったので、彼は私の体内で欲望を満足させることはできませんでした》と陳述した[21]。

皇帝カール五世の重罪刑事裁判法カロリーナによれば、《精液の射精によって完全に遂行された》強姦の場合、犯人は剣で処刑された。しかし、射精が行われないと情状が酌量され、犯人は《異例の刑を科せられた》にすぎなかった。《つまり、公衆の面前で鞭打ちの上、永久に所払いを》食らったのである[22]。もちろん、被害者の診察に当たりそのような精液を証明するのは、産婆にとって極めて困難だった。だから、たとえば一五四六年のパムハーゲン村の規定では、こうあるだけだった。《少女もある男に名誉を奪われたと彼を告発したとした時、いかに彼を指し示すかについては、それが行われた時に髪振り乱し毛を逆立てて、裁判官のもとに駆けつけなければならない。そして他の二人の人とともに、右胸の前に指を二本立て誓いを立てねばならぬ。そうすれば、十分に犯人を指し示したことになる[23]》。

しかしながら一七八〇年頃、英国の幾つかの裁判所は突然また強姦の条件として、射精が証明され

176 バリ島の悪霊ブタ・エンガー.

ることと主張しだした。その結果、犯人はこの犯罪の廉でもはや死刑に処されることはなくなった。たいていの場合、射精がもう証明できなかったからである。結局、一八二八年に〈精液条項〉が改めて廃止された時、医師チッティは以下のように一考を煩わせた。《生まれつき繊細な、とはいってもおそらく漠然とした感情が存在する。女性が明らかに力の限り抵抗した後で完全な暴行を受けたと知ると、男性はその感情ゆえに彼女との結婚をためらうのである。しかし、その性交が昔の強姦法に照らして、不完全だと確信すると、そのような感情は消え去るか、ごく僅かしか残らない[24]》。

事実、英国人チッティが控え目に述べたことは、被害者の体内に射精した時、はじめて女性を本当に〈奪い〉、彼女を〈物にした〉と考える多くの男の感情に適い、またそうしてはじめて男に〈征服〉されたとする大勢の女性の気持ちにも適っていた。それゆえ、強姦の被害者になった女性はしばしば、行為の後数カ月にわたり、陰部を洗浄し、精液とその臭いを〈なくした〉。それである調査の結果、被害者の四二・七パーセントがその行為後洗ったり、うがいをしたりせずにはいられなかったことが判明した。後者の場合、犯人が女性の口腔を犯したのである。周知のように、多くの哺乳動物は勃起したペニスから、精液と尿の混合物を断続的に、雄雌を問わず仲間に対して射精する。その際、時には雄も〈撃ち返す〉ので、文字通りの射精合戦が展開されることがある。それは未成年の少年がお互いの目の前でオナニーを行ってから、互いに精液を〈掛け合う〉のと似ている。[25]

176図には、バリ島の悪霊ブタ・エンガーが、まさに巨大なペニスで敵に精液をかける様子が見られる。それは共和制時代のローマの環状石の上に立つヘルメス神の柱像が、侵入者に向かって射精するのと似ている。177図では、ガリシアの男性意識の過剰な男が女流写真家を前にしてパンツをずり下ろし、彼女に向かって放尿している。それによって、《尿によるマーキングと性交には共通する行動の根が存在する》[26]という行動学研究者のテーゼが確認できる。オラーフ・グルブランソンは少年時代、眠っている《リントシュトレーム嬢》に友人と一緒に印を付けたことを覚えている[27]（178図参照）。ウエールズ北部のケイジョーグの谷では、若者は崇拝する少女を《自分と一緒に歩くよう》誘うのが普通だった。《少女が同意すれば、若者は彼女を人気のない寂しい場所へ連れて行き、〈……してほしい？〉と尋ねる。少女が〈イエス〉と答えると、彼は少女の帽子を歯でくわえ、ズボンの前を開くと彼女のドレスに小便をかける。男根を露出することで、彼女に対し自分の男らしさを証明するのである[28]》。

彼が彼女を小便で汚したのは、まず最初に彼女に印を付けたのであり、少女の所有権を主張したのだ。それは強姦犯が被害者に自分の〈臭いの印〉を残すことによって、彼女を自分のものとしたのと似ている。犯人は彼女の体内に〈射出する〉ことによってはじめて、女性の名誉を完全に奪ったのである。多くの男が犯した女性のもとを立ち去るのは、とりわけ彼女が別の男によってその精液で〈印を付け〉られた後だと言われている。[29]

そもそも男が女を強姦する、つまり力ずくで格闘して倒して挿入したり、性的な強要をするだけで

177　〈ラツァにおけるバラの月曜日〉，1985年，
クリスティーナ・ガルシア・ロデーロ撮影．

178　オラーフ・グルブランソンのスケッチ．

なく、また睡眠中や無意識状態の相手と同意なしで性交できることは、多くの文化と多くの時代で、たとえばルソン島北部のカリンガ族の人びとによって否認された[30]。彼らはいかなる男も女性を強姦する力はもたない、ただ彼女が不安になって同意するよう威圧することはできる、と言っている[31]。

一六七〇年頃ライプツィヒ大学の医学部で作成された鑑定書によれば、男が人並み優れて腕力が強いとか、少女が性的にまだ成熟していない場合を除いて、普通一人の男が女性を強姦することはできないとあった[32]。法律家ヨーハン・ヨドコ・ベックも《一人の男が他人の助けなしに、一七歳以上の少女を彼女の合意なく、力ずくで犯すことができるか》との問いに答えて、おおよそ以下のように述べている。《ほかの点では異論もあろうが、こと性行為に関しては、状況から判断して、女性がまだ成熟しておらずひ弱で体力もない、あるいは飲酒の場合を除き、男が一人で成熟した少女を辱めたり、力ずくで犯すことはできない。なぜなら、女性はその気になれば、さまざまな手を使っていともたやすく性交から逃れられるからである[33]》。

この意見はもちろん健康である程度の力のある女性や少女なら、騙された場合しか強姦の廉で男を告発できないと言っているわけだが、たとえばヴォルテールのような知識人[34]や多くの裁判官もこの意見に賛成した。たとえば、一八〇〇年に百姓の娘アンナ・アウラッハーは、フィッシュバッハウ裁判所でこのように白状した。《スカプラリオ祭りの一週間前に、一人の王室軽騎兵がもう一人の兵隊と一緒に私の家にやって来て、馬に大麦をくれと言いました。家族は皆ちょうど教会へ行っておりました。私が箱から大麦を取ってくると、彼は私を追い回して、結局妊娠させられました。一人前の強い女である私の申し立ては偽りであると信じてもらえず、真実を告白しろとか、拷問を覚悟しろと嚇されました。そこで私は誓いを立てて申し立てます。実は余り抵抗しませんでした、それゆえ私自身の責任です》。この女性は軽率の廉で判決を下されたが、一年前の姉エリーザベトの言い分は信用された。彼女は四人の助けを借りたフランスの軽騎兵に強姦された、と裁判所に通報したのである[35]。

その後は確かに、男が一人では女性の意志に反し、その膣内に侵入できないとの確信が流布したが、一八〇九年に強姦の事実に直面した医師エルバートはこのように確認した。女性が心ならずも《裸にされ、その陰部に手を触れられた時、彼女の意思に反し力ずくで押さえ込まれ、手込めにしようとする男が男根を陰部にあてがう事態になり、それから男が好色な摩擦運動をすることはありうる》と彼は考える。そして彼は、《正に男を知らない処女にあっては、この新たな感情によって知らず知らずのうちに快感をかき立てられたため、それから先は性交にもはや心から抵抗できなくなることは考えられないか》と問いかける[36]。

28　犯人たちとその刑罰

女性に対する強姦を認めた者に対する刑罰を考察すると、中世では刑罰が次第に緩やかになったとの印象を禁じえない。たとえば英国では、ヘンリー・ド・ブラクトンによれば、一一、二世紀には直接犯罪に加わらなかった共犯者すら死刑を執行されたり、切断刑を受けた。それなのにとブラクトンは『イングランドの法と慣習』の中で、女性を強姦した者に対する現行の刑罰は次の引用のように見える、と述べている。《この犯罪を認めた者には、目には目をによる肉体の部分の喪失が待ち受けている。［……］それゆえ、男が少女を求めた原因となった彼女の美を彼に見せた、彼の目を失わせよ。また彼の熱い欲望をかき立てた睾丸を、同じように失わせよ[1]》。

その上、ただでさえ緩やかになったこれらの刑罰は一三世紀以来実際には、罰金刑で埋め合わせるケースがますます増えていった。ただし、罰金刑は極めて高額で、ある意味で事態は同じように悪く、

179 〈放浪女性〉や愛人を手込めにする．『ザクセン法鑑』，1233年頃．

あるいははるかに悪いこともあった。なぜなら、罰金の支払いにより犯人とその家族が、完全に破滅に追いやられることが稀ではなかったからである。だから、往々にして強姦犯に対して死刑や切断刑を執行する、つまり必ずや重罰と感じられる刑罰を科すことを、裁判官はためらったように見える。なぜなら、一つには強姦という行為がたいていは実証しにくいものであり、また当の男が結婚の約束をしてうまく共寝したのに、行為後はまったく知らん顔をした場合、男を強姦で訴える女性が大勢いたらしいからである[2]。

中世後期と近世初期のストックホルムでは強姦事件がわりと珍しかったようだが、強姦には普通死刑が執行されたらしい。この犯罪は同じく重罪を科せられた家宅侵入罪のように、*edsöre*、訳せば《宣誓》を破ることと見なされた。というのも、家宅侵入が住居の私的領域を侵すように、強姦は女体の私的領域を侵したからである。もっとも当時は、被害者の女性が名誉ある人か否かで、しばしば区別された。それで『ザクセン法鑑』では、放浪女性、つまり売春婦や自分の愛人と合意なくして共寝した者は、死刑をもって罰せられることもある、と規定している。換言すれば、犯人を死刑にすべきか否かは裁判官のさじ加減に任されていたのである。《放浪女性や愛人と同意なくして同衾した者は、生命を失うこともある[4]》(179図参照)。

いずれにせよ、犯行時にすぐそばにあった物は強姦によってすべて汚される。それゆえ、この犯罪の行われた家は破壊され、その場に居合わせた犬、鶏などの動物は殺さねばならぬ。《いかなる犯罪によっても村の建造物を取り壊してはならぬ。ただし少女や人妻が強姦され、もしくは強姦するために連れ込まれた場合はその限りにあらず》。また《強姦が行われた時、居合わせた生き物はすべて首をはねられねばならぬ[5]》。

若い娘を強姦した者はその行為によって、結婚市場における少女の価値を落としたので、彼が被害者の女性と結婚するつもりだと宣言すれば、死刑は免れることもある、という規定も二、三あった。たとえば中世後期の『サン・セヴェール慣習法』には、法律の婉曲な表現によれば、《少女と関係をもった者》のみならず《少女を強姦した者》も、《結婚したり婚資を与える》ことがある。もっとも犯人が既婚者だったり、財産がなかった場合は、実刑に処さず、犬に嚙みちぎられ首を失ったことにして、紙（もしくは羊皮紙）の上で（書類上の意）、死者と見なした[6]。

もちろん一四世紀の『ブリュージュ市法』のように、まったく違った規定もあった。そこには《女性を襲った》者はその後結婚する気があると言っても、《殺人罪と同じように罰せ》られる、と謳われている[7]。

若干の法律によれば、犯人が被害者との結婚、ないし婚資の支払いによって死刑を免れる事実を見れば、強姦とは当時一族共同体や夫に〈属する物〉を損傷したにすぎない、との印象を受ける。事実、多くの文化史家が主張するように、被害者の女性の名誉はまったく顧みられなかった。もちろん、これは真実を半ば語ったにすぎない。たとえば、サクソスの『ゲスタ・ダノールム』から、一二世紀の末頃の強姦犯はその行為によって、被害者となった女性の父親や夫の〈所有権〉を侵害しただけではなく、性を享受する女性の自由をも侵害したことがうかがえる。[8]これに関しては、すでにメロヴィング王朝時代の法律が、強姦と淫らなセクハラは女性の名誉と羞恥心に対する攻撃と感じられる、と明文化している。当時の羞恥閾は極めて高く、そのためこの犯罪を法廷に持ち出すことを断念したり、それどころか死を選ぼうとした被害者も少なくない。[9]

ユダヤ人も伝統的に強姦や性的強要を、とりわけ人間の尊厳を冒す屈辱と見てきた。[10]しかも、被害者が犯人によってオルガスムに導かれた時でさえそうである。[11]たとえば、マイモニデスによれば、これは非常にありそうなことである。というのも、女性というものはいったん体内に男根を感じれば、熱情によって理性もモラルもかなぐり捨て、ひたすらこの行為に没頭できる、と彼は述べているからである。[12]これに関して、古代のアテネではどうやら意見を異にしていたらしく、だから女性を誘惑するのは強姦より始末が悪い、との見解を抱く注釈者が少なくない。[13]なぜなら強姦犯は女性の肉体を、それもごく僅かな時間だけ支配するにすぎないのに、誘惑者は当の女性の魂を、たいていは長期にわたって所有するからである。そこでたとえば、エウフィレテスは法廷でこう述べている。確かに強姦犯は女性の憎しみを買うが、しかしながら誘惑者は女性の魂を堕落させ、それによって夫以上に彼女を所有する。[14]

中世や近世初期の文献から明らかなように、実際の裁判で強姦事件に下す刑罰の厳しさには差がある。中世の盛期に、ハンガリーの犯人は《力ずくの凌辱》によって被害者の名誉を殺したということで、人殺しと同じ罰を受けたのに、[15]一三九〇年にバーゼルでは、ベギン会士の一女性を強姦したある織物職人は、一月間《塔牢獄のどん底に》ぶち込まれただけで、それから五年間市外追放になった。[16]一四二三年にコンスタンツ市で、フリックリ・リングリ某がうら若い少女を手込めにし、しかも産婆が《彼女の恥部に若干の損傷を認む》と断言したのに、寛大にも難を逃れた。彼はバーゼルの職人同様、市域から追放されたが、ただしこちらは生涯にわたる追放だった。その六年後、テーガーヴィレン出身のクンラート・シュテービュッツリンの身に、法の力がかなり厳しく襲いかかった。彼は養女に無理やり同衾を迫ったので、《広い野原》へと引き出され、そこで掘った穴の中の茨の束の上に寝かされた。彼は手足を杭にくくりつけられ、さらに茨の束をかぶせられ、そして養女の体内にペニスを打ち込んだように、彼も尖った杭を下腹部にぶち込まれた。[17]

強姦未遂と見られる事件にもかなり差があった。たとえばザンクト・ガレンでは、ヴルツバハの職人ウルバン・シュペンリンはどうやら親方の娘に摑みかかり、地面に投げ倒したようだが、《強姦》未遂の廉で有罪判決を受けた。しかしながら彼はその後、人の取りなしにより、また復讐を断念する誓いを立ててから、名誉毀損による莫大な罰金刑の恩赦に浴した。その反面、一六〇九年の次のような事件は、強姦未遂とは見なかった。自分は犯人に激しく抵抗したので、男は《男根を自分の身体にあてがいひどく苦しめたものの》うまく挿入できなかった、と淫行の廉で訴え出たロジーナ・ゼムリンが申し立てた事件である。[18]

ところで、中世から近世初期にかけての女性は今日よりも、《荒々しい、時には乱暴な性的言い寄りを蒙りやすい》、とエリアスの文明化理論の支持者たちは主張する。貴族は偶然出会った百姓女に対し、遠慮会釈なしに振る舞った、[19]とも述べている。ヨス・ファン・ウッセルも《中世の騎士はお気に入りの娘が一人でいる時に出会っても、手込めにしなかったら、世の笑い者になったろう》と言っている。[20]この手の著述家が誰一人として自分の主張を裏付ける出典を、一例たりとも引用しないのは妙である。だが、彼らは結局のところ、一二世紀末のアンドレアス・カペルラヌスの『宮廷風恋愛の技術』の一節に依拠しているように思われる。この本の中で作者は貴族の読者に向かい、もし欲望に捕らわれたら、遠慮なく百姓女と楽しむべし、と勧めている。絶好のチャンスがあったら彼女の髪の毛をひっつかみ、次の機会を待つようなことをするな、とも。《むらむらと百姓女を物にしたいと／その気になって／絶好の機会が訪れたなら／中途半端に振舞ってはならぬ／後日に譲ろうなどと夢思わずに即刻／力の許す限り存分に思いを遂げるべし／それでも力ずくということにしてはならぬ／随分と痛い思いもするだろう。／なぜならそれが百姓女の流儀というものだから。／恋人ならばそんな振舞いを許すまい／頭では分かっていても。／狩りの上手な御仁は／ますます上手に獲物をしとめ／ますます百姓女の流儀を楽しむことだろう[21]》。

百姓女を手込めにするのは、実際にはまったく強姦に当たらない。というのは、カペルラヌスによれば、彼女らはまるで獣のように奔放で、〈文明化されない〉衝動に駆られるからである。それゆえ、高貴な者が自分の欲望をそそるどこかの田舎娘と〈つがって〉も、その行為はどっちみち百姓流以外のなにものでもない。ヨーハン・ハルトリーブによるカペルラヌスのドイツ語訳にはこうある。《百姓どもが真の愛の修行を積むことなどめったにない、とわれわれは断言する。彼らは生まれつき馬やロバの如くに肉欲の虜となり、どん百姓の本性むきだしにして淫行へと導かれる[22]》。

カペルラヌスが中世における《強姦の問題に対する有益な拠り所》とはならぬことは[23]、専門家の間ではもちろん昔から一致している。だからといって、多くの騎士が百姓女を力ずくで〈物にした〉り、今日〈ちょいの間〉と呼ばれることを強要しようとしたのを、疑うべきでないのは当然である。アイルハルト・フォン・オーベルクの『トリスタン』で、ふらちな振舞いをしようとする殿方を、王の女官がたしなめるのはその線に沿っている。《そなたの分別はどこへやったのですか。すぐさま私に愛を求めるとは、私を百姓女風情と思し召すのですか。そなたこそ百姓だと思います》[24]。

中世には一般に〈階級差別的な裁判〉が行われ、貴族が社会の下層階級に属する女性を強姦しても、無傷であるいは軽い罪ですむ公算は、あえて言えば、高貴な婦人に強姦の罪を犯した農民や市民より高かったことも、異論の余地はなかろう。たとえばフランスでは、百姓女を強姦した貴族が、わりと軽い罰しか受けないことは珍しくなかった[25]。英国でも、被害者が上流階級の子供、娘、婦人の場合、下層の既婚女性や世間で後ろ指をさされる女性の強姦より、刑事訴追の公算ははるかに高かった[26]。また初期ルネッサンス時代のヴェネツィアで、貴族が社会の下層に属す男性より性犯罪を多く犯した事実は、彼らがかなり寛容に扱われたことと関連があると見られた。しかもこれは、いずれにせよ、強姦が他のイタリア諸都市より微罪ですむのが知れ渡っている都市でのことである。たとえば、一四世紀の半ばに三三人の貴族が非貴族の娘を強姦したことが立証されたが、牢獄にぶち込まれたのはわずか一二人にすぎず、ほかの者は罰金刑で難を逃れた[27]。

しかしながら以上の叙述がすべて、農民や市民の女性が貴族の〈発射〉用に供される、彼らにとっていい鴨だったことを意味しないのは[28]、貴族たちが万事に横車を押し通せなかったことからも明らかである。たとえば一四世紀に、紋章をもつロベール・ド・ラ・モール卿は、下層の仕立屋ジョンの息子ロバートを馬で踏みにじり、槍で突き刺そうとしたところ、この仕立屋の勇敢な振舞いによって貴族は馬の鞍から突き落とされて、殺された。その後の訴訟で、ヨークシャーの裁判官たちは正当防衛を認め、男を釈放した(29)。

一四三八年ゲント市に対して発したブルグント公フィリップの命令によれば、《少女、人妻、未亡人など》いかなる女性でも強姦した者、誘惑した者は《どのような身分にせよ》すべて同じ重罪が科せられた。被害者の家族が賠償金の支払いによって沈黙した場合、市の代理人が訴訟を起こした。公の関心は刑事訴追に集まったからである。市の担当官が二週間以内に訴訟を起こすのを怠ると、五〇年間、ということは実際には永久に市圏から追放される定めだった(30)。

一二世紀に、ノヴゴロド市とゴトランド島の諸都市の間に協定が結ばれた時、女奴隷が強姦された場合、償いとして自由が与えられると取り決められた。女奴隷がセクハラしか立証できない場合も、この違法行為に対し一グリヴナを受け取った。その際こうした犯罪や違法行為を、女性の結婚市場における価値を下げるだけではなく、彼女を辱め屈辱を与えたとも見ていた。なぜなら、女奴隷にも性的な名誉と、それを犯せば必ず罰せられる人的な不可侵性があるからである(31)。ロシアでは位の高い者に強姦された百姓娘でさえ、告発すれば成功する見込みはかなりあり(32)、〈民衆のための宮廷法〉は、犯人は奴隷に売られると規定した。被害者が婚約していると、犯人の全財産は当の女性のものとなった。婚約していない場合、財産の一部だけが彼女に譲られた(33)。スモレンスク市とリガ市の間に結ばれた通商条約にも、女奴隷や売春婦でさえ犯人からしかるべく賠償を受け取る、との規定があった。モスクワとキエフの圏内では、犯人は無実を証明せねばならず、被害者はその罪を証明する必要がなかった。[34] 結局強姦事件では、女性自身が訴訟を起こす必要があった。[35] これは西欧にも共通する特徴だった。たとえば、一二七〇年の『聖《サン》ルイ市決定事項』には、《女性は他人に支配され、すなわちそれは彼女の肉体がなした行為ではないゆえに、いかなる女性にも世俗裁判所で証明する責任はない》[36]とあった。

では、騎士はたまたま出会った百姓娘を強姦しなかったら、笑い者になるだろうとの主張はどうなるのだろうか。もちろん、その根拠はこんなことだろう。農民や市民の娘に少しばかり〈手助けしてやった〉と、仲間内で自慢し合う勇士が大勢いたのである。しかしながら、こうした性の自慢話がとんでもない結果になることもあった。たとえば、一四八一年に〈ライン河騎士団〉は、ハイデルベルクで馬上槍試合を催した。その期間中に、《婦人や少女の名誉を言葉や振舞いで奪ったり、それを自慢したり、また力ずくでそれを行った》貴族は一人残らず罰せられた。[37]

一四世紀初頭のこと、《人妻や娘を合意もなく犯した》事実により、アドルフ・フォン・ナッサウは仲間内でひどく評判を落とした、とオットカル・フォン・シュタイアーマルクは彼の韻文による年代記に記している。また一二九八年マインツで、国王が選帝侯たちによって退位させられた一因について、ジークフリート・フォン・バルンハウゼンは《なぜなら彼が少女を強姦したからである》と述べている。最後にもう一例。一二七一年に若きフライブルク伯ハインリヒが、ノイエンブルクの肉市場で暗闇に乗じ、一人のうら若い市民の娘に暴行に及んだ際、市内に反乱が起き、市民はすべて伯に対する忠誠の誓いを拒んだ。[38]

29　戦時の強姦と《娼婦部隊》

中世でしばしば行われた遠征で、無数の女性や娘が性的に征服され隷属させられたことは間違いない。このような集団暴行の恐ろしさも一部にすぎなかったことが、年代記作家シャルトルのフルシェーの言葉から明らかになる。彼は、一〇九八年の六月二八日にアンティオキア公ボヘムントの指揮の下、十字軍の騎士たちがサラセン人の陣営に突撃した後、女性たちを強姦しなかった事実を次のように述べている。《敵の天幕内の女性に関して言えば、フランス人は彼女らに悪事は何一つ働かず、腹に槍を突き刺した(1)》。

その際十字軍士らは女性がサラセン人だろうと、キリスト教徒だろうとほとんど区別しなかった。西欧側の多くの年代記作家は、イスラム戦士たちの被征服者の女性に対する振舞いは概してはるかに〈文明化されており〉、キリスト教徒の東方遠征軍とは違って、《発情して鼻息も荒く西欧の女性に襲

180　戦いの後一人の騎士が征服した敵の女性を強姦する．
ヘクトル・ミュリヒのペン画，1455年．

いかかったりしなかった》と断言し、その事実を重視した。たとえば一二〇四年、輜重隊付や陣営内の娼婦をあてがわれながらも、女に飢えた十字軍の騎士たちがビザンチンを落とした時、当地の人びとは彼らの妻や娘のことを非常に心配したのも当然で、歴史家ニケタス・コニアテスはこのように報告している。《ほかの男どもは今にも美女を略奪して強姦しかねまじき勢いで、色目を使って彼女らをまじまじと見た。われわれは女性のことが心配だったので、人垣を作って彼女らを真ん中に入れた。若い娘たちには顔に路上の汚物を塗るよう命じ[(2)]、これまではお白粉でその頬の輝きを増したものだが、今はそれを消させた》。ところが、このような対策を立ててもすべて女性たちの運命を守ることはできなかった。《彼らは神に捧げた群れとなっていと高き者に奉仕するため遠征してきたので、肩に十字の印を掲げた女性には指一本触れないと誓った男どもだったのに！[(3)]》

181　スイス人の撤退後，避難して逃れた女性がリスル市へ戻る．ディーポルト・シリングの『ブルグント戦争年代記』，1480年．

だが、多くの部隊は外国だけでなく、自国でも捕まえた女性をほとんど物にした。一四世紀のある年代記作家が語るところによれば、聖アルバン修道院の尼僧院長が、当院に宿泊しようとしたジョン・フィッツ・アラン卿の部隊の立ち入りを拒んだところ、兵士たちは力ずくで押し入った。そして《見習修道女を手始めに、未亡人、既婚婦人、修道女らの間を分け入り》(4)、女性を次から次へと犯した。このような次第で、敵方の包囲に脅かされる都市の女子は、征服された場合戦利品にならぬよう周辺へ逃げ出すことになった（181図参照）。

この点でスペインの兵士たちが一六世紀に新世界の〈蛮人〉を襲った時も、彼らは大して良心の呵責を感じないようだった。われわれの祖先は当時、片手に十字架をもち、片手に男根を握ってアメリカを征服した、とアンダルシア人が今日でも語り草にするのも、あながち誇張ではない。たとえば一

182　アタワルパ王に対し勝利を収めた後，スペイン人が水浴中のインカの女性を強姦した．テオドール・デ・ブリー．

五六五年ジロラモ・ベンツォーニは、インカ帝国最後の王アタワルパに対し勝利を収めた、ピサロ率いる兵士たちについて報告している。《その後兵士らは辺りの村々を歩き回ったが、一マイルほど行って森から遠からぬ所で、水浴場や養魚場で大勢の女性を見つけた。彼女らはかくも偉大な王様がわずかな兵士に捕らえられるとは夢にも思わず、上機嫌で水遊びをしていた。さて、スペイン人が彼女らに襲いかかり、中には服を脱いで裸になり水中の女性の下に飛び込む兵士もいた。彼らはその中の美女をさらって連れ去り、アタワルパ王の陣営で女性たちを犯したように、淫行にふけり思いを遂げた。この件に関しては、新世界について面白おかしく書く作家たちは、水浴場とアタワルパ王の陣営で女性が五千人ほど

183　スペイン人がアンデス・インディアンの女性を辱める．フェリペ・グアマン・デ・アヤラ『新年代記と良き政府』，1613年頃．

襲われた、と証言している[5]》（図182参照）。一六一五年の『新年代記』に載ったフェリペ・グアマン・デ・アヤラのスケッチにも描かれた、スペイン兵によるインカの女性に対する強姦やセクハラも、かなり控え目である。たとえば、〈代官と司祭と将校が車座になり、女性の恥部を眺めるの図〉（図183参照）では、見た所は覗き趣味の場面と見えるが[6]、その陰門と肛門をはっきり描いたところから、おそらく画家はこんなメッセージをほのめかしたのだろう。《スペイン人は戦利品の女性の膣も肛門も〈奪った〉のだ》と。

スペイン人がメキシコを征服した時も、女性に対し残虐ぶりをほしいままにした。スペインの歴史家ディアス・デル・カスティーリョですらそれについて言及せざるをえない。《兵士たちは一五人から二〇人の群れをなし、国中を徘徊して略奪し、女性を強姦し、あたかもトルコにいるかの如く振る舞った[7]》。

以上のような報告を見ると、中世や近世初期の部隊はいわば強姦の特許状をもらった、あるいは性的な戦利品に関する慣習法のようなものがあった、との結論を引き出す気になるかもしれない。ところがそうではないのである。すでに旧約聖書にも、女性に対する性的な戦争犯罪の〈文明化〉の試み

184　敵方の兵士がある城を占領し，女性を強姦する．
フランスの装飾挿絵，14世紀末．

とも読める掟が載っていた。《捕虜の中に美しい女性がいて、心引かれ》――一四世紀のヴェンツェル聖書には控え目に《彼女が好きになり》と書かれている――《妻にしようとするならば、自分の家に連れて行きなさい。彼女は髪を下ろし、爪を切り、捕虜の衣服を脱いで、あなたの家に住み、自分の両親のために、一カ月の間嘆かねばならない。その後、あなたは彼女のところに入ってその夫となり、彼女はあなたの妻となる（ヴェンツェル聖書では《彼女と寝よ》）。もし彼女があなたの気に入らなくなった場合、彼女の意のままに去らせねばならない。決して金で売ってはならない。すでに彼女を辱めたのであるから》（申命記二一章一〇節以下）(8)。

一三八五年のリチャード二世の「戦時規約」によれば、強姦を認めた兵士はすべて絞首刑にされた(9)。だが、当時は、年代記作家も戦時の強姦が不名誉な犯罪ゆえたいていは黙して語らなかったこともあり(10)、それに関する信頼の置ける報告はほとんどなかった。

それにまた罪人がどんな不名誉な刑に処されたか、分からなかったことが往々にしてあった[11]。上の規約条項が疑われたのも当然である。なぜなら、一六四二年の「戦時の一般的な慣習と法律」には、確かに強姦と《自然に反した凌辱》に対しては死刑を科すとあるが、しかし《寛大な処置はなし[12]》の付帯条項が欠けているのが、その間の事情を物語っている。当然ながら軍司令部にはそれに関して大きな裁量の余地が残されていた。

《農民の暴動に際し、神と聖人の名にかけて誓うべき》「ロイトキルヒ市の傭兵誓約条項」にはこうある。《第五項。そなたらは神の家、つまり教会と修道院、寡婦と孤児、産婦、女性と娘を辱めたり冒瀆すべからず。とりわけそなたらの力の及ぶ限り、彼らを扶助し、守り、庇護すべし》。それどころか、強姦は死刑に処すと脅された部隊も少なくない。《使徒が言われるように、不浄な者は何人も神とキリストの国をもてないだろう。われわれはいかなる者も人妻でも娘でも、女性を強姦せぬように、極刑をもって厳しく命じる[13]》。一五二五年五月一〇日に発布されたエルザス地方の農民の戦争規約には、このようにすら書かれていた。《第一八項。婦人や娘を冒瀆したり、不当な言葉によって辱めた者は、一人残らず生命にかかわる刑に処すべし[14]》。

このようなあらゆる命令にもかかわらず、ドイツ農民戦争のさ中にも〈もちろん〉強姦事件はたくさん起きた。時には女性すら強姦で嚇して圧力をかけた。たとえば一五二五年の三月、一群の農婦がヘグバハ修道院の門前にやって来て、暴徒が修道院の穀物をもち去ろうとしている、とシュヴァーベン同盟に助けを求めた修道女たちをこう言って嚇した。《お前たちなんか百姓どものところへ来るがいい。服は頭の上までまくり上げられるぞ。そしたら子供も生まにゃならんし、おらたちと同じよう

に苦しまにゃならんぞ[15]！》

いつの時代も敵国の領内での強姦が厳禁されたのは、おそらく礼法上や人間性の理由からではなく、性的な放埒によって部隊内の規律が緩むという事実によったのであろう。なぜなら、大量強姦では戦利品としての女性をめぐって重大な争いや戦いとなることも、よくあったからである[16]。兵士たちの性の問題に秩序を与え、管理できるものとするため、とりわけ中世後期では陣営内の娼婦と輜重隊付きの娼婦をしばしば大目に見た（185図参照）。彼女らは性的な用を足すばかりか、しばしば料理とか洗濯のような用事もしたし、中には特定の兵士や傭兵と密接な関係も結ぶ者も少なくなかった。中世の盛期にはこのような《放浪女性》はたいてい認められなかった。教皇ウルバン二世はすでに一〇九五年の第一回十字軍に際し、いかなる女性も十字軍に参加させてはならぬ。ただしその夫、兄弟、ないし個人的な保護者に同行する節はその限りにあらずと触れを出した、と修道士ロベールはわれわれに告げる[17]。

185　ニクラウス・マヌエル・ドイチュ，傭兵と輜重隊の娼婦，1546年.

公娼を同伴してはならぬとの命令は、確かに第一回から第五回の十字軍では出されたが、しかしいつも効果はなかった[18]。イブン・アル・カティルは、アッコン市、当時の聖ジャンヌ・ダルク市の包囲にはフランスの女性たちも加わった、と報告している。ともあれ、こうした女性は、十字軍の騎士に《享楽と喜びを提供する》ために、ほとんどが東方へやって来た。一隻の船だけで三〇〇人の美女が運び込まれ、これらの娼婦のために寝返ったアラビア人も何人かいた、とも述べている(19)。リチャード獅子心王は一一九一年ドイツの騎士団とともにアッコン市をアラビア人の手から取り戻したが、娼婦たちが部隊に付いてくるのを許さなかった。しかしながら実際には彼女らがアラビア人の心を高ぶらせたことは、当時サルタンだったサラディンの秘書が詳しく述べた言葉から明らかである。《声はにぎやかで化粧をしており、欲望が起き食欲をそそられる。大胆で情熱的、声は鼻にかかり肉付きのよい内股。［……］彼女らは享楽のために自分の品物を提供し、銀色の足環を金色のイヤリングに届かんばかりにもち上げる。［……］彼女らはみずから男どもの投げ矢の的になり、みずから長槍に突かれ、みずからの楯に向かって槍を立てさせた。［……］彼女らは足に足をからませ、彼女の穴の中で次から次へとトカゲを捕まえる。彼女らはペンをインク壺に導き、山間の急流は谷底へ、槍は鞘へ、薪はかまどへと導く(20)》。

すでに第一回十字軍のさ中にもノルマン人ボヘムントは、教皇の禁令にもかかわらず大勢いた輜重隊付きの娼婦を、アンチオキアの陣営から追放した（図186参照）。騎士たちが《放縦な生活によって汚れ堕落し、主の御心を傷つけぬ》ようにである。その一世紀後ロベール・ド・クラリは、一二〇四年のビザンチン突撃の前に、司教たちが説教でこの度の戦いは正義の戦争だと述べた、と伝えている。この戦いを汚さぬように、《軽薄な女性を捜し、軍隊から遠ざけるよう命じた。彼女らは残らず一隻の船に集められ、遥かな地へと送られた(21)》。

186　上：輜重隊付の娼婦をアンチオキアの十字軍士の陣営から追放する．
下：十字軍士がアラビア人のスパイを去勢する，1490年頃．

中世後期にも《放浪女性たちは》、たとえば大目に見られたり、ジャンヌ・ダルクによって追い払われたりした[22]。一五二五年四月二七日オクセンフルトで発布された、タウバータール農民部隊の戦争綱領にはこうあった。《第五項。淫らな女性を陣営内に置くことを許すべからず[23]》。ほぼ同じころ世界のまったく反対側で、インカ帝国の戦士たちは *mita huarmmi* と呼ぶ輜重隊付の娼婦を携行した。ガルシラソ・デ・ラ・ベガによれば、《より大きな害を避ける》ために許された由だが、ただしそれが何をさすかこのスペイン人ははっきり述べない。*mita huarmmi* は普通陣営外のみすぼらしい小屋で暮らしたので、彼女らは *pampairuna*、つまり《戸外で暮らす人》とも呼ばれた。彼女らはひどく軽蔑され、まともな女性は一言たりとも彼女らと話してはならなかった[24]。

一六八四年から八七年にかけて、フランス軍のために幾つかの法律が発布されたが、それによると周辺二マイル以内に姿を現した娼婦は、鼻を切り取られ耳を削がれるとあった。ところがこんな苛酷な刑罰がしばしば執行されたかどうかは、またしても疑問として残る[25]。中世から近世初期にかけての輜重隊付の娼婦がしばしば追放され刑罰を受けた後で、彼女らは結局上層部にも受け入れられることになり、一七世紀初頭には兵士一〇〇人当たり五人の娼婦がやって来た[26]。

厳しい禁止令にもかかわらず、一七、八世紀になっても軍隊が略奪と集団暴行を行うのを、国内国外を問わず住民たちは覚悟していた[27]。輜重隊付の娼婦や陣営内の娼婦を追い払っても、フランス兵の強姦欲を鎮める足しにはならなかった。たとえば、ニュルンベルクで印刷されたパンフレットには、一六八九年にルイ一四世の軍隊による第一次ハイデルベルク占領の記事が載っている。《彼らはその女性たちを相手に公道で淫らな欲望を発散させ、一四、五歳の少女をも容赦せず、泣くほどのひどい

187　フランス人がオランダ婦人を強姦する．
ローマイン・デ・ホーへのエッチング，1673年．

目に遭わせた[28]》。
このような不当な人権侵害は確かに罰せられることも珍しくなかった。たとえば、一六八〇年にブライスガウのフライブルクでは、若い行商女エリザベータ・エールマイエリンに強姦未遂の廉で訴えられた二人のフランス士官のうち、一人は《逮捕された[29]》。しかし、市内突撃後の集団強姦では、軍司令部もどうしようもなかった。このようなわけで、一六九三年のハイデルベルク占領中、士官たちは四年前の第一次占領時における無数の強姦事件を思い出し、住民、特に城内に逃げ込めなかった女性と娘たちを聖霊教会と、後にはカプチン派の修道院教会へ連れて行くよう命じた。それにもかかわらず、大勢の《女性》はフランス軍の手の中に落ち、《公衆の面前で凌辱され》、ついに死んだ。たくさんの男女が《服を剝がれて》裸にされ、《とりわけ女性は非人間的にむごい目に遭わされ、そのため天も蒼ざめんばかりだった》。とうとう聖霊教会に火が放たれ、そこへ非難していた人びとは外へ逃げざるをえず、多くの女性はまたしても小路の舗道上で、しかも皆の目の前で強姦された。その後でもしばしば《無理無体に陣営に連れて行かれ》、被害者はそこで改めて強姦された[30]。

次の世紀に敵国や自国内で、フランス兵が女性に対して文明化された振舞いをした兆候はないし、平時にも軍隊による強姦は日常茶飯事だった。たとえば、フランス革命暦四年にセーヌ下流管区第八大隊に属する兵士が何名か、若い二人の娘を襲い残酷にも強姦したので、ナント市の住民の間で怒濤のように反乱が起きた。医師の診断報告書には、一六歳になるやならずの一人の娘についてこう書かれている。《陰部に激痛を感じ、また数名の兵士がこの市民に暴力を振るい、繰り返し放埓な行為を加えたため鬱血が生じている》。被害者の出た地方の若者たちは時に報復をすることもあり、彼らと兵士の間で本格的な戦いになることもあった。なぜなら、若者たちは〈彼らの〉若い娘や女性に対する軍隊の襲撃はいかなるものであれ、おのれの名誉に対する攻撃と感じたからである[31]。

一八世紀末にはなるほどフランス軍は洗濯女や行商女を供に連れたし、フランス革命暦の初期には女性の服を着た女性兵士もいた。しかしながら、公娼は一般に排除されたままだったし、軍隊の駐留した地方ではどこも、女性を兵士たちから遠ざけるよう苦労した。それでシュヴァーベンの画家ヨーハン・バティスト・プフルークは、一七九六年にビーベラハ市に滞在したフランス軍に対する指令を思い出した。《いかなる婦人も陣営内の立ち入りを許されなかった。フランス人がみずからこの禁止令を市内で告知した[32]》。

その反面、国内の女性が兵士に強姦される危険は大きかった。そこで軍司令部は予防措置をとった。たとえば、ナポレオン・ボナパルトは革命暦六年の第一〇月、つまり一七九八年七月二二日に、〈オリエント〉号に乗船してエジプト遠征中、国軍に向け布告を発したが、そこにはこうあった。《われわれがこれから向かう国々では女性の扱い方がわれわれとは違う。しかし、どのような国でも女性を強姦する者は化け物となる(33)》。

女性に対する強姦はもちろん、フランス軍だけのものではなかった。たとえば、七年戦争中ロシア軍はベルリン市内、ことにベルリン周辺で、被害者の服を剥いで裸にし、苦しめたあげくに公衆の面前で《家畜の》ように大勢の女性を強姦したが、老若お構いなしだったと言う。それからしばらく後、オーストリア人とザクセン人ももちろんそれと変わらぬ振舞いをした由(34)。

一七四六年のカロドゥンの戦いの後で、英国人は群れをなして高地地方のスコットランド婦人に襲いかかり、しかも大枝にかけられぶらぶら揺れる断末魔の夫の目の前でのことも稀ではなかった。妻たちは夫が生き延びても九カ月間はもはや夫と寝ないと約束したが、レアド・オブ・グレンモリストンはこう伝えている。《夫たちは妻の決意に同意した。しかし彼女ら》つまり妻たちは《幸いなことに凌辱によって赤子を産み落とすこともなく、悪い病気にかかることともなかった(35)》。もっともそれ以前の時代、高地スコットランド人自身も復讐行為《フェーデ》の際、敵の女性をお手柔らかには扱わなかった。彼らは家畜や財産を残らず奪ったのみか、女性の衣服をすべて身体からちぎり捨て、《上述の地の女性を打ちのめし、その頭の毛を切り落として》、なおいっそう彼女らを貶めた、と一五八三年には言われている(36)。

すでに一六世紀には中南米の征服者《コンキスタドール》たちが、また一八世紀にはスペイン人も、船員たちに強姦のみか現地人とのいかなる性交をも禁じた。それで乗組員がわりと少ない場合、この禁令を守るためある程度の見張りを立てた。いずれにしても、一七九二年アメリカ北西海岸のハイダ族の男性たちが、船

188　白人と付き合ったクワキウトル族の女性を嘲笑する人形.
クイクセト・エノクス，19世紀末.

長ハシント・カーマニョと乗組員一同に女性を提供して拒否された時、インディアンたちは《いたく驚いた。というのも、この地方で貿易をする英国人などが、彼女らを》、すなわち性的享楽用の女性を《受け入れたどころか、要求し選びもする》のに彼らは慣れていたからである。ハイダ族の人びとはこの女性たちの価値をつり上げるため、ずる賢くも高貴な婦人と称したが、実際は自分らが売春婦と見ていた女奴隷だった。ちょうどポリネシア人がこの種の女性を尊大な外国人に提供したように、それは土地のまともな女性が暴行されないようにとの対策だったのだ[37]。そこでカーマニョには首長の娘と称する女性が提供されたが、彼女について船長は航海日誌にこう書いている。《彼女の下唇には飾片がなく、その姿には好感を覚えた》。成熟の印として初潮以後は唇飾片を付けるのが、ハイダ族、ツィムシァン族、トリンギット族など北西海岸の先住民の名誉ある娘の証だった。ただし女奴隷だけはそれを付けるのを許されなかった[38]。名誉ある女性が白人と付き合ったりしたら、本人のみならず親類縁者一同に悪評が立ったろう（188図参照）。

一九世紀になってから徐々に、その後特に二〇世紀になると、多くの軍隊が再び公式に売春婦を兵士にたっぷりあてがう方針に変えた。少なくとも一つのケース、つまり一九三七年の日本人による南京占領後には、日本の司令部が大量の売春婦を中国の都市に送り込んでようやく、残酷で怒濤のような集団強姦が収まったと証明されている[39]。中国との戦争で、日本軍はおよそ二〇万の朝鮮人、日本人の《慰安婦たち《ヤンプー》》を後方基地に送った。また一九四三年七月三〇日の法律により、ほぼ同数の朝鮮人女性がまたしても強制徴用されたが、うち三分の一ほどはもっぱら売春婦として働かねばならなかった。戦後、朝鮮で《精液を受ける部隊》と呼ばれたこれらの女性は名誉を失ったために、家族の元にも帰れず、また普通の生活を送ることも、結婚もできなかった[40]。

一九三二年五月一七日に〈現地女性に対する将校連についての報告〉と題する回状が出たが、この中でキュレナイカのイタリア軍司令官ロドルフォ・グラツィアーニ大将は兵士たちに向かい、自制して現地女性には手を出さぬよう命じた。楽に命令を守れるよう、まだ軍隊用女郎屋のないところには、どこでもできるだけそれを建てるだろう、とも書かれていた[41]。

ドイツ語圏でも一九世紀には確かに多くの部隊には輜重隊付の娼婦がおり、たとえば一八〇六年にはプロイセンのヴァルテンスレーベン連隊は、《三三名の女性》を伴った[42]。しかしながら、野戦娼館は後になってようやく建てられたし、オーストリア・ハンガリー帝国に至っては、軍司令部がこの対策をとる準備があると宣言したのはなんと第一次世界大戦後になってからだった[43]。

インドネシア戦争で、フランス兵はBMC（野戦移動娼館）を利用したが、そこにはとりわけアルジェリア女性が配備され、それは部隊とともに前線へ移動すらした。後にはアメリカ軍も、国防省《ペンタゴン》と ウェストモアランド参謀総長の明確な同意により、基地にヴェトナム女性のいる娼館を設置した[44]。一九七三年アメリカ軍で、ダッチワイフの手を借りたり（189図参照）、現地女性を強姦したくない者は、

189　湾岸戦争中の GI，1991年.

おおよそ三〇万人から五〇万人ほどの売春婦を利用できた。[45]

一方、セルビア義勇軍は一九九二年の夏まず無数のイスラム系のボスニア人女性を強姦し、それから一万ほどの女性を無理やり特定の家に連れ込んで性的な用を足す準備をした。ツヴォルニク市近郊にあるリプリエ出身の四人の若い被害者はこう語った。《私たちは義勇軍の手で偽装した娼家に十夜も監禁されました。そして毎晩三人以上の男に強姦されたのです[46]》。新聞報道によれば、一一月末までにすでに五万人が強姦され、多くの女性は三六の陣営に売春婦として兵舎暮らしをさせられ、そこではボスニアとクロアチアの被害者はしばしば、二人の男に同時に肛門と膣に挿入された。[47] セルビアのテレビでは、この数字に対するコメントとして、かくも大勢の魅力的な女性はクロアチアには全く存在しない、と指摘した。

30　婦女暴行と文明化の過程

ノルベルト・エリアスやその信奉者、後継者にとって、中世から近世初期にかけての女性に対してなされた残酷な行為や惨たらしい強姦は、当時の人びとの〈情動の状態〉と〈衝動の発散法〉が現代のヨーロッパ人のそれとは、まだ根本的に違う例となる。《それで本質的には官能的な満足の対象である女性に対する不信感から、略奪や強姦の喜びが生まれる》。騎士たちが時に妻の顔面に一発食らわすだけでなく、(1)《女性に対する快楽や、敵や敵の陣営に属するすべてのものを破壊し、苦しめることで憎悪を徹底的に満足させる》気になったのは、ごく当たり前のことだった、(2)と言う。

現代の兵士たちが、女性に対し残酷な行為をしたり、強姦や辱めを加えるのをいとわない点について、なんと言っても第一次大戦に参加したエリアスはまったく別の観点から見る。《それは無数の規則や禁令によってセルフコントロールされ、限定され、抑制される。それは他のすべての欲望の形と同じようにひどく変わり、〈洗練〉され〈文明化〉する。それで夢の中とか、われわれが症候と呼ぶ二、三の突発事件の中でのみ、規制されない力がいささか直接に発現するにすぎない(3)》。しかし、現代人にあってはそのような行き過ぎた〈病状〉すらも、彼を支配する強力な自己抑圧装置が働くために、滅多に発現しない。《文明化社会の日常において必要な規則正しい慎み深さと攻撃欲の転換は、飛び領地（つまり戦争や革命）で、簡単にはまた後退しえない(4)》。

エリアスはここで作為的に暗黒時代とされた中世を、婉曲に言えば、理想化された現代と比較しているのでは、と人は自問するだろう。事実、衝動を制御した〈文明化された〉人間についてエリアスが描くイメージは、現実とは似ても似つかぬように思われる(5)。

中世の男は、現代の文明化された生活に必要な慎み深さを負わせる例の《自己抑制装置》をもたなかったため、中世では今日よりずっと多くの女性が強姦されたことがエリアスの主張に暗に含まれるならば、すべてはまったく逆であり、《文明化の過程》が進むにつれますます多くの女性が、男どもの性的な被害者となったたし、現になっていることを万事が示唆している(6)。

たとえば、一四世紀の英国は当時とりわけ乱暴者のいる国と見られ、ほぼ現在と同じほど多くの強姦犯が刑法に照らして訴えられた。しかし当時は現在よりも多くの有罪判決が下されたし、また今日の英国はドイツとくらべ、いやそれどころか米国とくらべても、強姦が非常に少ない国になっている(7)。

一七九〇年にマサチューセッツの観察者たちは、表面に出ない隠れた数値を、一般犯罪については九〇パーセント、強姦事件では九八パーセントと見ることから出発した(8)。これはどうやらまったく現実放れした数値でもないようで、中世後期や今日でも想定される数値と本質的には異ならない。たとえば、最近の研究から、スコットランドでは未遂もふくめ強姦事件の約九三パーセントは、告発されないことが明らかになった。[9] 一九七六年から八〇年にかけて、ロンドンのレイプ・クライシスセンターに強姦されたと届け出た女性のうち、七五パーセントは告発を断念し、また一九八二年に行われたロンドンの調査によれば、この犯罪を警察に届け出たのはちょうど八パーセントだった。[10] 旧西ドイツでは、一九八〇年代に年間七〇〇〇件の強姦事件が告発されたが、しかしながら実際の件数は一四万件から二〇万件と見積もられている。[11] これには夫婦間の〈合法的な〉強姦ほぼ一六万件は、計算に入っていない。[12]

一九八四年にアメリカでは、未遂もふくめ二〇万件ほどの強姦事件が告発されている。堅く見積もっても、アメリカ女性の少なくとも五人に一人が、生涯に最低一度はその種の犯罪の被害者になると覚悟しなくてはならない。[13] ほかの見積もりによれば、全アメリカ女性の六二パーセントから六九パーセントは、すでに少なくとも一度は犯人の肉体的な暴力の行使を含む強姦未遂事件を体験している。さらにもっと多くの女性が性的なパートナーによる、肉体的な暴力の行使に耐えねばならない。とりわけ、パートナーが女性の望まない、ないしは嫌がる肛門性交のような方法を強要するからである。

アメリカのカレッジの男子学生は約四分の一が、すでに強姦未遂を少なくとも一度はやったと認めており、さらに多くの学生は一回ないし数回の《デイト・レイプ》をして成功したと宣言している。[14] 他の調査で質問を受けた大半の学生は、女性から一緒に遊びに行かないかと尋ねられた事実から、彼女と寝る、しかも彼女が抵抗してもそうする権利があると感じた。[15]

一九六〇年から八〇年にかけて米国で記録された強姦件数は一〇〇パーセントも増加している――

これは他のいかなる暴力犯罪よりはるかに多い[16]。一九七七年から八六年にかけて、強姦率は三四・一パーセントも高くなっているのに、殺人率は八・五パーセントしか増加していない[17]。これはもちろん、ここ数年にわたり強姦された女性の告発する気持ちに変化が起きたことを、考慮する必要がある。

現代の産業社会における強姦率の高さはまちまちではあるが[18]、それは概して〈文明化の過程〉が進むにつれますます増えていくと断言できる。このことは現代の〈見通しのきかない〉社会において、社会の監視が弱くなったせいであり、また犯人が犯罪を償うリスク[19]、つまり女性を強姦しようとする男の有罪判決を受けない機会が極めて大きくなっていることにもよる。米国では以下のようにはじき出されている。《あらゆる条件を考慮しても、平均的なレイプ犯が実刑を受ける可能性は最大でおよそ〇・〇四パーセントとなる。その上、この少数者に実際下されるのは、かなり寛大な罰が多い[20]》。

さらにはまた現代の消費社会において、特に社会的に抑圧された人びと、成功の見込みのない人びとが、いざとなると各地で消費用に提供された品々を、力ずくで手に入れようとする気持ちが非常に大きいことも、一役買っているかもしれない[21]。その際、性的な享楽を、しかも楽しむ人のステイタスを高める享楽を市場に提供する女性も例外ではない[22]。

エリアスの考え方が、中世社会では現代社会と違い、女性は主として《性欲の充足の対象》、しかも容赦なく性的に消耗できる対象と見られたことにあるなら、現代の快楽主義的な消費社会において、女の性が性的な商品になっている効果を過小評価していることになる。この消費社会では、若い娘や女性を、彼女らの意志に反してでも〈奪う〉ことは、多くの男性にとって自明であるように見える。《血を流す年頃なら屠殺するには十分さ》と、すでに引用したアメリカの有名な決まり文句に謳われている。イギリスのペントンヴィル刑務所のほとんどの囚人が、女性や一三、四歳の少女を、ということは既に〈出血し〉た少女を強姦するのは、不法行為でないし、ましてや犯罪でないと見ているのは、いかにも彼らしい。〈jail bait〉と呼ばれる生殖能力のある女性は、《手を出しても良い者《フェア・ゲーム》》である。つまり、その機会さえあれば男どもにぱくつかれる獲物の意である(23)。

　成熟した女体をわが物としたいという多くの男性の感情は、いわば自然に起こるもので、もちろん二〇世紀になってはじめて生じたものではない。あらがいがたい性衝動、男を性的な獲物に駆り立てる《自然》という考え方も、また二〇世紀に生じたものではない。一五世紀にディジョンの娼婦を訪れた男は、《自然がおれを駆り立てる》と告白しているし(24)、一三八八年にはポアトーで若者たちが起こした強姦事件を、この年齢特有の性的な放埓のせいだとして、罪を許した。《気晴らしに、また若者の性に駆り立てられて、やむなくこうした行為に至った(25)》。このような《男の性《さが》》は社会の邪魔者のようなもので、時どき頭をもたげると餌をあてがわなくてはならない、と見られていた。たとえば、一五二六年にザンクト・ガレン市で、コンスタンツ市出身の料理人で、再洗礼派のハンス・シュラーディはこう言った。《人は自然にかき乱されると、神の命じた罪には背くが、母でも、従姉妹でも、姉妹でも、女なら誰でも抱くことができる(26)》。

31 《ユダヤ女でも構わぬ、お前が女ならいいんだ!》

文明化の過程が進むにつれ、日常生活において強姦をしようとする気持ちは近代の《自己抑制装置》によって大幅に抑えられ、ほとんどが夢の中とか《病者の》症例としてしか現れなくなったとする、エリアスの主張が論外だとしたら、彼の第二の主張はどうなるのかという問題になる。戦争や内乱においてすら、抑制され、穏やかになった人間の（この場合男性のことだが）本性が、《簡単にはまた後退しえない》というのは本当だろうか。

一九八四年一一月号の『エスクワイア』誌の表紙で、戦争を《性の陶酔》、男性が生涯密かに愛し、女性にとっての出産にもっとも近いものであると呼んでいるのがいかに正しいか、[1] たとえばヴェトナム戦争のジャーナリストや帰還兵の目撃報告を読んだ人なら誰でも明らかになる。ヴェトナムの農家に侵入し、性のはけ口にするため若い娘をその父親の目の前で強姦するのは、アメリカの兵士なら誰でもやったことだった。《売春婦なんかいらない。M16ライフルがあるんだ。女に何か払う必要はない。村に行ってほしいものを取って来ればよい。そんな風にして女とセックスしたことが一度もないらしい連中がいた。彼らは二重の意味でヴェテランになって戻って来たよ(2)》。つまり、まず女性を強姦し、その後で彼女を虐殺したのだ。そのやり口は、村に入ったが〈性病〉を恐れて、強姦の代わりにX脚の女性の頭や腹や陰部を銃で撃った仲間とは異なっていた(3)。少なからぬ兵士たちは妊婦を強姦して死に至らしめ、その後でにやにやしたりわめいたりしながら母胎を切り裂き胎児を取り出した(4)。ヴェトナムの法廷で、目撃者の女性はこう証言している。《私はほかの少女たちが素っ裸にされ、血の海の中にいるのを見ました。彼女らは強姦された時、手足をしきりにばたつかせている姿も見ました。アメリカ兵たちは空のビール瓶を少女らの陰部に突っ込んだり、タバコを膣の中でもみ消したりしました(5)》。

　海兵隊のスコット・カミル軍曹は、兵士たちが《結構なsop（標準作戦行動規定の略）》と呼んでいるものについて述べている。《われわれが村に入り、村人の捜索をする時、女性はみな衣類を脱がねばならなかった。また彼らがどこにも何も隠してないのを確かめる口実で、兵士たちはペニスを利用した。それは強姦だったが、にもかかわらず捜索とみなされた》。問い《捜索だって?! 将校たちはその場にいたのか？》カミル《ああ、もちろんいたよ！》問い《それは中隊としての行動だったのですか？》カミル《そう、中隊レベルだった》。問い《その時近くに中隊長はいましたか？》カミル《はい》。問い《彼はそれに同意を与えたのか、それとも目を背け……》カミル《中隊長殿は一度もそれを禁止したり、口に出して言ったりしなかった。大事な点は、新聞記者がいる時にわれわれがある

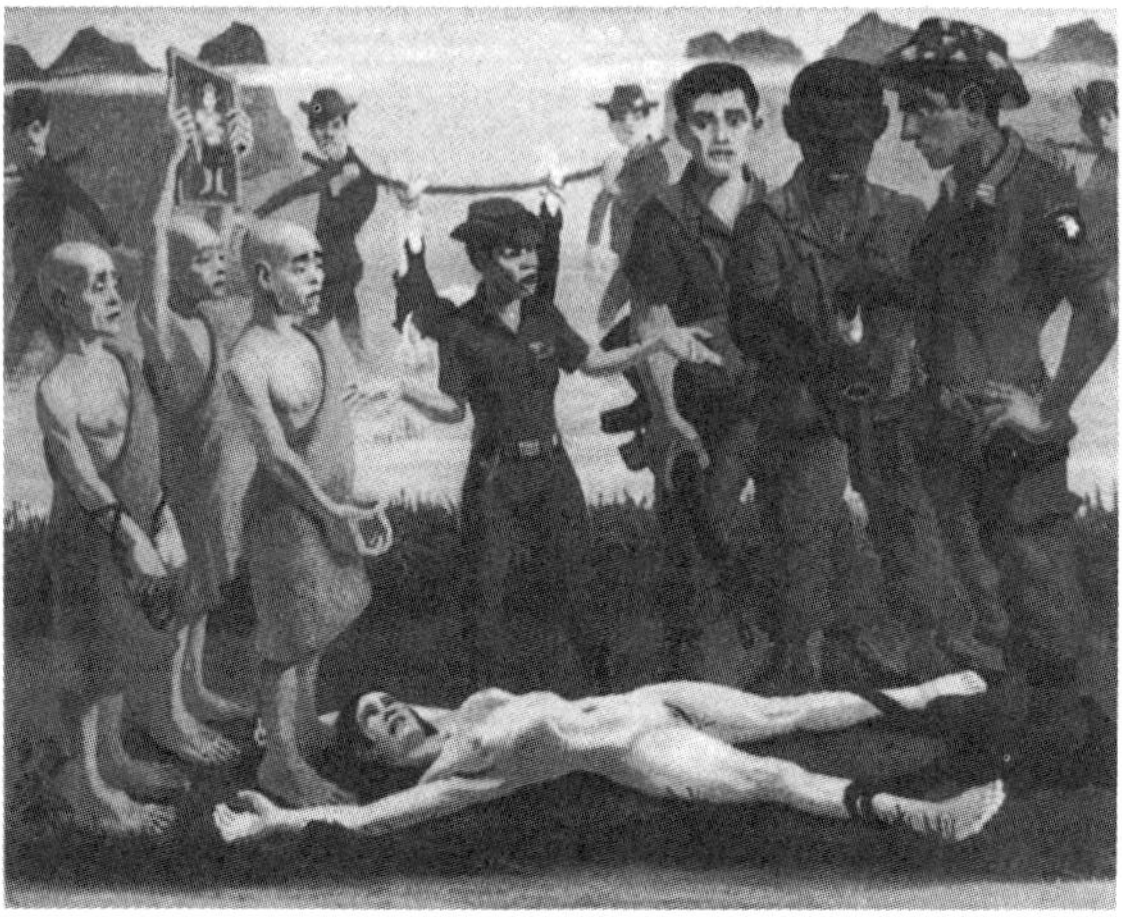

190　ジョン・ウルフ〈プー・ロック郊外での事故〉．油彩画，1986年．

種のことをしていると感ずかれないことだった。ブンヤがいなければ、万事ＯＫさ。ある時、私は仲間の一人の狙撃兵が女性を撃って重傷を負わせるのを見たよ。われわれがその場に行くと、彼女は水をくれと言った。少尉殿は奴を殺せと命じた。彼が女の衣類をはぎ取ると、仲間が彼女の両胸を突き刺し、それから股を開いて野戦用の工具をその膣の中に突っ込んだものさ。それでも彼女は水をくれとせがみ続けたよ。仲間はそれを抜き取ると、代わりに大枝を膣内に突っ込んだ。女はその後で刺し殺されたよ》。女性たちの屍に道具類や武器を〈膣に挿入する〉こともしばしばで、それどころかその時射精の真似をする者もいる始末だった。たとえば、ジョン・マロリー大尉はこう語る。《第一一機甲部隊はある時、北ヴェトナム軍の看護婦を殺した。その後兵士たちは彼女の膣内に、自動車の修理工場で使うような噴霧器を使い、グリースをたっぷりと注入した[6]》。

集団暴行の〈ポルノ映画〉を作ったり(7)、少なくともポラロイドカメラで撮った兵士も少なくなかった。たとえば、アメリカ兵が何人か、野良で働いている若い母親を襲って赤ん坊をひったくり、その女性を強姦してから二人を殺すところが見られる写真などである(8)。

強姦に加わらず、その他の性的な残虐行為にも参加しない男たちは、上官から《ホモ》と嘲笑され、仲間からは笑い者にされた。しかし、大半の者は犯罪を楽しんでいるように見えた。《兵士たちはそれをエンジョイしている》と、ミ・ライの大量虐殺に参加した者は言っている(9)。そこでは主に女子供と老人五〇〇人ほどが虐殺されたが、その前にアメリカ兵は多くの女性と一三歳以上の少女を強姦し、乳飲み子と幼児はナイフで切り裂いた(10)。

ある参加者はこの残虐行為で経験した感情は、子供の頃始めて〈オナニー〉をした時の感情と同じだ、と述べている。《それがやっちゃいけないことだと思うから、罪の意識を感じる。だけど、ごく自然なことだと誰かが言ってたし、それにどのみち我慢できない。そこで、構うもんかって気になるのさ！》(11)部隊長ジョン・スマイルはこうコメントしている。《そんなことはまったくありふれた事件さ。誰だってそうやれと迫られることがある——少なくとも一度はな。兵隊だって人間さ、そうだろう！》(12)

ここ一五〇年間のアメリカ史に、まるで一本の血まみれの糸のように染みついたこのような《ありふれた事件》(13)は、もちろんアメリカ軍だけに限らなかった。たとえば、第二次大戦中のドイツ国防軍のロシア遠征時、数多くの女性と娘が前進する軍隊の犠牲者となった。このような戦争犯罪はまったく訴追されないか、あるいは誰も、真剣に訴追しようとしないことも珍しくなかった。カイテルと署名のある〈機密司令部文書〉には、次のように書かれていた。《国防軍及び従軍の軍士が敵方の文民に対して犯した行為には、訴追義務がない。その行為が同時に軍事犯罪となる時にも、訴追義務はない》。軍の最高司令官フォン・ブラウヒッチュ陸軍元帥の書類は、こんな指令をつけて次に回された。その指令の内容は《いかなる状況にあっても、上官は部下の一人一人の恣意的な不法行為を阻止し、軍隊の粗暴化をしかるべく予防する義務がある[14]！》だった。

こうした指令にもかかわらず、とりわけ女性パルチザン、あるいはそう見られた女性はまさに常習的に強姦されたり、少なくともセクハラを受け、辱められた。たとえば一九四〇年一月のこと、ポーランド領トマソフで、ドイツ国防軍に襟ぐりに隠した弾丸を見つけられた、若い女性が警察署に連行された。一人のドイツ人警官は、こう言いながら彼女を受け入れた。《おれが知りたいのは、あの女がそもそもパンティーを履いているかどうかだけだ。それはいずれ分かるだろうぜ。どっちみち奴はおれの仕事になるんだからな》。それから彼はポーランド女性を虐待しだし、ついには彼女を惨たらしく殴り倒した。彼女がまた立ち上がると、《周りの者たちは彼女の下着が膝まですっかり血だらけになっているのが、見えた。興奮のあまり月経が始まったに違いない。するとまだ彼女の前にある穴のそばにいた警官は、こう言った。〈いま奴も月経になった。これじゃセックスはできない[15]〉》。

ドイツ国防軍やナチスの親衛隊兵士たちのスラブ女性に対する行動が、いかに人権を軽視し残酷であろうとも、その五年後の赤軍兵士による、特にドイツ女性に対する集団暴行の足元にも及ばない。アメリカやフランスの軍隊も、わけても北アフリカ部隊がそのような集団暴行をしたことには、異論の余地はあるまい。たとえばハイデルベルク市近郊のブルフザールとその周辺では、女性と少女のおよそ三割から四割がフランス軍兵士の犠牲となった。地元の女性が娼婦として提供された地域だけは、強姦はよそより少なかった[16]。アメリカ軍による集団暴行も行われた。多くの報告によれば、アメリカ軍兵士は被害者が同盟国の女性だろうとなかろうと、あまりこだわらないような印象を受ける。たとえば、GＩは大勢のフランス女性を〈解放〉したが、残酷にも彼女らを強姦した。それで強姦に耐えて生き残った人びとは、その後病院で手当を受けねばならなかった[17]。GＩはドイツのメクレンブルク地方のカスターン村では、ロシア人女性労働者に襲いかかった[18]。

しかしながら、赤軍兵士の同盟国の女性に対する集団暴行の中には極めて残酷なものもあったが、それを見れば、このような多くの戦争犯罪は少なくとも敵軍に対する復讐心から行ったのではないことが、アメリカ軍兵士の場合より明らかになる。赤軍兵士が同盟国のユーゴスラヴィアで行った強姦事件だけでも一二一九件、強姦未遂が三二九件、強姦致死が一一一件、さらに強姦後の殺人未遂が二四八件の届けが出されている。そのほか表に出ない数字は莫大なものになるに違いない[19]。その際、被害者の中には想像を絶する残酷さで虐殺された人びとがいた。たとえば、ハンガリー国境からほど遠からぬある村で、一九四五年二月に一三歳の少女が、一六人のソビエト兵士に強姦された。《最後の一六番目の男は小刀で、彼女の陰部からへそまで切り裂いた[20]》。

ミロヴァン・ジーラースがこの残酷な事件についてスターリンに意見を求めたところ、部下の兵士たちが任務をすべて遂行した後、《女と少しばかり楽しむ》のがそんなに悪いことなのか、との反問が返ってきた[21]。その他に、戦闘行為が終わった後六時間が、女性にとって《危険な》時間帯であることは、誰でも知っている。だから、ユーゴスラヴィアの女どもが二、三時間も山の中に引っ込んでいたら、靴下のかがり仕事でもやらされる位ですんだろうに、と言うのだ。[22] 結局ソビエト軍人は、われわれはポーランドの女性に対して権利があるのだとほのめかして、ポーランドにおける無数の強姦事件を正当化した。なぜなら、彼女らをドイツ人から解放したのは、われわれだからと言うのである。[23]

赤軍兵士が捕まえた《ほとんどすべての女性を》強姦したのは、彼らにとってもっとも恥ずべき事実である。アウシュヴィッツやビルケナウの地獄を生き延びたばかりのユダヤ女性も、例外ではなかった。もっとも強制収容所のある女性捕虜の証言によれば、多くの赤軍兵士は《われわれのひどい姿形にたじろいだ》ということだが。[24] 大勢の女性捕虜が逃亡寸前に、ラトビアのナチスによって機関銃でなぎ倒された後だけに、リガ近郊のある強制収容所の捕虜たちは最初、解放してくれたソビエト軍に心からの喜びと感謝の念で挨拶した、と別のユダヤ女性は述べている。《そこにロシア人たちがやって来た。私たちは有刺鉄線のそばに立ち手を振った。——目には涙が溢れていた。ロシア人たちは私たちを見ると、ゲートから入ってきて通訳を呼んだ。宿舎に戻るよう言われたので、その通りにした。しかし、私たちの感じた喜びは次第に褪めていった。かつて恐ろしい出来事がいくつも起こった私たちの部屋には、一二人の女性と少女がいた。皆そこに座りじっと待っていた。誰も口を利かない。突然ドアが荒々しく開くと、少なくとも二〇人のロシア人が現れた。彼らは二〇人の平和の闘士、二〇人の英雄だった。私たちは彼らに良いことしか期待しなかった。若い士官がにやにや笑いながら喉を切る身ぶりをして、誰も助けを呼ばないように警告した。次の瞬間、私たちは皆捕まえられ、犯された。私は二人のロシア人を相手にさせられた。弱々しく抵抗してみたが、駄目だった。ベッドやテーブルの上とか床に寝かされるのではなく、前に屈むように言われた。最初の男がすますやいなや、二人目が始めた。この男はとっくに陰部を出して待っていたのだ。大人しくしなかった仲間はひどい目に合わされたが、誰も叫びも泣きもしなかった。

何度もドアが開き、さらに多くのロシア人がやって来て、私に同じことを命令した。私はもういやだったが、いつも無理やり前屈みにさせられた。でかい男が私の頭を足の間に挟み、両手を背中の上でねじ上げた。私は跪くしかなかったが、太い腕が私の体を持ち上げて宙吊りにした。こんな格好で何度も何度も犯されたのだ。頭が自由になった時、友達も同じような格好で犯されているのが見えた。これが奴らの言う解放だった。パンの代わりに最悪の犯罪をもたらしたのだ》。

例の女性が後でこの犯罪をソビエトの高級将校に届け出、私はユダヤ人で、収容所の捕虜ですと彼に大声で呼びかけた。するとこの男はにやりと笑いながら《ユダヤ女でも構わん。見ての通り、女ならいいんだ》と答え、改めて彼女を強姦した[25]。

ドイツ軍に連行され、強制労働をさせられたロシア女性も、多くの場合このような運命を免れなかった。彼女らはしばしば〈解放者〉に素っ裸にされ、中でも妊婦たちは長いこと殴られているうちに《腹から胎児が》出てきた。ソビエトへの輸送の途上、ソビエト兵は大勢のロシア女性に、同じ列車に乗っていたドイツ人捕虜を公衆の面前で刺激させて勃起させた。その後、ドイツ人はそれらの女性と性行為を演じなくてはならなかった。それからドイツ人捕虜たちは頭を射抜かれて、処分された。また女性たちもそれぞれ陰部に三〇回の鞭打ちを食らい、血まみれになって貨車に運び込まれた[26]。

朝鮮人や中国人も、自国や同盟国の女性に対し、集団暴行を行った。朝鮮を侵略した日本人によりすでに無数の女性が強姦され、次に朝鮮を助けにはせ参じた中国軍により、同じ目に遭った。しかし、それだけでは済まなかった。朝鮮兵もしばしば日本兵に変装し、徒党を組んで女性や少女に襲いかかったのである。多くの女性はこの辱めを受け生き恥をさらさなかった。行為の後、当時どの女性も身に付けていた changdo と呼ぶ小刀で自害したからである(27)。

しかしながら、かつて敗戦国の女性がなめざるをえなかった、おそらく最悪の集団暴行は、第二次大戦末期に赤軍兵士がドイツ女性に加えたものだった。一九四五年の初夏から秋にかけて、ベルリンだけで堅く見積もっても少なくとも一一万の女性と少女が、ソビエト兵の犠牲となったが、その四割は何度も強姦された。事件のほぼ一割が強姦致死だったが、大勢の女性はすでに暴行を恐れて自殺した。ドイツ東部では、慎重に見積もって少なくとも二〇〇万のドイツ女性が、一度ないし数度赤軍兵士の性的な獲物となった(28)。確かに兵士たちは公式には強姦を禁じられてはいたが、多くの部隊はそのような戦争犯罪を、上からの命令に基づいてやったように思われる(29)。たとえば、ベルリンにおける部下たちの振舞いについて、ソコロウスキー元帥はこう言っている。《わが軍の兵士たちはまず勝利の陶酔に浸りながら、この〈支配者たる民族の〉女性に実力を見せつけることができた、ある種の満足感を感じたのだ》。そして彼はにやりと笑いながら《ところで、ほとんどのドイツ女性は必ずしも貞淑な乙女である》とは限らないともつけ加えた(30)。

被害者の中には無数の少女もいた。多くは一三歳にもならず、わが身に起こっていることの意味も分からない〈性的に無知な〉子もいた。彼女らはそれがもとで、その後男とはもはや寝ることができず、〈そもそも性行為に対する嫌悪感〉を抱くようになった(31)。ほかならぬこのような年端もゆかぬ少女たちが、とりわけ惨たらしく強姦されることがしばしばあった。よく会陰部から肛門まで裂傷を負わされた[32]血まみれの子供たちに挿入しようと、長蛇の列ができるのも珍しくなかった[33]。あるポーランドのレジスタンス運動の闘士は、ソビエトの軍団長が公然と彼に向かって言い放った言葉を覚えている。《おれはたっぷりとやったな。のべつ幕なしにやったぞ。婆さんとも娘ともな。だが、おれの一番好きなのは、〈ママ、ママ！〉とわめいている小さな娘を、その母親の目の前でやる時だな。奴らはたいていおれの下で死んだな[34]》。

191　《女よ，来い！》ベルリン，1945年．

彼らは年輩の女性に対しては、行為中しばしば乳房に咬みつき、その後で腹を切り裂いた。シュレジア地方のオーダーフェストでは、《時に三〇人のロシア兵が一人の少女を》強姦したと、目撃者が語っている。《少女たちはほとんどそれに耐えられず、すでに死んでいることが多かった。ロシア人はそれでも平然としていた。少女たちが死ぬと、ロシア兵はその股を広げ、垣根に逆さ吊りした[35]》。

赤軍兵士たちはしばしば一人ずつ順番で女性の死体とも性交したと、多くの目撃者は証言する[36]。医師のフォン・レーンドルフ伯は、ソビエトの兵士がケーニヒスベルクの病院の女性患者にも襲いかかった、と述べている。《彼らは生ける屍同然の女性でも意に介さなかった。八〇歳の老婆も意識不明の女性も、彼らの魔手から逃れられなかった。頭を怪我した私の女性患者は［……］何度も強姦されたが、その意識はなかった[37]》。

オーデル河畔のシュタイナウでは、思春期前の少女や分娩直後の女性が強姦されただけでなく、当地の養老院の女性入所者も一人残らず強姦されたが、半数は行為の最中に、あるいはそれが原因で死んだ。シュレジアの修道女たちはしばしば赤軍兵士に強姦され、ために陰部はすっかり引き裂かれ、寛骨が折れてしまった[38]。

戦争が進むにつれ、性的な被害者になる危険については、第二次大戦後半世紀を経た今日なお事情は変わっていない。たとえば、ボスニアの妊婦たちは一九九二年の夏、セルビア軍兵士に強姦された後、腹を切り裂かれ、胎児を木の枝に釘付けにされたと、もし生存者がいたら証言するだろう[39]。女性を軍隊に配属させないのは、女性兵士がアラブ人に捕まり、強姦されるのを事前に防止するためだ、とイスラエル軍最高司令官は述べている[40]。読者諸氏は湾岸戦争中に、アメリカ軍兵士がイラクの捕虜になった時の騒ぎを記憶しておられるだろう。この不安が当たったことは、イラク軍がクウェートに侵攻後、この小国で五〇〇〇人にのぼる婦女子が強姦された事実[41]からも明らかである。しかも、肛門を強姦された青年たちはこの数に入っていないのである。

すでに一九七八年に、アメリカ軍人事部の行ったアンケートで、女性士官の三割、四四パーセントの女性兵士と下士官が、前線部隊に配属されたがらない理由として、味方の軍隊の者に強姦される不安をあげているのは、いかにもその間の事情を物語っている[42]。

いつであれ、女性が何らかの形で男性に引き渡されると、心ならずも性交させられる恐れがある。

だから、すでに近世初期から法律書は例外なしに、女性犯罪者を投獄するなと強調している。どうしてもやむをえない時、彼女らは万一の場合に備え異性から離すべしと書かれている[43]。一四世紀の英国で、女性未決囚はしばしば雑居房に収容されたが、そのため彼女らはたやすく男の同房者の獲物になり、番人の獲物になることすらあった。犯人は厳罰に処されたにもかかわらずである。牢番がこのような女性に暴行を働けば、彼が被保護者を強姦したということで、その行為は《姦通による強姦》に分類され、特に厳罰に処された。しかしながら、牢番による強姦という行為の結果、女性の重罪犯人が妊娠した場合、《身ごもった》女性の処刑は禁じられているということで、生命を救われた者が少なくなかったというのは、何とも運命の皮肉であった。たとえば、一四世紀初頭に、ノーザンプトンシャー出身のマチルダ・ヒアウォードはそういう恩典に浴した[44]。その後牢番と《被保護者》の間の、強姦でなく単なる淫行による性交も、奉仕義務に反するだけでなく、公共の場である牢獄の安全を脅かすものと見た。それゆえ、このようなケースでは情状が酌量されることもあったにしても、女囚が公娼の場合、行為そのものは厳罰に

192　ニューゲート監獄で強姦が行われようとしている．1691年．

193　イギリスの獄丁がジャンヌ・ダルクに淫らに触る．フランスの小立像，15世紀．

処された[45]。それにもかかわらず、また男女別の未決監獄が導入された後でも、牢番による不当な性的干渉がたえず行われた。ロンドンの出版業者モーゼス・ピットは本人も海軍刑務所と王室裁判所の牢獄の囚人となったこともあり、一六九一年に一冊のパンフレットを刊行し、大きなセンセーションを巻き起こした。その中で彼はロンドンのニューゲート監獄のスキャンダラスな状況を弾劾したのだった。パンフレットの一枚の挿絵には、牢番が強姦の手始めに囚われの女性や娘の陰部に手を伸ばしているところが見て取れる[46]（192図参照）。

ジャンヌ・ダルクも獄中にあった時、セクハラに耐えねばならなかったが、それどころか強姦未遂にあった公算も極めて高い。彼女が救国の使命を受けた時から男装していたことは周知の通りであり、しかもそれは彼女の言によれば、周囲の男どもが近づいて来たり、また彼らの性的空想をうまく捨てさせるためだった[47]。

事実ジャンヌは裁判中にそれまでの男装を禁止され、女性の服を着せられてから、看守の兵士や獄房に入ってくる人びとによって、繰り返しセクハラを受けた。おそらく淫らに触られたのであろう。《牢番など監獄に入ってきた人びとから、牢屋で受けた虐待について、彼女はひどく嘆いた[48]》（193図参照）。ジャンヌは早くから時折〈触られた〉が、たとえばエモン・ド・マシーは一四五〇年の名誉回復裁判の前、ボールヴォアール城内で何度か彼女の服の下に手を差し入れ乳房に触れようとしたが、その都度激しく突き飛ばされた、と白状している。しかし、このようにジャンヌに近づこうとする試みも、牢獄で彼女を待ち受けていた運命に比べれば、まったく脅威の内に入らないかもしれない。イサンベール・ド・ラ・ピエール神父は後でこう述べた。あなたはなぜまた男装したのか、と私はジャンヌに尋ねました。《ジャンヌは再び男装した理由について、女性の服を着ると、牢屋でイギリス人からかなり煩わしい思いをさせられたり、暴力を振るわれたりしたと明言した。そして実際に、侮辱され惨めな格好をしたジャンヌが、目に涙を浮かべて泣き沈む姿を見たので、その次第を語る神父も憐憫の情を禁じえなかった》。このことはドミニコ会の司祭マルタン・ラドヴニュも確認している。さるイギリスの高官が彼女の獄房に入ってきて、彼女を強姦しようとしたと、聖三位一体の祝日にジャンヌが私に語った、とラドヴニュ司祭は詳しく述べた(49)。

　ともあれ、例のイギリスの高官がジャンヌを暴行しようとして果たさなかったことは、確かなようである。なぜなら、一四三一年の五月三〇日に彼女の獄房を訪れ、あなたは焚刑に合わねばならないと伝えた修道士ジャン・トゥムイエが、彼女は《一度も汚されたことのない》自分の体が烏有に帰する、と大声を上げて泣き悲しんだと述べているからである(50)。

　それから時は経ち一九世紀になってもまだ女囚は、しばしば看守に強姦され妊娠させられた(51)。女性看守が導入されてようやく、事態が変わったとされる(52)。女性看守のいない所では、今日もなお女性たちは看守の性的な被害者となっている。たとえばイランでは、イスラムの教えで女性はすべて乙女のまま死ねば天国へ入るからと理由をつけて、しばしば看守たちが拘置中の若い娘を強姦している。[53]

32　辱めとしての強姦

強姦が被害者というよりは、むしろその男性の縁者や夫を辱めることになる例はたくさんある。たとえば、チンギス・ハーンはこの上ない幸福とは、敵の女どもと敵の馬に乗ることだと言っているが、それはいみじくもこの間の事情を語ったと思われる。

六世紀のビザンチンの歴史家プロコピウスは、航海中海賊にさらわれた一ビザンチン女性の話を語っている。彼女は帆を張った海賊船の甲板の手すりに立ち、絶望した夫に向かいこう叫んだ。あなた、私が名誉を失うなんて心配なさらないで。決して手込めになるような目に遭わないから、と言いざま海中に身を躍らせて溺れ死んだ(1)。

一四世紀のイギリスでは、男が敵の妻に襲いかかって強姦し、復讐することが時々あった(2)。夫の目の前で妻を辱めることに、格別の満足感を味わう犯人は少なくなかった。たとえば、サミュエル・ピープスは一六六四年二月二二日付の日記に、二人のフランス人が就寝中の英国人夫婦を襲い、夫の面前で妻を犯し、しかる後にもう一度松明を膣に突っ込んだ、と記している。(3) 一七四九年にベルリン発行の『フォス新聞』の報じるところによれば、パリで王室の三人の小姓が、ある香料商の《家の中で、しかも夫の目の前でその若妻の名誉を奪う》約束をした。それはどうやら夫を辱めるためらしい。(4) 一八二九年にはロンドンで、羊毛商トーマス・ダウリングとその二人の仕事仲間も同じような事件を引き起こしたが、ただしこちらは偶然の成行きだった。彼らはもう一人の仲間と争う内に激昂し、たまたま居合わせたその女房を夫の目の前で犯したのである。(5)

今日でもそのような事件は、以前にくらべて珍しくないように思われる。たとえば、一九七六年の年末から一九七八年の秋にかけサクラメント市東部で、一人の男が四〇人ほどの女性をその自宅で強姦した。彼の手口はほとんどすべてのケースで、事前に夫をがんじがらめにしておいてその行為を見せつけることだった。(6) イスラム諸国では、政敵の妻や女性の家族を強姦し、政敵の名誉を汚すことはかなり頻繁に行われた。ひどく傷つけられた夫や父親の名誉をせめていささかでも雪《そそ》ごうと、自殺する被害者も少なくなかった。パキスタンの野党の政治家クルシェド・ベグムの妻も同じような運命に見舞われた。〈パキスタン人民党〉のある実力者の女性の親類も同じ災難に見舞われたが、彼女はその後素っ裸にされ市場《バザール》を引き回された。一九九一年一一月、一群の男が大統領の婿の命により、ベナジル・ブットの女友達で、ファッションデザイナーのファルハナ・ハヤットを一二時間にわたり強姦した。するとすぐ大勢の女性が公の場でヴェールを燃やし、このような犯罪に対して抗議した。(7)

多くの証言によれば、一九七一年パキスタンの兵士たちが年齢にお構いなく何十万という女性や少女を強姦し、しかも大勢の既婚婦人を夫の目の前で犯した。しかしながら、ベンガルの自由の戦士ムクティ・バヒニも、チャンス到来と見るやたちまち自国の女性に襲いかかった(8)。数年後ベンガルの兵士と開拓民たちは、チッタゴン・ヒル地方の山岳部族を大量虐殺した時、同じことを繰り返した。ベンガルの暴徒集団が山岳部族の無数の女性や少女を強姦し、その後〈セックスの相手として貯えるため〉彼女らを軍営に拉致した。東ベンガル二六連隊の〈文明化した〉兵士たちは強姦した上に、〈文明化されざる〉うら若い少女たちの膣に竹を挿入したのである(9)。

ペルシア王の体制下、イランでは夫を辱めその〈勢力を弱めるため〉妻たちはまさに常習的に夫の眼前で強姦された。そのやり口はホメイニ体制でも変わることなく残っている。その他韓国、インド、スペイン、ソ連などの国々でも、女性たちは夫の目の前で膣や肛門に挿入された。それどころかチリでは、このため特に調教した犬を利用するとの報告もある(10)。

パレスチナでは、強姦の数は潜在的に非常に高いと思われる。なぜならこの犯罪の被害者の夫、父、兄弟たちが、自分らの名誉を汚す行為を黙っているようにと、女性の口を封じるからである。それゆえ、六日戦争で多数のパレスチナ人がイスラエル軍に抵抗することなく、逃走したと言われている。彼らは家族の女性が強姦されて、おのれの名誉を失うことを恐れたからである(11)。パレスチナの女性ラスミヤ・オデーは、近親相姦のはばかりと入り混じったこの恐怖を、拷問者たちは存分に利用したと報告している。《はじめ彼らは私の衣類をはぎ取り、私を地面に投げつけました。部屋の中には男がいっぱいでした、兵士もそうでない者も。彼らは私の裸姿を笑い、棒で突き、至るところ、わけても両の乳房をつまみました。身体中から血がだらだらと流れました。それから彼らは木の棒を一本、ごつごつしたのをもってきました。私の処女膜を破ろうと、それを私の体内に突っこみました。それから彼らは私のそんな姿を見せようと、父と婚約者を部屋の中へ連れてきました。［……］ある時は裁判長のアブ・ハニが椅子に座り、私は彼と向かい合いに座らされました。彼は私の椅子に両足をのせ、私を挟むようにしました。私が何も聞こえなくなるまで、耳を殴られました。それから彼らは私の父を連れて来て、私の服を脱がせ、私と愛の行為をするように命じたのです。〈彼女はお前の娘ではない、お前の女房だ。さあ、彼女と寝ろ！〉父が叫び声をあげると、彼らは父を殴り、ついに父は意識を失ってしまいました(12)》。

赤軍の兵士たちも妻や娘を強姦する時に、しばしば夫や父親に無理やり見せた(13)。その行為によってひどい屈辱感を味わい、その後妻を殺し自殺する者が少なくなかった(14)。おまけに、多くの夫族は、どうやら妻たちがあまり勇敢に振る舞わず、征服者たちに実際抵抗しなかったとの気持ちを抱いたようだ。たとえば、ルール地方の密集地帯出身のある金属労働者はこう言った。《一人の黒人が言っていたぞ。〈ドイツの兵隊は六年間戦ったが、ドイツの女はたったの五分間だ！〉まったくその通りだ。おれは恥ずかしくなった(15)》。

ジョルジュ・ドゥヴローなどは以上のような事件から、こんな推論を下している。つまり、女性に対する強姦は一般的に当の妻たちにとって辱めを意味するのではなく、自分の妻をうまく守れなかった夫どもの女性化と辱めを意味する(16)。強姦はすべて必ずしも辱めを目的としないことはまあさておき、一般化しようとする主張は誤っている。上に幾つかの例をあげたが、確かにそのような解釈をしたくなるケースはたくさんある。しかしながら、強姦事件すべてを一律に扱うのは間違っているように思われる。なぜなら、あらゆる間接的な事実や犯人の供述から、彼らは被害者を辱めようとしたことが明らかだからである。

たとえば、マレーシアのある犯人は言った。《オルガスムをえるために強姦する奴はいない。女を苦しめるためさ[17]》。修辞的な疑問を提出する者もいる。《おれがなぜ強姦する気になるかだって？　つまるところ、男であるおれは猛獣で、男にとって女はみな獲物よ。おれは女を捕まえ、彼女がもう逃れられないと観念する時の顔の表情を心の中で思い浮かべるのさ。まるで自分が勝ったような気になる。女はおれの物だってね[18]》。また別の強姦犯はこう言ってそれを認める。《女どもが驚くと、おれはまったく人が変わるんだ。おれにはセックスなんか問題じゃない。問題はこの女どもを辱めることだ。こうして力ずくで手に入れると、おれはなんて言うか本当に男になった気がするんだ[19]》。それゆえ、こんな状況に追いこまれた時、抵抗が被害者の取るべき最上の戦術であるように見える。なぜなら、情けを乞う、口を利く、進んで身を任せるなどの態度は、概して犯人の支配欲をさらに高めるからである。たとえば、ある時さる売春婦が彼女を襲った男を宥めるように、《落ちつきなよ、あたしはこんな女なんだから。リラックスしてさ、どたばたしなくてもロハでやらせて上げるよ》と言ったが、まったく逆効果で極めて残酷なやり方で強姦された。犯人が欲したのは単なる性交ではなくて、力ずくで行うセックスだったのだ[20]。別の犯人の言葉はいかにも的を射ている。被害者を前にして、おれが見たのは《戦いか、ファックか》の二者択一だけだ[21]。《合意のセックスより、強姦の方が満足感は大きいと思うな》と言う犯人もいる[22]。

多くの犯人は女性に《罠にかけられ》たり《貪り食われ》たり、つまり女性に脅かされている、と感じていることが明らかになる。何人かの者は女性を、雄を獲物と見てそれを食らいつくすクモになぞらえている。[23] チャールズ・ブコウスキーが、男たちがときどきいやらしい女性たちへの報復として、一人の女性とセックスしても、彼女らは不快な顔つきをする必要はまったくないと言う時、彼は確かに大方の男の代弁をしたことになる。《女性たちはわれわれを産み落としただけではない（それ自体もすでに恐ろしいことだが）。われわれがオチンチンをいじっていると、彼女らは〈わあいやだ、不潔！〉と言って、われわれの手を叩く。そしてわれわれを便器の上に座らせる。われわれがお漏らしすると、彼女らはわれわれを罵り、軽蔑し、辱める。愛に飢えたわれわれが、半人前になったばかりのお転婆娘から冷たく振られるよりはるか以前に、小学校の女の先生がわれわれを大馬鹿者だと宣言し、自尊心を台なしにする。……その後誰かが彼女らののど首に飛びかかろうものなら、びっくり仰天するのだ[24]》。

とりわけレスビアンが、自負心を脅かし、ペニスによって維持される秩序の邪魔者と、多くの男が感じていることを、示唆する事実はたくさんある。アメリカで典型的な事件が起きた。犯人はレスビアンバーの前であるカップルを待ち伏せ、気づかれぬようアパートまで後を付けて、押し入った。それからパートナーを強姦するところを、もう一人の相手の女性に無理やり見せつけたのである。[25] 一九八三年の夏、ドイツのヴッパータール市の女性書専門店「ドレッペルフェミナ」は、〈大ドイツ帝国ヴッパータール地区ナチス闘争組織のレスビアン撲滅司令部〉と署名のある一枚のパンフレットに嚇された。そこにはこう書かれていた。《レスビアンのみを強姦せよ、機会あらば彼女らを辱めよ、その薄汚い誇りを破れ、奴らを糞の中で這わせるのだ[26]！》

この事件は、何人かの若い政治狂による挑発と見られようが、半世紀前だったらもっと現実味を帯びていたことはもちろんだった。というのも、当時レスビアンのグループはビュツォウ強制収容所の、彼女らに割り当てられた一角に収容されていた。衛兵たちは彼女らが《まともにファックされるよう》にと、別の一角に収容されていたロシア軍やフランス軍の捕虜たちを、女性たちにけしかけた。《ここにいる奴らは人間の屑だ。奴らだったら、俺たちはソファの足も突っ込まないだろうぜ。お前たちが奴らにきちんと挿入したら、全員に火酒を一瓶ずつやるぞ！》[27]

多くの事件で犯人たちは、被害者を辱めることを意図している。単なる肉体の享楽が目的でないことは、強姦犯たちがしばしば女性に正常な挿入以上のことをしたし、またそれとは違うことをした事実からも窺える。多くの犯人は被害者を強姦する前に、まず打ちのめし、中にはかなりの傷を負わせたことは（言葉での辱めはさておいて）、すでに中世や近世初期の文献から明らかである。[28]多くの事件で、犯人たちは被害者の衣服を引きちぎり、そのためフランス中世詩人クレチアンの『ペルスヴァル』にあるように、《むき出しの白い乳房》があらわになった。[29]今日でも多くの強姦犯は被害者を無理やり素っ裸にする。しかも彼らが後でしばしば告白したところによると、当の女性をもっと辱めるためだと言う。[30]ある調査によれば、全事件の五四・七パーセントで、被害者が素っ裸にされたり、無理やり自分で衣服をすべて脱がされたりしている。事件の四五・三パーセントで、犯人たちは一部の露出で満足している。[31]

一七七〇年から一八四五年にかけて、ロンドンで記録された強姦に関する証明書類から、被害者の七〇パーセントが行為中に傷つけられ、傷つけられた大勢の女性はその後も長いこと後遺症に苦しま

194　三十年戦争で兵士が全裸にした女性を強姦する．レーオンハルト・ケルンの雪花石膏像，1658年頃．

ねばならなかったことが、明らかになる。犯人の二八パーセントは襲った女性を、必要もないのに打ちのめし、二三パーセントが行為後もなお被害者を侮辱し、辱めた。一七パーセントは征服した女性の陰部を引き裂き、恐ろしい傷害を加えた。(32)

今日でも少なからぬ犯人が女性の陰唇を切り裂き、陰門に嚙みつき、そこに大小便をする。また彼女らの膣や肛門によく物体をつっこむので、デンヴァーやロサンゼルスの警察で強姦の被害者に記入させる用紙には、《膣に挿入された物》《肛門に挿入された物》の項目がある。(33)

被害者にとってとりわけ屈辱的なやり方で、犯人が性交することも実に多かった。最近行われた調査によれば、犯人の四〇パーセントが膣だけでなくオーラルの強姦も行い、さらに一〇・七パーセントが肛門も犯した。その際大勢の女性が特に強いられたフェラチオに対し、嫌悪と吐き気を催したと申し立てた。(34)ヴェトナム戦争中GIは無数のヴェトナム女性の肛門を強姦し、フェラチオを強制した。(35)赤軍兵士たちもしばしばドイツ人の被害者に対し、考えられる限りのやり方で挿入した。たとえば、あるシュレジアの女性は、《女性たちはみずから服を脱ぎ、四つん這いになって部屋中を這うよう命

195　日本の木版画，1800年頃．

令されました。すると、裸になったロシア人が犬のように彼女らに飛びかかって来ました。別のケースでは、ドイツ女性たちは陰部を口にくわえさせられ、もちろんひどく嘔吐しました。下血した者もおりました》と証言している。[36]

中世や近世初期に、アルプス以北のヨーロッパには女性に対する肛門強姦を示唆する資料はないようだが、[37]ルネッサンス期のイタリアでは事情が異なった。一四、五世紀におけるヴェネチアやフィレンツェの裁判記録を見ると、男の子や女性のみならず、とりわけ少女も力ずくで肛門に挿入されている。[38]たとえば、一三九六年のフィレンツェでは、七歳の少女がそんな目に遭ったが、強姦犯は斬首刑に処された。[39]一五三一年にさる高級娼婦の崇拝者は、彼女が約束通り扉を開けなかった腹いせに、八〇人の男にこの女を強姦させた、とロレンツォ作の『ツァフェッタの三一人』に述べられている。女はこの危機に当たり最初の男に、もし逃がしてくれたらこれから先はただでサービスしてあげると提案したところ、男はますます激怒し、《彼はたちどころに彼女の尻に挿入した》と著者は述べた。《情欲の虜になったからではない》ともつけ加えている[40]。

実際に今日でも、多くの犯人が被害者に肛門性交を強いるのも情欲のせいではなく、その方が女性をより良く支配し征服できるためである[41]。強姦犯対被害者だけでなく、犯罪とは無関係な肛門性交の愛好者にも、それは現れている。その種の人はこう言っている。《肛門性交では、それ以外の方法より多分に女性を支配下に置ける気がする。なぜなら、彼女らは動いたり、私から逃げられないからである。膣性交では、身体をくねらせたりもち上げたりしても苦痛は感じない——膣は非常に柔軟性に富んでいる。［……］私はこの積極的な征服を実にエロチックだと思う[42]》。

強いられたフェラチオはまあさておき、たいていの被害者は肛門強姦で他のいかなる強姦の形よりひどい屈辱感を味わい、これほど嫌悪感を催させ、トラウマを負わせるものはない[43]。すべての著者は一致して、この方法は膣への挿入より《性格的にかなり悪い》と見るにもかかわらず、多くの国々では暴力的な肛門性交に、強制フェラチオや肛門や膣への異物挿入と同じように、強姦の判決を下すことはできない。たとえば、イギリス、フランス、ドイツだが、ドイツの刑法第一七八条には、強制的な肛門性交や口腔性交は単に性的強要と呼ばれているにすぎない[44]。法的な見地では、女性の名誉と尊厳ではなく、被害者の妊娠の危険性が、何はさておき問題となっていることが明らかである。エリトリア州のテグレナ族のような異文化社会の中には、犯人が女性をペニスではなく、棒などの異物で強姦したら、刑を加重するに値すると見ている[45]。

33　犯人の快楽と被害者の欲求

多くの強姦犯はその行為によって性的な満足をえるよりは、被害者を支配し辱めようとする明らかな事実から、人びとは、とりわけ女性はいかなる強姦も攻撃的な手段で優越性を確立しようとする表れであり、そもそも性的な犯罪ではないとの結論を導き出した。たとえば《セックスとは女性を制御するにせよ、辱めを与えるにせよ、手段にすぎない[1]》と言われている。ロンドン警視庁の防犯部副部長代理のウィン・ジョーンズすら最近、《われわれはレイプの動機はセックスだ、という神話に終止符を打ちたいと思う。――それは一般に暴力と恥辱を加えることを意図しているのである[2]》。

もちろんそうした主張には、角を矯めて牛を殺すところがあるように見える。多くの強姦犯は性欲から罪を犯したのではなく、彼らの関心は優越感や被害者に対する辱めにあったことに、異論の余地はない。しかしながら戦時中でも日常生活でも、性的満足のために情け容赦もなく残酷に女体をわが物とする男も大勢いたことを忘れてはなるまい。それは昔風に言えば、性的な《餌食にする》ことである。たとえば、ジャック・ペリション某は一六一三年何人かの少女と女性のみか、雌豚まで強姦した理由として、法廷で次のように供述した。《異常な情熱を有するため、あらゆる女性に対し強い欲情を抱いた。この情熱ゆえに、まだ七歳だったにもかかわらず上述のマリー・ジャンヌ・ポアレを、また六〇の坂を越えた上述のジュヌヴィエーヴ・ボークレラ、そのほか数名の女性を強姦した[3]》。

この男はどうやら女性であれば、少女だろうと老婆だろうと豚だろうとお構いなしに、ほとんどすべてを奪ったようだが、このタイプの犯人は少なかったように見える。多くの女性フェミニストたちが主張するように、強姦が女性そのものに対する権力と暴力の行使だったら、犯人は特定の年齢層の少女や女性を選り好みしないだろう。しかし、そうではない。たとえばアメリカでは、初潮前の少女や閉経後の女性の方が出産可能の年齢の少女や女性より強姦されることが少なかった[4]。その際に、今日では後者は未成熟の少女や年のいった女性より、危険な状況にある場合がはるかに多いことももちろん顧慮しなければならない。ドイツでは一五歳から二四歳の少女や女性が、一番強姦の被害にあった[5]。スウェーデンの状況も似ている。一四歳以下の被害者は二パーセントで、一五歳から一九歳までが一三・八パーセント、二〇歳から二四歳までが一六・四パーセント、二五歳から二九歳までが一二パーセント、三〇歳から三四歳までが八パーセント、三五歳から三九歳までが四・四パーセント、四〇歳から四四歳までが五・二パーセント、四五歳以上が七・一パーセントだった[6]。戦時中でもとりわけ若い人妻と年長の少女が強姦された。そういうわけで、一九四五年多くの赤軍兵士はドイツの少女たちをまるで市場の家畜のように触って調べ、まだ乳房の膨らんでいない少女は《これは駄目だ！》

の一言で突き飛ばした。セルビアの義勇兵チェトニクは今日ボスニアやクロアチアの村々をうろつき、小さな子供たちが近くで遊んでいる家を探り出した。そして夜になると、彼らはその家に侵入し、若い母親を《捕まえた》。目撃者の報告によれば、彼らは時に一二歳の子供たちやかなりな年齢の女性たちをも強姦したが、好んで餌食にしたのは二〇代の女性だった。[7]

その上、多くの犯人や、また少なからぬ被害者の陳述から、強姦がしばしば性欲を充足するために行われたように思われることが分かる。[8] はじめは女性からある程度の自由を許された男が、彼女がそれ以上許そうとしないものを結局は暴力で無理やり〈頂いてしまう〉ケースも、その部類にはいる。つまり、女性の〈ここまではいいけど、それ以上は駄目よ〉の言葉を、男が無視するケースである。[9] 性交中のカップルを観察する《出歯亀》も時にひどく興奮し、当の男をどかしてその相手の女を強姦することがある。[10] これは人間に極めて近い動物にも見られる傾向である。たいていの霊長類の雄は、交尾中の仲間の雄を雌から無理やり引き離したり、殴って引きずり下ろしてから、みずからその雌と交尾する。[11]

犯人だけでなく、被害者も少なくとも時には強姦されて快感をえるかどうかは、もちろんまったく別の問題である。それどころか、女性は淫らにも〈心の底では〉強姦願望があるのではないかとの問題は、数千年も前から繰り返し投げかけられてきた。確かにこの問題は、強姦のテーマに常につきまとうきわどい刺激である。《強姦されたいというのは、恐らく女性の欲求、密やかでエロチックな欲求であろう[12]》とアナイス・ニンは一九三七年夏の日記に書いている。また攻撃論の有名な研究者アンソニー・ストーが次のように断言するのは、この女流作家の言葉を後から裏付けるものである。《無力な被害者に性欲をぶちまけようとする無情な男が、自分を捕らえて連れ去るという考えには、女性を魅惑する普遍的な力がある(13)》。二人の性学者もそれに賛意を表明し、こう解説する。《レイプのおかげで、道徳的な責任を負わずに、よって罪の意識も抱かずに禁じられた性交をするチャンスが女性に与えられる、というのは一般的に認められる》。それから彼らは《女は十度続けて強姦されたら初めて、助けを求めて叫べ》というエジプトの諺を引用する。(14)暴走族ヘルズ・エンジェルズもアラビアの民衆の知恵を愛するように見える。なぜなら、ローリング・ストーンズの親衛隊である彼らはアルタモントのコンサートで、若者を一人刺し殺し、一群の女性ファンを強姦した後で、チームの一人がこう言ってのけたからである。《おれたちは手に入る物ははっきりと頂く！　だが、すべてが終わり考えがまとまるまでは、〈強姦された〉と叫んだ女は一人もいない》。そこでヘルズ・エンジェルズの伝記作家ハンター・トンプソンはまたこんなコメントをする気になった。《女性たちは強姦されることを恐れながら生きている。しかしながら、どの女性も下半身のどこかに反抗的な神経が潜んでいて、言葉を掛けられればいつでも好奇心のあまり震えるのである(15)》。

さまざまな政治的、イデオロギー的な傾向をもつ男性たちはいつも、時には女性も、女の《下半身》には彼女らの意識に反して強姦願望がある、と心から確信している。無政府主義の社会学者プルードンを始め(16)、ナチスの人種研究家(17)からアメリカのテレビ司会者(18)や性科学者に至るまでの人びとである。しかしながら、心理分析学者たちは常に女性の実際の願望に、深い洞察を加えてきた。たとえば、その代表者グロデックは次のように述べている。女性の本来の願望を解明するために、問うべきはその《自我》ではなく、女性の《エス》つまり、無意識である。《無意識の感覚を確認するには、それが語る相手の器官、つまり女性の官能器官に問わねばならない。膣壁や陰唇、クリトリスや乳首は、意識の嫌悪感とはほとんど無関係なのにあなたは驚かれるだろう。それらは考える人間にとって性行為が好ましいものか、そうでないかにはまったくお構いなしに、勝手に刺激に、実際の興奮に反応するのである。婦人科医、裁判官あるいは犯罪者に尋ねてご覧なさい。彼らは私の主張が正しいことを認めるでしょう。心ならずも妊娠させられた女性、強姦されたり、気を失って暴行されたりした女性たちからも、本音の答えを聞くことができましょう。ただし質問の仕方を心得えなければなりませんし、さらに言えば相手の信頼をかちえなければなりません[19]》。なぜなら、女性ははじめ屈辱感から嘆き悲しんではいても、心の奥底では乳房とクリトリスが真実を語ったと知っているからである。それらは興奮によって、女性が彼女の《エス》が行為に賛成したことを裏付けているのである。別の心理分析学者は、それゆえに、《女性は心の奥底では》一人たりとも《強姦による屈辱を感じてはいない》。女性は強姦という行為の前やさなかに感じた不安を、性的な快楽に変換してしまうからである、とつけ加えている[20]。最後にもう一人、心理分析派で政治的には左翼系の著者はこう補完している。女性は強姦された時だけ、きわめて強烈な快感を覚えることができる。不妊症の女性ですらその時はオルガスムに達することができるだろう。女性の秘められた願望はこのような方法でしか充足できないのだから、と[21]。

すでに古代ギリシア・ローマの時代から、少なくとも男の世界では、女性とは暴力的な性交を楽しむ、それゆえ強姦願望をもつ、と広く信じられていた[22]。そんな次第で、ヘロドトスによれば、《穏やかに強姦する男は賢い。というのは、女性の方がその行為に同意しなければ、男は誰も女性を強姦できないのは明らかだから[23]》とペルシア人は言っている。それどころか、後にはオヴィディウスもこのように述べている。女というのは強姦を免れれば、外面はいかにも嬉しそうな振りをするけれども、内心では失望する。《どの女も突然力ずくで愛を奪われると嬉しがる。ここでは恥知らずな行為も贈り物のようなものだ。力ずくで愛を奪われそうになりながら、そのまま逃れた女はみな顔では嬉しそうに装うが、内心は悲しむだろう。フェーベは強姦され、その妹も力ずくで犯された。二人の女は愛の盗人を憎からず思った[24]》。

中世になってからも、このような意見は広く知れ渡っていた。たとえば、フランスの詩人クレティアン・ド・トロワは、どの女性も強姦犯に対し真剣に抵抗しない、というよりむしろ抵抗した振りをしているだけである、と公然と述べている。また一二世紀にはギヨーム・ド・コンシュは、女性はその行為をはじめは確かに嫌がるが、そのうちに肉欲が精神の抵抗に打ち勝ってしまうと認めている[25]。このような考え方がどれほど当時の男性の間で広まっていたか、女流詩人クリスチーヌ・ド・ピザンの言葉から明らかになる。彼女は一四〇四年に『女の都』を著したが、その中である女性にこう言わせている。《女性は力ずくで犯されたがっているという殿方のお言葉を聞くにつけ、私はいたく悲しみ悩んでおります。しかしながら私には、女性がそのような淫らな行為を好むとは、まったく考えられません》。それに対しクリスチーヌは答える。《親愛なる女性の友よ、どうか心配しなさんな。淑やかな女性が非の打ちどころのない暮らしをしていれば、力ずくの愛など本当にいささかも楽しくないのです。それどころかきわめて大きな苦痛となるのです》。そして彼女は、強姦された後で自殺したり相手を殺したり、あるいは不安の念から犯される前にわが身を捨てた被害者の例をあげ、それを裏付けている[26]。

もちろんクリスチーヌがこう言っても、男どもの根強い信念はほとんど揺るがなかった。なぜなら、強姦は恥辱であり、女性もそう感じていると彼らは信じて疑わなかったからである。むしろ女性は教え込まれた貞淑に反し、その行為に興奮し快感を覚えるのではという疑いを抱いていた。結局それによって、強姦が女性に喜びを与えることが明らかになるのである。

女性がこの犯罪のさなかに性的に興奮するのか、とすれば・・・・やはり罪があるのではないかとの問題は、とりわけルクレティアの事件[27]を基に、中世後期からルネッサンスを通じて議論されてきた。ルクレティアは古代ローマの凌辱事件の被害者としてもっとも有名な女性であり、その凌辱は近代初期の造形美術のテーマとしてしばしば描かれたが、それは当時の目で見れば確かにポルノ的な性格を帯びていた（196図参照）[28]。一五世紀の初頭、コルッチオ・サルタティスはその『ルクレティアの抗議』で、犯人のローマ王子セクストゥス・タルクイニウスは被害者の乳首を弄んで彼女を刺激し、これにまったく抵抗しないルクレティアの方もこの恥ずべき行為を喜んだかもしれないことを恐れた、と示唆してい

196　ハインリヒ・アルデグレーヴァー〈タルクイニウスとルクレティア〉銅版画，1539年．

る[29]。すでにその一〇〇〇年も前にアウグスティヌスは、ルクレティアはわが身になに一つ非はないのに、なぜ自害したのかと問いを投げかけ、その理由はおそらくタルクイニウスによる凌辱のさなかに性的興奮を覚えたためだろう、と推測した[30]。

たいていの強姦犯にとって、被害者の女性が行為のさなかに興奮しようとしまいとどうでも良いように思えるが[31]、時には被害者に性的な刺激を加えることもある。楽に挿入できるように刺激するにすぎないにしても。第二次世界大戦時に、ある女性は以下のように証言した。《あるロシア人が防空壕に避難していた女性たちにさっさと寝てしまえと命令し、自分は懐中電灯をもって扉のそばに寝ていた女性のスカートの下へ這い込んだ。彼は女性を刺激してから、いっしょに防空壕の扉の前へ行った。彼女はそこの石の床に裸で横たわらねばならなかった[32]》。

少なからぬ犯人も被害者たちが行為を楽しんだと言って、自分の行為を正当化するが[33]、犯人たちが本当にそう確信しているのか、それとも単に罪を免れようとしてそうするのか、もちろん問題は未解決のままである。たとえば、ヴェトナムのミ・ライの虐殺に参加した男は後でこう言っている。彼は一人の娘を小屋に引きずり込んで、衣服をはぎ取り性交した。女は始めこそ抵抗したが、その後《次第に喜びと性的な情熱を見せだした》。行為の後で男は彼女を射殺した[34]。

一八世紀の色情性殺人犯トゥーニュは二四歳でヴィヴァレの森に住み、羊飼いの娘たちを待ち伏せては一ダースもの娘を強姦し、何人かは絞め殺した。彼は逮捕後、娘たちはおれに強姦されたがっていたと述べた[35]。現代でもさる犯人は威張って言っている。《それは格闘技のようなものさ。女は雌のライオンみたいに抵抗し、いかにもライオンのような声を上げる。おれに噛みつき、蹴とばし、引っかき、殴りかかる。だがな、おれは女が諦めるまで打ちのめし、さんざん殴りつけるのさ。まず奴の陰門にファックし、それからけつの穴へ、最後はおれがすっかり参るまで徹底的にフェラチオさせたのさ。その後で女はこれまでやった内で一番素晴らしいファックだと言いやがったぞ[36]》。

このような男は、女性とは押さえ込まれ本当に〈たっぷり犯されて〉はじめて自分が女だと感じるのだ、と確信する者が多いように見える。《おれが言ってるのは、男がやりたがるように、たいていの女もあそこをいたぶってもらいたがっている、ってことさ》。現行犯で逮捕された男はこう引用して弁明する。《女ってのは、引っさらわれて惨い仕打ちをされたいと思ってる。そうすると自分が女だって実感するもんだ[37]》。それどころか、強姦されて歓びを感じたと無理やり言わせる犯人もいる。一被害者は行為の最中に、犯人からこう言うように説得されたと申し立てている。《お前ら雌犬どものことは何でも知ってんだ。どいつもこいつも代わりばえがしねえ。みんな似たり寄ったりだ。いろんな映画で見たんだよ。お前らは殴られるのが好きなんだろう》。それから男は彼女を惨たらしく殴りだした。《あの映画で見たばかりなんだ。男は女を犯しながらさんざん殴りつけるけど、女はそれが良いって言うのさ。お前もこれが好きなんだろ。好きだって言えよ！》繰り返し男は彼女を殴りつけ、犯されてどれほど淫らになったか言えと強いた[38]。

二人のアフリカ系米国人に強姦された女性は後で、行為中に二人から《お前はこれが嫌いか、お前もイッタか》と絶えず尋ねられたと証言した[39]。また警察官にとっても、犯人が被害者にオルガスムをもたらしたかの問題が、強迫観念になっているように思われる。ある若い女性は、事件の後で呼んだ警察官たちから、言葉によっていわば再び強姦されたと述べた。《事件の直後でした。――私は床のここに横たわり、顔は血まみれで、警察に電話した時は、ほとんどヒステリー状態でした。警察は到着するなり、一人の警官がまず〈あなたはそれを楽しみましたか〉と尋ねました》。傷つけられ疲れはてた女性がベッドに横たわってから、《本当の尋問が始まったのです。私は警察の質問が信じられませんでした。制服警官が五人ほど私のベッドルームになだれ込んでくると、こんな事を私に言いました。〈その男が入ってきた時とそっくり同じ姿勢でベッドに寝て下さい。レイプされたくなかったなら、どうして足を開いたのですか。犯人のペニスを見ましたか。その様子を詳しく話して下さい。犯人のペニスに触りましたか。それを口に含みましたか。オルガスムを感じましたか〉[40]》。

法廷での審理中、犯人によって性的に興奮させられたか、オルガスムに達したかと、質問する裁判官は多い。なぜなら彼らは、その場合強姦が立件できないという前提があるからである[41]。すでに一七世紀にベネディクト・カルプツォフは、強姦とは被害者が行為の前後、最中にまったく性的興奮を感じなかった時だけに限る、と断言した[42]。

被害者にとって強いられた性交が快楽に満ちたものであるとするのは、〈男どもの妄想〉ばかりではないように見える[43]。あるアメリカの調査によれば、大勢の女性は確かに自分自身は強姦のさなかに性的興奮を覚えるとは思えないが、しかし他の女性ならありうると見ている[44]。また一九七一年に雑誌『レスポンス』に、《レイプ。それは苦痛か、エクスタシーか?》と題する記事が載った。そこに発表された調査結果と称するものによれば、質問された強姦の被害者全体の七三パーセントがその行為に《歓びを》感じたのみならず、四七パーセントがオルガスムを体験した。結局多くの女性は、肛門性交やフェラチオのようなふだんは拒否するのに、犯人に無理に強いられたプレイを、《とてもエロチック》と感じた。その際彼女らはついにすっかり取り乱すことができたからである。女性たちは再三大きな満足感をもって、《私は獣になった気がした》という決まり文句を述べ、始めの犯人との争いや不安もそのような性的興奮に導かれる一因となった、と述べた。[45]

なるほど、この〈調査〉なるものはまったく行われず、記事の中に引用された〈結果〉はすべてでっち上げであり、ポルノの目的に利用しようとしたのは確かである。しかしながら多くの専門家が主張するように、《(ポルノ以外に)女性の方から快感を証言する被害者の報告は存在しない》わけではない。[46]

時には強姦された女性の発言も実際にある。当の女性たちはそれどころか死の不安におののきながらも、性的な興奮を覚えたことが明らかになる。たとえば、ある被害者は《不本意ながらもオルガスムに達した》と述べているし、別の被害者も《私はペーター氏に陰部の辺りを口で刺激された時、心ならずもではありましたが、性的興奮を隠せませんでした。実際にまた呻き声を立てました》と報告した。[47]

しかし、このような性的な感情はどうやら、〈冷たく〉また〈魂のない〉興奮のようである。[48] だからそれは、たいていの《夢精》の〈快感なきオルガスム〉、あるいは犯人に無理やりフェラチオされた男のオルガスムにも似て、決して満足感なき感情である。またおまけにこの感情は、たいていは犯人が甚だしい暴力を振るわない時だけ起こり、[49] 被害者はすっかり取り乱す。彼女にとってはしばしば行為そのものより、この感情の方にずっと嫌悪と屈辱を感じるのである。[50] 上述の古代ローマのルクレティアが《それがどのようなものであっても、悲しく不愉快な歓び》と、いみじくもそれを言い当てている[51]。それには、被害者の女性がみずからの興奮を、ラテンアメリカの刑務所に捕らわれた囚人たちのように、自分が非道徳的、極悪である間接証拠と解したことも、おそらく一役買っていよう。彼ら囚人たちは拷問者によって射精させられると、彼らの共犯者になったと感じるのである[52]。

すでに見たように、男性も不安や緊張の状態にあると、勃起や射精が起こる。第一次世界大戦に参加した人びとは、突撃の命令で塹壕から飛びだした時射精したと報告している[53]。オーストリア・ハンガリー帝国の最後の死刑執行人ヨーゼフ・ラングは、死刑判決を受けた者は処刑直前にしばしば性的に興奮すると語った[54]。男女を問わず放火狂と万引き犯が、犯行の興奮と捕まるのではないかとの不安で、オルガスムを体験する話はおそらくもっと知られているだろう[55]。同じように強姦の被害者にも、死の不安に襲われてそのような興奮が起こることを、もちろん例外視してはならない。

いずれにしても、このような不本意な興奮は、精神分析学者たちの頭に巣くうものとはまったく異なっている。たとえば、彼らの一人ジョルジュ・ドゥヴローはこう書いている。《現代の反強姦（＝反男性）キャンペーンにもかかわらず、強姦された女性は強烈な快楽を感じている。強姦が彼女らの女性的なマゾヒズムを満足させるからだけでなく、強姦に際して彼女の身の上に起きたことは〈責任が〉ないからでもある[56]》。

強姦されて性的な満足をえる女性が、ここに描かれているが[57]（197図参照）、これは決して現実のことではなく、ポルノグラフィーの産物である。襲われた女性たちは実際には始めから奔放に性を楽しみ、〈イカさ〉れるわけではなく、それどころか多くの女性はその体験を生涯で最悪の屈辱と記している[58]。そしてその影響は彼女らの人生で後々まで尾を引く。自尊心をいたく傷つけられることはさせて

197 〈獲物〉．アキレ・ドゥヴェリアのリトグラフィー，1830年頃．

おき、一般に生活に対する不安、広く世の中での振舞いに対する恐れ、そもそも男性に対する抜きがたい不信感、それに性感の変化という結果をしばしばもたらす。ある調査によれば、強姦の被害者二七名のうち五名はその後性交をやめ、五名は膣痙とか不感症のような性的機能障害に悩み、五名は相手かまわず無差別に性関係をもち、そして二人は女性相手の性交しかできなくなった(59)。

テレジア・コンスタンティア・フィリップスの自伝は一七四八年に出版されたが、その中で彼女は強姦された後ずっと《深い悲しみに沈んだ》と述べ、その上よその男に〈汚された〉ため夫に追い出されたとある。さらに彼女はこの忌まわしい体験を思い出すと、長年月経った今でもこの犯罪をまったく克服できず、涙を禁じえないとも書いている(60)。

多くの女性が《強姦妄想》をたくましくし、これを楽しんでいる事実も、強姦体験のこうした見方と矛盾しない。一つには、女性のこのような妄想は一般に想像されるより、はるかに稀にしか起こらないように思われる(61)。

また現実の強姦というのは、普通女性が思い描くよりずっと残酷で誇りを傷つけるものなのである。だから空想上の強姦や、映画で演じられるたいていの強姦は《偽りのレイプ》と呼ばれる[62]。第三に女性は思い描く強姦を、現実のそれとは逆の方向へ向ける。つまり、女性は空想上のヒロインとなり、それによって攻める男の激しさを自分の思い通りに案配するのである。だから、強姦の判決を受けた一人の男はこう言って自分の行為を正当化したが、それは誤っている。《女は優男が嫌いだ。奴らは荒々しい残酷な行為を渇望しているのだ[63]》。確かに外見的には性交を幾分強要され、行為中は〈きつく摑まれる〉という考えは、女性にとって性的に刺激となる薬味のように見えるが、しかしながらこの強要はあまりにも激しく残酷で、だからこんな空想を楽しめる女性はごく僅かしかおらず、彼女らにとって違った展開をたどることになる[64]。

強姦妄想に当てはまることは、ポルノ映画の強姦シーンを見ることにも当てはまる。そのようなシーンで快感を感じる女性のパーセンテージが思いがけなく高い事実は、やはり見る女性が自分は被害者と感じないこととどうやら関係がありそうである。その上、彼女らは暴力や屈辱に強烈な刺激を受けるわけではなく、そのシーンの性的な要素に刺激を受けるのである。そのような要素はどっちみち強姦のポルノにあふれており、普通被害者は快感のあまり喘いだり、呻いたりする[65]。それゆえ、実験から以下のような結果が明らかになった。女性の被験者はそのようなシーンで、被害者が残虐行為なくしてオルガスムに達する時、性的に興奮する。逆に男性の被験者は《被害者がオルガスムと苦痛を体験する時、もっとも興奮した[66]》。しかし男性たちも、被害者が性的な快感を感じれば感じるほど、ますますそのシーンから刺激を受けた。被害者が快感のあまり呻いたり、身をよじらせたりするにつ

れ、男性の観察者もこの行為を正当化し、彼らはますます自分も女性を強姦することができると、思うようになる。(67)

34　じゃじゃ馬女の調教

　何らかの点で協調せず、とりわけ性的な面で勝手な行動をとる女性を懲罰するため強姦を、それも特に屈辱的な集団暴行[1]という手段を選ぶのは、〈伝統的な〉社会に生きる男たち特有のやり方である。すでに述べたように、中世末期の諸都市で深夜若者の一味が、聖職者の妾など悪評高い女の住む家[2]や、また夫と別居しているような、ありていに言えば尻軽と見られた女の家に侵入し、彼女らを強姦した[3]。

　娘や女性が、そのほかの点で男性に反抗したり侮辱したりする時も、男は自然から恵まれた鞭で、出しゃばり女を罰することをもっとも好んだ。たとえば、一五二七年にマクデブルクの牧童ブロジウスは、このように告白した直後に首斬りの刑に処された。《拷問などを受けたわけでなく、進んで自白しますが、［……］一〇歳か一二歳ほどの少女がおれに呼びかけて〈おい、ヴェンド人、私のお尻をなめろ〉と言った。そこでおれはこの娘の後を追いかけて捕まえ、藪の中に寝かせ、若枝の鞭で叩いてやった。最後にまだ男を知らぬ娘を力ずくで犯した。行為を終え欲望を満たしてから、おれは言ってやった。〈分かったか、お前のせいだぞ、さあ行け！〉》(4)

女性が〈けばけばしく飾り〉立て、男心をそそるように恥知らずな振舞いをし、衣類を身に付け化粧するのも（英語で言う《身を飾ってレイプされる》）、〈強姦に値する〉はね上がり振りに入った。現在でも北アメリカでは《良い娘はレイプされず、悪い娘はレイプされても文句を言えない》と言われ、またアラスカ北部に住むコルヴィル・エスキモーとポイントバロウ・エスキモーの間では、強姦事件の責任はいつも女性にある、と言われている。内気な女性は決して《トラブルに》巻き込まれないからというのがその理由である。この件に関して、被害者の夫の考え方はもちろん違った。彼は自分の妻を罰することはせず、彼も犯人の妻を待ち伏せ強姦して埋め合わせをつけるのだ。(5) エリトリア州のテグレナ族では一九世紀になっても、若い娘が青いビーズの首飾りを付け、硫化アンチモンで瞼を化粧していれば、強姦事件が起きても賠償を請求できないし、できてもごく僅かだった。(6)

その反面多くの社会では、若い娘が進んで協調しない、あるいはその気持ちをはっきり表さないと非難された。南米のカネラ・インディアンでは時に若者の一団が、一人前になり、一定の期間経ってもそっけなく男をはねつける娘を、原始林の中で待ち伏せ、民族学者がいみじくも言った言葉によれば、《無理やり彼女の身体を与えるように強いた》。この行為の後で、彼女の〈無愛想〉がもとで、若者たちをこんな過ちに追い込んだことを、少女の両親は概して大いに恥じ入った。(7) 南洋諸島のマンガイアでは、このような《高慢な》女は時折り集団暴行を受けるが、被害者は普通ひどい屈辱を感じ、警察への告発もすべて断念する。(8)

マヌス族では妻が我を張り夫の権威を脅かすと、夫は週末に彼女を藪の中に連れて行き、そこですべての友人と〈性交〉させる。[9] 同じようにキプシギ族でも夫たちは妻や一人前の娘を、彼らに逆らったり家出した罰として、若い兵士たちに強姦させた。[10]

しかしこうしたやり方で罰せられるのは、何といっても女性の性的な過失が一番多い。南オーストラリアなどでは、男の群れが性的に放埒な女性に襲いかかり、〈輪姦〉した。[11] またアンゴラのハニャ族では、このような女性はおまけに強姦のような辱しめを受けた。彼らは姦通した女性を無理やり四つんばいにさせて尻を後ろに突き出させてから、男が順番に後ろから彼女を〈奪う〉のである。[12]

モハヴィー族では、性的に主導権を握る鼻っ柱の強い女性は *kamalo:y* と呼ばれるが、彼女らは集団暴行されただけではなく、その後でクリトリスを切り取られて見せしめにされた。[13] ムンドゥルク族では、性的に男性を〈刺激する〉女性が、集団暴行されても不問に付した。ムンドゥルク族の男性たちは女性が男の役割を脅かそうとすると、非常に敏感に反応し、彼女らの気勢をそごうと、以前犯した強姦の細部をよく大声で自慢した。すると、それが聞こえる所にいた女性たちはいらいらして、縮み上がった。[14]

ディエリ、クナンダブリ、ヤンダイルンガなど中央オーストラリアの種族では、若い娘がつまらぬ考えを抱かぬよう思い知らせるために、成人した男は誰も娘を強姦し、未来の夫に対して〈従順に〉させる権利があった。[15] それは古代スウェーデンの『ティドレク・サガ』で、ジークフリートがブリュンヒルトについてグンテルに教える件を想起させる。《彼女の性質はこうです。処女である限り、彼女はいかなる男性よりも強いのです。あなたがまず彼女の処女を奪えば、彼女は他の女性同様に弱くなりましょう[16]》。

女性が〈宗教的な秘密〉を嗅ぎつけても、男性の権威が揺らぐことがあった。その秘密は男性だけが知ることを許され、女性は羨ましげにそれを見守る役だったからである。たとえば、オーストラリアのムリン・バタ族では女性が〈聖なる〉*tjurungas*（*churingas*）[17]を祭った場所に足を踏み入れ、当の種族の男性メンバーが彼女がそこで秘物を見たと思えば、殺されるのが普通だった。しかしながら、女性がその *tjurungas* を見なかったと分かっても、しばしば彼女に厳しい懲罰を科した。その不幸な女を捕まえ、種族の全メンバーが——たいていは三〇人から五〇人だったが——長蛇の列をなし、前の男が射精するのを待った。この残酷な手続きはその後もある期間毎夜繰り返されたという[18]。

カラジャ族では、ある女性がたまたま、仮面を彫ってかぶるのが聖霊ではなく、男だと知ると、復讐として集団暴行を受けた。これによって彼女は女の名誉を失っただけでなく、将来は娼婦として男衆の家で若者たちに奉仕しなければならなかった[19]。一方メヒナク族の女性はいい気になって男衆の家に足を踏み入れるだけで、集団暴行の被害者になった。以前男衆の家がまだ覆いがなく覗き見できた頃、性的な抑圧に対する不安が女性たちの心に非常に深く染みついていたので、彼女らは男衆の家のある村の広場に来ると、常に目をそらした[20]。今日ではその家の横の側面だけに、ごく低い入口がついている。男はそこから這い込むので、女性は遠方から内部をちらりとも見ることができない[21]。壁はもちろん筒抜けなので女性は外にいても、家の中の男たちが大声で村の女性一人ひとりについて、陰部の大きさ、色、臭いなどについて討論するのが聞こえる。そのために槍玉にあがった女性たちは大いに恥じ入り、屈辱を覚える[22]。

〈種族社会〉において、同じ集団の女性に対する支配権の行使の手段として、強姦はもっとも重要かつ効果的なものであり、また過去においてもそうだったが、すべてのとは言わないまでも、多くのこのような社会において、戦いのようなもめ事のさなかに、性的な略奪も行われた。それは、たとえばポリネシア人の間で(23)、またニューギニアや南米で行われた。ニューギニア東部の高地に住むカマノ族、ウスルファ族、フォレ族、ジャート族のような種族の戦士たちは、隣村を襲撃した際自分たちが殺した女性の屍と性交することが多かった。なお彼らは撃ち殺した男性とも同じことをしたが、ただしそれは象徴的な意味だった。彼らは屍の上にかがみ、腰を使って性交運動の真似をし、死者のペニスを弄んだ。確かに男どもは生きた女性と無理やり性交する方が楽しいと認めてはいるが、しかし屍だとそれより残酷になり、生きている女相手ではできないこともできると言った。女性たちは〈性生活〉において、非常に攻撃的で戦闘のようにすることを、どうやら母親に躾られたらしく、たいていの男どもの手に負えなかったのである(24)。

ヤノマメ族の特別攻撃隊がよその村を襲撃する時、まず始めに女性の村人を強姦する。いや、少なからぬ男性は、よその村の女性を強姦するのは士気を高揚することになる、と言っている。彼らは作戦が成功した後で、敵の女性を何人か地元に連れ帰り、そこでまたその気のある男たちが女性を相手にもう一度性交を強いた(25)。スララ族とパキダイ族にさらわれ囚われの身となった女性たちは、四六時中性交の用意ができていなければならなかった。男はたいてい四人連れ、五人連れでやってきては、囚われの女の腕や髪の毛を摑んで原始林の中に引きずり込んだ。女性が抵抗したり、異議を申し立てたりすれば、強姦者たちはすでに傷だらけの彼女の頭を鞭で殴りつけ、南米産のネズミ、アグーチの鋭い牙のついたナイフで身体に傷を負わせ、傷口から血を流させた。このように一人の女性が無理やり連れてこられると、この事件のために村全体に明るい雰囲気が漂うのが普通だった。もっとも犯人の妻はいささか甘酸っぱい表情でこの件を見守っていると、コメントを加えなければならない。[26] なぜならここでも常に嫉妬の幽霊が村中を徘徊しているからである。[27]

さて、このような社会では強姦そのものが寛容に扱われ日常茶飯事になっていると、誤って信じ込んではならない。自分の種族の女性を強姦した者はなるほど直接罰せられることはないが、しかしはるかに悪い運命が彼を待ち受けている。なぜならその犯人は、死後屍が火葬されないことを承知しているからである。ということは、魂が破滅するので再生できないことを意味する。多くの人にとってそれは、自殺を犯すほど恐ろしい破局なのである。[28]

戦時の強姦は南米のインディアンの間では広く行われたが、北米ではむしろ稀だった。一七世紀から一九世紀にかけて、インディアンの戦士たちに略奪されさらわれた白人女性は、彼女らの一人の言葉を借りれば、《インディアンは捕虜の女性に対しても丁寧で、不作法な態度をとるなど無礼を働くことは決してない》と認めている。一八世紀のジョージ・クローガンのようなインディアン通は確かに《彼らは自然の掟以外に司法権も法律ももたない。しかし、会議を開いて強姦の罪を犯した男たちに、死を宣告するのは幾度も見た。強姦は彼らが軽蔑する犯罪なのだ》と言っている。それどころか略奪された女性が白人社会へ送還されるのを見た人は、《これらの女性たちが、結婚を強要されてデリカシーを傷つけられたケースは一つもなかった。彼女らは選択の自由が許され、独身を選んでもそのことで害を蒙ったりはしなかった》と強調した。[29]

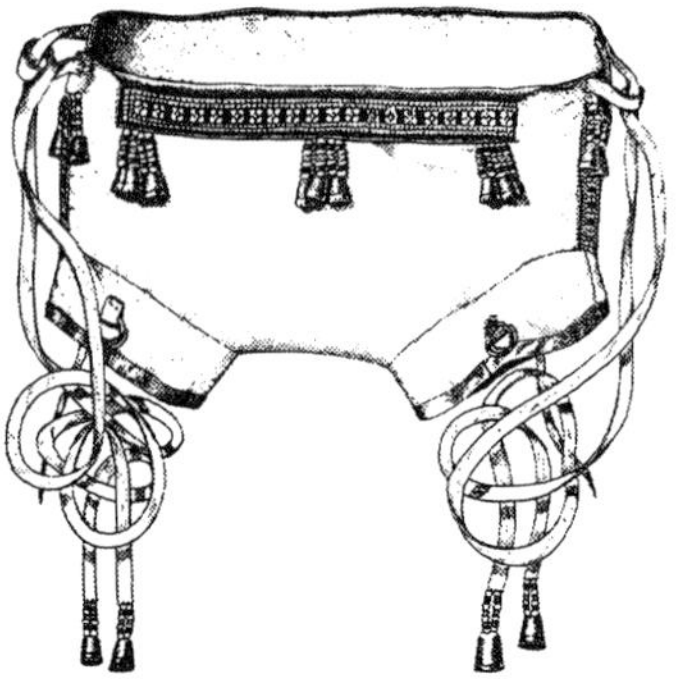

198　ヤクート人女性の大鹿皮のズボン.

戦時の強姦はひとまずさておいて、自分の属する集団内の女性に対する強姦だけを考察しよう。するとこの行為は、〈伝統的な〉社会にあっては近代社会よりも、はるかに集団暴行の性格をもっていることが目立つ(30)。しかもその集団暴行は、若い娘や人妻が自分の立場をわきまえずに振る舞い、とりわけ男性の支配権を危うくすることを配慮する男性集団が行うのである。

〈伝統的な〉社会でも時には女性に対する〈単独強姦〉が存在することに、私は異議を唱えるつもりは毛頭ない。たとえば、ヤクート人の女性はかつて大鹿の皮のズボンをはいていた。そのズボンは四本の長い紐で締めつけられ、さらに複雑な結び目によって結ばれていたので、男が強姦するには実に困難をきわめた（198図参照）(31)。これを見ても、少なくとも強姦未遂が行われたことは明らかである。そしてナヴァホ族では、女性が猛烈に抵抗したので、このようなことは行われなかった、と言われている。彼女らは犯人の陰部を摑み力一杯握りつぶす。とうとう男は痛さにたまらず、すんでの所で被害者になるところだった女性に、ネックレスかテーブル掛けを贈る羽目になった(32)。だが、そのような強姦事件は、社会的な監視がわりあい弱くなった近代の〈匿名〉社会より、くらべものにならないほど稀だった(33)。男たちはむしろ自分の居住地外から来るよそ者の女に目を付けた。たとえばエイポ族の男たちの犠牲者になるのは、たいてい遠方の谷から来た女の旅人か、時には異国の旅行者集団の女性だったが、その時はまず男たちを殺してから女性を強姦した(34)。

近代社会の強姦には〈男の一味によるという〉性格がまだ残り、たいていの集団強姦はホモ的でエロチックな響きをもち、男どもはその徒党に加わることで、《膣》に対する男らしさを確認することにも、私は異議を唱えるつもりはない(35)。しかし、単独の強姦犯たちが、たまには女をたしなめる男が必要なのだと理由をあげることもある。アメリカの犯人は、おれたちは《出しゃばり女をたしなめる》ためにやったんだと言ったり(36)、《奴らは当然の罰を受けたのだ》と被害者を見下したりする。あるスイスの犯人は、強姦とは反抗的な女の牙を抜くのにもっとも適した方法だとうそぶいた。《女は強姦されてはじめて淑やかになる(37)》。かなり多くの若いトルコ女性は同国人に《罰として》強姦されたが、彼女らがドイツの女性界で活躍するのも、確かに偶然ではない(38)。ほかの犯人たちも被害者が〈けしからぬ〉振舞いをしたから〈罰したのだ〉と言う。たとえば被害者に肛門と膣による挿入をしようとしたが果たせなかったアメリカ人は、野球のバットのような触り心地の物を、長時間にわたり彼女の肛門に打ち込んだ。そして彼はこう言いつづけた。《お前が悪い娘だったから、罰しているんだ。お前が男とファックした数だけ懲らしめてやる(39)》。ここでは、若い女性がファックされた数だけ罰せられたのではなく、いつも積極的に男と〈寝た〉から罰せられたのである。

しかしながら決定的なことは、〈伝統的な〉社会においては、社会が広範にわたる効果的な監視を行えるため、性的欲望と屈辱感を与えようとする不当な意志を動機とするような強姦事件、つまり女体を犯罪的にわが物としようとする事件は、今日よりはるかに稀にしか起こらないことである。かつて私はフローレス島東部にあるレウォレマ地区のオラン・ベロギリ族(40)の男性何人かに、女性や若い娘に対する強姦が時には起こるかと尋ねた時、彼らはノーと頭を振った。そんなことはまったく不可能だと、彼らは言う。女性たちは灌木で作った小刀を巧みに操るし、犯人の名はたちまち村中で知られてしまうだろうからと言うのである。(41)

現代の〈西欧〉社会の内部でも、わりと見通しのきかない〈匿名の〉大都市においては、地方より犯罪率はずっと高くなっている。とりわけ公然たる暴力犯罪、特に女性に対する強姦が多い。人口と人口密度が増すにつれ、よそ者との接触の機会も増え、公の場で相互の働きかけが行われることも多くなる。〈伝統的な〉小社会の人間だけでなく、今日の村の住民とくらべても、大都市の人間は異質なものとなり、そのためもめ事の起こる可能性も増大していく。(42)

原注

(1) Zit. n. A. Bryson, 1990, S. 149.
(2) Zit. n. R. H. Pearce, 1991, S. 29, 34.
(3) P. Schäfer, 1992, S. 110.
(4) Cf. D. Knox, 1991, S. 132.
(5) Cf. V. Kasiepo, 1991, S. 16. 早くも一九世紀に、《白人の道》を選んだ国々の知識人はほとんどがこうした傾向を身につけた。たとえば、日本の使節団は一八七一年に北アメリカのインディアンに接見したが、その後でアメリカの将軍に《教育でインディアンに文明をもたらせるのか》と尋ねた。将軍は肯定とも否定ともつかない答えをした。Cf. S. Shimada, 1991, S. 40.
(6) N. Elias, 1939, II, S. 346, 427.
(7) Ders., 1988, S. 37f.
(8) K.-S. Rehberg, 1991, S. 65.《文明化理論が帝国主義的な特徴を帯びた植民地主義の思考モデルだとするデュルの批判は、中傷的な論争であり、詳細に観察すれば、意識的な誤解あるいは愚かな誤解だと分かる》(E. Rühle, 1989.)。同氏が実際に《詳細に観察》したとしても、残念ながらその結果は彼だけの秘密である。
(9) B. Roeck, 1991, S. 103f. それに対しG・イェルシェクは、万一私の批判が的を射たとしても、なぜデュル《だけが優れたモラルにクレームをつけられるのかはっきりしない》と述べている（一九九〇年、五七一頁）。
(10) N. Elias, 1939, II, S. 346.
(11) A. a. O., S. 347. A・ブロックによれば、エリアスは最近アムステルダムで行った講演で、国家も文字ももたないアフリカの民族が《ジャングルの野獣のように、いつも捕らえられる危険の中で》暮らしている、と述べた（一九八二年a、二〇五頁)。この言葉を聞いて、ヴィクトリア朝時代の植民地支配者が《黒人の性質は動物に似ている》と語ったのを思い出さない者がいるだろうか。

(12) M. Schröter, 1990, S. 54.

(13) G. H. Loskiel, 1789, S. 22.

(14) A. a. O., S. 195f. Cf. auch E. H. Ackerknecht, 1944, S. 32.

(15) M. Jemison, 1979, S. 100. 捕虜となったヨーロッパ人が故郷に帰るのを拒む時、もちろん他の原因がからむこともよくあった。たとえば、あるマヤ族の首長の戦闘隊長になったゴンサーロ・ゲレロの場合、インディアンの妻との間にもうけた三人の子供を愛していたことが、主な理由の一つだった。Cf. B. Diaz del Castillo, 1988, S. 62. ゲレロについては以下も参照されたい。T. Bargatzky, 1981, S. 165f.

(16) われわれの《古着》が異文化の社会に住む人びとに次第に押しつけられた様子については、次巻で詳述するつもりである。ここではブラジルに住むカトゥキナ族の女性たちの場合を示唆すれば十分だろう。彼女らは大河の近くへ行く時、ブラジル人に強姦されないために、必ずヨーロッパ風の服を着て乳房も隠す(一九九二年九月二二日放映のZDF局の番組)。

(17) M. Schröter, a. a. O., S. 56.

(18) Cf. G. Bleibtreu-Ehrenberg, 1991, S. 67f. このように好意的でない言葉を並べたものの、これまでエリアスの弟子の筆になるものでは、シュレーター――並びにカス・ウォウタース――の批判がもっとも真摯で客観的だと私が考えていることを強調しておきたい。シュレーターの論拠に関しては、次巻でさらに詳しく述べる予定である。シュレーターやカス・ウォウタースの叙述とエリアスの解釈者A・ボーグナーの叙述をくらべれば、同じエリアス学派でもレベルにどれほど差があるかすぐに分かる。尊大な学者ボーグナーは、私がこれ以上《開いた扉にぶつかって壊す(無駄骨を折る)》ことのないよう、用心深く扉を閉じてしまう。Cf. A. Bogner, 1991, S. 37f. また別の著述家は、自分が火薬を発明したとは思わせないまでも、その代わり批判する毎にますますふんぞりかえる。それは歴史学者G・ヤリッツで、物事は《私の主張とはまったく反対》の見方もできることを見つけ出した(一九九二年、三九九頁)。

(19) デュル『秘めごとの文化史』(一九九〇年、法政大学出版局) 二六三頁以下を参照。

(20) B. Krause, 1991, S. 194. さらにクラウゼは、羞恥と《羞恥を感じる〈原体験〉である〈露出の羞恥〉の結びつきを中心に据えることも問題であると》思われる、と述べる(前掲書)。この《結びつき》も彼の想像中にしか存在しない。

(21) 《この見解に対するエリアスの反応はこうである。〈生まれたばかりの赤ん坊でも羞恥心を見せるとデュルは言うのか?〉》(zit. n. C. Wouters, Ms., S. 1.)。肉体の羞恥が(〈文化により獲得される〉のとは違って)〈生まれつき〉であるとのテーゼを主張するならば、もちろんこの異議を真面目に取るべきではない。普通は生まれたばかりの赤ん坊に大きな乳房や髭はないが、〈文化により獲得される〉わけでもない。《いずれにせよ羞恥は人間が生まれつきもった反応ではなく、子供は羞恥を新たに学ばねばならないことだけは特記しておこう》とS・シュレーターは言っている(前掲書、五七頁)。運悪くシュレーターはその根拠を《記す》のを忘れてしまった。

(22) 軽く吐き出した批評でジークリト・レフラーは、デュルは《子供が自分の裸体を恥ずかしく思い始めるのは、〈系統発生上の適応が行動の決定に参与することを示す強力な間接証拠〉である》と主張したと述べている(一九九〇年、一〇七頁)。これからレフラー女史は、私が批判している当の作家の文章を、私のものだと言わないようにしていただければ大変ありがたい。この点ではゲルティ・ゼンガースの方がもっとひどい(一九九一年、一一二頁)。デュルは《陰部は醜く、それゆえ隠さねばならないことに、人類は数千年前に気づいた》と主張する、とゼンガースは大真面目で述べている。だが、このテーゼは私ではなく、性科学者で婦人科医のリヒァルト・フーバーのものであり、私はまるまる一章を割いて、このテーゼが誤りであることを証明したのだ(『秘めごとの文化史』一五章を参照)。さて、二人の女性ジャーナリストがこうした発表をしたのも、労働過多で批評する本を読む時間さえなかっただけだ、とおっしゃる方もおられよう。その弁解は認めてもよい。しかし、エリアス学派の大御所である二人の社会学者の場合はそうはいかない。彼らは《文明的な行動の基準は[……]社会遺伝的な変数ではなく》、むしろ《人類学的な常数として人間が生まれつきもつ》とデュルが書いたなどと主張した上に、厚顔無恥にもその頁さえ掲げているのだ。Cf. R. Baumgart/V. Eichener, 1991, S. 91f. 問題の頁を開けば、二人の学者の主張がでっちあげだとすぐに分かる。さらに、デュルの考えによれば《羞恥心が空間的にも時間的にも普遍的な現象であること》の証拠は《とりわけ聖書の、アダムとイヴは〈自分たちが裸であることを知った〉(創世記三章七節)》などと書いている(前掲書、九二頁)。二人がこのように愚かな中傷によって、デュルは堕罪という聖書の神話を経験的な証拠に使う、との印象を人びとに植え付けようとしているのは明らかである。これまでの批評で公平な論議をしているのは以下の研究である。F. M. Skowronek, 1992, Kap. 4.

(23) 私はこのシリーズの第一巻で、《〈肉体の羞恥〉は明らかにすべての人間社会に欠かせない理由》を次巻で取り上げると予告し(『裸体とはじらいの文化史』(一九九〇年、法政大学出版局)三五七頁)、その約束を第二巻で果した(『秘めごとの文化史』第一六章)。このような予告がなされた場合、約束が果たされるまで論敵に対する中傷を控えるのが、フェアな態度の最低限の条件だと私は思う。残念ながらM・シュレーターでさえ、しかるべき礼儀正しい振舞いができなかった。《ところで、人間の本質的特徴に関してデュルはテーゼに甘んじるのみで、それなら社会にとって羞恥のもつ機能はいったい何か、というすぐに浮かぶ質問を投げかけさえしなかったことに根本的な不満を感じる。デュルの刺激的な理論に一貫して見られる弱点が、ここでは特にはっきりと認められる》(前掲書、五八頁)。

(24) K・S・レーベルクは、さりげなくではあるが、このテーゼを取り上げた唯一の批評家である(前掲書、六六頁)。もっとも、彼が見たのは緊張を緩和させる側面だけで、パートナーとの結びつきを促進する〈肯定的な〉側面は眼中にない。H・C・エーハルトは、デュルの《誤り》は《性の領域における永遠の規準を見つけたと早とちりして》思い込んだことだ、と述べる(一九九一年、六七頁)。しかし、たとえば肉体の羞恥を知らない人間社会を一つでもよいから紹介し、私の《誤り》を証明しないことには、そのような批評に価値はなかろう。H・アイヒベルクも、肉体の羞恥が《普遍的だと論じても意味はない》と主張するが(一九九一年、七一頁)、彼も普遍性のテーゼに反駁する実例を一つもあげられない。

(25) このテーゼの根拠は最終巻で詳述するつもりである。

(26) N. Elias, 1939, II, S. 397.

(27) A. a. O., S. 403.

(28) T. Kleinspehn, 1989, S. 31f. この問題に関して、エリアスの理論に忠実なクラインシュペーンは、近世まで《高位者は使用人に裸体を見せる》ことができたが《しかしその逆は不可能だった》と思われ、《たとえばこれがデュルの無視した側面である》と指摘する。同氏には、批判されている書を、とりわけ第一五章《召使い、奴隷、名誉なき人びとの面前での露出》を読むようお勧めする。私は同章で、とりわけエリアス流の典型的な例であるシャトレ侯爵夫人と召使いロンシャンのケースを少し詳しく調べておいた。

(29) M. de Montaigne, 1922, I, S. 20. かなり古いマクシミリアン皇帝の祈禱書では、敷物の上に置かれた男性の遺体は手で陰部を隠している。Cf. F. Unterkircher, 1983, Tf. 8.

(30) S. Neckel, 1991, S. 139. さらにネッケルは、デュルによれば現代的な人格の〈断片化〉は《自由のみを》もたらす、と主張する。この主張はでっちあげであり、従って同氏は何の出典も示していない。

(31) K.-S. Rehberg, a. a. O., S. 66（傍点筆者）。そのような反対意見を出しているのは私ではなく、――皮肉なことに――私を批判する数名の人びとである。たとえば、K・ケストリンは軽率にもこう述べている（一九九〇年、七三頁）。《羞恥心やばつの悪い思いは、すべての人間に内因する、つまり人類学的常数である。そのため、歴史の過程で習得され自然に感じられる文化的な羞恥心ではなく、生まれつきの羞恥心を人間がもつというテーゼは、地域、時代、階層に固有の相違を認める経験論的な調査結果とは相いれない》。

(32) ウォウタースは、デュルの解説にはエリアス理論への《暗黙の了解》が認められる、とさえ述べている（前掲書）。すなわち、《一七世紀末ないし一八世紀の人びとのとらわれぶりが、一六世紀初頭とまったく同程度であったと、全面的に言うつもりはない》（『裸体とはじらいの文化史』四五六頁）と書いた部分である。しかし、ここで私は、相違があると言ったのであり、その相違によりエリアスの意味での一般的な進化論が形成された、と言ったのではない。それでもウォウタースは、シュレーターほどではない。シュレーターは、デュルの《知識人らしい態度》によれば《あらゆる時代（と文化）は神から等距離にある》とでっち上げるが（前掲書、四九頁）、その主張を典拠によって裏付けられない。W・ボイティンも、デュルの考えでは《人間の性には何の変遷もなかった》などと述べている（一九九〇年、二五頁）。

(33) P. Burke, 1991, S. 65.

(34) アイケ・ゲープハルトの、拙著第二巻に対するおそらくもっとも馬鹿げた批評では、同氏の世界観がとりわけあからさまに顔を覗かせている（南西ドイツラジオ放送、一九九一年二月八日）。《デュルにとって、羞恥には歴史的な特徴も社会的な特徴もまったくないのです》。おそらくこれは、肉体の羞恥を普遍的な現象とする私のテーゼをさしていると思うが、彼は他の場所でこうコメントしている。《白鳥は必ず白く、それが白鳥の性質である、というテーゼに反論するには、黒い白鳥が一羽だけいれば十分です》。かくもみごとな文章を書き上げるとは、アイケ・ゲープハルトは自著の教科書『学問の理論I』を熟読したに違いない。しかも熟読のあまり、《黒い白鳥》、つまり恥じらいのない社会がどこで見つかるかはすっかり言い忘れている。逆にある批評家は、デュルの《論拠》は概して《反駁不可能》だと述べる（F・E・ヘーヴェルス、一九九一年、八三頁）。当の本人が言う通り、この非難がすでに《二、三名の代表的な批判に見て取れる》のを除けば、この奇妙な主張の根拠を探しても無駄である。A・ボーグナーは、過去の文化や異文化で羞恥の基準が高かったとする私の実例をコメントするにあたり、《万能の命題を帰納法で証明する試みは、カール・ポッパーの方法論と完全には一致しない》とおおげさで奇妙な指摘をしている（一九九一年、三七頁）。ボーグナーがすでにポッパーの事を知っていたことを私は嬉しく思うし、彼がそれを読者にも知らせたがっているのは理解できる。しかし、そんなほらを吹くのは止めにして、私の《万能の命題》への反駁に集中した方がよいだろうし、おそらくポッパーもそう勧めるだろう。

(35) H. Eichberg, a. a. O., S. 71, und ders., 1990, S. 126f.

(36) O. König, 1991, S. 68.

(37) オリヴァー・ケーニヒがそう思っていることは、彼の他の著作からも分かる。Cf. König, O., 1990, S. 15. 中世末期の〈アダム〉派における裸体に関するデュルの論述が、《同派が精神と肉体のディレンマに対して到達した多種多様で複雑な解決案》をあまりにも単純化していると、ロウパーが述べるのはまったく正しい（一九九一年、三九五頁）。しかし、私の関心は性のユートピア的理想主義の歴史を書くことではないので、この非難は当たらない。

（38） M. Schröter, a. a. O., S. 64.

（39） R. van Dülmen, 1991.

（40） A. a. O. デュルメンは彼の批評の根拠をこう説明している。《第一巻に対する世間一般の批評は、問題を解決するどころか混乱を引き起こした》のだから、《デュルの試みには、問題を解明しながら批判する詳しい解説》が必要であり、《それはエリアスの著作に対する畏怖の念から失敗してはならない》。こうした敬虔な決意の後の〈行為〉を期待された方は、きっと失望するだろう。というのも、歴史学教授デュルメンには、彼ほどおおげさでないが、ジャーナリストたちがすでに持ち出し、とうに使い古されたあらゆる〈論拠〉を、またぞろ焼き直すしか能がないのである。その際、デュルメンは勇気を奮い起こし、たとえば、羞恥は《陰部を覆う面積と無関係》であろう、《イコノグラフィーや文学的な文献を直接現実の反映と考えてはならない》といった、エリアスに対する私自身の論拠さえ誤りだと非難している。肉体の羞恥の理論（『秘めごとの文化史』一六章）や、近世初期における羞恥や気まずさの基準の変遷（同書一一頁以降）に関する私の詳述について一行も言及せずに、《〈人間の本質〉を論議する》のは十分ではない、と断言しているのである。B・H・E・ニーストロイのような女性批評家も、このテーゼには一言も触れずに、《もっともデュルは解説にもまったく興味がない》と簡潔に決めつけている（草稿、三頁）。

（41） R. van Dülmen, 1990, S. 185.

（42） デュル『秘めごとの文化史』一一頁以下参照。一九七八年に出版された『夢の時』ではデュルは《まだ変化に興味を抱いて》おり、中世から近世に至る西欧の発展に《三段階のモデル》を提案した、とM・シュレーターは述べる（前掲書、七三頁以下）。すなわち、《中世盛期における〈官能〉の監視が、中世末期にやや緩和され、一六世紀には新たな〈官能の抑圧〉が生まれた》。そして、デュルは『裸体とはじらいの文化史』で、《基礎がまったく異なる初期のモデルを後期のモデルに関係づけようとしない》と非難している。私が『裸体とはじらいの文化史』（三頁以下、三六二頁）でも、中世末期の都市で《自由化が進んだこと》と、それに対する反応について簡単に述べていることに、シュレーターは一言も触れない。『秘めごとの文化史』では――もっともシュレーターが批評を書いた時、この本はまだ出版されてなかったが——それをさらに詳しく述べている。私の知る限りでは、この詳述に少なくとも軽く触れた唯一の批評家はH・M・ローマンである（一九九一年）。確かに彼は、《〈未開人〉の本来素朴な破廉恥から〈文明人〉の羞恥心まで次第に高まる、いわゆる上昇曲線など文化には存在しないという、エリアスに対するデュルの主張は正しい》と述べている。しかし、すぐ後で自分の大胆さに怖じけづいたらしく、《文明化を促す、近代以前との決定的な訣別》の特徴は、《攻撃衝動や性に関する、より洗練された（つまり〈文明化の進んだ〉）作法のため、次第に社会が粗野な攻撃衝動や性衝動に歯止めをかけ、追放したこと》としている（前掲書）。さて、ローマンがどちらを正しいと思ってるのか、ぜひとも知りたいところである。エリアスのテーゼか私のか、ひょっとすると両方か？

（43）一三〇〇年頃のフランスには、約一三〇〇万ヘクタールの森林地帯があったことを考えねばならない——現代より一〇〇万ヘクタール少なかったのである！　Cf. J. Gimpel, 1980, S. 82. Cf. auch E. Schubert, 1992, S. 59; V. Fumagalli, 1992, S. 51ff.

（44）Cf. J. A. Brundage, 1987, S. 346.

（45）Cf. A. Cabanès, 1924, IV, S. 30f. 一五世紀のイタリアで、女性や都会を避け、それらの誘惑から逃げるよう、聖職者が男性に勧めたのは、いかにも当時のことらしい。Cf. J. Monfasani, 1991, S. 191. 一六二〇年にアレクサンダー・ニコルズは『結婚の話』で若い娘についてこう書いた。《若い娘を都会に連れて行き、虚栄の学校に入れ、幾つか実例を見せてやるだけで、やがて彼女は生まれ変わってしまう。以前は考えるだに恥ずかしがった違法なことをやっても、顔を赤らめなくなる》(zit. n. C. Jordan, 1990, S. 288)。

（46）Cf. J. M. Saslow, 1989, S. 95.

（47）Cf. B. -U. Hergemöller, 1987, S. 14, 38.

（48）たとえば近世初期のロンドンでは、毎年新たに三〇〇〇人の住民が市門から流れ込み、そのうち一二〇〇人以上はイギリス各地からやって来た徒弟だった。Cf. S. Rappaport, 1991, S. 240. 一四世紀以降、職人の移動率が高かったことについては以下を参照。E. Isenmann, 1988, S. 321f.《よそ者の数が非常に多かったため、犯罪が起こりやすくなった。よそ者に対する社会的監視の手段が、住民に対するほど厳しくなかったためである。警察にはよそ者の前科に関する情報がなく、また、よそ者は住んでいる都市にほとんど財産をもたないため、［罰として］追放されても物質的損害を被らなかった》(W. Prevenier, 1990, S. 267f.)。Cf. auch E. Österberg/D. Lindström, 1988, S. 59f.《人びとが正体を隠し人格を失う都市での行動基準の荒廃》について、ロバーツも同じことを言っている。《おそらく、大都市の生活は田舎の生活よりいつも多くの自由とチャンスを若者に与えてきた》(M. J. D. Roberts, 1988, S. 278)。

(49) Cf. J. M. Carter, 1985, S. 68f., 145. 現代でも、田舎での強姦発生率は都市よりはるかに低い。《田舎では皆が親しく暮らすので、面が割れ、罰を受ける可能性が高い》(W. M. Shields/L. M. Shields, 1983, S. 128.)。最近ドイツで行われた調査によれば、被害者が犯人とまったく面識のないケースが六五・五パーセントあった。Cf. H. Feldmann/J. Westenhöfer, 1992, S. 51. ストックホルムの調査によれば、犯人の六八パーセントがまったくのよそ者で、三〇パーセントがちょっとした知り合い、一パーセントが被害者と顔見知りで、残りの一パーセントがよく知っている間柄だった。Cf. P. -O. H. Wikström, 1991 S. 78. 伝統的に、田舎の被害者が強姦を届け出る率の方が都市よりはるかに高いようだ。《お互いに顔見知りの村の共同体や家族固有の団結力は、そうした〈支持者〉がいない〈巨大〉都市の無秩序と大いに異なる》(F. McLynn, 1989, S. 110)。Cf. auch J. M. Beattie, 1986, S. 130.

(50) Cf. J. Le Goff, 1989, S. 26; J. Rossiaud, 1989a, S. 171.

(51) Cf. G. Ruggiero, 1975, S. 28.

(52) Cf. C. Jones, 1989, S. 24.

(53) 後代も事情は同じだった。《昔からの自治権を最後まで保っていたフランスの一地方——ヴァデ県——が、同時に一九世紀に非嫡出子の率がもっとも低かったのは、偶然のせいばかりではない。当地の若い娘は周囲が承知の上で恋人に身を任せ、それ以外のケースはほとんどなかった》(J. -L. Flandrin, 1980a, S. 176)。

(54) A. L. Beier, 1985, S. 53f.

(55) Cf. C. Lindholm/C. Lindholm, 1982, S. 232. Cf. auch W. Spiegel, 1992, S. 41ff. トルコの村民にとって、《清潔

な》村と逆に、都市は《汚れて》いる。Cf. C. Delaney, 1991, S. 42.

(56) Cf. R. I. Levy, 1973, S. 340.

(57) Cf. L. Romanucci-Ross, 1978, S. 130. Cf. auch F. M. Skowronek, a. a. O., S. 121.

(58) Zit. n. R. Thompson, 1974, S. 234.

(59) Zit. n. M. Bergmeier, 1990. S. 424.

(60) N. Bizimana, 1985, S. 111. Cf. auch E. Dettmar, 1991, S. 82f. 例を二つあげる。先日ザルツブルクで、バスから降りようとした一二歳の少女が見知らぬ男に力づくで引き留められた。少女が泣き叫んでも、他の乗客は知らぬふりをした。停留所を幾つか過ぎると、男は少女をバスから引きずり降ろし、空きガレージで強姦した。『ライン・ネッカー新聞』一九九二年六月一九日を参照。マサチューセッツ州ニューベッドフォードでは、夜九時頃若い女性がタバコを買いにバーに入った。数時間後、彼女は半裸で泣き叫びながらそこから逃げ出した。ビリヤードのテーブルの上で複数の男性に膣と口を犯されたのである。《その間、男のやじ馬どもは群れをなして見物し、他の者を囃し立てた。誰も警察を呼ばなかった》(L. S. Chancer, 1991, S. 288)。

(61) N. Elias, 1939, I, S. 142.

(62) Ders., a. a. O., S. 102.

(63) A. a. O., S. 192.

(64) A. a. O., II, S. 404.

(65) A. a. O., S. 317.

(66) H・クツミクスは、あらゆる批評家の中でこの点をもっとも明確に理解した（一九八八年、八八頁）。そこにU・イェッグルが昔の謝肉祭劇の道化役よろしく現れ、こう主張した（一九九二年、二九四頁）。エリアスによれば前近代や〈異文化の〉社会にはそもそも羞恥の基準がなかった、とデュルは中傷したが、逆にエリアスは、抑制のない人間など《幻》だと強調したのである、と。H・H・ボーレも同じような議論をしており、こちらの批判の方が尊大である（一九九二年、四一頁）。しかし、もちろん私が問題にしているのは、そうした社会にそもそも抑制がなかったと実証することではなく、今日のヨーロッパ人に劣らず抑制があったと証明することである。

(67) もちろん、中世にはこれに関して変化があった。アングロサクソン時代に親類縁者のかなり大きな集団が決定力をもったのとは逆に、たとえば一三世紀イギリスの農家はたいてい一つの核家族から成り、わりあい自立していた。親類縁者の集団がもつ命令権は、次第に《共同体や国家》に移行していったのである。Cf. P. Laslett, 1988, S. 116ff.; F. Gies/J. Gies, 1990, S. 106f. にもかかわらず、当時――つまり一三、一四世紀の田舎の家族はたいてい都会より大世帯で、身寄りのない者も村の方が少なかった。Cf. B. A. Hanawalt, 1979, S. 30.

(68) エリアスの主張通り、〈伝統的な〉社会の特徴が《外部の抑圧》であり、文明化の過程でその抑圧が次第に《内面化され》た、つまり《自己抑圧》になったのかという問題は、次巻で詳細に論じるつもりである。

(69) J. M. Varawa, 1990, S. 271. Cf. auch D. M. Spencer, 1938, S. 266ff.

(70) N. Elias, a. a. O., II, S. 380.（傍点筆者）

(71) デュル『裸体とはじらいの文化史』三頁参照。

(72) N. Elias, a. a. O., I, S. 278.

(73) デュル『秘めごとの文化史』一五頁参照。

(74) M. Bulst, 1988, S. 56. Cf. auch E. Goldsmith, 1976, S. 53.

(75) 六〇年代後期からとりわけ七〇年代にかけて、哲学や精神・文化科学の各方面で〈相対化〉が進むのがよく見られた。たとえば、ヴィトゲンシュタインの《生の形式》は《生の諸形式》となり、特にいわゆる民族学方法論でのフッサールの《生の世界》は《生の諸世界》になった。ガダマーは〈客観主義的〉認識論批判を、クワインは〈客観主義的〉意味論批判を行い、クーンに倣ったファイアーアーベントはポッパーの実証主義的な蓄積理論に反対して《比較不可能性のテーゼ》を展開した（cf. H. P. Duerr, 1981, S. 9f.）。《唯一の普遍的な文明化の過程》というエリアスの概念に反駁し、この過程をいわば分裂させた最初の人物は、私の知る限り、H・アイヒベルクだった（一九八〇年、八三頁以下）。Cf. auch ders., 1986, S. 35ff. 最近K・S・レーベルクは、私のエリアス批判にそれと同じ含意があるとの見解を主張しているようである（前掲書、六六頁）。つまり、デュルの《異議申立て》により

《エリアスに結びつく文明理論家は単数形にされたただ一つの文明化の過程と訣別》せざるをえなくなった、と彼は言う。ところが私の意図は、文明化の過程を薄切りにする、つまり文化や時代別の変化過程に分割することでなく、エリアスの意味で衝動のモデル化に関する唯一の文明化の過程は存在しなかったと証明することである。P・シュトラッサーは、エリアスの理論とデュルの理論に対して原則的に保留すると公言した（草稿、一頁以下）。しかもその際に、《さまざまな文化の複雑な情動や行動を比較する、経験論的に有意義な基準はたいてい作れない》という——相対主義的な——テーゼを掲げた。

（76）P. Strasser, a. a. O., S. 2.

（77）N. Elias, a. a. O., II, S. 328. 国家が暴力を独占しても暴力は減らない、というV・ベンホルト＝トムゼンの意見（一九八五年、二五頁以下）には私も同感だが、フェミニストらしく対象を女性への暴力に限ったのは誤りだと思う。

（78）A. a. O., I, S. 265.

（79）A. a. O., II, S. 98.

（80）A. a. O., I, S. 265. エリアスの著作を最初に批判した人物の一人がすでに、性に関するエリアスの解説はあまりにも皮相的（《性急》）なのが目につく、と非難している。Cf. R. Aron, 1941, S. 55. 私はそれに対し、誰でもすぐ分かるように、拙著第一、二巻で人間の肉体の性的側面に重点を置いた。本書でも〈性的側面を強調する〉暴力と攻撃衝動を前面に出している。

（81）N. Elias, 1988.

（82）N. Elias, 1984, S. 33.（傍点筆者）さらにエリアスは、《今日の羞恥閾や気まずさのバーに達した人類は、あの古い時代にくらべると、暴力の行使に対して進歩を遂げた》と述べる（前掲書）。デュルは《エリアス相手に無駄骨を折っている》とU・イェッグルが明言するのは（前掲書）、エリアスが《進歩という意味での進化》を問題にしていないからである。そこで私はこの評者に、もう一度エリアスの著作を読むようお勧めする。

第1章

（1） アン・ボニーは子供の頃から〈お転婆娘〉だったようだ。《この娘は気性が荒く、とても勇敢だった》。たとえば若者が彼女にセクハラを仕掛けてきた時に、《彼女がひどく噛みついた》ので若者は長いことその傷に苦しんだ。後に海賊ラッカムが彼女に言い寄ってから、彼女はラッカムに従い、男装して船に乗った。女性が海賊船に乗ることは許されなかったのである。これから海賊になろうとする者は誰でも、万一男装させた女性を乗船させたことが発覚した節には、処刑に異議を唱えないと署名したり、無筆の者は署名の代わりにxを書いたことが、発見された船の規則から明らかになる。Cf. H. Leip, 1959, S. 320;D. Mitchell, 1977, S. 88. 因に、マック・リードが難船者として収容された事実は、ジョンソン船長によって確認されていない。彼の筆によると、この若き船乗りはバーミュダー諸島の近くで海賊に襲われた、ある西インド行きのオランダ人航海者に〈引き取られた〉という。

（2） Cf. C. Johnson, 1774, S. 173.

（3） メアリーは母親に男の子として育てられ、始めは歩兵として勤務し、その後見習い水夫、騎兵になった。Cf. Johnson, a. a. O., S. 167ff. 英国の戦艦に乗った見習い水夫の時代、彼女はしつこい水夫たちによる性的なトラブルにたえず悩まされた。それはこの男どもが彼女は女性だと知っていたことを意味するものではない。なぜなら船上ではホモの関係がありふれていたからである。

（4） Johnson, a. a. O., S. 176. ミッチェルは（前掲書、八六頁）ボニーとリードが始めから娼婦として船に乗せられた可能性もあると見ている。なぜなら後に証人たちが、娼婦たちは《彼らの要求をすべて》満たしたと言っているから。

（5） Cf. D. Botting, 1979, S. 150. 著者は一七二一年に出た報告「ジョン・ラッカムとその他の海賊の裁判」を引き合いに出している。ラッカムの船員たちが死刑を宣告された時、ジョンソンによれば、もう二人の海賊たちが《自分たちは女性でしかも妊娠していると白状した》。おそらく彼らは処刑を猶予してもらおうと、妊娠していると申し立てたのであろう。直ちに想起できるようにとりわけ豊満な胸が、男性に見られたいと思う女性にとって常に問題となった。にもかかわらず、早くから女性と見破られことは滅多になかったのは驚きである。一七世紀のカタリーナ・デ・エラウソ夫人は、《人工的に平たい胸に》していた。彼女はバスク地方の女流冒険家で、軍隊に勤務し、しばしば女性との恋愛問題に巻き込まれた。重傷を負った後、人々は彼女が女性だと知った。Cf. M. Mamozai, 1990, S. 47f. 男の子として育てられ、後に男として生きたモンテネグロ人女性の身体を死の直前に洗った女性たちは、幼い頃から乳房をきつく縛ったために、完全に未発達だったことを認めた。Cf. R. Grémaux, 1989, S. 147. 中世に修道僧として生活したヒラリアについて、こんな報告がある。《彼女の乳房はほかの女と違っていた。禁欲的な暮らしぶりのためにそれは縮んでいた。彼女は女性の病気（月経）にもならなかった。神がそのように定め給うたからである》。アナスタシアも肉体的に女らしさがなかったと伝えられる。彼女の乳房は《枯れた葉のように》垂れ下がり、それゆえ服を着ても目立たなかった。Cf. E. Patlagean, 1976, S. 605f. ; M. R. Lefkowitz, 1992, S. 134. マリトゲン・ヤンスは炎熱の西アフリカでさえ、他人と一緒に泳ぐのを拒んだ。《彼は時に兵士たちと小川に水浴びに行ったが、シャツや巻きスカート《キルト》は着たままだった。自分は泳げないので水の中をふくらはぎより深い所には入れない、というのが彼の理由だった》。西インド会社の砦に到着後、《デーヴィド》ヤンスは病気になったため野戦病院にやってきた。彼女の年代記作家はこう報告する。《長い病気の間に彼女のシャツは汚れた。新しいシャツに着替えるのを彼女は一日延ばしに延ばした。［……］部屋は人々で溢れ、夜も明かりが点いていたからである》。ついに〈彼を〉訪ねてきた仲間たちが、〈彼に〉汚れた服を脱ぐよう要求し、《彼女のシャツを脱がせてその乳房をあらわにした時、みな驚きの余り仕事の手が止まってしまった》。マリトゲンの方も恐ろしさのため失神してしまった。Cf. R. M. Dekker/L. C. van de Pol, 1989,S. 15, 21. 赤道通過の際に行う戯れの洗礼で、無理やり《ヨーナス・ディルクセス》のシャツを脱がせた時、彼の正体はばれた。また一七四七年に、長年船乗りをしていた〈男〉がアルクマール市の処刑台で鞭打ち刑にあうことになった時、彼女の乳房があらわにされた。Cf. auch H.-F. v. Tscharner, 1936, S. 35. 八世紀に、カリフのアル・マハディが溺愛していた娘バヌカを旅に同行した時、彼女の身を守るため男装させた。だが、一人の観察者は《私はカリフが軍隊とともにバッソラに向かう様子を見ました。彼の側には内務長官が随行し、二人の間をアル・バヌカが歩いておりました。彼女は黒い外套に剣と、若い男のようななりをしていましたが、私は彼女の衣類の下で乳房が膨らんでいるのを見ました》と報告している（F. Mernissi, 1991, S. 83)。一七世紀に兵士として勤務していた一オランダ女性は尻を負傷し、戦闘後に野戦病院へ運ばれたが、彼女はそこで二カ月間女性であることを隠しおおせた。しかしながら壊疽《えそ》の危険が迫り、その傷を切開せざるをえなくなった時、彼女の下腹部が露出された。そのとき軍医は別の軍医に《なんてこった。裂け目が思ったよりたくさんあるぞ！》と言ったという（R. M. Dekker/L. C. van de Pol, a. a. O., S. 21.)。アメリカの内戦時にも女性たちは男装したが、たいていは負傷して初めて医者に発見された。Cf. z. B. A. Russo/C. Kramarae, 1991, S. 141.《クリスティアン・デーヴィス》はマザー・ロスの名でも知られていたが、彼女は一八世紀の前半にこのように報告している。《私は髪を切り、夫の三つ揃いを着ました。胸が傷つかないように、念のためにチョッキには当て物を縫い込んでおきました。胸は女だとばれるほど大きくなかったのです。それから用意した鬘《かつら》と帽子をかぶりました》。彼女は排尿の時《銀の管》を利用したが、《それにくまなく色を塗り、革帯で体の回りにくくりつけた》。彼女はこの道具を父の戦友ボドー陸軍大尉某から譲り受けたと言っている。彼がある時彼女の両親の家へ泊まりに来た時、それを忘れたのだと言う。この士官が女性だったことは、〈彼の〉戦死後初めて発見された。Cf. J. Wheelwright, 1989, S. 25. 一七〇一年ハンブルクで、一女性が人殺しの廉で処刑されたが、彼女は男装し《ハインリヒ氏》の名で暮らし、止め金で《男根を》体に付けていた。Cf. H. Soltau, 1989, S. 382.

（6） V. Melegari, 1978, S. 37.（傍点筆者）

（7） *Thule* XIII, ed. F. Niedner, 1, 10.

（8） Cf. R. Geyer, 1909, S. 148ff.; B. Farès, 1932, S. 123; ferner W. Dostal, 1958, S. 84f

（9） Cf. R. Much, 1909, S. 160.『新ティトゥルス』にはこの要求に似てはいるが、やや穏やかな調子のものが見られる。そこではツィオナトゥランダーが槍の一騎打ちに出かける前に、貞節な乙女にこう懇願する。《私はできることならあなたの麗しい身体の、輝くばかりの所を見たいのです。そうすれば、あなたの胸や、雪の如く真っ白な腰を思い出す度に、一騎打ちにより多くの異教徒を打ち破ることができましょう》。彼を励まし勝利をえさせるために、ジグーネは彼に裸の上半身をちらりと見せる。しかし《die brûne》つまり恥部（cf. M. Lexer, 1872, I, Sp. 356）は覆いで隠して見せない。《覆いは絹の織物でできていたが、彼女はそれを恥部の前に垂らした》（zit. n. P. Schultz, 1907, S. 92)。

（10） Cf. R. Geyer, a. a. O.

（11） Tacitus, *Germania*, 8, 1. Cf. R. Much, a. a. O., S. 159; R. Bruder, 1974, S. 137. これが《卑屈な懇願調の振舞い》かもしれないことを、著者たちはタキトゥスが描いた誇り高く威厳のあるゲルマン女性のイメージとは、相いれないと見る。カエサルはケルト女性について、そのようなイメージを描く興味はどうやらなかったようだ。

（12） Caesar, *Bellum Gallicum*, VII, 47, 5ff.

（13） ユスチヌスによれば、キロス二世配下の戦士たちがアスティアゲス率いるメディア人と戦った時、ペルシアの女性たちは敵の戦士たちに恥部を見せた。Cf. R. Much, a. a. O. S. 159; M. S. Kirch, 1987, S. 49.

（14） Cf. A. al-Wardi, 1972, S. 86. エル・シッドがザモラの町にまさに馬で乗り入れようとした時、王女は城の胸壁でヴェールを取って顔をあらわにし、町から退くよう彼に懇願した。《彼女の麗しい目は涙に濡れていた。彼女は城壁に胸を押しつけ、その顔《かんばせ》を現した》（『エル・シッド』、一一八、一一二頁以下）。一九一一年には国民議会の会議場に侵入した三〇〇人あまりのテヘランの女性も、同じように顔からヴェールを剝いだ。西側のある目撃証人はこう報告している。《城壁に囲まれた宮廷とハーレムから、〈弱き女性〉が三〇〇人あまり揺るがぬ決意に頬を紅潮させ、こちらへ行進してきた。多くの女性はスカートの下や袖口に短銃を隠し持っていた。彼女らは真一文字に国民議会になだれ込み、そこに群がって自分たちも中に入れるよう、大統領に要求した。ふだんは大人しいペルシアの母、女性、娘たちは威嚇するようにリボルヴァーを取り出し、ヴェールは脇へ押しやり、万一議員の皆さんがペルシア国民の自由と威厳を守る義務をないがしろにすることがあれば、私たちはまず夫と息子たちを殺し、しかる後に自害するだろうとの決心を披瀝した》（zit. n. E. Glassen, 1989, S. 307)。ヴェールを剝いだ女性たちは主導権を握る——これは性的な主導権のこともある。イスラム以前の時代、アラビア女性が顔や毛髪を覆う *qina* をたくし上げるのは、妻が夫への性的な要求を意味した。Cf. G. Jacob, 1897, S. 46. 相手の行為を阻止する露出は毛髪のこともあった。グルジア人の間では二人の男が戦う時、一人の女性が帽子をさっと取った。すると喧嘩好きの男どもは、直ちに戦いを打ち切らねばならなかった。Cf. T. Dragadze, 1987, S. 292.

(15) Cf. E. Knabe, 1977, S. 133.

(16) Cf. L. DeMause, 1984, S. 136.

(17) Cf. P. Sartori, 1935, S. 191.

(18) Cf. K. Singer, 1940, S. 52. アイヌの女性は伝統的に、見知らぬ者の前で上半身を露出しなかった。授乳の時すら彼女らは、誰にも乳房を見られないように注意した。そのため彼女らはできるだけ乳首だけをさらした。このような慣習は後に、これに関してはあまり羞恥心のない日本人の影響を受けて変わった。Cf. M. I. Hilger, 1971, S. 170; ferner C. S. Ford/F. A. Beach, 1951, S. 47.

(19) Zit. n. S. Hurwitz, 1980, S. 29. エーゲ海に浮かぶキュクラデス諸島では前世紀にもまだ、船乗りたちは若者たちに近づいて彼らを力づくで犯した後殺す、〈ギリシア神話の海の女怪ラミア〉を信じていた。Cf. J. C. Lawson, 1910, S. 172.

(20) Cf. R. Corbey, 1988, S. 89. ヨルバ族の〈雷神シャンゴの杖〉にはたいてい乳房を押し上げている女性が描かれている。J・ペンバートン（一九八二年、一四頁）は女性たちがこのジェスチャーをして、神に挨拶しているのだという。事実西アフリカの多くの社会ではこれは神に挨拶しているのだが、インド南部でもこれは広く行われている。だが、ことによるとこのジェスチャーは恐怖をもたらす雷雨の神シャンゴを追い払う意味があるのかもしれない。ヨルバ族のある詩の中にはこう書かれている。《雷雨の神シャンゴはまるで馬にまたがるように、火にまたがる。稲光だ。お前はどんな服を着て稲光から身を守るのだ？　死の衣か？　シャンゴは青藍色に染まった布から垂れるように、滴る、滴る、滴り落ちる死だ。彼が戦わない時でも、われわれは彼を恐れる。彼の目に戦意が燃える時、皆彼から逃げる。敵も信者も一人残らず。目にも火、口にも火、屋根の上にも火、彼はいなごの群れを踏みつぶすように、町を踏みつける！》（zit. n. W. F. Bonin, 1979, S. 294）。イタリア映画『鉄人長官』（一九七七年）の中で、マフィアを追うチェザーレ・モーリはシチリアの賊の砦に通じる水道管を締めさせる。すると、土地の女性たちは怒って髪をほどき胸をあらわにして、聖者に水を要求する。

(21) Cf. A. J. Shelton, 1971, S. 41.

(22) Cf. E. M. Guest, 1937, S. 374; H. P. Duerr, 1984, S. 398f.

(23) Cf. A. Weir/J. Jerman, 1986, S. 9. それにもかかわらず、当時からすでにそれほど卑猥でない像を要求する声はあった。Cf. J. Andersen, 1977, S. 64. また様式化された像もあった。たとえば、北ドイツの百姓家の煉瓦建築の枠組みの中に、しばしば雷のホーキ（＝男根）と臼（＝女陰）がはめ込まれた。Cf. A. Huber, 1992, S. 69.

(24) Cf. G. -J. Witkowski, 1903, S. 14. アマゾネスは戦いの前に、右の乳房を焼き取った跡を見せつけることによって、敵に衝撃を与えた、とプトレマイオスは述べた。Cf. M. Kronberger, 1992, S. 125.

(25) Cf. W. Endrei/L. Zolnay, 1988, S. 137. 中世後期に行われた娼婦たちの競走には災害除けの性格があった。デュル『秘めごとの文化史』三二七頁、五五六頁以下参照。

(26) Cf. I. Eibl-Eibesfeldt/W. Schiefenhövel/V. Heeschen, 1989, S. 49, 112. I・アイブル＝アイベスフェルト（一九九一年、一六四頁）の私への知らせによれば、アステカの首長モンテクソマは《戦いがほとんど敗れた後で、女性たちをスペイン人の元に差し向けたが、彼女らは攻撃するスペイン人に対し乳房を見せ、乳をほとばしらせたとコルテスが述べた》。だが、これは誤りかもしれない。というのも、私がコルテスの書簡集や征服者の伝記作家の中にも、そのような記事を発見できなかったからである。これに関し探すのに協力を惜しまれなかったウルリヒ・ケーラー氏、トーマス・バルガッツィ氏、ヴィオラ・ケーニヒ女史に、感謝の意を表したい。

(27) I・アイブル＝アイベスフェルトの一九九二年一月二八日付の書簡による。Cf. auch ders., 1991, S. 163.

(28) I. Eibl-Eibesfeldt/C. Sütterlin, 1990, S. 383, 405; W. Schiefenhövel, 1988, S. 30.

(29) Cf. G. Devereux, 1978, S. 87. ロバート・ガードナーの映画『砂の河』では、ハマル族の女性が夫たちのもとに走りより、自分たちを打つよう乳房を差し出して挑発する場面がある。

(30) Cf. F. W. H. Hollstein, 1954, I, S. 57.

（31） Cf. G. -J. Witkowski, a. a. O., S. 12.

（32） Cf. C. Lawrenz/P. Orzegowski, 1988, S. 23.

（33） Cf. G. Devereux, 1981, S. 188. 一五九五年にフォンテンブロー派で生まれた有名な絵画『ガブリエレ・デストレとその姉妹』には、ガブリエレが二本の指でヴィラール后妃の乳首に触れたり、あるいは引っ張ったりしている場面があるが、それを次のように解釈するのはいかにもその間の事情を語っている。《一人の女性は相手の乳房の男っぽい部分をつまみ、後者は暗黙の誘いのように女性のシンボルである金の指輪をあけすけに見せている》(G. Néret, 1990, S. 61)。

（34） Cf. P. Anderson, 1983, S. 33; S. G. Frayser, 1985, S. 70.; R. Huber, 1985, S. 558.

（35） Cf. G. Devereux, 1982, S. 330. ギリシア人にとって、男性の〈性的な能力〉は睾丸にあり、女性のそれは乳房にあった。ナクソス島では、邪視をもつ男の《玉子》が腫れるように願い、女性には乳房が腫れるように願った。Cf. C. Stewart, 1991, S. 234.

（36） Cf. S. Nanda, 1986, S. 38. パヴァイヤたちもヒジュラと同一視されるように思われる。パヴァイヤについて、彼らは前世紀末にもとりわけグジャラート州の北にあるパタン市南部、またマンドビ市近郊のカッチュ沿岸に滞在し、人々の喜捨を受けて暮らしていた、と報告されている。彼らの女神マチュ・マタは乳房がなかったといわれる。なぜなら、彼女の信者を侮辱した人びとすべてに血がかかるように、みずからの乳房を切り取ったからである。これは珍しい現象のようで、パヴァイヤたちはどうやら広範囲にわたって軽蔑されていたらしい。Cf. G. Bleibtreu-Ehrenberg, 1984, S. 121.

第2章

（1） Cf. G. -J. Witkowski/L. Naas, 1909, S. 203.

（2）『ライン・ネッカー新聞』一九九〇年七月二七日を参照。

（3）*Spiegel* 18, 1969, S. 222. アドルノは後になってもこの事件に対し、いささか感情を害し無理解な反応を示している。《あらゆるエロチックな抑圧や性のタブーに対し常に反対するほかならぬ私に向かって！　私を嘲笑し、三人のヒッピー風の娘が、私を追い出すよう嗾けるとは！　私はそれに対し不快感を抱いた》。それによって哄笑の効果を狙ったのだろうが、結局は自主性のない人間の反応であり、裸の胸をさらした女子学生を見た者からくすくす！　という笑いが漏れた。このようなナンセンスぶりはもちろん最初から計算できた》（*Spiegel*, 19, 1969, S. 206）。とにかく教授が理解できないように見えるのは、裸の乳房ではなく、それに対する学者の腹立ち紛れの反応が哄笑を引き起こしたことである。アドルノは笑い者にされるべきだった、と後でフランクフルトの消息通の女性が私に語った。なぜなら、彼は〈乳房フェティシスト〉と見られ、彼の好みにあった若い女性のデコルテをいつも慎みなくじろじろ見たからである。一方フリーデブルクのルートヴィヒは、アドルノは乳房でなく、足に〈夢中に〉なったのだと私に語った（一九八七年五月二日付の口頭連絡）。

（4）P. Sloterdijk, 1983, I, S. 27.

（5）B. Latza, 1987, S. 200.

（6）H. Mester, 1982, S. 74.

（7）Cf. B. Delfendahl, 1981, S. 439f. アメリカのレスビアンの一女性は、予期せざる問題が起きたら、《予備の乳房を幾つか作る》だろうと女性精神分析医に語った。Cf. E. V. Siegel, 1992, S. 92.

（8）S. Plogstedt/K. Bode, 1984, S. 122. この間ロンドンでは、〈会社内の男性を守る会〉が、女性社員のぴっちりしたジーンズ、大きく開いたブラウス、襟刳りの大きなデコルテなどを《性的な挑発》として、解雇通知の理由にするよう要求した。Cf. *Spiegel*, 47, 1990, S. 111.

（9）Cf. G. de Soultrait, 1983, S. 123.

（10）D. Ayalah/I. J. Weinstock, 1979, S. 13.

（11）A. a. O., S. 23, 117.

199　聖女ユジェニーが肌をさらす円柱柱頭，ヴェズレー，12世紀.

(12) フリューネが乳房しかさらすまいと、それ以上さらそうと、どうでも良いことだと、W・デン・ボールは言っている（一九七九年、二五七頁）。しかしアテナイオスははっきりと乳房について、女体の目に見えない部分の方がもっと美しかったと言っている。彼がどこからそれを知ったのかは、あくまでも彼の秘密のままだろう。というのも彼自身は、彼女が常にきちんとした身なりをしており、決して公衆浴場には行かなかったと語る。フリューネはエレウシスの競技大会の間とポセイドン祭の時だけ、皆の目の前で滔々たる流れの中に入ったが、その時もケープを脱ぎ、髪の毛を解いただけだった。ラケダイモンの女性たちがメッセニアの人びとと見た軍勢の前で、女体のどの部分をあらわにしたかは定かではない。Cf. S. Wide, 1893, S. 137.

(13) Athenaios, *Deipnosophistes* XIII, 590cff.

(14) Euripides, *Andromache*, 627ff.

(15) Cf. M. Wex, 1979, S. 297. 一二世紀にできたヴェズレーのマドレーヌ教会の円柱柱頭の場面は（199図参照）、もちろん意味が違っている。これは有名な話から生まれたものだが、それによれば、聖女ユジェニーが人知れずある修道院の院長として暮らしていた。彼女は若い娘を妊娠させたとぬれぎぬを着せられた時、裁判官の前で肌をさらし、無実を証明した。Cf. C. Frugoni, 1977, S. 184.

(16) Zit. n. O. König, 1990, S. 290. 著者はもちろん、《そのようなフェミニスト運動としての乳房の露出は、今日ではほとんど考えられない》と言っている。なぜなら《消費をあおる広告中の裸体があまりにも刺激が強いので、女性はおのれの武器でそれを打ち負かすことはできない》からという(同掲書、三七七頁)。となると彼は、それにふさわしい状況下ならかかる挑発は相変わらず成功を収めるかもしれないことを、過小評価していると私には思われる。これは衝撃を受けた上述の百貨店警備員だけでなく、同じように最近起こった二つの事件からも明らかになる。ある女生徒はギムナジウムの教師の目の前でさっとセーターをまくり上げ、彼を挑発するのに成功した。彼女はセーターの下には何も身に付けていなかった。一女子大生も男の学友の目の前で、しかも公衆の面前で乳房をさらした。学友が彼女の好意をにべもなく拒んだからである(テレサ・ハウスィヒの一九九二年一月二六日の口頭連絡による)。イローナ・スタレル(チチョリーナ)のような女性は何年にもわたり乳房を露出していたが、その間にもはや一匹の獅子をも目覚めさせられなくなったことは勿論である。

(17) Cf. D. E. Morrison/C. P. Holden, 1974, S. 347f., 362. R・ケーニッヒは早くから《女性解放運動としてのトップレスの意味》について注意を促してきた(一九七一年、二二一頁)。

(18) Cf. R. J. Freedman, 1989, S. 7. そのような行動に、精神分析医たちが解したような《シンボルとして女性の乳房との訣別》を見ようとしても、大方の理解はえられないであろう。Cf. L. Blackman, /P. Crow, 1974, S. 37. というのも、女性たちは結局乳房を平たく押し潰したのではなく、ブラジャーを投げ捨てたのだから。

(19) Cf. M. Martischnig, 1987, S. 201. 一八世紀半ば、バイエルン各地には、下品と感じられる胸覆いを付けて組織的にお上を挑発した若い娘や女性がいたようである。一七四一年ザハラングで、一八歳から二三歳までの女性計三五名が、《幅の狭い胸当てを着用し世の不快を招いた》廉で罰せられた。このような挑発はその後各地に広まり、わざと《摩擦を》起こしたらしい。Cf. S. Breit, 1991, S. 93. 一七世紀の前半に、大きく胸の開いたデコルテを批判する者は、それを身に付けた女性たちの厚顔無恥だけでなく、反抗心をも非難したのは、いかにもその間の事情を物語っている。Cf. G. -J. Wittkowski, 1907, S. 87.

(20)『ライン・ネッカー新聞』一九九二年七月二一日を参照。

第3章

(1) Cf. z. B. C. Opsomer, 1991, S. 157. 狂女や憑かれた女も伝統的に同じような姿で描かれる。つまり、髪を振り乱し、着物を引き裂くか、襟ぐりを下げて乳房を見せるのである。Cf. C. Frugoni, 1991, S. 370f.; J. Kromm, 1987, S. 299; E. Barwig/R. Schmitz, 1990, S. 168ff.; G. M. O. Maréchal, 1988, S. 270. この中世の習慣は、近代のイコノグラフィーにも受け継がれた。Cf. z. B. G. Rousseau, 1991, Abb. 11. シャルコットは一七世紀ネーデルラントの銅版画に描かれた狂女についてこう記している。《口をかっと開いた上目使いの女性は、最後に狂女らしい仕草で着物を引き裂き、左の乳房をすっかりあらわにした。ここには、ルーベンス描く憑かれた女性にも見られるような、ヒステリーの発作の特徴が認められる》(J. M. Charcot/P. Richer, 1988, S. 75, 82f.)。フローレス島のマウメレの路上で出会ったシカ族の女性はすれ違いざまに、露出した乳房を私に差し出した。近くにいた人びとが、彼女は《気が触れて》おり《愛に飢えている》と説明してくれた。そのすぐ後にバリ島のアンラプラで、中年女性が私の目の前で腰布《サロン》を広げた。近くに住む民族学者アネッテ・インは、その女性が狂人と見られていると後で話してくれた。ヨーロッパでも、性生活が満たされない女性は病気や狂人になり、公衆の面前で身体を露出すると広く信じられていた。一七世紀初頭にダニエル・オクセンブリッジは、三九歳の貧しい狂女グッドワイフ・ジャクソンが《狂気に陥り、服を引き裂き髪を振り乱し、裸足で通りを走り回った》と記した。彼女は《誰の前でも横になり、着物を捲り上げようとした》(M. MacDonald, 1986, S. 271)。少し後の医学論文では、あるフランス人少女のケースが報告されている。彼女は突如《淫乱症》に罹り、《女性自身を露出し》始めた。《実際に彼女を頑丈な鎖で縛り、数名の男性がベッドに押さえつけていたが、さもなくば、情欲に燃えて裸でベッドから飛び出しただろう。そして、男性を見つけるや凄まじい勢いで駆け寄り、一緒にヴィーナスの儀式を執り行うよう淫らに懇願したことだろう》(M. Ciavolella, 1988, S. 15)。

(2) ヘリントン・マノーの手になる一六世紀の木彫りレリーフでも、将軍ホロフェルネスの首を手にしたユーディットは両方の乳房をむきだしにしている。Cf. C. S. Sykes, 1988, S. 177.

(3) 一九世紀にサロメを演じた女優たちも、しばしば片方の乳房を露出した。Cf. P. Favardin/L. Bouëxière, 1988, S. 191.

(4) 一九世紀のイラストもそうなっている。Cf. L. Beaumont-Maillet, 1984, S. 17, 19.

(5) J. L. Ewald, 1976, S. 87. 一九世紀初頭にある論評家は、ベルリンの魚売り女は《女性の中でも底無しに荒っぽいので悪評高いグループ》であり、男はみな避けて通る、と述べている。というのも、ほかの同時代人が付け加えるように、《魚売り女を冗談のダシにしようにも、彼女らは粗野なだけで、とびっきりの罵詈雑言を浴びせられるのが落ちなので、この手の女には冗談を言わないのが得策である》。Cf. G. Brandler, 1988, S. 48. パリの魚売り女はとりわけ革命期の婦人会をとっちめた、とミシュレは言う。《時に魚売り女たちは聖ユースタシュ教会の納骨堂にいた婦人会を襲撃し、会員たちはさんざん殴られて逃げ出した。一方、共和制を支持する女性たちは、法律に従い誰もが身に付けた共和国の帽章を、魚売り女がつけないのを苦々しく思った。一七九三年一〇月ジロンド党支配の時期に、共和制支持者の女性たちは男装し武器を手に魚市場に繰り込み、魚売り女たちに嫌がらせをした。しかし魚売り女たちは彼女らを返り討ちにし、粗野な手で相手を実に破廉恥な姿にすると、男たちの喝采を浴びた。パリ中その話でもちきりだった》(J. Michelet, 1984, S. 95)。

(6) H. Strehle, 1966, S. 128.

(7) もう一人の友人は着物の裾をつまんでいるが、これはおそらく、走りやすいようにだろう。Cf. R. Lullies/M. Hirmer, 1953, S. 13. アマゾネスのようにどんな男にもかしずかない闘争的な女性や、勝利の女神ニケさえ、彼女らにふさわしく乳房をさらした姿で描かれる。一九世紀には、前に突き出た〈攻撃的な〉乳房をしたスフィンクスが男性を強姦する場面もしばしば描かれた。Cf. A. Hollander, 1978, S. 189, 205. ルーベンスは、マリー・ド・メデ

200　F. ルス〈ウィーンのバリケードの娘〉
1848年.

ィシスも片方の乳房を出したニケとして描いている。Cf. C. Schlumbohm, 1981, S. 118f.

(8)　Cf. G.-J. Witkowski, a. a. O., S. 12. テロワーニュ本人の証言によれば、彼女は女性の行進に参加しなかった。Cf. T. de Méricourt, 1989, S. 17. ヘルガ・グルービッチュによれば（一九九二年二月一七日付の書簡）、27図のテロワーニュは実物とまったく似ていないし、この絵が本人同意の上で描かれたとも思われない。《テロワーニュがこのような肖像画を依頼しなかったのは断言できます。彼女は革命当初から、非の打ち所のない立派な評判を特に重視していたのですから》。

(9)　Zit. n. U. Greitner, 1985, S. 197, 202. この伝統は後に復活した。たとえば、一九六四年七月一四日のバスティーユ襲撃一七五周年記念祭には、若い娘たちが胸をあらわにして路上で踊り回った。Cf. C. Schütze, 1985, S. 202.

(10)　Cf. D. Oehler, 1988, S. 113.

(11)　Cf. M. Pointon, 1986, S. 31.

(12)　Cf. N. Hertz, 1983, S. 51. 一八四八年五月にウィーン市民が市の中心部に一〇〇以上のバリケードを築いた時、おびただしい女性もそれに参加し、その上弾丸を調達したり、火薬、弾丸、弾薬を配ったりした（200図参照）。Cf. auch E. Niederhauser, 1990, Abb. 10. 伝説となった、いわゆる《バリケードの花嫁》は次のように描かれている。《背の高い娘のほっそりした姿があちらこちらに現れた。彼女は白い服と黒いチュニックを着ていた。頭には白く長いヴェールをかぶり、赤いリボンで真っ黒な髪に留めていた。右手には旗をもっていた》(zit. n. E. Klamper, 1984, S. 43)。若きマティルデ・ヒッツフェルトは《義勇兵の熱狂的な信奉者》と言われた。四八年革命の二年後、ある目撃者はプファルツ出身の彼女をこう回顧している。《キルヒハイムボランデン出身の美しい娘、マティルデ・ヒッツフェルト嬢は同地の医者の娘で、進軍する義勇兵たちに凛々しく同行し、撤退しようとする兵士たちを勇気づけ持ちこたえさせた。マティルデは拳銃片手に部隊に同行した。そして晩になるとモルシュハイム村に偵察に行き、プロシア軍が村を占領したとの知らせをもって帰ったのも彼女だった》。彼女の名前は敵軍に不安と驚愕を撒き散らし、また彼女は赤い旗を手にバリケードの上に立ったという。それどころかある年代記作家は、彼女の美しさに目が眩んだプロシア兵が《感激してこのヒロインの足元で撃たれた》と熱っぽく語っている。Cf. H. -J. Wünschel, 1976, S. 59.

201 〈自由の女神〉. アメリカ，19世紀初頭.

(13) Zit. n. G. L. Gulickson, 1991, S. 250.

(14) Cf. M. Pointon, 1990, S. 63.

(15) Cf. J. Heller, 1990, S. 30. それ以外では、一九、二〇世紀のアメリカ

の自由のアレゴリーは、たいていきちんとボタンをかけている（201図参照）。たとえば第一次世界大戦時のポスターでは、ハイネックの服を着てフリジア帽をかぶった女性が、目に怒りを浮かべ、海兵隊員たちに《ヨーロッパへ！》と進むべき方向を示している（cf. C. Goodrum/H. Dalrymple, 1990, S. 251）。アメリカの国旗を手にして部隊の上に浮かぶ〈勝利の女神〉も胸は隠している。ドイツ軍のヘルメットをかぶったゴリラが摑んでいる〈自由の女神〉だけは乳房をさらしている――これは明らかに、ドイツ兵がアメリカ女性のどの部分を摑みたがるか、アメリカ兵にはっきり知らせるためである。Cf. P. Stanley, 1983, S. 55.

（16） Cf. B. Schoch-Joswig, 1989, S. 451. ベルナール．ビュフェ作の一九七七年の絵画『チュイルリー宮襲撃』では、上半身裸の若い女性が黒髪を乱し旗を振っている。Cf. J. Garrigues, 1988, S. 155.

（17） 数十年後、状況はふたたび変化した。第一次大戦後の絵ハガキに描かれた女神ゲルマニアは、裸体で頭を垂れ、晒し柱に縛られている。長い金髪が乳房を覆い、王冠、甲冑、剣が足元に転がっている。Cf. W. Stöckle, 1982, S. 69.

（18） E. Hobsbawm, 1978, S. 122f.

（19） M. Agulhon, 1979a, S. 56.

（20） Cf. M. Pointon, 1986. S. 29. 実際のバリケード上の女たちは、たとえばドラポルト作のリトグラフ『七月二七、二八、二九日のパリの女性たち』に描かれている。一人は三色旗を手に大砲の上に立っている。もう一人はマスケット銃を撃ち、三人目は死者を収容し負傷者を救出している。Cf. M. Wagner, 1989, S. 10.

（21） 王室がこの絵を入手したが、フランス王ルイ・フィリップはまったく関心を示さなかった、とも言われる。一八四八年に人びとはしばらくの間〈自由の女神〉に興味をもったが、その後一八五五年になってナポレオン三世の同意の上で、ようやく陳列室に展示された。Cf. M. Trachtenberg, 1976, S. 67; U. Besel/U. Kulgemeyer, 1986, S. 72; M. Marrinan, 1988, S. 68f. ; M. Pointon, a. a. O., S. 26.

（22） Zit. n. N. Hadjinicolaou, 1979, S. 18ff. アンブロワーズ・タルデューは彼女を《破廉恥な街娼》と呼び、『国民新聞』は《下級娼婦》と呼んだ（a. a. O., S. 23）。

(23) A. a. O., S. 24.

(24) たとえば以下の人びとである。J. Brun, 1973, S. 122 bzw. H. Toussaint, 198 2, S. 46f. ; M. Agulhon, 1989, S. 348; E. Mullins, 1985, S. 170. こうした意味でアルトーも、クレマンの銅版画『フランス共和国』はイデオロギー化した、あるいは政治化した〈自然の女神〉である、と述べている（J. Hartau, 1989, S. 294）。つまり、養いの母フランスが共和国の子供たちに乳房を差し出すのである（202図参照）。さて、このように喜んで授乳する自然というアレゴリーがあることは、私も決して疑わない（203図参照）。しかし、闘志ある共和国のむきだしの乳房が母親の乳房に由来するというのは、かなり疑わしく思う。

(25) Cf. N. Athanassoglou-Kallmyer, 1989, S. 92. もっとも、ギリシアのアレゴリーである半裸の愛国者がトルコ軍の奴隷にされたのとは違い、ニオベには闘志もうかがえる。Cf. A. a. O., S. 99.

202　シモン＝ルイ・ボワゾ原画，アレクサンドル・クレマンの版画〈フランス共和国〉，1794年．

(26) Cf. J. Krása, 1971, S. 28. ルイ・フィリップ・クレパンのアレゴリー画では、たとえばルイ一八世が、服を引き裂かれ乳房を露出した女性姿の〈フランス〉を立ち上がらせている。

(27) Cf. M. Agulhon, 1979a, S. 110; ders., 1979b, S. 27; C. Blanchet/B. Dard, 1984, S. 21. N・フォックスによれば、一八世紀末にこのアレゴリーが実在した（一九二七年、二四七頁）。すなわち、ザールーイの民衆はキリスト教の祭具をすべてがらくたとして教会からほうり出すと、半裸の女性市民

203　フランソワ・ボンヴィユ原画，ルイ・ダルシの版画〈自然〉，1794年.

を《理性の女神》に仕立てて町中を練り歩いたのである。一七九三年、多くの革命家は女性のアレゴリーを物足りなく思い、ダヴィッドは、フランス国民を表すヘラクレスの巨大な立像を建立するよう国民公会に提案した。Cf. L. Hunt, 1983, S. 99.

(28)　Cf. G. -J. Witkowski, a. a. O., S. 126.

(29)　Cf. E. Hobsbawm, a. a. O., S. 123f. ; J. A. Leith, 1978, S. 146. コロンブの手になる一八七一年の革命的な銅版画では、フランスのアレゴリーは片方の乳房をあらわにしているが、コミューンのアレゴリーは全裸で、陰部だけやむをえずケープで覆っている。Cf. D. Mühlberg, 1986, S. 163. 続く時代には、群衆を率いる女性はしばしば乳房を露出している——たとえばケーテ・コルヴィッツ作『反乱』やアルフレート・クービン作『愚衆』を思い出してほしい。そこでは胸もあらわな女性が愚かな群衆の先頭に立っている。

(30)　Cf. M. Agulhon, 1990, S. 45; S. Wuhrmann, 1991, S. 556f. ; A. Dardel, 1987, S. 39. 当時の無政府主義派の別の絵では、胸をさらした〈自由の女神〉が男性である〈権威〉の喉に旗竿を突っ込んでいる。Cf. R. Kedward, 1970, S. 123.

(31)　Cf. E. Fuchs, 1921, S. 216. 一八七一年にフランスに勝つと、ドイツでも勝利の女神の石像がおびただしく建立された。女神は乳房をさらしていたが、どうやら不快感は与えなかったようである。Cf. H. -E. Mittig, 1981, S. 20; S. Wenk, 1987, S. 106. 政治的なポスターでは、たいてい社会民主主義派の〈自由の女神〉が乳房を見せている。

Cf. z. B. U. Zeller, 1988, Abb. 39f. 一九一九年のウィーンのポスターでは、胸をさらした〈自由の女神〉が倒れた玉座にもたれ、コケティッシュに君主の王冠を足で支えている。Cf. B. Denscher, 1981, S. 134.

（32）革命期のある無署名のエッチングに、一七八九年一〇月六日にヴェルサイユから戻るパリの物売り女たちと国民軍が描かれている。その中に、攻撃的な姿勢で股を開き大砲の砲身に跨がった女性がいる。

（33）Cf. C. Blanchet/B. Dard, a. a. O., S. 126; J. Garrigues, 1988, S. 109, 114f., 118. ファシズム時代のイタリアで、戦争のアレゴリーとなる女性は、ほとんどいつも服か甲冑を身に付けている。Cf. z. B. I. Montanelli, 1980, S. 31, 33. トルコの画家ゼキ・ファイル・イゼルの手になる一九三三年の絵『革命への道』では、アタテュルクがドラクロワの〈自由の女神〉に正しい道を示しているが、女神は上半身もきちんと服を着ている。Cf. N. Hadjinicolaou, 1991, S. 35.

（34）Cf. D. M. Mayer, 1972, S. 97, 99.

（35）J. Michelet, 1984, S. 180. Cf. auch L. Blanc, 1857, IX, S. 89f. ペーター・ヴァイスもこの場面を省きはしなかったが、手を加えている（一九六四年、一三〇頁）。

（36）Cf. P. Nettelbeck/U. Nettelbeck, 1987, S. 28. おそらくこれは伝説だろう。 Cf. D. Outram, 1989, S. 118ff.

（37）Cf. I. Stephan, 1989, S. 137. コルデとユーディットの類似点は、すでに一七九七年作のフランスの戯曲で描かれている。 Cf. A. Beise, 1992, S. 13.

（38）Zit. n. B. Bremme, 1990, S. 58.

第4章

（1）Marco Polo, 1983, S. 280.

（2）W. Heissig, 1981, S. 139. Cf. hierzu auch G. Devereux, 1979, S. 6. モンゴル人にとって母親の乳房はあまり恥ず

かしくなかったらしく、つまり十分に〈非エロチック化〉されていた。だがこの断言は、若い女性や娘の乳房には当てはまらないようだ。たとえば、チンギス・ハーンの妻ボルテ・ウジンが男たちのいる前で寝台から身を起こした時、寝具の縁で注意深く胸を隠した。Cf. Heissig, a. a. O., S. 141.

（3） Cf. W. Leaf, 1902, II, S. 596.

（4） ここで使われた言葉 αἰδώς には、肉体の（本来は、とりわけ陰部の）羞恥から物おじに至るまで幅広い意味がある。Cf. K. Kerényi, 1940, S. 90f.; W. J. Verdenius, 1945, S. 48, 51.

（5） 『イリアス』二二巻七九行以下。周知のように、ヘレネに危害を加えなかったメネラオスをペレウスは非難する。《それからお前はトロヤを陥した——そこへもおれはお前に従って行った——、だが、あの女を手中にしながら殺さなかった。それどころか、女の乳房を目にするや、剣を投げ捨ててしまったのだ》（エウリピデス『アンドロマケー』六二七行以下）。紀元前六七〇年頃に作られたミコノス出土のアンフォラ壺に描かれているのは、おそらくこの場面だろう。そこでは、トロヤの一女性が威嚇する戦士に向かいむきだしの乳房を差し出している。Cf. G. Wickert-Micknat, 1982, S. 112. メネラオスの妻も〈母親の〉乳房を露出した、というのは私はどうもありそうにないと思う。しかし、紀元前五〇〇年頃の陶工クレオフラデスは、ヘカベの仕草を思わせる場面を描いた。女性が乳房を露出しながら、戦士に別れを告げているのである。

（6） Cf. G. Devereux, 1982, S. 334f.

（7） Cf. A. F. Garvie, 1986, S. 292f. アイスキュロスが指示代名詞 τόνδε を使っているのも、この事を示唆している。Cf. O. Taplin, 1978, S. 61.

（8） アイスキュロス『供養する女たち』八九六行以下。女神ヘラは和解のためヘラクレスに乳房を差し出す。Cf. W. Burkert, 1977, S. 211. Cf. auch N. Loraux, 1990, S. 45. 〈乳による縁〉の発生については、以下を参照。H. P. Duerr, 1978, S. 212.

（9） Zit. n. K. Schjelderup, 1928, S. 242.

（10） Albrecht v. Eyb, 1989, S. 427.

（11） Cf. T. Klausner, 1951, S. 664. タレンシ族の女性は、成人した子供からひどく侮辱されたと感じると、片方の乳房を持ち上げ、《苦労して生んでやったあたしを、お前はこんな目に遭わせるのかい！》と言う。これはかなり酷い呪いである。Cf. M. Fortes, 1949, S. 189f.

（12） これに対しフリッドは、この仕草が《性的虐待とキリスト教的純潔に対する暴力》を象徴すると考える（一九八七年、三〇頁）。V. G. Fryd, 1987, S. 30.

（13） O. Pächt/D. Thoss, 1974, I, Abb. 65. フランツ・アントン・マウルベルチュの手になる一七七七年作の絵画では、ある母親が乳房の仕草をして皇帝ヨゼフ二世に救いを求めている（H. Reinalter, 1991, Tf. 18）。

（14） Cf. A. Dresdner, 1890, S. 305.

（15） Cf. P. Askew, 1990, S. 75f.; M. Brecht, 1981, S. 83f.

（16） オーセール大聖堂の高窓のステンドグラスでは、聖母が十字架で受難するわが子の前に跪き、乳房をあらわにしてこう言っている。《わが子よ、お前が吸ったこの乳房のことを考えなさい！》(M. Vloberg, 1954, S. 94)。

（17） Zit. n. Vloberg, a. a. O., S. 89ff.

（18） Cf. M. R. Miles, 1986, S. 193, 202. 女性が誓いを立てる際に、手を胸に当てる習慣が広く流布していたが、これはおそらく乳房の露出を暗示したものである。たとえば、フランケンのカールシュタット市民が忠誠の誓いを立てる時、男は右手の中指・人差し指・親指を上げるが、市民権をもつ未亡人は右手を左胸に当てねばならなかった。Cf. W. Zapotetzky, 1980, S. 123.

（19） Cf. J. Wirth, 1989, S. 339. 怒れる裁判官を聖フランシスコと共に鎮める聖処女を、ルーベンスも同じように描いた。その素描はエクベルト・ファン・パンデレムが銅版画にし、アルノール・デ・シャルトルの言葉が添えられた。《聖母はイエスに胸と乳房を見せている。イエスは脇腹と傷を見せている。このように多くの慈愛の印がある時、その物を遠ざけることができようか》(S. Beissel, 1910, S. 418)。どうやら聖処女の露出を無作法と感じる依頼主が多かったらしい。というのも、聖母マリアが慎み深く衣裳に隠れた乳房を差し上げる図が珍しくなかったからであり、たとえば一四〇二年作の最後の審判図がそうである。Cf. C. W. Bynum, 1989, S. 178. しかし、乳房を露出す

204　ヨアヒム・ウーテウール〈崇拝する羊飼いたち〉，1618年．

るそれ以外の方法も、まったく問題がなかったわけではないらしい。ヨアヒム・ウーテウール作『崇拝する羊飼いたち』の初期ヴァージョンでは、聖母マリアは服の上から遠慮がちに乳房に触れていたが、一六一八年作の後期ヴァージョンでは、羊飼いたちにむきだしの乳房を見せている（204図参照）。Cf. A. W. Lowenthal, 1990, S. 74. ヤン・プロヴォストがブルージュの参審裁判官用礼拝堂のために描いた板絵を、一五七八年にフラマン人画家ヤーコプ・ファン・デン・コールンフスが気ままに模写したが、後者の聖処女はオリジナルとは違い、どこも露出していない。

(20)　Cf. U. McConnell, 1934, Plate III.

(21)　昔、ムブティ族の男性が長い間留守にした後で帰ってくると、母親の乳房に優しく触れて挨拶するのが慣例だった。Cf. P. Schebesta, 1948, S. 319.

(22)　Cf. H. P. Duerr, 1984, S. 108f.

(23)　G. Wickert-Micknat, 1982, S. 111.

(24)　Cf. W. Fauth, 1966, S. 419. 普通は、たとえば女神イシュタルが魅力を発揮する場合、相手を鎮めず性的に興奮させようとする。女神が海蛇ケダンムに陰門を見せ、この怪物を陸地におびき寄せた時などである。Cf. U. Winter, 1983, S. 289. 古代ペルー人の神話では、女神チヨケススは乳房と陰門を見せて兄弟のトゥタイキリを誘惑する。Cf. H. Trimborn, 1951, S. 132.

（25） Cf. D. Wolkstein/S. N. Kramer, 1983, S. 43.; E. Williams-Forte, 1983, S. 158. 女神の攻撃的でエロチックな性格については以下も参照されたい。H. Balz-Cochois, 1992, S. 87ff.

（26） とりわけ湯女も、しばしば臨時の売春婦になったのでこうしたポーズで描かれた。たとえば、S・ゴロウィンが採録した、一六世紀初期バーゼルの《こする女》の小像を参照されたい（一九八二年、二二七頁）。中世末期やルネッサンスの噴水を飾る女性像は乳房を押さえ、乳首から水が出ていたが、これらも異教の女神の描写に由来するようだ。Cf. W. Deonna, 1957, S. 242f.

（27） 植民地時代の写真家は、繰り返し《地元の》女性にこうした〈愛の仕草〉をさせようとした（205図）。Cf. R. Corbey, 1989, S. 29. フリッツ・クラマー（一九九二年二月五日の口頭連絡）によれば、ケニヤの売春婦はこうして客になりそうな男を〈惹きつける〉。

205 《ダホメーの娘》．絵はがき，フォルチエ・スタジオ，ダカール．

（28） Cf. S. Colin, 1987, S. 10, 13; K. -H. Kohl, 1987, S. 73f.

（29） Cf. I. Eibl-Eibesfeldt, 1987, S. 738. D・フェーリング（一九八八年、六頁）も同意見で、陰門を見せる女性は《女性が色目を使う行為にはすべて、相手を無力化する効果があること》を考慮している。《男性には性的な支配願望がある——それと対になるのが女性の服従願望であり、古代からの遺産の一部である》というアイブル＝アイベスフェルトの仮定は、いかにも彼らしい（一九八八年、六頁、傍点筆者）。

（30）バリ島の女性〈番人像〉は、乳房を見せながら好戦的に歯をむくが、これを見たアイブル＝アイベスフェルトとシュテルリンは、攻撃の仕草と考えているようである（一九九〇年、四〇六頁）。

（31）ほとんどすべての人間社会で、乳房を隠さない社会でも、女性の乳房が性的な刺激になるのはなぜか、との問いは次巻で論じるつもりである。

（32）Cf. R. Goldberg, 1988, S. 175.

第5章

（1）C. O'Rahilly, 1967, S. 32, 170f. Cf. auch W. A. Müller, 1906, S. 6f. ; H. Vorwahl, 1935, S. 395f.

（2）Cf. J. Weisweiler, 1939, S, 231f. 女王メイヴの陰には《アイルランドの支配者》女神メイヴがいる。女神が王を誘って同衾し、大腿で王を挟み込んで〈奪う〉と、干からびた大地が再生する。Cf. H. P. Duerr, 1984, S. 143f., 206, 355, 360.

（3）Cf. z. B. J. H. Field, 1975, S. 26.

（4）Cf. P. K. Ford, 1988, S. 147.

（5）Cf. P. C. Power, 1976, S. 16.

（6）かつてイタリア南部のカラブリアでは、姦通を犯した女を辱めるため、恥毛を剃り陰唇が見えるようにした。Cf. R. Corso, 1911, S. 144. アルゼンチンの大草原《パンパ》に住むパウセルナ族の男は、自分が女である印に恥毛を引き抜いた。Cf. J. Riester, 1966, S. 109. 被害者の恥毛を切り取ったり焼いたりする強姦犯も多い。Cf. L. Madigan/N. C. Gamble, 1991, S. 28; R. Wyre/A. Swift, 1991, S. 38; E. Kissling, 1985, S. 111.

（7）Cf. R. N. Bailey, 1983, S. 114.

(8) Zit. n. G. -J. Witkowski, 1908, S. 310. 中世の報告者はこの仕草を解釈して、騎士たちは男らしく敵に立ち向かわねばならず、さもないと《女の腹の中に戻るがいい》と女性たちが告げようとしている、と述べる。この解釈には、すでに古典古代の先例がある。プルタルコスによれば、ペルシアの女性たちは、メディア人から逃げる味方の戦士たちに陰部を見せ、お前たちが生まれてきた腹の中にはもう二度と逃げ込めないよ、と叫び嘲笑したという。プルタルコス『モラリア』二四六Aを参照。スパルタの女性も同じことをしたとの報告がある。Cf. C. Sittl, 1890, S. 104.

(9) O. F. Raum, 1973, S. 261. 別の解釈によると、この仕草は臆病者に不幸をもたらすとされた。かつてズールー族のある女性が銃火に驚き、身を守るためスカートを胸まで捲り上げた。彼女の夫は遠く離れた地の戦争で敵に迫られていたが、この瞬間妻のおかげで命を救われたという。また、ズールー族の女性は陰部を見せて、味方の軍隊の出陣をやめさせることもできた。Cf. E. J. Krige, 1968, S. 174; O. F. Raum, a. a. O., S. 265, 497.

(10) Cf. H. P. Duerr, 1984, S. 29.

(11) 《女たちが服を捲り上げその前に行くと、おそらく羞恥心により後退した。そして波は鎮まり、女たちは退いた》(プルタルコス『モラリア』二四八A／B)。昔、嵐による高潮がフリースラントに迫った時、女性たちは海岸に行きスカートを捲り上げた。Cf. I. Eibl-Eibesfeldt, 1991, S. 280. フランスの漁師が沖で北東の風に襲われた時、たまたま船に乗っていたローザという女性がスカートを捲り上げた。すると風は恥ずかしがって止んだ。Cf. H. F. Feilberg, 1901, S. 427. 中央アフリカのバシュ族の女性も、このようにしてハリケーンを鎮めた。Cf. R. M. Packard, 1980, S. 245. 別の箇所でプリニウスは、月経中であろうとなかろうと女性が雹や霰、強い旋風を伴う嵐、稲妻などに向かい身体を露出すれば、これらの自然現象はおさまる、と述べている。さらに、女性は穀物畑でもそうして毛虫や青虫、黄金虫などの害虫を追い払う、とも伝えている。その上プリニウスはメトロドルス・スケプシウスを引用し、後者によれば、カッパドキアの女性たちは服を尻の上まで捲り上げて畑を走り回り、スペイン蝿の侵入を防いだという。プリニウス『博物誌』第二八巻七〇節以下を参照。Cf. auch ferner W. B. McDaniel, 1948, S. 532; J. -P. Néraudau, 1984, S. 85f. 一七世紀初頭、フリアウルの女性たちは夜ごと裸で畑の周囲を歩き回り、こう叫んだ。《逃げろ、逃げろ、青虫ども、さもないと私のアレに食われるぞ！》Cf. L. Accati, 1990, S. 111. 今世紀でもシレジアのハーゼルでは、農園で働く女性たちが夏になると下半身をさらして畑を走るのをポイケルトが目撃している（一九五一年、二三六頁）。《それから彼女らは卑猥な冗談を言い合ったり［……］卑猥な振舞いを見せ合った。若い娘たちの服を脱がせ、みな一緒にスカートを脱ぎ捨て、半裸で踊る様子だけはまだ覚えている》。

(12) Cf. P. E. Slater, 1968, S. 323. そうした絵は戦車にも描かれたようだ。少なくとも、紀元前六世紀のエトルリアの戦車の金具を見るとそう思われる。そこに描かれたメドゥーサは股を開いて舌を出し、乳房を見せている。Cf. M. Maaskant-Kleibrink, 1990, S. 138; A. D. Napier, 1986, S. 96.

(13) Cf. J. P. Hallett, 1977, S. 155. 古代ローマ人にとっても陰門の露出は攻撃の手段だった。共和制時代にも、雷に撃たれた女性の死体が陰部をさらした姿で発見されると、とりわけ不吉な兆候と見られた。Cf. W. Kroll, 1963, S. 161.

(14) Cf. E. H. Schafer, 1951, S. 150f. 一一二六年に開封が包囲された時も、〈魔術〉による防御手段が取られたが、こちらの方が礼法に適っていた。Cf S. Werner, 1992, S. 61, 117.

(15) Cf. R. H. van Gulik, 1961, S. 230. 五〇二年にササン朝ペルシアの軍隊がビザンチン帝国の要塞アミダを包囲した時、数名の娼婦が極めて無作法に服を捲り上げ、《本来男に見せてはならぬもの》をペルシアの大王に《すべて》見せたという。Cf. E. Kislinger, 1992, S. 377.

(16) Cf. P. M. Kuhfus, 1990, S. 140. 一七世紀に、とりわけ福建の沿岸地帯に住む男性の間で同性愛が広まったという。この原因は海賊の影響とされた。海賊たちは、女性と接触すれば略奪の際に不幸に見舞われると信じ、女性と付き合わなかったのである。Cf. V. W. Ng, 1989, S. 86.

(17) すでに殷時代に、男性にとっても身体の露出は最悪の屈辱だったらしい。ある将軍は自分のしでかした失敗を許してもらうため、上半身裸で大臣の前に現れたという。Cf. H. Yang, 1988. ヨーロッパ人による初期の報告には、中国で女性は少なくとも腰布をするが男はしばしば裸だと記されている――一五八四年になっても、ミラノの芸術理論家ジョヴァンニ・パオロ・ロマッツォはそう述べている。もちろん、こうした叙述は事実に基づくものではなく、当時はまだ一般に中国人と〈インディアン〉を混同していたためである。Cf. F. Reichert, 1988, S. 55.

（18） Cf. M. Granet, 1976, S. 213. 蒸し風呂や野外風呂もわずかにあったが、男性専用だった。というのも、女性は同性の前でもまったく裸にならないか、一部しか見せない、と思われたからである。Cf. Tcheng-Kitong, 1890, S. 95; P. Négrier, 1925, S. 341; Ts'e Shao-chen, 1987, S. 70. それは現代でも、とりわけ地方ではあまり変わっていない。たとえば中国映画『野山』（一九八五年）では、地方の中心都市の女風呂は裸で入浴することが話題になると、女主人公の一人が恥ずかしがる。羅慎儀（一九八九年一一月三〇日の口頭連絡）の話では、今日でも母と娘がお互いの裸を見ることは決してない。大学で女子学生は一緒にシャワーを浴びるが、その際タオルで前を隠す。三〇年代に日本の侵略軍が衆人環視の中で身体を洗った時、中国人がどれほどショックを受けたか想像がつこう。Cf. S. C. Chu, 1980, S. 80.

（19） 男性も、女性や同世代以外の近親者がいる前では身体を洗わなかった。しかし、同年輩同士での振舞いは違った。たとえば一九一六年の写真には、揚子江上流の早瀬で裸で働く漁師が写っている。Cf. A. Roschen/T. Theye, 1980, S. 95. 今日の香港でさえ、上半身裸で働く道路工夫の姿は稀である。五〇年代のヨーロッパと同じように、猛暑の時も少なくともアンダーシャツは着ている。Cf. C. Osgood, 1975, S. 993.

（20） Cf. W. Eberhard, 1977, S. 51, 54. ある中国のテキストでは、南部に住むヤオ族の男女が昼間に森の中で一緒に寝るのを、けしからぬと述べている。昼間だと男が女の陰門を見るかもしれないので、この著者は大きなショックを受けたのである。Cf. ders., 1967, S. 79f.

（21） 今日でもパートナー同士で裸を見ることは決してなく、同衾は暗闇の中で行う（S. Luo, a. a. O.）。しかし、陰門が視覚的にエロチックではなく、ポルノ文学で何の役割も果たさない、という意味ではない。それどころか、大きな役割があるのだ！　たとえば一七世紀のエロチックな小説『肉蒲団』にはこうある。《夜より昼寝る方が十倍も快いのです。なぜなら、昼間は男も女も相手の裸が見られ、それで欲望が高まるからです》(zit. n. N. Douglas/P. Slinger, 1984, S. 60.)。それどころか一六世紀の有名な好色小説『金瓶梅』では、西欧のポルノ小説にも見られるように、陰門はいわば〈美化〉されている。《彼女のその命名しがたい部分は堅く結ばれ、生き生きとして、大腿の間に念入りに隠されていた》。恥毛を剃った陰部は、とりわけ魅力があったようだ。《やがて潘金蓮が着物を脱ぐと、西門慶はその女陰を探り、眺めた。そこには一本の毛もなく、果物を詰めた焼菓子を型から出したばかりの時のように、柔らかでみずみずしく、赤い斑点があった。何千もの男がそれを愛し、何万もの男がこのように美しいものを渇望したことだろう》(Wang Shi-Tcheng, 1961, S. 27 bzw. 46.)。

(22) 若い娘は口も開きすぎてはいけない。だから笑うときは口に手を当て、静かに話さねばならない。男の子が小便する時には陰部に手をかぶせ、女の子はそもそも公衆の面前で小便してはならない。Cf. N. Diamond, 1969, S. 34, 41.『礼記』には妻の心得として、普通は夫に物を直接手渡してはならず、夫と同じ着物、衣桁、蒲団も使ってはならないとある。Cf. D. Bodde, 1985, S. 163. 少なくとも特定の社会層では、そうした規則も守られたようだ。というのも、一六四三年に中国に派遣されたオーストリア使節は帰国後、当地の女性が身体をすっかり服で覆い、また女性が決して男性の手から直接物を受け取らないことにとりわけ感心しているからである。つまり、女性は男性が物を置くまで待ち、それから手で隠しながら取り上げるのだ。Cf. G. Hamann, 1966, S. 112.

(23) Cf. J. Gernet, 1962, S. 124. 今日でも中国では、前腕、すね、肩が露出したり、脚、ヒップ、バストの線がはっきり出る服は、恥ずかしがって着ない女性が多い。Cf. C. Osgood, a. a. O., S. 1114; C. Kerner/A. -K. Scheerer, 1980, S. 113; A. Kleinman, 1980, S. 130f. 一八八三年、ヨーロッパ帰りの旅行者は、西洋の女性が着る夜会用のデコルテを見てこう記した。《中国では、女性は服を脱ぎ裸になるのをいやがるが、男性は違う。西洋ではその逆である》(zit. n. Z. Yuan, 1987, S. 29)。

(24) 藍はこうコメントしている。《実際、女性は再婚してはならない。盗賊どもでさえそれはよく承知している》。Cf. V. W. Ng, 1987, S. 60. 現代の中国で、上海の綿糸工場に勤務する女性たちは、夜帰宅時によく強盗に襲われた。強盗は女性の服を脱がせ裸にすると、服を奪った。追いはぎはこれを《羊を裸にする》と言った。Cf. E. Honig, 1985, S. 703.

(25) Cf. N. H. van Straten, 1983, S. 90.

(26) Cf. R. Briffault, 1927, S. 308. Cf. auch F. Wappenschmidt, 1992, S. 34f. これに関して、日本人はまったく違う

態度をとった。一七世紀初頭、東インド会社の貿易船隊司令官ジョン・セーリスによれば、〈クローヴィス〉号が日本のある港に接岸すると、大勢の日本人が船になだれ込んで来た。それから、数名の《気立てのよい女性》がセーリスの船室に招かれたが、《そこには実にみだらに描かれたヴィーナスの絵が掛けてあった》。女性たちはそれを聖処女の絵と思い、絵の前に跪くと、自分たちはキリスト教徒だと囁いた。Cf. D. Massarella, 1990, S. 232.

（27） デュル『秘めごとの文化史』二三六頁以下を参照。

（28） Cf. E. Honig/G. Hershatter, 1988, S. 61.

（29） Cf. J.-L. Domenach/H. Chang-Ming, 1987, S. 67.

（30） Cf. E. Honig/G. Hershatter, a. a. O., S. 62.

（31） 壁画についての論争がスキャンダルに発展すると、中国首相の決定でタイ族もこの絵について意見を述べることになった。タイ族の代表団は壁画を見学すると、タイ族の人びとは実際に裸で水浴びすると述べた。ところが一九八〇年三月に突然、タイ族の故郷である雲南省の党幹部は政府に苦情を申し立てたらしい。タイ族は裸体を恥ずかしく思い、この壁画は種族の名誉を汚した、というのだ。Cf. J. L. Cohen, 1987, S. 39f., ferner C. Blunden/M. Elvin, 1983, S. 174. それが事実にせよ誤りにせよ、裸体に関してタイ族の羞恥閾が伝統的に高かったことは確かである。だからたとえば、若い娘の裸を見た男性はその娘と結婚せねばならぬとする規則があった。Cf. W. Eberhard, 1942, S. 287.

（32） リゼロッテ・クントナーによれば（一九八七年六月一五日の口頭連絡）、北京にあるラマ教の寺院に置かれた裸体像を見物に、大勢の――ほとんど若年層の――人びとが訪れると、ついに像の陰部は絹の布で覆われる羽目になった。

（33） Cf. J. L. Cohen, a. a. O., S. 54.

（34） 前世紀末のやり手の〈サロン民族誌学者〉シュトラッツは、カメラの前で裸になる娘を各国で見つけたが、中国人はどんなに軽薄な女性でも羞恥心があるため、シュトラッツでさえ読者に中国女性の裸を見せられなかった。Cf. C. H. Stratz, 1902, S. 81. 一九一二年に劉海粟が創立した〈上海美術専門学校〉で、初めて生身のヌードモデルを使った裸体画コースが開かれた。しかし、国立アカデミーでは考えられないこの美術コースはスキャンダルとなり、劉や林風眠らの《進歩的な人びと》はさまざまな攻撃に耐えねばならなかった。一九二七年、このコースと裸体画展覧会を理由に、ある《将軍》は劉を逮捕し学校を閉鎖すると脅したが、蒋介石の軍隊が介入し計画倒れに終わった。Cf. J. L. Cohen, a. a. O., S. 12, 112. この時代の素描では、裸体画コースの休憩時間に裸のモデルが戸枠に寄り掛かり煙草を吸うのを、男女が呆然として見つめている。Cf. M. Elvin, 1989, S. 312.

(35) *Spiegel* 2, 1989;『ライン・ネッカー新聞』一九八九年一月七日。J. Grant, 1991, S. 84f. 一三九枚の絵画のうち五枚がすぐに壁から取り外されたが、正にその五枚が写真に撮られ、闇商人がすでに絵葉書にして売っていた。

第6章

(1) B. H. Chamberlain, 1982, S. 62, 63f.

(2) Cf. E. H. Schafer, a. a. O., S. 152.

(3) E. Saito, 1989, S. 33.

(4) たとえば、デュル『裸体とはじらいの文化史』図71を参照されたい。

(5) I. Morris, 1988, S. 266. この女官たちの感情が典型的でないとしても、日本では伝統的に裸体がほとんど〈美化〉されなかった事実はよく表れている。たとえば、美女を描写するのに白い肌、うなじ、髪、バラの蕾のようなおちょぼ口などを並べ立てても、身体のそれ以外の部分はほとんど言及されない。Cf. M. Beurdeley/S. Schaarschmidt/R. Lane/S. Chūjō/M. Mutō, 1979, S. 18, ferner K. Clark, 1956, S. 9f.

(6) K. Yoshida, 1985, S. 11.

(7) 一九八七年三月一二日付の書簡でこのヴァージョンに私の注意を喚起し、翻訳してくれたヴォルフガング・シャモニー氏に感謝する。Cf. auch F. S. Krauss/T. Sato, 1965, S. 75. インド仏教の伝承にもこれと似た物語がある。

Cf. J. S. Strong, 1983, S. 505ff.

（8） Cf. T. Lésoualc'h, 1978, S. 34.

（9） Cf. R. C. Solomon, 1978, S. 181.

（10） Cf. W. La Barre, 1966, S. 267; K. Löwith, 1960, S. 149.

（11） Cf. R. K. Nelson, 1976, S. 320. Cf. auch L. Marshall, 1976a, S. 352f.（クン族）。

（12） この例をあげた民族学者リースマンはさらに、ジェルゴベ＝フラニ族の人びとは苦しみ、不安、悩みについても、学者のように感情を交えず〈客観的に〉話すと報告している（一九七四年、一四五頁）。メラネシア諸島のニッサン・アトル島の住民は何か気まずい状況を招いた時よく笑うが、それはいわば、気まずいことなど何もないと知らせるためである。例えば、衆人環視の中で他人に攻撃的な振舞いをすると、本人も相手も気恥ずかしくなり、笑ってその場を巧みにカバーする。ある民族誌学者は、自分に迷惑をかけた島民がにやにや笑うのを誤解し、迷惑を掛けられた上に馬鹿にされていると思った。そこでますます腹を立てたが、学者が立腹すればするほど、島民はさらににやにや笑った。Cf. S. R. Nachman, 1982, S. 125f.

ティブ族の人びとも、つねにはっきりと好意を示すことを重視した。小さな男の子がにこりともしないと、両親は子供を笑わせようとあらゆる手段を講じ、めったに笑わない男は性格が悪い、と懇々と諭した。Cf. P. Bohannan/L. Bohannan, 1966, S. 379.

（13） Cf. C. Geertz, 1976, S. 230.

（14） N. Elias, 1939, II, S. 327. インドネシア人がアモク病に対して抱く不安を考えてみてほしい。

（15） Cf. U. Wikan, 1987, S. 338ff. バリ島民は本当の感情と〈見せかけの〉感情を言葉の上で実に細かく区別する。もっとも、後者が次第に価値を失うことは、別の〈ほほ笑みを絶やさない文化〉の調査から分かる。それはカリフォルニア文化で、調査によると、中流階級の母親は誉める時も叱る時もいつもほほ笑むため、〈運河のように絶え間なく笑う〉母親を子供たちは無視するようになる。また子供たちは、めったに笑わない男性がほほ笑む方が《感じがいい》と言う。Cf. M. Douglas, 1975, S. 215.

(16) バリ島民の女性情報提供者、一九八六年八月。バリ島の女性も数年前まで公衆の面前で裸で生活したし、今日でも母親は自宅、段々状の水田、市場などで裸でいることが多いのに、彼女らが西洋の〈トップレスの女性〉を破廉恥と思うことに驚かれるかもしれない。しかしバリ島の女性は、女性観光客たちが自分の身体を《見せびらかしている》と思ったのである。それに対し、ヨーロッパやオーストラリアの女性がビキニパンツをはいて、または何もはかない時ですら、股を広げて座るのには、驚きのあまり言葉も出なかった。

(17) これらの裸体画や、とりわけ一九世紀後半にヨーロッパ人が撮ったヌード写真のモデルになったのは、ほとんどが下級娼婦だった。Cf. H. Spielmann, 1984, S. 163. 後代になっても、若い娘がヌード画のモデルになるのは極めて大胆なことで、その場合もほとんど陰部は隠した。Cf. T. Mizusawa, 1987, S. 204. 黒田清輝の裸体画『朝妝』（一八九三年）は京都でスキャンダルになった。その後黒田は東京美術学校西洋画科の教授となり、裸体画のコースを開いたが、これは一般に猥褻と批判された。Cf. E. Yamanashi, 1987, S. 182.

(18) デュル『裸体とはじらいの文化史』一二九頁を参照。

(19) Cf. I. Buruma, 1985, S. 28f. 陰門を美化する日本の伝統については以下を参照。C. Ariga, 1992, S. 575.

(20) Cf. H. Hunger, 1984, S. 63.

(21) Cf. K. -P. Koepping, 1985, S. 212.

(22) クラウス＝ペーター・ケピングの一九九二年二月二三日の口頭連絡。

(23) 『オデュッセイア』第八巻、三〇七行（傍点筆者）。P・マウリチュ（一九九二年、六三頁）は、《足の不自由な男が》動きの素早い軍神を《捕らえた》ので神々は笑ったのだろう、と述べている。しかしその場合、ヘパイストス本人が《まことに滑稽千万ながら許しがたい体たらく》と言うだろうか。ヒマラヤのウッタール・ガンガ渓谷に架かる橋には、男女二体の木像が据えられている。男性像は勃起した巨大なペニスを両手で支え、大きな乳房をした女性像は陰唇を広げている（206図参照）。これらの橋は、悪霊、とりわけ《白い石灰の霊》ガラ・ズェアがうろつく危険な場所である。マガル族の人びとは、これらの悪霊は自分の居場所を隠そうとする、と言う。しかし、悪霊はこの卑猥な像を見ると大声で笑う。なぜなら悪霊は性器を見てショックを受けるからである。それによって彼らは居場所を知られ、素早く退散する。Cf. M. Oppitz, 1992, S. 76.

(24)『オデュッセイア』第八巻、三二四行以下。

(25) Cf. E. Jakubassa, 1985, S. 53. F・A・ハンソンとL・ハンソンは、この笑いは《マオリ族の男性が性的な覚醒を示す方法》だったと述べる（一九八三年、九〇頁）。その後で鳥たちが笑ったのも、その情景を見て性的に興奮したからである、と。

(26) Cf. F. Koch, 1986, S. 136.

(27) Cf. M. Olender, 1985, S. 16f. アレクサンドリアの文法家ヘシキオスによれば、ギリシア語 *βαυβώ* は《陰門》を意味する。

(28) Cf. D. Lauenstein, 1987, S. 197f.

(29) Cf. E. Fehrle, 1930, S. 1; G. Schiff, 1974, S. 136. もちろん、エレウシス教の秘儀は〈古代の〉豊穣の儀式ではなかった。この解釈は、イアンベの仕草が本来ウズメと同じように、穀物の成長を阻む力を追い払うものだった可能性はある。イアンベの陰門は化粧を施されメドゥーサのような顔だったという伝承も、それを立証するだろう。Cf. J. -P. Vernant, 1988, S. 27. 邪視から身を守る《しゃがんだ女性》のお守りはすでに古典古代で使われていた。Cf. T. Hauschild, 1982, S. 184f.

(30) Cf. H. P. Duerr, 1984, S. 204f. 女神デメテルの笑いとゲルマン神話の女神スカディの笑いにはある種の類似点がある。アーゼ神族に父親ティヤーチーを殺されたスカディは、自分を笑わせてみよと神々に要求する。するとロキは紐の両端を山羊の髭と自分の陰嚢に結び、引っ張りあった。最後にロキがスカディの膝に転げ込むと、女神は大声で笑った。

206　ミヒャエル・オーピッツ撮影.

Cf. E. Mogk, 1918, S. 186; S. Mandel, 1982, S. 36f.

(31) Cf. B. Altenmüller, 1975, S. 56.

(32) Cf. J. Spiegel, 1937, S. 129; A. H. Gardiner, 1932, S. 41; E. Brunner-Traut, 1963, S. 96. 古代エジプトで笑いにエロチックな意味があったことについては以下を参照。W. Guglielmi, 1980, Sp. 907.

(33) エジプトの恋愛詩では、たいてい女性は男性より情熱的で積極的に描かれる。つまり、女性は罠を仕掛け、男性を鳥のように捕まえる。しかし、エジプトの女性は〈妖婦《ファム・ファタール》〉ではなく、むしろ性の主導権を握っているのである。Cf. M. V. Fox, 1985, S. 305f. ; P. Derchain, 1975, S. 55. 女性は髪を弄びながら誘ったり（H・ゲディッケ、一九七〇年、二五九頁を参照）、陰門を見せたりするので、若い男性は恋愛詩で《彼女は私に抱擁の色を見せた》と言う。Cf. L. Manniche, 1987, S. 33. 女性が、恋人の陰部が着物越しに見えたと熱っぽく語ったり、恋人の立派なペニスを婉曲に表現する恋愛詩も多い。CF. M. V. Fox, a. a. O., S. 74.〈個人的な〉絵には、ペニスを膣に導き入れるのか、相手をマスターベーションするのか、いずれにせよ女性が男性のペニスを握った図がしばしば見られる（56図参照）。ラメスを名乗る王が続いたラメス朝時代の絵に描かれたカップルの場合は、後者のようである。とりわけエジプト学者には無邪気な人びとが多いらしく、西ベルリン・エジプト博物館のカタログ編集者はこのカップルを《二人のレスラー》と説明している。Cf. W. H. Peck, 1979, S. 512.

(34) Cf. C. J. Bleeker, 1973, S. 39.

(35) Cf. L. Troy, 1986, S. 92. 一三世紀のパピルスに描かれた図では、アヌビスに支えられたオシリス神をイシス女神がフェラチオしている。Cf. H. Hunger, 1984, S. 106.

(36) Cf. H. Brunner, 1964, S. 45. 例えばミン神の勃起したペニスは *nfrw. f*《彼の美しさ》と呼ばれる。棺柩文書では、しばしばラー神と同一視されるアトゥム神が《心臓を蘇らせるため》、娘のマアトを〈抱擁する〉よう求められている。Cf. J. Leclant, 1977, Sp. 813.

(37) Cf. L. Troy, a. a. O., S. 21.

(38) Cf. H. v. Deines/W. Westendorf, 1962, S. 639. もっとも、普通はオルガスムを表すには *wḥ*ʿ《緩める》という

語を使う（ヤン・アスマンの一九八六年五月一五日の口頭連絡）。

(39) 普通は指示代名詞とされる記号 *ḥm* を音声記号と考えれば、ヘテペトはヘテペト・ヘムと読める場合がある。*ḥm. t*（ヘムト）は《陰門》の意である。Cf. H. Bonnet, 1952, S. 299.

(40) Cf. J. Vandier, 1964, S. 128.

(41) すでにピラミッド文書で、太陽神ラーはしばしば創造神アトゥムと同一視されているからである。Cf. L. Kákosy, 1975, Sp. 551.

(42) Cf. P. Derchain, 1969, S. 33; ders., 1972, S. 42.

(43) Cf. L. Kákosy, a. a. O., Sp. 550. イシス女神やムト女神、後にはアモン神に仕える女性神官長も《神の手》と呼ばれた。Cf. A. Fakhry, 1939, S. 722.

(44) たとえばシェプセスカフ王も円筒印章で《女神ハトホル＝バステトに愛されし者》と自称している。Cf. E. Otto, 1974, Sp. 629.

(45) ヘロドトス『歴史』第二巻六〇節。

(46) Cf. M. Galvan, 1981, S. 224f.; C. Ziegler, 1984, Sp. 960.

(47) これまでに発掘された最古のシストラムは第六王朝のものであり、パピルスの茎をかたどっている。後代のシストラムも、柄の部分がパピルスの茎の形になったものが多い。中には花の飾りが施されたものもあり、いわばパピルスの花束を手にしたようになる。Cf. L. Klebs, 1931, S. 62.

(48) Cf. A. Hermann, 1959, S. 16.

(49) Cf. P. Barguet, 1953, S. 107f.; H. Grapow, 1924, S. 125. フィラエのイシス神殿の大塔門に描かれた絵では、プトレマイオスがイシスに首飾りメナトを手渡しながらこう言っている。《あなたのお兄様の敵の睾丸を、悪人の睾丸を受け取りなさい。あなたの前で太鼓が鳴らされ、あなたの心は晴れる》(H. Junker, 1958, S. 3)。おそらくこれは、睾丸がもつ生命力をイシス女神が自分のものにすることで、女神の中で王が新生するという思想を表しているのだろう。Cf. W. Westendorf, 1966, S. 129f.

(50) R. O. Faulkner, 1973, I, S. 259; cf. auch S. Allam, 1963, S. 127. あるピラミッド呪文の中でハトホル女神は王の腰布にたとえられている。Cf. K. Sethe, 1937, III, S. 26.

(51) C. J. Bleeker, 1959, S. 267. ツタンカーメン王の墳墓から発見された匣では、王妃がハトホル女神のシストラムを手にしている。Cf. W. Westendorf, 1967, S. 145.

(52) プルタルコスによれば（『エジプト神イシスとオシリスの伝説について』六三節）、シストラムを鳴らして悪霊テュポンを追い払ったし、神々の同衾を描く極めて上品な絵では、たとえばアモン神が生命の印であるシストラムをパートナーの膝や花に当てている。後代のデンデラの浮き彫りでは、王が左手に湾曲型シストラム、右手にナオス・シストラムをもち、ハトホル女神を迎えている。碑文にはこうある。《sšš. *t*（シストラム）は私の右手にある。それは恐怖を追い払う。*ib;* は私の左手にある。それは喜びを与える……》。Cf. H. Bonnet, 1952, S. 718 bzw. C. Sachs, 1920, S. 31.

(53) ダシュールで女王メレレトの帯と胸飾りが発見されたが、それは金色の真珠をあしらい、エジプトでもおそらく陰門を表すタカラガイを象っている。ラフンで発掘されたシト＝ハトホル＝ユネト王女の帯は、タカラガイ形の金色の真珠八個でできている。真珠の一つ一つに、銀と銅の合金の小さな玉が幾つか付いており、歩くと音を立てた。Cf. C. Aldred, 1971, S. 191, Pl. 35, 45. とりわけ踊り子や高級娼婦が、このタカラガイ形の真珠が付いた音の出る帯を身に付けたらしい。たとえばネフェルホテプ某の墓で発見された舞姫のファイアンス像はタカラガイの帯を付けており（cf. L. Keimer, 1948, S. 19）、ラメス朝時代の墓にあったタカラガイの鎖も同じく腰に巻いたと思われる。Cf. K. J. Seyfried, 1984, S. 111f. こうした帯や鎖が音を立てるのは、アフィレと呼ばれるガラス玉の帯と同じように、エロチックな感じがしたらしい。アフィレはアカン族の幾つかの種族の女性が腰布の下に付けた帯で、女性の死後もそのままにしておくほど〈密接な〉ものだった。性交時に腰を動かすと音を立て、男性の性欲を高めたらしい。Cf. E. Cerulli, 1978, S. 73. 今日の近東でも、この音は極めてエロチックとされている。そこで、たとえばウラド・シ・ハムドに住むベドゥイン族の女性は、男性の客がいる時には、テント内に仕切られた女性用の場所で、音を立てる装飾品をすべて外さねばならない。Cf. E. Ubach/E. Rackow, 1923, S. 173.

(54) Cf. W. Westendorf, 1967, S. 145.

(55) Cf. H. Brunner, 1955, S. 10. ある図像では、ハトホル女神がセティ一世に鎖を差し出している。

(56) Cf. A. Hermann, 1953, S. 106; ders., 1959, S. 20f.

(57) Cf. z. B. H. P. Duerr, 1984, S. 118. Abb. 53.

(58) Cf. E. Brunner-Traut, 1985, Sp. 219.

(59) Cf. dies., 1938, S. 23f. この後、踊り子たちが足を元に戻すのか、前に一歩踏み出すのか、分かっていない。Cf. I. Lexová, 1935, S. 22.

(60) Cf. H. Kees, 1933, S. 92.

(61) J・ヴァンディエ（一九六四年、第四巻、四三四頁）はこの場面を、〈女性〉ダンサーが〈男性〉ダンサーを誘惑するため、色っぽく後ずさりしていると解釈する。

(62) Cf. H. Wild, 1963, S. 66. 後代の『ラー神の顕在形式に関する知の書』で、まだ妻を〈娶っていない〉原初の神は、《しかし余は右の拳で *ḥ:d* をし、余の手と性交を行った》と言う。Cf. D. Müller, 1966, S. 256.

(63) サッカラの踊り子の図には、陰門を覆う布しか見られない。エリーザベト・シュテーエリン（一九八六年五月二六日付の書簡）とエマ・ブルンナー＝トラウト（一九八六年五月二一日付の書簡）は、この娘たちが布の下に何か身に付けていたとは思わない、と親切にも知らせてくれた。インテフィカーの墓に描かれた踊り子たちは、腰布を股に通し、尻の上の帯に挟んだらしい（cf. N. de G. Davies, /A. H. Gardiner, 1920, S. 22)。その様子は、ベニ・ハサンにあるクメンホテプの墓に描かれた糸紡ぎ女の絵の方が分かりやすい。Cf. P. E. Newberry, 1900, Pl. XV. 踊り子は、膝まである前掛けを身に付けることもあり、その細い吊り紐は乳房の間で交差させた。Cf. N. de. G. Davies, 1930, Pl. XL.

(64) Cf. W. Decker, 1987, S. 148f. 足を高く上げた踊り子についても、倒立回転するためにはずみをつけている、と言われる。

(65) 私のこのテーゼの解説を聞いたエジプト学者たちはみな、かなり慎重な反応を示したと言っておこう。もっとも好意的だったのはヤン・アスマンで、エジプトの神官たちはこのテーゼに感激しただろうが、彼ら自身がこうした考えをもっていたという意味ではない、と述べた。

(66) Cf. W. Westendorf, 1967, S. 143; W. Barta, 1983, Sp. 168.

(67) Cf. H. Altenmüller, 1965, I, S. 83. ラー神は〈メヘト＝ウェレトの生んだ美しい子牛〉とも呼ばれる。メヘト＝ウェレトとは、元来は天空の雌牛らしい。Cf. E. Hornung, 1982, S. 96f.

(68) Cf. W. Westendorf, 1977, S. 296; P. Derchain, 1970, S. 80, 82; W. Barta, 1973, S. 150; J. Assmann, 1969, S. 118ff.; ders., 1983, S. 340ff.

(69) Cf. J. Assmann, 1981, Sp. 269.

(70) Cf. L. Troy, 1986, S. 26.

(71) シチリアのディオドロス『歴史叢書』第一巻八五。Cf. E. Otto, 1938, S. 16; J. R. Conrad, 1957, S. 75ff.

(72) Cf. H. P. Duerr, 1984, S. 124ff. カムテフと同じように、〈メンデスの支配者たる雄羊〉は《母親を多産にする雄羊》であり、自分の母親／妻／娘の胎内で再生した。カイトでは雄羊は〈母親の恋人〉メリムテフと呼ばれていた。Cf. H. Bonnet, a. a. O., S. 868f. 後に雄山羊が雄羊に取って代わったが、もはや雄羊がいなかったせいだろう (cf. H. De Meulenaere, 1982, Sp. 44)。八世紀になっても、子宝に恵まれるよう願う女性は雄山羊に陰門を見せる、とコスマス・ヒエロソリミタヌスは述べている。Cf. T. Hopfner, 1924, S. 742. それどころかヘロドトスはこう記している（『歴史』第二巻四六節）。《雄山羊の内の一頭は特に大切にされ、これが死ぬとメンデス全地区にわたって盛大な葬いが催される。なおエジプト語では雄山羊とパンのことをメンデスというのである。私の時代に入ってからのことであるが、この地区で誠に奇怪なことが起こった。雄山羊が衆人環視の中で人間の女と交わったのである。このことは大層な評判となった（松平千秋訳による）》。実際に、女性が雄山羊のファルスを背後から膣に導き入れる石膏模型が見つかっている。Cf. G. Michaïlidis, 1965, S. 147.

第7章

（1） Cf. H. Mandl-Neumann, 1985, S. 59.

（2） Cf. C. Moser-Nef, 1951, V, S. 274. 一六一八年、リンダウ出身の女中アンナ・ミュレリンも数名の職人の前で同じことをした廉でまず投獄された。それから復讐権を放棄する誓いをさせられ、市外追放となった。Cf. a. a. O., S. 446. こうした報告を読むと、当時は現代より頻繁に陰門やお尻を見せたとの印象を受けるかもしれない。しかし、それを示す資料は何もないようである。少なくとも中世末期のフランスでは、女性が我を忘れてこうした振舞いに及ぶのはかなり稀だったようだ。Cf. C. Gauvard, 1991, II, S. 724.

（3） Cf. B. Krekić, 1987, S. 342.

（4） Cf. R. G. Brown, 1915, S. 135.

（5） Cf. M. Nash, 1965, S. 256. ビルマの仏教では、この羞恥心がさらに強まり、肉体や女性に対する敵意となる。僧侶たる者は幼女や雌の動物にさえ触れてはならない。たとえ母親が川に落ちても、手を差しのべて助けてはならず、棒を使わねばならない。Cf. M. E. Spiro, 1971, S. 296ff. タイでは、女性が比丘《ビク》（僧侶）に水のはいったコップや本を手渡す時、じかに渡さず、布《パ・ブラケン》の上に置かねばならない。そのために比丘はこの布を身につけているのである。Cf. J. Bunnag, 1973, S. 36.

（6） Cf. M. E. Spiro, 1977, S. 219. 男性が鍵をかけた部屋でたった一人で服を着替える時でさえ、決して裸にならなかったし、女性ならなおさらである。いつも一二人の精霊が人を見張り、その半数が善き精霊で残りは悪霊である。普段は隠す身体の部分、とりわけ陰部をあらわにすると、六人の善き精霊を恥ずかしめ、冷遇したことになった。Cf. R. G. Brown, a. a. O., S. 134f. 第二次世界大戦時に、ビルマを占領した日本人が本国で混浴すると聞くと、大勢のビルマ人が《その時ペニスはどうなるのか》と尋ねた。同じように村の住民は、ヨーロッパの男性が女性とダンスしても勃起しないとは考えられなかった。《どうすれば、男が女を腕に抱きながら寝たいと思わずにいられるのか?》(Spiro, a. a. O., S. 214)。

(7) Cf. M. Mitterauer, 1989, S. 827f.; M. Perrot, 1981, S. 87.

(8) Cf. E. Helming, 1988, S. 89. 一九世紀に、長い間ノース・ケンジントン界隈で働いたある観察者は、ノッティングヒルの玉突き場でさえ《洗濯場の女たちが普段使うようなひどい言葉は》耳にしなかったと述べている。Zit. n. P. E. Malcolmson, 1986, S. 104. 一五六七年にシュテッティン市参事会は〈ペスト条例〉で、洗濯女がペスト患者の洗濯物を洗った水を通行人の男性にかけることを禁じた。Cf. H. Peter, 1983, S. 9. 一八世紀フランスでも、洗濯女たちの荒っぽい流儀は恐れられた。たとえば警官を虐待したある女は、これこそ洗濯女のやり方だと言った。Cf. D. Godineau, 1933, S. 23.

(9) Cf. Y. Verdier, 1979, S. 133. サンクタ・クララのアブラハム(一六八〇年、一〇七頁以下)は信徒たちに、若く品の悪い洗濯女たちの話をする。彼女らはある小川で働いていたが、その時《腕は肘の上までむきだしで、古着屋の洗い桶のように首の回りはかなりはだけ、スカートも随分と捲り上げ、ヨルダン河を渡るかと思われるほどだった》。そこへ《名高い聖者ヤコブス・ニシビタヌス》がやって来たのを、《洗濯女たちは間抜け面をして見ていたが、この立派な方が命じた通りにスカートを降ろさなかったばかりか、この聖人を笑い者にした》。神は罰としてたちまち小川を干上がらせ、無礼な女たちを白髪にした。

(10) C. Meyer-Seethaler, 1988, S. 142.

(11) これらの〈女神たち〉が女性のもつ再生能力のシンボルだったと仮定すれば(デュル、一九八四年を参照)、だからこそ裸姿で描かれたと考える方がはるかに自然である。たとえば古代ギリシア人の肉体の美を描く彫像と同じように、女性の性的特質を描く像に衣服は重要でないのだ。

(12) Cf. L. Leakey, 1974, S. 134 bzw. ARD, 19. Mai 1992 (Bericht von Albrecht Reinhardt).

(13) Cf. L. C. Briggs, 1974, S. 214.

(14) ARD, 20. Mai 1991.

(15) Cf. S. G. Ardener, 1987, S. 115. バンバラ族の人びとは、陰門がきわめて不潔で悪臭がすると思っているので、切除したり、頻繁に洗ったりする。女性が男性にかける最悪の呪いは、陰門を見せることである。そのことを考えるだけで、男性は恐怖を感じる。Cf. S. C. Brett-Smith, 1982, S. 27. Cf. auch G. Best, 1978, S. 95（トゥルカナ族）und H. Schurtz, 1891, S. 128（バルバ族）。カメルーンに住むバロン族の男性が女性に対し、彼女の陰部に関して侮辱したり、《お前の尻は匂うぞ！》と叫んだりすると、女性全体が非難されたと感じ《女たちは怒る》。五ポンド、豚一頭、女性が体を洗う石鹸を賠償金として払うのを罪人が拒むと、女性全員が当人の前で裸になる。しかし他の男たちは、小屋から出るよう前もって警告を受ける。Cf. S. G. Ardener, 1973, S. 427. ヨーロッパでも、陰部が匂うとほのめかすのは、女性に対する最大の侮辱だった。たとえば一六二三年にマルパスで、エドワード・ウィーヴァー某がエリザベス・ミンシャルに、お前の股は臭いと言った時、彼女は致命的な侮辱を受けた。ウィーヴァーが寝た後で、エリザベスは二階の納屋に上がると、彼の寝床の真上にある床板を外し、その穴から小便をかけた。一六〇七年、ジェーン・フェアクラフはヘンリー・プレスコットに《お前を自分のものにするところだったが、お前の股間はとても不潔なので、身体を使う気にはならなかったろう》と侮辱され、裁判所に訴えた（J. Addy, 1989, S. 140）。私が若かった頃、娘たちのそばを通りかかりながら、《魚屋がまだ開いてるのかと思った》と大声で言う不良たちもいた。デュル『秘めごとの文化史』第一四章も参照。

(16) Cf. U. v. Mitzlaff, 1988, S. 147f. ロイタ・マッサイ族の男性が《自分の子供を食べる》、つまり実の娘や娘と同じに扱う女性と寝ると、女性たちは「オルキショロト」を開いた。これはパラクヨ族の「エンキシュロト」に相当する。Cf. M. Llewelyn-Davies, 1978, S. 226.

(17) Cf. H. Behrend, 1985, S. 101; dies. ,1989, S. 559.

(18) Cf. dies., 1987, S. 102.

(19) ハイケ・ベーレントの一九八六年六月五日付の書簡。男性が近親相姦を犯したり、喧嘩の際に無作法に女性を触ったり、《お前のあそこは腐ってる》と言うと、コミ族の女性は当人の前で裸になり。それから男の畑や家で小便や大便をする。アザンデ族の女性も同じような振舞いをする。Cf. S. G. Ardener, a. a. O.

(20) ヴォルフ・ブリュッゲマンの一九九二年八月二日付の書簡。ガボンのミンダサ族やババンバ族の女性が男性に呪いの言葉をかける時は、森の中でしゃがみ、腰布を外して幾度も陰門を叩きながらこう言う。《あいつが膣から生まれたのが本当なら、ペニスを膣につっこんだのが本当なら、あいつは死んじまえ!》Cf. E. G. Gobert, 1951, S. 27. ファン族の男性が息子を勘当する時には、息子の前で腰布を下ろし、《お前がどこから来たか、思い出させてやる!》と言う。Cf. J. W. Fernandez, 1982, S. 70, 182, 255.

(21) Cf. R. B. Edgerton/F. P. Conant, 1964, S. 405f. 『女の平和』の六八三行では、女たちが《不潔なもの》(=陰門)を押し付けてやる、と男を脅す。

(22) U. Luig, 1990, S. 263, 272f.

(23) Cf. H. F. Feilberg, 1901, S. 427. ある旅行者が熊に出くわした時、一緒にいたラップ人の女性が熊に数歩近づき、陰部の辺り——もっとも革のズボンに隠れていたが——を見せたという。Cf. E. G. Gobert, a. a. O., S. 36. Cf. auch J. Turi, 1992, S. 140. ハンス・ヒンメルヘーバーは、裸の女性が狼にわが身を差し出す図がヌニヴァク・エスキモーの太鼓に描かれているのを見たと語った。エスキモーの話では、狼がその女性と同伴者を襲ったが、彼女は陰門を見せて獣を《追い払った》。なぜなら狼は《そんなものを見たことがなかった》からである(一九八六年三月一六日の口頭連絡)。

(24) Cf. H. F. Feilberg, a. a. O., S. 428f.

(25) Cf. R. D. Jameson, 1950, S. 803. アルバニア人とモンテネグロ人の長い戦争中に、女性が最前線に立ちスカートを捲り上げることがよくあった。Cf. H. Ellis, 1928, V, S. 100.

(26) Cf. L. Langner, 1965, S. 126.

(27) Cf. G. Gugitz, 1930, S. 82. エルケ・ハールブッシュの一九八六年六月二五日付の書簡によれば、ほとんど同じ絵がもう一枚あり、そこでは女性にも間違いなく男根がついている。Cf. dies., 1985, S. 251.

(28) Cf. N. Hertz, 1983, S. 64. Cf. auch J. Bradbury, 1992, S. 186f. und W. Deonna, 1917, S. 97f. 九六〇年、サラセン人に占領されたクレタ島をビザンツ帝国が取り返そうとした時、イラクリオンの鋸壁の上で《娼婦のような女》

が裸の下半身を見せたが、ついに弓兵に射落とされた。Cf. E. Kislinger, 1992, S. 378.

(29) Cf. S. Ferenczi, 1970, S. 286.

(30) Cf. A. Weir/J. Jerman, 1986, S. 146.

(31) 私の義兄弟のクリストフ・プリムと、ポズナニ大学のレシュチェク・ノヴァクによれば、カリカチュアに書かれた »Prenki do gure« はポーランド語で意味をなさない。もっとも、»Reçe do gòry« なら《手を上げろ！》の意味に取れるかもしれない。

(32) G. Hauptmann, 1972, S. 364.

(33) Cf. N. Jungwirth, 1986, S. 155. Cf. auch H. J. A. Hofland, 1990, S. 15. ライムント・フェリンガーによれば、スペイン内乱でも、フランコ軍に処刑される直前に女性たちが下半身をあらわにした。

(34) Zit. n. N. Hertz, a. a. O., S. 51.

(35) 共産党が政権を握る前、雲南省のカムン族は、日照りが続くと木のファルスをもって練り歩いた。そうすれば神――おそらく雨の神だろう――が猛烈に怒って雨を降らせる、というのだ。Cf. D. Li, 1984, S. 23f.

(36) Cf. E. H. Schafer, 1951, S. 132, 137.

(37) Cf. D. Bodde, 1981, S. 374.

(38) Cf. S. Jagchid/P. Hyre, 1974, S. 151. ブルヒァルト・フォン・ヴォルムスの伝えるところでは、九世紀に日照りが続いた時、若い娘たちが集まり一人を裸にした。この娘は、右足の小指に結びつけられた薬用植物のヒヨスを引き千切らねばならない。そこで娘は川に連れていかれ、水をかけられた。Cf. H. Marzell, 1938, S. 222. こうした裸の《雨乞い娘》は現代でもクロアチア、セルビア、ブルガリアなどにいた。Cf. N. Kuret, 1972, S. 346. 一八七四年にインドのウタール・プラデシュ州ゴラクプールで、夜毎一団の裸女が、男は誰も見ていないと確認してから、餓鬼を追い払うため畑で犂を引っ張った。Cf. K. Häfele, 1929, S. 62; D. Desai, 1975, S. 99. 一九一二年、インド南部のティルチラパリでは逆に裸の男たちが、水嵩の増した川辺に松明をもって立ち、陰部を見せて雨をもたらす霊たちを驚かせようとした。Cf. A. Sharma, 1987, S. 8. その他の例は以下の文献に見られる。J. G. Frazer, 1911, S.

248, 282f.; E. Crawley, 1931, S. 112; ders., 1965, S. 46; J. Polek, 1893, S. 85; J. P. Mills, 1937, S. 90; T. Hahn, 1881, S. 87f.; B. de Rachewiltz, 1965, S. 112. 礼法上の理由から、露出する部分が限られることがあり、たとえばローマで雨乞いをする年配女性は脚しか見せなかった。

(39) 悪魔や魔女に出くわした時によく唱える呪文で《俺の尻をなめやがれ！》と言ったので、肛門の場合もあったようだ。一六六九年にライプツィヒの学者プレトリウスも、容易ならぬ事態に母親が《あたしの尻をなめな！》と言って、子供が悪魔に呼び出されるのを防ぐことがある、と述べている。Cf. H. Bächtold-Stäubli, 1931, Sp. 62. Cf. L. Röhrich, 1973, S. 68. モンテネグロやヘルツェゴビナでは、女性が出会った人物が魔女や魔法使いだと思った時、スカートの下に手を入れ、相手に向け陰唇を差し出した。男性も同じようにペニスを差し出した。Cf. T. P. Vukanović, 1981, S. 47, 51f. Cf. auch D. Pop-Câmpeanu, 1984, S. 162. 当地では、ポケットの穴を通してペニスを摑むことで偽りの誓いを取り消した。Cf. M. S. Kirch, 1987, S. 19.

(40) Z. n. P. K. Ford, 1988, S. 434. フラゴナールもこの場面を描いている。Cf. G. Néret, 1990, S. 78. 中世後期には〈Potz fut!〉という厄除けの叫びが広く普及していた。手紙でも同じ目的で卑猥な言葉を書くことがあったが、それは当時の羞恥閾が低かったからではなく——当時手紙を書く人びとも、そうした言葉を《下品》と思っていた——、厄除けのためである。今日でも励ましの言葉で《首と足が折れるように！》と言うが、だからといって当人を残忍な冷血漢と考えてはならないのと同じである。たとえば一四七四年一一月二九日に、ブランデンブルク選帝侯アルブレヒトが姪の辺境伯令嬢マルガレーテに宛ててこう書いている。《余はそなたと伯夫人にお会いしたいと存ずる。ご両人に拝眉の上でその蒼白いボボをむしって進ぜよう。神がご両人を災難からお守りくださるように！》(G. Steinhausen, 1899, I, S. 126, 142)。

(41) Zit. n. M. Salewski, 1990, S. 55f. そうした反応が今日でも誤っていないことは、次の描写からも分かる。《黒いレオタードを着た二人の女性は、両膝を折り曲げ、後ろ手で体を支えた格好で、私の向かい側に座っている。二人は目配せで合図すると、足を静かに開いたり閉じたりしながら、ゆっくりと私に近づいて来る。私は慌てふためき、全身こちこちになる。想像でも現実でも、鋏のように開いたり閉じたりする大きく開いた口に、すぐに負けるファルスを引き渡す。空に向けて銃を撃ち威嚇しなければ、上に向けて矢のように素早く逃げ出さねば、という気はするのだが……》(H. Peitmann, 1984, S. 18f.)

(42) Zit. n. H. R. E. Davidson, 1969, S. 110.

(43) A. a. O., S. 116. Cf. auch K. L. French, 1992, S. 3ff. この場面を上演する際に、ゴダイヴァ夫人の裸が大問題となった。一七世紀には若者が夫人を演じたので、丸裸でももちろん問題はなかった。一八世紀以降は女性を馬に乗せたが、それは評判の悪い職業の女性、つまり踊り子や女優(同掲書、一一四頁以下)に体に密着した肌色の絹の服を着せたのである。ヴィクトリア朝時代初期に、ゴダイヴァ夫人は亜麻やバティスト織りの服を着、さらに膝まであるスカートをはくこともあった。これは《ペチコートの一種》で、そのためバレエの踊り子のような姿となった。にもかかわらず、当時の美的感覚では、亜麻のボディ・ストッキングは体型を出し過ぎると思われたらしく、一八五四年には《目にあまる無作法》を非難する抗議がときたま起こった。たとえば、ある批評家は芝居を見もせずにこう述べた。《しかし、何が夫人の行進をかくも魅力的たらしめたのか? 一人の売春婦、彼女こそが呼び物だったのだ。だが、どうして数千の人びとが売春婦を見たがったのか? それはまさに、彼女の裸が見られるとの期待のせいではないか? コヴェントリー市の、一九世紀半ばの道徳観念はかくも嘆かわしい有り様である!》もっとも、このモラリストもこう白状せざるをえなかった。《主役が確かに丸裸だったわけではない。聞いたところでは、こうした大衆ショーの主役は、彼女の姿が最大限に引き立つように仕立て、着付けされたドレスをつねに身にまとっていた》。実際に、夫人を演じた女性は決してレディーらしくなかった。一八四五年は売春婦だったし、その三年前は、馬に乗る時に正体なく酔った〈ご婦人〉だった。彼女は行進の途中で服を全部脱いでしまったので、興業主が外套をさっと掛け、連れ去らねばならなかった。数年後、突然降り出した驟雨も同じ効果をもたらした。ロンドンのヌードモデルであるリティシア夫人が着ていた亜麻のスーツが雨のせいで肌に密着し、中世の本物そっくりの姿になってしまったのである。夫人は何もかも隠せるほど大きな傘をさして進まねばならなかったが、事の成り行きに大変なショックを受け、結局失神して落馬してしまった。Cf. K. Häfele. 1929, S. 29, 34, 36ff. 今世紀の五〇年代にゴダイヴァ夫人の物語がハリウッドで映画化された時、主演のモーリーン・オハラは肌色の水着を着ていたが、各方面で《大胆極まりない》と評されたようだ。Cf. G. Hanson, 1970, S. 80f.

第8章

(1) Cf. S. Nanda, 1986, S. 44; A. P. Sinha, 1967, S. 175.

(2) アラハバードのヒジュラ集団のメンバーは、自分たちは半陰陽者で男女の性器の痕跡があると言った。女装し女性名を名乗るものの、自分を女とは感じず、とはいえ男とも思ってない。Cf. M. E. Opler, 1960, S. 506. 古典古代では、キュベレイ女神に仕える祭司ガルスも《男でも女でもない》と呼ばれた。Cf. W. Burkert, 1991, S. 41. インド南部の大都市に住むヒジュラたちは、まだ幼い頃から女装して少女の真似をしたくなったと語った。情報提供者の半数は、若い頃に男性から性の誘惑を受け、その体験のせいで普通の性生活が《台なしに》なったと述べた。Cf. S. Nanda, 1984, S. 65.

(3) Cf. S. Nanda, 1986, S. 42; ders., 1984, S. 67. グジャラート州のヒジュラたちは、もともと不能で後から去勢したと言った。Cf. A. M. Shah, 1961, S. 1328f. 別のヒジュラ社会では、娼婦が四夜かけて不能だと確かめた者しか仲間にしないという。Cf. Nanda, a. a. O., S. 59.

(4) 売春をするヒジュラは、客とのセックスが楽しいと言った。彼女らは常連客をしばしば《夫》と呼ぶ。ある情報提供者は語る。《男たちには妻帯者も独り者もいる。子供が何人もいることもある。あたしたちの所に来る人たちは、男が欲しいわけじゃない。女の子が欲しいから、来るんだ。奥さんよりあたしたちが好きなんだ。十人十色ってことさ》。普通の売春婦なら断る性技も喜んでするので、ヒジュラのサービスはたいてい公娼より三倍高くつく。インドの法律は肛門性交、フェラチオ、大腿性交を禁じているが、未成年者がかかわらない限り大目に見る。普通ヒジュラは(インドの)女性のように仰向けに寝て、開いた脚を体に引き寄せ肛門に挿入させる。フェラチオは稀なようだ。客はゼナナ、つまり女役のホモも買える。彼らはヒジュラを装い、多額の報酬を要求することもあるが、去勢していないし、〈魔的な〉能力もない。Cf. S. Nanda, a. a. O., S. 44f., 48, 53. ホレーショー・スタッブスの自伝小説『勃起した兵士』には、数ルピーもらって英国兵を口で満足させる、いわゆる《ゴップル・ワラー》が描かれているが、これはおそらくゼナナのことだろう。Cf. P. Fussell, 1989, S. 113.

（5） ヒジュラは――とりわけインド北部に――およそ五〇万人いると見積もられている。Cf. S. Nanda, 1986, S. 36.

（6） Cf. S. Nanda, 1984, S. 68, 73; A. M. Shah, a. a. O., S. 1329. ペニスをもっぱら手術で短く切って〈陰核〉にするヒジュラも多いようだ。Cf. G. Bleibtreu-Ehrenberg, 1984, S. 127. 筆者が二年前にボンベイで見た若い女性は、ベンチに座る一団の男性の前で着物を捲ったが、その下は全裸だった。同夜（一九九〇年一〇月一三日）J・P・S・ウベロイは、その〈女性〉は実は物乞いのヒジャダ（＝ヒジュラ）だろう、と言った。乳房があったと私が指摘すると、女性ホルモンを摂取するヒジャダも多い、とウベロイは答えた。S・ナンダの〈女性情報提供者〉も、《女らしい姿になるため》そうすると証言している（四四頁）。しかし、その晩に数名のインド人女性は、ごく〈普通の〉物乞い女も同じように裸を見せて相手から金をふんだくると語った。だが時には他の女性も裸の下半身を見せて、尻や乳房を触る痴漢や男性から身を守ることがあった。一八八八年カイロでそのような物乞い女に出会った体験を、リチャード・バートンが伝えている。《ある朝、エズベキヤ庭園に新しくできた上品なフランス通りで、大柄でがっちりして荒くれた百姓女に、一ピアストルくれないと裸になるぞと脅された》(Zit. n. A. Edwardes/R. E. L. Masters, 1963, S. 191)。二〇年代にキキは、苦境に落ちた友人や、子供を亡くした貧しい女性のために金を集めようと、バーでテーブルからテーブルへと回り、カンカン踊りのようにスカートと脚を上げ、恥毛を剃った陰門を見せた。《お願い、一、二フランでいいんだよ！》と彼女が言うと、狼狽した男性はたいていその場で金を出した。Cf. B. Klüver/J. Martin, 1989, S. 154, 235.

（7） Cf. A. Krämer, 1926, III, S. 280f., 287. すでに一六九七年の別の文献も、《生まれもった恥じらいのため、他人の目に触れぬよう自然が教えたものを隠す》陰部の覆いについて述べている（zit. n. A. Krämer, 1917, I, S. 18)。

（8） Cf. A. Krämer, 1926, S. 277. 一八八三年にクバリーはエンカサールで男性のディルカイ像も見ている。それは上着と帽子を身に付けたヨーロッパの船乗り姿で、股を開いていた。同年の八月にイギリス戦艦の乗組員たちがこの像をぶんどり、戦勝パレードさながらに船へと運んだ。Cf. J. S. Kubary, 1895, S. 242f., 244, 248. ニューギニアでも、股を開いた女性像を破風に取り付けた――たとえばセピック川中流に住むサウォス族の男子集会所である(cf. M. Schindlbeck, 1985, S. 368f.)。マルクス・シンドルベックの一九八七年一〇月一四日付の書簡によれば、これらの像は普通外からは見えず、おそらく魔除けと言っても、せいぜい――女性と考えられる――建物全体が〈危ない〉という意味なのだろう。ニューギニアの多くの社会では、男性が陰門を見ると、実にひどい結果になる。たとえば高地南部に住むベダミニ族の男の子は五、六歳まで裸で走り回るが、女の子は母親が出産用の小屋を出るとすぐに小さなスカートをはかせられる。というのも、赤ん坊のものにせよ、男が女性の陰部を見ると精神薄弱になると信じられているからである。Cf. A. Sørum, 1984, S. 322. ウア族の男性が同衾相手の陰門を見ると、炎症になる。Cf. A. S. Meigs, 1984, S. 92. だからニューギニアでも、たとえばバルヤ族のように女性が下半身を露出して男性を挑発するのが珍しくないことは明らかである（モーリス・ゴデリアの一九九〇年二月二日の口頭連絡）。女同士で相手を侮辱する際も、男同士で喧嘩する場合とは逆に、相手の陰部について悪口を言うのは、いかにも女らしい。ヤトミュール族のある女性は言った。《私たち女が裸の時は、いつも手で陰部を隠す。男たちは決してそうしない》。女性民族学者がその理由を尋ねると、彼女は答えた。《女同士で罵倒し合う時には、相手の陰門を攻撃するんだ。〈自分のアレがどんなに大きいか、見てみな!〉と言ってね。男たちはそんなことはない。自分の陰部について話さない。だから女は陰門を隠すのさ》(F. Weiss, 1991, S. 106)。

(9) A. Stopczyk, 1987, S. 122. こうした解釈は、特にフェミニストの文献に見られる。

(10) エドマンド・カーペンターの一九八六年二月二八日付の書簡によれば、セネカ族、カユーガ族、ススケアノック族が一六、一七世紀に角で作った小さな装飾品が考古学者により発見されたが、それは貞淑なヴィーナスの姿をした裸の女性だった。カーペンターによれば、最初の宣教師たちが到着する前に、楽園を追われたイヴを描くヨーロッパの印刷物を商人がインディアンにもたらし、この小像はそれに倣って彫られた。つまり、インディアンはイヴの姿勢を恥じらいではなく、〈バウボの姿勢〉と解し、そのためこの装飾品をとりわけ魔除けとして子供の墓に入れたのである。私がバリ島で見た、首に掛ける割れ目入りドラムは、大きな垂直の陰裂をした女性を象っていた。

これをファルス形のスティックで叩き、悪霊を退散させるのである。確かに陰門は悪霊を追い払うが、逆に悪霊は陰門を通って体内に入り込むこともできる。そのため、奇妙なことに陰門を陰門のシンボルで守ることがあり、たとえば、モロッコの女性は恥丘に魔除けの刺青をし（J・エルベール、一九二二年、四二頁参照）、ヨルダンの女性は陰門を様式化した魔除けの三角形を作る。Cf. B. Mershen, 1987, S. 108. パレスチナ人女性の伝統的な衣裳（ジライェー）の前部にあるスリットもその一種である。いかにも魔除けらしく《ジライェーの武器》と呼ばれたが、縁が縫い合わされているため、実際的な機能はない。女性はこのスリットを遠回しに《女性の鑑》と呼び、専門の縫い子がパッチワークの縁取りを付けるのを、《ジライェーを武装する》と言った。このスリットは、魔除けの武器と考えられた陰門のシンボルであり、歩く時に長く白い肌着とズボン（*sirwal*）がそこから見えた。Cf. S. Weir, 1989, S. 214. 216, 269; J. S. Rajal, 1989, S. 34f.

（11） Cf. W. Wickler, 1969, S. 261.

（12） 雄のヒヒは陰部を見せあって挨拶することがある。Cf. S. C. Strum, 1990, S. 354. 356.

（13） Cf. G. Lerner, 1986, S. 246. R・J・コーミー（一九八一年、四五頁）は、叙事詩ギルガメシュのこの話と、クー・ホリンやベレロフォンに裸女が駆け寄る話を比較する。しかし、メソポタミアの娼婦はまったく攻撃的でないようなので、この比較は不当だろう。

（14） Cf. W. Helck, 1971, S. 64.

（15） A. a. O., S. 112f.

（16） Cf. E. L. Bridges, 1948, S. 372. 絶えず主張されるのとは違い、オナ族の女性の陰部に対する羞恥心は極めて大きかった。胸から膝まである毛皮のスカート（*kohiyaten*）の下に、さらにラマの毛皮で作った陰部隠しの腰布を着たし、下半身を洗う時は、スカートをはいたままか、茂った藪の中で洗った。かつて覗き魔が忍び寄って来て、オナ族の女性の陰部をちらっと見た時、女性たちは大いに憤慨した。それは道化《ザ・ジェスター》のカンコアトで、しょっちゅうこうした掟破りをしていた。小屋の中でさえも、女性は下半身はもちろん腹部と大腿をいつも隠し、気候が暖かく川を歩いて渡らねばならない時も服を脱がなかった。ある民族誌学者は、六、七歳の娘に腰布をつけずに遊ばせた妻を、夫が本気で罵るのを目撃したことがある。隣に住むヤガン（ヤマナ）族の女性も、カワウソの毛皮で作った小さな腰布を決して外さなかった。Cf. a. a. O., S. 370ff., 62f.

(17) Cf. R. M. Packard, 1980, S. 245f. デサナ族の狩人は野獣を性的に興奮させて仕留める。Cf. H. P. Duerr, 1984, S. 67.

(18) Cf. B. Rowland, 1973, S. 153. 野焼きの際にセダン・モイ族の男性は、火が勝手に広がらないよう、ペニスをさらして火の精の気を紛らわせ、楽しませる。もっとも女性たちはそのように女性自身をさらすことを禁じられた。そんなことをしたら火の精が性的に興奮するからである。Cf. G. Devereux, 1981, S. 55.

(19) Cf. H. Schurtz, 1900, S. 186.

(20) グラゲ族の人びとは道で貴族に会う度に、背を向けお尻を突き出さねばならなかった。Cf. C. R. Hallpike, 1972, S. 131.

(21) Cf. H. v. Hartmann, 1889, S. 25f.

(22) 古典古代にまで溯るこの習慣は、イタリアの他の地域では *zitta bona* と呼ばれた。つまり *cedo bonis*《私は財産を譲る》が〈Cessio bonorum（財産譲渡）〉となったのである。債務者はまず裁判所の円柱の上でズボンを下ろさねばならなかったらしい。Cf. A. Becker, 1931, S. 89.

(23) Cf. H. Bächtold-Stäubli, 1931, Sp. 62.

(24) Cf. G. H. Herdt, 1982, S. 66.

(25) Cf. A. Becker, a. a. O., S. 90.

(26) Cf. R. Knußmann, 1982, S. 98; ders., 1984, S. 111.

(27) Cf. H. Sbrzesny, 1976, S. 260.

(28) Cf. I. Eibl-Eibesfeldt, 1972, S. 75, 127f., 132. コー族の女性同士が踊りながら相手の陰部隠しの腰布を少し持ち上げ、お尻をさらしてからかい合うことがある。

(29) Cf. a. a. O., S. 137f.

(30) クン族の女性はお尻を極めてエロチックと考えるので、彼女らは普通公衆の面前で決して露出しない。もしそうすれば、同衾の誘いとなりかねないからだ。Cf. L. Marshall, 1959, S. 360. コー族の女性の場合も同じである。Cf. H.-J. Heinz/M. Lee, 1978, S. 43, 172f. クン族の人びとの臀部に脂肪が溜まっているか確かめるため、ある女性民族学者が数名の女性にお尻を見せるよう頼んだところ、彼女らはとても恥ずかしがり、気を悪くして断った。触れる場合も、女性のお尻は実に感じやすい部分である。Cf. L. Marshall, 1976, S. 41, 244; A. S. Truswell/J. D. L. Hansen, 1976, S. 174. 女性が尻を覆わずに前に屈み陰門が見えるのは、当然ながらさらに無作法である。フクエ族の女の子はハイハイする頃から、薄い革製の三角形の腰布で陰門を隠し、夜でもはずさない。Cf. M. Gusinde, 1966, S. 112f. 性交時にはペニスを背後から陰門に挿入するし、女性はお尻を差し出して男性を刺激するので、ブッシュマンの女性が股を開いて座るのは珍しくないが、異文化からの訪問者はこれを見てどぎまぎする。ある日本人民族学者はこう記している。《サン族の女性が片膝を立て、股を大きく開いた〈卑猥な〉姿勢で座っていたのにはいささか狼狽した》(K, Sugawara, 1990, S. 86)。もっともクン族でさえ、《娘たちが無作法な姿勢で座らないよう》十分に気をつける (L. Marshall, 1976a, S. 370)。

(31) Cf. G. Rôheim, 1933, S. 241.

(32) レス族も女性の陰部に関する羞恥閾は高い。夜や水浴びの際でさえ、どのみち男性が絶対にいないのに、陰部隠しの腰布はつけたままである。Cf. H. Powdermaker, 1933, S. 28, S. 239f.

(33) D. Ayalah/I. J. Weinstock, a. a. O., S. 87.

(34) *Stern* 2, 1986, S. 58. Cf. auch P. Machotka, 1979, S. 132f.

(35) Cf. F. D. Mulcahy, 1976, S. 144. まだ一度も自分の陰門を見たことのなかった若い女性は、鏡を使って初めて観察した後で、精神分析医に言った。《人を脅す時の握りこぶしみたいでした》。Cf. G. Devereux, 1981, S. 89.

(36) Cf. M. R. Allen, 1984, S. 116.

(37) ある安物の赤ワインのラベルでは、ジプシー女性がブラウスのボタンを外し、乳房を半分露出している。もっぱらこのイラストでしかジプシー女性を知らない者は、ジプシーのさまざまなグループで守られている礼法規則について誤った考えを抱くだろう。たとえばシンティ（中欧のジプシー）の女性は男性の前で決して乳房を露出せず、子供に授乳する時だけが例外だったし（cf. H. Arnold, 1965, S. 185）、イギリスのジプシー女性にはそういう例外さえなく、授乳の際は居住用の馬車に閉じこもったり、哺乳ビンを使う母親が多かった。Cf. J. Okely, 1975, S. 63. 昔はジプシー女性のヌード写真も撮れたが、それはグループから追放された女性の写真だった。まともなジプシー女性なら、裸の写真を撮らせたりはしないからである。Cf. M. Block, 1938, S. 193f. 現代イギリスのジプシー女性は、ブラウスで首まで覆わねばならない。ボディラインの出るセーターは破廉恥とされ、女性がズボンをはく時も、さらにスカートをはき、臀部と大腿を隠さねばならない。Cf. J. Okely, a. a. O., S. 63. 男性も、医者の診察や水浴びなどで服を脱ぐ時には、かなり上品だと言われている。ほんの数十年前、若者たちは何も見えない夜しか泳ぎに行かず、それも *gadsche*、つまりジプシーでない人びとが泳がない湖や池に限られていた。というのも、そこなら確実に、女性の経血や膣の分泌物で水が〈汚れて《プラスト》〉ないからでもある。Cf. H. Arnold, a. a. O., S. 185. ジプシーが強制収容所に送られ、親衛隊員の前で裸にされ、上から下まで見られねばならなかった時、とりわけ女性たちにとって、それがどれほどの屈辱であったか想像できよう。Cf. P. Franz, 1985, S. 52.

（38） Cf. A. Sutherland, 1977, S. 382ff.; W. van Wijk, 1948, S. 115; J. Okely, a. a. O., S. 63.

（39） Cf. G. Devereux, 1981, S. 30. 男性が女性の陰門を見ると、盲目になったり、病気になったり気が狂うという考えは広く流布し、たとえばアラブ人（F・マルティ＝ダグラス、一九九一年、一二六頁参照）や古代ギリシア人にも見られる。同じように、イランでは昔から性交時に女性が裸にならない理由も、女性の〈裸体〉は男を不能にするから、とされている。Cf. P. Vieille, 1975, S. 143.

（40） Cf. S. Freud, 1940, XVII, S. 47f. Cf. auch N. Sombart, 1989, S. 363ff.

（41） Cf. z. B. G. Devereux, 1983, S. 118.

（42） Cf. S. Freud, 1940, XV, S. 142.

（43） Cf. S. Lorand, 1933, S. 199f. この著者は、女性があまりペニスを覗き見したがらない理由も同じように説明する。

（44） H. Mester, 1982, S. 82. 乳房が力強く突き出るように両腕を背後で縛らせた女性について、ある女性精神分析家はこう書いている。《こうして乳房とペニスは同格になった》(E. V. Siegel, 1992, S. 119)。

（45） G. Devereux, a. a. O., S. 117. これは神話上のバウボの姿勢ばかりか、《陰門を見せること》すべてに当てはまる。Cf. ders., 1981, S. 8.

（46） Cf. z. B. C. Gehrke, 1986, S. 73. これに関連して目につくのは、フェミニストの女性学者たちでさえ、しばしば陰門を〈膣〉と呼ぶことである。

（47） ファルスが〈優位に立つ〉と精神分析家たちが考えるのは、女性にない力をペニスが具現する、という広く流布した観念が当然反映されている。ドゥヴロー（同掲書、三一頁）によれば、モハヴィー族の腕白小僧たちが女性を怒らせようと、陰部を大腿の間に挟んで見せながら、こう叫んだ。《僕たちも小母さんたちみたいだ、僕たちもオチンチンがないよ！》別の少年たちはペニスを後ろに曲げ、女性たちの前で《雌馬のように》おしっこした。女流彫刻家リンダ・ベングリスが『アートフォーラム』誌一九七四年一一月号に自分の写真を載せた時、モハヴィー族の少年たちと対称的な仕方で、ファルスを誇示する男性をからかっているが、彼女は以前に同じ格好でニューヨークのポーラ・クーパーのギャラリーに姿を現している（207図参照）。この写真は——ちょっとした——スキャンダルとなり、おびただしい男性が挑発されたと感じた。

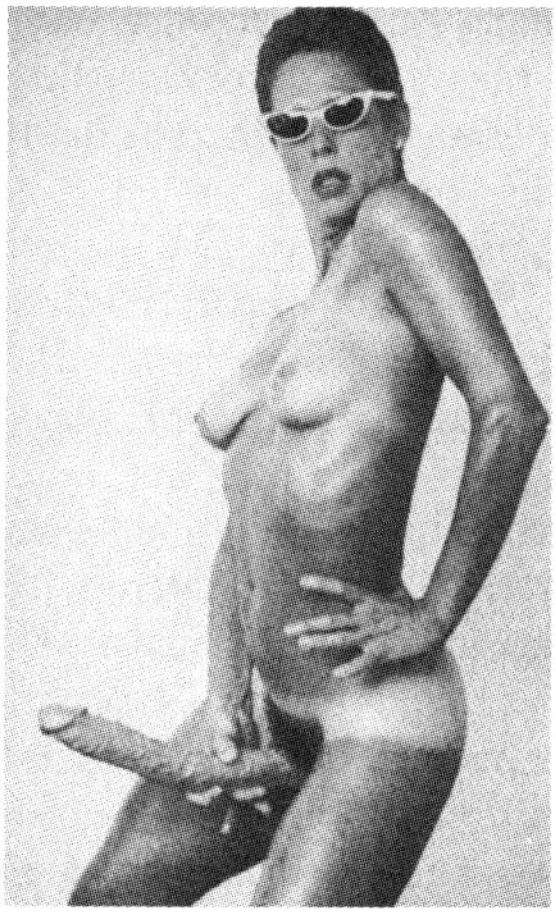

207　アメリカの女流彫刻家リンダ・ベングリスの自写像『アートフォーラム』誌1974年11月号掲載。

（48） Cf. W. D. O'Flaherty, 1980, S. 267; ders., 1981, S. 190. これに匹敵する女がチベットのロング・ロンの悪霊で、聖なる愚者ドゥルグパ・キュンレグの前に極めて恐ろしい姿で現れる。髪を振り乱し、むきだしの乳房は風に吹かれて揺れ、陰唇はぱっくりと開いているのである。Cf. K. Dowman, 1982, S. 170.

(49) S・カカル（一九八八年、一一八頁）によれば、大勢のインド人男性は実際に《膣に飲み込まれること》を、性体験が豊かで積極的な女性に《絞り取られる》のを恐れている。だが詳察すると、むしろ彼らはいわば恐怖を楽しんでいるようだ。つまりラージプート族の男性は、本心では性行為を軽蔑し、下品で不健康だと思っているが、娼婦や極めて低い階級《カースト》の娘など蔑まれた女性との性交だけには非常な魅力を感じる。それに対し、自分の妻や〈上品な〉女性との性交は無味乾燥なので簡単にすませる。跡継ぎを作るため、もう跡継ぎがいる場合は妻の浮気を防ぐため、やり遂げねばならない骨の折れる運動なのである。Cf. G. M. Carstairs, 1963, S. 222. ヨアヒム・デパート（一九八六年四月二一日の口頭連絡）によれば、田舎のビハールでの性交はいわばあっという間に終わり、その際肉体の接触は純然たる挿入に限られている。L・M・フルゼッティ（一九八二年、一四頁）は、たいていのベンガル人女性は結婚していることを恥ずかしがる、とさえ述べている。夜になれば時に夫と寝ることが誰にでも知られるからである。また、雌牛のように交尾させられて子供を産むことを嘆くインド人女性も多い。Cf. A. Bharati, 1964, S. 616f. A・バーラティの言う《現代インドの肥大したピューリタニズム》（一九七二年、一三五頁）が近代になって生まれたにせよ、性愛教典『カーマ・スートラ』、デヴァダーシース（神の僕女）やガニカース（遊女）、寺院のポルノチックな浮彫りなどが、かつてのインド人数百万人の性生活といささかでも関係あったのか、すこぶる疑わしい（cf. M. Nag, 1972, S. 234）。浮彫りのある寺院を《取り壊す力が私にありさえすれば！》とガンジーは言ったが（zit. n. A. Bharati, 1987, S, 199）、これもそうした《ピューリタン的な》声である。今日の平均的なインド人が浮彫りについて《私たちはあんなことしません！》と語るのは（cf. J. Deppert, 1983, S. 61）、ほとんどのインド人がもう数百年前から口にしたに違いない言葉を繰り返しているのである。ともあれ、三、四世紀に書かれた古典医学書『スシュルタ・サンヒター』ですら、誤った道徳心や恥じらいを理由に自然な性を抑圧することは肉体に対する罪である、さもなくば神は私たちに快楽も陰部もお与えにならなかったはずだから、と力説せざるをえなかった。Cf. K. L. Bhishagratna, 1981, II, S. 501. この箇所を指摘してくれた友人エリ・フランコ女史に感謝する。

第9章

（1） Cf. auch Aristophanes, *Lysistrata* 683. 一五二七年にウアアッハ市である女性が、男に自分の体内に指をさし込み、その味を判定しろと要求して侮辱した。Cf. R. W. Scribner, 1987, S. 269. チリカウア＝アパッチ族の女性が行うこの上ない侮辱は、情報提供者の言によれば、以下のようである。《女性が何者かに対してたいそう立腹した時、右手の掌を上向きにして拳をつくり、親指を人差し指と中指の間につっこむ。それから他人に向かってその手をさっと開きながら、こう言う。〈この臭いを嗅いで見ろ！〉男はそれをひどく恐れた。それは陰門をだしにした侮蔑の表現である》。なるほどこのジェスチャーは明らかに女性の物だが、しかし時には男も真似し、他人を侮辱した。Cf. M. E. Opler, 1941, S. 457f. メスカレロアパッチ族の凶暴な女性は、まるで指を自分の陰門にさし込むような仕草をしてから、男の鼻の下にさし出し、《ほれ、臭いを嗅いで見ろ！》と言った。Cf. ders., 1969, S. 242.

（2） Cf. B. Malinowski, 1979, S. 242f.; ferner, ders. 1981, S. 162. ある情報提供者は女性たちが植物の靭皮でできたスカートを投げ捨ててから、つまり《*tauva'u*（悪霊の群れ）のように裸になって》男に襲いかかった、と強調した。反面、このような霊や、とりわけ空飛ぶ魔女を追い払うのに陰門を見せた。悪霊祓いのために、外洋に漕ぎ出すボートの防水板には、股を開いた裸女の絵が描かれた。Cf. I. Eibl-Eibesfeldt, 1991, S. 280. マルケサス諸島では、悪霊に取り憑かれた男の悪霊を祓うために、女性が股を大きく開いて男の胸に座った。Cf. R. C. Suggs, 1971, S. 172.

（3） 彼は島名が〈のべつ幕なしに同衾する〉を意味する伝説的なカイタルギ島についても報告している（同掲書三三七頁）。この島には女性しかいないと言われている。《彼女らはみな美人で、裸で歩き回っている。恥毛を剃らず、のび放題にしておいたので *doba*（植物の靭皮でできたスカート）のようになった。彼女らは実に品が悪く、気性が荒々しい。これは飽くなき欲望のせいだった。船乗りたちが島の海岸に上陸した時、彼女らはすでに遠くの方からそのカヌーを見ていた。海岸に立って、船乗りたちを待ち受けた。海岸は彼女らの体で真っ黒になった。それほど密集したのである。男が来ると、彼女らは迎えに走った。恥部隠しの葉はちぎられ、女どもは船乗りたちを強姦した。それはオカヤウロの人びとの *yausa* のようなものだった》。*yausa* と違うのは、カイタルギ島では男たちが死に至るまで強姦された点だった。しかし、いずれにしてもかかる運命は男にとって極めて屈辱的であり、わけても皆の目の前で強姦されたことである。Cf. a. a. O. S. 357. 天国のトゥマでも、女性は現世よりはるかに情熱的だと言われ、はじめてここに来た男は皆の目の前で女性に性交を強要されたが、これは天国ではもちろん恥ずかしいとか屈辱とは見られなかった。天国の他の住人たちは性交を見て、ひどく興奮し見本に習って狂宴に耽った。Cf. a. a. O. S. 342. 因にトロブリアンド諸島の女性たちは実際に大変攻撃的なようで、愛戯の際に指の爪、歯、鋭利な物で、パートナーに対しかなりひどい傷を負わせた。

(4) Cf. H. Jüptner, 1983, S. 139.

(5) ディートリッヒ・ウィンクラーの一九九一年七月一六日付の書簡による。

(6) Cf. T. Gregor, 1973, S. 243. ワラウの女性たちは収穫祭の最中に、男どもに襲いかかりペニスにむしゃぶりつく。
Cf. H. D. Heinen, /K. Ruddle, 1974, S. 131.

(7) Cf. G. Graber, 1911, S. 156ff. ヨーロッパ各地で女性は、亜麻畑で陰門を見せるが、その際男は姿を見せてはならなかった。シュヴァーベン地方では《亜麻は九度も女性の恥部を見なければ、成長しない》と言われている。
Cf. H. Marzell, 1933, Sp. 1184ff.

(8) Cf. W.-E. Peuckert, 1955, S. 51f. ギリシア北部の産婆祭りでは一月七日から八日にかけての夜、通りは女性に占領される。彼女らはそこで下品な歌を歌い、卑猥なダンスを踊る。男が姿を見せようものなら、かなりの身代金を払うか、素っ裸にされねばならなかった。Cf. W. Puchner, 1976, S. 165. 同じような慣習はブルガリアにもある。
Cf. O. Lodge, 1947, S. 84.

(9) Cf. R. Wolfram, 1933, S. 145f.; D. Bazzi, 1988, S. 100f. 女のカーニバルで、男どもはネクタイをちょん切られただけですめば、御の字と見ることもあった。

（10） Cf. M. Gluckman, 1963, S. 113f, 117.

（11） Cf. B. B. LeVine, 1969, S. 51ff.

（12） So z. B. M. Konner, 1984, S. 274, 288. 二人の女性専門家は《解剖学的な理由から、女性は嫌な男性と性交することはできない》と主張する（L. Hudson/B. Jacot, 1991, S. 119）。たとえば、L・コイプ（一九七一年、九八頁）が主張するように、女性が男性を《強姦する》際には《たとえば、女教師とか継母のように、もっぱら女性がかなり強く働きかけ、たいていは低年齢の男児をどちらかといえば誘惑する》ことになる、と言うのも正しくない。もちろん、そのような誘惑や性的強要もある。たとえば、ホピ族のサン・チーフは回想録の中で、子供の頃母親と呼ばれる女性の部にはいるような二〇代の、未婚の女に〈激しく迫ら〉れたと報告している。《彼女は羊皮の上に横たわり、私をぎゅっと引き寄せた。やがて彼女は私の陰部を触れ続けたので、私は興奮し恐ろしくなった。私が勃起すると、彼女は私をしっかり抱きしめ息づかいが荒くなった。私は何とか逃げようとした。彼女が私を放した時、ペニスに血が見えたので私は大声で叫んだ》（サン・チーフ、一九四二年、七九頁）。ホピ族の話の中には、少女がまず言葉で《ファックしてよ！》と迫り、男にその気がないと今度は力ずくで性交する、というモチーフは広く流布している。Cf. z. B. E. Malotki, 1983, S. 211. この連絡を頂いたアルミン・ゲールツ氏に感謝する。

（13） Cf. J. M. MacDonald, 1971, S. 75.

（14） Cf. A. Pache, 1964, S. 125.

（15） 普通の性交では男どもはたいてい素早く射精する。そしてペニスを抜こうとすると――というのは彼らには自分の満足だけが問題だから――、女性はしばしば男をしっかり捕まえて、自分も同じようにオルガスムをえるまでずっとパートナーを〈突きまくる〉。Cf. J. J. Honigmann, 1954, S. 129

（16） A. a. O., S. 128. バリ島で一オーストラリア人が私に語ったところによれば、彼は晩方レジアンの浜で数名の女性に〈捕まり〉、押さえ込まれてマスターベーションを強要された由。

（17） ラインハルト・グレーヴェの一九八八年一月一五日付の書簡。カビール族では、女は男よりずっと好色で衝動的だと思われているので、女が男どもの陰部を見て、彼らを強姦して以来、性交がこの世の中に誕生したという考え方が生まれた。Cf. H. Baumann, 1936, S. 368; C. Lacoste-Dujardin, 1990, S. 75f.

(18) Cf. A. Jones, 1989, S. 162.

(19) Cf. I. Goldman, 1976, S. 346.

(20) Cf. G. Devereux, 1982, S. 513. 紀元前五〇〇年頃の花瓶の断片では、スフィンクスが裸の若者を犯している。Cf. ders., 1981, S. 130. ギリシア神話に出てくる泉の妖精ナーイアスたちも、若者に性交を強要する。たとえば、サルマキスは美男のヘルマフロディトスを相手にしたように。Cf. A. Richlin, 1992, S. 165f.

(21) Cf. P. Friedrich, 1978, S. 17f.; H. P. Duerr, 1984, S. 131. フレデリック・ヘンドリック島に住むキマム・パプア族の男性たちはたいてい、ある木の周辺に近寄らない。そこには男を強姦する、コネと呼ぶ淫らな女性が住むと、広く信じられているからである。Cf. L. Serpenti, 1984, S. 295.

(22) Cf. D. F. Greenberg, 1988, S. 306.

(23) Cf. D. Rieger, 1988, S. 266.

(24) Cf. M. Thomas, 1979, S. 89.

(25) ジョルジュ・ドゥヴローの一九八四年一一月一日付書簡による。

(26) Cf. F. M. Deng, 1972, S. 91.

(27) Cf. C. Kappl, 1984, S. 156.

(28) Cf. G. R. Quaife, 1979, S. 158, 165.

(29) Cf. J. Addy, 1989, S. 134, 138. 一六七七年にチャイルドウォールで、ウイリアム・ラブロックはジェーン・クック某女を告発した。というのは、この女が居酒屋で《ウイリアムのペニスを引っぱり出し》てから、狂ったようにスカートをたくし上げながら《これがお前を満足させられないのか》と言ったからである（前掲書、一三四頁）。

(30) Cf. J. H. Zedler, 1740, XXIV, Sp. 1457.

(31) Cf. R. D. Eskapa, 1988, S. 140.

(32) Cf. W. v. d. Ohe, 1990, S. 142. ＦＢＩの統計によれば、一九七五年から七八年にかけてアメリカでは一パーセントだった。そのうち約三分の一は一八歳未満だった。Cf. R. D. Eskapa, a. a. O. フランスでは一八五九年から六三年にかけて、強姦の廉で告発されたケースで、わずか〇・一パーセントしか犯人として女性の名があがっていない、それもたいていはかなり若い女である。Cf. A. Tardieu, 1867, S. 54. ただし、一八五七年の法律によって、女性による強姦は犯罪として成立しなくなった。Cf. J. Mossuz-Lavau, 1991, S. 190. 一九七四年から七八年にかけて、スイスでは唯一の女性が犯人として刑に処された。Cf. H. Veillard-Cybulska, 1982, S. 185. 最近の調査によれば、強姦と性的強要の犯人の一五パーセントまでが若い女性である。Cf. D. Bange, 1991, S. 142.

（33） 陸軍の女性軍人の一パーセントが、女子からセクハラを受けたと申し立てた。Cf. S. Jeffords, 1991, S. 116.〈グリーン・ベレー〉や第八二空挺団の落下傘部隊のような機動突撃隊では、若い兵士たちが女性の上官から性交を強要された。Cf. *Spiegel* 47, 1990, S. 111. ドゥヴロー（前掲書）によれば、一九四五年に多数のハンガリーの男性が赤軍の女性兵士たちに強姦された。白軍に属しコルニロフ元帥と戦ったルル・ガルドは、ある時尋問中に赤軍の一兵士に自分の目の前で服を脱ぎ、裸になるよう強要した。そして、明らかに赤軍による強姦をちらつかせながら、彼に向かいこう言った。《お前はかつて女を犯した。だが、今は女がお前を犯すのだ！　違うゲームだ。そうだろ［……］しかし、これが戦争というものさ。性なんか問題じゃない！》（ホイールライト、一九八九年、七三頁よりの引用）。

（34） Cf. P. Samuel, 1979, S. 312f.

（35） Cf. P. M. Sarrel/W. H. Masters, 1982, S. 126.

（36） A. a. O. 120f. ある白人は銃器をもった二人の黒人女性に、クンニリングスと性交を強要された。また一人の若者は三人の女性にオナニーをされたあげくフェラチオをされたが、彼は三度射精した。これらのケースで診察を受けた男性は、その後ほとんど全員が何年にもわたり性的不能に陥った。Cf. a. a. O., 122, 127. アメリカの一女子医学生は学友の男性を外科のメスで嚇して、がんじがらめにしてから強姦した。Cf. W. H. Masters/V. E. Johnson/R. C. Kolodny, 1988, S. 470. 男を強姦するという考えも、多くのアメリカ女性の抱く性的妄想の一つである。Cf. W. H. Masters/V. E. Johnson, 1979, S. 168.

(37) Cf. I. Agger/S. B. Jensen, , 1990, S. 54. 当の女性たちはみずから手はあてがわず、自分の目の前で男たちに同房者のマスタベーションをさせることがよくあった。
(38) Cf. Sarrel/Masters, a. a. O., S. 125.
(39) Cf. T. Vanggaard, 1979, S. 105.
(40) Cf. R. Bilz, 1967, S. 12f; G. Devereux, 1981, S. 14. ドゥヴロー（一九八二年、三四〇頁）によれば、男の乳児を満腹しないうちに乳房から離すと、不安の勃起をする者が少なくない。
(41) Cf. H. U. Lange/M. -P. Engelmeier, 1980, S. 504; L. Kaplan, 1990, S. 158.
(42) M・ヒルシュフェルト（一九一四年、一八八頁以下）は階段の手すりにまたがって登ったり、滑ったり、あるいは偶然の肉体的接触によって起こる勃起を、例としてあげている。
(43) Cf. A. J. Reiss, 1961, S. 11.
(44) Cf. J. Henderson, 1975, S. 183. もっともわざとそうさせまいとする男も少なくない。たとえば、ある男子同性愛者はそのような際に、女性と寝ているところを思い浮かべて勃起を防いだ。Cf. Hirschfeld, a. a. O.
(45) Cf. J. Kohler, 1892, S. 89. インカ人の場合、この刑罰で女性を待ち受けていたのは累犯者だけだった。Cf. H. Trimborn, 1935, S. 544.
(46) Cf. S. C. Dube, 1951, S. 110. たとえば、ヴォージョ島に住むかなり年のいった女性たちの行動も、誘惑なのか、性的強要なのか、それとも強姦なのかは、定義の問題になる。彼女らが若者に〈言い寄る〉のは珍しいことではないが、しかしながら若者たちはとりわけ不愉快な口臭のゆえに、その誘いには乗らない。そのような場合、女性たちは若者のペニスが堅くなるまでずっと握りしめ、それから自分の膣内に導き入れる。嫌がる若者たちが射精するまで、フェラチオをすることも稀ではない。Cf. H. I. Hogbin, 1946, S. 200.
(47) ことによると、強姦という口実は自己弁護の主張だった。Cf. J. C. Brown, 1988, S. 13, 135f.
(48) Cf. T. van der Meer, 1989, S. 283. 時によれば、女性は積極的に男性の強姦の遂行を助けた。たとえば、一七二〇年にエレアール・パートリッジ某女はサリーの牢獄にぶち込まれた。《彼女はイザベル・パワーズという女性を襲い、トーマス・ミルナーが彼女が嫌がるのに情交を結ぶ間、彼女を力ずくで押さえ込んだ》廉による。Cf. J. M. Beattie, 1975, S. 112. それどころか、女性たちは快楽殺人の幇助をしたことも、少なくなかったように見える。一六世紀には、ある強盗殺人犯とその仲間の女がツルザッハ近郊の森で、無防備の女性に襲いかかり、刺し殺した上、《まるで肉屋が豚を屠殺するように、彼女を切り刻んだ》(C. Moser-Nef, 1951, V, S. 332)。

(49) Cf. R. D. Eskapa, a. a. O., S. 137f. ただし、女性刑務所における強姦は、男性刑務所にくらべずっと少ない。

(50) たとえばツュブルスカ（一九七九年、一一八頁）は、ビルケナウ強制収容所で看守を助ける監督役の女囚の被害にあった、若い女性の同房者について報告している。アウシュヴィッツの強制収容所長だったルードルフ・ヘスが、一九四七年の処刑直前に、かかる《不法行為》について以下のようにコメントしている。《女性看守と女囚の間の交際のケースについては、繰り返し報告を受けた。これを見れば、女性看守のレベルが明らかになる。彼女らが仕事や義務を真剣に考えず、大半の者が信頼に値しないことは明白である》(R・ヘス、一九六三年、一二〇頁)。アウシュヴィッツで、女囚を強姦したのは特にナチの女性看守イルマ・グレーゼだった。Cf. O. Kraus/E. Kulka, 1991, S. 162.

(51) Cf. R. D. Eskapa, a. a. O., S. 266.

(52) Cf. D. E. H. Russell/L. Lederer, 1980, S. 25.

(53) Cf. R. D. Eskapa, a. a. O., S. 140. レスビアンによる女性の強姦については、L・シーガル（一九九〇年、二六二頁以下）参照。

第10章

(1) Cf. F. Kluge, 1989, S. 228.

(2) Cf. F. Staub/L. Tobler, 1881, I, S. 682f.

208　オットー・ディックス〈私とブリュッセル〉，1922年．

（3） C. Moser-Nef, 1951, V, S. 444.

（4） Cf. H. Bächtold-Stäubli, 1931, Sp. 62.

（5） Cf. F. Liebrecht, 1886, S. 206. 一三八〇年にクライルスハイム市が包囲された時も、市長夫人が同じようなことをした。

（6） Cf. Bächtold-Stäubli, a. a. O., Sp. 63. 一七世紀のフリアウルで、女性たちはむき出しの尻を嵐に向け、《このお尻くらい怖いものはないぞ！》と叫んだ。Cf. L. Accati, 1990, S. 111.

（7） Cf. F. S. Krauss, 1904, S. 1. 太平洋南西部にある珊瑚諸島の一つ、ローヤルティ諸島のリフ島に住むポリネシア人は男女とも、冗談でも怒った時でもそうする。Cf. S. H. Ray, 1917, S. 253. 私の祖母は今世紀初頭のブリュッセルで育ったベルギー人だったが、冗談とも本気ともつかずによくそんな身振りをした。少し前に屈み、お尻を実に素早く前後に動かしながらスカートを数センチ捲り上げたのである。オットー・ディックスの絵『私とブリュッセル』（208図参照）を見た時も祖母の仕草を思い出したが、絵の方は明らかに売春婦が客を誘う仕草である。

（8） Cf. Bächtold-Stäubli, a. a. O., Sp. 62. 一五世紀のウィーンで、ある職人が《この鏡を見な》と言いながら、女帝エレオノーレとお付きの女官たちにむき出しの尻を見せた。Cf. A. Müller, 1992, S. 341. 最近イギリス女王がニュージーランドを公式訪問した際、マオリ族の男性が同じように〈挨拶した〉が、女王は目元をこわばらせ〈無視した〉。この男はすぐに逮捕された。Cf. O. König, 1990, S. 380. 昔も同じ理由で裁判沙汰になった。たとえば一五八八年にブライスガウのフライブルク市で、ある女性が別の女性に《向かい尻を持ち上げ》侮辱した廉で告訴された。

Cf. S. Roecken/C. Brauckmann, 1989, S. 182.

（9） Cf. J. R. Forster, 1982, IV, S. 590.

（10） Cf. H. Mauer, 1989, II, S. 184.

（11） A. Spycher, 1987, S. 76, 78. D・モリス（一九八六年、二〇〇頁）も、《尻を見せるやり方は変わっているが、下品とも無作法とも見られなかった》と主張する。

（12） Cf. S. Burghartz, 1990, S. 265f. A・ダンデス（一九八四年、五〇頁以下）は、〈尻を見せる侮辱〉とは違い、ドイツ語圏で陰部や性をダシにした侮辱に何の役割もなかったと主張したが、この例をはじめその他おびただしい実例を見れば、同氏の主張とは逆にどれほど注意が払われたかも明らかになる。

（13） Cf. L. Röhrich, 1973, I, S. 69.

（14） レオン市の教会の聖歌隊席に付けられた背もたれ《ミゼリコルディア》には尻を見せる男が彫られており、陰嚢もペニスも見える。Cf. F. López-Ríos Fernández, 1991, S. 107, 171.

（15） Cf. A. Becker, 1931, S. 88.

（16） Cf. A. Spycher, a. a. O.

（17） Cf. W. Scihefenhövel, 1982, S. 149. 近世初期のディジョンで、他人におならをかけるのは大変な侮辱だった。Cf. J. R. Farr, 1988, S. 184.

（18） Cf. I. Eibl-Eibesfeldt, 1991, S. 131. おそらくそのヤノマメ族の女性は、同氏からとりわけ赤ん坊を守りたかったのだろう。昔スウェーデンで、娼婦が面倒を見たために子供が腺病質になった時は、別の子供の裸の尻をその子に差し出すと治った。Cf. H. F. Feilberg, 1901, S. 326.

（19） ウィーンのある娼婦によれば、《アルジェー・フランス風》とは《男の尻をなめてから、そこにゴム棒を挿入すること》である。Cf. R. Girtler, 1987, S. 245.

（20） クンニリングスでさえ、一般には行われなかったようだ。デュル『秘めごとの文化史』二一〇頁以下を参照されたい。

(21) Cf. K. Schreiner, 1989, S. 191.

(22) A. Edwardes/R. E. L. Masters, 1963, S. 199f.

(23) J. -J. Rousseau, 1907, S. 112.

(24) Zit. n. V. Steele, 1985, S. 112.

(25) Cf. L. Plesz, 1930, S. 200. マクシミリアン・デルマー少佐は、第一次世界大戦時のフランスでの体験をこう回顧している。《その赤毛の女は裸で私の前に現れると、あつかましく面と向かって笑った。その時彼女の豊満な乳房が上下に揺れた。その乳輪は大きく真っ黒だった。私は吐き気を覚えた。この赤毛の悪魔もそれに気づいたらしく、突然私に背を向け、大声をあげながら尻を叩いてみせた》(zit. n. K. Theweleit, 1977, S. 91)。

(26) Cf. C. D. Bryant, 1982, S. 134f.

(27) Cf. D. Cabanis, 1972, S. 131; H. Eppendorfer, 1987, S. 59.

(28) Zit. n. S. G. Ardener, 1974. S. 704. 英語の《flashing》とは、他人の前で瞬間的に陰部を露出することを表す、昔からある言葉である。例えばイギリスのペントンヴィル刑務所には、《flash》または《flash up》と呼ばれる習慣があった。女性の面会人——たいていは囚人の妻、恋人、わざわざこのために雇われた売春婦——が面会席で乳房と陰部を露出し、囚人を喜ばせたのである。Cf. T. Morris/P. Morris/B. Barer, 1963, S. 186.

(29) Cf. C. D. Bryant, a. a. O., S. 135f.; P. d'Encarnacao/P. Parks/K. Tate, 1974, S. 160; ferner D. Miller, 1974, S. 159.

(30) Cf. K. A. Barack, 1881, III, S. 626f.

(31) Cf. A. Bryson, 1990, S. 152.

(32) 一九八七年五月一日にケルンで行われた〈反教皇デモ〉で女性六人と男性二人が裸で現れた時、介入しなかった警察は職務怠慢と批判された。それに対し警察のスポークスマンはこう答えた。《一五年前なら、市内の緑地帯で裸になって日光浴する人びとと同じように、あの裸の連中を毛布にくるんで連行したでしょう。しかし今日では、裸体が卑猥とはほとんど考えられないのです》。Cf. O. König, a. a. O., S. 309f.

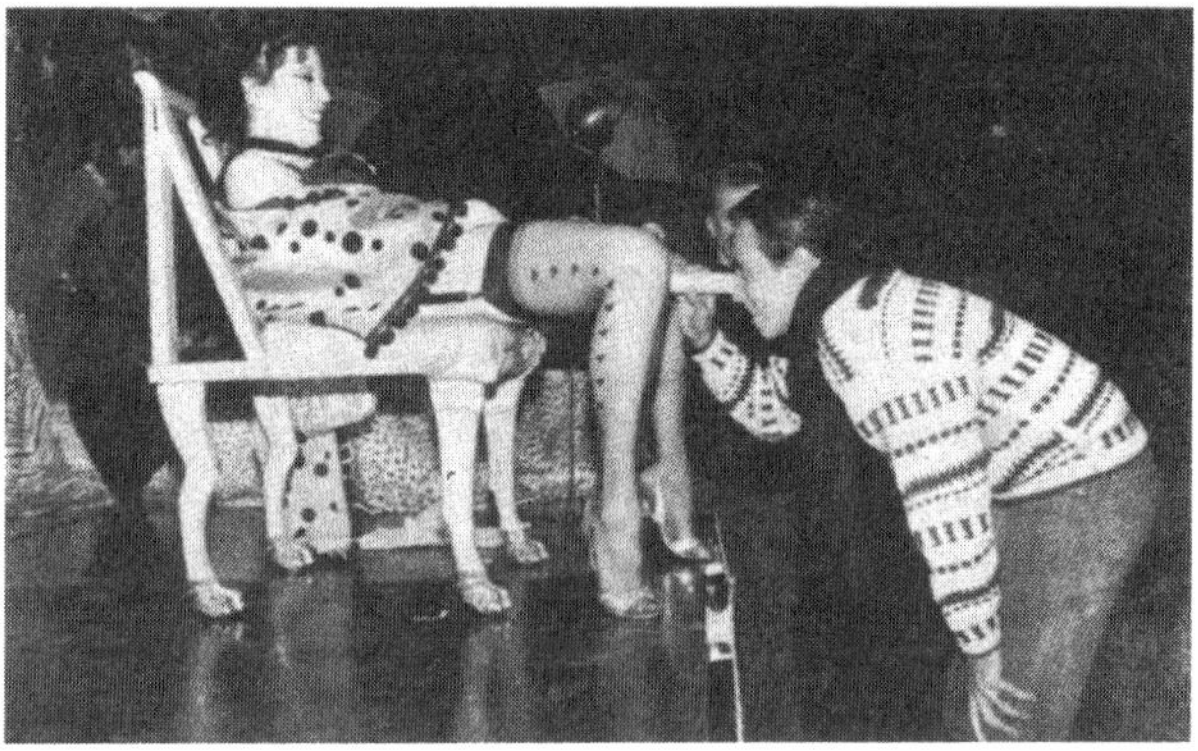

209　性療法士アニー・スプリンクル女史と患者，1990年.

(33) おそらくアメリカの性療法士《セックス・テラピスト》アマンダ・スチュワート女史も、男性患者たちに拡大鏡や膣内鏡で自分の陰門や膣を観察させる時、露出願望を発散するのだろう。《患者がスチュワート女史を徹底的に調査している間、彼女は女性生理や解剖学的な性的反応に関する話を続ける》(R. D. Eskapa, a. a. O., S. 174)。一方、同業者アニー・スプリンクル女史は同じような方法でいわば集団治療として、ニューヨークの前衛劇場の舞台で列をなす観客に《陰門に歯がない》ことを見せている（209図参照）。Cf. *Stern* 34, 1990.

(34) Cf. R. Quinsel, 1971, S. 100ff.; G. Bonnet, 1981, I, S. 100f.; D. Rancour-Laferrière, 1979, S. 53.

(35) Cf. D. Cabanis, a. a. O., S. 129. 専門文献はこうしたケースがあることに異論を唱える。Cf. z. B. L. Hudson/B. Jacot, 1991, S. 126.

(36) 拒食症の若い娘や女性は、しばしば《ヒステリックな露出症になり男を誘惑する》ことがある（cf. P. L. Goitein, 1942, S. 360)。裸体画コースの教師たちは、拒食症の傾向がある女性がとりわけ喜んでモデルになることを認めた。サンディエゴ近郊にあるヌーディストの海水浴場ブラックス・ビーチでの観察によれば、男性とは逆に、女性が陰部をわざと見せることは稀である（cf. J. D. Douglas/P. K. Rasmussen/C. A. Flanagan, 1977, S. 141)。ニューギニア高地に住むカマヌグ族の女性は、腰布をわざとだらしなく付けて男性に陰部の辺りを見せ、性的に興奮させることがある。Cf. H. Aufenanger, 1964, S. 224.

(37) C・D・ブライアント（一九八二年、一四一頁以下）は、ある中年女性の典型的なケースを述べている。その女性はジャンボ・ジェット機のバーでマティーニを五杯飲むと、裸になって周りの男たちに言った。《お婆さんにしちゃ良いプロポーションでしょう、ねぇ、お若い方たち!?》

(38) Cf. M. H. Hollender/C. W. Brown/H. B. Roback, 1977, S. 437. 露出症の女性はほとんどが〈バウボの姿勢〉より前屈みの《ムーニング》を好むようだ。Cf. A. Montagu, 1980, S. 139.

(39) Cf. W. Benz, 1982, S. 61. 六〇、七〇年代の西ドイツで、目の前で露出する女性に男性が《不快感を抱き》告訴したケースは一件もない。Cf. a. a. O., S. 124ff. Cf. acuhE. Unseld, 1974, S. 411.

(40) Cf. D. Cabanis, a. a. O., S. 131.

第11章

(1) Cf. B. Karpman, 1954, S. 178.

(2) Cf. W. Dogs, 1982, S. 607. もっとも、男性が陰部を露出して誘惑することもある。最近のアンケートによれば、女性全体の三パーセントが、職場だけでも最低一回は男性の同僚にペニスを見せられ、性的な挑発を受けたと答えた。Cf. M. Holzbecher, 1992, S. 60.

(3) M・C・バウルマン（一九八三年、三〇二頁）によれば、大勢の露出症患者は《女性が積極的に反応し、興味津々でうっとりと見つめるよう密かに願っている》。

(4) Cf. H. Wendt, 1974, S. 432f. 露出症患者を対象に行ったアンケートによれば、四七パーセントが被害者に《ショックを与える》意図があったと答えた。Cf. H. Müsch, 1976, S. 361. R・J・シュトラー（一九七九年、一七〇頁）

によれば、露出症患者は他の性的倒錯者とは違い、逮捕時に落ち着いて満足した印象を与えることが少なくないが、それは、自分の《ペニスは周囲の人びとが驚くほど素晴らしい》という願望が、逮捕により事実と証明されるからである。

（5） Cf. E. L. H. M. van de Loo, 1987, S. 32, 46, 59.

（6） Cf. R. D. Eskapa, 1988, S. 169. ある露出症患者は、被害者が《恐怖のあまり麻痺したようになる》時、自分を《男らしく》感じると言った。Cf. L. Keupp, 1971, S. 215.

（7） Eskapa, a. a. O., S. 171.

（8） A. a. O., S. 170; van de Loo, a. a. O., S. 41, 58. その後で強姦することもある。Cf. L. Keupp, a. a. O., S. 216ff.

（9） J. van Ussel, 1970, S. 51.

（10） W. Schultheiß, 1960, S. 9, 86.

（11） Cf. S. B. Klose, 1847, S. 85.

（12） Cf. G. Schindler, 1937, S. 286.

（13） Cf. E. van de Loo, a. a. O., S. 1.

（14） Cf. A. Felber, 1961, S. 92.

（15） Cf. O. Stumpf, 1981, S. 214.

（16） Cf. R. Muchembled, 1988, S. 70.

（17） Cf. P. Karmann, 1988, S. 38. 一六八六年に、オーデンヴァルトにあるリンデンフェルスの司祭は、一八歳のガラス工ハンス・ニッケル・シェファーが《最近当地のヤーコプ広場にある居酒屋で、満座の人びとの前で裸になった》と上司に報告している。Cf. R. Kunz, 1977, S. 177.

（18） Cf. J. A. Sharp, 1983, S. 64f. 一七二四年にセント・ニニアンズ出身のイザベル・キーは、ロバート・モイア某が《半ズボンを脱ぎ裸を見せると、彼女を売女、あばずれと呼び、必ず彼女と寝てやると言った》と証言した。Cf. R. Mitchison/L. Leneman, 1989, S. 196.

（19） Cf. J. Addy, 1989, S. 140. ジョシュア・ホラックスは、ハンナ・ウルステナム某女の家で、夫が不在の時に《陰部》を見せた。ハンナが目を背けて逃げ出すと、ジョシュアは彼女を追いかけ、《無理やり彼女の手の甲で陰部を触らせた。それからハンナにそれが欲しいか尋ねたが、彼女は〈ノー〉と答えた》。一六六四年にランコーン出身のメアリー・スミスは宣誓に代わる説明で、トーマス・ピーコックが《彼女の服を捲り上げると、ペニスを引っ張り出した》と証言した。同年アリス・エッジは、レンベリーの副牧師が陰部を取り出し《体液で彼女の服を汚したた》ため告訴した（a. a. O., S. 132, 134f.）。

（20） Cf. M. Rey, 1982, S. 119.

（21） Cf. M. J. D. Roberts, 1988, S. 289ff.

（22） Cf. S. M. Shirokogoroff, 1935, S. 248f.

（23） Cf. C. Gajdusek, 1970, S. 58f.

（24） G. Konrad, 1977, S. 310.

（25） Zit. n. J. Jamin, 1983, S. 62.

（26） Cf. W. Weiglein, 1986, S. 161.

（27） Cf. I. Eibl-Eibesfeldt/W. Schiefenhövel/V. Heeschen, 1989, S. 49, 107.

（28） Cf. I. Eibl-Eibesfeldt/C. Sütterlin, 1990, S. 383.

（29） Eibl-Eibesfeldt et al., a. a. O., S. 120, 126.《愉快な若者ソムソンはよく調子にのって、私たちを少しばかり挑発するのが好きだった。ある時彼は私たちの小屋の入口の前に杭を立て、その先端にペニス覆いの瓢箪を被せた。他の若者たちは大笑いしたが、後からそれを見た二人の中年男性はむしろ立腹し、挑発にしてもひどすぎると言った》（ders., 1991, S. 163）。

（30） Cf. G. Konrad, a. a. O., S. 308. ワイナ・スワンダ族の男性は踊りの儀式の前に、普段身に付けているペニス覆いの丸い瓢箪を《もっと長くて大きな瓢箪》と取り替える。《大腿と骨盤を揺り動かすと、踊っている間中この瓢箪は股間から跳ね上がり腹部に当たる》（C. Gajdusek, a. a. O., S. 59）。

(31) Cf. H. Nevermann, 1934, S. 384f.

(32) Cf. C. S. Kessler, 1977, S. 223.

(33) ZDF, 23. Oktober 1991.

(34) Cf. P. Lyman, 1987, S. 148f.

(35) Cf. B. Reinberg/E. Roßbach, 1985, S. 128f., 199.

(36) *Stern* 44, 1990. S. 15; *Spiegel* 43, 1990; S. 257; *Spiegel* 22, 1991. 民主党の国会議員パトリシア・シュレーダーが最近アメリカ海軍基地を訪れた際、議員を迎えた大きな横断幕で、兵士たちは彼女に〈フェラチオする〉よう要求した。Cf. *Bunte* 31, 1992, S. 60.

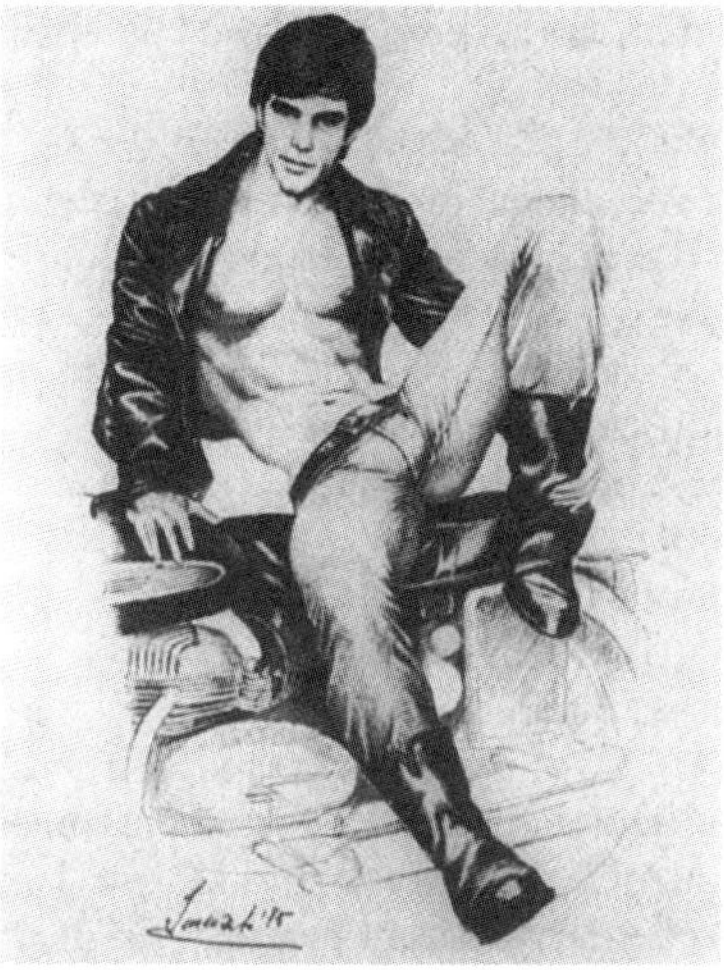

210　アルド・セメンザト〈ヌード〉, 1975年.

(37) Cf. R. L. Glickman, 1984, S. 205; J. Lambertz, 1985, S. 32f.

(38) R. Bleck, 1986, S. 59.

(39) G. Norden, 1987, S. 108. ある女流作家はこう書いている。《私たちの討論会で、たとえばこんな論拠が出ました。〈性〉は作り上げられたものというのは概して正しいかもしれないが、それでも股を広げるのは本当に刺激的であり、結局のところは事実〈それ〉を自由に見せるものだ、と》。それに対し、この女流作家はこんな問いを投げかける。《では男性の脚の姿勢はどうでしょう。なぜ女性と同じように刺激的でないのでしょう》(F. Haug, 1988, S. 46)。ここで彼女の〈構成主義〉は行き過ぎており、討論に参加した女性たちの異論を排除したのも性急だったと思われる。というのも、広げた股が《本当に》刺激的なのは、性的パートナーになるかもしれない相手に――社会形態の如何を問わず――とりわけ性的刺激になるものを見せるからである。もっとも、すでに見てきたように、陰門は性的刺激になるだけでなく、情況次第で他の意味ももつ。原則的に、男性の陰部についても同じことが当てはまる。ハウク女史の考えとは違い、男性が股を広げた姿勢も、とりわけ男子同性愛者に、そして女性――つまり性的パートナーになるかもしれない相手――にも性的刺激となりうるのだ（210図参照）。陰門と同じように、男性の陰部もそれ以外の目的、とりわけ攻撃に使われる。たとえば、カスカ族の若い男性が義理の両親の前で脚を広げて座ると、厳しい罰を受ける。この場合、義理の母親に対する性的要素も問題のようだ。Cf. J. J. Honigmann, 1954, S. 127.

（40） Cf. P. Burke, 1981, S. 200. 私の末娘がまだ幼稚園に通っていた頃、五、六歳の男の子がズボンからおちんちんを出して女の子を追いかけ回し、おびえさせて追い払う、という話を娘から聞いた。フィリピン諸島南部のバシラン島に住むヤカン族の少年も、強引に女の子の気を引いたり挑発したりするため、目の前で着物からペニスを取り出す。そのため、少年の水浴びを盗み見した少女がそのことをふれ回り、彼の陰部を笑いものにしても罰されないらしい。逆に、少年が若い娘の乳房や陰部を見たことがばれると罰せられる。Cf. A. D. Sherfan, 1976, S. 64. イスネグ族でも、年上の少年や男性の陰部を見た娘が、他の娘や女性たちにそのことを話すと、見られた当人は物笑いの種になる。そのため、例えばカヌーの係留など特定の仕事をする時に少年や男性は時折裸になるので、女性にペニスを見られないよう細心の注意を払う。Cf. M. Vanoverbergh, 1938, S. 151.

（41） Cf. J. J. Honigmann, a. a. O., S. 127. 《自然民族》にはポルノグラフィーのようなものはなかった、といつも主張されるが、それは誤りである。たとえばデサナ・インディアンの狩人は、動物の神ヴァイ・マーセを追い払うため、女陰の図をよく木に彫りつけた。ヴァイ・マーセは狩猟の規則が守られているか見張るため、時に狩人の後をつけた。そこで木に彫った陰門を目にすると、立ち止まり、その前でマスターベーションするのである。Cf. H. P. Duerr, 1984, S. 293.

（42） Cf. P. Turnbull, 1978, S. 199.

(43) Cf. R. Fine, 1990, S. 1.

(44) Cf. F. Eckstein, 1935, Sp. 841.

(45) Cf. T. P. Vukanović, 1981, S. 48. モロッコでは、ペニスに——陰門もそうだが—— *bäs* と呼ばれる、災いをもたらす力が宿る、と広く信じられている。そこで朝、男性のペニスを見ると不幸が訪れるのである。旅に出た時、男性が小便したり身体を洗ったりしているのを見たら、家に戻り、旅行は日延べせねばならない。Cf. E. Westermarck, 1928, S. 167.

(46) Cf. G. -J. Witkowski, 18 98, S. 49.

(47) Cf. Vukanović, a. a. O., S. 45. モンテネグロやヘルツェゴビナのある地方では、農夫が犂で畑を耕している時、魔女や女魔法使いと噂される女性が通りかかると、左手でペニスを摑み、右手は犂で耕し続ける。

(48) Hesiod, *Erga* 727ff. インドのグジャラート州南部に住むドーディア族とダンカ族は野外で水浴びする時、褌状の腰布を決して外さない。陰部の辺りを露出すれば、取り返しのつかないほど水の精を侮辱することになり、時刻によって月や太陽も気を悪くするからである。Cf. A. N. Solanki, 1976, S. 245; P. G. Shah, 1964, S. 82.

(49) Cf. C. Gajdusek, 1970, S. 58; S. B. Hrdy, 1981, S. 65f. こうした場合、クチヒゲタマリンは舌を出し上に向ける(a. a. O., S. 60)。

(50) Cf. R. Bösel, 1974, S. 67f. ニホンザルの雌は陰部は見せないものの——雄だけが見せる——、しばしば性的主導権を握り、雄や他の雌にマウントし、相手に陰門を擦り付けたり押し付けたりして腰を振る。Cf. L. D. Wolfe, 1984, S. 148. J・ファン・ラウィック＝ゴーダル（一九七一年、一五二頁以下）によれば、雌チンパンジーのフィニがうるさくつきまとったため、雄たちはフィニにマウントする気がなくなった。一方、プーチはいつも叫びながら逃げたので、雄たちの《求愛はますます激しくなり》、ついにプーチにマウントした。

(51) Cf. R. D. Guthrie, 1976, S. 84.

(52) Cf. V. Sommer. 1989, S. 41.

(53) F. de Waal, 1989, S. 223.

第12章

(1) J. Cook, 1961, II, S. 464.

(2) G. Forster, 1966, III, S. 163, 181.

(3) A. a. O., S. 215.

(4) Cf. J. R. Forster, 1783, S. 342.

(5) Cf. z. B. E. A. Hoebel, 1965, S. 17; O. König, 1990, S. 29. Cf. auch G. Wolter, 1988, S. 12f., 18f.

(6) Cf. V. Doucerê, 1922, S. 223.

(7) Cf. J. Layard, 1942, S. 481; M. R. Allen, 1984, S. 93.

(8) Cf. B. T. Somerville, 1894, S. 368. 南マレクラ島のムボトゴテ族の少年は九歳から一二歳までの間に割礼をすますと、バナナに似た葉（*namba*）をペニスに巻きつけ樹皮の帯に挟むが、これは度々取り替える。ムボトゴテ族の男性にとっても、女性に亀頭を見られるのは大変な不名誉である。Cf. J. D. Hedrick, 1975, S. 19. すでにF・シュパイザー（一九三四年、一三七頁以下）は、メラネシアとニューギニア全土ではペニスの割礼を行う、つまり人工的に亀頭を露出させるので、公衆の面前では絶対に裸にならないことを確認している。

(9) Cf. K. G. Heider, 1979, S. 56; G. Kenntner/W. A. Kremnitz, 1984, S. 48. 他の男性の前でも決して亀頭は露出しないと主張する著者もいるが、R・ミトン（一九八三年、五六頁）は、女性だけが亀頭を見てはいけないと述べている。いずれにせよ、礼法上の理由から死体のホリムでさえ外さない。Cf. W. Sargent, 1976, S. 72.

(10) Cf. A. Pontius, 1977, S. 166. しかしK・G・ハイダー（一九七七年、一六七頁）は、出産後の五年間は性交の再開がタブーであることをその理由としている。

(11) Cf. ders., 1969, S. 383f., 386ff.：《ダニ族の文化では、ファルスを強調する度合は驚くほど低い》。確かにW・サージェント（同掲書、一六頁）は、ホリムの主な役割が羞恥心に役立つことだと確認しているが、そのほかに勇気、富、男らしさのシンボルでもあり、またうるさい蝿をペニスから追い払う役目もあると述べている。

（12） Cf. Sargent, a. a. O., S. 60. もっとも、ダニ族の大きくて邪魔なペニス覆いの瓢箪は恥部を隠すだけではないとの意見にも一理ある。ダニ族はもっと簡単にペニスを覆えるはずだとの異議は正しいようだ。

（13） 瓢箪を付けた時に勃起すると、それを取らねばならない。

（14） I. Eibl-Eibesfeldt/W. Schiefenhövel/V. Heeschen, 1989, S. 124; W. Schiefenhövel, 1982, S. 149. 亀頭をダシに侮辱することもよくある。シンブ族の女性は喧嘩の時、たとえば《チンポコの先に球のついた男め！》と叫ぶと男性は《アソコがガバガバの女め！》とどなり返す。Cf. J. Sterly, 1987, S. 59. 陰嚢は羞恥と無関係である。老女が挨拶代わりに若者の陰嚢を軽くなでたり、それをほのめかすこともある。両親が乳飲み子の陰嚢をなでるのも時折目撃されている。しかし男同士の場合は象徴的な仕方だけで、相手に《お前のタマを摑んでいいか？》と尋ねる。遠い所にいる相手に挨拶する時も、なでる仕草をすることがある。Cf. Eibl-Eibesfeldt et al., a. a. O., S. 174f. だがニューギニアには、例えばソウル族のように、男性が陰嚢を見られると恥ずかしがる社会もたくさんある。Cf. H. Nevermann, 1940, S. 175.

（15） Cf. A. F. Gell, 1971, S. 171f., 174, 176. ニューギニア南東部の海岸に住むモトゥ族の男性は、陰嚢を二分するように褌状の帯を巻き、そこにペニスを押し込むので、ペニスはまったく隠れるか、睾丸が三つあるように見えた。他人のペニスを見るのは、極めて恥ずかしいこととされた。Cf. O. Finsch, 1885, S. 13. インドネシア人が〈森の人〉と呼ぶ、西イリアンのオランウータンもペニスを体内に押し込む。Cf. R. Mitton, 1983, S. 148.

（16） Cf. H. Nevermann, 1934, S. 84f., 109.

（17） Cf. N. v. Miklucho-Maclay, 1878, S. 113. パプアニューギニアのフライ河とトレス海峡の間に住むケラキ族は、貝や小さなヤシの実でペニスを隠した。中年の男性が覆いをつけずに公衆の面前に現れることもあったが、情報提供者によれば、亀頭が包皮で完全に隠れている男性だけがそうしたらしい。Cf. F. E. Williams, 1936, S. 395f.

（18） この民族学者の装具には水泳パンツがなかったので、それ以降彼は水浴びの時、人が通りかかる度に茂みに隠れた。Cf. D. Maybury-Lewis, 1965, S. 248f.

(19) Cf. D. Maybury-Lewis, 1967, S. 106f.; ders., 1965, S. 193. ウルブ族の男性は、他の男性や、ましてや女性にむき出しの包皮を見られたら、恥ずかしさのあまり《死ぬ》だろうと言った。だから小便はしゃがんでするし、水浴びの時は手を陰部に当てる。Cf. F. Huxley, 1957, S. 142f. ユルナ族はヤシの繊維を編んだ小さな帽子を亀頭にかぶせてから、ペニスを体内に押し込んだ。Cf. K. v. d. Steinen, 1885, S. 96. カラジャ族の男性が思春期に入ると、ペニスに綿の紐を巻きつけ球状にしたし、カヤポ族の男性も同じ年頃には帯状の葉を編んだ帽子を亀頭にかぶせ、しかも包皮をソーセージの端のようにはみ出させた。Cf. F. Krause, 1911, S. 184, 204, 376. クリセフ族の男性が思春期になると、生え始めた恥毛を剃り、包皮を腰紐で結紮した。若者が人前で突然勃起して恥ずかしい思いをしないよう、こうするのだとインディアンは言った。トルマイ族は紅木《ベニノキ》で赤く染めた綿の繊維で包皮を縛るか、ペニスを腹腔に押し込み亀頭が見えないようにしたし、ボロロ族はさらに開口部に蓋をして縛った。Cf. K. v. d. Steinen, 1894, S. 192f., 198.

(20) Cf. H. Becher, 1960, S. 28. ヤノマメ族の男性にとって、他人に亀頭を見られるのはこの上ない屈辱だったし、自分から見せるのは卑猥極まりないことだった。何も見えないように、シャバンテ族と同じくかがんで小便した。同世代の者たちが少年を侮辱する時は、当人をしっかり押さえつけて包皮を剝いた。Cf. J. Lizot, 1982, S. 57f. イレネウス・アイブル゠アイベスフェルトの一九八八年六月二八日付の書簡によれば、どんな勃起の兆しが起きても実にばつの悪いものとされた。

(21) Cf. A. R. Holmberg, 1950, S. 19; S. Rydén, 1941, S. 120.

(22) Cf. F. Caspar, 1952, S. 155f. 誤って若者のペニスが少しでも腹腔からはみ出したら、これは性的興奮の徴候とされ、人びとの物笑いの種となった。Cf. a. a. O., S. 158. シングー河中流に住むカヤビ族、ウモティナ族、アスリニ族の男性もペニスを陰嚢に押し込む。Cf. M. Schmidt, 1928, S. 95, 108; G. Grünberg, 1970, S. 107; A. Lukesch, 1973, S. 808. ペルーの平原に住むイスコナワ族の男性は、幅一センチ、長さ二、三センチの鹿の骨に包皮を無理やり押し込み、それを紐で腰に結びつけた。この骨を外したところを見られるのは極めて破廉恥とされた。Cf. L. C.

Whiton/H. B. Greene/R. P. Momsen, 1964, S. 89. ハラウク河沿いに住むドゥルディ族の男性は妻帯者のみがヤシの木の葉で作った *orano* を亀頭に巻き、どんな時でも予備の葉を耳たぶに空けた穴につけておく。Cf. C. B. Ebner, 1941, S. 364.

（23） Cf. Hr. Jagor, 1885, S. 574. テンブ族やフィンゴ族の老人は、思春期前の少年がペニス覆いの瓢箪（*isidla*）をつけているかどうかには無関心だった。年長の少年や成人男性とは違い、包皮が亀頭を覆っていたからである。Cf. B. J. F. Laubscher, 1937, S. 76. タンベルマ族の老人がペニスケースなしで公衆の面前に現れても問題なかったが、性的能力のある男性は絶対だめだった。しかし、ある種のエロチックな踊りの時には、観客が絶え間なく卑猥なわめき声を上げる中で、女性はパートナーのケースを引き下ろそうとした。Cf. S. Lagercrantz, 1976, S. 18. カメルーンのナムディ族の若者は、女性と同衾できると見なされて初めてペニスケース（*meryo*）を受け取る。Cf. M. Leiris, 1978, S. 173. それは陰部隠しの腰布の下につけ、とても私的な衣裳と考えられるので、妻でさえ目にしてはならない。トンガ族の男性が大人になっても *shifado* をつけないと、夜毎人妻に夜ばいをかける背徳者と思われる。Cf. Lagercrantz, a. a. O., S. 28f, 36f. パウル・パーリンによれば（一九八六年一〇月二一日の口頭連絡）、ギニア北西部の乾燥した草原地帯に住むバサリ族の男性は、黍の繊維で作ったペニスケースしか身に付けないが、やむなくケースを外す時は、極めて恥ずかしそうに背を向けたり、藪の陰に隠れたりする。

（24） Cf. S. Lagercrantz, a. a. O., S. 39, 43. ングキカ族でもそうした振舞いは罰せられた。故意にせよ偶然にせよ、男性のペニスケースを外した者は、賠償金として最高で五頭の家畜を渡さねばならなかった。クソサ族の男性のペニスケースをふざけて外した白人が、激怒した相手に槍で刺されたこともあった。南ア共和国のキンバリーにあるダイヤモンド鉱山で働く《カフィール人労働者》は医師の検診の際、割礼していればいつも両手でペニスを隠したが、割礼していない者は包皮が亀頭を覆っているので隠さなかった。Cf. a. a. O., S. 43. イラ族の女性が重労働をする時、よく卑猥な歌を歌って仕事の辛さをまぎらわすが、それは《亀頭むき出しの男が……》というむけた包皮の歌である。Cf. E. E. Evans-Pritchard, 1965, S. 78. イボ族の妻は夫のペニスを決して見てはならず、夫も決して妻の陰門を見てはならなかった。Cf. R. Brain, 1980, S. 256. ズールー族の女性も、夫のペニスを見ても触ってもならず、子供たちには両親を〈覗き見〉しないよう言い聞かせた。Cf. O. F. Raum, 1973, S. 86. ダン族の男性は、女性が近くにいない時でさえ、両手で陰部を隠した。Cf. H. Himmelheber, 1957, S. 44. そんな場合にカグルー族の男性は左手を使うか、ペニスを股間に挟んだ。裸姿を見られた男性はもう尊敬できない、と彼らは言う。Cf. T. O. Beidelman, 1973, S. 135; ders., 1966, S. 367. ニジェール河の湾曲部に住むソンガイ族でも同じである。Cf. J. Rouch, 1954, S. 49. Cf. auch J. Lydall/I. Strecker, 1979. I, S. 119（ハマル族）；H. Himmelheber, 1986（バウレ族）；P. Vidal, 1976, S. 112（グバヤ族）；B. Stefaniszyn, 1964, S. 101（アンボ族）. ホッテントットの男性も本来はペニスケースをつけていたが、少年の間はペニスを上向きにして結ぶだけで十分だったに違いない。すでに一五〇五年にバルタザール・シュプリンガーは、《男の子たちは小さなペニスを体に縛りつけられている》と記している（zit. n. W. Hirschberg, 1963, S. 173）。

（25） Cf. B. Danielsson, 1956, S. 61f.; R. I. Levy, 1974, S. 292. カロリン諸島にあるウリティ島の男性は、誰にも、とりわけ女性に陰部を見られないよう十分気を配った。子供にでも見られれば、最悪の事態になっただろう。Cf. W. A. Lessa, 1966, S. 78.

（26） Cf. R. Linton, 1939, S. 168.

（27） A. Krämer, 1903, II, S. 290.

（28） マンガイア島では恥垢のついた割礼していないペニスをしばしば *ure piapia*《臭いペニス》と呼ぶ（cf. D. S. Marshall, 1971, S. 112）。そのため、たとえばソシエテ諸島の女性はヨーロッパ人と付き合いたがらなかったという。Cf. E. Beuchelt, 1978, S. 113.

（29） Cf. D. S. Marshall, a. a. O., S. 108, 110

（30） 親類縁者が岸辺にいると、男性は彼らが立ち去るまで水中に留まった。

（31） Cf. R. Firth, 1936, S. 194, 314, 472.

（32） Cf. I. Pfluger-Schindlbeck, 1989, S. 91ff.

（33） Cf. A. Petersen, 1985, S. 23.

211 モハヴィー族の子供たち，1890年頃．

(34) R・ギルトラー（一九九〇年、三三九頁）は、羞恥心から結紮をしたとのデュルの主張は《無理やり恥毛にこじつけており、わざとらしい》と述べながら、その論拠は示さない。〈恥じらいのテーゼ〉を裏付ける根拠を、私は別の箇所で述べておいた。『秘めごとの文化史』五六一頁以下を参照されたい。亀頭が当時羞恥の対象となったことは、包皮が存在する理由は、恥毛と同じく恥じらいにあると古代の医者ガレノスが述べた箇所からも分かる。Cf. G. Sissa, 1990, S. 112.

(35) Cf. J.-P. Thuillier, 1988, S. 36ff.

(36) たとえば、P・J・ウッコ（一九六九年、五四頁）である。J・ツヴェルネマン（一九八三年、四九七頁）も、羞恥心から包皮を縛ったとは《とても信じられない》と述べるが、その理由は私にとって謎のままである。

(37) Cf. E. A. Hoebel, 1958, S. 240. コマンチ族の少年が一〇歳位になると、姉妹のいる前では就寝時に服を脱がなくなる。Cf. T. Gladwin, 1948, S. 83. モハヴィー族の少年少女は六、七歳までは一緒に水浴びするが、川辺で身体を乾かしたり日なたぼっこをする時には、手や泥で陰部の辺りを隠す（211図参照）。Cf. W. J. Wallace, 1948, S. 30ff. ドゥヴローによれば、この坊やたちも亀頭を見られると恥ずかしがる。ある時モハヴィー族の若い娘二人が、自分たちをさんざん侮辱した二人の男性に復讐するため、彼らが泥酔して地面に寝ている間に包皮をむき、亀頭にいろいろな色を塗ったというが、これはいかにもモハヴィー族らしい出来事である。モハヴィー族のある成人男子が全裸で川を泳いでいると、蛇のような姿のファルスの怪物モダル・ハタマーラがその破廉恥な男を襲い、肛門を犯したという。Cf. G. Devereux, 1981, S. 124. ネズパース族の男性同士で小屋の蒸し風呂に入る時、ペニスには手を当てがったが、陰嚢は隠さなかった。Cf. D. E. Walker, 1966, S. 147f., 160. ホピ族の儀式に現れる道化は卑猥な振舞いで悪評高いが、広場で全裸で踊る時は彼らでさえ手で陰部を隠す。Cf. M. Titiev, 1972, S. 51. 性的能力のある男性が恥部を隠さずに人前に出ることは決してなかったようだ。一九世紀初頭でもブラックフット族の男性は確かに腰布をしなかったが、その代わりに革の長いストッキングをはいた。これはベルトで留め、陰部の辺りで交差したようだ。Cf. J. C. Ewers, 1958, S. 38. 南方に住むパイユート族の老人は、暑い時はたまに腰布をしなかったが、普段はそんなことはなかった。Cf. I. T. Kelly/C. S. Fowler, 1986, S. 373. 一九世紀半ば、アイオワ族のもとに滞在中の画家フリードリヒ・クルツは日記にこう記している。《夏の盛りに彼らは》、つまり男性は、《絶対外さない腰布と毛糸の布さえ脱いで全裸になるので、私にとって生きた古代人を研究する絶好の機会だった》(F. Kurz, 1894, S. 35)。Cf. auch A. I. Hallowell, 1955, S. 301 und R. Landes, 1938, S. 31（オジブワ族）; D. McCall, 1980, S. 239（イロコイ族).

（38） 彼ら自身は長さ二五センチから四〇センチのペニスケースをしていた。これは *gaā*《葉》と呼ばれ、アルマの葉を幾重にも重ね合わせたもの二枚で作り、少年はみな一二歳になるとそれをもらった。Cf. H. Dengler, 1927, S. 118; W. H. Kracke, 1987, S. 24. パリンティンティン族の男性は、亀頭が他の男性の目に触れることを決して許さず、亀頭を洗う時は背を向けた。Cf. C. Nimuendajú, 1948, S. 290.

（39） Cf. W. D. Hammond-Tooke, 1962, S. 81. 亀頭に小さな瓢簞をかぶせて他人に見せないスワジ族の男性も、同じことを言った。Cf. B. A. Marwick, 1940, S. 85. それに対しブラジルのトゥパリ族は、ズボンとペニス覆いを同等に考え、同じ名前（*tāmaram*）で呼んだ。Cf. F. Caspar, a. a. O., S. 156.

（40） Cf. G. Nachtigal, 1881, II, S. 574. ハウサ族では、アダムが自分の陰部を見て笑った息子に呪いをかけたと言い伝えられている。そのためアダムの息子とその子孫は肌が黒くなったのである。Cf. F. W. Kramer, 1987, S. 32.

(41) Cf. J. D. E. Schmeltz, 1904, S. 200f. Cf. auch C. Nimuendajú, 1952, S. 36（トゥクナ族）; C. Wagley, 1977, S. 127（タピラペ族）; A. F. Gell, 1971, S. 167f.（ウメダ族）; G. v. Koenigswald, 1908, S. 223. F. Krause, 1911, S. 204（カラジャ族）; P. Ehrenreich, 1890, S. 86（バカイリ族、メヒナク族、トルマイ族）; Y. Murphy/R. M. Murphy, 1974, S. 54（ムンドゥルク族）; J. D. Haseman, 1912, S. 342（パウンウァ族）; B. Frank, 1981, S. 137f.（クレレ族）. グァヤキ族の男性は医師の診察を受ける時、包皮を手で隠す。Cf. H. Baldus, 1972, S. 499. ヒマラヤのマガル族には《お前にはおれの包皮をむけない》という言い回しがあり、それは大体《お前には騙されない》の意である（ミヒャエル・オーピッツの一九八六年三月一七日付の書簡）。

(42) Cf. G. F. Vicedom/H. Tischner, 1948, S. 55.

(43) Cf. G. J. Held, 1957, S. 86.

(44) Cf. H. Nevermann, 1939, S. 15, 17. マリンド・アニム族の人びとも同じ恥じらいを示したが、ソウル族は違った。Cf. ders., 1940, S. 175.

(45) サンビア族の男性は、男同士でも陰部を隠し、とりわけ若者は、若い娘や女性に裸姿を見られることに、正にパニックに近い不安を抱いている。Cf. G. H. Herdt, 1981, S. 165. マヌス族の男性は別の男性の前では決して裸にならないし（M・ミード、一九六五年、一八九頁参照）、サンタ・クルス島の男性が水浴びする時も、かならず水中で服を脱いだ。Cf. W. Davenport, 1965, S. 182. Cf. auch E. G. Burrows/M. E. Spiro, 1957, S. 296f.（イファルク島民）und T. Gladwin/S. B. Sarason, 1953, S. 115（トラック諸島民）. 昔チモール島のベル族では、若者や男性が裸姿を他人に見られると厳罰に処された（cf. B. A. G. Vroklage, 1952, S. 428）。セレベス島中部に住む西部トラジャ族の〈太古の英雄〉は天から米を簡単に盗めた。英雄は無造作に米をズボンに隠した。神々は礼法上の理由からそこを調べなかったからである。Cf. A. E. Jensen, 1963, S. 150. メンタワイ諸島のシベルト島で民族学者たちが水泳パンツをはいて水に入った時、サクダイ族の男性はこの種の衣服を破廉恥だと考えた。よそ者が何か身に付けているか、遠目にはまったく分からないから、と彼らは言ったが、水泳パンツでは陰部の形がはっきり分かるのが主な理由だったらしい。当地の腰布（*tjawat*）は股を通して腰に巻き付けたが、陰部の形が分からないように、余った布を陰部の辺りに垂らした。Cf. R. Schefold, 1980, S. 72; P. Wirz, 1929, S. 135f. ヘニング・アイヒベルク（一九八六年五月二八日付の書簡）も、サクダイ族が彼のショーツを無作法と書いている。私がフローレス島東部のアタ・キワン族のもとにいた時、同じようなことが起こった。若い娘たちが私の濡れた水泳パンツをあてつけがましく見ながら、ひそひそ話したりくすくす笑ったりしたのである。インドのある《種族》は、ヒンドゥー教徒やイスラム教徒のように、普通は幼い頃から陰部の辺りを隠すと言われる（cf. S. Fuchs, 1960, S. 51）――たとえば、サンタル族の男性が公衆の面前で身体を露出すれば、それが水浴びに行く時や酔った時であっても、昔はひどい罰を受けた。Cf. W. G. Archer, 1974, S. 80. 《裸のナガ族》の名で知られるミリ・ナガ族やコニャク・ナガ族は例外で、彼らはよく裸で畑仕事をしたのでこう呼ばれた。そこでアオ・ナガ族は彼らを軽蔑し、連中は豚や犬と変わらないと言った。Cf. W. H. Furness, 1902, S. 454; C. v. Fürer-Haimendorf, 1969, S. 12. J・H・ハットン（一九二一年、一三頁）によれば、彼に同行していたセマ・ナガ族は、数名のコニャク・ナガ族をはじめて見た時、自分たちも彼らと同じように裸だったにもかかわらず、荷物を投げ出してとめどなく笑い出した。しかし、《裸のナガ族》の男性も亀頭に際立った恥じらいを感じ、――とりわけ女性が近づいた時には――包皮を輪に通した。Cf. Hr. Jagor, 1885, S. 574. セマイ族の男性が水浴びに行く時は、水中に入るまで手を陰部に当てがっておく。普段の会話では陰部をさす言葉は誰も使わない。Cf. R. K. Dentan, 1968, S. 62f. M・グジンデ（一九五六年、五七頁）によれば、ムブティ族の男性は決して裸を見せないが、腰布をだらしなく付けて〈なにか〉が見えると、少年たちが《卑猥な忍び笑いをしながら》指さすことがあった。Cf. ders., 1942, S. 364. N・シェベスタ（一九四八年、三四七頁）によれば、こうした場景は、とりわけご婦人方の笑いを呼んだ。だからニューギニアのバルヤ族では成人式を迎える娘に、《夫の腰布がずれて陰部が見えても、笑ってはいけません。笑ったりしたら、夫は恥ずかしい思いをするでしょう》と教え込む。偶然他人に陰部を見られた男性や女性が首を吊ることが、実際に少なくない。だから奥の方まで見える人がいても、決してそのことを注意しない。Cf. M. Godelier, 1987, S. 70, 92. 羞恥心のない民族の典型的な例としてよくエスキモーが引き合いに出されるが、彼らもよく観察すれば、違ったイメージが浮かんでくる。たとえば一五七七年にヨーク・サンドでフロビッシャーがエスキモーの男性と女性を捕らえた時、人びとはこう確認して驚いている。《まず女を部屋から出さないと、男は着替えようとしなかった。二人とも実に恥ずかしがりで、陰部や身体のその他の部分が少しも見えないようにした》(zit. n. W. C. Sturtevant/D. B. Quinn, 1987, S. 77)。小屋や越冬用の建物でもエスキモーたちは決して全裸にならなかった。ラブラドールや東グリーンランドでは、たとえば三角形の小さな腰布を腰の回りと股を通して紐で固定した。Cf. K. Birket-Smith, 1959, S. 110. アングマグサリク・エスキモーは *naassit* と呼ばれるとても短いズボン（cf. J. P. Hart Hansen et al., 1991, S. 129f.; R. Petersen, 1984, S. 630）や革の腰布（cf. R. Gessain, 1974, S. 237f.）を、極地エスキモーは熊皮のズボン（cf. K. Rasmussen, 1920, S. 25; J. Malaurie, 1979, S. 378）を身に付けた。カナダのウトクヒカリングミウト族は、他人の前ではできるだけどこも、とりわけ陰部を露出しないようにした。Cf. J. L. Briggs, 1970, S. 93, 350. 男性は膝をかがめてズボンを脱ぎ、寝袋に滑り込んでからやっと防寒服《パーカ》を脱いだ。J・L・ブリッグスの一九八六年一〇月三〇日付の書簡を参照。ウトク族やキピ族の幼い子供に羞恥心を教えるため、女の子には《気をつけないとお尻が見えるよ！》、男の子には《おちんちんを引っ張っちゃうぞ！》と、嘲りとも叱責ともつかない口調で言った。Cf. dies., 1975, S. 168. しかし、ズボンや褌状の腰布をはかない男性も、全裸ではなかった。一八八〇年代初期にヨハン・アードリアン・ヤコブセン船長はアラスカで、エスキモーの男性が水浴びする前に亀頭に紐を巻き付けるのを見たし（cf. Hr. Woldt, 1885, S. 575）、それは別の報告者も確認しており、彼らは男性が包皮を紐でくくるのを見た。Cf. H. Schurtz, 1900, S. 403. にもかかわらず、時折異文化の訪問客がエスキモーの裸に近い姿を見てショックを受けることも当然あった。フリジョフ・ナンセンによれば、東グリーンランドのカプビル・エスキモーが小屋で着る *nâtit* という普段着は裸同然だったので、《慣れていないと、あまり見つめていられない》。彼の同行者には訪問の際に赤面した者もおり、とりわけナンセンが探検に同伴したラップ人がそうだった。Cf. F. Nansen, 1891, S. 330f., ferner ders., 1903, S. 20. ラップ人の羞恥閾はとても高く、上述のヤコブセンによれば、民族博覧会の開催中病気になったラップ人が病院に運ばれたが、絶対に《服を脱ごうとしなかった。最後には私たちが服は脱がせたが、ズボンを脱ぐのは拒んだ》(zit. n. H. Thode-Arora, 1989, S. 100)。ルーディガー・ミュラー＝ヴィレの一九八六年二月一九日付の書簡によれば、フィンランド領に住むラップ人の羞恥閾は少し変わってきた。彼らは最近フィンランド人からサウナ文化を受け継いだからである。

(46) J. van Ussel, 1970, S. 64.

(47) Cf. R. Muchembled, 1988, S. 223.

(48) Cf. D. Z. Tuzin, 1972 S. 239f.

(49) ヤン・ファン・バールの一九八六年一〇月二二日付の書簡。

(50) N. Elias, 1939, II, S. 320.

(51) ゲルゾンは、恥部の覆いがもつ意義について、いかにも進化論者らしい理論を述べている。彼によれば、《未開人》は他人の帽子が風で飛ばされるのを見て笑う子供と同じように幼稚である。だから他人の勃起を見れば笑わずにいられない。しかも、勃起したペニスが恥ずかしいとかばつが悪いからではなく、おかしな見世物だからである。では、なぜ女性も陰部の覆いを身につけるのか。女性に勃起するペニスがないことは、ゲルゾンも認めるのにやぶさかではない。《女性の局部にはわずかばかりの恥毛のほかに隠すべきものはほとんどない》。だから、女性は模範とする男性の習慣を無造作に真似たのだ、と彼は言う。ゲルゾンによれば、社会的発展のこの段階では男女とも陰部の羞恥を知らない。《食べるのに口が、聞くのに耳が要るように、自然が提供した行動に必要な陰部を、どうして未開人が恥じることがあろう。未開人が手や目を恥じるとでもいうのか》(A. Gerson, 1919, S. 23ff.)。しかし、《文明化された》人間にも正に同じ質問を投げかけられることが、ゲルゾンにはまったく分からないのである。

(52) Cf. P. Clastres, 1972, S. 201.

(53) Cf. C. Lévi-Strauss, 1948, S. 65; ders., 1978, S. 279.

(54) Cf. C. Wagley, 1977, S. 158f.

(55) Cf. G. Friederici, 1912, S. 156.

(56) マリンド・アニム族の男性の亀頭はいつも《かなり長い包皮でたっぷりと覆われていた》(J. van Baal, a. a. O.)。

(57) エドワード・E・エヴァンズ＝プリチャードの一九七一年一月三〇日の口頭連絡。Cf. auch ders., 1947, S. 116;

T. O. Beidelman, 1968, S. 122. ヌエル族の男性が路上で義父や、とりわけ義母に出会うと、直ちに陰部の辺りを隠さねばならなかった。隠す物をもっていない時には、相手に会わないよう、できるだけ早く道から離れた。というのも、手を陰部に当てるだけでは駄目だったからである。Cf. H. C. Jackson, 1923, S. 153; ferner R. Huffman, 1931, S. 37; P. Howell, 1954, S. 89; E. E. Evans-Pritchard, 1948, S. 3f.; ders., 1956, S. 178; T. O. Beidelman, 1966, S. 458; ders., 1981, S. 149; H. T. Fischer, 1966, S. 63f.; S. Hutchinson, 1980, S. 372. このように出会いを避けるのは、ある女性と寝たペニスをその母親に見られるのは恥ずかしいから、とランゴ族の人びとは言った。だからランゴ族の女性は、娘の恋人が誰か見破ることがよくあった。相手はいつも自分を避けるので、それと知れるのである。Cf. J. H. Driberg, 1923, S. 159f. シルク族の男性も昔は裸で生活していた（cf. E. E. Evans-Pritchard, 1971, S. 158)。ある男がナイル河を進む船の上で義父の兄弟の妻に会った時、彼は、これからきっとあの女は、おれのペニスを見たと他の女たちに言いふらすぞ、と友人に言った。Cf. C. G. Seligman/B. Z. Seligman, 1932, S. 60. Cf. auch A. Butt, 1952, S. 26, 85 (Luo, Atcholi).

（58）肛門もとても恥ずかしいもので、だからディンカ族の男性は——たとえば庭仕事をする時も——前に屈まないようにする（ゴドフリー・リーンハートの一九八六年一一月四日付の書簡）。イレーネ・レヴェレンツ（一九八六年九月五日付の書簡）も、ディンカ族で勃起は一度も見たことがないと書いている。《しかし、長い会議の時、彼らが腕を激しく動かすのに時折気づきました。それは勃起と関係あるのでは、と自問しました》。ディンカ族の人びとも亀頭を大変恥ずかしがり、前世紀にヨーロッパ人の医者が彼らのペニスを検査しようとしたが、男性たちはきっぱり拒んだ。Cf. C. Lombroso/M. Carrara, 1897, S. 22. 同じようにアチョリ族の男性も、陰部を触られないよう気を配る。またある男性はこう言った。《踊りの時は男らしさを見せる。だけど他人の睾丸に触る奴に災いあれ！》(O. p'Bitek, 1982, S. 25)。

（59）イレネウス・アイブル＝アイベスフェルトの一九八八年六月二八日付の書簡。

（60）Cf. R. M. Berndt/C. H. Berndt, 1951, S. 19, 23. 一四世紀初頭にイタリア人宣教師オドリコ・ダ・ポルデノーネは、中国に向かう途中でニコバル諸島を訪れ、島の男性についてこう述べている。《彼らは船の上にやって来たが、みなが服を着ているのを見ると自分たちの裸が恥ずかしくなった》(cf. F. Reichert, 1987, S. 537)。そして六〇〇年後に同じくイタリアの宣教師が《彼らは人目をはばかったのである》と補っている。フォルカー・ライヒェルト(一九八八年七月五日の口頭連絡)によれば、オリジナルの手稿では問題の箇所はこうなっている(Venedig, Bibl. Marciana, Cod. it. Cl. XI 32)。《彼らはペニスを股の間に挟んだので、親指を人差し指と中指の間にはさんだ例の仕草をあたかも後ろから見たようになった。そこで船上の人びとは笑い出した》。イタリアの研究では、このテキストは信頼できないと主張されているが(cf. C. Petrocchi, 1932, S. 209)、しかし中世にこの話をでっち上げた人にとっては、きっと未開人の羞恥心ではなく破廉恥ぶりを裏付ける資料と思われたのだろう。初期の報告は資料価値がまちまちだが、それらから判断すると、ニコバル諸島民の男性は女性と違い下半身を隠さなかったようだ。同じように最近まで裸だった小アンダマン島のヤラワ族の男性とくらべられよう。すでに七世紀に、インドに巡礼した有名な中国人がニコバル諸島を〈裸の人びとの島〉と呼んでいる。というのも《女性は恥部を葉で隠しているのに、男性はみな一糸まとわぬ姿だ》からである(zit. n. R. Ptak, 1990, S. 354)。逆にオドリコは、島民は《恥部を覆う布だけは》身に付けていたと述べ(zit. n. R. Jandesek, 1987, S. 97)、少し後にこの問題を取り上げたジョン・マンデヴィルも《彼らはみな裸で生活する。恥部の辺りだけ布を身に付けている》と述べている(J. Mandevill, 1989, S. 202)。それに対し一五世紀初期に馬歓が書いた『瀛涯勝覧』にはこうある。《男も女も裸である。彼らは野獣の如くまったく衣服を身に付けない。〔……〕彼らは、少しでも衣服を身に付ければ、すぐにデキモノができるだろうと語り合っている。昔シャカムニ(仏陀)が海を越えてこの地にいらっしゃると、着物を脱いで水に入り、水浴びをされた。その時(島の人びとは)着物を奪って隠した。それゆえ、彼らはシャカムニの呪いを受け、今日まで服を着られないのだ》。暫く後で、ニコバル諸島を訪れたと思われるフェイ・シンも島民が裸だと確認しているが、《彼らはただ木の葉を結び合わせ、腰の回りを覆っている》と但し書きをつけている(Zit. n. R. Ptak, a. a. O., S. 355f.)。

(61) Cf. W. H. Kracke, 1978, S. 209.

(62) Cf. J. W. M. Whiting, 1941, S. 49f. C・カウフマン(一九八八年、三七頁)は、他の社会もエリアスの述べる文明化の過程をたどって発展すると主張し、みずからフィールドワークを行ったクウォマ族をその例にあげている。《一九一二年に裸女を写した写真（92図参照）を一九七二年に見たクウォマ族の人びとは、驚きながらも半ば信じようとせず、クウォマ族ではないと言う者さえいた。信頼できる情報提供者は、私の質問にこう答えた。裸の男たちは親戚の昔の姿で、写真の一人一人の名前も言えるが、裸の女の方は、ずっと遠くの〈茂みに住む無教養な未開人たち〉の元で暮らしたに違いない、と。この情報提供者たちは年長の男性ばかりだったが、裸の女性を見ると、少しきわどいショーの写真を手に入れたティーンエイジャーのように、にやにや笑ったり、肘で突きあったり、写真を仲間内で回したりし始めた。どうやら彼らは、自分たちの社会の六〇年前の伝統的な姿のイメージを、記憶の中ですっかり変えてしまったらしい》。ホワイティングによれば、すでに〈裸の時代〉でも女性たちは写真の意味をひとたび理解すると、撮影に激しく抵抗した。カウフマンはこの事実をまったく考慮していない。つまり、後で男たちが写真に写った《自分のもの》――彼女らは遠回しにこう表現した――を見て、情欲をそそられるのではと恐れたのである。デュル『裸体とはじらいの文化史』一四二頁を参照されたい。というのも、当時も今日と同じように、男性が裸の女性を直接見ることは禁じられていたからである。その通りであれば――ホワイティングの観察を疑う理由は何もない――、宣教師や政務官がクウォマ族に強制した《文明化の過程》は、羞恥閾に関して本質的に限られたもので、視線の制御から生まれた〈見えない衣裳〉を繊維の衣裳に置き換えたにすぎないと言える。しかしこれは、エリアスとその信奉者の念頭にある《文明化の過程》などではもちろんない。

（63）　J. E. Keidel, 1909, S. 23f. さらに著者は、陰門は本来隠れているから、女性にそんな問題はない、と述べている。しかし、女性にとってヌーディズムは問題ないと説明するどころか、著者は《円形の胸当ての付いたサスペンダー》を女性に薦め、また、女性は《首に巻いたマフラーを交差させ乳房を覆い、背中で留め合わせる》だけでも十分だと述べている（a. a. O., S. 31f.）。ともかく、当時にしてみれば、そうした〈日光浴用の水着〉でさえ相当大胆だったのだろう。

（64）　W. Kuppel, 1981, S. 40. 六〇年代の末頃、ハイデルベルク大学の学生寮〈コレギウム・アカデミクム〉に《男女共用のシャワー室》が設置された時、とりわけハイデルベルクのＳＤＳ（救世主会）会員がこの改革に反対した。

これは典型的な《アナーキスト的》、つまり《プチブル的》行為である、というのがその理由だった。《上部構造》ではなく《下部構造》の変革のみが社会に革命を起こせるのだ、と。もっとも、後に反対者たちが告白したように、彼らが行動を起こしたのは、正しい革命への道を案じたからというより、むしろ男根が普段の状態から変化するかも知れないと恐れたからだった。因に、当時の左翼が抱いたそうした不安は、スワッピングを楽しむ同時代の《スインガー》にも共通していた。定期的にスワッピング・パーティーに参加したあるヌーディストはこう述べる。《スワッピング・パーティーに出て、グループの中にいる時でも、勃起するのではと困ることがあります。あまり性欲をむき出しにしたくないので、何か口実を見つけてはそこから抜け出しています。誇らしげに勃起する男性も大勢いますが、私は違います》。Cf. C. Symonds, 1971, S. 96.

(65) Cf. M. Müller, 1954, S. 22ff. 聖アウグスティヌスは、イヴが膣の分泌物をもはや意のままにできない罰を受けたのか、という問題はテーマにしなかったが、そうした方が首尾一貫したことだろう。後に床屋医者アンブロワーズ・パレは、女性は《小陰唇》が膨らむところを見られるのをとりわけ恥ずかしがる、と述べた。Cf. T. W. Laqueur, 1989, S. 117. ペニスのように我がままな器官がないことを喜ばしく思う女性も多いようだ。《私の膣が、私の意志に逆らって話したり、私に口だしできないのは、なんという幸運だろう！ 男たちは勃起を隠すこともできないのだ！》(M. Halsband, 1991, S. 316)。

(66) Cf. D. Lindner, 1929, S. 62f. 聖アウグスティヌスは、かつて楽園にいた女性には確かに乳房、陰部などがあったが、それらを見る者を性的に刺激することはもはやなかった、とも述べた。すると、人びとは互いに無関心の喜びをもって眺められ、真の愛《カリタス》は存在しても欲望《クピディタス》は存在しなかった、と。Cf. C. McDannell/B. Lang, 1988, S. 62f. 今日でも、陰部がほとんど制御できないことを羞恥心の原因と考える理論家もいる。Cf. z. B. A. Lowen, 1967, S. 52.

(67) Cf. M. Müller, a. a. O., S. 25f. P・ブラウン（一九八八年、四一六頁以下）は、聖アウグスティヌスが反対したのは欲望そのものではなく、意志を逸脱した欲望だった、と述べるが、それは晩年の聖アウグスティヌスにしか当てはまらない。アルベルトゥス・マグヌスやトマス・アクィナスも、楽園に性欲があると考えた。それは地上よりさらに大きく純粋な性欲だが、アルベルトが付け加えるように「理性の支配下に」ある。Cf. K. H. Bloch, 1989, S.

335. 楽園での性交について、性交が実際に存在したとしても「快楽」も「情熱」もなしに行われる、という聖アウグスティヌスのテーゼは、時が経つにつれて異論が出るようになった。とりわけ、アベラールの弟子ロベール・ド・ムランは一二世紀半ばに、聖アウグスティヌスのテーゼが正しければ、その他の肉体的感情もすべてありえない、と述べた。Cf. R. R. Grimm, 1972, S. 24. たとえばアステサヌスは、すでに楽園でも神は普通の性交を命じられたと述べたが、すぐに槍玉に上げられたので、実は性交にはまったく至らなかった、と付け加えて人びとを鎮めた。なぜなら、アダムとイヴは神がはっきりと性交を許されるのを期待していたからであり、また当時アダムはあらゆる食べ物を三度消化したからである。このように徹底的に消化したため、アダムの体内には精液の素がまったく残らなかったのだ。Cf. J. G. Ziegler, 1956, S. 44f. すなわちアダムは射精なき性交の可能性だけは所有していたのだが、同時代人は正にこの「射精に至らない性交」を鋭く批判したのである。そこで、ボローニャのウグッチオは、この種の性交は罰するに当たらない小罪でさえなく、オルガスムスに達しないのだから罪はないと述べたが、すでにアルベルトゥス・マグヌスがとりわけ射精には羞恥と罪悪感が伴うとしたにもかかわらず、この見解もやはり認められなかった（cf. E. M. Makowski, 1977, S. 102f.）。Cf. B. Roy, 1980, S. 95f.

(68) アルベルトゥス・マグヌスは、不本意の勃起から生まれる羞恥と《自然の》羞恥を区別する。後者は、陰部が醜いことと、排尿にも使うことに由来する。Cf. L. Brandl, 1955, S. 80f. トマス・アクィナスは、ペニスが我がままなため、男性は妻の前ですら恥じらいを覚えると述べた。《なぜならば、正しい婚姻に飾られた結婚生活でさえ、羞恥の対象とならざるをえない。それは、問題の器官の運動が、その他の器官のように理性の命令に服さないためである》（『神学大全』一五一、四、Ⅲ）。

(69) Cf. A. K. Hieatt, 1980, S. 223.

(70) ルカによる福音書二〇章三五節以下。Cf. B. Lang, 1985, S. 240f.

(71) Cf. L. Foster, 1981, S. 16. ピューリタン派の人びとにとって、制御できない無意識の官能的欲望が子供にあることは、子供たちがすでに罪を犯した証拠だった。Cf. G. Dohrn van Rossum, 1982, S. 73.

(72) Cf. J. Rossiaud, 1989, S. 211. 一五二八年、ディジョン市に住む亜麻布の織工は、息子の嫁の埋葬から帰るとこう記した。《嫁はこの世で肉体の仕事を十分に勤めた。あの世でもそうするだろう。あちらでは天使が女たちの面倒を見るのだから》。

(73) Cf. B. Bennassar, 1975, S. 218. 周知のように、イスラム教徒の男性にとって天国とは、「天国の美女《フール》」が大勢いる巨大な売春宿である。現世で敬虔であればあるほど、彼岸では大勢のセックス相手の女性に恵まれるのであり、アル・ガザーリーによると、この世のオルガスムはあの世で期待できるもののほんの前触れにすぎない。Cf. A. H. al-Ghazālī, 1984, S. 60. ある伝承によれば、天国でのオルガスム (*janna*) は二四年間続く。また注釈者スユーティーはこう教えた。《性交相手となる天国の美女は必ず処女である。選ばれし者のペニスは決してなえることなく、勃起は永遠に続くのだ》(zit. n. A. Bouhdiba, 1985, S. 75f.)。イスラム教徒の男性にとって、現実の女性は要するにみな気まぐれで危険である――天国ではじめて、不安や不信の念を抱かずに女性に出会えるのだが、その代わり、女性には〈魂がない〉。つまり、天国の美女は意志のない被造物であり、男は相手が満足するか心配せずに性交でき、また他の男や妖魔《ジン》に処女を奪われていないと確信できる被造物なのである。こうした来世はただの売春宿ではなく、男性専用の売春宿である。女性も天国には入れるが、性的満足の配慮は何もなされない。Cf. M. E. Combs-Schilling, 1989, S. 95f.

(74) J. van Ussel, a. a. O., S. 48. 原文はイタリック。

(75) Zit. n. R. Krohn, 1974, S. 114.

(76) ロンディビリスは話をこう締めくくる。《従って、来る日も来る日もこっちで支払うばかりで、十分相手の意を充たすような貯えが十分ない我々には、コキュになる危険が絶えずあると申しても、驚くに当たらぬことになりまする（渡辺一夫訳による）》(F. Rabelais, 1961, S. 373f.)。

(77) Cf. V. Elwin, 1947, S. 423. ズールー族の人びとは、女性と違って分泌物や射精を制御できることから男性の力が生じる、とさえ考えていた。Cf. H. Ngubane, 1976, S. 282.

(78) Cf. G. H. Herdt, 1984, S. 189; ders., 1981, S. 190.

(79) Leonardo da Vinci, 1940, S. 51f.

(80) ガンジーは若い娘が自分に接近してくることさえ恐れなかった。というのも、どのみち女性は性的興味をもたないと思ったからである。Cf. P. Caplan, 1987, S. 274, 278f.

(81) Cf. J. Dalarun, 1987, S. 72. 後にロベール・ダルブリセルもそのような試みをし、何人もの——恐らく元公娼の——全裸の女性とベッドを共にした。ジョフロア・ド・ヴァンドームはこれを、ロベールがみずから十字架にかかった《新手の殉難》と呼んだ（前掲書八二頁）。

(82) Cf. S. M. Lyman/M. B. Scott, 1968, S. 97.

(83) Cf. G. Devereux, 1973, S. 60.

(84) ファン族の古い話では、女が山猫の毛皮製の恥部覆いを外して、男と並んで歩く。男が勃起すると、女は言う。《そら、あんたが見えるよ！　疲れてる時でも、私から隠れられないのさ！》Cf. J. W. Fernandez, 1982, S. 164.

(85) S. Lavie, 1990, S. 119.

(86) T. Ungerer, 1986, S. 76.

(87) al-Ghazālī, a. a. O., S. 61. Cf. auch N. al-Sadāwī, 1980, S. 121.

(88) Zit. n. L. Gordon, 1977, S. 104. O・ヴァイニンガー（一九二一年、一一一頁）の考えはまったく異なっていた。《男性はペニスを所有するが、女性は膣に所有される》。

(89) M. S. Weinberg, 1981, S. 343.

(90) それはさておき、むしろ勃起が起こりそうにない条件も幾つかある。たとえば、〈ロンドンでもっとも卑猥なショー〉に出演した男優はこう言った。《厄介な問題がごまんとある——四〇〇人もの観客の前で裸になってると、とても感じやすくなるんだ。観客の一人一人がおれの〈大きさ〉を酷評してると想像せずにはいられないのさ。だけど勃起するかもと心配したことは一度もない——緊張の度が過ぎるし、観客を意識しすぎるからね》(zit. n. P. Webb, 1983, S. 341.)。

(91) Zit. n. O. König, 1990, S. 278.

(92) *Neue Revue* 35, 1989, S. 37. この箇所を指摘してくれたイェルク・ロッゲンブック氏に感謝する。

（93） J. Smolev, 1987, S. 56. しかし、患者のペニスがすぐに勃起するかもしれないと最初に女医が示唆すれば、その場の緊張が解けるのかという問題は今は問うまい。

第13章

（1） 父フォルスターはその点に確信がもてなかった。《あの奇妙な覆いが、本当に礼儀や羞恥心を考えてのことなのか、それとも虫除けのため、刺や木の枝で傷つかないためなのか、私には決めかねる》（J. R. Forster, 1783, S. 342）。

（2） A. a. O., S. 342.

（3） G. Forster, 1966, III, S. 296.

（4） P. Ariès, 1986, S. 11.

（5） J. van Ussel, 1970, S. 64.

（6） Cf. K. Weinhold, 1938, S. 101.

（7） Cf. H. M. Zijlstra-Zweens, 1988, S. 52.

（8） 服の下にズボン下をはかないのも、もちろん無作法とされた。服がずり上がったり、風で捲れることがよくあったからである。Cf. A. v. Heyden, 1889, S. 80. 例えば一三世紀中頃の行動典範には、《騎士たる者は大腿むきだしで貴婦人方の前に出てはならない》とある（Zit. n. A. Schultz, 1889, S. 292）。シトー会の修道士たちがズボン下を履くのを拒んだことは、かなり噂の種になった。ビンゲンのヒルデガルトは――本人は女性なのでズボン下をはかないが――、修道士たちに破廉恥で邪まな意図があるのではと疑いさえした。下半身を覆わないと、むきだしの《肉体》が修道衣に触れ、修道士が性的に興奮するかもしれないからだ。そのためクリュニー派の修道士は、ズボン下が欠かせないと考えたのである。それでもシトー会修道士は頑固に拒み続けたらしく、聖女ヒルデガルトは、上着がずり上がらないようせめてベルト（*zona*）くらいは締めるよう望んだ。Cf. G. Zimmermann, 1973, S. 94, 110f., 359, 371.

（9） Cf. F. Piponnier, 1989, S. 232. このファッションは、実用的な理由で甲冑の下に着た、かなり短い服から生まれたのかもしれない。一三八〇年頃まで、このモードは王宮や諸都市でもほとんど見られず、地方に届くにはさらに時間がかかった。Cf. a. a. O., S. 233f.

（10） Cf. I. Origo, 1985, S. 236. もちろんそれ以前から男性のファッションでは、短くまたきちきちの服が幾度も流行になったが、そのたびに無作法とのレッテルを貼られた。すでに九二七年にはランスの大司教が教会会議の席上で、一部の聖職者が恥部さえ隠せないほど透けた破廉恥な服を着ている、と激怒した（cf. P. Englisch, 1927, S. 108）。また、同じ頃ベネディクト修道会士ノートカー・バルブルスは、大勢の廷臣がボディラインを強調したけばけばしい色の服を着ており、これは古代フランク国の礼儀正しい衣裳とも、肉体を慎ましく覆う聖職者の幅広の衣裳とも異なり不快だと非難した。Cf. A. Borst, 1979, S. 194. 一一世紀中頃にジークフリート・フォン・ゴルツェは、《極めて無作法に服をつめたり作り変えたりするのが、礼儀正しい人びとの目には弾劾すべきことに映る》と不満を述べ（zit. n. J. Bumke, 1986, S. 199）、その後にオルデリクス・ヴィタリスとウィリアム・オブ・マームズベリーが相次いで、若い貴族がチュニックを紐で締め上げることについて意見を述べている。Cf. A. Ribeiro, 1986, S. 34.

（11） Cf. L. Jordan, 1907, S. 164.

（12） Zit. n. M. J. Rocke, 1989, S. 12. Cf. auch V. H. H. Green, 1971, S. 179. 一五世紀後半にサヴォナローラは、画家が聖者にそうした破廉恥な衣裳を着せて描くことに抗議した。Cf. T. Aschenbrenner, o. J., S. 27.

（13） Zit. n. A. Schultz, 1892, S. 319. 『ザイフリート・ヘルブリング』では、男性用上着が短くなり、前からズボンの前当てが見えるばかりか、後ろからは詩人がその名をあげたくないものが見えるほどだと嘆いている。《誰も自分で分かることだが、男性の破廉恥な服は、前はズボンの前当てを、後ろは私が言いたくないものを人びとに見せている》（zit. n. J. Bumke, a. a. O., S. 201）。

（14） R. v. Retberg, 1865, S. 198.

(15) Zit. n. J L. Nevinson, 1958, S. 306. 中世末期にイングランド各地で、男女の短い服を嘆く声がしきりに聞かれた。一三四四年に年代記作家ジョン・オブ・リーディングは、大勢のご婦人方が服の後ろにキツネの尾の毛皮をつけ、尻の割れ目を隠している、と述べている。数年後ピーター・アイドリー某は、男性の上着や胴着が短く、身を屈めたり跪くと下半身を隠せないと言う。《その服は背中の端が尻の辺りで切れている／まっとうな男ならそんなデザインは心底嫌がるはずだ／それを着ると体が切り株のように短くなり／少しでも身を屈めたり跪けば／上着の後は腰にもとどかない》。Cf. J. Scattergood, 1987, S. 258f., 264ff. Cf. auch C. W. Cunnington/P. Cunnington, 1981, S. 22.

(16) Zit. n. F. Piponnier, 1989, S. 228. 一三六一年にフランスはプロヴァンスで開かれたアプト公会議の席上でお歴々は、小姓や《騎士に叙任される前の貴族の子弟》の服の色が曲芸師のようにけばけばしいばかりか、《女性のような》服装をした若者たちの《上着》も、破廉恥にもしばしば《大腿や尻》が見えるほど短いと批判している。Cf. J. Chiffoleau, 1984, S. 194, 269. それより少し前に『フランス大年代記』は、若い廷臣たちが《貴族の用を言付かるため身を屈める時》、《半ズボン《ブレー》》やその中身がすべて見えた、と嘆いている。Cf. A. Ribeiro. 1986, S. 45; S. M. Newton, 1980, S. 10. 騎士ド・ラ・トゥール・ランドリーも、若者の破廉恥ぶりは動物さながら、とりわけ《尻や半ズボンやその下のもの、つまり恥部が見えるような服装の廷臣ども》がそうだ、と述べている (O. Blanc, 1989, S. 250)。

(17) 一四六七年にブルゴーニュの年代記作家マチュー・ド・クシーはこう嘆いている。《突然当代の男たちはかつてなく短い服を着るようになった。そこで、よく猿に服を着せた時のように、尻と陰部が見える次第となった。これは実に無作法で卑猥なことだった》(zit. n. R. Muchembled, 1988, S. 69)。Cf. auch H. Weiss, 1872, III, S. 105f.

(18) Cf. F. Piponnier, a. a. O., S. 230.

(19) O. Feger, 1955, S. 68. 一四世紀後半のバイエルン領内イスニ市の都市法にはこうある。《前後とも恥部が十分に隠れない短い衣服の着用を禁じる》(K. O. Müller, 1914, S. 277)。一五〇三年と一五〇八年のザンクト・ガレン市の条令 (E. Ziegler, 1991, S. 34)、一三七五年および一四六四年のチューリヒとベルン両市 (J. M. Vincent, 1969,

S. 45f.)、クラカウ市（E. v. Sokolowski, 1910, S. 53)、ニュルンベルク市（J. Baader, 1861, S. 105)、ブレスラウ市（S. B. Klose, 1847, S. 217）の条令も参照されたい。それらの条令では、短い上着を着た者が婦人や若い娘の前で腰掛けてはならないことがことさら強調されている。服飾史家O・ブラン（前掲書、二四七頁以下）の主張によれば、当時クレームをつけられた女性の衣裳とは違い、男性の短い上着は〈動物的〉であり、その意味で卑猥だったが、性的に刺激するとは受け取られなかった。しかし、ベルナルディーノ・デ・シエナの憤慨した言葉からすでに分かるように、同女史の主張は間違いであり、いずれ見るように、《ソドミスト》ばかりか女性にも破廉恥な刺激を与えると信じられていたのである。

（20）ゲッティンゲン市民は兵役についた時だけ――きっと実際的な理由から――わりあい短い上着を着てもよかった。少し後に発布された条令では、裾から指を伸ばして《脚に沿って届く限り》の長さと定められた（H. Roeseler, 1917, S. 85)。一四五八年（一四七六年改定）に、ケルン市参事会員は《少なくとも膝まで隠れる》服を着るよう申し渡された。また参事会員以外の男性も《みずから服装を正し、無作法でふさわしくない外観の短い服》を追放し、身体の《当然覆うべき》部分をすべて隠すよう指示された。Cf. G. Schwerhoff, 1990, S. 108. Cf. auch J. F. Hautz, 1864, I, S. 93.

（21）J. Brucker, 1889, S. 462.

（22）Cf. Erasmus v. Rotterdam, 1673, S. 36.

（23）Zit. n. J. Scattergood, a. a. O., S. 266.《コドピース》は《袋物》の意で、後には陰嚢やペニスの名称にも使われた。Cf. P. Fryer, 1963, S. 44; E. Partridge, 1968, S. 81.

（24）これを犯した者は三グルデンの罰金を課せられた。同市の別の条令では、服が《無作法に捲れない》よう、男性用の上着は《前の部分が前当てと恥部を覆って、長さが指二ツヴェルヒ分》なくてはならなかった（J. Baader, a. a. O., S. 105f.）。

（25）G. Wolter, 1988, S. 44.

（26）Cf. A. Ribeiro, 1986, S. 62. だから、特に年配の男性がそうした服を拒んだのも驚くには当たらない。Cf. a. a. O.,

S. 68.

(27) Zit. n. W. Rudeck, 1905, S. 71.

(28) Zit. n. L. Schneegans, 1857, S. 380.

(29) E. Martin/H. Lienhart, 1907, II, S. 903.

(30) Cf. J. Zander-Seidel, 1990, S. 181; P. Bräumer, 1985, S. 3. 現存する数少ない股袋付ズボンの写真が、E・シュティレの著書（一九九一年、一三八頁）に載っている。これは一五五〇年頃に作られた、ザクセン選帝侯アウグスト所蔵になる半ズボンである。

(31) Cf. W. Rost, 1983, S. 93.

(32) 同じように、甲冑も普段着用の胴着とスリット入り半ズボンを模倣している。

(33) Cf. z. B. L. Funcken/F. Funcken, 1980, S. 95. ほとんどの甲冑用股袋は、たいてい革製の固い小さな袋であり、シャツの下に着た。Cf. L. Tarassuk/C. Blair, 1982, S. 137.

(34) 《長い上着を着たがらず／新たな流行を追いたいのなら／猿や農夫のように／短くつめた上着を着るがよい／腰まで届かず／尻がきちんと隠れない／それが目下流行の上着／今では高貴な方々や／騎士や実直な兵士もそれを着ている》(F. Dedekind, 1882, S. 21)。

(35) Cf. W. Meyer, 1985, S. 192f.

(36) F. Rabelais, a. a. O., S. 291.

(37) O. Blanc, a. a. O., S. 250. Cf. auch ferner K. Eisenbichler, 1988, S. 22.

(38) P. Pfrunder, 1989, S. 153.

(39) Cf. L. Dresen-Coenders, 1988, S. 38, 40. エルハルト・シェーン作の木版画（一五三三年頃）でも、妻が夫を押さえ付けて股袋のボタンを外している。Cf. L. Roper, 1989, S. 259.

(40) K. A. Barack, 1881, I, S. 443.

(41) G. Boccaccio, 1960, S. 360.

（42） Cf. A. Bömer, 1904, S. 342. インドネシアのバリ島などの地域では、もっぱら世襲王侯《ラージャ》が得意とする姿勢である。

（43） C・アンデルソンとC・タルボット（一九八三年、一〇五頁）は、クルムバッハのハンスがおそらく黒人のモデルを使ったと述べているが、この絵にはペニスケースをつけた異国の戦士が描かれていると実際に考えたくなるだろう。しかし、それは事実に反している。中世末期には、たとえばニクラウス・マヌエル・ドイチュのスケッチ『騙された夫』のように、明らかにヨーロッパ人と分かる男性が超ビキニ《タンガ》に似たズボン下をはいて描かれており、そこにはペニス型の股袋が結びつけられているのだ。Cf. T. V. Wilberg-Schurmann, 1983, S. 99.

（44） Cf. A. C. Haddon, 1890, S. 368. C・レヴィ＝ストロース（一九七八年、二七九頁）によれば、こうした貝やケースには、持ち主の和平を求める意図を明示する機能があったらしい。その理由は述べてないが、勃起は脅しと受け取られかねないので、ケースで勃起を妨げると同氏は考えたのだろう。ところが、レヴィ＝ストロース本人がナンビクァラ族で行った観察によれば、人前では決して勃起しないとの事実があり、矛盾が生じる。逆にJ・ツヴェルネマン（一九八三年、四九四頁）によれば、多くの南米インディアンは、ペニスが普通に上向きに縛り付けてあると、威嚇の仕草と見る。しかし、これもありそうにない。なぜなら、腰紐で包皮を引っ張り、上向きに縛りつけたペニスと、身体から飛び出し亀頭が露出したファルスとは、まったく似てないからである。

（45） どうやら数千年前にも、ミノア文化の前当てが中世のそれと同じ展開をたどったらしい。本来それは恥部を隠すやや細い帯で、レスラーなどの運動選手が身に付ける唯一の衣裳としてしばしば描かれていた。凍石の角杯《リュトン》の破片を見ると、帯は股を通してから布製の帯でベルトに留めたと分かる。紀元前一七〇〇年以降、その帯は次第に大きく装飾的になり、最後にはカプセル状の形で、ごわごわした生地で作られた男性用のキルトにアップリケとして付けられるようになった。たとえば、アギア・トリアーダ出土の有名な花瓶の絵では、収穫を祝う行進に参加する男性が身に付けている。そしてヨーロッパで一六世紀末頃に股袋が流行遅れとなったように、ミノア文明期のクレタ島でも、ほどなくして恥部覆いのカプセルは姿を消した。Cf. R. Castleden, 1990, S. 11f. 同じように古代エジプトでも、先王朝時代にペニスケースやペニス覆いの貝は当初恥部の覆いだったらしい。若者が割礼後、つまり亀頭を露出した後でケースを受け取ったことは、あらゆる資料が示している。しかし、後代には権力のシンボルとなったようで、社会的地位の高い女性も身に付けたらしく、第六王朝のサフラー王の浮彫りにその様子が描かれている。Cf. S. Lagercrantz, 1976, S. 8f. しかし古王国時代には、一般的な恥部隠しとしては使われず、戦士や狩人だけが身に付けていた。たとえば、メイールの岩石中に掘られた墳墓には、センビという地方長官と息子が描かれているが、弓矢をもって砂漠の狩りに出た二人はそうしたケースをつけている。Cf. P. J. Watson, 1987, S. 14f. 亀頭は管に差し込んであるが、ペニスのそれ以外の部分と陰嚢は垂れ布で覆ってある。

(46) Cf. E. Ziegler, 1991, S. 41.

(47) Cf. J. Zander-Seidel, a. a. O., S. 163. この頃、ブランデンブルク選帝侯ヨアヒム二世の命令により、ある若い貴族が公衆の面前でズボンのベルトを切られ、この若者はズボン下姿でベルリンの民衆の前に立つはめになった。Cf. G. Buß, 1906, S. 56f.

(48) M. de Montaigne, 1922, I, S. 344.

(49) G. della Casa, 1607, S. 20.

(50) C. Wolter, a. a. O., S. 77. Ähnlich auch J. de Greef, 1989, S. 16.

(51) Cf. H. Berthold/K. Hahn/A. Schultze, 1935, S. 50f. 一六世紀中頃に傭兵の間で《ボロボロの》、またはわざわざ切り裂いた衣裳が広く流行った時、全裸で歩くよりも露出部分が多いと非難する記録がある。Cf. F. Blau, 1985, S. 161. もちろん、それは誇張だった。なぜなら上着の下には派手な色の軽い裏地がついていたからである。

(52) Cf. A. Bömer, a. a. O., S. 335.

(53) A. Musculus, 1894, S. 8, 15. Cf. auch J. Zander-Seidel, 1987, S. 61.

(54) F. Rabelais, a. a. O., S. 37.

(55) Cf. Musculus, a. a. O., S. XIVf.

(56) Cf. R. M. Anderson, 1979, S. 75.

(57) H. v. Schweinichen, 1878, S. 115.

(58) Cf. M. Debout, 1991, S. 33.

(59) Zit. n. A. Schultz, 1892, S. 299.
(60) Cf. J. Stockar, 1964, S. 276.
(61) Cf. S. Alpers, 1973, S. 167; K. G. Heider, 1969, S. 388.
(62) Cf. E. de Goncourt/J. de Goncourt, 1920, II, S. 81.
(63) Cf. G. Wolter, a. a. O., S. 149, 163. もっとも、男性が女性のようにズボンを履いていないと、さらに激しい憤慨の声が上がった。たとえば一七五五年にロンドンの仮面舞踏会に仮面をかぶった《道化》が現れたが、どうやら《頭巾と小仮面の付いたドミノ仮装衣の下に半ズボンを履いていない》ようだったので、スキャンダルとなった。Cf. T. Castle, 1983, S. 166.
(64) このセネガル人は、一七九一年にサン・ドミンゴ島で民衆が蜂起した際の黒幕の一人で、後に島の代表としてパリの国民公会に派遣された。Cf. R. Brilliant, 1991, S. 32.
(65) Zit. n. E. Fuchs, 1912, III, S. 193.
(66) Cf. M. Rugoff, 1972, S. 104; E. J. Dingwall, 1962, S. 69.
(67) Cf. R. M. Dekker/L. C. van de Pol, 1989, S. 15. 〈男らしく〉みせるためズボンに詰め物をする歌手やダンサーは今日でも多いらしい。たとえば歌手のミック・ジャガーは〈前に〉兎の前足を入れたと噂される。だが、ズボンの前があまりはち切れんばかりだと、無作法とか挑発的と感じる人びとは現代でも多い。たとえば、一九八九年にバーミンガムで開催されたフィギュアスケートのヨーロッパ選手権大会で、イギリスの女性審査員ヴァネッサ・ライリーはソ連チャンピオンのアレクサンドル・ファデイェフの演技評価から〇・二ポイント減点した。彼のタイツに陰嚢の提挙帯の形がはっきり浮き出ていたからである（もっとも、この件は新聞報道でからかい半分にコメントされた）。

（1） Cf. G. Róheim, 1974, S. 245.
（2） Cf. T. Gregor, 1985, S. 71.
（3） Cf. Te Rangi Hiroa, 1962, S. 510. マオリ族の戦のダンスを描いたスケッチ（一八四七年）では、ほとんど裸の戦士たちが股を大きく開いている。Cf. J. Binney, 1990, S. 154. H・プロス（一九一一年、一二八頁）は《中央アフリカでは、勃起したペニスは宣戦布告と見なされる》と述べているが、叙述は曖昧で出典もあげていない。
（4） Cf. F. A. Hanson/L. Hanson, 1983, S. 51.
（5） Cf. F. Karsch-Haack, 1911, S. 246.
（6） Cf. W. E. Gudgeon, 1904, S. 210. 他人の陰部を摑むのは、ひどい侮辱とされた。一八四六年、マオリ族との戦いの最中に族長テ・ラウパ・ラハはイギリス人に陰嚢を摑まれ、マナをすっかり失った。この侮辱は当時、《イギリス統治時代に先住民の間でこれほどセンセーションを引き起こした事件はなかった》とコメントされた。Cf. J. Belich, 1990, S. 84.
（7） Cf. E. Best, 1905, S. 208.
（8） Cf. J. H. Field, 1975, S. 41f. アベラム族でも大きなペニスは努力目標だった。男たちが栽培するヤマノイモは長さ四メートルにもなるが、これがファルスのシンボルであり、それどころか目に見えない液を射精するというので、シンボル以上のものと考えられる。一番長いヤマノイモを収穫すれば、最高の名声をえられる。ヤマノイモ畑は女人禁制で、男性でもその前に女性と寝ておらず、〈女の〉血が流れ落ちるようにペニスに傷をつけた者だけが入ることを許された。Cf. A. Forge, 1965, S. 28, 31. 同じようにイラヒタ・アラペシュ族でも、ヤマノイモが膣の分泌物の匂いを嫌うので、ヤマノイモの成長期に性交は一切禁じられる。男性が女性を侮辱しようと思えば、お前のアソコは淫乱で腐ってて臭いぞと言う。だがそんな時は女性も、畑で長いヤマノイモを育てられないくせに、と男性に言い返す。Cf. D. F. Tuzin, 1972, S. 237f.

（9）アリは羞恥心を克服してアムルを倒したと言われる。にもかかわらず、アリは実に気まずい思いがしたので、アムルの甲冑を戦利品にする勇気がでなかった。Cf. J. A. Bellamy, 1979, S. 29. ラテン語作家も「男根《メントゥラ》」は不安を抱かせると述べる。一二世紀にベルナルドゥス・シルヴェストリスは、ペニスが女神ラケシスと戦い、同じ運命の女神アトロポスが断ち切った生命の糸をふたたび繋いだ、と書いている。Cf. L. Steinberg, 1983, S. 46.

（10）Cf. G. Shepherd, 1978, S. 134.

（11）Cf. O. Harris, 1980, S. 80.

（12）Cf. R. Fine, 1990, S. 3.

（13）Cf. M. Cook/R. McHenry, 1978, S. 175.

（14）Zit. n. V. L. Bullough, 1987, S. 64.

（15）Cf. S. Maier-Bode, 1983, S. 19.

（16）O. Weininger, 1921, S. 332. この点で、《faszinieren 魅了する》が《fascinum ファルス》に由来することは興味をひく。

（17）Cf. R. C. Hunt, 1971, S. 131.

（18）Cf. P. G. Rivière, 1967, S. 572, 577; H. Driessen, 1983, S. 128f.; ders., 1992, S. 243f.; S. Brandes, 1981, S. 230; B. Keith, 1985, S. 605f.; J. R. Corbin/M. P. Corbin, 1987, S. 37; F. D. Mulcahy, 1976, S. 144; O. Lewis, 1961, S. 38. スペイン内乱の際、ある民兵は、お前の部隊長は本当に女性なのかと仲間から不審そうに聞かれ、こう答えた。《そうだとも、女だ。しかもおれたちは、世界中の隊長よりもたくさんの玉がある女隊長を誇りにしてるのさ！》(M. Etchebêhère, 1980, S. 249)。

（19）Cf. A. Blok, 1982, S. 167, 178.

（20）Cf. E. Monick, 1990, S. 62; L. Zwilling, 1992, S. 204f.

（21） Cf. D. Gewertz, 1984, S. 619.
（22） イタリア語の *coglionare* は《人をかつぐ》、《からかう》の意で、*coglione* は《睾丸》ばかりか《間抜け》も意味する。Cf. O. Stoll, 1908, S. 768.
（23） ホマユン・メイーアンの一九八六年六月二七日の口頭連絡。シンハラ人がよく使う呪詛詞は《*pittambaya*! チンポコ！》で、われわれなら《こん畜生！》と言う時に使われる。たとえばシンハラの女性は、《誰も子供たちの面倒を見てないの？ チンポコ！》と叫ぶ。Cf. G. Obeyesekere, 1974, S. 212.
（24） Cf. N. Z. Davis, 1986, S. 59. 古代ギリシア人やローマ人にとっても、はち切れんばかりの睾丸は勇気と性的能力のシンボルだった。Cf. H. Herter, 1976, S. 28. セントラル・パナイ島の山岳地帯に住むスロド族の人びとも、生殖力は睾丸に宿ると考え、そのため女性はできるだけ睾丸の大きな男性を求めると言う。Cf. F. L. Jocano, 1968, S. 131, 151.
（25） Cf. R. H. Bloch, 1986, S. 62.
（26） M. Thoman, 1876, S. 14.
（27） Cf. J. van Ussel, 1970, S. 155. アイスランドでは年に一度、夏の放牧地から羊たちを連れて来て雄羊の品評会が行われる。参加できるのは男性だけで、自分の雄羊の睾丸のサイズと重さを委員会の面々に測定させる。女性民族学者はこう書いている。《その場の雰囲気はセックスに満ちていた。この品評会は文字通りにも比喩的にも性的能力の競争だ、と私は気づいた。男たちは雄羊に代理させ競い合うのだ》（K. Hastrup, 1985, S. 50）。
（28） Cf. S. M. White, 1982, S. 210.
（29） つまり、雄が競争相手より多量の精液が作れると、雌を妊娠させるチャンスもそれだけ大きくなるのである。こうした競争関係にあるチンパンジーの雄たちは睾丸が比較的大きいが、普通一頭で複数の雌と交尾するゴリラの雄には比較的小さな睾丸しかない。人間の睾丸はゴリラよりほんの少し大きく、これは《男性が一人あるいは複数の女性に対し、ある程度排他的な関係をもつことを暗示する》（R. A. Hinde, 1984, S. 475）。
（30） Cf. W. H. Masters/V. E. Johnson/R. C. Kolodny, 1987, S. 76.

(31) Cf. R. D. Guthrie, 1976, S. 88.

(32) Cf. A. I. Bell, 1961, S. 265f.

(33) Cf. Guthrie, a. a. O.

(34) 《しっぽを巻く》とは犬の仕草から生じた表現だが、面白いことに、私が質問した男性は誰もがこの文脈の《しっぽ》をペニスと考えた。

(35) Cf. D. Rancour-Laferrière, 1979, S. 69.

(36) ライン方言の *futte* は無気力な優柔不断の男であり (cf. J. Müller, 1928, S.950)、スイスのアールガウ州、ザンクト・ガレン市、トッゲンブルク市、シュヴィーツ州のアインジーデルン市でも軟弱な者や意気地なしは *fütte* と呼ばれる。同じくスイスのアッペンツェルで *gfötisch* (陰門のような) は《臆病な》の意である。Cf. F. Staub/L. Tobler, 1881, I, S. 682f. Cf. auch J. Krämer, 1980, III, S. 1236. *Fut*、*füdle* などは《肛門》の意もあるが (cf. H. Fischer, 1905, XI, S. 1814; E. Ochs/K. F. Müller/G. W. Baur, 1974, II, S. 246f.; J. J. Oppel/H. L. Rauh/W. Brückner, 1971, II, S. 717)、この文脈では陰門を意味する。

(37) Cf. A. Erman/H. Grapow, 1955, III, S. 76, 80. 後にこの語は《ホモの女役》もさしたらしい。Cf. S. Schreiber, 1991, S. 334f.

(38) それはむしろ《陰門》より《膣》の意かもしれない。というのも、ハトホル女神がラー神の前で露出したのは、*ḥm.t* でなく *k;.t* だからである。*ḥm.t* には明らかに《膣》《子宮》ばかりか《女、妻》の意もある。その際、*ḥm* の表意文字は水道管や水の入った桶である——これはどうやら、女陰の絵の代わりらしい。Cf. A. Gardiner, 1927, S. 492; M. P. Lacau, 1970, S. 82ff.; G. Lefebvre, 1952, S41; H. Grapow, 1954, I, S. 87.

(39) ヘロドトス『歴史』第二巻一〇二節。

(40) Cf. H. Grapow, 1924, S. 131. Cf. auch T. v. d. Way, 1992, S. 87.

(41) Cf. W. Westendorf, 1987, S. 77.

(42) Cf. F. Karsch-Haack, a. a. O., S. 315, 325. チェロキー族も、征服したマスコギ族に無理やり女物のスカートをはかせたらしい。Cf. a. a. O., S. 330. 一八世紀になってもピーガン族とショショニ族の〈戦〉では、せいぜい対峙した相手を《女》と罵る程度だった。Cf. J. Price, 1979, S. 175.

(43) Cf. hierzu U. Wesel, 1980, S. 107ff. イロコイ族にも《女にされた》男性がかなりいたらしく、ド・シャルルヴォアによれば、彼らは《極めて軽蔑されて》いた。Cf. Karsch-Haack, a. a. O., S. 329.

(44) Cf. N. O. Lurie, 1953, S. 711. ビザンチン帝国の王位簒奪者テオフィリス・エロティコスを侮辱するため、女装させて競車場を引き回した。Cf. K. F. Morrison, 1990, S. 159.

(45) Zit. n. T. Todorov, 1985, S. 113. アステカ人は女っぽい男性《スチオア》をひどく軽蔑した。〈ホモの女役《クイロニ》〉は《女役となるから、火刑がふさわしい》と言われた（B. de Sahagún, 1961, S. 37f.）。アステカの戦士が征服した敵の肛門を犯したか、は明らかでないようだ。F・ロペス・デ・ゴマラ（一九九一年、一〇八頁）は、アステカ人も戦死したスペイン人や援軍のインディアンを《辱めた》と述べるのみで、それ以上説明していない。

(46) *berdache*《ベルダーシュ》はアラビア語 *bardaj* から派生した語で、これはホモの相手になる若い奴隷をさした。Cf. E. Blackwood, 1984, S. 27. フランスではすでに一六世紀に、*berdache* はホモの女役をさす表現として用いられた。Cf. D. F. Greenberg, 1988, S. 334. シャイアン族はベルダーシュを*'a-he-e ma'ne*《半男半女》と呼んだ。どういう意味か尋ねられた情報提供者たちは、《女のように振る舞い、女役をつとめる男だ》と答えた。Cf. W. L. Williams, 1986, S. 76. それゆえ、この定義によれば*'a-he-e ma'ne* は性的倒錯者でなく、いわば第三の性の持ち主であり、だから一九世紀最後の「女男」二人も、男性名と女性名をもっていた。Cf. G. B. Grinnell, 1923, II, S. 39f. K・H・シュレージア（一九八五年、一〇一頁）は*'a-he-e ma'ne* にイデオロギー上の大きな意義を認め、彼らは《儀式で両性をつとめるため》あらゆる《性的行為から排除されて》いたと主張する。しかし、もちろんそれは論外である。ある種の男性にとって*'a-he-e ma'ne* は性的パートナーに他ならなかったからだ。彼らは仰向けに寝ると股を広げペニスを腹の上に引っ張り、それから肛門に挿入させたらしい。Cf. A. L. Kroeber, 1907, S. 19f. インディアンのその他の種族でも制度として「女男」がいたが、その第一の役割は、ホモセクシュアルたちの欲望のはけ口となることだったらしい。そうした男性にベルダーシュをあてがうことで（cf. Williams, a. a. O., S. 95）、正常な男性から引き離したのである。だがその際に、「女男」の相手になる男性が少なくとも外見上は〈男役〉になることが大切だった。だからたとえば、クロウ族の男性は *badé* にフェラチオさせたし、モハヴィー族の *alyha* の相手も同じようにさせた。Cf. G. Devereux, 1967, S. 413f. ナヴァホ族で男性間の性的関係は厳しいタブーとされたが――気が触れると言われていた――、男性と *nadle* の間なら認められた。それどころか、肛門性交をしてくれた相手に *nadle* の方が金を払うこともよくあった。Cf. W. W. Hill, 1935, S. 276. ラコタ族のベルダーシュは、〈夢〉の中で雌バッファローの化身である白い女に力を授けられて、異性愛者の男性をよく誘惑した。そして相手にフェラチオさせる、つまり〈男〉役になった。しかし、そのことは誰にも知られてはいけなかった。さもないと、相手が名誉を失うからである。ウパ族のベルダーシュはセックスの相手についてこう言った。《世間が知る限り、彼が男役だった。ところが寝床では役割が替わった。男らしいイメージを守らないといけないので、誰にも言わないようにいつも頼まれるんだ》。またハリワ・サポニ族の〈女役のホモ〉によると、ばれないと確信できれば、どの〈マッチョ〉も彼に〈して〉もらいたがる。《誰でも時にはエプロンをつけてみたいのさ》。とりわけいかにも〈男らしい〉若者を性のパートナーとして探すベルダーシュも少なくない。とりわけ若者たちが女の子を口説き落とせなかった時には、その誘いに乗った。Cf. Williams, a. a. O., S. 28, 96f. しかし、ズニ族は *Ibamana* のところへ通う若者を嘲笑した。Cf. W. Roscoe, 1991, S. 26.

(47) Cf. W. H. Davenport, 1987, S. 209; Williams, a. a. O., S. 71. ベルダーシュの中には、ギー・ド・ショリアックの言う《ペニスと睾丸が陰門の上についた》半陰陽者もいたらしいが、ほとんどは生物学的に普通の男性で、すでに若い頃から〈女性的な〉特徴を示した者が多かった。同じように、（生物学的な意味で）女性のベルダーシュもたいていは、子供の頃おてんば娘だったと言われる。Cf. E. Blackwood, a. a. O., S. 30. ベルダーシュは大変尊敬された人びとであるとよく主張されるが、その評価はかなり割り引かねばならないように思われる。アパッチ族、コマンチ族、イロコイ族、ピマ族――ピマ族は彼らを *wi-kovat*《少女のような》と呼んだ――はベルダーシュを軽蔑するし、ラコタ族の *winkte* は――インドのヒジュラと同じように――ある意味で尊敬されるが、それは彼らが *wakan* なので恐れられるためである（cf. H. P. Duerr, 1984, S. 275）。ラコタ族のある男性は、《連中が怖いのは、霊的な力があるからさ。連中は自分を尊敬しない相手に呪いをかけることができるんだ》と言った。別の男性が祖父から聞いた話では、何らかの理由で妻と寝られない男性が *winkte* のもとに通うこともあるが、彼らは軽蔑もされるし尊敬もされる。これは今日の *winkte* も認めている。《みんな不安がって、*winkte* を批判しない。それは霊的な力が怖いからだ》。Cf. W. L. Williams, 1986a, S. 193f., 197. それにふさわしく、ベルダーシュに敵対する行為がひどい結果に終わる物語がたくさんあり、すでにマンダン族がその一つをウィードの王子に話している。まったく異なる社会でも〈両性の中間にある〉人間に対しては、少なくともどっちつかずの態度をとることが多かった。ルドルフ湖の西南に住むポコット族（スク族）では、男女の陰部と乳房をもつ者は *sererr* と呼ばれたが、これは《中性》と訳せる。この語には極めて悪い意味があり、人をそう呼ぶのはひどい侮辱とされる。幼い頃から女装した *sererr* は、常に嘲笑の的となり、少年たちに襲われ陰部を調べられたりした。Cf. R. B. Edgerton, 1964, S. 1292f.

（48） Cf. J. H. Moore, 1978, S. 26f.

（49） これは典型的な戦士の頭飾りだった。Cf. E. S. Curtis, 1911, VI, S. 156.

（50） シャイアン族の伝説では、バファローの雄はしばしば女性を誘拐し強姦した。それとは逆に、実はバファローの雌が変身した女性とは知らずに、男性がその女性と寝ることもあった。Cf. A. L. Kroeber, 1900, S. 183, 187. Cf. auch M. N. Powers, 1980, S. 59f.; J. Rice, 1991, S. 130f.

（51） バファローの頭飾りについた二本の角は勃起したペニスのシンボルであり、これをかぶった者は戦いの直前に敵兵の前で踊った。狩りの時に仕とめようとする野獣の前で踊ることもあった。Cf. H. P. Duerr, 1984, S. 17ff., 266.

（52） Cf. J. H. Moore, a. a. O., S. 180. 戦士は未婚者が多かった。つまり、《別の戦い》でエネルギーを消費しないためである。アフリカ・ベナン共和国はアボメーのいわゆるアマゾネス部隊の兵士もみな乙女だった。Cf. E. Beuchelt, 1987, S. 29.

（53） たとえばラコタ族の人びとは、シャイアン族が捕虜の女性を強姦したと語った。Cf. J. R. Walker, 1982, S. 36. *noha' sɛwɜtan*《万人の妻》あるいは《平原で》と呼ばれるシャイアン族の習慣も悪評高かった。妻が夫に不貞を働いた時、妻の家族が断固たる処置を取らなければ、〈パーティー〉の席上で夫は五〇人もの戦士に妻を強姦させたのである。多くの場合、そんな目に遭わせるぞと夫が妻にほのめかすだけだけで十分だった。しかし、四回離婚した女性も、あらゆる男性が性の餌食にしてよかった。Cf. K. N. Llewellyn/E. A. Hoebel, 1941, S. 202f., 209f.

(54) Cf. H. Küpper, 1983, S. 917 bzw C. L. Mithers, 1991, S. 82.

(55) Zit. n. G. Sastawenko/G. A. Below/J. A. Boltin, 1987, S. 40. 敵が女性的な特徴をもつというのは、どの時代でもお決まりの侮辱である。例えば一六三七年にヴァージニア州で二人の女性が、隣人ジョン・ウォルサムを笑い者にしようと、彼には《女のように月のものがある》と嘲笑したので、男は告訴した。Cf. H. M. Wall, 1990, S. 40. カンタベリー大司教トマス・ベケットはヘンリー二世の不興を買い刺客に殺害され、その後聖列されたが、ヘンリー八世の治下に人びとはベケットの肖像に女性の服を描き足し、女性の肖像画に描き変えた。Cf. R. C. Trexler, 1992, S. 384.

第15章

(1) Zit. n. S. Weigel, 1987, S. 191.

(2) Cf. S. Anselm, 1987, S. 253.

(3) C. Zuckmayer, 1977, S. 353.

(4) Cf. E. Accad, 1990, S. 152f. 湾岸戦争で出撃したイギリス軍戦闘機の機体には、裸女が膣に爆弾を押し込む絵が描かれていた。(ARD, 5. März 1992)

(5) R. al-Tahtāwī, 1988, S. 65. 一四五三年には、トルコ人がコンスタンティノープルを《強姦した》と言われる。Cf. H. Rosenplüt, 1853, S. 299.

(6) Cf. B. Alexander, 1987, S. 75, 77. シェイクスピアも《一度も戦場にならず乙女にたとえられた都市》について語っている。Cf. J. B. Webb, 1989, S. 25. 逆に、タルクイニウス帝は貞女ルクレチアを都市のように奪った。《彼の手はなおも彼女の胸におかれたまま――／それは象牙の城壁を打ち砕こうとする荒々しい破城槌だ――心臓が、この哀れな市民が、驚きとまどい、／死ぬほどおのれを傷つけ、高く低く鼓動するのを感じた。／心臓が彼女の体を打ち叩き、彼の手はそれとともに震えた。／だがそれは彼の心に憐れみをもたらすどころか、かえって激情を引き起こし、／城壁を破って、この美しい都市に侵入しようとさせるだけだ（高松雄一訳による）》(W. Shakespeare, 1951, S. 463ff.)。Cf. C. E. Kahn, 1991, S. 148ff.

（7） Zit. n. L. A. Montrose, 1983, S. 77. Cf. auch P. Hulme, 1985, S. 18.

（8） Cf. P. Hulme, 1986, S. 158f. ジョン・ドンはニューイングランドの海岸を乙女のような庭園にたとえている。《彼女の秘宝はいまだ人目に触れず、本人もまた衰えても手をつけられてもおらず、凌辱されてもいない》(zit. n. E. Chirelstein, 1990, S. 44)。

（9） Cf. *Stern* 3, 1991, S. 90ff.

（10） Cf. W. Adams, 1989, S. 173.

（11） Cf. S. Jeffords, 1991, S. 114.

（12） Cf. S. Brandes, 1981, S. 230.

（13） Cf. P. Martin, 1988, S. 32. タデウシュ・コンウィキの小説にはこうある。《ポーランドは犯された。しばらくの間抵抗し、引っ掻き、噛みついたが、とうとう降参してしまった。そしてこの不本意な受け身の降伏から、ある種の快楽を引き出した。凌辱されながら、曖昧で、奇妙で、とても汚い歓びを感じたのだ》(zit. n. A. Reading, 1992, S. 55)。国を征服するアレゴリーとしての女性の強姦については以下も参照されたい。M. -Siebe, 1989, S. 453. 逆に、パリで強姦されたアジア人女性は犯人について、《その男は、国を力ずくで征服するように、私の体を奪ったのです》と言った。Cf. R. Schlötterer, 1982, S. 65.

（14） Cf. F. R. Schröder, 1941, S. 120.

（15） Cf. A. Richlin, 1983, S. 11.

(16) Cf. H. A. Kelly, 1975, S. 271. 一九世紀までフィンランドの幾つかの地方では、乙女はベルトにナイフの鞘をさしたらしい。求婚者が乙女の許しをえてその鞘にナイフを差し込むと、二人は婚約したと見なされた。Cf. W. Donner/J. Menninger, 1987, S. 71.

(17) Cf. J. Addy, 1989, S. 134.

(18) Zit. n. D. O. Frantz, 1972, S. 167.

(19) P. Aretino, 1986, S. 106.

(20) Cf. H. M. Ross, 1973, S. 121. イラヒタ・アラペシュ族では若者たちが晩に着飾ってぶらついていると、年配の男性たちが、槍の穂先は尖らせたかい、と呼びかけてからかう。Cf. D. F. Tuzin, 1972, S. 243.

(21) Cf. J. Theis, 1991, S. 27.

(22) Cf. H. -M. Kaulbach, 1987, S. 73.

(23) Cf. E. Partridge, 1968, S. 23, 73.

(24) Cf. M. Herzfeld, 1985, S. 89.

(25) Cf. R. L. Saitz/E. J. Cervenka, 1972, S. 115.

(26) Cf. R. Lautmann, 1984, S. 161.

(27) M. Baker, 1981, S. 206.

(28) Zit. n. E. Monick, 1990, S. 26.

(29) Cf. B. Seelenfreund, 1931, S. 196.

(30) Zit. n. L. DeMause, 1985, S. 202 bzw. M. Marcus, 1987, S. 51f.

(31) Cf. I. Buruma, 1985, S. 80. 日本では、ペニスをさす言葉に《男の短剣》がよく使われる。Cf. G. Devereux, 1979a, S. 26. 日本人のセックスはサド・マゾの傾向が強く、またセックスと愛を区別する傾向も著しいことはしばしば言及されている（cf. G. DeVos, 1967, S. 279）。それは、攻撃的な性行為と残虐行為を描く日本映画ばかりか、子供向けのギャグ漫画にも当てはまる。Cf. T. Sato, 1982, S. 229ff.; F. L. Schodt, 1983, S. 121ff.

(32) Cf. L. Lederer, 1980, S. 18. アンドレ・マッソンの有名なリトグラフ（一九二八年作）では、男性が女性の乳房に射精する瞬間にリヴォルヴァーを発射している。Cf. B. Noël, 1983, S. 97. セックス雑誌の交際相手を求める広告でさえも、ペニスは女性に向けられた致命的な武器として描かれることが多い。Cf. R. Böhne, 1985, S. 110f. G・ドゥヴロー（一九八一年、九〇頁）によれば、ある男性は女性の膣内に射精する度に、爆弾が破裂するように感じた。セックスの相手をずたずたにしないため、彼は訓練の末《射精不能》になった。周知のように、女性自身も《セクシー爆弾》と見なされ、この名称は転じて本物の爆弾に使われる。ビキニ環礁に投下された最初の原子爆弾はギルダと呼ばれたが、それには映画『ギルダ』で同名の妖婦を演じたリタ・ヘイワースの絵が描かれてあった。Cf. K. Geerken/I. Petersen/F. W. Kramer/P. Winchester, 1983, S. 107.

(33) Cf. B. La Belle, 1980, S. 176.

(34) Cf. M. H. Silbert, 1989, S. 224. セルビア兵とチェトニック義勇軍は銃身を膣に押し込み、大勢のボスニア人女性を強姦した。Cf. A. Stiglmayer, 1992, S. 23.

(35) Cf. S. Berg, 1963, S. 217, 219, 193f. 一九三一年、ある男性がモルビアン出身の農家の娘に《一発撃って》いいか尋ねた。しかし娘はその意味が分からず、用心して〈ノン〉と答えた。Cf. A. -M. Sohn, 1992, S. 66.

(36) Cf. D. Cameron/E. Frazer, 104f.

(37) S. Hite, 1982, S. 339, 440

(38) R. Hilberg, 1982, S. 611; E. A. Rauter, 1988, S. 132. アウシュヴィッツのガス室で殺されるのを待つ裸の娘の膣に、ナチス親衛隊員が太い棒を猛烈な勢いで押し込んだので、娘たちは激痛のうちに死んだ。Cf. R. Ainsztein, 1974, S. 793.

(39) Zit. n. A. Kappeler, 1985, S. 161.

(40) Cf. N. Elias, 1939, I, S. 265.

(41) Cf. S. Spieler, 1989, S. 212; K. F. Grau, 1966, S. 97f.

(42) A. a. O., S. 80.

（43） L. Kopelew, 1976, S. 91.

（44） Cf. M. Lane, 1972, S. 20, 42f., 92, 164.

（45） Cf. J. Power, 1982, S. 36ff.

（46） A. a. O., S. 95. たとえばコロンビアの〈死の部隊〉は、膣に杭を押し込むので悪評高い。ある女性は監獄で耐え抜いた《恥辱の夜》をこう語る。《さんざん殴った後で裸にすると、女性自身を攻撃します。乳房や陰部を殴り、つねり、突き刺し、膣には箒の柄を差し込むのです》。Cf. H. Mayer, 1990, S. 136, 185. フランス人も同じ方法で民族解放戦線（FLN）の女性メンバーを拷問した。Cf. z. B. W. Kraushaar, 1991, S. 189.

（47） Cf. R. Berger, 1985, S. 195.

（48） *Stern* 51, 1986, S. 93, 95.

（49） 一七一一年にロシア皇帝ピョートル一世がカールスバートに作らせた射撃場には、水槽で身体を洗う裸女が描かれている。Cf. V. Křížek, 1990, Tf. 107. 特にフランスと北イタリアで、子供は薔薇の花から生まれると言われている。薔薇は女性の外陰、つまり《秘処》を表すので、秘密を守るシンボルにもなる――たとえば《薔薇の下で（秘密厳守の条件で）》話す、などの表現がある。Cf. N. de Carli, 1990, S. 36f.

（50） Cf. K. Verebélyi, 1988, Abb. 22.

（51） Cf. M. Oppitz, 1988, S. 93; ders., 1988a, S. 6; ders., 1991, S. 283ff. 白タイ族の《愛の遊戯》では、穴の空いた板を吊るし、そこに若者が玉を投げ入れる。黒タイ族は竹の輪を杭に掛ける。玉を投げて、輪に張った紙を破らねばならない。Cf. L. G. Löffler, 1955, S. 86.

（52） Cf. R. Brain, 1980, S. 238.

（53） Zit. n. H. Bastian, 1983, S. 91.

（54） A. de. La Sale, 1907, S. 110, 112, 597. 『ローエングリン』（H・リュッケルト、一八五八年、二三五九行以下）では、乙女が馬上槍試合に臨むようにベッドに入る。《今やその乙女は寝台へと赴いた／そこで彼女はミンネの馬上槍試合を行わねばならないのだ》。またウルリヒ・フォン・エッシェンバッハ作『アレクサンダー』（六八七二行以下）にはこうある。《正にクローバーの上で／甘美なミンネの盾の上で／槍を使った騎士の一騎打ちが行われ／人びとは美女が敗れるのを目にした》。

(55) Cf. A. Khattab, 1989, S. 36.

(56) A. ‘A. ‘O. b. M. an-Nafzawi, 1966, S. 20, 23, 190.

(57) Cf. W. H. Jackson, 1988, S. 130. 《槍を折る jouter》は《性交する》を表す言葉として文学作品以外でも用いられた。Cf. J. Rossiaud, 1989, S. 109.

(58) Cf. M. Sahlins, 1987, S. 55.

(59) G. Casanova, 1984, IV, S. 80.

(60) Cf. E. Donnerstein/D. Linz, 1987, S. 210.

(61) Cf. G. Bateson, 1958, S. 148f. 言葉だけを問題にすれば、ヤトミュール族の女性は男と〈寝る〉ことはありえず、男に〈寝られる〉だけである。成人式を迎える娘たちにも同じことが言える。彼女らは年配の男性にマスターベーションをしてもらって〈妻〉にされる。Cf. a. a. O., S. 131f.

(62) Cf. A. Clark, 1987, S. 23.

(63) P. Huemer, 1985, S. 214.

(64) Cf. S. Lavie, 1990, S. 123f.

(65) Cf. R. M. Berndt, 1962, S. 55, 129. Cf. auch P. Erikson, 1986, S. 191（パノ族）; M. Nihill, 1989, S. 78（ニューギニア高地南部のアンガネン族）; B. M. Knauft, 1986, 1986, S. 264（ゲブシ族）. G・ローヘイム（一九七七年、四三頁）によれば、オーストラリア中部に住むロリチャ族の亜種族であるマトゥンタラ族の信号言語では、《槍（*meru makulju*）を手にした男》は、《お前を犯してやる》とか《お前と結婚する》の意である。《穴掘り棒をかざす女》の信号は《私はお前が嫌だ》を意味する。Cf. ders., 1974, S. 230. ハーゲンベルク族では、*muö rui*《男を殺す》と *ambi rui*《女と寝る》は、元々は槍などで《彼らを刺す》という意味である。Cf. A. Strathern, 1984, S. 16.

（66） Cf. M. Godelier, 1987, S. 71 bzw. J. van Baal, 1984, S. 154.
（67） Cf. J. R. Corbin/M. P. Corbin, a. a. O., S. 110.
（68） Zit. n. D. Rubini, 1989, S. 368.
（69） »He's fucked-up«は、《奴は死ぬ》または《奴は瀕死の重傷を負った》の意である。Cf. M. Baker, a. a. O., S. 36, 195, 245.
（70） Cf. H. -M. Gauger, 1986, S. 317; T. Jay, 1992, S. 78f.
（71） Cf. A. Schnapp, 1985, S. 112.
（72） Cf. C. Gaignebet, 1979, S. 84; J. V. Fleming, 1991, S. 178f.
（73） Cf. G. L. Forth, 1981, S. 161. リンディ族がどのような体位を好むか私は知らないので、《押し倒した》という表現は思慮が足りないかもしれない。この言い回しを選んだのは、女性が（イデオロギー的に）受け身であることを表すからである。また、スンバ島の隣のフローレス島東部に住むアタ・キワン族の情報提供者によれば、彼らが知っている唯一の体位は、《女性が下で男性が上》に寝るもので、つまりわれわれが誤って《宣教師の体位》と呼ぶものである。
（74） Cf. T. O. Beidelman, 1964, S. 365f., 370; ders., 1971, S. 43. ニューギニア北東部に住むアブラウ族とクウィーフティム族では、かつて新婚初夜に花婿が花嫁の大腿に矢を射込むか、骨の剣を刺し、いずれの場合も深い傷を残した。この習慣に関する神話によれば、〈その昔〉女性たちは着たり脱いだりできる豚の皮を身につけていた。そのため、狩人が誤って豚と思い仕とめると、実は人間の女だということがよくあった。Cf. A. Kelm/H. Kelm, 1975, S. 55f., 106, 109, 120. カランガ族の男性は、息子がはじめて射精したと知ると、先祖代々受け継がれた豊穣をもたらす能力の印として厳かに弓と矢を贈る。つまり、新婚初夜の翌朝に若者は父親から祖父の弓を受け取り、父親は先祖の霊に向かい《あなたの弓が動物を射止めました》と言う。Cf. H. Aschwanden, 1976, S. 72, 181. ブルガリアでは、花婿が花嫁の処女を奪った直後に銃を発射する習慣があった。Cf. J. Lomorovský, 1974, S. 139.
（75） Cf. G. Reichel-Dolmatoff, 1971, S. 220, 225. ピアロア族の人びとは、狩りの魔法で獲物を性的に誘惑する、と言う。Cf. J. Overing, 1986, S. 91. セピック河西岸に住むウメダ族では、女性と性交する夢を見ると、翌日の狩りは獲物に恵まれると言う。《食べる》、《女と寝る》、《矢を射る》、《殺す》を意味する動詞は、みな語幹が *tadv* である。Cf. A. Gell, 1971, S. 169; ders., 1977, S. 32.

(76) Cf. R. W. Dunning, 1959, S. 101. ホピ族は姦通のことを遠回しに《二本足の馬狩り》と言った。Cf. A. Schlegel, 1990, S. 214. 古代エジプト語の《矢を射る》と《産む》には、音も文字も同系の語幹である *stj* と *stj* が使われた。Cf. W. Westendorf, 1977a, S. 485. イーヴォ・ストレッカーの映画ではハマル族の女性が、《かつて女が勃起したり、狩りや略奪に行ったことがあるか》と質問している。アランダ族の人びとも勃起したペニスを狩りの道具にたとえたし、ある物語では男が歯のあるペニスでコモリネズミを狩る。G・ローヘイム（一九七四年、二三二頁以下）の情報提供者たちは、女は男に槍で刺されると〈ファックされた〉時とまったく同じに反応する、と言った。つまり、どちらの場合も《女は *inimba*（膣の分泌物）が溢れてくる》。オーストラリア、ヨーク半島のヨーク岬に住むウィク・ムンカン族では、姉妹の夫が海産動物を素手や網で捕らえた時は獲物としてもらってよいが、彼が獲物を槍で刺した場合はそうはいかない。というのも、男性の槍はペニスと結びついており、だからこの場合は、——姉妹の膣と同じように——義兄弟のペニスが刺したものを食べることになるからだ。とりわけ貝がそうで、貝の名称は陰門のメタファーになっている。Cf. D. McKnight, 1973, S. 202, 198.

(77) Cf. R. Schulte, 1989, S. 223, 230. R・ラウトマンとM・シェッチェ（一九九〇年、六三頁以下）は、ポルノグラフィーで女性に《精液をかける》のを、狩りで野獣を射止めるのにたとえる。

(78) Zit. n. P. Schutlz, 1907, S. 82. 一二三〇年頃——つまり『トリスタンとイゾルデ』より少し後に——成立した『カルミナ・ブラーナ』では、誘惑された娘がこう嘆く。《あの人は覆いと弓を取った／bene venabatur／あの人は私を騙したのだ／ludus compleatur》（R. Clemencic/M. Korth/U. Müller, 1979, S. 125)。

(79) Zit. n. S. Seidman, 1991, S. 139.

(80) 既婚女性が恥部覆いの腰布をちらりと捲り夫を〈夫婦の狩り〉に誘うこともある。少女の成人式の大カモシカの踊りでは、女性たちが踊りながらお尻を露出するが、大カモシカの雄に扮した冗談仲間が成人式を迎える少女を

〈狩る〉こともある。Cf. A. Barnard, 1978, S. 623; ders., 1980, S. 117f., 120. クン族の人びとはそれよりやや真剣に、女性が男性から〈性的に逃げる〉のを、スプリングボックがライオンから逃げるのと同じように考える。Cf. D. F. McCall, 1970, S. 10.

第16章

（1） T. de Bry, 1990, S. 82.

（2） Cf. G. Devereux, 1951, S. 104.

（3） Cf. B. Bucher, 1982, S. 75.

（4） Cf. K. Schreiner, 1989, S. 188f.;A. Kazhdan, 1990, S. 103.

（5） Zit. n. P. Milger, 1988, S. 21.

（6） Cf. A. MacKay, 1990, S. 131.

（7） 『ベリー侯の時禱書』の挿絵にも、馬上の騎士が突き落とした敵の肛門を槍で刺している。Cf. E. Pognon, 1979, S. 77. ツワナ族は平和的なブッシュマンに襲いかかってから、男性たちの肛門に杭を打ち込んだ。Cf. O. Köhler, 1989, I. S. 463.

（8） 一五世紀に、ドラキュラ伯の原型とされるワラキア侯は、ある百姓女に杭を打ち込んだと伝えられる。彼女が夫のシャツをあまりに短く切りすぎたために、仕事の際に夫がぶざまに体を露出したという理由だった。Cf. R. P. Märtin, 1991, S. 106. 伝説によれば、七世紀の初頭にアヴァール人がフォロユリの町を包囲した時、もしアヴァール王カカンが町に危害を加えなければ、私はあなたと寝所を共にする覚悟がある、と公妃ロミルダは王に伝えさせた。カカンはそれに同意すると宣言したが、その後言葉を違えて町を略奪し、焼き払った。パウルス・ディアコヌスによれば（IV, 37）、《アヴァールの王は約束した誓いにより、あらゆる災いの元になったロミルダを、ある夜妻のごとく扱った。しかし、その後王は彼女を一二人のアヴァール人に委ねたが、彼らは一晩中代わる代わる欲望を満足させ、彼女を責め苛んだ。それから王は野原に杭を一本立てさせ、公妃をそこに突き刺させた上、〈これがお前にふさわしい男だ!〉と嘲笑の言葉を吐いた》。

（9） Cf. E. Mégier, 1985, S. 52. ルーカス・クラーナハのある木版画には、悪魔がペニスを女性に激しく貫きながら、彼女の乳房に戯れている作品がある。Cf. C. Davidson, 1992, S. 55.

（10） L. J. Kern, 1981, S. 75.

（11） Cf. B. Bauman, 1983, S. 91.

（12） Cf. K. P. Wentersdorf, 1984, S. 10.

（13） Cf. A. Edwardes, 1967, S. 161, 75f. ミン・ホルス神によるセト神の〈射精〉のエピソードから、古代エジプト人においても勝者が敗者を性的に辱めたことが推測される。Cf. A. Erman, 1916, S. 1143.《夜中にセト神はおのれのペニスを勃起させ、それをホルス神の股間にさし込ませた。しかしホルス神は両手を股間に当てがい、セト神の精液を受けとめた》(J. Spiegel, 1937, S. 135; J. G. Griffiths, 1960, S. 42)。それよりある死者の書の方がおそらく強く訴えるものがあろう。そこには次のように書かれている。《レーは私に対し力をもたない。なぜなら私は彼の気を奪い取る者であるがゆえに。アトゥムは私に対して力をもたない。なぜなら私は彼の尻を犯す者であるがゆえに》(H. Kees, 1926, S. 301)。ある古代の賛歌にも、彼らの父親アトゥムに犯されぬようシューは肛門を、またテフヌトは膣を守っている。Cf. H. Kees, 1925, S. 1.

（14）《途中、羊の囲い場の辺りにさしかかると、そこに洞窟があったので、サウルは足を覆うためにそこに入った》（サムエル記上、二四章四節）。

（15） Cf. A. Edwardes, a. a. O., S. 75; G. Mayer, 1987, S. 78.

（16）《主は言われた。〈私の僕イザヤが、エジプトとクシュに対するしるしと前兆として、裸、はだしで三年間歩き回ったように、アッシリアの王は、エジプトの捕虜とクシュの捕囚を引いて行く》（イザヤ書二〇章三節以下）。タルムードには男根と女陰に対し婉曲表現がもっとたくさんあるが、特に女陰は《下の顔》とか《ある場所》と呼ばれる。Cf. I. Simon, 1980, S. 825.

(17) Cf. A. Edwardes, a. a. O., S. 17f.

(18) Cf. F. Burger, 1926, S. 28.

(19) Cf. G. Vorberg, 1921, S. 13. ワヘヘ族の戦士が背中に傷を負って戦いから帰ると、それは臆病の証と見られた。するど、人びとはトウモロコシの実が固くなり角ができるまで炙り、それで彼の肛門の上を幾度もこすりつけた。Cf. A. G. O. Hodgson, 1926, S. 44.

(20) Cf. W. A. Müller, 1906, S. 130.

(21) Cf. J. P. Hallett, 1977, S. 156f.

(22) Cf. W. H. Parker, 1988, V. 3f.; VI; 75; XIII; XXXI; LXXIII. 男に対してはその代わりに、尻の穴の皺がなくなるほど激しく彼らの肛門におれの男根を突き刺すぞと、脅かすこともあった。Cf. a. a. O., XI. この間に、一八世紀以前に男子同性愛者と自認する男たちの呼称に、《ホモ》とか《男子同性愛者》のような概念を用いるのはふさわしくない、あるいは間違っているという主張が、ほとんど流行のようになった。私はこの問題を次巻で論じる予定である。

(23) Cf. a. a. O., XXVI; LI, 17f.; LXIV; A. Richlin, 1983, S. 122.

(24) Cf. Parker, a. a. O., XV. おそらく212図から、一七九五年の『ローマの悲歌』刊行後のワイマールの社会の激高した反応ぶりが説明

212　プリアプス・ヘルメスと紳士の間の肛門性交．ゲーテ所蔵の鉛筆画．

できるだろう。この作品中で、偽善者や覗き魔を《後ろから》それも《彼の腰から生えた真っ赤な杭で》罰するよう、詩人がプリアプスに勧めている。G・フェメル及びC・ミヒル（一九九〇年、一七五頁以下）は、プリアプスと被害者の表情からは快楽に満ちた性交は読みとれないようなので、ここには肛門による強姦が描かれているのは、まず間違いないと言っている。もっとも紳士の右腕はプリアプスをまったく払いのけようとせず、股を開き帽子のついた杖を立てかけたところを見れば、むしろ合意の上の行為のように見える。

(25) Cf. C. Reinsberg, 1989, S. 231.

(26) Cf. A. J. L. van Hooff, 1990, S. 119.

(27) Cf. K. J. Dover, 1978, S. 105.

(28) Cf. A. Mohler, 1972, S. 63. アフガン軍はいつも勝利の後で敗軍の兵士たちを、時には外国の外交官たちをほとんど常習的に強姦した。一八四一年にイギリスの一兵卒はこうコメントしている。《本来そのような位置を占めるとは、まったく考えられなかった物が、人の口中にあるのを私は見た。》(S. W. Foster, 1990, S. 17f.) 一八世紀にマイズールの狂信的なサルタンであったティプ・サヒブは、大勢のヨーロッパ人捕虜を強姦した。その中にはデイヴィッド・バードもいた。Cf. L. Senelick, 1990, S. 851f.

(29) Cf. A. Bouhdiba, 1985, S. 209.

(30) Cf. D. F. Greenberg, 1988, S. 181.

(31) Cf. J. A. Bellamy, 1979, S. 28.

(32) Cf. R. T. Antoun, 1968, S. 680.

(33) Cf. A. Dundes/J. W. Leach/B. Özkök, 1972, S. 136ff. すでに一〇八八年にビザンチンの皇帝アレクシオスがフランドル伯に宛てて書いたとされる書簡は、後代に繰り返しコピーされ、宣伝用に利用された。そこにはトルコ人について《彼らは司教らのソドミーの罪を容赦せず、それどころかその罪で一司教を八つ裂きにした》とある (zit. n. P. Milger, a. a. O., S. 35)。

(34) Cf. J. R. Corbin/M. P. Corbin, 1987, S. 54; S. Brandes, 1981, S. 233.

(35) Cf. E. Nordenskjöld, 1912, S. 244. 浣腸についての肛門的、性愛的な意味については、R・ユッテ（一九九二年、七九〇頁）参照のこと。たとえば地中海地方のような社会では、男はみずから同性愛者と認めても名誉を失うことにはならない、と繰り返し主張される。もっとも彼はその際〈能動的な〉役割を果たす、つまり他の男を〈ファックする〉者としての話だが。これは事実と違っていることを、私は次巻で述べる予定である。

(36) ピラガ族の男児が女の子を地面に倒して、その股間に手を入れる〈お触り〉は、男の子に大変好まれる攻撃的な遊びである。女の子が今日やる〈袋摑み〉に当たるような逆の遊びは、ピラガ族ではめったに見られない。Cf. J. Henry/Z. Henry,1961, S. 296f., 303.

(37) Cf. H. Becher, 1974, S. 47. ヤノマメ族では、若者は時に弟たちと肛門性交をするが、兄が《肛門を食う》、つまりペニスを挿入するのである。Cf. J. Lizot, 1982,S. 49.

(38) Cf. F. Erichsen, 1957, S. 37.

(39) Cf. H. Honour, 1989, IV. 1, S. 153f.

(40) 男は肛門による強姦を認めるのを恥じるので、表に出ない数値は非常に高いと推測される。Cf. I. Agger/S. B. Jensen, 1990, S. 62. ギリシアの〈軍人政治〉の時代、憲兵は棍棒をわざとファロスのように自分の前に付け、囚人の肛門にそれを突っ込むのを大変好んだ。教育訓練中に《お前たちに反抗する者は一人もいない。お前たちは誰でも殴り、ファックすることが出来るのだ！》と彼らはたたき込まれた。Cf. M. Haritos-Fatouros, 1991, S. 87.

(41) S. Hite, 1982, S. 53. コーネル大学の学生組合では、新入会員は服を脱いで素っ裸になって平つくばり、後ろに立つ先輩の学友に尻を見せねばならなかった。それから彼らは先輩に、ワセリンを塗った太い大工の釘を渡した。《右手は右の尻たぶに当て、左手は先輩のいる後ろの方へ伸ばされた。釘を受け取ろうとしたが、新入会員の手の中に置かれたのはビール缶だった》(L. Tiger, 1984, S. 146f.)。

(42) Cf. R. Herbertz, 1929, S. 8f.

(43) U. Preuß-Lausitz, 1983, S. 93.

(44) Cf. K. Bräutigam, 1979, S. 67.

(45) ラテンアメリカの若者たちがこのような仕草をして同年齢の友人たちに挨拶しながら、中指を高く延ばして揺らしているのを、私は見たことがある。友人たちも同じ仕草で応えた。
(46) 〈フィカの仕草〉〈栄光の手〉などファルスのジェスチャーについては、D・モリス、P・コレット、P・マルシュ、M・オショーネシーの共著（一九七九年、八〇頁以下）を参照のこと。
(47) Cf. *Spiegel* 44, 1991, S. 303.
(48) Cf. H. Herramhof, 1969, S. 89. ドイツ語の Neid はここでは古代高地ドイツ語の nid《憎悪、怒り》を意味する。Cf. C. Sütterlin, 1992, S. 523f.
(49) Cf. L. Ziller, 1973, S. 383.
(50) Cf. H. Fluck, 1934, S. 189. M・C・ヤコベリ（一九九二年、二八、一二六頁）はこの報告に対して、《いずれのケースでも〈イチジク〉で女性の膣を意味した》と言っている。私はこれをまったくありえないことと見る。
(51) Cf. M. Rossman, 1990, S. 66.
(52) Cf. L. DeMause, 1984, S. 138.
(53) Cf. C. L. Mithers, 1991, S. 82.
(54) Cf. L. DeMause, 1986, S. 50f. エサルハドンの家来たちとの契約では、契約を破った者は《神々が汝を、敵の目から見ると、女になし給いますように！》と脅かされていた。Cf. M. Dietrich, 1989, S. 127.

第17章

(1) Cf. P. Mason, 1984, S. 23.
(2) たとえば、一五世紀にベルナルディーノ・デ・シエナは、少女が強姦されるのは若者がそのような目に遭うより《悪くない》と言っている。Cf. M. J. Rocke, 1989, S. 12.

(3) Cf. H. Knapp, 1914, S. 238. 当時エルザスの騎士リヒャルト・フォン・ホーエンブルクは、《力ずくで暴行したとされる》男児を溺死させた。騎士と性的な関係のあったその小姓が、彼に手を貸した（《騎士はその小姓をひどく愛していた》）。Cf. C. Pfaff, 1991, S. 74. 一四世紀には、若いギヨーム・ロスはパミエ出身のアルノー・ド・ヴェルニオルについてこう供述した。《アルノーは小刀で私を嚇し、腕をねじ上げ、抵抗したにもかかわらず力ずくで私を捕まえて地面に投げつけ、愛撫したりキスしたりして、ついに私の股間に射精しました》。Cf. E. Le Roy Ladurie, 1980, S. 173. 一六〇七年ミドルセックスで、ある男は《武装し暴力で》一六歳の少年を肛門により犯した。Cf. B. R. Smith, 1991, S. 51.

(4) Cf. W. L. Gundersheimer, 1972, S. 120. 東洋でも伝統的に犯人は男児を好む。たとえば湾岸戦争後、クウェートでは大勢の若者が強姦され、一方中年の男たちは割れたビール瓶を肛門に突っ込まれた。Cf. *Spiegel* 24, 1992, S. 172.

(5) Cf. S. Chojnacki, 1972, S. 211. 一七、八世紀にも、《力ずくの暴行》は少なからず起きたようである。Cf. G. Martini, 1986, S. 163, 166f.

(6) Cf. J. Rossiaud, 1982, S. 82.

(7) それゆえヴェネチアでは、成人女性もしばしば肛門を強姦された。Cf. E. Pavan, 1980, S. 260; G. Ruggiero, 1985, S. 145. 一五五八年にフィレンツェではある法律を発布したが、それによれば犯人は被害者の血を流さなければ、二年間のガレー船送り、もし被害者を傷つけたら命取りになった。Cf. J. K. Brackett, 1992, S. 110f.

(8) Cf. M. Rey, 1987, S. 181.

(9) すでに一六八九年にアムステルダムには、二〇代の若者の一味がいた。彼らは株式市場や市庁舎の辺りで、通行人の男性たちのズボンの前当てを摑んだ。彼らは男の持ち物を残らず奪い取り、それからもしばしば被害者の家について行き、そこでもなお略奪の限りを尽くした。一味のメンバーはよく変わった。若者たちは東インド会社に雇われ、再三船に乗ったからである。一味の首領は逮捕後に処刑され、残りの者たちは感化院に送り込まれた。Cf. D. J. Noordam, 1989, S. 214f.

（10）〈女役〉と〈男役〉の概念に関する問題については、次巻で論じる予定。

（11）Cf. R. Trumbach, 1989, S. 136.

（12）中世から近世にかけて他人とベッドを共にする男性たちは、同性愛者の攻撃を受け被害者になることが珍しくなかった。デュル『裸体とはじらいの文化史』二〇〇頁以下参照。

（13）Cf. Trumbach, 1977, S. 16f. もちろん男たちの中には抵抗せずに、性行動を許す者も少なくなかった。ジョン・ミースン某は大酒を飲んだ後、中年男ジョン・ディックスに犯されたが、彼は後に法廷で、ディックスに実際肛門に挿入されたかどうか、《意識がなく分かりません》と供述した。事件はあるパブの寝室で起こったが、隣室の夫婦が壁穴から一部始終を覗いていた。ディックスがペニスをあわや挿入しようとした時、女房が大声で叫んだ。《私はもう見ていられない。失神しそう。男が少年の操を破ってしまうわ！》そこで夫婦が部屋に侵入すると、ディックスは跪き、《自分を世間の笑い者にしないよう夫婦に懇願した》。Cf. a. a. O., S. 21.

（14）たとえば一七五八年に、二人の兵士がある鬘《かつら》職人を飲み屋に招待した。この男は突然どうも様子が変だと思われたので、立ち去ろうとしたところ、二人の者は力ずくで彼のズボンの前当てを開け、《私にとてもひどい扱いをしました》。その後で、もし彼らに金をやらないと、《私がソドミストだと誓って言い、私を絞首台送りにするだろう》と、彼らは男にほのめかした。Cf. a. a. O., S. 22.

（15）Cf. R. Trumbach, 1989, S. 415. 一七六〇年にポルトガルの一水夫は、時計作りの徒弟で、ホモの気のある女性的な若者ジョセフ・チャーチルを強姦した廉で告訴されたが、裁判所から釈放された。釈放の決め手となったのは、別の徒弟が自分はしばらく前にチャーチルと同じ床で寝るのを拒んだと証言したからだった。なぜなら彼は繰り返し自分にキスし、陰部をまさぐったからと言うのである。Cf. a. a. O., S. 419. 犯人たちが性的な満足をえようとして男子同性愛者を強姦するというよりはむしろ、この《ソドミスト》に屈辱を与えようと強姦したことも少なくない。たとえば同じ一八世紀に、二人の公娼スザンナ・ナトリーとスーザン・クックを連れた三人の男は、どうやらこうしたわけで《ソドミスト》のトーマス・リルを強姦したらしい。Cf. a. a. O., S. 425. 現在の例については、W・E・ハッセル（一九九二年、一四五頁）が述べている。

(16) Cf. A. Richlin, 1983, S. 12. 紀元前一世紀に書かれた論文には、先祖たちは男の強姦に対して《この上なく厳しい》刑を科したとある。Cf. J. F. Gardner, 1986, S. 118f.

(17) Cf. W. H. Parker, 1988, XXVIII, XXXV. 紀元前六世紀に描かれた絵には、シレノスがスフィンクスに自分をフェラチオするように強いている。Cf. M. Maaskant-Kleibrink, 1990, S. 157.

(18) Cf. E. M. O'Connor, 1989, S. 126, 158.

(19) Cf. E. Diehl, 1930, S. 38f., 79f.; ferner W. Krenkel, 1962, S. 51.

(20) Cf. A. Richlin, a. a. O., S. 27; J. D. Jocelyn, 1980, S. 15, 19, 24, 38; J. Henderson,1975, S. 47; R. F. Sutton, 1982, S. 88ff.; J. Winkler, 1990, S. 38. 正常なアテネの女性にとって、フェラチオは名誉を傷つけるもので、この上なく恥知らずな行為であった。強制されなければ夫に〈尺八を吹く〉ことはしない。たとえばある赤絵式の花瓶には、若者が地面にしゃがんだ女性の髪を摑み、サンダルで嚇しているところが描かれているが、それはおそらく彼が無理やりフェラチオをさせようとしていると解釈できる。Cf. M. Kilmer, 1990, S. 262, 271.

(21) Cf. A. Edwardes/R. E. L. Masters, 1963, S. 213f. ここではたぶんホモの動機と屈辱を与えようとの意図が問題になっているようだ。次のケースもそうである。一七三八年に村の靴かがり職人ラザール・ファルシエは、一人の若者を投げ飛ばし、彼の背にひざを突きながら地面に釘付けにして、《彼のペニス》をズボンから引き出し、若者にフェラチオをさせようとした。しかし若者が《それを嚙み切るぞ》と彼を嚇したら、職人は若者を放した。Cf. J. -P. Desaive, 1987, S. 129.

(22) K. Dowman, 1982, S. 131f.

(23) Cf. E. Accad, 1990, S. 34. 第一次大戦中アラビア人は連合軍の兵士たちのペニスを切り取り、兵士たちにそれを〈フェラチオさせた〉。Cf. R. J. Mehta, o. J., S. 154. ニューギニア各地でも、それは普通に行われていた。Cf. B. M. Knauft, 1989, S. 230.

(24) F. S. Caprio, 1957, S. 237.

(25) Cf. D. S. Marshall, 1971, S. 118.

（26） Cf. A. Krämer, 1903, II, S. 58; B. Danielsson, 1956, S. 77. タヒチ島では、口へのキスは性の前戯として一般に行われないわけではないが、今日でも穏やかな倒錯の形とされている。Cf. R. I. Levy, 1973, S. 128.

（27） ポリネシアではわれわれの使う意味での口によるフェラチオは、タヒチ島ではマーフーと呼ばれる〈女役の男子同性愛者〉と行われるが、女性とも行うこともある。たとえば、ポリネシアの珊瑚諸島の住民オントンジャワ族の間では、異性愛者間のフェラチオは広く行われているが、しかしながら女性自身はクンニリングスの方を好んだ。Cf. I. Hogbin, 1931, S. 28. 〈バウンティ号〉のブライ艦長は、タヒチ島で不快感をあらわにして《女の口でさえ冒瀆を免れない》と認めた（W. Bligh, 1789, II, S. 17）。もっとも多くの事実は、上品な女性たちは男のペニスを口内に入れる気はないし、フェラチオはいつの時代でも評判が悪かったらしいことを暗示する。今日でも村人たちは、《性悪の娘っこ》つまりパペエテの娼婦たちしかそんなことはしないと言っている。Cf. R. I. Levy, a. a. O., S. 128. オントンジャワ族の若者たちは特におかしな人と見られた、女性的な男子同性愛者に〈しゃぶらせた〉ようだ（cf. Hogbin, a. a. O., S. 27）。タヒチ島ではマーフーは〈女性同然〉と見られたが、そこでも事情は似ていた。だから彼らは、女性と同じように男と一緒に食事をしてはならなかった。Cf. P. I. Nordmann, 1944, S. 35. 多くのマーフーはどうやらペニスと睾丸が異常に小さな男たちらしく、彼らは羞恥心からそれを切断させなかったし、女性との性関係にも用いなかった。ブライはすでにあるマーフーについてこんな報告をしている。《ペニスと睾丸を下半身の奥深く引き込み、いつもその位置に保つ特別な技術を身に付けているので、彼の外見は女のようだった。彼と関係する連中は、股間で獣のように欲望を満たした。しかし連中はソドミストなどではなく、その罪深い行為ははっきりと否定した。彼の性器を調べると、ペニスも睾丸もとても小さいことが分かった。とりわけ睾丸は大きさが五、六歳の男児ほどもなく、腐りかけか決して大きくなれないかのように、とても柔らかだった》。（Bligh, a. a. O., S. 17）。ブライはとりわけ大腿性交を話題にしているが、一八〇一年には修道士ヘンリーが、《他人の……を口にくわえた》首長を驚かせた。その三年後にはジョン・ターンブルが、マーフーを訪れた男たちについてこう報告する。《連中はこの不幸な男にペニスをくわえさせ、射精するまで続けた。すると哀れな男は、それが相手の精力か精神力であるかのように、熱心に飲み込んだ。そうすれば間違いなく大きな力を体内に蓄えられると思い込んでいるのだ。》(zit. n. D. L. Oliver,1974, I, S. 371f.) 今日でも多くのマーフーは、非常に喜んでパートナーの精液を飲み込む。そうすれば強健になると、彼らは信じ込んでいるからである。タヒチの一島民はこう言っている。《だからマーフーは強く力があるのだ。精液が彼の身体中に行きわたっている。それは医者の言うヴィタミンと同じようなものだ。私は大勢のマーフーを見たが、彼らはみな実にたくましかった》(Levy, a. a. O., S. 134f.; ders., 1971, S. 13)。マーフーに *ote moa*《ペニスを吸わ》せることは、確かに昔も今もいささか評判が悪いとされ、それを《吐き気を催す》と見るタヒチ島民も多い。しかし、時々《吸》わせる若者たちは、彼らがマーフーを《吸う》のではないのだからと言うことで、重大な烙印を押されることはない。なるほどマーフー自身もフェラチオをしてもらいたがる。だが、宣教師に見られた首長はさておき、異性愛者のパートナーはそれを拒否する。なぜなら、そんな事をしたら〈男らしくないし〉、それゆえ〈変質者〉と見られるだろうし、――世間からおそらく〈ホモ〉と噂されるだろう。Cf. Levy., 1973, S. 134f. 少なからぬヨーロッパの船乗りたちは以前マーフーを女と思っていたので、彼らにフェラチオをしてもらった。後でタヒチの人びとは欺かれた水夫たちを、病気にならんばかりに大笑いした(cf. Oliver, 1974, I, S. 370)。しかし地元民はそれどころかマーフーを、女性より好んだ者が少なくないようだ。ある情報提供者はこう言っている。《それはまるであんたが女とやるようなものさ。しかし奴の方が女より巧くやるぜ。なぜって奴があんたとやれば、完璧に行かせられるからな。奴はあんたをそんなに早く行かせないで、あんたを柔らかくするんだ。あんたが女の所へ行ったって、必ず満足するとは限らない。マーフーの所へ行けば、女より満足するだろうよ。その歓びときたら大したもんだぜ。あんたはもうそれが我慢できなくて、奴の頭を後ろに突き飛ばしたくなるさ》(Levy., 1973, S. 135.)。

(28) Cf. G. Konrad, 1977, S. 310.

(29) Cf. H. Aufenanger/G. Höltker, 1940, S. 158. 著者たちは、ジェンデ族の人びとはこの決まり文句によって、他人の陰部を食べるという、カニバリズムの時代にもやらなかったような卑しいことすらやる用意があると表明して、象徴的に自己卑下するのだという。殊にニューギニアの多くの社会では、食物摂取と性交の間には密接な関係があるので、確かにこの場合も〈食べること〉はむしろ性的な意味をもつと思われる。ザンビア族ではフェラチオのことを《ペニスを食べる》と呼ぶし（cf. G. H. Herdt, 1982, S. 61）、ウメダ族では *tadv* は《食べる》と《女性にファックする》を意味する。男が、食べ物をもって妹がやって来る夢を見ると、それは翌日女性と寝ることを意味する。Cf. A. Gell, 1977, S. 32. そのうえ陰部を食べないことも、首尾一貫していなかった。たとえば、ギミ族では女性とまだ成人式をすませない男子だけが人間を食ったが、情報提供者の中には、女はペニスと睾丸を食べたと言う者もいて、幼児の頃早く成長するようにと〈ビッグ・マン〉のペニスを食わされたことを記憶している、という男もいる。別の情報提供者はこう言った。《ペニスは食べなかった。それを竹の根の側に埋めたのだ。また陰門も食べなかった。同じようにそれを竹やタコノキの根の側に埋めたのだ》（G. Gillison, 1983, S. 37）。ダニ族の人びとにとって殺した人の陰部は珍味だった。一九六八年にスタン・デイルとフィル・マスターズの二人の宣教師が高地地方の西部で、ヴィクブン族によって食われた時、彼らはペニスの柔らかな皮を最高のご馳走と見た。Cf. G. Kenntner/W. A. Kremnitz,1984, S. 70f. バクタマン族ではとりわけ殺した女性の乳房と陰門を好んで食べたが、F・バール（一九七五年、一五二頁）は次のようにコメントしている。《彼らの強調ぶりは、おそらく過敏な私の耳には、いささか性的な攻撃をほのめかすように聞こえた》。中央連山に住むジャレ族では陰部は体の他の部位とは一緒でなく、それだけ別に焼いた後で、長老たちが食べた。男女ともペニスや睾丸は食うのに、男どもは女陰に吐き気を催し、食うのは女に任せた《これはお前らのあれだ、お前らの皮膚のようなものさ》。もっとも男たちも殺した男女の陰部に対してはなみなみならぬ興味があり、それを詳細に調べながら《なんて大きな尻尾だ！》とか《なんて大きな女陰だ、イェホ！》と興奮して叫ぶのが聞こえた。Cf. K. -F. Koch, 1970, S. 52. 一方、ユアトの下部地方では陰部は食わずに焼却した。Cf. H. Aufenanger, 1977, S. 131. 同じように南アメリカの平野部でも、事情はさまざまだった。たとえば、アシェ族は女陰は食わなかったが、ペニスは妊婦に食わせた。そうすれば、男児が授かるチャンスが大きくなると言うのである。Cf. M. Münzel, 1983, S. 292f. トゥピナンバ族ではこれに反し、村を襲って殺した女の陰門を切り取り、自分の女房たちに渡した。すると女房はそれを燻製にして次の祝祭の折り、珍味として亭主たちにサービスした。一六一四年にアヴェヴィルのクロードは、陰部は概して女性たちのためにとって置かれた、と確認している。Cf. A. Métraux, 1967, S. 46, 66.

(30) 女性が《あなたのうんこを食べるわよ》と言うこともある。Cf. J. Sterly, 1987, S. 40, 203. 彼女らはその際相手の肛門の辺りに手を伸ばしてから、口に手をもって行く。ゴロカ族では挨拶し合う二人の人が、相手の腰に手をやり、*serokoue!* と叫ぶ。それは《あなたのうんこを食べるわよ》と同じような意味である。Cf. I. Eibl-Eibesfeldt, 1973, S. 186f, 190.

(31) Cf. K. E. Read, 1965, S. 19.

(32) Cf. J. van Lawick-Goodall, 1971, S. 157. ある女性は、男と二人きりの時、不安のために何回も彼にマスタベーションを施したことがある、と私に語った。

(33) Cf. H. Hunger, 1988, S. 3. 著者は一九八九年九月二八日付の書簡で、儀式とする私の解釈を拒否した。彼の見解では、これは《とっとと失せろ》を意味するファルスによる威嚇である。しかしながら私見によれば、ここでは和平を結ぶことが問題になっていることを見落としている。魔除けの仕草はパートナーを追い払い、萎縮させようとするので、和平を結ぶ場合には適切ではない。

(34) Cf. S. Berg, 1963, S. 95;W. Wickler, 1969, S. 225. 一八世紀から一九世紀初頭にかけて、中国の海賊たちはしばしば捕虜を強姦して、仲間に引き入れた。Cf. G. Hekma, 1990, S. 1373. 女性も時にはこうして〈仲間に引き入れられた〉。たとえば、一九八五年ニカラグアで、二人の女性協力隊員を強姦した反対派たちは、その後でこの若い女性たちに向かい、われわれはこれからお前たちをホンジュラスへ連れて行き、武装戦用に教育するだろうと語った。Cf. T. Cabestrero, 1987, S. 77f. E. J. ホブスバウム(一九七二年、二〇〇頁)は同じようなケースについて述べている。

(35) Cf. R. Herbertz, 1929, S. 11.

(36) われわれがいずれ見るように、これは暴行中にオルガスムに達した女性や、またたいていの売春婦にも当てはまる。売春婦たちにとって、激しい性的興奮を感じるのはかなり恥ずべき〈営業上の事故〉となる。《普通は何も感じないの。その後ごくたまに何かが起こる、まったく肉体的にだけど。後でもっと不愉快になって、糞ったれめ、お前のお陰で私は来ちゃったじゃないの! って考えるわ》(M. Lukas, 1986, S. 63)。

(37) Cf. A. N. Groth/W. Burgess, 1980, S. 807ff. 被害者たちはひどく辱められたと感じているので、表に出ない数字はずっと大きくなると考えられる。同じことは男児に対する肛門強姦の大半のケースにも当てはまる。Cf. A. Sharony/H. Spira, 1987, S. 256. 今日アメリカでは強姦の被害者の四人から七人に一人は、青少年と見積もられている。Cf. S. Donaldson, 1990, S. 1095. 男による男の強姦は最近ますます、ほとんど、あるいはまったく告発されないようである。たとえば、イングランドとウエールズで同性に対する強姦未遂、既遂の廉で判決を下された男は、一八一〇年には二九人のみ、その三年後にはわずか二二人に過ぎない。一八一〇年に判決を受けた犯人の八割は絞首刑に処された。Cf. R. Davenport-Hines, 1990, S. 93. 今世紀の八〇年代のアメリカでは一夏で、運転手に強姦された若いヒッチハイカー三〇〇人の内、告発したのはたったの一人だった。Cf. S. Donaldson, a. a. O. 男に対する男の強姦は処罰に値する犯罪としない国々は多い。たとえば北アフリカで、チュニジアは少なくとも青少年に対する強姦が刑法で訴追される可能性のある唯一の国である。Cf. F. -P. Blanc, 1987, S. 369. たとえばモロッコでは、男どもはしばしば青年の尻を自分の下半身にしっかりと引き寄せ、激しくかつ深く肛門に挿入するので、失神する青年は少なくない。Cf. V. Crapanzano, 1983, S. 148.

(38) Cf. S. Yüksel, 1991, S. 290.

(39) A. Godenzi, 1989, S. 86. モリゲインのような性欲の強い女神たちは性交するために、ケルトの戦士たちの闘争心を利用した。ちょうどゲルマンの戦いの乙女たちが戦士たちの闘争心を利用したように。Cf. J. de Vries, 1961, S. 138.

(40) Cf. G. F. Vicedom/H. Tischner, 1948, S. 93.

(41) セダン・モイ族の情報提供者はドゥヴローに、男は裸のところを女に見られると《怒る》、つまり性的に興奮すると語った。しかし他の男に裸のところを見られると、羞恥心が生じるとも語った。Cf. G. Devereux, 1987, S. 458.

(42) Zit. n. K. F. Stifter, 1988, S. 104.

(43) Cf. W. Wickler, 1969, S. 55.

(44) 出生前に雄性ホルモン物質療法を施されたアカゲザルの雌は、この療法を受けない雌より頻繁に仲間の雌に乗りかかるのが確認された。Cf. H. Kummer, 1980, S. 149.

(45) F. de Waal, 1989, S. 153f.

(46) A. a. O., S. 219.

(47) Cf. B. G. Blount, 1990, S. 705f. 人が動物に餌を与える間に、ご馳走を手に入れた雌に対しそれと引き替えに陰部を摩擦してやると申し出る雌は少なくない。しかも雄との性交の直前、ないし直後のことがよくある。インドのヤセザルの場合、雌が他の雌に乗りかかるが、前者はたいてい発情ホルモンを分泌している。それを見れば、ここでは〈性〉が性以外の目的には〈利用され〉ないことが明らかになろう。雌ザル自身も排卵期中の時は、とりわけ乗られたがる。これらのケースの八四パーセントで、乗りかかる方が社会的に優性である。しかしながらニホンザルの場合、雌は時に肉体的に優越した雄に乗りかかる。発情ホルモンを分泌している雌に乗りかかるアカゲザルの雌は、同様にたいていは優性である。多くのケースで、雌たちは他の雌の肩をしっかり押さえてその陰門を摩擦し、同時に手でその陰核を刺激することが多い。すると相手は〈雄役の〉雌の顔を見ようと、よく頭を後ろに反らして、刺激しやすくすることがよくある。Cf. V. Sommer, 1990, S. 123f., 126, 128.

(48) Cf. E. Cleaver, 1969, S. 21f., 185f. Cf. auch D. E. J. MacNamara/E. Sagarin, 1977, S. 153f.; L. H. Bowker, 1978, S. 117.

(49) Cf. D. F. Greenberg, 1988, S. 126f.

(50) Cf. G. Wright, 1983, S. 71, 104, 151, 185. 確かに刑務所だけでなく、ロシア軍のためにも発せられたある指令書は、一七一六年のものである。それによれば、同僚を強姦したり、性的強要をした兵士はみな、死刑か終身強制労働の判決を下された。脅迫や暴力行使を伴わないソドミーの場合——つまり、肛門性交だろうが——犯人は鞭でしたたか打たれた。Cf. S. Karlinsky, 1989, S. 349.

(51) Cf. J. -G. Petit, 1990, S. 505. 諸記録から判断すると、一九世紀もフランス各地の刑務所内のホモセクシュアルな強姦は、現在よりずっと少なかった——あるいは被害者がかなり泣き寝入りした。もっとも古株の囚人は大勢のぼっちゃりした若者ないしお稚児さんを性的に自由にできた。彼らはたいていなよなよした若者で、一八九〇年頃にはすでにパリの刑務所内で、タバコ一本とかワイン一杯で肛門を利用させた。Cf. P. O'Brien, 1982, S. 91ff.

(52) Cf. J. Goldstein/I. F. Lukoff/H. A. Strauss, 1991, S. 91. 若い囚人の中には食料のために身体を売った者も少なくなかった。Cf. R. Laqueur, 1991, S. 52.

(53) Cf. R. Plant, 1991, S. 148.

(54) F. Freund, 1989, S. 238f.

(55) Cf. H. Langbein, 1987, S. 454.

(56) 一九四三年五月一五日に強制収容所担当の経済管理庁長官で、ナチス親衛隊大将のオスヴァルト・ポールは、《収容者に特典を与えるための規則》を発した。そこには、極めて勤勉な模範囚には《特例として週に一度》二帝国マルクの料金で、収容所内の娼館を訪れることを許可する、とあった。二帝国マルクの内《中の女》の取り分は四五ペニヒと定められた。Cf. E. Kuby., 1986, S. 273f. アウシュヴィッツの娼館にはこんな掲示があった。訪れる者にはどんな性的なテクニックが禁じられているか、それに違反したら地下壕行きの刑に処すこと、また何分以内に事をすまさねばならぬか、などが記されていた。Cf. a. a. O.,S. 456. ラーヴェンスブリュック収容所内の娼館については、以前囚人だったアンヤ・ルントホルムが次のように報告している。そこには親衛隊の兵士たちも訪れた。早朝に売春婦たちが一日一六時間労働の前にインスタントコーヒーを飲んでいるうちから、《すでに上半身は完全な制服で、下半身は陰部丸だしの親衛隊兵士が早くもやって来た。彼らは女たちの髪をわし掴みにしてテーブルから引き離し、無理やり跪かせ、こう言った。〈雌豚め、さあ始めろ、おれのクリームをお前らのコーヒーにぶち込むんだ!〉その後も次の倒錯者の兵士たちがやって来て、さんざん嘲笑し罵声を浴びせている間に、彼女らは異常なやり方でサービスさせられた。いささかでも抵抗しようとすると、拳の雨が降った》(A. Lundholm, 1988, S. 125)。

(57) Cf. J. Irwin, 1985, S. 64. フィラデルフィアでは今日、三〇人に一人の囚人が心ならずも肛門を犯されている。Cf. J. G. Thompson, 1988, S. 196. アメリカの少年鑑別所でも、無数の青少年が伝統的に年長者に強姦されている。

かつての一収容者は自伝の中で、なよなよした若者が一夜に四人から五人に犯された、と報告している。Cf. R. M. Mennel, 1973, S. 192.

（58） Cf. G. M. Sykes, 1970, S. 97.

（59） ニュージャージーの州刑務所のある囚人はこう述べている。《fag は〈そっぽを向きながら親密でいる〉とか〈落とし難いふりをして落とせる〉とか、女がよくやる手管を幾つもわきまえている》（a. a. O., S. 96）。

（60） Cf. C. E. Silberman, 1978, S. 389.

（61） Cf. A. J. Davis, 1970, S. 336.

（62） A. a. O., S. 339. 最近の調査によれば、犯人の八五パーセントは黒人で、被害者の六九パーセントは白人だった。Cf. S. Donaldson, a. a. O., S. 1042.

（63） Cf. Silberman, a. a. O., S. 416.

（64） Cf. Davis, a. a. O., S. 334f. ホモの被害者の届け出は上部に送られることなく、どうやらそのまま留め置かれたらしい。Cf. K. T. Berrill, 1992, S. 35. 上述のごとく、刑務所外でも男性の被害者の届け出は極めて少ない。《男性はレイプされたことを隠そうとする気持ちが強いので、泥棒や強盗犯がその男性の被害者を単に警察に行かせないために、ついでにレイプすることがある》（S. Donaldson, a. a. O., S. 1096）。

（65） 犯人たちが若者を性的に襲う時の決まり文句は《お前の面子を少し潰してやるとか、おれたちはお前の男を頂くんだ》だった（Davis, a. a. O., S. 340; ferner Z. Luria/M. D. Rose, 1979, S. 351f.）。

（66） Cf. S. Brownmiller, 1980, S. 177.

（67） S. Hite, 1982, S. 686.

（68） Davis, a. a. O., S. 331f. ナーサン・ハードの長編小説『受刑者の家』では刑務所のある新入りは所内のシャワー室で一群の囚人たちに punk（お稚児さんの意）にされ、それによって〈去勢さ〉れる。この若者はガラス板でみずからのペニスを切断し、事態を完全なものにする。またある短編では、男子の強姦後の肛門の出血が、女性の経血になぞらえられる。《〝回し〟という言葉は、世代が移っても変わらない言葉の一つらしい。四人のシスターがアンディーにやったのは、正にそれだった。ギア・ボックスの上へ押しつけておいて、中の一人がプラス・ドライバーをアンディーのこめかみに突きつけ、交代で釜を掘ったわけだ。それで裂傷はできるが、そうひどくはない——お前は個人的な経験からそう言ってるのかって？——そうでなかったら、どんなにいいだろう。やられた後はしばらく出血する。もし、ふざけた野郎にメンスかときかれたくなかったら、トイレット・ペーパーをいっぱい丸めて、血が止まるまでパンツの後ろへ突っ込んどけばいい。事実、あの出血はメンスに似てる。チョロチョロした流れが、二、三日続くんだ。そして止まる。やつらからそれ以上にえぐいことをやられてなければ、べつに実害はない。肉体的な実害はない——だが、レイプはレイプだ。いずれそのうち、鏡に顔を映してみて、自分をどう考えるか、判断にせまられる時がくる（朝倉久志訳による）》(zit. n. S. Büssing, 1990, S. 61)。少なくともドイツでは、犯人はうまく被害者やパートナーの肛門に挿入できるように、ペニスにクリームを塗る者が少なくない。Cf. W. Scheu, 1983, S. 56f.

(69) Cf. ders., 1971, S. 68ff.

(70) Cf. H. Eppendorfer, 1987, S. 58.

(71) Zit. n. E. A. Rauter, 1988, S. 77.

第18章

(1) Cf. M. Sahlins, 1987, S. 19.

(2) G. H. Loskiel, 1789, S. 187.

(3) Cf. J. Prebble, 1967, S. 114, 116.

(4) Cf. W. Hölscher, 1937, S. 44f.

(5) Cf. H. te Velde, 1967, S. 53ff. 去勢されたセト神が *ḥm.t*《膣》と呼ばれるのはいかにも古代エジプトらしい。

Cf. E. Reiser, 1972, S. 114.

（6） Cf. A. Edwardes, 1967, S. 76. 一八九六年のアドゥアの戦いの後で、エチオピア人は無数のイタリア人捕虜の陰部を切断した由である。Cf. P. J. Möbius, 1903, S.12.

（7） Cf. C. R. Hallpike, 1972, S. 148ff. ガラ族の若者は、ペニスを一個略奪してからはじめて結婚を許された。Cf. W. La Barre, 1984, S. 31f. レンディーレ族の人びとは敵の陰部を切断し、それを雄ラクダの首の回りに掛けたり、また男子の家の足場に吊るしたが、陰部はそこで腐った。敵の戦士を殺し去勢した者は、誰かにその吊るした陰部をもぎ取られ、地面に投げるまで、自分の髪の毛を切らずともよかった。Cf. P. Spencer, 1973, S. 52. メリレ族の戦士たちは乾いたペニスを戦争の記念品として自分の首の回りに掛けた。(cf. M. Amin, 1981, S. 107) ダナキル族やアファル族、ソマリ族の戦士の場合も同様である (cf. G. Polykrates, 1984, S. 52; P. Paulitschke, 1983, S. 256)。またワヘヘ族の人びとは敵の陰嚢をシャシリック料理のように、長槍に刺して持ち上げた。Cf. A. G. O. Hodgson, 1926, S. 44. ボディ族、ムルシ族、マレ族でも男はペニスを、女は陰門と乳房を切断し、同じように凱旋行進の際に長槍に刺して、家に持ち帰った。Cf. A. E. Jensen, 1959, S. 291; E. Haberland, 1959, S. 409. それどころかワゴゴ族では、殺した敵の陰部を調理して食べたそうである (cf. H. Cole, 1902, S. 321)。またコンゴのムバラ族では、敵のペニス以外の食べられるところは全部実際に食べた。ペニスは布にくるんで頭上にのせた。Cf. E. Torday/T. A. Joyce, 1905, S. 401, 404. ニューギニアのゴダラ族も敵のペニスを燻製にし、戦争の記念品として保存した。Cf. A. P. Lyons, 1926, S. 339.

（8） Cf. F. J. Bieber, 1908, S. 94.

（9） Cf. P. J. Möbius, a. a. O., S. 12.

（10） Cf. F. S. Krauss, 1904, S. 213 bzw F. Bryk, 1931, S. 87. ペニスを切断するのはスパルタ人の間でも慣習になっていた。Cf. C. Bethe, 1983, S. 33.

（11） Cf. C. Bemont, 1884, S. 242. たとえば、ビザンチン人が殺した敵の屹立したペニスを切断することも珍しくなかった (cf. A. Kazhdan, 1990, S. 104)。しかし一〇世紀にはイタリア国王グリエルモの親族である、辺境伯テドバ

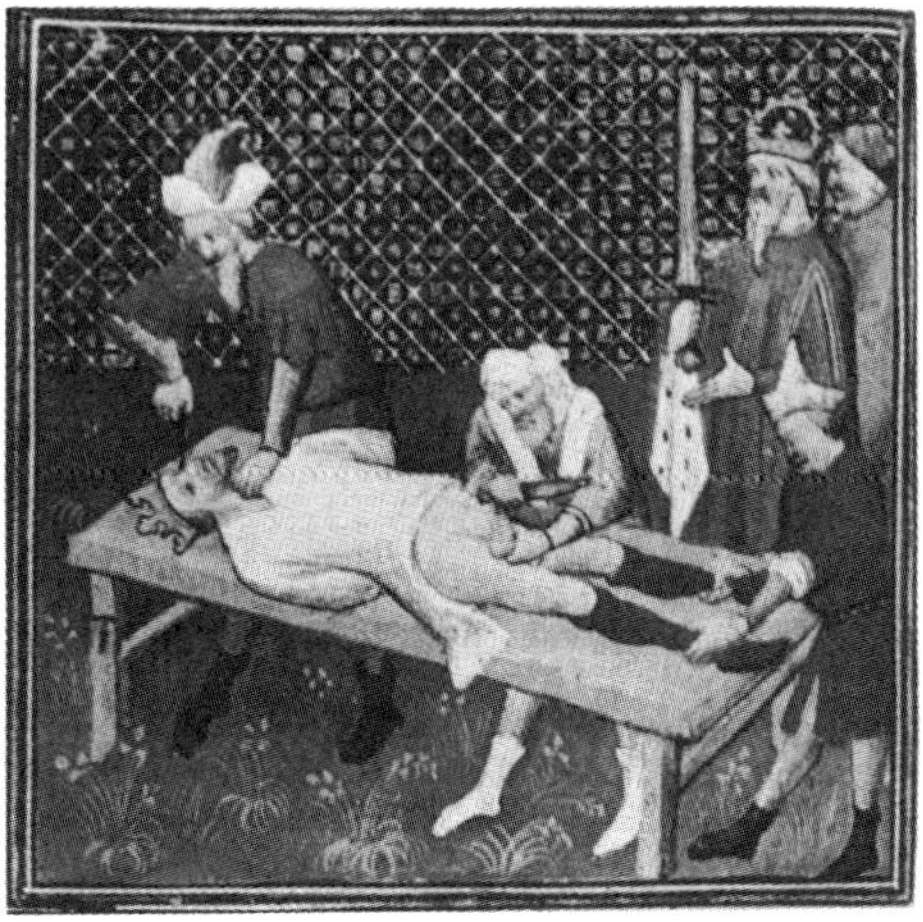

213　シチリアのグリエルモ3世が敵に去勢され，目を抉り取られる．『デカメロン』フランス語版の細密画，15世紀．

ルトはそのお返しをし、ベネヴェントで捕らえたビザンチン人を去勢させ、彼らの陰部を《滑稽な》添え書きとともにバジレイオスのもとに送った。Cf. H. Fichtenau, 1984, II, S. 548.

(12) Cf. D. Sandberger, 1937, S. 201.

(13) Cf. B. Sastrow, 1824, S. 33.

(14) E. Buchner, 1912, I, S. 76. 脱走した修道士といわれる《僭称者ドミートリー》は、一六〇六年五月にポーランドを援助して一時皇帝の座に就いたが、殺されて服を剝がれ素っ裸にされた。それから彼の陰部に靭皮の紐が一本巻き付けられた。彼はまず町《クレムリ》の中をその紐で引き回され、最後に市場広場で力一杯引っ張られた。《モスクワの女性たちもそこに殺到した。彼女らはほとんど民衆の出で、彼女らは口を揃えて彼の陰部と彼のお妃のことを語ったが、それは筆で描写することはできない》と年代記作家は述べている（C. Bussow, 1991, S. 112)。

(15) Cf. P. Browe, 1936, S. 64.

(16) Cf. J. Coudy, 1965, S. 200ff.;B. B. Diefendorf, 1991, S. 100ff. ルネッサンス期のイタリアでも、陰嚢の切断は大衆裁判で好まれた手段だった。Cf. P. Burke, 1987,S. 201. 一六七二年に制作された銅版画に、丸裸にされたド・ウィット兄弟が絞首台の横木に吊るされているのが見える。暴徒は彼らを引き下ろし、その陰部を切断した。Cf. H. Fehr, 1923, S. 103. 一六一七年ルーブル宮に入った際に射殺されたアンクル侯の死体も、民衆によって同じような目に遭った。Cf. D. Kunzle,1973, S. 51. 彼の奥方は別の方法で辱めを受けた。護衛隊長デュ・アリエは侯を殺した後、奥方に無理やりスカートを捲り上げさせた。彼女はスカートの下にイタリア製の下着を付けていた。《奥方はスカートを捲り上げ、乳房の上まで見せた。彼女はフィレンツェ製の赤いフリーズ織りの下着《キャルソン》をはいていた。人びとは笑いながら、下着にも手を付けなきゃ、と隊長に言った》。それは夫人をまさぐって装飾品が隠されていないか調べるという口実だった。《奥方はこんなご時世でなければそのようなことは許すまいと言ったが、その時はすべてが許されていた。そこでデュ・アリエは下着に少しばかり触れた》。(zit. n. A. Franklin, 1908, II, S. 87)。

(17) Cf. K. E. Oelsner, 1988, S. 156; R. Jakoby/F. Bassner, 1988, S. 155.

(18) Cf. P. J. Möbius, a. a. O., S. 79, 82.

(19) Cf. Oelsner, a. a. O., S. 196.

(20) Cf. E. A. Rauter, 1988, S. 94. Cf. auch H. G. Hassis, 1977, S. 221.

(21) *Deutsche Volkszeitung*, 10. Mai 1985. この箇所を指示してくれたアデールハイト・シュロット－シュヴァープ氏に感謝の意を表する。フランコの軍隊も敵を去勢した。Cf. H. Thomas, 1962, S. 197.

(22) Cf. F. Sastawenko/G. A. Below/J. A. Boltin, 1987, S. 222.

(23) Cf. H. Nawratil, 1982, S. 67.

(24) Cf. D. G. Haring, 1956, S. 417f.

(25) Cf. S. Hoig, 1961, S. 153, 182f.

(26) Cf. M. Baker, 1981, S. 213; E. Norden, 1967, S. 418.

(27) Cf. G. Lewy, 1978, S. 329.

(28) Cf. S. M. Hersh, 1970, S. 10. 中隊長は生きているヴェトコン兵の《胆嚢を切って取り出し、被害者の頭上で戦利品のようにぶらぶら揺らした。数週間経ってからも、彼はそれをまだ小さなプラスチックの袋に入れ、お守りよろしく首の回りに掛けた》(H. Dollinger, 1973, S. 496)。

(29) A. a. O., S. 23.

（30）Baker, a. a. O., S. 84 bzw. 199. 男と女の陰部の乾燥したコレクションを買いあさるアメリカ人は少なくなかった。Cf. M. Lane, 1971, S. 105.

（31）Cf. E. A. Rauter, 1988, S. 95f.

（32）Cf. T. Harris, 1984, S. 21. 大方の（黒人女性でなく）黒人男性の見解では白人の黒人に対する性的嫉妬は当然と思われるが、これについては、別の関連から次巻で述べる予定である。

（33）ARD, 7. Mai 1991 bzw. *Spiegel* 33, 1992, S. 131.

（34）ZDF, 2. März 1991. トレプリンカで突撃隊長フランツは、彼のシェパード「バリー号」を調教し、裸のユダヤ人の陰部に嚙みつくようしつけた。その後一証人の供述によれば、その結果当のユダヤ人たちはたちまちいかなる抵抗もやめ、おのれの運命を甘受した由。Cf. R. Ainsztein, 1974, S. 725. セルビアの強制収容所では、嚙みつき癖のある犬たちを囚人の《卵（睾丸の意）に》嚙みつかせた。Cf. *Spiegel* 42, 1992, S. 202.

（35）トルコでもそのように囚人を去勢するのは珍しくなかった。Cf. Rauter, a. a. O., S. 94, 104.

（36）Cf. P. Koch/R. Oltmanns, 1977, S. 180.

（37）Cf. L. Kolmer, 1987, S. 21.

（38）Cf. R. Schmid, 1858, S. 85f.（Kap. 25 u. §1）

（39）Cf. J. Bumke, 1986, S. 552.

（40）K. A. Barack, I, 1881, S. 77. 一二九七年バーゼルで、女性に暴行を働いた一聖職者が陰嚢を切断され、その陰嚢はさらし柱に釘付けにされた。Cf. K. D. Hüllmann, 1829, S. 262.

（41）Cf. D. W. Robertson, 1968, S. 98.

（42）古代の宦官は概して睾丸を摘出するか、使用不能にされるに過ぎなかった。そこでマルツィアールはこう書いている。《パニクスよ、お前のカエリアはなぜ宦官しか召使いにしないのか、とお前は問うている。カエリアは男と交わりたいのだが、子供は産みたくないのだ》。Cf. A. Richlin, 1983, S. 134.

（43）E. Anzelewsky, 1976, S. 162.

（44） Cf. M. Hirschfeld, 1930, S. 143. とりわけイタリアでは、女性に対する肛門性交のみならず、相互の自慰など罪深い性的な技法も《不完全なソドミー》と呼ばれた。Cf. H. J. Kuster/R. J. Cormier, 1984, S. 590. オーラルセックスや性交中断、非射精性交もそれに入った。Cf. M. Voght/V. L. Bullough, 1973, S. 143. 個々の技法が厳密に区別されなかったのは、立法者の関心が、性的な行動様式を分類することにはなく、自然の、つまり正当な行動と、不自然で、不当な行動を区別することにあったからである。Cf. B. -U. Hergemöller, 1987, S. 9.

（45） Cf. P. Reliquet, 1984, S. 319. 一四九六年にフィレンツェの人ドメニコ・チェッキは、ソドミストに対し初犯で睾丸を1個、再犯で残りの睾丸を摘出すべしと提案した。Cf. G. dall'Orto, 1990, S. 409.

（46） Zit. n. J. C. Brown, 1988, S. 18.

（47） Cf. C. Helfer, 1964, S. 335f; P. Chaunu, 1989, S. 177.

（48） Cf. E. Buchner, 1912, I, S. 140 bzw. 270. シュトラスブルクの死刑執行人について、彼は犯人の首に縄を巻き付け、眼を刺して取り出し、陰嚢から睾丸を取り出した、と言われている。《これなる男、眼をえぐり取り、睾丸を切り取れり》(J. C. H. Dreyer, 1792, S. 80)。

（49） Cf. F. de Waal, 1989, S. 65f, 71, 73f.

（50） Cf. P. -H. Stahl, 1986, S. 73. 第一次世界大戦中アラビア人は連合軍の兵士の陰部を切断したが、去勢された戦士は天国でもはや天国の美女を楽しめないことを、その理由にあげた。Cf. R. J. Mehta, a. a. O., S. 154.

第19章

（1） Thietmar v. Merseburg, VIII. 3(1957, S. 442).

（2） この場合、いかなる性行為が《ソドミー》とされたかは定かではない。ことによると、すでに当時から女性においても、挿入が行われてはじめて《ソドミー》の行為が行われたとされたようである。一一世紀初頭にブルヒアルトは、中をくり貫いた物を使って挿入したことに二〇日の贖罪を課し、これに対し相互自慰は一〇日の贖罪を課したに過ぎない。Cf. K. H. Bloch, 1989, S. 82. 一五世紀にスペインでは、同衾しても《物を使わ》なかった二人の女性、つまり相互に《刺激し合い》クンニリングスをしたと思われる二人の女性は、さんざん鞭打たれガレー船送り（！）になったに過ぎない。一方張形を使った二人の尼僧は《ソドミスト》として焚刑に処された。Cf. J. M. Saslow, 1989, S. 96. 別の定義によれば、女性は確かに場合によっては特大の陰核を膣に挿入したが、しかしながらこの陰核では《女性の精液を》射精できなかったので、女性は不完全なソドミーしか犯すことができなかった。

（3） Cf. R. H. Bloch, 1986, S. 63.

（4） Cf. A. D. Rodriguez, 1983, S. 42.

（5） Cf. R. P. Märtin, 1991, S. 105. とりわけアフリカの北東部では、若い娘の陰部の常習的な切除が広く行われていた。それはたいてい美学的な理由か、さらにそれ以上に――〈健全な〉女性が性欲が強すぎると思われているので、それを行った。それについては別の関連から次巻で取り上げる予定。

（6） Cf. H. Fischer, 1905, XI, S. 1691.

（7） 私の少年時代にマンハイム市で、特に女嫌いの残酷な表現として、《あいつは女のあそこを縫って閉じた》の言い回しを思い出す。

（8） 以前ヌビア人の男たちが長旅に出る前に妻の膣を縫いつけて閉じ、帰郷後またそれをほどいた。Cf. H. L. v. Pückler-Muskau, 1844, III, S. 30f. クック諸島北部でも、男たちが長期にわたって家を留守にしなければならない時は、妻の《陰核を縛って閉じ》たと言われている。Cf. D. S. Marshall, 1971, S. 146.

（9） Cf. R. Dionisopoulos-Mass, 1976, S. 46, 54.

（10） Cf. K. Meyer, 1905, S. 3.

（11） Cf. W. J. Buma/W. Ebel, 1972, S. 125.

（12） Cf. dies., 1969, S. 51.

（13） Cf. J. Ashcroft, 1987, S. 96.

（14） 一三八一年チューリヒで、スマリオと自称するユダヤ人がキリスト教徒の一人の女性に向かい、彼女の乳房を片方切り取らせてくれたら、借金の一部を棒引きにしてやると申し出た。《長身のスマリオはエンギに住む女性のもとに赴き、あなたの左の乳の先を自分の右手の中に呉れれば、その見返りにおれが貸している金を少し引いてやろうと、彼女に言った。しかし彼女はそれを断ったが、例のユダヤ人に向かって、それを一体どうするつもりなのかと尋ねた。するとスマリオは、そこにナイフを入れ切り裂こうと思ったと答えた》（S. Burghartz, 1990. S. 300）。儀式としての殺人を告発した件については Cf. R. P. -C. Hsia, 1988; W. P. Eckert, 1991, S. 89ff.

（15） たとえば、一六三三年スウェーデン人がシュレジアの小都市ゴルトベルクを征服した後で。Cf. H. Pleticha, 1974, S. 117. Cf. auch J. Kuczynski, 1980, I, S. 94. 一五五〇年八月二〇日付の書簡で、修道士ヘロニモ・デ・サン・ミゲルはスペイン王に対し、彼の傭兵たちがインディアン女性の乳房を切り取ったと苦情を述べた。ディエゴ・デ・ランダの報告によれば、スペイン人はマヤの女性にもそのような残虐行為を行った。Cf. T. Todorov, 1985, S. 172.

（16） Cf. T. Cullen, 1988, S. 156. 快楽殺人犯たちはしばしば被害者の陰部を切り刻んだようである。Cf. L. J. Kaplan, 1991, S. 157f.; U. Füllgrabe, 1992, S. 129.

（17） Cf. W. L. Strauss, 1975, I, S. 162.

（18） Cf. z. B. D. Hoof, 1983, S. 81.

（19） Cf. J. Bellamy, 1973, S. 184.

（20） ボヘミアでは例えば一六〇七年、嬰児を殺した一女性が《両の乳房を灼熱した火ばさみでつまみ取られた》Cf. E. Buchner, 1912, I, S. 24. デュル『裸体とはじらいの文化史』四八一頁、219図も参照のこと。

（21） Cf. z. B. H. Sebald, 1987, S. 37. 陰部に対する拷問は私の文献中には見当たらなかった。稀なケースとして、スペインの異端審問で獄丁が男の陰部を虐待したが、女性にはしなかったようである。Cf. M. Ruthven, 1978, S. 59.

（22） N. Elias, 1939, I, S. 267. Cf. auch P. Spierenburg, 1991, S. 195f.

（23） A. a. O., S. 268.

（24） Cf. P. Wagner, 1988, S. 98.

（25） M. A. de Lamartine, 1847, III, S. 251. Cf. hierzu H. Grubitzsch/R. Bockholt, 1991, S. 366f.

（26） Cf. G. Gugitz, 1930, S. 57. 『ペール・デュシェーヌ』紙もランバルを、王妃のレスビアンのお相手として公然と非難している。Cf. J. Haslip, 1988, S. 399.

（27） J. Michelet, 1988, III, S. 65f.

（28） Cf. G. Pernoud/S. Flaissier, 1976, S. 176ff; B. C. J. Singer, 1989, S. 278; S. Schama, 1989, S. 633.

（29） Cf. C. Erickson, 1991, S. 321. これらのケースで、《何が真実で何がでっち上げか》を断定できなければ、真実か残酷な行為とする王党派の宣伝か区別するのは、困難である（P. Caron, 1935, S. 61ff.; ロバート・ダーントンの一九八九年九月一五日の口頭連絡による）。しかし、中世で盛んに行われた人びとの残虐ぶりを強調するために、エリアスが引き合いに出す中世の文献中には、このことが少なからず問題となる。

（30） Cf. S. Hoig, 1961, S. 180, 183ff., 186. 反面、中国の義和団事件のさなか、一人のアメリカ女性が乳房を切断されてから、公衆の面前を引き回された。Cf. G-J.Witkowski, 1903, S. 4f. すでに一八五三年三月に太平天国の反乱軍は南京占拠後、このように無数の女性を切り刻んだ。Cf. H. Dollinger, 1973, S. 412.

（31） Cf. S. Brownmiller, 1980, S. 61.

（32） Cf. R. D, Eskapa, 1988, S. 155. 著者であるアメリカ人医師は《女性の乳房に対する憎悪は典型的なドイツ人らしい》とコメントし、自分の無知をさらけ出している。

（33） Cf. G. Schwarberg, 1990, S. 9ff.

（34） Cf. z. B. S. Alexijewitsch, 1989, S. 235.

（35） T. Kornaros, 1989, S. 221f.

（36） Cf. C. Böddeker, 1980, S. 131. 第二次大戦中、クロアチアの女性を生きたまま脇腹に穴を開け、その中に彼女らの手を突っ込むのは、セルビア人の〈特技〉と見られた。Cf. *Spiegel* 30, 1992, S. 132.

（37） Cf. K. F. Grau, 1966, S. 98; S. Spieler, 1989, S. 147; E. N. Peterson, 1990, S. 161.

(38) Cf. Spieler, a. a. O., S. 147;T. Schieder, I. 2, 1984, S. 349.

(39) A. a. a. O. S. 301. フランスでは解放後、ドイツ人と情事をもった若い娘たちはしばしば火のついたタバコを、乳房に押しつけられた。Cf. *Spiegel* 23, 1990, S. 144. 南アでは黒人女性は警官たちによく乳房を殴られた（cf. K. Bergdoll, 1987, S. 45）。またガテマラ軍の兵士はキチェ・マヤ族の女性たちを強姦後、その乳首を切断した。Cf. E. Burgos, 1984, S. 177. バルカン半島やトルコでも昔も今も、戦争や内戦で女性の乳房を切断するのは広く行われたようである。Cf. z. B. I. Alp, 1988, S. 65ff. ギリシアの山賊たちも時に女性の乳房に拷問を加えた。Cf. J. Campbell, 1992, S. 139.

(40) Cf. M. Baker, 1991, S. 213f. アメリカの記録映画『ミ・ライ』の中で、GIたちは幼女の陰部すら切り裂いた、と女性たちは証言した（*West* 3, 11. September 1992）。

(41) A. a. O., S. 211f. Cf. auch M. Lane, 1972, S. 139, 195f.

(42) Cf. D. J. West/C. Roy/F. L. Nichols, 1978, S. 117. もっともアメリカの神経科医アーチボルド・チャーチは、一九〇四年の医学会議で次のように確言している。ペニスと睾丸は男性の自己像にとって、女性のそれにとっての女陰とはくらべものにならないほど大きな役割を演じている。《男性は陰部の切除手術を冷静に受けとめないが、女性は女性特有の部分を失う手術もあまり問題なく穏やかに受け入れる》（zit. n. E. Shorter, 1992, S. 93）。

(43) 女性の入場料はたった五ドルである。Cf. R. Schechner, 1985, S. 298.

第20章

(1) Cf. R. Elze, 1978, S. 9. 一五五五年にもちろんモーンリュックは、「武器をもつ階級の人びとの場合、捕虜を身ぐるみ剝ぐのは卑劣なことである」と言っている（Zit. n. C. G. Jochmann, 1982, S. 83）。

(2) Cf. J. Knobloch, 1921, S. 75.

（3） Cf. N. Ohler, 1990, S. 241. 一五〇四年にシュヴァーベン同盟の傭兵たちは、戦いが勝利を収めてからでなくては打ち殺した敵軍の衣類を奪わない、と誓わねばならなかった。Cf. H. Zwahr, 1990, S. 235.

（4） A. Tuetey, 1881, 193, 224. もっともほぼその頃のニュルンベルクの文献には、石弓や鉄砲で武装した傭兵たちが女性たちを丸裸にした、と記されている。Cf. H. Zwahr, a. a. O., S. 169. その場合、《裸》なる語が正確には何を意味するかは、未解決であることはもちろんである。ただし、たとえば城の守備隊の衣類を剝ぎシャツだけにするのは、すでに侮辱とされた。Cf. R. Sablonier, 1971, S. 117.

（5） その近くには《手に陰部を握らされた男の屍が横たわっていた》。Cf. J. Prebble, 1967, S. 117, 127ff., 210f. Cf. auch R. Atwood, 1980, S. 174.

（6） Cf. M. A. de Lamartine, 1847, III, S. 251. もっとも有名なケースはおそらく上述の、パレ・ロワイヤルにおける花売りグレーデラー某女だろう。彼女はこの姿勢で燃える麦わらの松明を挿入されたと伝えられる。細部にわたる残虐な行為についてはもちろん確認されていない。Cf. P. Caron, 1935, S. 57f., 62. しかしながら、〈九月大虐殺〉の被害者は女性も含め一人残らず、荷車に投げ込まれて運び去られる前に、素っ裸にされたことは実証できる。Cf. a. a. O., S. 67

（7） この夫人の範となる立派な行為は、《一市民》が彼女は失神してからも《とても惨めな様子で起き上がった。死ぬほどのショックを受けたが、奇跡的に助かった》と描くことによっても強調される。つまり、誰も彼女のスカートの下を見られなかったことは明らかである（A. Tuetey, a. a. O., 345)。

（8） A. a. O.（傍点筆者）比較されたし。フランスで女性がはじめて絞首刑になった時——それは一四四九年のパリであったが、彼女の長い衣は膝の上で束ねられた。Cf. C. Lombroso/G. Ferrero, 1894, S. 209.《一市民》の報じるところによれば、彼女は嬰児殺しの一味の一人だった。彼女は仲間と共に四月二三日に《フランスはサン・ドニ街道の風車の上で》絞首刑に処された。Cf. Tuetey, a. a. O., 891. 溺死刑に処された女性も、服を脱ぎ裸にされることはなかった。一六九五年にリエージュのマース河で溺死刑に処されたある毒殺犯の女性について、事前に彼女の《シャツとスカートは除いて服を脱がせた》とあるのは、いかにもその間の事情を語っている。Cf. E. Buchner, a.

a. O., S. 277.

(9)　Tuetey, a. a. O., 578. 一〇〇〇年頃成立した『ブルガリア聖人伝』には、フランケンの戦士について憤激調でこう書かれている。《兵士たち――この野蛮なる輩ども、というのもドイツ人はすでに生まれながらにして性粗暴であるが、今はまたかかる指令も受ける――は彼女らを捕らえ、〔……〕その衣を剝ぎ取り、裸にして引きずり出す》(zit. n. H. Dollingen, 1973, S. 128)。一三世紀にはヴェネチアの人びとは、この上なく残酷な君主と見られたアルベリヒ・ダ・ロマーノがトレヴィゾの婦人たちの《衣服を切り裂いた》ことにひどく激昂し、彼に対して軍事行動を企てた由。Cf. a. a. O., S. 161f.

214　聖女ベネディクタに対する鞭打ち．フランスの細密画，1312年頃．

(10)　一五世紀初頭に――ということはほぼ同じ頃――クリスティーヌ・ド・ピザンは、模範的な女性であるテオドジーナについて以下のように書いている。彼女は実にひどい拷問でも意に介さなかった。《しかしながら、彼女が心の奥底で悩んだことは、彼女が感じている恥辱だった。なぜなら、彼女の身体は衆人環視の中で素っ裸にされたからである。すると神が彼女に白い雲を送られるや、その雲は彼女をすっぽりとくるんだ》。《聖処女バルバラ》もクリスティーヌの例にあげられている。バルバラは拷問者にその乳房を引きちぎられても、それほど悩まなかった。しかし、そのためにはどうしても上半身を露出されるが、それには耐えられなかった。それゆえ、この場合神は《その身体を白い布で覆う》天使を一人遣わされた（Christine de Pizan, 1986, S. 263ff.）。

（11） Cf. L. F. Salzman, 1926, S. 115.

（12） 例えば、一五六五年に巡礼のクリストーフ・フューラーは、アラビアの強盗団が彼とその旅の道連れを《メディナで売り飛ばすために》彼らのズボンを剝ぎそのまま砂漠の中を連れていった、と報告している。一八五四年には二人の英国の紳士が、パレスチナで《ベドウィン人の群れの手に落ちた。彼らは紳士たちの服を〈脱がせ〉たので、一人は帽子だけ、もう一人は眼鏡をかけただけの姿で先行する隊商のもとに到達した》。Cf. P. Gradenwitz, 1984, S. 110f., 113.

（13） B. Gomes de Brito, 1987, S. 57f. この箇所を指摘してくれたアンドレアス・ベリガー氏に感謝する。

（14） Cf. D. R. Lesnick, 1991, S. 78.

（15） Cf. J. Huizinga, 1952, S. 339; デュル『裸体とはじらいの文化史』二八五頁参照のこと。

（16） Cf. W. Petz, 1989, S. 33.

（17） Cf. C. van Mander, 1991, S. 419.

（18） Cf. A, Smith, 1987, S. 54, 60.

（19） Zit. n. O. H. Brandt, 1925, S. 34.

（20） Cf. C. Dericum, 1987, S. 94.

（21） E. Buchner, a. a. O., S. 76.

（22） M. Friesenegger, 1974, S. 145.

（23） Cf. G. L. Gulickson, 1991, S. 252.

（24） Cf. B. Lincoln, 1985, S. 241ff. 反乱や革命の時、他の女性たちにもまして繰り返し修道女が公衆の面前で露出される辱めを受けた。たとえば、一七九一年四月九日にパリ郊外のサンタントワーヌで、土地の女性や市場の女たちが修道院から尼さんたちを引きずり出し、彼女らの修道衣を剝ぎ取った。Cf. H. Grubitzsch/R. Bockholt, a. a. O., S. 393.

(25) *Spiegel* 23, 1990, S. 144.

(26) Cf. C. v. Krockow, 1991, S. 204f. : K. Granzow, 1984, S. 246. Cf. auch H. Reinoß, 1983, S. 197; T. Schieder, IV. 2, 1984, S. 396ff. , 418.

(27) Cf. B. v. Richthofen/R. R. Oheim, 1982, S. 107, 110. まだ戦争中に赤軍兵士たちは、大勢のドイツ女性を裸にして戦車にくくりつけ、引きずって死に至らしめた。Cf. S. Spieler, 1989, S. 148. ドイツ兵たちもしばしばソビエト兵により服を脱がされたが、ただしそれはソビエト兵が彼らの服をわが物とするためだった。Cf. R. Rürup, 1991, S. 153.

(28) Zit. n. S. Brownmiller, 1980, S. 111.

(29) Cf. G. Kisch, 1970, S. 186; ders. 1979, S. 165ff. 一四六〇年にパッサウの司教座参事会員パウル・ヴァンは、刑吏がみなの目の前でイエスの服をはいで頭にかぶせ、身体を露出させた。その上いかなる罪人でも許される腰布までイエスから引きちぎったことを嘆いている。そのためイエスは《淫らな人びとの前で全裸となって》立ったが、ついに聖母が彼女のヴェールで彼の陰部の辺りを覆った。Cf. K. Schreiner, 1992, S. 64. 一一〇〇年頃できた冷水の神明裁判に関する規則には、脱衣についてははっきりとこう謳われている。《裁きを受ける者の陰部が見えぬよう、腰に新しい亜麻布を巻くこと》。Cf. M. H. Kerr/R. D. Forsyth/M. J. Plyley, 1992, S. 582. 女性は礼法上の理由からこの神明裁判を受けなかった。ユダヤ人も処刑の際、伝統的にある種の礼法を重んじた。それで聖書時代には、男性の罪人はいかなる場合にもズボン下に当たる *mišmasim* を身に付けなければならなかったように見える。Cf. R. v. Mansberg, 1900, S. 77. 後にミシュナ法集成は、礼法上の理由から男性は少なくとも腰布を、女性の場合はその上に乳房を隠す布を身に付けねばならない、と指示した。Cf. L. M. Epstein, 1948, S. 30, 201f. 近代までキリスト教徒がそうだったように、ユダヤ人も女性を絞首刑にすることはなかった。女性たちはむしろ扼殺されたのである。Cf. H. E. Goldin, 1952, S. 137. 聖書時代に一人の女性が《裸にされて》石打ち刑に処されたが、せいぜい彼女の上半身が裸にされただけだった。Cf. G. Dalman, 1937, S. 201.

（30） Cf. R. Chazan, 1987, S. 71.

（31） A. Neubauer/M. Stern, 1892, S. 85, 100, 102, 156, 173, 183.

（32） Cf. F. Graus, 1987, S. 184; ferner R. Schuder/R. Hirsch, 1987, S. 180.

（33） Cf. E. Pagels, 1988, S. 12.

（34） 出エジプト記二八章四二節、レビ記一八章六節以下、申命記二一章一節を参照のこと。Dazu R. Patai, 1959, S. 157.

（35） ズボンをはかず、小さな帽子もかぶらず神殿に入るのは、重罪とされた（cf. L. M. Epstein, a. a. O., S. 31）。とりわけ祭司たちはミサの際、不注意により身体を露出しないよう指示されていた。《あなたは、階段を用いて祭壇に登ってはならない。あなたの隠し所があらわにならないためである》（出エジプト記二〇章二六節）。H・A・ヴォルフ（一九八四年、二五四頁以下）が言うように、祭壇の聖性が祭司の陰部を危険にさらすからとは思われない。むしろ逆に陰部が祭壇を瀆すのである。

（36） Cf. M. Lamm, 1980, S. 100.

（37） Cf. L. M. Epstein, a. a. O., S. 28. 《主の箱がダビデの町に着いたとき、サウルの娘ミカルは窓からこれを見下ろしていたが、主の御前で跳ね踊るダビデ王を見て、心の内にさげすんだ》（サムエル記下、六章一六節）。中世の『講釈《ミドラシュ》』では、ミカルがダビデ王をさげすんだのは、王がもっと巧く踊れるように衣服を取ったからだと説明している。だから足やすねが見えたのである。Cf. a. a. O., S. 35. クムランの共同体の規則によれば、他人の前で裸になったメンバーは半年間の贖罪をしなければならなかった。Cf. J. Z. Smith, 1965, S. 219. エッセ派やマンダ教徒にあっては洗礼の際、男子は腰布を、女子は長い衣を身に付けた。Cf. ders., 1978, S. 3. 使徒パウロは結局復活後に《服を着せて》もらうよう望んだ。《それを脱いでも、私たちは裸のままではおりませんから》（コリントの信徒への手紙二、五章二節以下）。

（38） Cf. J. Preuß, 1923, S. 147.

(39) Cf. H. L. Gordon, 1943, S. 487.
(40) Cf. G. Dalman, 1937, S. 303.
(41) Cf. H. L. Gordon, a. a. O., S. 489. フュルト市におけるユダヤ人の共同体規則によれば、女性が家で上半身を覆う唯一の物として、帯で締める胴衣しか着用しないのは禁じられた。Cf. A. Rubens, 1973, S. 198.
(42) Cf. Dalman, a. a. O., S. 307.
(43) Cf. Epstein, a. a. O., S. 28. 女性は稀に着衣のまま女風呂に入ることもあったが (cf. S. Krauss, 1907, S. 193)、もっともこれは昔からの典礼規則には合わなかった。普通は裸で風呂に入ったので、尊敬を払わねばならぬ人びととは混浴しなかったし、兄弟とも別々に入った。
(44) Cf. E. Stommel, 1959, S. 9.
(45) 《自分の姉妹、すなわち父または母の娘をめとり、その姉妹の裸を見、女はその兄弟の裸を見るならば、これは恥ずべき行為であり、彼らは民の前で絶たれる。彼は自分の姉妹を犯した罪を負わねばならない》(レビ記、二〇章一七節)。この場合タルムードはもはやそれほど厳しくなかった。タルムードによれば、姉妹の陰門に触れる者がはじめて、語の厳密な意味で近親相姦を犯したことになるからである。Cf. Epstein, a. a. O., S. 33. タルムードの伝統では、この過ちはもはや死刑で罰せられることなく、鞭打ち刑ですんだ。Cf. M. Papo, 1925, S. 252. 二世紀のタンナイーム (学習者の意) の時代になるともっと自由になり、身体の接触のほかにキス、愛撫、抱擁が行われてはじめて、近親相姦が成立した。Cf. Epstein, a. a. O., S. 105. 父親の妻とか——それはおそらく (一夫多妻婚での) 実母でない母を意味したのであろう——兄弟の妻と近親相姦を犯した者に対する処罰は、実に〈父権性の〉特色を表している。罪を犯した者はこれらの女の裸を《見たこと》によって、父や兄弟の裸を《見た》がゆえに、罰は非常に重いのである (レビ記二〇章一一節及び二一節)。なぜなら、彼女らの陰門は父親ないし兄弟の陰部と触れたからである。Cf. F. Maurer, 1907, S. 257.
(46) Cf. S. Bialoblocki, 1928, S. 22.
(47) Cf. J. Gutmann, 1978, S. 8.

(48) 九二六年作のある〈残忍な〉ネブカドネザルもそのような襟刳りを付けている。Cf. J. Domínguez Bordona, 1969, Tf. 10.

(49) ユダヤ人が裸の女性を描くことはほとんどない。儀式で潜水浴をしている女性を描いた珍しいユダヤ人の細密画は、一四二八年頃制作されたライン地方のものである。それを見れば、恥毛も陰門もない女性が沐浴場《ミクヴェ》で水浴びをしているのが分かる。Cf. R. A. Müller/B. Buberl/E. Brockhoff, 1987, S. 81.

(50) 理解しがたい事をおのれの目で見るために、そのシーンをユダヤ人として見ようとするならば、このシーンを《聖書の目を通して》見なければならない、とD・ランデス（一九八三年、一三頁）は言い添えている。

第21章

(1) エゼキエル書一六章三七節、二三章二九節を参照。

(2) エレミア書一三章二二節を参照。ミニスカートの流行は正統派のユダヤ人にとって、今日なお嫌悪を催させる。それについては次巻でさらに述べる。

(3) Cf. W. A. Müller, 1906, S. 34f.

(4) 淑やかなタマルのように、女性が顔も覆うのは極めて珍しいように思われる。

(5) Cf. B. Ye'or, 1985, S. 293, 313, 336.

(6) Cf. z. B. S. Lambroza, 1992, S. 200, 232; R. Weinberg, 1992, S. 263. 組織的な凶行《ポグロム》の間、女性は靴や靴下に至るまで剝ぎ取られた。Cf. F. Grube /G. Richter, 1980, Abb. 31. ドイツ軍の突破直後、リトアニア人は各地でユダヤ女性を追跡し、彼女らの肉体を露出しだした。小都市プルンゲでポグロムが行われ、一二、三歳の少女すら強姦された。Cf. *Spiegel* 41, 1991, S. 228.

(7) Cf. E. Fuchs, 1921, S. 198.

(8) Cf. B. Goldstein, 1960, S. 101. ユダヤ人は常に男女に別れて入浴した。デュル『裸体とはじらいの文化史』八一頁以下を参照。

(9) まったく別の関連から同じような論拠を述べる医師たちは少なくない。彼らは性的な問題で治療に当たる患者たちに、まず脱衣して裸になるよう指示する。《物質的な抵抗力が下がると、患者は自分の潜在意識もそうなったように感じる。患者が物質的な防御を奪われ裸になれば、精神的な抵抗もなくなるかもしれない》(W. J. Bryan, 1972, S. 72)。

(10) Cf. E. J. Bristow, 1982, S. 135, 142.

(11) I. Ratuschinskaja, 1988, S. 257 bzw. A. Solschenizyn, 1974, II, S. 218.

(12) Zit. n. F. Pingel, 1978, S. 78.

(13) 《彼女らが羞恥心から命令に従うのをためらうと、ひどくぶん殴られた》(S. Benatar/A. Cohen/G. & L. Hsson, 1987, S. 159)。一証人はハンガリーのユダヤ女性の入った、幾つかの労働コロニーについて報告している。《彼女らがアウシュヴィッツに到着するや、ただちに衣服を残らず脱がされた。そして日に何度もナチス親衛隊員のいるところで素っ裸で整列しなければならなかったが、隊員たちは彼女らを殴ったり、からかったりした。その後でやっと彼女らは一時しのぎのぼろを幾つか受け取った》(H.-W. Wollenberg, 1992, S. 151)。

(14) R. Weiss, 1988, S. 257f.; cf. auch M. Nyiszli, 1988, S. 249; S. Milton, 1987, S. 12. S・ミルトン(一九八三年、八頁)の主張はそれを論駁している。《女性が手を》乳房や陰部にあてがうのは《羞恥心の表れではなく、むしろ自己防衛なのである》。

(15) Cf. K. Zywulska, 1979, S. 156f.

(16) L. Shelley, 1992, S. 230.

(17) A. a. O., S. 195; O. Kraus/E. Kulka, 1991, S. 129.

(18) M. Hepp, 1987, S. 204. 《裸で、しゃがんだり仰向けになったり、両脚を上げたりして、できるだけ屈辱的な姿勢で、頭、顔、身体の毛をそっくり剃られた》(zit. n. U. Bauche et al., 1991, S. 124)。Cf. auch J. Garlinski, 1975,

S. 150f.
(19) *Spiegel* 11, 1990, S. 262. Cf. auch J. Komenda, 1987, S. 186.
(20) Cf. O. Kraus/E. Kulka, a. a. O. , S. 123f. ; R. Plant, 1991, S. 144.
(21) M. Hepp, a. a. O.
(22) Cf. A. Donat, 1965, S. 166; I. Vermehren, 1979, S. 69; E. Klee/W. Dreßen/V. Rieß, 1988, S. 168; L. Shelley, a. a. O., S. 171. ユダヤ女性はこのような扱いを、強制収容所ではじめて受けたのではなかった。たとえば、ドイツのポーランド奇襲後すでにヨハネス・ブラスコッヴィッツ大将は軍総司令官に、ナチス親衛隊のやり方についてこう知らせている。《三九年一二月三一日夜、二五〇人のユダヤ女性はチェンストハウで酷寒の中を路上に連れ出され、数時間後にはある学校へと連行された。そこで彼女らは金を探すという名目で検査された。女性も服を脱がされ裸にならねばならず、警官に陰部まで調べられた》。一兵士は後で、大量虐殺直前にユダヤ人男女は《身を屈めて、金目の物や装身具はないかと肛門と陰部を調べられ》ねばならなかった、と語っている。Cf. M. Schoenberner/G. Schoenberner, 1988, S. 88, 138f.
(23) G. Böddeker, 1980, S. 86. すでに戦時中にも多くのユダヤ人女性は、ウクライナなどの《協力的な》兵士たちによる国外追放のさなか、このような屈辱を味わわされた。《一団のモンゴル人とウクライナ人が貨車によじ登ってきた。彼らはみな手に自動小銃をもっていた。[……] 彼らはまず女性たちの元にやって来て、ぼろに至るまで衣類をむしり取り、乳房や陰部を検査して金や装身具を見つけだした》(A. Carmi, 1988, S. 189f.)。昔も女性たちは金や装身具をいつも膣の中に隠す者は少なくなかった。しかしながら、一般に追い剝ぎでさえ女性のそのような秘処を調べることはしなかったようである。たとえば一五六六年に完結した『ツィンマーの年代記』には、夫に従ってイタリアの戦場に向かったある女性について、こう報じている。彼女がかの地から単身で故郷に帰ろうとした時、始めは金《かね》をどこに隠したらよいか分からなかった。《そこで彼女は知恵を働かせ、夫のものであった金貨四〇クローネを身体の下に押し入れた。つまり、出産器官に入れて故郷にもち帰ったのである。彼女は二度もけしからぬ輩に襲われ、肌着に至るまで脱がされ身体中を調べられたのに、その善良なる女性の例の部分はそのままにして置いたのだ》。というのも追い剝ぎに取ってすら、《そのような部分》を調べるのは、《破廉恥なこと》だったからである（K. A. Barack, 1881, IV, S. 206）。

（24）K. Zywulska, 1988, S. 217f., ferner D. Fürstenberg, 1986, S. 57; G. Salus, 1981, S. 19f. Cf. dazu auch R. Vespignani, 1976, S. 124.

（25）J. Goldstein et al. , a. a. O. , S. 91f.

（26）《始めは耐えられませんでしたが、そのうちにメンゲレ博士や彼のスタッフのいる前で何時間も裸で立つのに慣れました》（a. a. O., S. 91）。Cf. auch H. Langbein, 1987, S. 451. もちろん羞恥心を失わない女性もいた。Cf. z. B. H. Lévy-Hass, 1979, S. 46. K・チュヴルスカ（一九七九年、二一三頁以下）によれば、他の発言とは逆に多くの囚人の性愛や性は、決して減退しなかった。《この頃それが禁じられていたゆえに、房内の空気は至るところで性愛にみなぎっていた（これについてはO・クラウス、E・クルカ、前掲書、一二二頁参照）、正に至るところで全能の死が支配していたゆえに。まだできる内に、まだ命ある内に、生に陶酔し楽しむために、すべてに逆らい、理性に逆らい、よく考えず、人々は抱擁し合い、つかの間ちぎり合った。というのも、彼らの間近で他の人びとの肉体が腐敗したり焼かれたりしていたので、一分もしたらもう遅すぎることになったろうから》。一九四五年一月エルビングの攻囲の際にも、多くの人びとの中には《絞首刑が迫るつかの間の間に女性と淫らな生活に耽る者もいた》（T. Schieder, I, 1, 1984, S. 59）。これについてはS・レム（一九八三年、二四〇頁以下）とP・ファイアーアーベント（一九八四年、一三三頁以下）の論争を参照のこと。

（27）Cf. E. Klee/W. Dreßen/V. Rieß, 1988, S. 186.

（28）T. Birger, 1990, S. 134, 137. ベルゲン・ベルゼンにおける監督囚《カポ》による女性囚人の強姦については、H・レヴィ・ハス（前掲書、四五頁）参照。

（29）Cf. J. Goldstein et al. a. a. O., S. 90.

（30）L. Shelley, a. a. O., S. 195. すべての女性が被害者の役割に甘んじていたわけではなかった。たとえば、ある時アウシュヴィッツで一団の女性が無理やり服を脱がされた際、ナチスの親衛隊員が二人近づいてきて《美貌のユダヤ女性》を見ようとした。彼女はこれを大変な屈辱と感じ、突然靴のヒールで一人の親衛隊員の額に殴りかかり、彼の銃をもぎ取って、もう一人の隊員を射殺した。すると、ホールで脱衣していたすべての女性に対し、警備班の射撃の火蓋がたちまち切って落とされた。Cf. A. Grobman, 1983, S. 249. 同じようなケースについてはR・アインスタイン（一九七四年、七二五、七九五頁）を参照のこと。

（31） 一九四二年四月ナチス親衛隊長官は、女性は《激しい》鞭打ち刑を受ける前に下着を脱がねばならぬ、と定めた。Cf. C. Müller, 1987, S. 81.

（32） A. a. O., S. 78, 80.

（33） A. a. O., S. 93.

（34） その際彼女らはとりわけ乳房に残酷な虐待を受けた。Cf. G. Schwarberg, 1990, S. 83. 戦後の数年間ポーランド人たちは、ポトゥリーケ収容所内のドイツ女性に対して、まったく同じように振る舞った。Cf. Schieder, I, 2, S. 592ff.

（35） Cf. B. Vögel, 1990, S. 66.

（36） E. Sinn, 1985, S. 180f.

（37） Zit. n. E. Klee/W. Dreßen, 1989, S. 175.

第22章

（1） J. van Ussel, 1970, S. 70.

（2） A. a. O., S. 15.

（3） A. a. O., S. 71, 210.

（4） N. Elias, 1939, II, S. 121.

（5） D. M. Klinger, 1982, I, S. 5.

（6） たとえばほかの点でもあまり信頼できない著者、つまりE・ボルネマン（一九八四年、五二頁）。検証することなく借用されたこの主張の〈一番元になった典拠〉は、おそらく『絵入り事典・文化史』（ウィーン、一九二八年、五〇頁以下）であろう。

（7） Cf. z. B. auch M. Bonicatti, 1971, Fig. 50.

（8） デュル『裸体とはじらいの文化史』七四頁を参照のこと。

（9） F. Beyerle, 1947, S. 71.

（10） ハンス・ヴォルフガング・シュトレーツは一九八六年四月一五日付の私宛書簡で知らせてくれたところによれば、彼もそのような禁令の載っている法源を知らない由。

（11） Cf. Beyerle, a. a. O., S. 83.

（12） Cf. W. Schild, 1984, S. 131.

（13） R. Schmid, 1858, S. 79, Kap. 11, S. 81, Kap. 18; F. Liebermann, 1903, I, S. 57, 59. Cf. auch H. H. Munske, 1973, S. 59; A. L. Klinck, 1982, S. 109. Keorle つまり自由民の女性の場合、支払われた賠償金は女性本人に、女奴隷の場合はその主人に入った。Cf. C. Fell/C. Clark/E. Williams, 1984, S. 63.

（14） Cf. R. Schmid, a. a. O., Kap. II, §1.

（15） K. Meyer, 1905, S. 33.

（16） A. Heusler, 1937, S. 277.

（17） Cf. E. Wilda, 1842, S. 783.

（18） 《女性の乳房をもぎ取った者は、全部で四五になる一八〇〇デナリィの罰金刑を言い渡されるであろう》（K. A. Eckhardt, 1953, S. 142）。Cf. auch W. Schild, a. a. O., S. 133. この規定は古代北欧の Gutalag の規定にほぼ相当する。Cf. H. Reier, 1976, S. 158. 七世紀前半のアレマン人の法によれば、刑罰は以下のように段階があった。《自由身分の処女が二つの村の間の道を歩いていて、たまたま彼女に出会った男が力ずくで彼女のかぶり物をはぎ取った場合、その者は六シリングの罰金を払わねばならない。もし彼女の衣服を持ち上げ膝まであらわにした場合は六シリングの罰金を払わねばならない。また彼女を裸にし、女陰もしくは尻まであらわになった場合は一二シリングの罰金を払わねばならない。さらに彼女の意志に反して彼女を犯した場合は、四〇シリングの罰金を払わねばならない》(K. Lehmann/K. A. Eckhardt, 1966, S. 115)。

(19) Cf. K. A. Eckhardt, 1953, S. 162f.

(20) So R. His, 1901, S. 327.

(21) W. J. Buma, 1967, S. 72ff., 121, 185. 一三〇〇年頃のフンジング法によれば、乙女、妊婦、《すべての女性の中でもっとも哀れな》未亡人に、basefeng（低地ドイツ語で「淫らに触れる」の意）すると、普通の女性の場合より一倍半も重い刑を課せられた。Cf. W. J. Buma/W. Ebel, 1969, S. 52. 中世盛期のポーランドやロシアでは、力ずくで女性の髪を振りほどくのは強姦未遂と見なされた（cf. A. Gieysztor, 1977, S. 178）。また五世紀に成立したブルグントの法によれば、自由人の女性のかぶり物を取ると、自由人の男は二四シリングふんだくられ、内半分は被害者に払わねばならず、もう半分は罰金だった。いずれにしても当の男は女奴隷を強姦した時の倍も払わねばならなかった！　男の奴隷が自由人の女性の毛を弄ぶと、二百叩きを食らった。彼女に挿入すれば、男奴隷は命を失った。Cf. E. Ennen, 1984, S. 37.

(22) Cf. J. M. Jochens, 1980, S. 381.

(23) Cf. R. His, 1935, II, S. 105.

(24) Cf. H. Dillard, 1984, S. 172.

(25) 《さらにこの不正は彼らによってわれわれに伝えられている。ヨハンネス・ゼーロヴィエンシスは、ある娘といちゃついていて、彼女の乳首に触った。これを見ていたあるスペイン人がお国言葉で「女」をののしった。だがその言葉はわれわれには理解できなかった。彼に近づいたD・ヨハンネスが彼を拳骨で叩き、そして下宿から叩き出した》(Lew v. Rožmital, 1844, S. 71f.)。

(26) Cf. L. E. Stamm-Saurma, 1987, S. 65; D. Rieger, 1988, S. 247.

(27) Robers de Blois, 1808, 91ff.
(28) Konrad v. Würzburg: *Partonopier und Meliur* 1566ff.
(29) *Trojanischer Krieg* 15774ff. ガーヴァーンとアンチコニーエの出会いについてはこのように書かれている。《彼は彼女の外套の下に手を伸ばした。彼はその腰に触れた、と私は思う。そのため彼の苦しみはいや増した。男も女も二人とも愛の虜になった。意地悪な目がなかったら、何かが起こったことだろう》（パルチヴァール、四〇七、二）。
(30) Zit. n. P. Schultz, 1907, S. 93.
(31) *Ruodlieb* VII. 107ff.
(32) *Parzival* 512. 13ff.
(33) Cf. M. L. Göpel, 1986, S. 63.
(34) Zit. n. E. W. Keil, 1931, S. 115.
(35) Zit. n. L. Kotelmann, 1890, S. 134.
(36) 女性の乳房に淫らに手を伸ばすような罪に対し、教会は部族法にくらべ概して極めて寛大な判決を下した。ブルヒアルト・フォン・ヴォルムスによれば、独身男は二日間だけの断食だったが、既婚者の方は五日間の断食だった。彼はその気になれば、家で妻の乳房に触れることができたろうからである。Cf. G. Duby, 1985, S. 80. もっともビザンチンの教会法によれば、教会の重い刑罰が犯人を待ち受けていた（cf. H. -G. Beck, 1986, S. 60）。フランスの厳律シトー会士《トラピスト》ドゥブレーヌは後にこのように説明した。《女性の、とりわけすでに成人し結婚適齢期になった女性の乳房に手を触れるのは、それが直接的にしかも情欲から発して行われた節には、死罪と見なされねばならぬ。ただし、淫らな気持ちを抱くことなく、戯れに軽く女性の乳房をくすぐった時だけは、罪は軽くなる》。Cf. J. M. Lo Duca, 1968, S. 157.
(37) A. Loch, 1914, Sp. 651.
(38) F. Dedekind, 1882, S. 41. 中世末期ととりわけ一六世紀に、淫らに手を伸ばす様がたびたび描かれた。いや、それは図像的に《情事》のイメージになった。その際芸術家たちは多少とも控え目に描いた。おそらく誤りと思われるが、ヤン・ファン・アイクが描いたとされる絵画『射手の祭り』では、男が乙女の後ろから、彼女がエプロンに入れて運ぶリンゴに手を伸ばしている（cf. E. Dhanens, 1980, S. 161.）。一〇〇年後には概してそれよりあからさまになった。

(39) Cf. E. Müller, 1911, S. 34.

(40) Cf. R. Maier, 1913, S. 101.

(41) Cf. A. Schultz, 1903, S. 155.

(42) Cf. C. Moser-Nef, 1951, V, S. 124, 445.

(43) Cf. U. Knefelkamp, 1981, S. 73.

(44) Cf. J. Hatt, 1929, S. 374.

(45) J. M. F. v. Endter, 1801, S. 156.

(46) Cf. O. Stumpf, 1981, S. 209.

(47) Endter, a. a. O., S. 144f.

(48) L. Thurneysser zum Thurn, 1584, S. XL.

(49) Cf. M. Ingram, 1987, S. 241.

(50) K. -S. Kramer, 1961, S. 145. 一五四〇年にバーゼルの一学生がある女中について《あの女は恥知らずにも男が触っても振り払おうともしない。だから処女ではないと思う》と言っている（S. Burghartz, 1992, S. 177）。

(51) Cf. Moser-Nef, a. a. O., S. 447.

(52) Cf. Ingram, a. a. O., S. 242. 一六二二年に踊りでいろいろな男にキスされたマーガレット・ケトル某女は《やや淫ら》と見られた。それより先一六〇五年、ウイルトシャーのスティープル・アシュトン出身のトーマス・ホワットリーは《アンソニー・スタイルマンの女房にキスしたり、戯れたり、まさぐったりした》廉で、法廷に引きずり出された。

（53） Cf. J. Addy, 1989, S. 131. 女性のスカートの中に手を伸ばし、その陰唇を摑んだ男たちが、法廷に立たされたことも珍しくなかったようだ。Cf. a. a. O., S. 135.

（54） E. S. Morgan, 1987, S. 22. 一六一八年にワイリー出身のウイリアム・ロックは法廷で、自分はスーザン・ケントに向かい、《お前の身体に触らねばならない、と愚かにも彼女に語ったなど》と認めた（Ingram, a. a. O., S. 240)。

（55） Cf. M. Zürcher, 1960, S. 7, 81. 性交を要求する意味で陰門に手を伸ばすのは、すでに類人猿にも見られる。それで雄のピグミーチンパンジーはしばしば雌の陰部に手を伸ばして弄び、三分間もその陰唇を放さない。それどころか歩きながらそうすることも少なくない。Cf. E. S. Savage-Rumbaugh/B. J. Wilkerson, 1978, S. 337.

第23章

（1） J. -P. Desaive, 1987, S. 130

（2） D. W. Sabean, 1986, S. 151.

（3） C. Kappl, 1984, S. 147.

（4） 一七七五年に二人のパリの医学部学生は《数名の若者が一人の娘に無法を働いているのに気づいた。彼らはその娘を抱え込み、スカートとペチコートを捲り上げてその下に頭を突っ込んでいた》と言われている（A. Farge, 1979, S. 39, 147)。

（5） さらにこう書かれている。《彼は教会で贖罪をしたので、囚人を乗せるガレー船に乗らねばならないだろう》(E. Buchner, 1914, S. 262)。一七〇六年にフランケン領内で、一人の男が隣人の女房を《部屋の中でからかい、嫌らしい言葉をかけ淫らな手を彼女の乳房に伸ばした廉で》法廷に立たされた。Cf. Kappl, a. a. O., S. 126.

（6） Elisabeth Charlotte v. Orléans, 1908, I, S. 119.

（7） Cf. A. Clark, 1987, S. 38.

（8）Cf. T. Boyle, 1989, S. 14.
（9）Zit. n. E. Günther, 1990, S. 118f.
（10）J. Lambertz, 1985, S. 37.
（11）Cf. R. L. Glickman, 1984, S. 143, 185, 205; J. McDermid, 1990, S. 207f.
（12）Cf. Lambertz, a. a. O., S. 43. 一九世紀の工場における女性労働者に対するセクハラについては、M・J・マインズ（一九八六年、二三九頁以下）及びE・エーヴェン（一九八五年、二四九頁）も参照のこと。
（13）Cf. J. Quicherat, 1845, III, S. 89.
（14）Cf. D. de Marly, 1987, S. 25.
（15）Zit. n. A. M. Pachinger, 1906, S. 89.
（16）Cf. E. -A. Coleman, 1990, S. 135.
（17）Cf. R. Kathee, 1987, S. 183ff.
（18）Cf. R. Schlötterer, 1982, S. 195.
（19）Cf. B. A. Gutek, 1985, S. 61ff. ; G. Hanak/J. Stehr/H. Steinert, 1989, S. 116ff. ; A. Schneble/M. Domsch, 1990, S. 147ff.
（20）ミュンヘンの女性代議士はこれに関し、《潜在的に性を意識させる雰囲気》について語った。Cf. *Spiegel* 2, 1992, S. 58f.
（21）E. Köhler, 1992, S. 101ff.
（22）Cf. B. Latzka, 1987, S. 40; バリ島、クタの女性情報提供者による（一九八六年、八月）。クレックヴィッツのアレクサンダー・クラリッサ・フォン・オットー男爵夫人によれば（『ブンテ』誌四六号、一九九一年、一六頁以下）、《私は踊っておりました。ドン・ファンタイプの男の人が、急に私の乳房に手を伸ばしました。私は男の横っ面に一発食らわせてやりました。少し後のことです。別の男が私に手を差し伸べました。挨拶するつもりだなと思いました。そうではなくて私の股間をしっかりと摑むのです。私は麻痺したようになりました》。

(23) Cf. L. Tickner, 1987, S. 203.
(24) 以前の女性デモ参加者たちの個人的な連絡による。
(25) Cf. E. A. Rauter, 1988, S. 125.
(26) Cf. D. Hildebrandt, 1991, S. 123.
(27) たとえば一九九二年一月三〇日付の『ライン・ネッカー新聞』参照。
(28) Cf. *Spiegel* 36, 1991, S. 99.
(29) Cf. R. Muchembled, 1988, S. 70.
(30) Cf. H. J. Schubert, 1990, S. 124.
(31) Cf. M. Holzbecher, 1992, S. 60. 別の調査によれば、同じように三分の一の人がお尻を、また五分の一の人が乳房を触られた。四人に一人は心ならずもキスされ、アンケートの回答者の三八パーセントはポルノ写真で嫌がらせを受け、半分以上の人が口に出して性交を要求された。ノルウェーの研究では、アンケートの回答者の四一パーセントは、自分らはすでに《何度か触られた》と述べている。一九九二年一月一四日及び一二月一日付の『ライン・ネッカー新聞』参照。
(32) Cf. *Spiegel* 45, 1991, S. 59.
(33) Cf. D. Schultz, 1985, S. 191.
(34) Cf. *Spiegel* 3, 1989, S. 178.
(35) Cf. I. Schmitt/J. Bartling/A. Heiliger, 1992, S. 88.
(36) Cf. C. A. MacKinnon, 1979, S. 261.
(37) Zit. n. R. Schlötterer, 1982, S. 116.
(38) Cf. I. Klein, 1989, S. 78. ほとんどの裁判官は、犯人が女性の乳房に直接触れる場合と、衣服の上から触れる場合とで判決を変えている。ともかく一九八九年に、ハノーファー地裁の第二審で、ある支配人は一五カ月の禁固刑に処された。彼が女性従業員のブラジャーの下に、何度も手を滑らせたからである。

(39) これについてはデュル『秘めごとの文化史』一二八頁以下を参照のこと。

(40) *Tages-Anzeiger*, 22. November 1990. この記事を指摘してくれたヴァルター・ブルカート氏に感謝の意を表する。

第24章

(1) Cf. G. Costa, 1954, S. 1044. R・バーリング（一九六三年、七三頁）によれば、男は乳房にちょっと触れただけで五ルピーの罰金を払わねばならなかった。

(2) Cf. S. N. Koch, 1984, S. 181f.

(3) Cf. X. de Crespigny, 1974, S. 82.

(4) Cf. A. Pache, 1964, S. 31.

(5) Cf. M. E. Spiro, 1977, S. 223.

(6) 情報提供者はベネ・ボリ・コテン・テナ・ヴァハング（一九八六年七月）及びパパ・マド（一九八六年八月）。

(7) Cf. B. Low/H. Ling, 1892, S. 131. ラント・ダヤク族でも少女の乳房を《さっと撫でる》ことには寛容だったように見える。ただし〈お触り〉が人前で行われない時に限られた。Cf. W. R. Geddes, 1957, S. 61. 一方バシラン島のヤカン族では、少女の乳房に手を触れた若者は五～二〇ペソの罰金を払わねばならなかった。Cf. A. D. Sherfan, 1976, S. 62.

(8) Cf. J. Staal, 1924, S. 974.

(9) Cf. E. R. Koepping, 1981, S. 354. エリーザベト・ケピングが私に知らせてくれたところによれば、しゃがんだ女性の踵に触れた時の罰金の方が、口にキスした時より〈高かった〉。なぜなら女性がしゃがんだ時、踵は陰門に近くなるからである（一九九二年六月一八日の口頭連絡による）。

(10) Cf. L. Sternberg, 1961, S. 15.

(11) K. -S. Kramer/U. Wilkens, 1979, S. 336f. 今日なお多くの強姦者が、当の女性が乳房や陰部を刺激するのを許しながら、後で《取り消した》のだから、《強姦》にはならないとの論拠を持ち出すことは周知の通りである。

(12) バルバラ・ワトソンの一九八六年六月三日付の書簡による。アラウカノの若者が少女の手を触っただけでも、彼の父親は少女の父親に対し賠償として動物を払わねばならなかった。Cf. M. I. Hilger, 1957, S. 292. ニマル・バラヒ族では、男がよその女性に笑いかけようものなら、それはすでに異性に近づこうとする下心と見なされた。Cf. S. Fuchs, 1950, S. 65, 68.

(13) Cf. L. J. Luzbetak, 1951, S. 176.

(14) Cf. S. Ciszewski, 1897, S. 110.

(15) Cf. J. -P. Roux, 1967, S. 59f.

(16) Cf. E. H. Erikson, 1956, S. 279; デュル『秘めごとの文化史』一五五頁以下参照のこと。

(17) Cf. R. H. Lowie, 1912, S. 221f. クロウ族の少女にとって貞潔は高い価値があり、*bieriìsace* は若者の同衾したい欲望と少女の処女を守ろうとする気持ちの妥協点だったとも思われる。公衆の面前で少女に手を触れるのは勿論タブーだった。それどころか、クロウ族では恋人や夫婦が他人の前で触れ合うのすら、厳しく禁じられた。Cf. a. a. O., S. 82, 224; ders., 1917, S. 77f.

(18) Cf. F. -C. Cole, 1913, S. 192.

(19) 今世紀の二、三〇年代来アシャンティ族の女性は、ある種の神明裁判や儀式でしか乳房の覆いを取らなくなった。Cf. M. D. McLeod, 1981, S. 145.

(20) Cf. W. Ringwald, 1955, S. 209f. たいていのアフリカ社会では、女性の乳房に手を触れるのは厳しく罰せられた。たとえばナイジェリア北部の平原地方に住むアンガス族の既婚女性は、乳房はまる出しで、下半身の周りには草を編んだ紐でできたスカートをはいた上、陰部の辺りや尻の割れ目を葉っぱで覆った。男がこのスカートと乳房に触れることは禁じられた。男が戯れに人妻や少女の乳房にあえて手を伸ばそうものなら、彼は厳罰に処され、そして共同体から追放された。Cf. R. Mohr, 1958, S. 468, 469. 多くのヨーロッパ女性は人を信じやすく、また人種主義者

215　バルドゥング・グリーン
〈人類の堕落〉, 1511年.

と思われてはならないとの気持ちから、破廉恥なアフリカ人たちにたっぷりと利用されている。お人好しのある女流作家は自分の娘についてこう報告している。《何年も前に娘は全然知らない黒い肌の学生に乳房を掴まれました。しかし、その理由が分かりました。アフリカの彼の種族では、そのような振舞いはまったく淫らなことではなく、微笑のようにちょっとしたお愛想なのです》(cf. C. Rotzoll, 1985, S. 162)。

(21)　Cf. D. C. Simmons, 1960, S. 161.

(22)　Cf. A. K. Mensah-Brown, 1969, S. 56.

(23)　Cf. D. E. Gerber, 1978, S. 206.

(24)　Cf. R. Hampe/E. Simon, 1980, S. 228. ポンペイの壁画で、軍神マルスは後ろからヴィーナスの服の下の乳房に直接手を伸ばしている。Cf. R. Étienne, 1991, S. 129.

(25)　結婚式に赴く際、花嫁は自分で歩まず、花婿に導かれるのが習慣となっているのと同様である。Cf. C. Sittl, 1890, S. 278, 280.

(26)　Herodot, *Historien* V. 18. ギリシア人の間でも乳房は、とりわけ小振りで、丸みを帯び、堅い時、エロチックな意味は大きかった。見て楽しむ時も、手で触れる時もそうだった。男たちは性交の前戯として、あるいは性交中に女性の乳房をもむのを好んだ。Cf. J. Henderson, 1975, S. 149.

(27)　たとえば、R・W・スクリプナー（一九九二年、三一七頁）が述べるように、堕天直前のイヴの場合がそうだったが、彼女の乳房はリンゴと同一視された（215図参照）。あるいは近世初期に発見された民族の女性の場合、男が乳房に手を伸ばしたり、女性の頭上の猿によって彼女らが情欲に身を委ねることを象徴したが、腰布からはみ出た恥毛がシンボルとなることもあった（216図参照）。

（28） Cf. F. Garnier, 1982, I, S. 191, 195, Abb. 21.

（29） Cf. z. B. F. Pedrocco, 1990, S. 108.

（30） 一五三三年頃制作されたティチアンの『アルフォンソ・ダヴァロ侯爵夫人のアレゴリー』にも、一人の武装した男が見える。E・パノフスキーもそう見るように、彼は女性の乳房に《優しく丁重に》触れている。またギンバイカの花冠は女性が彼の妻であることを暗示する。

（31） Cf. H. Uhr, 1990, S. 139.

216　ハンス・ブルクマイル父，ホッテントット，1508年.

（32） Cf. F. Gouda, 1990, S. 116.

第25章

（1） Cf. N. Nelson, 1987, S. 222.

（2） Cf. O. F. Raum, 1973, S. 100. カランガ族では、勃起持続症に悩む男にこんな荒療治をした由である。彼にとって性的にタブーである女性、たとえば姉や妹の娘が、彼のペニスを手に取る。すると男は大変ショックを受け、羞恥心のあまりペニスが萎えると言われている。Cf. H. Aschwanden, 1976, S. 197.

（3）ハイケ・ベーレントの一九八六年六月五日付の書簡。

（4）Cf. R. A. LeVine/B. B. LeVine, 1963, S. 72.

（5）Cf. W. Münsterberger, 1951, S. 133.

（6）Cf. W. Dyk, 1951, S. 113f, 116f. 中央オーストラリアの諸種族では、女性たちは確かにパートナーのペニスの柄を擦ることは許されていたが、亀頭に触れることは避けた。また彼女らが割礼のためにできた瘢痕のある裂け目をちらりとでも見たら、男の羞恥心を傷つけることになったろう。Cf. G. Róheim, 1974, S. 250.

（7）Cf. T. Gladwin, 1957, S. 120. シカゴのグルーピー、「プラスター・シスターズ」のメンバーも、ロックのスターのペニスを象徴的に〈征服した〉。彼女らはスターと寝る度に、その陰部の石膏模型を取り、彼女らのコレクションに加えた。Cf. M. O. C. Döpfner/T. Garms, 1986, S. 110. ホピ族の若者たちの間で行われる次のような習慣にも、穏やかな形の攻撃性が含まれている。少年少女たちがエンドウ豆と伏せた茶碗を使って、当てっこをする習慣である。少女が負けると、彼女は服をまくり、太股を少年に揉まれなければならない。少年が負けると、少女にペニスを揉まれるのを甘受しなければならない（アルミン・W・ゲールツの一九八六年一二月三〇日付の書簡）。Cf. auch D. Eggan, 1961, S. 284, 286. 彼らのペニスに関して言えば、ホピ族の若者は実に敏感である。なぜなら、大人は彼らに、不意にペニスを摑むぞと恐れさせたり、冷やかすのが好きだからである。父方の叔母や若者の母親たちもかつて授乳の時（cf. D. F. Aberle, 1962, S. 261）、公衆の面前で戯れに、しかし愛情をこめて彼らのペニスを摑んだが、男たちは極めて攻撃的で、若者を萎縮させるばかりか、睾丸を切り取ってやると冗談を言ったりして彼らをパニックに陥れる。Cf. Sun Chief, 1942, S. 40, 76. こんな〈冗談〉は〈伝統的な〉社会では広く行われている。たとえばアナトリアのある村では、一女性が四歳の甥を怒らせようとナイフをもち、子供のパンツの下に手を伸ばしてオチンチンを摑み、《ここでお前を切り取っちゃうぞ！》と何度か言って、彼を嚇す。Cf. I. Pfluger-Schindlbeck, 1989, S. 90.

（8）Cf. z. B. L. Roper, 1989, S. 172. かつて奴隷だったアルカンサス出身の一女性は、私の母は二人の見張り人の陰部をわし摑みにして、たちまち殺してしまった、と語った。《後の男は黒い蛇の鞭で彼女を打ちました。すると彼女は男に武者ぶりつき、彼の陰部を摑み、満身の力を込めて引きちぎりました》(S. Lohse, 1991, S. 59)。

(9) Cf. C. Osgood, 1958, S. 208f. 〈イスカンダルがロクサーナと結婚する〉という婉曲的なタイトルをもつ、一五〇〇年のペルシアの細密画に、同じような場面が見られるだろう。そこではペルシアの女性が、いささか絶望的な印象を与えるマケドニア人のペニスを摑んでいる。Cf. D. Duda, 1983, I, Abb. 133.

(10) K. A. Barack, 1881, II, S. 286.

(11) Cf. C. Ulbrich, 1990, S. 41.

(12) Cf. H. S. Stannus, 1910, S. 288.

(13) Cf. O. Mors, 1961, S. 382f.

(14) 申命記二五章一一節以下。Cf. H. Appuhn, 1990, III, fol. 202. 男女を問わず陰部に対して、もっとも頻繁に用いられると思われる婉曲話法は、*bāsār*《肉》である。

(15) Cf. H. L. Gordon, 1943, S. 487.

(16) Cf. H. Dillard, 1984, S. 173.

(17) Cf. L. Koehler, 1980, S. 82.

(18) Cf. C. Smart, 1981, S. 54.

(19) Cf. H. Fischer, 1966, S. 386f.

(20) 娼婦だけは、言葉でも行動でも攻撃的になることを許された。たとえば、バドワース・マグナ出身の売春婦メアリー・ハットンは、一六七二年にリチャード・ローレンスン某に向かい、《お前は耳よりほかに立てる物がない》と言った。

(21) Cf. R. Trumbach, 1989, S. 425.

(22) Cf. C. Jones, 1989, S. 264, 273.

(23) Cf. E. -M. Benabou, 1987, S. 320. 第二次大戦後の数年間、夫に隠れて売春していたシチリアの女性たちは同じように、たとえばバスの中で男どものペニスを握って、客を引いた。Cf. D. Dolci, 1959, S. 49. バリ島でもそれは、当地で働くジャワの売春婦たちが今日使う典型的な男との接触方法である。そのようにペニスを摑むのは男友達や夫に対しては普通禁じられている、と彼女らは私に語った（一九八六年八月）。

(24) Anonymus, 1791, S. 4. 娼婦たちはもちろん、その場所に金を隠してないか探り出すために、そこをまさぐることもよくあった。たとえばブランデンブルク選帝侯領の軍医ヨーハン・ディーツはこのように報告する。《この厚かましい女は寝ながらしきりに私を愛撫した。私の金をくすねようとしたことは間違いない。実際にまた確かに盗まれたのだ。女がすでに私をまさぐっていた時に、私はポケットによく気を付けていなかったのだから》（zit. n. F. Rauers, 1941, S. 384.）。Cf. auch C. Friederich, 1991, I, S. 338.

(25) Cf. J. Addy, a. a. O., S. 133.

(26) Zit. n. M. Hirschfeld, 1930, S. 108.

(27) S. Burghartz, 1990, S. 273.

(28) Cf. L. Silver, 1986, S. 7.

(29) L. Roper, 1991, S. 188.

(30) 同じように《彼女の方から彼にキスしなかった。彼がキスしてくれと言おうものなら、彼女に不法な行為をすることになろう》（a. a. O., S. 194）。

(31) Zit. n. M. Salewski, 1990, S. 44.

(32) Cf. z. B. B. A. Gutek, 1985, S. 79, 83.

(33) C. Lipp, 1990, S. 234. 最近にも何人かの女性労働者が〈胸にお触りをした男〉をベルトコンベアーに乗せ、《またこんな真似をしたら、ズボンを開いてお前のペニスを引っぱり出すぞ！》と嚇した。Cf. H. Tügel/M. Heilemann, 1987, S. 173.

(34) Ruprecht v. Freising, 1916, S. 73; H.-K. Clausen, 1941, S. 138. 一四七三年の文言にはこうある。《女性と強姦者を決闘させる節には、男の身動きができるほどにへそまで地中に埋めること。男の左手は後ろ手に縛り、右手に棒をもたせること。〔……〕また女性の頭巾の中に市の秤で計量した重さ一ポンドの石を入れること》（C. Meyer, 1872, S. 89f.）。一二七六年のアウクスブルク市法も参照のこと。一三四〇年のミュンヘンの『封印された書』も似ている。Cf. F. Auer, 1840, S. 72f; P. Dirr, 1934, I, S. 366f. 最後にもう一例。一三〇〇年頃にできたハインリヒ・フォン・ノイシュタットの叙事詩『テュルラントのアポロニウス』（一九〇六年、三二一頁）には、二人の決闘者についてこう書かれている。《男の衣はシャツの上に／着けた上着だけ／ここで女性を登場させることになる／彼女の手には革紐を結びつけた／頭巾をもたせること》。Cf. auch C. Meyer, 1873, S. 52, 56; F. Majer, 1795, S. 270ff.

（35） Cf. H. Knapp, 1909, S. VI.

（36） たとえば、一五一五年のズルツハイム市法には、こう書かれている。《強姦者の腹を打ち貫くために、杭でその腹を割くように》（D. Werkmüller, 1988, S. 101）。

第26章

（1） Cf. W. Prevenier, 1990, S. 263ff.

（2） Cf. B. S. Anderson/J. P. Zinsser, 1988, I, S. 437.

（3） Cf. S. Burghartz, 1990, S. 145. 今日でもヨーロッパ中部で暮らすトルコ人は、夜路上にいる女性は性的に男の言いなりになる《娼婦》である、と考えている。夜路上を歩いていたクロイツベルク市の若い女性を、何人かの同国人と強姦したあるトルコ人の若者の父親は、この行為に対して次のようにコメントした。《おれがその場にいたら、おれも一緒にやったろうぜ》（W. Schiffauer, 1983, S. 25）。

（4） Cf. T. Brennan, 1988, S. 148ff.

（5） Cf. B. A. Hanawalt, 1979, S. 153; J. Rossiaud, 1989, S. 34ff.

（6） たとえば一四世紀のアヴィニョンで。Cf. J. Chiffoleau, 1984, S. 183.

(7) Cf. A. Cabanès, IV, 1924, S. 32f.

(8) ノルマンディーでも、若者たちはたいてい悪評高い女性や未亡人の家に侵入した。犯人がもう若くなく、あるいは若者ではない事件は、一四世紀にはたった一件しか伝えられていない。一三七〇年には一司祭が少女を強姦した。Cf. J. -L. Dufresne, 1973, S. 144f.

(9) Cf. J. -L. Flandrin, 1980, S. 44.

(10) Cf. z. B. W. Prevenier, a. a. O., S. 270.

(11) Cf. E. Cohen, 1990, S. 285. 《卑しい女性》を強姦しても普通はそれほど厳罰に処されないことは、誰もが認めている。

(12) Cf. A. Cabanès, a. a. O., S. 28.

(13) Cf. J. Rossiaud, a. a. O., S. 35, 188. 百年戦争の最中さる年代記作家は、強姦された《善良な淑女は当然悪くなった》と報じているが、それはおそらく凌辱された後では、売春するよりほかに道はなかったことを意味すると思われる。Cf. A. Tuetey, 1881, S. 262. もっとも今日でもなお強姦された多くの被害者は、夫やボーイフレンドから見捨てられる。Cf. L. Madigan/N. C. Gamble, 1991, S. 6.

(14) Cf. R. Brondy/B. Demotz/J.-P. Leguay, 1984, S. 364. 日本では昔、被害者が頭を丸坊主に剃られたことから、その恥辱は世間に知れたようである。いずれにしても、医師フィリップ・フランツ・フォン・シーボルトは、一八二六年に僧侶に強姦された女性がそのような目に遭った、と報告している。Cf. P. F. v. Siebold, 1897, I, S. 418.

(15) Cf. J. M. Carter, 1985, S. 107.

(16) Cf. H. Fehr, 1912, S. 23.

(17) K. A. Barack, 1881, III, S. 552. Cf. auch R. Mitchison/L. Leneman, 1989, S. 195. 一四六六年にレンヌの近くで強姦された若い被害者の父親は、ブルターニュ金貨三〇ターラーを犯人に払って、口を封じた。Cf. J. -P. Leguay, 1992, S. 25f. 時にはこんな思惑から、金持ちの乙女や未亡人を強姦する男もいた。つまり、被害者は恥辱があまり知れわたらないように、その後当の男と結婚しようと考えるだろうと。Cf. Prevenier, a. a. O., S. 270.

(18) Cf. E. Koch, 1991, S. 104.

(19) もちろん地域によって差はあった。スペインのイスラム教圏では強姦された女性は、ともかく女奴隷や妾として主人の子を宿すことはでき、それによってある程度の地位は保った。これに対しカステーリャやアラゴンのキリスト教圏では、名誉を汚された女性は娼家へ行くしか道はなかった。キリスト教圏では、貧しく夫も親類の保護もないキリスト教徒の女性は、公衆の面前で高笑いするだけで尻軽と見られ強姦されても仕方がなかった。イスラム教徒の女性はなおさらであった。Cf. E. Lourie, 1990, VII, S. 68f.

(20) Cf. B. A. Hanawalt, a. a. O., S. 108.

(21) K. A. Barack, a. a. O., II, S. 535f. 一四三八年にイースト・アングリアでジョアン・チャップリンは、自分を強姦したフランス人の頭を腕木燭台で殴りつけたので、男は倒れて死んだ。Cf. P. C. Maddern, 1992, S. 98f. フランス軍に勤務するヨーハン・コンラート・フリードリッヒ（書物の刊行は一九九一年、第二巻、四四二頁）は、多くの同僚が一八〇八年のサラゴッサ攻略の際女性に襲いかかり、《抱擁したまま死んだ》と報告している。彼らは被害者に短剣で刺されたのである。

(22) Cf. H. -J. Lüsebrink, 1980, S. 160.

(23) Cf. H. Maurer, 1989, II, S. 185. 中世後期から近世初期にかけてのフランスでも、隣組がしばしば武器の力を借りて、夜分に一人住まいの女性宅に押し入ろうとする若者の一味を追い払った。Cf. J. R. Farr, 1988, S. 169.

(24) Zit. n. D. Rieger, 1988, S. 243.

(25) A. a. O., S. 251.

(26) たとえば、ドイツのロストックとヴィスマルの海賊団がノルウェーのベルゲン市を襲った件について、アイスランドの *Flatøannaler* には《ドイツ人どもが略奪し、教会法と女権を二つとも傷つけ、ひどい荒廃をもたらした》とある（zit. n. M. Puhle, 1992, S. 53)。追い剝ぎのジェイコブ・ホールシーは特に残酷な男と見られたが、彼はある時女性の被害者に向かいこう言ったそうである。《おれのかわいい子羊ちゃん、始末に負えないあそこが騒いで困るから、しょうがなくあんたを使わせてもらうよ。あんたの魅力的な身体の中に入れるように、あんたを押し倒さなきゃいけなんだ》（F. MacLynn, 1989, S. 62)。

(27) Cf. A. -O. Oexmelin, 1774, II, S. 181. カリブ海の海賊団の船員雇用契約には、《立派な》女性に《同衾を強制し》ようとする者は誰でも、即座に殺すべし、と書かれている。Cf. D. Mitchell, 1977, S. 84.

(28) O. Ulbricht, 1990, S. 91.

(29) Cf. A. Farge, 1989, S. 48.

(30) Cf. S. Götsch, 1988, S. 56. 一七二六年に英国のサリー州で、被害者が行為の後で犯人と一緒にワインを飲んだと認めたので、犯人は裁判所から釈放された。Cf. J. M. Beattie, 1986, S. 126.

(31) Cf. D. W. Robertson, 1968, S. 99. 一三世紀にはすでにイギリスで、強姦犯は時に去勢された。ということは、睾丸を奪われたのであろう。Cf. F. Gies/J. Gies, 1990, S. 193.

(32) Zit. n. T. Todorov, 1985, S. 63f.

(33) Cf. A. Gier, 1986, S. 332ff. 一四世紀のドイツで、娼家は時に《愛人の家》と呼ばれた。Cf. F. C. B. Avé-Lallemant, 1858, I, S. 46.

(34) *Perceval le Gallois* 3867ff. , zit. n. D. Peil, 1975, S. 173.

(35) Cf. P. Schultz, 1907, S. 46.

(36) Konrad von Würzburg: *Trojanischer Krieg* 16998ff. 彼女と《格闘》しないと約束した後でようやく、コンドヴィーラムルは彼の隣に横たわった。《彼女は言った。〈ご自分の名誉を重んじ、節度をお守りになって、私と格闘をなさらないと言われるなら、あなたのおそばに横になりましょう〉。彼が平和条約に同意すると、彼女はすぐ身をかがめて床に入った（伊東泰治ら訳による）》(*Parzival* 193. 29ff)。

(37) Cf. D. Rieger, a. a. O., S. 249. 当時からすでに foutre「する、やるの意」の言葉は、大変猥雑とされ、笑話詩《ファブリオ》の中でもあまり用いられない。Cf. P. Ménard, 1990, S. 24. 〈パリの市民〉は時に《力ずくで恥をかく》のような表現を用いる（A. Tuetey, 1881, S. 262)。これに対し、女性フェミニストK・グレイヴダル（一九九二年、五六四頁以下）は、《一二世紀の古代フランス語には〈レイプする〉に当たる語はない》と主張する。《中世の文化が、強制的な性交を表す語を作ろうとしなかったのは明らかである》。そのような語があったとしても、たとえば fame esforcier のように《紆言的な表現にすぎない》と。これが正しくないことはさておき——たとえば、force foutre「力ずくでやる」などは広く用いられていた——、《to rape》《violer》《forzar》《violentare》あるいは《verge-waltigen》（いずれも「強姦する」の意）のような近代的な表現は、あまり紆言的でないのかと、この女性著者に問わずにいられないだろう。

（38） Cf. D. Buschinger, 1984, S. 369. 多くの社会で男性の正常な性行動は残酷性や攻撃性から発するので、個々のケースになると、当該の文化の基準に従ったとしても、それが強姦か否か決めるのは難しい。たとえば、ヴィクトリア湖東部のグシイ族の女性は、性行為の際に概してひどくがむしゃらに〈挿入〉されるので、行為後には嫌悪感や恥辱から泣いたり、パートナーに顔を隠したり、少なくとも彼の目を見ないようにすることが多い。成人式を迎える男性が割礼の後で隔離小屋に座り、傷が治るのを待っていると、若い娘たちがやって来て若者の前で、陰門を見せながら淫らな踊りをする。すると若者のペニスは堅くなり、傷口がまた開いてしまう。これは〈男と女の戦い〉で女性が貢献する一例である。Cf. R. A. LeVine, 1959, S. 976, 978. B・ベネディクト（一九六八年、五一頁以下）によれば、セーシェル諸島のクレオール人の男性も大変攻撃的に振る舞う。パートナーが《地面に出して！》と男に頼んでも、男たちは彼女の意志に逆らい故意に妊娠させることも珍しくない。

第27章

（1） Cf. P. Paulitschke, 1893, S. 244.
（2） Zit. n. H. Knapp, 1914, S. 237.
（3） Zit. n. E. Schulz, 1980, S. 272.
（4） Cf. B. A. Hanawalt, 1979, S. 33. 一三世紀にはエルトン村のある乙女についてこう書かれている。《フィリップ・サラディンの娘アグネスは、彼女に性交を迫ったモーバーンのトーマスに対して叫喚追跡の叫びを上げた》(F. Gies/J. Gies, 1990, S. 180)。

(5) Cf. E. Koch, 1991, S. 101.

(6) Cf. D. Rieger, 1988, S. 252.

(7) J. Chiffoleau, 1984, S. 183.

(8) L. Roper, 1991, S. 188. 一三五六年のブラバント公の法律によれば、以下のような場合に女性または乙女に対する力ずくの誘拐事件が成立する。誘拐された女性がその際に叫び声を上げるか――漠然と言えば――明らかに彼女の意志に反して行われた場合である。Cf. M. Greilsammer, 1988, S. 67.

(9) Cf. H. Maurer, 1989, I, S. 274.

(10) S. Burghartz, 1990, S. 272.

(11) それは英国で今日なおしばしば適用される。Cf. G. Chambers/A. Millar, 1987, S. 65. そのほか被害者は外傷、打ち身、引きちぎられた衣服または証人を提示しなければならなかった。

(12) 中国の男性たちの心にも、女性は結局強姦を楽しんでいるとの疑いが常にくすぶっていた。いずれにしても、女性は男性よりずっと好色であると見られた。男性の生命のエネルギーの蓄えは女性のそれとは逆に、性行為を行う度にずっと消耗するからである。

(13) この立法の精神は、女性があらゆる手段を講じ強姦から身を守るのに役立つことにあった。というのも、中国の諺にはこう言われているからである。《ひもじいのは取るに足らぬことだ。しかし、徳を失うのは由由しいことだ》。強姦が証明され、被害者の《徳が守られた》時、犯人は絞首刑になった。Cf. V. W. Ng, 1987, S. 57f., 60f., 64f., ferner M. J. Meijer, 1991, S. 77 und E. Friedman/P. G. Pickowicz/M. Selden, 1991, S. 6. 中国では今日もなお、女性が強姦されると、ひどい恥辱がふりかかる。Cf. C. Gilmartin, 1990, S. 214.

(14) Cf. E. Koch, a. a. O., S. 102.

(15) Zit. n. G. H. Oberzill, 1984, S. 17.

(16) Cf. C. A. Colney, 1986, S. 524.

(17) Cf. *Spiegel* 49, 1991, S. 55. アメリカの幾つかの州では、被害者が肉体的にかなり抵抗することが強姦の成立要件となっている。Cf. R. Wyre/A. Swift, 1991, S. 19.

(18) Cf. M. Greilsammer, 1991, S. 291.

(19) Cf. J. M. Carter, 1985, S. 37.

(20) Cf. G. R. Quaife, 1977, S. 240.

(21) B. S. Lindemann, 1984, S. 67.

(22) J. J. Beck, 1743, S. 516, zit. n. H. Möller, 1969, S. 87. Cf. auch A. Meyer-Knees, 1989, S. 430. クリストロープ・ミュリウスは一七五三年にハルヴィヒで、一人の《ソドミスト》が枷につながれているのを見た。《少年の肛門に対する射精がはっきり証明されたら、男は火あぶりの刑か、そのほかの極刑に処されたことだろう》(zit. n. M. Maurer, 1992, S. 136)。

(23) H. Prickler, 1988, S. 15.

(24) A. Clark, 1987, S. 55, 61f. 最近ナポリで一八歳の少女が心ならずも、父親の手で親類の男に売り飛ばされた。この男は家族の目の前で少女に力ずくで挿入し〈射精〉したが、それは《売買行為を執行し、自分の所有権を強調するためだった》(『ライン・ネッカー新聞』、一九九二年九月七日付)。

(25) 私の知人は、かつて《集団マス競技》に参加したが、そこでは精液を一番遠くへ《飛ばすこと》が問題だった。

(26) W. Wickler, 1969, S. 69f. 雌に求婚するイエウサギとメキシコキノボリヤマアラシは、獲得した印に精液をかけた。Cf. I. Eibl-Eibesfeldt/C. Sütterlin, 1992, S. 180.

(27) O. Gulbransson, 1934, S. 24 (n. p.). 多くの集団暴行事件で、被害者に対して一斉に放尿することはよくある。Cf. H. Feldmann/J. Westenhöfer, 1992, S. 12; K. Aromaa, 1991, S. 594. アイブル＝アイベスフェルト（前掲書、一七九頁）は、ヒマ族の一人の若者を映画に撮った。若者は打ち負かした仲間の前でこれみよがしに振る舞い、大きな弧を描いて放尿する。あるドイツ人難民は一九四五年オッペルン市近郊で、二〇人ほどの赤軍兵士が強姦して死に至らしめたばかりの女性の屍に向かい、わめいたり笑ったりしながら放尿しているところを見たと報告している。Cf. E. N. Peterson, 1990, S. 309.

(28) Zit. n. J. R. Gillis, 1985, S. 126.

(29) Cf. A. Clark, a. a. O., S. 29. 強姦された女性たちが夫から見捨てられることは、どの時代にもまたあらゆる社会で起こるようである。すでに中世で、バルトロメウス・フォン・ブリクセンはその著作『主の問題集』において、通過する軍隊の兵士から身を隠すようにと言った。夫の助言を無視し、その結果として強姦された妻を、夫が追い出してよいものかの問いに「ノー」と答えることによって、その風潮に歯止めをかけようとした。妻は《合法的に夫の元から去らされたり、姦通の廉で訴えられたりしてはならない。[……] たとえ、彼女に不服従の責任があってもである》(N. Brieskorn, 1991, S. 79)。

(30) ヴェトナムのラデ族では、女性の意志に反した同衾だけでなく、睡眠中や失神して自分の意思を表明できない女性との同衾も、強姦となる。Cf. L. Sabatier, 1940, S. 198. ラケール族では、意思を表明できない女性との性交を *aleuhno* と呼び、強姦とは見ない。なぜなら、その際に肉体的暴力を行使せず、欲しいものを手に入れるためにむしろいかがわしいが狡い方法を使ったからである。被害者はその行為によって確かに信用を落としたが、しかしながら当の女性が未婚の場合、犯人たちはラケール族のたいていの村で責任を追求されることはない。これに対し睡眠中の女性、無意識の女性に挿入するのは、既婚者の場合重罪と見なされる。肉体的暴力を用いて強姦する事件は実際には起こらず、極めて破廉恥とされる。Cf. N. E. Parry, 1932, S. 281f. コンゴのボリア族、センゲレ族、ントンバ族では、どんなことがあっても睡眠中の女性と性交するのは禁じられた。彼女が起きている時は、同意がなければならなかった。それ以外はすべて強姦とされた。Cf. N. van Everbroeck, 1961, S. 210.

(31) Cf. R. F. Barton, 1949, S. 249. H・パウダーメイカー(一九三三年、二四五頁)はニューアイルランドのレス族について、彼らは強姦というものを知らないと言っているが、それにはレス族が〈強姦〉をどう解釈するかをまず知らねばならぬだろう。

(32) Cf. E. Fischer-Homberger, 1988, S. 215.

(33) Zit. n. A. Meyer-Knees, 1992, S. 90. 一七九三年に裁判所医師ヨーハン・ダニエル・メッツガーは、強姦は意識のない女性のみ可能である、《あるいは女性は何人かの力を借りれば強姦できる、あるいはまた力のない、未成熟の幼い少女は強姦できる》と主張し、この見解に賛意を表した（dies. 1989, S. 432）。二〇世紀の六〇年代になってもなお、高名な犯罪学者たちは女性をその意志に反し強姦することはできない、と主張する。Cf. H. Feldmann/J. Westenhöfer, a. a. O., S. 21.

(34) Cf. R. Michels, 1928, S. 127.

(35) Cf. S. Breit, 1991, S. 220f.

(36) Zit. n. A. Meyer-Knees, 1989, S. 433.

第28章

(1) Zit. n. J. M. Carter, 1985, S. 38, 120.

(2) A. a. O., S. 41, 85, 126, 133f. Cf. auch R. Kittel, 1980, S. 130; J. M. Beattie, 1986, S. 129; F. McLynn, 1989, S. 106f. und J. A. Brundage, 1982, S. 147. フランスでも死刑はめったに執行されることはなく、軽い刑罰で代用された。Cf. K. Gravdal, 1992, S. 566.

(3) Cf. E. Österberg/D. Lindström, 1988, S. 100.

(4) *Sachsenspiegel*, ed. W. Koschorrek, III. 46. 1.

(5) A. a. O., III, 1. 1. 同じように、フィレンツェでは一六世紀になってもまだこんな規定があった。それによると、ホモセクシュアルの行為が行われた家は取り壊すことができた。Cf. R. S. Liebert, 1983, S. 293.

(6) M. Maréchal/J. Poumarède, 1988, S. 88f. 一六三七年にレヴァルで、トーマスの娘アンナが三人の若者に強姦され、犯人たちもそれを白状した。一人の犯人はその少女と結婚する気があると言ったので、無罪となった。一方ほかの二人は獄舎で鞭打ち刑にあった。Cf. E. Gierlich, 1991, S. 247.

(7) これは、このように生命を救えるとするブリュージュやその近辺の教会の規定とは矛盾した。Cf. M. Greilsammer, 1988, S. 64.

(8) Cf. N. Damsholt, 1981, S. 81. 後代になっても、夫の名誉とはかかわりなく妻の性的な名誉が存在したことは、ザンクト・ガレン市のショラスティカ・ファルクが夫のエラスムスを訴えた事実から明らかになる。夫が婚姻契約を実行する直前になって、彼女はもう《処女》ではない、誰が彼女を《汚した》か知りたいと彼女に罪を着せたのだった。夫は名誉毀損の廉で投獄された。Cf. C. Moser-Nef, 1951, V, S. 271f.

(9) Cf. S. F. Wemple, 1981, S. 41. 古代からルネッサンスに至るまで、無数の著作家は、女性は強姦されるよりむしろ死を選ぶべきだと、再三にわたり強調してきた。Cf. L. C. Hults, 1991, S. 211. 古典時代の模範は新婚早々のドミティッラだった。彼女は二六二年に、ゴート人による強姦を逃れるために自殺した。彼女の両親はその墓石に誇らしげに次のように銘文を刻ませた。《われらが娘は死を恐れることなく／恥ずべき凌辱より死を選びたり》。Cf. A. J. L. van Hooff, 1990, S. 24.

(10) Cf. L. M. Epstein, 1948, S. 179.

(11) Cf. *Ketubot* 51b.

(12) Cf. R. Biale, 1984, S. 250f.

(13) 強姦の被害者は名誉を傷つけられるので、アテネの裁判所は犯人に死刑の判決を宣告することができた。自分の妻、母、姉妹、娘あるいは妾の《上に乗った》男を捕らえた者は、彼を殺すことが許された。男が同衾を強いたかどうかにかかわらずである。

(14) Cf. E. M. Harris, 1990, S. 370ff.

(15) Cf. J. v. Magyary-Kossa, 1935, S. 120.

(16) 一四四七年にバーゼルの肉屋の親方が、アルプスの彼方へ永久追放されたが恩赦の特典はなかった。彼がまだ性的に未熟な少女を誘惑した、つまり今日われわれが《未成年に対する淫行》と呼ぶ行為を犯したからである。Cf.

K. Simon-Muscheid, 1991, S. 26. 中世の裁判官たちは未成年者に対する強姦のケースでは、たいてい容赦なく厳罰に処した。Cf. K. Gravdal, 1991, S. 214f.

(17) Cf. H. Maurer, 1989, II, S. 185f.

(18) Moser-Nef, a. a. O., S. 89, 448. 強姦未遂は既遂とほぼ同じように厳罰に処されることが少なくなかった。同じことは近親相姦未遂にも当てはまった。一五六二年のこと、アルコール中毒患者ハインリヒ・クニュプフェルは拷問に合い、こう白状した。私は材木置き場で娘のヴィブラハトや妹のバルベルに繰り返し《迫りました。私はワインでべろべろに酔った時、二人を相手に力ずくで行為に及ぶ気になりましたが、彼女らは私の言うことを聞こうとしませんでした。それで私は二人に何もしませんでした》。彼は《お慈悲によって》剣で処刑された。Cf. a. a. O., S. 469.

(19) S. Mennell, 1989, S. 55.

(20) J. van Ussel, 1970, S. 69.

(21) Andreas Capellanus, 1926, 4519ff.

(22) もっとも農夫はカペルラヌスによれば、たいていは疲れすぎてきちんと女房の面倒を見ることができなかった。《というのも、そのような百姓の唯一の楽しみは、鍬、シャベル、鍬を使い仕事に精出すことなのだから。この仕事のために、彼は性欲をほとんど奪われるのです》(zit. n. H.-J. Raupp, 1986, S. 52)。

(23) Cf. J. M. Carter, a. a. O., S. 153. ほかにもカペルラヌスの有名な主張、つまり愛と結婚は両立しないとの主張は、社会的な現実とも、このテーマに関する同時代の大方の見解とも一致しない。Cf. H. A. Kelly, 1975, S. 39; G. Schweikle, 1980, S. 115. カペルラヌスが当代の礼法基準と矛盾しているのは、別の箇所を見ても明らかである。そこで彼は、情人が婦人のベルトの上か、それとも下に〈手を伸ばす〉べきかの問題についての論争で、女性の口を借りて肉体の下等な部分はより大きな快楽を与えてくれるから、ベルトの〈下に〉と主張させている。Cf. R. Schnell, 1990, S. 284f.

(24) Cf. W. Rösener, 1990, S. 224. トルバドゥールのガーラン・ル・ブランの教訓詩の中で、メズラは、求愛は慎重かつ忍耐強くするよう詩人に促しているが、これに対しレジャリア（《軽薄》）はそんなやり方では女性の目的地に到達できないと答えている。Cf. Schnell, a. a. O., S. 282.

(25) Cf. D. Rieger, 1988, S. 244.

(26) Cf. B. A. Hanawalt, 1979, S. 105. Cf. auch dies., 1975, S. 6.

(27) Cf. G. Ruggiero, 1975, S. 29f.

(28) 英国では貴族が下層階級の女性を強姦した時、事件は確かに《巡回裁判》で審理されることは珍しく、たいていはむしろ階級にふさわしい裁判所で審理される。しかしながら、犯人が罰を免れると見るのは、まったく当たらない。Cf. J. M. Carter, a. a. O., S. 82, 85.

(29) Cf. B. A. Hanawalt, 1979, S. 178.

(30) Cf. M. Greilsammer, 1988, S. 69f.

(31) Cf. N. S. Kollmann, 1988, S486f.; R. Hellie, 1982, S. 116. この立法を、バルバドス島など英国領の西インド諸島の立法と比較されたい。そこでは一九世紀になってもまだ、奴隷女を強姦しても罰せられなかった。Cf. H. M. Bek-kles, 1989, S. 43.

(32) Cf. dies. , 1991, S. 66ff.

(33) 女性が婚約しており、男が暴力を行使せず誘惑しただけの時、誘惑者は鼻を削がれた。Cf. a. a. O., S. 65.

(34) 教会法によれば、夫が妻を力ずくで犯そうとしたら、それだけですでに離婚が許された。東方教会には、カトリック教会のような《婚姻義務》の概念がないからである。ロシアでは一九六八年になってようやく、夫婦間の強姦がふたたび犯罪行為と見られるようになった。Cf. B. E. Clements, 1991, S. 275.

(35) Cf. C. D. Worobec, 1991, S. 22, ferner N. L. Pushkareva, 1991, S. 42. 西欧では概して、強姦された女性はその行為の証人を必要とした。北ドイツの法律書から明らかなように、農場から農場に移動する女性は、《女性の案内人》と呼ばれる三歳以上の子供を、連れていったらしい。その子は、途中で万一彼女の身に振りかかった猥褻行為の証人となることができた。Cf. R. Meißner, 1942, S. 60. 近世初期には、信頼に足る女性がその行為が行われた公算が高いと思うとの陳述だけで十分なことも多かった。たとえば、一五八八年のブルン市のハンス・ヤコブ某のケースである。被害者のマリア・フェアボルゲンは、男は私が告発を断念すれば結婚すると約束しました、と陳述した。裁判所はこの男に強姦の廉で五〇ポンドの支払いと、処女を失ったということで女性には一〇〇ポンド支払うよう判決を下した。Cf. T. M. Safley, 1984, S. 145.

（36） Cf. D. Rieger, a. a. O., S. 244.

（37） Cf. H. Wirth, 1868, S. 223.

（38） Cf. D. Rieger, a. a. O., S. 243f.

第29章

（1） もっともアルベルト・フォン・アーヘンのような年代記作家は、このような残虐行為が行われたことを認めなかった。Cf. P. Milger, 1988, S. 94.

（2） 女性たちが強姦からわが身を守る方法は、ほかにもあったようだ。たとえばパウルス・ディアコヌス（IV. 37）は、アヴァール人に強姦され殺されたランゴバルド公妃ロミルダの娘たちについてこう報告している。《しかしながら、彼女の娘たちは母親と同じ道を歩むことなく、貞潔を愛する気持ちから蛮人どもにわが身を汚されぬよう配慮した。彼女らは胴衣の下の乳房の間に生の鳥肉を置いたのだが、それは熱のために腐りものすごい悪臭を放った。さて、アヴァール人たちは彼女らを相手に取りかかろうとした時、その悪臭に耐えられず姫たちが生まれつき臭うのだと思い込み、辟易し後ずさりして言った。〈ランゴバルドの女はみな臭いぞ〉》。

（3） Zit. n. P. Milger, a. a. O., S. 299. Cf. auch F. Gabrieli, 1973, S. 50, 211ff.

（4） B. S. Anderson/J. P. Zinsser, 1988, I, S. 275. 例の《パリ市民》の書いた『日記』には、まったく紋切り型の決まり文句で、百年戦争の間軍隊は女性たちを強姦した（《女と娘と修道女を犯した》）とある。Cf. z. B. A. Tuetey,

1881, S. 265.

（5） T. de Bry, 1990, S. 222.

（6） Cf. R. Adorno, 1990, S. 114, 118.

（7） B. Diaz del Castillo, 1988, S. 465. どのようにしてこの過去を〈克服〉できるか、スペイン王ホアン・カルロスの最近の言葉から明らかになる。彼はスペイン人のかくのごとき残虐行為について意見を求められると、《この件をそのように一方的に見ては》ならぬと答えたのである。《スペイン人とインディアンの間には常にギブ・アンド・テイクの関係が》あり、結局《善良なスペイン人も大勢アメリカに留まった》のだとも答えた（ARD, 20. April 1992）。

（8） H. Appuhn, 1990, III, fol. 198.

（9） Cf. R. D. Eskapa, 1988, S. 153. 一四一五年のハルフレール占領後、ヘンリー五世は彼の軍隊にいかなる性的な干渉もはっきりと禁じたし、エドワード三世もカーン攻略後、婦女子を強姦した者は誰もただちに絞首刑に処すと命じ、事実またそのように行われた。Cf. G. Jäger, 1981, S. 206; J. Bradbury, 1992, S. 306f. 一三九三年の〈ゼムパハの書簡〉にも同じように、いかなる戦士も女性や乙女を相手に《常軌を逸した行動をせぬ》よう規定している。Cf. V. Schmidtchen, 1990, S. 71. イタリアでも一四、一五世紀には、戦時の強姦が禁じられた。にもかかわらず、それはしばしば行われた。一四四七年にフランチェスコ・スフォルツァ公の軍隊がピアツェンツァの女性を大勢強姦した時、大規模な暴動が起こった。Cf. M. L. King, 1991, S. 30.

（10） Cf. N. Wright, 1992, S. 324.

（11） そのほかにも何が厳密に〈強姦〉の部に入るのか、分からなかった。たとえば、百年戦争中ジャン・ル・コント某はカルヴァドスにあるファレーズの駐屯地で、当地の大勢の男性に対し夜中に彼らの妻を自分に提供するよう強要した（a. a. O., S. 328）。そのような強要もすでに〈強姦〉と見るのかどうかは不明である。

（12） Cf. B. Donagan, 1988, S. 86.

（13） Zit. n. M. Kobelt-Groch, 1988, S. 135f.

(14) W. Lenk, 1983, S. 106.

(15) Cf. H. -C. Rublack, 1991, S. 130.

(16) Cf. H. v. Hentig, 1966, S. 164.

(17) Cf. J. A. Brundage, 1969, S. 32.

(18) Cf. H. Solterer, 1991, S. 535f.

(19) Cf. A. Khattab, 1989, S. 32.

(20) Zit. n. J. Gillingham, 1981, S. 198f.

(21) Cf. P. Milger, a. a. O., S. 85, 297.

(22) デュル『秘めごとの文化史』160図参照。一四六〇年に辺境伯アルブレヒト・アヒレスは野戦規則を発布したが、その中に《またわれわれの軍隊の中に娼婦を連れ込まないように》と謳われていた。Cf. H. M. Möller, 1976, S. 160. 一五世紀初頭にヘンリー五世は、陣営の周辺三マイル以内に現れた娼婦は、一人残らず罰として腕を折られると規定した。Cf. J. Bradbury, a. a. O. これらの娼婦は後世の傭兵に《beyschlaff「同衾」の意》と呼ばれたが、彼女らは戦いが終わるとその時々の勝者〈の物となった〉。Cf. P. Blastenbrei, 1987, S. 161f.

(23) W. Lenk, a. a. O., S. 115. フランケン地方の農民団の戦争規約には以下のように謳われている。《第一七項。いかなる卑しき娼婦も陣営内に伴わぬこと》(zit. n. O. H. Brandt, 1925, S. 237)。

(24) Cf. R. Hartmann, 1989, S. 204f. アステカでもそれに当たる娼婦たちも、同じように軽蔑されたようである。Cf. B. de Sahagún, 1961, S. 55.

(25) ミュンヘンで発行された『週間郵便新聞』のパリ特派員は、一六八五年このように報告した。《兵士たちが河の畔で仕事をしていると、軽薄な女どもにひどく唆され、被害を被ったので、数日前に三人の娼婦がほかの女の見せしめに、毛髪、鼻と耳を切り取られた。当地ではさっそくかかる卑しい女性に対し厳しい貼り紙が公表された》(E. Buchner, 1914, S. 199)。

(26) Cf. C. Jones, 1989, S. 220ff. 以前は兵士たちが性的な放縦を管理できず性病にかかることを防ぐという名目で、輜重隊付きの娼婦が認められた。今は梅毒感染の危険を、売春禁止令の理由にあげた。一七八一年には三度以上感染した兵士は誰も、さらに二年間の兵役義務に服さねばならぬと定められた。つまり、一七世紀末の禁令によれば、軍隊が駐留したり通過する地域では、大勢の地元の女性が売春に従事したということである。一八世紀になると、輜重隊や陣営付の娼婦たちは実際には大目に見られた。Cf. A. Forrest, 1990, S. 150. 一八一一年にはこんな嘆きの声が上った。《娼婦たち》は《虫けらのように季節毎にわんさとわいてくる》。Cf. ders., 1989, S. 181.

(27) Cf. C. Jones, a. a. O., S. 214.

(28) 原文のテキストにはそうなっている。

(29) 隊長が《その女は失礼ながら娼婦》であると言って件の男を釈放しなかったら、彼はきっと有罪の判決を下されたことだろう。男自身は《彼女を必要とし、その気になれば彼女を娶るかもしれぬ》とは隊長の弁。Cf. S. Roekken/C. Brauckmann, 1989, S. 325ff.

(30) Cf. R. Salzer, 1879, S. 17, 34, 44, 58; W. Oncken, 1874, S. 45f. 強姦致死は百年戦争でも珍しくなかった。Cf. z. B. A. Reinhard, 1975, S. 38.

(31) Cf. A. Forrest, a. a. O., S. 127, 183.

(32) J. B. Pflug, 1975, S. 37. 一七九三年四月三〇日発布の法律によれば、女性はすべて軍務に就くことを禁じられた。そのために女性は男性の服を着、男として軍隊に入隊した。Cf. E. Harten/H. -C. Harten, 1989, S. 27.

(33) Napoleon, 1912, S. 98. そのような指令もほとんど功を奏さなかった。ナポレオンは一七九九年ヤッファ攻略についてこう報告している。《兵士どもは怒りに燃えて道路を突進し、女を探し求めた。銃弾が一発発射されると、兵士どもは、奴らはかくかくしかじかの家の中からおれたちを狙って撃っている、と叫びながらただちにその家になだれ込み、中にいた女性を一人残らず凌辱した》(zit. n. W. Schneider, 1964, S. 208)。

(34) Cf. G. Duwe, 1991, S. 47, 52f.

(35) Cf. J. Prebble, 1967, S. 205.

(36) Cf. ders., 1966, S. 51, 237.

（37） デュル『秘めごとの文化史』一九一頁参照。

（38） Cf. A. Jonaitis, 1988, S. 26f. ヌートカ族が、クックやその乗組員に提供した女性たちもおそらくは女奴隷だったと思われる。デュル『秘めごとの文化史』四四二頁参照。

（39） Cf. a. a. O., S. 464; L. E. Eastman, 1980, S. 294ff.

（40） Cf. S.-H. Lee-Linke, 1991, S. 119.

（41） Cf. N. Monti, 1987, S. 74.

（42） Cf. H. v. Hentig, a. a. O., S. 165.

（43） Cf. I. Deák, 1991, S. 173. 第二次世界大戦中ドイツ軍司令部により、地元の女性を入れたおよそ五〇〇の国防軍慰安所が設けられた。Cf. B. Johr, 1992, S. 60ff; M. D. Kreuzer, 1989, S. 52.

（44） Cf. S. Brownmiller, 1980, S. 97, 99.

（45） Cf. C. Enloe, 1983, S. 33. 一帰還兵の報告によれば、たとえばアン・ロックには《われわれの中隊の面倒を見るために、売春婦、天幕、麻薬の売人の備わった本格的な町が》設置された。Cf. M. Lane, 1972, S. 209.

（46） そのために『ブンテ・イルストリールテ』誌（三七号、一九九二年、七二頁）が《中世の二の舞》とコメントすることになった。

（47） Cf. A. Stiglmayer, 1992, S. 22ff. クロアチア人やボスニア人も、敵方に集団暴行の罪を負わせている。Cf. *Spiegel* 53, 1992, S. 114f.

第30章

（1） N. Elias, 1939, II, S. 105f.

（2） A. a. O., S. 323.

（3） A. a. O., I, S. 265.

（4） A. a. O., S. 279.

（5） A・デ・スワーン（一九九一年、一一六頁）は今日の人間はとりわけ《性的な交渉において、［……］当人たちが互いの申し合わせに従い、相互の合意のもとに交際を取り決めるという限定的な条件のもとだが、かなり大きな活動の余地を獲得した》と言っている。しかしこの主張には、今日かかる《かなり大きな活動の余地》を獲得した、すべての女性たちにどれほどの事後負担が押しつけられているかという考えはまったく含まれていない。しかもそのかなり大きな活動の余地をみずから選び取った後の女性たちが——事前の《相互の合意》もなしにである。この《活動の余地》の安全性なるものがどのように考えられているか、つい最近の典型的なアンケートから明らかになる。それによれば、全女性の七四パーセント（全男性の三二パーセント）が夕方の帰宅の路上が《特に危険である》と感じている。また全女性の五三パーセントが日が暮れたら、もはや一人では家から出ないと申し立てているのである。Cf. *Brigitte* 26, 1992, S. 104f.

（6） Cf. R. Porter, 1986, S. 220f; B. S. Lindemann, 1984, S. 72f; F. McLynn, 1989, S. 108, 317.

（7） Cf. B. A. Hanawalt, 1979, S. 272.

（8） Cf. Lindemann, a. a. O., S. 70f.

（9） Cf. J. Temkin, 1986, S. 21.

（10） Cf. L. Segal, 1990, S. 242.

（11） Cf. W. Bartholomäus, 1987, S. 48.

（12） Cf. M. Licht, 1989, n. p. bzw. *Spiegel* 49, 1991, S. 57. 現代でもすべての専門家は、告発しようとする者がごく僅かしかいないことを前提としている。表面に出ない数値は著者によっても異なるが、一対一〇から一対一〇〇と見積もられている。告発一件に対して、表に出ない数が一〇から一〇〇件の意である。

（13） Cf. I. H. Frieze, 1987, S. 114, 129. H・フェルトマン及びJ・ヴェステンヘーファー（一九九二年、四頁）によれば、アメリカにおける《生涯発生率を見ると、二三・三パーセントの人が強姦既遂に遭い、さらに一三・一パーセントの人が強姦未遂に遭っている》と見られている。L・マディガン及びN・C・ギャンブル（一九九一年、四頁）は、見積もられた総数は実際の一五パーセントから四〇パーセントと述べている。

（14） Cf. D. Zillmann/J. B. Weaver, 1989, S. 99. カレッジの女子学生全体の二〇から二五パーセントがすでに強姦未遂の被害者になり、一五パーセントは強姦された、と申し立てている。これまで誰からも性交を強要されなかった、と申し立てたのは三九パーセントにすぎない。一方男子学生の七一パーセントは、女性の意志に反し彼女と性交したと告白している。Cf. E. Viano, 1991, S. 526.

（15） Cf. Frieze, a. a. O., S. 128.《大学の同好会のパーティー》で行われた計五〇件の《集団レイプ》に参加した者は一人残らずこの行為を《パーティーの普通の行動》と見なしている。Cf. Viano, a. a. O., S. 527.

（16） Cf. W. M. Shields/L. M. Shields, 1983, S. 115.

（17） Cf. W. v. d. Ohe, 1990, S. 136. 一九九一年に旧西ドイツでは、強盗事件は二五年前の四倍半である（『ライン・ネッカー新聞』一九九二年一月二四日）。

（18） 日本では告発された件数は人口一〇万人当たり一・六件、旧西ドイツでは九・七件、因に西ヨーロッパでは五・四件、アメリカでは三五・七件である（W. v. d. Ohe, a. a. O., S. 125.）。日本での強姦発生率については以下も参照のこと。M. Shikita/S. Tsuchiya, 1992, S. 76.

（19） たとえば毛沢東政権下の中国における強姦率の上昇も、そのように説明されている。Cf. C. Gilmartin, 1990, S. 211.

（20） W. M. Shields/L. M. Shields, a. a. O., S. 127. L・マディガン及びN・C・ギャンブル（前掲書、七頁）によれば、少なくとも九八パーセントの犯人が刑を受けずにすんでいる。ドイツでも状況は本質的にそれと異ならないように思われる。Cf. L. van der Starre, 1991, S. 272f.

（21） 以前はむしろ、強姦犯罪の数は多分に衝動の断念を要求される社会より、享楽志向の消費社会の方が少ないという見解であった。しかしながら事実はそれに反している。《享楽志向の社会が犯罪の少ない社会だとするならば、そのどちらも進んでいるアメリカで過去一〇年間に快楽主義と暴力犯罪（とりわけレイプ）が著しく増加した理由が分からない》(T. M. Kando, 1978, S. 415)。D・チャペル、G・ガイス、S・シェーファー及びL・シーゲル(共著、一九七一年、一七五頁)は次のようなテーゼを立てている。寛大な社会では、女性と交際できない男のフラストレーションが高いので、周囲がわりと寛大な環境では厳しい社会より強姦がしばしば起こる。なぜなら、周囲が厳しいところでは、彼は自分の失敗を社会的な状況のせいにできる。これに対し、寛大な社会では自分の失敗を個人的な無能力と感じるからである。

(22) デュル『秘めごとの文化史』二五七頁参照。

(23) Cf. T. Morris/P. Morris/B. Barer, 1963, S. 70.

(24) デュル『秘めごとの文化史』三〇一頁以下参照。

(25) Cf. J. Verdon, 1990, S. 373.

(26) もっとも彼はこのように近親相姦を勧めたために、塔内牢獄に投獄された。Cf. C. Moser-Nef, 1951, V, S. 415.

第31章

(1) Cf. L. DeMause, 1985, S. 202. 大勢のならず者も《つかみ合いは実に性的な体験だと言って》いる(K. Farin/E. Seidel-Pielen, 1991, S. 128)。

(2) Cf. M. Baker, 1981, S. 84.

(3) A. a. O., S. 192, 206. Cf. auch S. Keen, 1987, S. 57.

(4) Cf. A. E. Bergmann, 1974, S. 73. T・シュタウブリ(一九九一年、九四頁)によれば、すでにアッシリアやイスラエルの戦士も妊婦の腹を切り裂くことがあったが、この場合は残虐行為を楽しむためでなく、《男の胤《たね》を根絶やしにする》ためのようだ。今日と違い当時は、妊娠していない女性の腹を裂いて虐殺することはなかったのである。

(5) Zit. n. E. Laudowicz, 1988, S. 120. Cf. auch M.Lane, 1972, S. 20, 42f., 50, 82, 92, 164, 195.

（6） Zit. n. S. Brownmiller, 1980, S. 109ff. , 113.

（7） Cf. a. a. O., S. 105. ロンドンの『デイリー・テレグラフ』紙特派員はこの手の写真についてこうコメントしている。《最近出回っている拷問写真には奇妙で新しい特徴がある。拷問者の同意をえて撮影され、出版時の説明文には行為を非難する調子がまったくないのだ。それは昆虫の生態に関する本の説明文のようで、〈白アリは赤アリの巣を首尾よく侵略すると、赤アリに対しある処置を講じる〉といった調子である》（E. Norden, 1967, S. 424）。

（8） Cf. S. M. Hersh, 1970, S. 34. アメリカ軍の行進歌には、《ナパーム弾なら何でもできると、小さな子供たちに教えてやれ》とある。Cf. T. Taylor, 1971, S. 202.

（9） A. a. O., S. 56. Cf. auch L. B. Iglitzin, 1978, S. 66. 同国人が残虐行為をはたらく様子をヘリコプターから見ていた当直士官ヒュー・C・トンプソンは、《地上部隊がこれ以上一人でも女性や子供を殺せば、自分が（地上部隊に対し）発砲を開始する》と無線通信で知らせた。その後、キャリー少尉とその部下たちが一団の絶望した女性たちに威嚇しながら近づいて行くと、トンプソンは地上に降りて機関銃二丁を配置させ、「その民間人はヘリで救出する」とキャリー少尉に呼びかけた。すると少尉は、《連中を救出するには手榴弾を使うしかないんだ！》と叫び返した（M. MacPherson, 1984, S. 494）。別のヴァージョンによれば、トンプソンはヘリを降りる前に、《もし誰かアメリカ兵がヴェトナム人に発砲したら、アメリカ兵を撃つよう》ヘリの機関銃手に命令した（Hersh, a. a. O., S. 65）。Cf. auch M. McCarthy, 1973, S. 90f. このヴァージョンは、記録映画『ミ・ライ』中のトンプソン本人の証言にも一致する。ところで、この虐殺に参加して後に有罪判決を受けたのはキャリー少尉だけだった。この判決を聞いてアメリカの世論に憤激の嵐が巻き起こった。結局、キャリー少尉は三日間拘留された後（！）、ニクソン大統領の恩赦を受けた。今日に至るまで、この元少尉は《まったく罪の意識を》感じていない（*West* 3, 11. September 1992）。

（10） Cf. Hersh, a. a. O., S. 72.

（11） Zit. n. R. J. Lifton, 1981, S. 377. ミ・ライの虐殺に参加したある兵士はこう言った。《ただ、そんな気になったんだ。一度やってしまえば、二度目もやるし、後はそれがどんどん続くのさ……》。

(12) Zit. n. S. Brownmiller, a. a.O., S. 107.

(13) Cf. N. Chomsky, 1991, S. 25ff.

(14) Zit. n. H. -H. Nolte, 1991, S. 111f. 時には強姦犯や略奪者も実際に死刑判決を下されることがあった。Cf. O. Bartov, 1991, S. 68.

(15) E. Klee/W. Dreßen, 1989, S. 16f.

(16) Cf. E. N. Peterson, 1990, S. 45f., 131f. 一九四四年五月、フランス軍のアルフォンス・ジュアン将軍は、モロッコ人部隊の兵士たちの機嫌をとるため、イタリアのフロジノーネ市とその周辺の女性たち——およそ六〇〇〇名——を五〇時間にわたって強姦させた。Cf. H. Dollinger, 1973, S. 446. あらゆる報告を総合すると、イギリス軍兵士による強姦がもっとも少なかった。Cf. Peterson, a. a. O., S. 75.

(17) Cf. a. a. O., S. 107. R・D・エスカパ（一九八八年、一五四頁）によれば、第二次世界大戦中の軍事法廷で、強姦の廉で有罪判決を受けたアメリカ軍兵士は九七一名しかいなかった。ロバート・P・パターソン次官補の証言によれば、この時一〇一名の兵士が《殺人ないし強姦》罪で処刑された。Cf. M. B. Smith, 1949, S. 112. ドイツのビーレフェルト市では黒人アメリカ兵たちが大勢の女性を強姦したが、それは彼らにとって重大な結果を招いた。《黒人の内二人は銃殺され、四人は絞首刑に、二人は町のはずれでリンチに会った》(Peterson, a. a. O., S. 79)。

(18) Cf. J. Schultz-Naumann, 1989, S. 281. それどころか、少なからぬ女性の証言によると、多くのアメリカ兵にくらべれば赤軍兵士の方が追い返すのが楽だった。《勇気をもって、ナインと言わないといけません。ロシア兵がある母親に罵倒されてすごすご立ち去るのも見ました。ロシア兵相手ならナインと言えましたが、最初に来たアメリカ兵にはそうはいきませんでした。ロシア軍が占拠してた頃は、〈あっち行きな、将校を呼ぶよ!〉と言えました。アメリカ兵にそんなことを言ったら、さんざん殴られたことでしょう》(zit. n. H. Sander, 1992, S. 94)。

(19) Cf. K. F. Grau, 1966, S. 183.

(20) A. a. O., S. 185f.

(21) M. Djilas, 1978, S. 556. Cf. E. N. Peterson, a. a. O., S. 182.

(22) Cf. C. MacInnes, 1979, S. 251. これとは逆に、ソ連軍の戦闘部隊よりむしろ補給部隊の兵士や士官の方が強姦を犯したが、たいてい司令部が事件をもみ消した、とよく言われている。Cf. S. Spieler, 1989, S. 32ff. たとえば、前線部隊の士官は《われわれは諸君に何もしないが、後から来る連中には気をつけなさい!》と言って、怖がる女性たちを安心させた(H. Born, 1980, S. 58)。戦後しばらくの間、刑務所や収容所に入れられた女性たちも性の餌食となった。Cf. z. B. E. Goldacker, 1982, S. 39f., 65f.

(23) Cf. Peterson, a. a. O., S. 274f. だから、ポーランド女性もよく赤軍から逃げた。Cf. z. B. T. Schieder, I. I. 1984, S. 84.

(24) Cf. L. Shelley, 1992, S. 112, 226.

(25) A. Vaitna, 1948, zit. n. Peterson, a. a. O., S. 187.

(26) Cf. a. a. O., S. 185f. 一九四七年になっても、ポーランドのポトゥリーケ収容所では、ドイツ人捕虜は男女とも裸にされて衆人環視の中で性行為を演じなくてはならなかった。Cf. Schieder, I. 2, S. 592. ソ連の収容所群島でも女囚はいつも強姦された。シベリア東部の収容所では、集団強姦を《路面電車》と呼んだ。Cf. A. Solschenizyn, 1974, S. 222.

(27) Cf. Y. -C. Kim, 1976, S. 105ff.

(28) Cf. B. Johr, 1992, S. 54f., 58, 168; K. -J. Ruhl, 1985, S. 125.

(29) Cf. Schultz-Naumann, a. a. O., S. 115. 後にソ連兵士は、《ドイツまで来れば、どんなドイツ女でもものにできる、と聞かされた》と語った(M. Schaschynek, 1982, S. 123)。一九四五年二月、ドイツ軍がケーニヒスベルクへ反撃した後に発見されたソ連の新聞などの情報を見ると、赤軍兵士は《ドイツ人女性を強姦するようあらゆる形で鼓舞されていた》ことが分かる(T. Schiedler, I. 1, 1984, S. 62E)。ある兵士によれば、《露助は女もすべて征服した。それがスターリンの命令だったのさ》。Cf. Schieder, a. a. O., I. 2, S. 338; G. Fittkau, 1983, S. 277.

(30) Zit. n. H. Nawratil, 1982, S. 111.

(31) H. Sander, a. a. O., S. 16f.

(32) Cf. I. Schmidt-Harzbach, 1992, S. 39.

(33) Cf. Peterson, a. a. O., S. 156.

(34) A. a. O., S. 307f.

(35) Zit. n. Grau, a. a. O., S. 45. ある女性目撃者が、アイフェンホーフェンの農家の娘について報告している。《逆さ吊りにされた被害者は、立て続けに六回犯された後で、放置されました。私も数名の住民も、助けることもできず、家の屋根から見ているしかありませんでした》。その娘は、同夜さらに四人のロシア人に襲われた。Cf. a. a. O., S. 70.

(36) Cf. a. a. O., S. 72, 77. 《ポーランドのオッペルン市南西にあるシードロフで、とうに六〇歳は越えた老女が凌辱されて死んでおり、彼女の屍の前に二〇人の赤軍兵士が長蛇の列を作っているのを見た。彼らはわいわい騒ぎながら、すでに生命のない屍で獣欲をみたすのを待ちかねていた》(J. Thorwald, 1979, S. 92)。一七九一年九月四日、パリ大学病院の女性用宿泊施設を暴徒の集団が襲い、おびただしい女性を強姦して三〇名を殺害した、との報告がある。彼女らは死後も犯されたらしい。それから男たちは共同寝室で大勢の孤児の少女たちを暴行したとも言われる。Cf. J. Michelet, 1988, III, S. 73.

(37) H. v. Lehndorff, 1985, S. 163. もっとも、大多数のポーランド兵とは違い、経血を見て尻込みする赤軍兵士は多かったらしい。ゴルトベルクの女性証人は語る。《東プロイセンから、さらに五人の難民が私たちのところに来ました。その中に娘を二人連れた女性がいました。ロシア人たちは一五歳の娘を強姦しました。もう一人の、一八歳の娘の方は無事でした。彼女は月のものが来ていて、下の方が血だらけだったからです。この出来事の後、危い目に遭いそうな女性はみな、膣の辺りに赤インクを塗りました》(zit. n. Schultz-Naumann, a. a. O., S. 241.)。Cf. T. Schieder, a. a. O., IV.$_2$, S. 585, 716. 逆に、醜く見せてもあまり役立たないこともあった。《ふたたび野原を横切ると、私たちは焼け落ちた小さな家を見つけました。近づくと、幾人もの女性がそこに逃げ込んでいるのが分かりました。彼女らはわざと顔を醜くしていました。〈この容貌を見れば、ロシア人は嫌気がさすと思ったのに、逆だったの。連中は、女っぽくなくても、女でさえあればよかったのよ〉》(H. Born, a. a. O., S. 59)。

(38) Cf. Grau, a. a. O., S. 53f., 57; ferner G. Böddeker, 1980, S. 130.

(39) Cf. *Spiegel* 28, 1992, S. 138. セルビアの強制収容所では、妊娠していないボスニア人女性収容者も、強姦された後で残忍に切り刻まれることがある。一九九二年八月一四日付の『ライン・ネッカー新聞』を参照。しかし、妊婦相手となると、兵士がいつも異常なサディズムを思う存分発揮するのは周知のことである。たとえば、ドイツ国防軍所属アルフレート・ツナーの宣誓供述によれば、処刑部隊はスロニムのゲットーにいるユダヤ人の頭と心臓を撃って処刑するよう命令を受けると、妊婦の《腹を撃って楽しんだ》。Cf. M. Schoenberner/G. Schoenberner, 1988, S. 138. クロアチアのウスタシャの警官たちは、ロム族の臨月の女性の《腹を切り裂き、胎児を引き出すと地面に掘った穴に投げ込んだ。それから母親を、そして小さな娘を犯してから投げ入れた。警官たちがシャベルで穴を埋める時、彼女らはまだ生きていた》(zit. n. D. Kenrick/G. Puxon, 1981, S. 88)。Cf. auch K. Feig, 1990, S. 167.

(40) Cf. S. Jeffords, 1991, S. 103f.

(41) Cf. Johr, a. a. O., S. 50f.; I. Petry, 1991, S. 154f. クウェートの女性はしばしば全裸になり、強姦される前にイラク兵とその手先に身体を見せねばならなかった。Cf. *Spiegel* 24, 1992, S. 172.

(42) Cf. Jeffords, a. a. O., S. 105. 一九九一年九月、ラスヴェガスのホテルで海軍航空兵の〈親睦の夕べ〉が開催された時、ポルノ映画の上映後、海軍大臣や高官のいる前で大勢のパイロットが同僚の女性に襲いかかった。服を引き裂かれたポーラ・コグリン少尉が涙ながらに上司のジョン・スナイダー提督に訴えると、提督は「なんと言っても、海軍はミッションスクールじゃないからな」と答えた。一九九二年六月二九日付の『ライン・ネッカー新聞』を参照。ソ連の女性パルチザン兵もしばしば仲間から強姦された。時には、きちんと高官に〈配分される〉こともあった。Cf. I. Strobl, 1989, S. 284.

(43) Cf. E. Koch, 1991, S. 164f. たいていはこの通りの処置が取られた。Cf. z. B. E. Showalter, 1988, S. 79f. デュル『裸体とはじらいの文化史』四四二頁を参照されたい。

(44) Cf. B. A. Hanawalt, 1979, S. 38, 43.

(45) Cf. Koch, a. a. O., S. 99.

(46) Cf. C. Fox, 1987, S. 208.

(47) J. Quicherat, 1847, IV, S. 274. 裁判で男装の理由を問われたジャンヌは、《殿方の中にいるには、婦人服よりも男子服を着る方が適切だから、と答えた》(a. a. O., 1841, I, S. 455)。匿名作家の『オルレアンの乙女年代記』によれば、すでにポワチエで数名の《貴夫人、令嬢、市民たち》がジャンヌにそのことを尋ねている。《人びとは、なぜ彼女が婦人服を着ないのか尋ねた。ジャンヌはこう答えた。〈あなた方には奇妙に見えることも、それが当然なことも、私は十分承知しています。けれど、軍隊で皇太子様に仕えるため武装するには、それにふさわしい衣裳を着なければならないのです。それに、男の方々と一緒に生活する時に男装していれば、淫らな欲望を引き起こさずにすみます。そして、男装でいた方が、観念上も実際にも私の処女性をさらに良く保てると思うからです〉》(a. a. O., IV, S. 211)。

(48) A. a. O., 1844, II, S. 4.

(49) A. a. O., S. 5, 365. もっともコションとジャン・マシューによれば、ジャンヌ本人が、焚刑を恐れて男装をやめただけであり、だから強制されずに自分の意志でふたたび男性の服を着た、と彼らに言った。Cf. a. a. O., S. 455f.

(50) A. a. O., II, S. 3.《ああ！ このように火に焼かれるくらいなら、首を七回はねられた方がましです！》W・ロースト（一九八三年、八八頁）は、ジャンヌが女性仮性半陰陽、つまり膣が発育不全で性交できない《陰裂の閉じた女性》だったため、イギリス人は彼女を犯せなかったとのテーゼを主張した。勇猛果敢なジャンヌがこの時も雌獅子のように我が身を守ったので、男は彼女から手を引いた、と説明する方が簡単である。

(51) Cf. P. O'Brien, 1982, S. 208f.

(52) 確かに、女性看守が女囚に性的暴行を加えることも時折あるようだ。たとえばトルコ人女性サラ・ギュル・トゥランによれば、彼女は〈模範的な刑務所〉であるフランクフルト・プロインゲスハイムの独房内で裁判官にマスターベーションするよう強制されたばかりか、女性看守もベルトに取り付けた張形を使ってサラを犯そうとした。Cf. S. G. Turan, 1992, S. 65f., 130f. und *Spiegel* 37, 1992, S. 89.

(53) Cf. A. Ergenzinger, 1987, S. 185. Cf. auch R. Lugand, 1930, S. 37, 55. イラン国王レザー・パーレヴィーの秘密

警察は、棒や杖、ペニスでおびただしい女囚を強姦した。Cf. P. Koch/R. Oltmanns, 1977, S. 197f.

第32章

（1） Cf. A. J. L. van Hooff, 1990, S. 117. 海賊船は女人禁制だったので、一七世紀にカリブ海を荒した海賊たちも、船や村落を襲撃して女性の乗客や住民をしばしば強姦した。たとえば、海賊ヘンリー・モーガンがパナマのポルト・ベロで略奪をはたらいた時は、女性全員が犠牲になった。Cf. A. O. Exquemelin, 1983, S. 158, 238; H. van Wees, 1992, S. 184. 陸地でも、多くの悪党一味が被害者の女性から金目のものばかりか、名誉を、さらに命まで奪った。たとえば一六世紀末にスイスのある強盗団のメンバーは、一人の女性を輪姦した後で生き埋めにした。Cf. C. Moser-Nef, 1951, S. 333. もっとも、海賊とは違い、多くの強盗団は――軍隊のように――娼婦を連れていた。たとえば一八世紀には、《娼婦は一味の中に大勢いた。彼女らは公然と商売をしたらしく、一味の間ではひどいことが行われていると人びとは考えたのだが、大勢の女が一味に身を投じる理由はこれであろう》と言われている。軍隊と同じように強盗団にもステディな男女関係はあったが、団員全員に〈奉仕する〉女もいた。Cf. M. Barczyk, 1982, S. 29. 一六、七世紀のハンガリー傭兵軍の不文律では強姦は一切禁じられていたし、ブラジル北東部の乾燥地帯セルトン出身の海賊（カンガセイロ）で有名なビルゴリーノ・フェレイラ・シルバ（別名ランピアン）は、女性を犯した仲間を去勢した。Cf. E. Hobsbawm, 1972, S. 78, 108.

（2） Cf. B. A. Hanawalt, 1979, S. 109. イスラム勢力下のスペインでは、家族の名誉を傷つけるため、当家の娘や妻を誘拐し強姦することが珍しくなかった。Cf. M. D. Meyerson, 1991, S. 250f.

（3） Cf. J. Pearson, 1988, S. 96.

（4） Cf. E. Buchner, 1914, S. 157.

（5） Cf. A. Clark, 1987, S. 97. 一七九〇年七月一四日、フランスの連盟祭で愛国者たちはこう歌った。《貴族どもよ、おれたちでお前らの女房を犯してやるぞ》。Cf. H. Grubitzsch/R. Bockholt, 1991, S. 488.

（6） Cf. T. M. Kando, 1978, S. 409f. 〈悪党一味〉がとりわけカップルを襲う時、男性に〈彼の〉女が犯されるのを無理やり見せることがよくある。Cf. R. Wyre/A. Swift, 1991, S. 56.

（7） Cf. *Spiegel* 52, 1991, S. 136f. ; G. Venzky, 1992, S. 87. Cf. auch R. Ahmad, 1992, S. 97.

（8） Cf. S. Brownmiller, 1980, S. 83, 85.

（9） Cf. W. Mey, 1988, S. 67, 69.

（10） Cf. D. E. H. Russell/N. Van de Ven, 1976, S. 154ff. , 159.

（11） Cf. S. Guth, 1987, S. 33f.

（12） E. Laudowicz, 1987, S. 167f.

（13） Cf. E. N. Peterson, 1990, S. 156; R. Andreas-Friedrich, 1984, S. 22f. ブラウンミラー（前掲書、四六頁）は、戦時に《夫や父親がその行為を無理やり見せられるのが普通だった》と主張するが、これは誇張である。

（14） Cf. H. Sander, 1992, S. 17. 今日でも、たいていの夫にとって妻が強姦された事実は克服しがたい。ある調査によれば、アメリカでは妻を強姦された夫の半数が一年以内に離婚している。Cf. M. Licht, 1989, S. 114.

（15） Zit. n. E. M. Hoerning, 1987, S. 89. 妻を強姦から救うため、夫が命がけの危険を冒すことは、今日ではもはや当り前ではないように思われる。いずれにせよA・ズルミンスキー（一九八〇年、六八頁）は、戦後三五年しか経たない頃でも読者に説明する必要があると考えた。《当時の教育や道徳観からすれば、このように妻をかばうのは立派なことでした。この人びとの振舞いについて否定的な判断を下す資格は、今日のわれわれにはありません》。

（16） Cf. G. Devereux, 1978, S. 185ff.

（17） *Spiegel* 4, 1989, S. 150.

（18） S. Hite, 1982, S. 673.

（19） A. Godenzi, 1989, S. 95f.

（20） M. H. Silbert, 1989, S. 223f.

（21） A. Morris, 1987, S. 178.

（22） R. Schlötterer, 1982, S. 66.

（23） Cf. D. Lisak, 1991, S. 256.

（24） Zit. n. Schlötterer, a. a. O., S. 26f.

（25） Cf. G. D. Comstock, 1991, S. 200. インディアナ州の犯人は、まずレスビアンの局部を摑んですみずみまで調べてから強姦した。行為の間、犯人は被害者に《神の復讐》を下しているのだ、と言い続けた。Cf. K. Sarris, 1992, S. 202. Cf. auch L. Garnets/G. M. Herek/B. Levy, 1992, S. 213. 同性愛の女性を正気に戻すには、一度本格的に〈とことんファック〉しなければならない、という考えを先に述べたが、これは広く流布している。モハヴィー族の人びとが語るには、レスビアンの魔女サハイクウィサーはある女性を誘惑しようとした時、その夫に強姦され、たちまち異性愛者になった。Cf. G. Devereux, 1981, S. 93.

（26） B. Reinberg/E. Roßbach, 1985, S. 46. 他のレスビアンたちも、脅迫を受けたと報告している。Cf. a. a. O., S. 128f. ラインベルク女史とロスバッハ女史によれば、質問したレスビアンの六パーセントが《レスビアンであることを理由に強姦された》という（a. a. O., S. 187）。Cf. auch B. v. Schultheiss, 1992, S. 65ff. しかし、それらは被害者側の主観的な判断であり、確認された事実ではないようだ。

（27） Cf. I. Kokula, 1984, S. 160.

（28） Cf. J.-L. Flandrin, 1980, S. 44. デュル『秘めごとの文化史』二九二頁を参照。強姦した後で被害者を殺すこともよくあった。たとえば、一六〇四年にはザンクト・ガレンで、ロートリンゲン出身のクラウディ・ヘルマンが六人の女性を強姦し殺害したと白状し、それどころか四年後にバルトロメ・ベルト某は二二人を殺害したと言った。Cf. C. Moser-Nef, 1951, S. 335.

（29） Cf. D. Rieger, 1988, S. 249.

（30） Cf. D. J. West/C. Roy/F. L. Nichols, 1978, S. 116f.

（31） Cf. H. Feldmann/J. Westenhöfer, 1992, S. 52.

（32） Cf. A. Clark, a. a. O., S. 28, 39.

（33） Cf. S. Brownmiller, a. a. O., S. 153. 犯人は被害者の服をすべて剝ぎ取り、さんざん殴ってから顔にナイフで切りつけると、《ナイフの柄を女性の膣に押し込み、言う通りにしなければ刃を突っ込むぞ、と言った。犯人は彼女に肛門性交を強要し、それからオーラルセックスをさせた》（R. Wyre/A. Swift, a. a. O., S. 21）。Cf. auch D. Harms, 1992, S. 101ff.

（34） Cf. Feldmann/Westenhöfer, a. a. O., S. 51. 別の調査によれば、犯人のおよそ三分の一が被害者にアナルセックスかオーラルセックスを、またはその両方を強制した。Cf. W. Kröhn, 1986, S. 204. Cf. auch L. H. Bowker, 1978, S. 114; T. Kahl, 1985, S. 49. もっとも、被害者が両足をしっかり閉じていたため、肛門を犯した犯人もいる。

（35） Cf. Brownmiller, a. a. O., S. 109.

（36） K. F. Grau, 1966, S. 94. 年代記作家によれば、イヴァン雷帝の兵士たちはノヴゴロド公国を攻略後、《人妻や乙女たちを次々と犬のように辱めた》（zit. n. H. Dollinger, 1973, S. 326）。赤軍兵士が肛門を犯したことについては以下を参照されたい。K. Granzow, 1984, S. 111; T. Schieder, I. 1, 1984, S. 453.

（37） 女性の肛門強姦をほのめかすと思われる唯一のドイツ語文献は、騎士リヒャルト・フォン・ホーエンブルクの告白のようだ。一四七六年六月六日に騎士は、《数人の娘と犬のように交わった（ketzern）》と告白している。Cf. B. Spreitzer, 1988, S. 186f. もっとも、騎士が娘たちの同意をえたのかどうかは明らかでない。さらに、《ketzern》が、背後からの膣性交を意味する可能性もある。近代初期のロシアで、大勢の犯人が被害者にフェラチオをさせていたことは確かである。Cf. N. S. Kollmann, 1991, S. 66.

（38） Cf. G. Ruggiero, 1985, S. 145; M. Hirschfeld, 1930, S. 68.

（39） Cf. D. F. Greenberg, 1988, S. 277.

（40） Cf. L. Lawner, 1987, S. 75f. ある夜、ローマのコロンナ広場の近くに住む娼婦は、数名の男性が「尻の準備をしろ」と叫ぶ声で目を覚ましたが、その連中は後で家の中に押し入って来た。Cf. E. S. Cohen, 1992, S. 614.

（41） Cf. G. Seeßlen, 1990, S. 151; W. Rasch, 1987, S. 148.

(42) S. Hite, a. a. O., S. 562. 誰が主人かを示すために妻の肛門を犯すトルコ人も多い。Cf. C. Delaney, 1991, S. 51.

(43) Cf. T. W. McCahill. L. C. Meyer/A. M. Fischman, 1979, S. 66; M. Licht, 1989, S. 43.

(44) Cf. J. Temkin, 1986, S. 24; J. Mossuz-Lavau, 1991, S. 191. もちろん、イギリスでは別の男性、または女性や子供の肛門を犯した男性は――理論的には――《ソドミー》の廉で終身刑に処される。Cf. R. D. Eskapa, 1988, S. 160f.

(45) Cf. F. Kemink, 1991, S. 147.

第33章

(1) U. Teubner, 1988, S. 84.《その動機はいつも支配と管理である》(L. Madigan/N. C. Gamble, 1991, S. 4)。

(2) J. Temkin, 1986, S. 18.

(3) R. Villeneve, 1969, S. 155.

(4) Cf. W. M. Shields/L. M. Shields, 1983, S. 125; R. Thornhill/N. W. Thornhill, 1983, S. 142ff., 147. さらにD・スカリーとJ・マロッラ（一九八五年、三〇七頁以下）は、多くの女性フェミニストが《レイプは通常の性行為の延長線上にある》と主張する《と同時に、セックスがレイプで何らかの役割を果たすことを否定する》のは、論理的でないと述べる。

(5) Cf. H. Feldmann/J. Westenhöfer, 1992, S. 5.

(6) Cf. P. -O. H. Wikström, 1991, S. 105.

(7) Cf. T. Schieder, a. a. O., I. 1, S. 62f. ; IV. 2, S. 152; I. 2, S. 160; H. Dollinger, 1987, S. 312 bzw. ZDF, 5. August 1992; 9. August 1992.

(8) Cf. z. B. S. Hite, 1982, S. 680f.

（9） Cf. L. Keupp, 1971, S. 135ff. ; D. Harms, 1992, S. 114.

（10） A. a. O., S. 107ff.

（11） Cf. C. L. Niemeyer/J. R. Anderson, 1983, S. 205ff. ; S. B. Hrdy, 1977, S. 154, 156. 排他的な同性愛と同じように、強姦も人間の〈文化的機能〉ではない。序列争いのような社会的緊張が生じると、たとえばベニガオザルは雄が雌をいじめる。そうした場合に本格的な強姦が起こることもある。つまり、雄が抗う雌の膣にペニスを無理やり挿入するのである。《雌はかがんだままだが、雄は雌の両足を力ずくで持ち上げ、揺さぶったり、噛み付きさえし、雌が叫んだりマウントをやめるよう合図しても無視した》（zit. n. E. de Waal, 1989, S. 150）。発情期の雌オランウータンが果物や香りの良い花、鳥の巣を探してジャングルを歩き回っていると、半人前の雄に襲われ強姦されることがあるが、その際、殴ったり噛んだりする大喧嘩になることもある。強姦の間、雄は雌の首をしっかり締めつけ、腰を振り終え射精するまで手を放さない。チンパンジーの雌が強姦されるのも観察されているが、これは檻の中だけであり、逆に野外や大きな飼育用囲い地では一度もない。後者の場合、犯人は競争相手の雄から嫌がらせを受ける危険を冒すことになるからだろう。Cf. V. Sommer, 1989, S. 150f.

（12） Zit. n. S. Brownmiller, 1980, S. 240. 『ブンテ・イルストリールテ』誌（一九九二年三五号五頁）は、イタリア環境相の妻であるマリーナ・リパ・ディ・メアナ伯爵夫人の《私は強姦された時、はじめてオルガスムを感じました》という証言を引用している。

（13） Zit. n. J. Nicholson, 1972, S. 13.

（14） A. Edwardes/R. E. L. Masters, 1963, S. 26.

（15） Zit. n. Brownmiller, a. a. O., S. 212f.

（16） Cf. B. Dijkstra, 1986, S. 120.

（17） ハンス・F・K・ギュンターは、《強姦したいと思うのは男性の本性である。強姦されたいと思うのは女性の本性である》と書いている（zit. n. F. Koch, 1986, S. 80）。別のナチス理論家は、ケルト人の超人クー・ホリンが、女性とは《誰が乗ってもよい》小船のようなもの、と言った言葉を引用し、それに賛意を表している（W.

Philipp, 1942, S. 93)。

(18) ＡＢＣテレビのテックス・アントワーヌ記者は、八歳の子供が強姦されたニュースに《レイプが避けられなければ、リラックスして楽しみなさい！》とコメントしたため、女性フェミニストの圧力で一九七六年九月に解雇された。

(19) G. Groddeck, 1979, S. 43ff.

(20) G. Devereux, 1978, S. 186f.

(21) 《強姦された女性の報告には、いつも同じ論拠《ママ》が出てくる。彼女らは、まったく思いがけず大きな快感を覚え、生まれてはじめてオルガスムに達した者もいた。父親に対する無意識の愛情により、父親に犯されたいとの無意識の願望をすでに早くから抱いていたのだろう。思春期以来、この願望は快楽的な強姦幻想となって繰り返し現れる。[……] 強姦されてはじめて、密やかな願望が完全に満たされるのだ。こうした性的興奮により、不感症だった女性がオルガスムに達することもある。自覚していようといまいと、たいていの女性には強姦願望があり、もはや性的対象にされたくない女性も同じである。外見的には、卑劣な男性や社会と闘っているように見えるが、たいていは無意識の内に、マゾ的な満足を求める禁じられたおのれの願望とも闘っているのだ》(zit. n. R. Schlötterer, 1982, S. 43)。この一文はディーター・ドゥーム『資本主義における不安』から引用した。同氏は〈アルターナティーフ運動〉の理論家で、七〇年代に左翼の間で大きな影響力があった。

(22) これは、ギリシア人 (cf. P. Walcot, 1978, S. 141) とローマ人 (cf. L. C. Curran, 1978, S. 223) に当てはまる。強姦は男性にとって格別の快楽ではない、との意見はアリストパネスの戯曲『女の平和』に見られる。性的ボイコットに参加する妻を夫が犯そうとしたら、どうすればよいか、との質問に主人公リュシストラータは、《仕方がない、しぶしぶ従うのよ／暴力でえたものには楽しみはなし（高津春繁訳による）》と答えている（アリストパネス『女の平和』一六五行以下）。この意見がまったく、あるいはほとんど広まっていなかった可能性も当然ある。おそらく、そう言わねばリュシストラータの計画が根本的に無意味になるので、アリストパネスはこの意見を〈作り上げた〉のだろう。

(23) Herodot, *Historien* I. 4.

(24) Ovid, *Die Liebenskunst*, ed. M. v. Albrecht, S. 675ff.

(25) Cf. C. Thomasset, 1981, S. 11. 一六、七世紀になっても、この考えが主流を占めていた。Cf. z. B. J. Pearson, 1988, S. 96. 二世紀の医師ソラノスから一八世紀末の医師にいたる大勢の権威者は、〈射精する〉、つまり快楽を感じる女性だけが身ごもるとする見解を示した。そこで、強姦された被害者が妊娠すると、婦女暴行は立件できなかった。もっとも、法律の実務では〈ソラノス理論〉は何の役にも立たなかったようだ。Cf. T. Laqueur, 1992, S. 185f.

(26) Christine de Pizan, 1986, S. 191.

(27) Cf. B. Barnes, 1990, S. 30f.

(28) この主張の理由は次巻で述べるつもりである。中世の強姦の図像は、その文字描写とまったく同じように上品で控え目である。たとえば僧侶ロベルトは、《女性に対する罪深い暴行について私に何を言えというのか。それについては、語るより沈黙すべきだ》と書くほどで、行為自体もたいてい暗示にとどまる（180図と184図を参照されたい）。中世末期になっても強姦の場面は極めて稀であり、このテーマを取り上げたニクラウス・マヌエルでさえ、傭兵による婦女暴行は一度も描いていない。Cf. J. R. Hale, 1990, S. 34. ルネッサンス後期やバロック時代の絵になると、こうした控え目な態度を探してもたいていは徒労に終わる。挿入せんとする犯人が――たいてい全裸の――被害者が閉じた大腿を膝で割ろうとする様子（cf. A. R. Bowers, 1985, S. 80）や、犯人が女性の陰部に手を伸ばしたところ（cf. H. D. Russell, 1990, S. 40）、別の男が女性を押さえている間に性交する姿（187図参照）などが、あからさまに描かれている。

(29) Cf. S. H. Jed, 1989, S. 148.

(30) Cf. A. J. L. van Hooff, 1990, S. 196f.

(31) Cf. D. Zillmann/J. B. Weaver, 1989, S. 102.

(32) H. Born, 1980, S. 58.

(33) Cf. D. Linz/E. Donnerstein, 1989, S. 261f.

(34) R. J. Lifton, 1981, S. 377.

(35) Cf. N. Castan, 1980, S. 232.

(36) S. Hite, a. a. O., S. 675.《おれがつい最近犯した女は感じて、ちゃんと一緒にやったな。ずっと〈もっと奥に、もっと奥に〉って叫んでた。彼女の家で四時間ほど犯したけど、その間に何度もオルガスムに達してた。よがり声がとても良かった》(zit. n. H. Tügel/M. Heilemann, 1987, S. 138)。

(37) J. K. Skipper/W. L. McWhorter, 1983, S. 169.

(38) M. H. Silbert, a. a. O., S. 223. アメリカのポルノ文庫を分析した結果、三冊に一冊の割合で、強姦された女性が最初は抵抗するが、やがて行為を受け入れて快感を感じるようになる。Cf. M. Kunczik, 1987, S. 135.

(39) R. Schlötterer, a. a. O., S. 96f. ある犯人は被害者の膣、肛門、口を犯したが、彼女が《その全部を》して欲しかったのだと無理やり言わせた。Cf. H. -H. Hoff, 1992, S. 118.

(40) 《警察、地方検事、被告側弁護士、さらに私が雇った馬鹿弁護士までが、同じことを繰り返し質問しました。〈本当に抵抗しましたか? 本当は無意識にレイプされたいと思っていませんでしたか?〉》(F. Adler, 1975, S. 214f.)。昔も強姦の被害者はたいてい恥ずかしさのあまり法廷で細部を述べられなかった。たとえば一七八八年、ロンドンで女中エレナ・マシューズは、犯罪が行われた経過を詳述するよう言い張る裁判官に向かって言った。《失礼ですが、その事について話すのは勘弁して下さい。もうできるだけ簡単にお話ししました。……彼は私と寝て、その後私はとても気分が悪くなったんです》。犯人が彼女にした事を逐一述べるよう裁判官がさらに迫ると、エレナは気持ちを抑え、《彼は陰部を私の陰部に入れました》と言った (A. Clark, 1987, S. 55)。

(41) Cf. C. Smart, 1991, S. 164.

(42) Cf. R. Michels, 1928, S. 126. 一七九一年マサチューセッツ州でスティーヴン・バローズがモリー・ベーコン嬢強姦未遂で告訴された。《スティーヴンはこの適齢期を過ぎた未婚婦人の衣裳をあちらこちら捲り、お互いの裸体をまさぐりあった――その際モリーを興奮させ公然たる下劣で淫乱な行為に至らせた――》ので、法廷は本件を《モリー・ベーコンに対し公然と行われた下劣で卑猥な振舞い》と決定した。強姦未遂に対する告訴の方は却下された。その理由は、最初はスティーヴンが性行為を強要したが、それに興奮したモリーもみずから参加したためである。男は《下劣で卑猥な振舞い》の廉で鞭打ち三〇回と一時間の晒し刑を受けた。モリーは罰されなかったが、それは恐らく不本意ながら刺激されたためであろう。Cf. B. S. Lindermann, 1984, S. 77f.

(43) この妄想が現れるのは、西欧社会ばかりではない。ニューギニア南東部のメウダナ族では強姦のことを*i bwaubwau*《彼女は叫ぶ》と言うが、それにもかかわらず強姦の被害者が、性行為がまったく楽しくなかったことを人びとに信じさせるのは難しい。Cf. E. Schlesier, 1983, II, S. 24. 逆にイライェ・ヨルバ族の人びとは、強姦されたがる女性はおらず、その行為は被害者にとって快的な体験ではないと思っている。こうした状況から《女は幸せな時だけ、寝床でみずから腰を振る》(J. O. Ojoade, 1983, S. 208) という諺が生まれた。Cf. auch C. D. Worobec, 1992, S. 45f.

(44) Cf. N. Malamuth/S. Haber/S. Feshbach, 1980, S. 17. 一九八二年の調査によれば、旧西ドイツの男女の五八パーセントが、女性は《時折》強姦の被害者になる願望を抱いている、と考えた。Cf. W. Kröhn, 1985, S. 661.

(45) Cf. D. E. H. Russell, 1980, S. 220f.

(46) R. Schlötterer, a. a. O., S. 47.

(47) K. Jäckel, 1988, S. 88, 98. レスビアンでさえ男性の強姦犯から性的に興奮させられることがあった。Cf. L. Garnets et al., 1992, S. 213.

(48) マスターベーションによる射精を《冷たい農夫》と呼び、〈魔女〉は悪魔と満足感のない《冷たい》同衾をすることを思い起こしてほしい。

(49) D・ジルマン(一九八四年、一五八頁)も、そうした《機械的な性の刺激による》オルガスムは《暴力を振るわずに達成されたレイプ》の場合だけ、つまり犯人が復讐や侮辱などではなく、もっぱらセックスを目的とする時に生じる、と断言している。しかし、そのようなケースでも性的に興奮するのは稀である。犯人が挿入したことすら被害者がまったく感じないこともよくある。Cf. L. Madigan/N. C. Gamble, a. a. O., S. 56. ある女性はこう述べている。《ペニスの挿入がもっとも実感がありませんでした。私は自分を切断し、自分自身と魂を肉体から分離することで、その場を切り抜けました。結局それがどんなだったか、もう分かりません。私は下半身を分離し、不安の中で消してしまったのです》(zit. n. R. Butzmühlen, 1978, S. 7)。Cf. auch T. Brechmann, 1987, S. 21, 35, 71.

(50) Cf. J. G. Thompson, 1988, S. 197; P. M. Sarrel/W. H. Masters, 1982, S. 129; H. Wheeler, 1985, S. 389.

(51) S. H. Jed, a. a. O., S. 148.

(52) さらに囚人たちは、男の拷問者から性的に興奮させられると、自分が《ホモ》になった気がした。Cf. I. Agger/S. B. Jensen, 1990, S. 57f. Cf. auch G. D. Ryan, 1991, S. 166.

(53) Cf. K. H. Bloch, 1989, S. 352.

(54) Cf. H. v. Hentig, 1987, S. 66. 犬などの哺乳類も、怖い時や怒った時に勃起することがある。Cf. P. M. Sarrel/W. H. Masters, a. a. O., S. 128.

(55) Cf. L. Keupp, 1971, S. 91; M. in der Beeck, 1991, S. 25f.

(56) G. Devereux, 1981, S. 105.

(57) Cf. N. M. Malamuth, 1985, S. 396; C. Card, 1991, S. 313f.

(58) Cf. U. Teubner, 1985, S. 84f. ; L. Madigan/N. C. Gamble, a. a. O.

(59) Cf. J. G. Thompson, a. a. O., S. 197.

(60) Cf. V. Sanders, 1989, S. 43f. 中世末期、強姦された婦人や娘はたいてい娼家に行くしかなかった。Cf. J. Rossiaud, 1989, S. 35f. それは一八世紀になっても、本質的に何も変わらなかった。村に住む女性が強姦の被害者になると、田舎には商売としての売春はなかったので、たいていは故郷を捨てるしかなかった。ところで男性は売春宿がなくても不自由しなかった。たとえばフランス南西部ラングドックのある地方では、大勢の男性が――既婚者も未婚者も――少し頭の弱い女性浮浪者をいつも密やかに押し倒し、慰み者にした。その女はある日畑で子供を産み落とすと、置き去りにするのだった。Cf. N. Castan, 1980, S. 232f.

(61) Cf. M. H. Abel, 1988, S. 235.

(62) Cf. D. Linz/E. Donnerstein, a. a. O., S. 267.
(63) A. Godenzi, 1989, S. 115.
(64) Cf. M. Lohs, 1983, S. 138f.
(65) Cf. H. Ertel, 1990, S. 75, 103.
(66) Malamuth/Haber/Feshbach, a. a. O., S. I.
(67) Cf. N. S. Malamuth, 1987, S. 441, 448f.

第34章

(1) 今日でも女性は集団暴行をとりわけ屈辱的と感じている。Cf. A. Godenzi, 1989, S. 81.
(2) Cf. J. Rossiaud, 1989, S. 35; J. K. Brackett, 1992, S. 111, 136; P. C. Maddern, 1992, S. 101f. 最近の調査によれば、今日でも三六パーセントのケースで女性の住まいが犯行現場になっている。Cf. H. Feldmann/J. Westenhöfer, 1992, S. 51.
(3) C・ゴヴァール（一九九一年、第一巻、三三三頁以下）によれば、中世末期のフランスでは、単独暴行や集団暴行の被害者のおよそ六〇パーセントが売春婦だった。
(4) V. Friese/E. Liesegang, 1901, S. 222f.
(5) Cf. R. F. Spencer, 1968, S. 137.
(6) 犯人が既婚女性を強姦した時、《女性がすぐに叫び声を上げ、涙を流して現れれば、彼女の口が証人となる。女性が宣誓をすると、彼女を力ずくで犯した男は、それに対しマリア・テレジア金貨を五五枚、さらに姦通罪に対しマリア・テレジア金貨を八八枚支払うべし》(F. Kemink, 1991, S. 97f., 148)。
(7) 被害者が《この体験に慣れてくると》集団暴行を楽しむこともある、とされているが、当の民族学者はこの問題について女性の情報提供者に質問しなかったのでは，という疑惑は拭えない。Cf. W. H. Crocker, 1964, S. 28.

（8）Cf. D. S. Marshall, 1971, S. 152. Cf. auch B. Hauser-Schäublin, 1977, S. 75; ferner F. Morgenthaler, 1985, S. 110（ヤトミュール族）; L. L. Langness, 1977, S. 15（ベナベナ族）. カヤポ族では，若い娘がたった一人の恋人に愛情を捧げ，他の男性をすべてはねつけると，振られた男たち全員から強姦されることがある。Cf. W. H. Crocker, 1974, S. 28.

（9）M・ミード（一九六一年，三〇三，三三五頁）によれば，マヌス族の男性は〈普通の〉セックスでも極めて乱暴に振る舞い，女性にとって性交が愉しみとならないことを期待した。

（10）Cf. J. Barton, 1923, S. 70. ムンドゥルク族の男性は，民族学者に目配せしながら，《おれたちはあのバナナを使って女房をおとなしくさせるのさ》と語った。Cf. R. F. Murphy, 1959. S95. ライ・ヴァヴァエ島でも，じゃじゃ馬女をそうして従順にした。Cf. D. S. Marshall, 1962, S. 256, sowie L. Sharp, 1934, S. 429（イル・ヨロント族）. インド・ヨーロッパ語圏では，古代イランの男性同盟のメンバーや北方の狂戦士による強姦がすでに報告されている。Cf. H. P. Hasenfratz, 1982, S. 151, 162.

（11）Cf. E. Eylmann, 1908, S. 122.

（12）Cf. A. Hauenstein, 1967, S. 72.

（13）Cf. G. Devereux, 1963, S. 359.

（14）Cf. R. F. Murphy, 1960, S. 109f; ders. /Y. Murphy, 1980, S. 183. 同じようにトルマイ族の男性も，強姦の自慢話をして女性をひるませる。Cf. B. Quain/R. F. Murphy, 1955, S. 93f.

（15）Cf. A. W. Howitt, 1891, S. 61. この〈権利〉なるものが，ヨーロッパの「初夜権」と同じく，まったくの伝説という可能性ももちろんある。

（16）Zit. n. H. Ritter-Schaumburg, 1990, S. 139.

（17）*tjurungas* についてはcf. H. P. Duerr, 1974, S. 135f.

（18）Cf. J. Falkenberg, 1962, S. 166f.

(19) カラジャ族の若者は、女性の些細な誤りさえ、きっかけにして集団で襲いかかった。民族学者は、女性の親戚と一緒に仕事するのを断った若い女性が集団暴行を受けるのを目撃した。また、放血を頑固に拒んだ若い娘たちにも、この方法で道理をわきまえさせた。Cf. C. Wagley, 1977, S. 112, 159, 167, 254f.

(20) Cf. J. M. Roberts/T. Gregor, 1971, S. 209f. 多くの男性は、原生林の小道を一人で歩く若い女性に出会えば、いわば彼女を〈奪う〉権利が男性にあると主張する。普通、男性は女性の手首をしっかり摑み、力ずくで下生えの中に引きずり込む。それに応じて、強姦を *antapai*《引っ張って連れて行く》と言う。Cf. T. Gregor, 1985, S. 103.

(21) Cf. G. Hartmann, 1986, S. 106f.

(22) Cf. T. Gregor, 1979, S. 263.

(23) Cf. J. C. Furnas, 1937, S. 94.

(24) 女性が性交時に力の限り抵抗し、男と闘わないと、彼女は恋人に関心がない、と言われた。Cf. R. M. Berndt, 1962, S. 163ff., 283ff., 403.

(25) Cf. N. A. Chagnon, 1968, S. 123.

(26) Cf. H. Becher, 1960, S. 68f.

(27) 女性ばかりか男性もひっきりなしに嫉妬の念に苦しんだ。胎児はいつも精液を与えられないと強くならないと考えられたので、大勢の女性が妊娠中に夫以外の男性と寝たのである。本当は女性たちの夫もそのことをよく知っているが、気づかない振りをする。もし浮気が〈公認〉になったら、夫が浮気相手に――かなり危険な――棒を使った一騎打ちを挑まなければ、面子をつぶされるだろう。Cf. H. Becher, 1957, S. 118.

(28) Cf. H. Becher, 1980, S. 101. 確かにヤトミュール族は男の家に侵入した女性を強姦したが、さらに相手が妻であっても、その行為は犯罪となった。《いつも妻にまず尋ねねばならない。膣は木の穴じゃない。好きな時にペニスを入れるわけにはいかない》(M. Stanek, 1983, S. 370)。

(29) Zit. n. J. Axtell, 1987, S. 42f., 52. 著者によれば、こうした《礼儀正しい態度》をとった理由の一つは、戦士たちは誘拐した女性を場合によっては部族の一員にするつもりなので、将来の妻や姉妹を強姦することに興味はなかったからである。上述のように、北米インディアンにも例外はあった。すでにカスター将軍は、シャイアン族の戦士が白人女性を強姦したことを報告し（cf. H. Ploß, 1912, II, S. 559）、シャイアン族と同盟を結んだアラパホ族もその行為に参加した。Cf. S. Hoig, 1961, S. 59. Cf. auch E. Wallace/E. A. Hoebel, 1952, S. 240（コマンチ族）. シャイアン族のように、ブラックフット族も姦通した女性を強姦した。Cf. A. B. Kehoe, 1970, S. 102. オブジワ族の女性は、いつ強姦の犠牲者になるかしれない不安を抱いて暮らしたと言われる。Cf. R. Landes, 1938, S. 30f.

（30） C・ゴヴァール（一九九一年、第一巻、三三一頁）によれば、一四、一五世紀のフランスでは、集団暴行は単独強姦のほぼ倍も起こった。

（31） 寝る時も脱がないこのズボンはたいてい短かったが、踝に巻く長いものもあった。これは強姦から身を守るばかりか、女性が貞節を守りやすくもした。Cf. W. Jochelson, 1933, II, S. 151f.; T. Chodzidlo, 1951, S. 118f., 126.

（32） Cf. W. Dyk, 1951, S. 111. セベイ族（cf. W. Goldschmidt, 1967, S. 136）やグアヒボ族（cf. R. V. Morey/D. J. Metzger, 1974, S. 82）のような他の社会でも、女性は強姦の試みに対して首尾よく身を守ることができる、と今も昔も考えている。これから推測するに、強姦とは肉体的に相手を征服することだけをさし、威嚇による強制的な性交は含まないのだろう。

（33） かつてオヨ・ヨルバ族の強姦者は、誰だか分からないように顔を隠した。そこで、《女は茂みで自分を犯した男の顔を見ない》という諺がある（J. O. Ojoade, 1983, S. 210）。

（34） Cf. W. Schiefenhövel, 1990, S. 401. ニューギニアの多くの社会で、男たちは汚れに対する恐れもあって、強姦したい気持ちに歯止めをかける。たとえば高地南部に住むウォラ族の男性は、結婚後に一連の儀式をすべて行うことで、性交による汚れを中和する。原野で偶然出会い強姦の被害者となった女性の〈体液〉に対しては、そうした儀式は行えない。Cf. P. Sillitoe, 1979, S. 59.

（35） Cf. W. H. Blanchard, 1959, S. 269ff., ferner H. Feldmann/J. Westenhöfer, 1992, S. 12.

（36） C. Scully/J. Marolla, 1985a, S. 256.

（37） J. M. Reynolds, 1974, S. 66 bzw. A. Godenzi, 1989, S. 167. R・ワイアとA・スウィフト（一九九一年、二〇、

四五頁）によれば、《自信に溢れた》女性を専門にするタイプの犯人もいる。

(38) Cf. *Spiegel* 44, 1990, S. 107. 若者の一味徒党に続けて一六回も犯されたローマの若い女性が警察に届けを出すと、すぐ後にその報復として同じ若者たちからもう一度〈犯された〉。Cf. H. Tügel/M. Heilemann, 1987, S. 41.

(39) この犯人は子供の頃、義母から張形を肛門に押し込まれる罰を繰り返し受けていた。Cf. L. Madigan/N. C. Gamble, 1991, S. 39.

(40) Cf. K. -H. Kohl, 1992, S. 29.

(41) 情報提供者はパク・ラムリとベネ・ボリ・コテン・テナ・ワハング、一九八六年八月。一度だけ《狂人》が九歳位の少女を強姦したことがあった。ラマホロト語に《強姦》をさす言葉はないようだ。ミヒャエル・オーピッツの一九九一年一〇月一八日付の書簡によれば、ヒマラヤのマガル族にもそうした事態を表す概念がないようだ。チョル・マヤ族の女性はしばしばスペイン系の混血白人ラディノには強姦されたが、チョル族の男性から実際に襲われることは一度もなかった。犯人はすぐに正体がばれ、そのうち被害者の親戚の男性に殺されるからである。Cf. K. Helfrich, 1972, S. 163f.

(42) Cf. P. -O. H. Wikström, 1991, S. 236ff.

著　者

ハンス・ペーター・デュル（Hans Peter Duerr）

1943年，マンハイムに生まれる．哲学的人類学により教授資格を取得し，ドイツ，スイスの各大学で民族学，ヨーロッパ文化史を講じた．1980年教壇を離れ，民族学はもとより，考古学，社会学，歴史学，文化人類学，言語学など幅広い領域にわたり，自由な立場で研究に従事した．1990年，ベルリン科学コレークより奨学金を受け，特別研究員となる．1992年，ふたたび教壇に復帰し，ブレーメン大学教授として民族学と文化史を担当した．1999年には教職を辞し，以後ハイデルベルクに住まい，現在に至っている．本書のほか，邦訳された著書に『神もなく韻律もなく』，『夢の時』，『サテュリコン』，『戸外で朝食を』，『再生の女神セドナ』，『裸体とはじらいの文化史』，『秘めごとの文化史』，『挑発する肉体』（以上，法政大学出版局刊）がある．

訳　者

藤代幸一（ふじしろ こういち）

1932年に生まれる．東京都立大学大学院修士課程（独文学専攻）修了．現在，同大学名誉教授．著書に，『アンデルセンの詩と真実』，『記号を読む旅』，『もうひとつのロマンチック街道』，訳著に『聖ブランダン航海譚』，訳書に『ティル・オイレンシュピーゲルの愉快ないたずら』，『中世の笑い』，『狐ラインケ』，『司祭アーミス』，オーラー『中世の旅』，デュル『戸外で朝食を』，ザッペリ『教皇をめぐる四人の女』，共訳に，オーラー『巡礼の文化史』，A. v. ゲーテ『もう一人のゲーテ』，デュル『裸体とはじらいの文化史』，『秘めごとの文化史』，『挑発する肉体』，ブレーデカンプ『古代憧憬と機械信仰』（以上，法政大学出版局刊行書のみ）がある．

津山拓也（つやま たくや）

1962年，佐賀県に生まれる．1990年，東京外国語大学大学院修士課程（独文学専攻）修了．現在，東京外国語大学・二松学舎大学・國學院大學・中央学院大学非常勤講師．訳書に，ヴェルナー『ピラミッド大全』，ザッペリ『知られざるゲーテ』，マール『精霊と芸術』，デッカー『古代エジプトの遊びとスポーツ』，共訳に，デュル『秘めごとの文化史』，『挑発する肉体』，ブレーデカンプ『古代憧憬と機械信仰』（以上，法政大学出版局刊）がある．

《叢書・ウニベルシタス　574》
性と暴力の文化史
文明化の過程の神話　III

1997年7月25日　初版　第1刷発行
2006年7月7日　新装版第1刷発行

ハンス・ペーター・デュル
藤代幸一／津山拓也訳
発行所　財団法人　法政大学出版局
〒102-0073 東京都千代田区九段北3-2-7
電話03(5214)5540 振替00160-6-95814
組版・印刷：平文社，製本：鈴木製本所

Printed in Japan

ISBN4-588-09909-4

索　　引

事項索引

ア 行

ＡＡＯコミューン AAO-Kommune 114f.
愛 Liebe 573, 641
挨拶 Begrüßung 539, 591
アカゲザル Rhesusaffen 593
悪魔の目 ⇨ 邪視
悪霊 Dämonen 32, 106, 111, 505, 515
亜麻刈り娘 Brechlerinnen 126
足の姿勢 Beinhaltung 78, 80, 120, 170f., 517, 535f.
アダム派 Adamiten 461
アナーキスト ⇨ 無政府主義者
アニリングス Anilings 142f., 529
アマゾネス Amazonen 76, 210, 473, 479, 570
アメノウズメノミコト ⇨ ウズメ
アモク病患者 Amok-Läufer 155, 497
イアンベ Iambe 86, 499
イースターの笑い Osterlachen 86
イエス・キリスト Jesus 68
一角獣 Einhorn 115
陰核 Klitoris 37, 76, 84, 130, 435
——(人工の) Klitoris, künstliche 513
——切除術 Klitoridektomie 127
陰唇 Schamlippen 273
陰部切断 Beschneidung 273, 513, 602, 605
陰門 Vulva 120ff., 286f., 470, 493, 507f., 590
——の封鎖 Infibulation 275, 602
——を見せる Vulvaweisen 29, 33[illegible]3ff., 488ff., 504ff.
淫欲 L[illegible]via 36, 70, 74
淫乱症 Ny[illegible]omanie 478
ヴェール Schleier 31, 299, 471
ウズメ Uzume 81f., 85
腕の姿勢 Armhaltung 191
婉曲表現 Euphemismen 580, 6[illegible]9
オーラルセックス ⇨ フェラチオ
臆病 Feigheit 204
お触り（淫らな）Betasten, unzüchtiges 309ff., 616ff., 641
オランウータン Orang Utans 662
オルガスムス Orgasmus 135f., 254ff., 440, 553f., 662
女
——海賊 Piratinnen 23ff., 468ff.
——ギャング Frauengangs 137
——(魚売りの) Fischweiber 44, 479
——乗り Damensitz 109

カ 行

海賊 ⇨ 強盗
外部の抑圧 Fremdzwänge 18
快楽殺人 Lustmörder 217, 277, 284, 527, 603
快楽主義 Hedonismus 404, 649
学生組合 Studentenverbindung 137, 156, 179, 583
仮性半陰陽 Pseudohermaphroditismus 656
家宅侵入罪 Hausfriedensbruch 376
割礼 Beschneidung 128, 169, 227, 538, 541, 628

カニバリズム Kannibalismus 589f.
ガルス Galli 512
カンガセイロ Cangaçeiros 657
寛大な社会 Permissivität 650
浣腸 Klistier 241,583
姦通 Ehebruch 236,298,335,570f., 578,638,671
騎士の甲冑 Ritterrüstung 189f., 285,560
キス Küssen 252,313,322,336,588, 611,620,624
亀頭 Eichel 119f.,164ff.,538ff.
義母 Schwiegermutter 536,549
キュロット Culotte 197
狂気 Verrücktheit 101
共産主義者 Kommunisten 78ff., 156
狂女 Wahnsinnige 478
強制収容所 KZ 137,218,257,282, 298ff.,427,518,527,574,594,600, 655
強要（性的な）Nötigung, sexuelle 332,368,429,526,644,656,671
拒食症 Anorexie 531
去勢 Kastration 37,51,110f.,121ff., 127,134,245,258,263ff.,375,393, 512,597ff.,628f.
義和団の乱 Boxeraufstand 77,604
近親相姦 Inzest 71,99,423,507, 611,641,650
杭打ち Pfählen 219,230ff.,575,579
クー・ホリン Cú Chulainn 73,515, 662
クチヒゲタマリン Weißlippen-Krallenaffe 537
首狩り Kopfjagd 225,275
クンニリングス Cunnilings 136, 224,525,529,602
刑務所 Gefängnis 136,144,242, 257ff.,301,416,526,593ff.,653
刑吏 Henker 60,191,272,285,319, 601,609
KKK団 Ku-Klux-Klan 268
汚れ Befleckung 119,160,370f., 443,464,518
月経 Menstruation 77,119f.,128, 313,404,410,469,491,518,571
決闘 Zweikampf 353f.,630
ゲルマニア女神 Germania 52,482
剣闘士 Gladiatoren 236
権力 Macht 8ff.,20,118f.,253ff., 340ff.,423ff.,448ff.,661ff.
攻撃性 Aggressivität 21,31,63,71, 119,135f.,224ff.
絞首刑 Hängen 606,609,644
睾丸 Hoden 90,162ff.,202ff.,566, 588ff.,600,628
強姦 Vergewaltigung 14f.,21,27f., 124ff.,205ff.,219ff.,299ff.,355ff., 464f.,523ff.,570ff.,631ff.
——妄想 Vergewaltigungsphantasien 443,525,663
構成主義 Konstruktivismus 535
強盗 Räuber 78,288,494,591,608, 633,649,657f.
肛門 After 138,549,567
——性交 Analverkehr 110ff.,205, 236ff.,582
——の強姦 Vergewaltigung, anale 31,230ff.,247ff.,388,428,453,544, 568,579ff.,660f.
拷問 Folter 134,220,242,442,603, 607,651,667
ゴダイヴァ夫人 Godiva 108f.,511f.
子供 Kinder 3,415,523,585
——殺し Kindstötung 15
コモンリスザル Totenkopfaffen 160f.
ゴリラ Gorillas 566

コルセット Mieder 328f.

サ 行
サウナ Sauna 158, 547
サッカー選手 Fußballspieler 155
サディズム Sadismus 573, 655
猿 Affen 160, 558, 560
残虐行為 Grausamkeiten 21, 83, 401, 604
シェーカー教徒 Shaker 177, 234
地獄 Hölle 177, 234
自己制御 Selbstkontrolle 84, 173, 179, 277, 401f.
シストラム Sistrum 89ff., 501
私生児 Illegitimität 464
舌 Zunge 492, 537
下着 Unterwäsche 120, 324, 327, 556f., 616
嫉妬 Eifersucht 451, 670
私的領域 Privatsphäre 118, 376
児童嗜愛者 Pädophile 330
社会的監視 Sozialkontrolle 13f., 18
邪視 Böser Blick 32, 275, 499
射精 Ejakulation 35, 130, 135, 149, 157, 216, 368, 408, 637
射的 Bogenschießen 221f.
修道女 Nonnen 290, 306, 312, 351f., 390, 602, 609
自由の女神 Liberté 52ff., 481ff.
出産後のタブー Postpartumtabu 538
授乳 Stillen 472, 518, 628
——の申し出 Stillangebot 35, 63ff., 113, 483
狩猟 Jagd 226ff., 536, 578f.
娼家 Bordell 258, 301, 349, 355, 358, 399f., 405, 554, 594, 634, 646, 667f.
消費社会 Konsumgesellschaft 404, 650
娼婦 Huren 29, 34, 53f., 70, 76f., 80, 100, 113, 177, 201, 214, 355ff., 391, 512f., 629f., 645ff., 657
植民地主義 Kolonialismus 1ff., 456
処女 Jungfräulichkeit 209, 571ff., 625, 643
——喪失 Defloration 221f., 312, 359, 448, 577
女性
——外国人労働者 Fremdarbeiterinnen 307, 411, 413
——シャーマン Schamaninnen 82, 106
——石油放火犯 Pétroleuses 50
——テロリスト Terroristinnen 61
——の祭り Frauenfeste 128
——の万引き Ladendiebinnen 135, 442
——の名誉 Ehre, weibliche 377, 382, 640
——パルチザン Partisaninnen 410, 655
——フェミニスト Feministinnen 45, 72, 97, 158, 180, 187, 201, 228, 432, 467, 514, 519, 661
——用革ズボン Frauenlederhosen 452, 508, 671
——労働者 Arbeiterinnen 157, 326, 494, 622, 630
除毛 Epilation (Scheren) 74, 235f., 291, 303, 389, 585, 632
尻（偽物の）*derriere*, *faux* 144
——をなめる Arschlecken 140, 142, 446, 510
——を見せる Hinternweisen 112, 115ff., 138ff., 235, 505, 510, 517, 528
人口変動 Bevölkerungsfluktuation 14
人種主義者 Rassismus 625
親類縁者 Verwandtschaft 493, 542, 549, 578, 633

スカート Frauenröcke 195
ストリーキング Blitzen 145f., 530
ストリップ Striptease 84, 118f., 180, 555
スフィンクス Sphinx 129, 479, 524, 587
ズボン Hosen 183f., 562f.
——下 Bruche (*bruoch*) 183, 191, 285, 288, 293, 556, 609
——の前当て Hosenlatz 187f., 563
スワッピング Partnertausch 552
精液 Sperma 215, 218, 235, 368, 553, 566, 588f., 602, 670
性交 Koitus 90ff., 222ff., 363f., 552f., 575ff.
——(射精なき) *coitus reservatus* 553, 601
聖処女 Jungfrau, hl. 66ff., 274, 487, 495
精神分析 Psychoanalyse 22, 121, 434, 519
性的
——嫉妬 Sexualneid 600
——能力 Potenz 200, 244, 265, 268, 272, 474, 519, 566
——不能 Impotenz 512, 518, 525
性欲 Geschlechtslust 164, 238, 301ff., 363f., 431ff., 537, 552ff., 661ff.
性療法 Sexualtherapie 333, 613
セイレン Sirenen 129
戦死した敵の衣類を剝ぐ権利 *ius spolii* 285
戦争 Krieg 26ff., 74ff., 206f., 234ff., 263ff., 285ff., 384ff., 406ff., 604ff., 643ff.
洗濯女 Waschweiber 82f., 97, 128, 396, 506
戦闘機のパイロット Jagdflieger 216, 571
先天性／後天性 angeboren/erworben 8, 458f.
相対主義 Relativismus 466f.
ソドミー *sodomia* 601f., 637

タ 行

大腿性交 Schenkelverkehr 226, 249, 512
大砲 Kanone 58, 76, 215, 485
唾液 Speichel 119
堕罪 Sündenfall 350, 459, 552f.
タブー *tapu* 199
食べる essen 578, 588f.
男女の争い Geschlechterkampf 191
ダンス Tanz 91ff., 125f., 337, 503
男子同性愛 ⇨ ホモセクシュアル
男性
——同盟 Männerbünde 448, 669
——優位 ⇨ マッチョ
——用上着 Männerröcke 183ff., 557
タントラ Tantra 520
誓い Schwur 487
痴漢 Frotteure 320
乳首 Brustwarzen 36, 474
恥辱 Schande 358, 437, 632, 636
膣 Vagina 210ff., 219f., 567, 670
——の分泌物 Vaginasekret 119, 518, 552, 554
——(歯のある) *vagina dentata* 122, 531
膣痙 Vaginismus 443
乳房 Brüste 9, 23ff., 217, 268, 275, 309, 419, 469, 603
——のシーラ Sheila-na-gig 33, 74, 111, 141
——の魔法使い Brustzauberer 159
——を見せる Brustweisen 24, 470ff.

恥毛 Schamhaar 74, 236, 291, 301ff., 490, 521, 540, 543, 627
チンパンジー Schimpansen 161, 204, 252, 566
貞淑なヴィーナス Venus pudica 47, 514
デコルテ Dekolleté 120, 325, 475, 494
デメテル女神 Demeter 86
同害報復法 *lex talionis* 234, 271, 314, 354
胴着 Wams 184
闘牛 Stierkampf 226
盗賊 ⇨ 強盗
都市 Stadt 14ff., 208f., 463f.
トップレス »oben ohne« 43, 186, 477, 498
——ダンス Toplesstanz 118, 220
奴隷 Sklaven 242, 269, 326, 382, 398, 568, 617, 628, 642

ナ 行
ナーイアス Najaden 524
内面化 Internalisierung 326
涙 Tränen 119
ならず者 Hooligans 650
臭い Geruch 507, 521, 526, 542, 565, 643
妊娠 Schwängerung 417, 469
ヌーディスト Nudisten 149, 175f., 180, 531, 550
ヌード画（写真）Aktbilder 78ff., 84f., 498
ヌードモデル Aktmodelle 80, 495f., 498, 511, 531
ネオナチ Neonazis 156, 426
屍体愛好（ネクロフィリア）Nekrophilie 271
農民 Bauern 130, 315, 379ff., 641
——戦争 Bauernkrieg 20, 290, 390f., 394, 645
覗き Voyeurismus 78f., 82, 109, 126, 432, 515, 518, 582
呪い Fluchen 31, 65, 127, 510

ハ 行
パートナーシップ Partnerbindung 8, 10, 459
梅毒 Syphilis 646
排尿 Urinieren 77, 101, 118, 151, 160, 164, 371
排卵 Ovulation 593
バウボ Baubo 86
馬上槍試合 Turnierstechen 222, 575
恥じらい Scham 8, 162ff., 286ff., 538ff., 608ff.
爆弾 Bombe 216, 574
発情期 Brunftzyklus 8
バッファロー皮の帽子 Büffelkappe 75, 570
ハトホル女神 Hathor 87ff., 501ff.
鼻をこする Nasenreiben 251
薔薇 Rose 575
張形 Dildo 84, 136, 279, 656, 672
バリケード上の女性 Barrikadenfrauen 49ff., 480ff.
犯罪 Verbrechen 14f., 404, 453f.
パン神 Pan 239, 249, 504
反駁 Falsifikation 461
ピグミーチンパンジー Bonobos 160f., 256, 621
ヒジュラ *hijrās* 37, 110f., 474, 512ff.
ヒステリー Hysterie 478
人付き合いの作法 Umgangsformen 18f., 497, 648
ヒヒ Paviane 113, 515
ピューリタン Puritaner 553
病院 Krankenhaus 157f., 319
ファルスの威嚇 Phallisches Drohen

31, 34, 148, 164, 195, 241, 519, 561, 591
フィカの仕草 *fica* 244, 584
フィシュー Fichu 59
フール（天国の美女）hūr(hūrīyah) 554, 601
フェラチオ Fellatio 116, 216, 242, 249ff., 512f., 525f., 587ff., 660
不感症 Frigidität 202, 663
武器 Waffen 213ff., 573
服装倒錯 Transvestismus 23ff., 205, 248, 418f., 468ff., 512f., 571, 646, 654
婦人参政権運動の女性活動家 Suffragetten 330
不妊症 Sterilität 202
股袋（ブラゲット）Braguette 182ff., 202, 556ff.
ブラジャー Büstenhalter 43, 477, 551
プリアプス神 Priapus 163, 213, 237f., 249, 582
ブリュンヒルト Brünhild 448
風呂屋 ⇨ 浴場
文明化理論 Zivilisationstheorie 1ff., 17, 401, 456ff., 551
ベギン会士 Beginen 318, 378
ペニス Penis 121f., 148ff., 178ff., 199ff., 212ff., 264ff., 345ff., 590
――ケース Penisfutterale 153ff., 538ff., 627ff.
――(造り物の) Penis, künstlicher 148, 470
――羨望 Penisneid 156
――を見せる Penisweisen 121, 152, 498, 510, 516, 536
ベルセルク Berserker 73, 669
ベルダーシュ *berdache* 206, 230, 568f.
放火癖 Pyromanie 442
包皮 Vorhaut 154, 165
放屁 Furzen 117, 141, 529
母権制 Matriarchat 205
勃起 Erektion 134f., 160f., 164ff., 199ff., 215ff.
――(不安の) Angsterektion 135, 255, 526
母乳をかける Milchspritzen 34ff., 69
ホモセクシュアル Homosexualität 14f., 40, 134, 247ff., 271, 512, 568ff., 581, 583, 586, 588f.
ポルノグラフィー Pornographie 22, 78ff., 82, 91, 158, 279, 340, 437, 442, 536, 623, 664

マ 行

マーフー *māhū* 588f.
マカク猿属 Makaken 204, 256, 537, 593, 662
魔女 Hexen 32, 129, 142, 155, 277, 510, 521, 537, 659
マスターベーション Masturbation 128ff., 242f., 345ff., 500, 656
マゾヒズム Masochismus 442, 572
マッチョ *machismo* 120, 134, 201, 245, 569
沐浴場（ミクヴェ）*mikwe* 295, 300, 612
水浴び Baden 77f., 112, 168f., 330, 495, 518, 537, 551f.
民族の恥 Rassenschande 257, 305
ミニスカート Minirock 612
ムーニング Mooning 144ff., 532
無政府主義者 Anarchisten 57, 290, 484
メドゥーサ Medusa 201, 492, 499
毛髪 Haar 26, 30, 32, 46, 65, 77, 87, 108, 365, 369, 471, 478, 519, 618
物乞い女 Bettlerinnen 513

ヤ　行

ヤセザル Graue Languren　593
ヤマノイモ Yams　564
誘拐 Entführung　636
誘惑 Verführung　378, 523, 642
ユーディット Judith　46, 61, 479
湯女 Bademägde　489
浴場 Badstuben　12f., 110, 239, 493, 505
よそ者 Fremde　14, 16

ラ　行

楽園 Paradies　176, 294, 420, 514, 522, 552ff., 601
裸体画　⇨　ヌード画（写真）
理想主義 Romantik　7, 22
略奪 Plündern　652
両性具有 Transexualität　37, 110, 568ff.
両刀使い Bisexuelle　253
レスビアン Lesbierinnen　37, 136f., 157, 279, 426, 443, 474, 527, 593, 604, 659, 666
恋愛詩 Liebeslieder　500
牢獄　⇨　刑務所
露出 Entblößung　285ff., 478f., 605ff.
——症 Exhibitionismus　121, 143ff., 148ff., 157, 195, 331, 525

ワ　行

若者の一味 Jugendbanden　253, 356f., 396, 446ff., 585, 633
笑い Lachen　81ff., 494, 497

種族索引

ア 行

アイオワ Iowa 544
アイスランド人 Isländer 312
アイヌ Ainu 32, 472
アイルランド人，古代の Iren, alte 73f., 275, 312
アヴァール人 Avaren 32, 579, 643
アウユ Auyu 153
アオ Ao 546
アカン Akan 339
アザンデ Azande 507
アシェ Ache 173, 590
アシャンティ Aschanti 338f., 625
アッシリア人 Assyrer 298f., 650
アステカ人 Azteken 473, 568
アスマット Asmat 153, 252
アスリニ Asurini 540
アタ・キワン Ata Kiwan 335, 546, 577
アチョリ Atcholi 549
アッカドの人 Akkader 113
アドミラルティ諸島民 Adomiralitäts-Insulaner 15
アパッチ Apache 521, 569
アファル Afar 365, 597
アブラウ Abrau 577
アベラム Abelam 564
アボリジニ Aborigines 174
アムハラ Amhara 265
アラウカノ Araukaner 625
アラパホ Arapaho 671
アラブ諸国の農民 Fellachen 513
アラブ人，アラビア人 Araber 27, 31, 37, 74, 179f., 200, 209, 222ff., 392f., 416, 471f., 518, 587, 601, 608
アラペシュ Arapesh 172, 564, 573
アランダ Aranda 578
アルバニア人 Albaner 508
アルフル Alfuren 159
アレマン人 Alemannen 617
アンガス Angas 625
アンガネン Annganen 576
アングマグサリク Angmagssalik 547
アングロサクソン人 Angelsachsen 311f.
アンダマン諸島民 Andamaner 550
アンダルシア人 Andalusier 202, 204, 212, 226, 241, 386f.
アンモン人 Ammoniter 235f., 298
アンボ Ambo 542
アニャニャ Anyanja 347
イスコナフワ Isconahua 540
イスネグ Isneg 536
イファルク島民 Ifaluk-Insulaner 545
イボ Ibo, Igbo 541
イラ Ila 541
イライェ Ilaye 666
イラク人 Iraker 269, 416, 655
イラヒタ Ilahita 172, 564, 573
イロコイ Irokesen 6, 205, 263, 544, 568f.
インカ人 Inkas 387f., 394, 526
インガリク Ingalik 346
インド人 Inder 63f., 110f., 122f., 159, 474, 509, 512f.
ウア Hua 514

ヴィクブン Wikbun 590
ウィク・ムンカン Wik-Munkan 69, 578
ウィネバゴ Winnebago 205f.
ヴェトナム人 Vietnamesen 83, 212, 226, 245, 267f., 283, 292, 399, 406ff., 428, 438, 651
ヴォージョ島民 Wogeo-Insulaner 526
ウォラ Wola 671
ウクライナ人 Ukrainer 614
ウスルファ Usurufa 225, 450
ウトクヒカリングミウト Utkuhikhalingmiut 547
ウパ Hupa 569
ウメダ Umeda 165, 545, 578, 590
ウモティナ Umotina 540
ウルブ Urubu 540
ウリティ島民 Ulithianer 542
エイポ Eipo 34f., 38, 141f., 154f., 164
エジプト人(古代の) Ägypter, alte 87ff., 204f., 264, 500ff., 580f., 596
エトルリア人 Etrusker 169, 492
エピロート人 Epiroten 29f.
エフィク Efik 339
オジブワ Ojibwa 227f., 544, 671
オナ Ona 113, 515f.
オヨ Oyo 671
オラン・ベロギリ Orang Belogili 335, 453f.
オントン・ジャワ島民 Ontong Javaner 588

カ 行

アヴァヒブ Kavahib 170, 174
カグルー Kaguru 226, 542
カスカ Kaska 128, 158, 536
カダザン Kadazan 336
カトゥキナ Katukina 457
カヌム・イレベ Kanum-irebe 171
カネ Chane 241
カネラ Canela 447
カッパドキア人 Kappadokier 491
カビール Kabylen 523f.
カッファ Kaffa 265
ガフカ・ガマ Gahuka-gama 252
カプビル・エスキモー Kap Bille-Eskimo 547
カマヌグ Kamanugu 531f.
カマノ Kamano 225, 450
カマル Kamar 136
カヤビ Kayabi 540
カヤポ Kayapo 540, 669
カユーガ Cayuga 514
ガラ Galla 597
カラジャ Caraja 449, 540, 545
カラブリア人 Kalabresen 490
カランガ Karanga 373, 627
ガリア人 Gallier 30
ガリシア人 Galicier 372
カリブ島民 Kariben 363
カリンガ Kalinga 373
ガロ Garo 334
カンボジア人 Kambodschaner 78
キクユ Kikuyu 97f., 345
キチェ・マヤ Quiche-Maya 605
キピ Qipi 547
キプシギ Kipsigi 448
キマム・パプア Kimam-Papua 524
ギミ Gimi 590
極地エスキモー Polar-Eskimo 547
ギリシア人(近代の) Griechen, neue 472, 474, 583, 605
ギリシア人(古代の) Griechen, alte 41f., 47ff., 86f., 127, 160, 169, 226, 237ff., 247, 250, 294, 339f., 378, 453f., 492, 518, 566, 587, 626, 663
ギリヤーク Gilyaken 336
キルギス Kirgisen 337

キワイ・パプア Kiwai-Papua 172
キンベル人 Kimbrer 30f.
グアヒボ Guahibo 671
グアヒロ Guajiro 336
グァヤキ Guayaki 545
グァラスグウェ Guarasug'wä 490
クウィーフティム Kwieftim 577
クウェート人 Kuweitis 212, 269, 416, 585, 655
クウォマ Kwoma 174f., 551
グシイ Gusii 127, 346, 635
クソサ Xhosa 541
クック諸島民 Cook-Insulaner 602
クナンダブリ Kunandaburi 448
グバヤ Gbaya 542
グラゲ Gurage 115, 516
グルジア人 Georgier 472
クレレ Kulere 545
クロアチア人 Kroaten 268, 400, 433, 509, 604, 647, 655
クロウ Crow 337, 569, 625
黒タイ Thai-dam 575
クン !Kung 515, 579
ゲブシ Gebusi 576
ケラキ Keraki 225, 539
ケルト人 Kelten 30, 38, 73, 592, 662
ゲルマン人 Germanen 28ff., 112f.
コー !Ko 117f., 516f.
コギ Kogi 128
ゴゴダラ Gogodara 597
コッホ Koch 334
ゴート人 Goten 640
コニャク Konyaku 546
コマ Koma 214f.
コマンチ Comanche 170, 543, 569, 671
コミ Kom 507
コルヴィル・エスキモー Colville-Eskimo 447
ゴロカ Goroka 591
コンソ Konso 264

サ 行

サウォス Sawos 514
サクダイ Sakuddai 545f.
サマル Sammar 26
サモア島民 Samoaner 168
サラセン Sarazenen 222, 276, 287, 384, 508
サラン Sa'lan 26
サンタ・クルス島民 Santa Cruz-Insulaner 545
サンビア Sambia 116, 178, 545, 589f.
サンタル Santal 546
ジェルゴベ Djelgobe 84, 497
ジェンデ Gende 252, 589
シカ Sikkanesen 153, 478
シチリア島の人 Sizilianer 34, 202, 265, 630
ジプシー Zigeuner 119f., 123, 159f., 517f.
シメオン Simeoniter 236
シャイアン Cheyenne 75f., 206f., 267, 280, 337, 346, 568, 570f., 671
ジャート Jate 225, 450
シャバンテ Shavante 166, 540
ジャレ Jale 590
ジャワ島民 Javaner 115, 253
シュメール人 113
ショショニ Schoschonen 568
シリオノ Siriono 167
シルク Schiluk 549
白タイ Thai-khao 575
シンティ(中欧のジプシー) Sinti 518
シンハラ人 Singhalesen 566
シンブ Simbu 252, 539
スー Sioux 281, 337
スク Suku 570

スカワマユン Sukawamayun 335
スコットランド人 Schotten 203, 289, 397
ススケアノック Susquehannock 514
ズニ Zuni 129, 569
スパルタ人 Spartaner 491, 597
スララ Surara 167, 450
ズールー Zulu 75, 127, 168, 287, 345, 491, 541f., 554
スロド Sulod 566
スワジ Swazi 544
セダン・モイ Sedang Moi 255, 516, 592
セデク Sedeq 128
セネカ Seneca 6, 514
セベイ Sebei 671
セマイ Semai 546
セマ・ナガ Sema-Naga 546
セルクナム Selk'nam 113
セルビア人 Serben 139, 269f., 283, 400, 416, 433, 509, 574, 604, 655
センゲレ Sengele 638
ソウル Sohur 539, 545
ソマリ Somali 365, 597
ソリ Sori 15
ソンガイ Songhai 542

タ 行

タイ族 Tai 495, 575
タイ人 Thai 80, 505
台湾人 Taiwanesen 77f.
タウイ島民 Taui-Insulaner 166
タカリ Thakali 128f.
タグリブ Taglib 27
タスマニア島民 Tasmanier 153f.
タタチ Tahtaci 337
ダナキル Danakil 597
タナ島民 Tana-Insulaner 163f.
ダニ Dani 36, 154, 164, 196, 538f., 590
タヒチ島民 Tahitianer 15, 588ff.
タピラペ Tapirape 173, 545
タマン Tamang 221
ダヤク Dayak 335, 624
タレンシ Tallensi 487
ダン Dan 452
ダンカ Dhanka 537
タンベルマ Tamberma 541
中国人 Chinesen 76f., 106, 367, 413, 492ff., 591, 604, 636, 649
チェロキー Cherokee 567
チベット人 Tibeter 128, 250, 519
チューデ Tschuden 102
朝鮮人 Koreanear 399, 413f.
チョル・マヤ Chol-Maya 672
チリカウア・アパッチ Chiricahua-Apache 521
ツィムシアン Tsimshian 398
ツワナ Tswana 579
ツングース Tungusen 152
ディエリ Dieri 448
ティコピア島民 Tikopianer 169
ティブ Tiv 497
ディンカ Dinka 130f., 174, 549
ティムクア Timucua 230
テグレナ Tegrenna 430, 447
デサナ Desana 226, 516, 536
デラウェア Delawaren 6, 205
テンブ Tembu 541
トゥクナ Tukuna 545
トゥゲン Tugen 100, 345
ドゥスン Dusun 335f.
トゥパリ Tupari 167f., 544
トゥピナンバ Tupinammba 231, 590
トゥブ Tubu 97f.
トゥブアイ島民 Tubuai-Insulaner 200
トゥルカナ Turkana 507

ドゥルディ Duludy 541
ドーディア Dhodia 537
トラック諸島民 Truk-Insulaner 545
トラジャ Toradja 545
トリンギット Tlingit 398
トルマイ Trumai 540, 545, 669f.
トルコ人 Türken 55, 169, 194, 220, 241, 255, 272, 276, 453, 464, 571, 582, 600, 605, 631, 656
トロブリアンド諸島民 Trobriander 124ff., 522
トンガ Thonga 541

ナ 行

ナヴァホ Navaho 346, 452, 569
ナガ Naga 546
ナムディ Namdji 541
ナロン・ブッシュマン Nharon-Buschleute 229f.
ナンビクァラ Nambikwara 173, 561
ニアス島民 Niasser 335
ニコバル諸島民 Nikobaresen 549f.
日本人 Japaner 81ff., 398f., 413f., 456, 472, 493ff., 496ff., 505, 517, 573, 632, 649
ニマル・バラヒ Nimar Balahi 625
ヌエル Nuer 173, 549
ヌスカ・イボ Nsuka-Igbo 33
ネズパース Nez Perce 544
ヌドゥインドウィ Nduindwi 119
ヌートカ Nootka 647
ヌニヴァク・エスキモー Nunivak-Eskimo 508
ヌバ Nuba 92
ヌビア人 Nubier 602

ハ 行

バイエルン人(古代の) Bajuwaren 312
ハイダ Haida 397
パイユート Paiute 544
バウレ Baule 101, 542
ハウサ Haussa 544
パウセルナ Pauserna 490
パウンウァ Pawumwa 545
バエグ Baegu 214
バカ Bhaca 170
バカイリ Bakairi 545
パキダイ Pakidai 167, 450
バクウェリ Bakweri 98f.
バクタマン Baktaman 590
ハーゲンベルク族 Hagenbergstämme 576
バサリ Bassari 541
バシュ Bashu 115, 491
パシュトゥン Paschtunen 31, 203
バスク人 Basken 469
ハニャ Hanya 448
パノ Pano 576
バハヤ Bahaya 347
ババンバ Babamba 508
バビロニア人 Babylonier 32
ハマル Hamar 473, 542, 578
パラオ島民 Palauer 111f.
パラクヨ Parakuyo 99, 507
バリ島民 Balinesen 84, 372, 478, 490, 497f., 514f., 523, 561, 622, 630
ハリワ・サポニ Haliwa-Saponi 569
パリンティンティン Parintintin 170, 544
バルバ Baluba 507
バルヤ Barya 225, 514, 546
パレスチナ人 Palästiner 37, 241, 272, 423f., 515
バロン Balong 507
ハワイ諸島民 Hawaiianer 263
ハンガリー人 Ungarn 232, 378, 525

バンバラ Bambara 507
ピアロア Piaroa 577f.
ピーガン Piegan 568
ビザンチンの人 Bysantiner 231f., 385, 421, 492, 508, 568, 597f.
ピチャンタラ Pitjantara 199
ヒマ Himba 637
ピマ Pima 569
ビメ Bime 155
ピラガ Pilaga 241, 538
ファン Fang 508, 555
フィージーの人 Fidschianer 18f.
フィリッピン人 Filipinos 39f.
フィンゴ Fingo 541
フィンランド人 Finnen 547, 573
フェニキア人 Phönizier 130
プエブロ・インディアン Pueblo-Indianer 102
フォレ Fore 225, 450
ブラックフット Blackfeet 554
フラニ Peul 84, 101, 497
フランク人 Franken 222f.
フリースラント人 Friesen 275f., 313, 496
ブルガリア人 Bulgaren 509, 577
ブルグンド人 Burgunder 27, 29, 232
フルベ Fulbe 114f.
ベクル Bekr 26
ベダミニ Bedamini 514
ベテ Bete 99
ベナベナ Bena Bena 669
ベル Belu 545
ペルシア人 Perser 27, 229f., 239ff., 340, 419, 423, 435f., 477, 491f., 629, 656, 669
ベロナ島民 Bellona-Insulaner 251f.
ベンガル人 Bengalen 423, 520
ベンバ Bemba 222
ポイントバロウ・エスキモー Point Barrow-Eskimo 447
ポコット Pokot 570
ボスニア人 Bosniaken 269, 337, 400, 416
ボディ Bodi 597
ホピ Hopi 523, 544, 578, 628
ボボ Bobo 168
ポモ Pomo 346
ポーランド人 Polen 291f., 258, 307, 410, 415, 616, 618
ボリア Bolia 638
ボロロ Bororo 540

マ 行

マオリ Maori 199, 223f., 499, 528, 564
マガル Magar 221, 498, 545, 672
マケドニア人 Mazedonier 265, 340, 629
マスコギ Muskhogee 567
マタンコル Matankol 155, 165
マッサイ Massai 99, 507
マトゥンタラ Matuntara 576
マヌス Manus 155, 165, 448, 545, 669
マブイアグ島民 Mabuiag-Insulaner 192f.
マヤ Maya 457, 603, 672
マライ人 Malaien 155
マリンド・アニム Marind-anim 173, 545, 548
マルケサス諸島民 Marquesaner 168, 521
マレ Male 597
マレクラ島民 Malekula-Insulaner 162ff., 182, 538
マンガイア島民 Mangaianer 168, 447, 542
マンダヤ Mandaya 338
マンダン Mandan 570

ミノアの人 Minoer 561f.
ミリ Miri 546
ミンダサ Mindassa 508
ムゼイナ Mzeina 179, 224
ムバラ Mbala 597
ムブティ Mbuti 68f., 488, 546
ムボトゴテ Mbotogote 538
ムボワム Mbowamb 171, 255
ムリア Muria 178
ムリン・バタ Murin'bata 449
ムルシ Mursi 597
ムンドゥルク Mundurucú 448
メウダナ Me'udana 666
メスカレロ Mescalero 521
メッセニアの人 Messenier 476
メディアの人 Medianiter 236
メヒナク Mehinaku 126, 199, 449, 545
メリレ Merille 597
モケラン Mokerang 15
モトゥ Motu 539
モーフ Mofu 171
モハヴィー Mohave 36, 230, 448, 519, 543f., 569, 659
モロッコ人 Morokkaner 515, 537, 592, 652
モンゴル人 Mongolen 63f., 106f., 485f., 614
モンテネグロ人 Montenegriner 159f., 265, 469, 508, 510, 537

ヤ 行

ヤオ Yao 493
ヤカン Yakan 536, 624
ヤガン Yahgan 516
ヤクート人 Jakuten 452
ヤトミュール Jatmül 224, 514, 576, 669, 671
ヤノマメ Yanomamö 142, 174, 242, 450, 529, 540, 583
ヤマナ Yamana 516
ヤラワ Jarawa 550
ヤンダイルンガ Jandairunga 448
ユダヤ人 Juden 218, 258, 277, 282, 293ff., 298ff., 320, 356, 378, 412, 600, 603, 609ff., 613ff., 650, 655
ユルナ Yuruna 540
ヨークサンド・エスキモー York Sund-Eskimo 546f.
ヨルバ Yoruba 32, 472, 666, 671

ラ 行

ライミ Laymi 200
ラケール Lakher 638
ラケダイモンの人 Lakedaemoniter 476
ラコタ Lakota 569ff.
ラージプート Rajputer 520
ラップ人 Lappen 102, 508, 547f.
ラデ Rhade 638
ラトヴィア人 Letten 156
ラブラドール・エスキモー Labrador-Eskimo 547
ランゴ Lango 549
ランゴバルド人 Langobarden 643
リーヴ人 Liven 218
リエラ Lyela 100
リトアニア人 Litauer 612
リビア人 Libyer 246, 264
リフ島民 Lifu-Insulaner 528
リュキアの人 Lyker 76
リンディ Rindi 226f., 577
ルワラ Rwala 26
レス Lesu 118, 517, 638f.
レズギヤル Lesghier 336
レナピ Lenape 263
レンディーレ Rendille 597
ロイタ Loita 507
ロシア人 Russen 218, 281ff., 290, 301, 307, 327f., 410ff., 424, 432, 438,

492, 609, 618, 652ff.
ローマ人(古代の) Römer, alte 76, 236ff., 249f., 264, 435ff., 566, 663
ロム Rom 119, 655
ロリチャ Loritja 118, 576

ワ 行

ワイナ・スワンダ Waina-Suwanda 534
ワゴゴ Wagogo 597
ワヘヘ Wahehe 581, 597
ワラウ Warao 522
ワラキア人 Walchen 275, 579
ワロペン・パプア Waropen-Papua 171

ングキカ Ngqika 541
ントンバ Ntomba 638

文献目録

Abel, M.H.: *Vergewaltigung*, Weinheim 1988.
Aberle, D.F.: »The Psychosocial Analysis of a Hopi Life History« in *Social Structure and Personality*, ed. Y.A. Cohen, New York 1962.
Abraham a Sancta Clara: *Mercks Wienn*, Wien 1680.
Accad, E.: *Sexuality and War*, New York 1990.
Accati, L.: »The Spirit of Fornication: Virtue of the Soul and Virtue of the Body in Friuli, 1600-1800« in *Sex and Gender in Historical Perspective*, ed. E. Muir / G. Ruggiero, Baltimore 1990.
Ackerknecht, E. H.: »›White Indians‹«, *Bulletin of the History of Medicine* 1944.
Adams, W.: »War Stories: Movies, Memories, and the Vietnam War«, *Comparative Social Research* 1989.
Addy, J.: *Sin and Society in the Seventeenth Century*, London 1989.
Adler, F.: *Sisters in Crime*, New York 1975.
Adorno, R.: » The Depiction of Self and Other in Colonial Peru«, *Art Journal* 1990.
Agger, I./S.B. Jensen: »Die gedemütigte Potenz: Sexuelle Folter an politischen Gefangenen männlichen Geschlechts« in *Zeitlandschaft im Nebel*, ed. H. Riquelme, Frankfurt/M. 1990.
Agulhon, M.: *Marianne au combat*, Paris 1979.
–: »Propos sur l'allégorie politique«, *Actes de la recherche en sciences sociales*, Juin 1979.
–: *Marianne au pouvoir*, Paris 1989.
–: *La République*, Paris 1990.
Ahmad, R.: »Frauenbewegung in Pakistan« in *Fatimas Töchter*, ed. E. Laudowicz, Köln 1992.
Ainsztein, R.: *Jewish Resistance in Nazi-Occupied Eastern Europe*, London 1974.
Albrecht v. Eyb: *Spiegel der Sitten*, ed. G. Klecha, Berlin 1989.
Aldred, C.: *Jewels of the Pharaohs*, New York 1971.
Alexander, B.: *Der Kölner Bauer*, Köln 1987.
Alexijewitsch, S.: *Der Krieg hat kein weibliches Gesicht*, Hamburg 1989.
Allam, S.: *Beiträge zum Hathorkult bis zum Ende des Mittleren Reiches*, Berlin 1963.
Allen, M.R.: »Homosexuality, Male Power, and Political Organization in North Vanuatu« in *Ritualized Homosexuality in Melanesia*, ed. G.H. Herdt, Berkeley 1984.
Alp, I.: *Bulgarian Atrocities*, Nicosia 1988.
Alpers, S.: »Bruegel's Festive Peasants«, *Simiolus* 1973.
Altenmüller, B.: *Synkretismus in den Sargtexten*, Wiesbaden 1975.
Altenmüller, H.: *Die Apotropaia und die Götter Mittelägyptens*, Bd. I, München 1965.
Amin, M.: *Turkana-See*, Hannover 1981.
Andersen, J.: *The Witch on the Wall*, København 1977.
Anderson, B.S./J.P. Zinsser: *A History of Their Own*, Bd. I, New York 1988.
Anderson, P.: »The Reproductive Role of the Human Breast«, *Current Anthropology* 1983.

Anderson, R.M.: *Hispanic Costume 1480-1530*, New York 1979.
Andersson, C./C. Talbot: *From a Mighty Fortress: Prints, Drawings, and Books in the Age of Luther, 1483-1546*, Detroit 1983.
Andreas Capellanus: *Li livres d' amours*, ed. R. Bossuat, Paris 1926.
Andreas-Friedrich, R.: *Schauplatz Berlin*, Frankfurt/M. 1984.
Anonymus: *Briefe über die Galanterien von Frankfurt am Mayn*, London 1791.
Anselm, S.: »Emanzipation und Tradition in den zwanziger Jahren« in *Triumph und Scheitern in der Metropole*, ed. S. Anselm/B. Beck, Berlin 1987.
Antoun, R.T.: »On the Modesty of Women in Arab Muslim Villages«, *American Anthropologist* 1968.
Anzelewsky, F.: *German Engravings, Etchings and Woodcuts, ca. 1400-1700*, Bd. XIX, Amsterdam 1976.
Appuhn, H.: *Wenzelsbibel*, Dortmund 1990.
Archer, W.G.: *The Hill of Flutes*, London 1974.
Ardener, S.G.: »Sexual Insult and Female Militancy«, *Man* 1973.
–: »Nudity, Vulgarity and Protest«, *New Society* 1974.
–: »A Note on Gender Iconography: The Vagina« in *The Cultural Construction of Sexuality*, ed. P. Caplan, London 1987.
Aretino, P.: *Kurtisanengespräche*, ed. E.O. Kayser, Frankfurt/M. 1986.
Ariès, P.: »Pour une histoire de la vie privée« in *Histoire de la vie privée*, Bd. III, ed. P. Ariès/G. Duby, Paris 1986.
Ariga, C.: »Dephallicizing Women in *Ryūkyō shinshi*«, *Journal of Asian Studies* 1992.
Arnold, H.: *Die Zigeuner*, Olten 1965.
Aromaa, K.: »Notes on the Victimization Experience« in *Victims and Criminal Justice*, Bd. III, ed. G. Kaiser et al., Freiburg 1991.
Aron, R.: Rezension von N. Elias' *Über den Prozeß der Zivilisation, Annales Sociologiques* 1941.
Aschenbrenner, T.: *Die Tridentinischen Bildervorschriften*, Freiburg o.J.
Aschwanden, H.: *Symbole des Lebens*, Zürich 1976.
Ashcroft, J.: »Fürstlicher Sex-Appeal: Politisierung der Minne bei Tannhäuser und Jansen Enikel« in *Liebe in der deutschen Literatur des Mittelalters*, ed. J. Ashcroft et al., Tübingen 1987.
Askew, P.: *Caravaggio's ›Death of the Virgin‹*, Princeton 1990.
Assmann, J.: *Liturgische Lieder an den Sonnengott*, Berlin 1969.
–: »Muttergottheit« in *Lexikon der Ägyptologie*, Bd. IV, ed. W. Helck/W. Westendorf, Wiesbaden 1981.
–:» Tod und Initiation im altägyptischen Totenglauben« in *Sehnsucht nach dem Ursprung*, ed. H.P. Duerr, Frankfurt/M. 1983.
–: Mündliche Mitteilung vom 15. Mai 1986.
Athanassoglou-Kallmyer, N.: *French Images From the Greek War of Independence 1821-1830*, New Haven 1989.
Atwood, R.: *The Hessians*, Cambridge 1980.
Auer, F.: *Das Stadtrecht von München*, München 1840.
Aufenanger, H.: »Women's Lives in the Highlands of New Guinea«, *Anthropos* 1964.

–: »Beliefs, Customs and Rituals in the Lower Yuat River Area, Northwest New Guinea«, *Asian Folklore Studies* 1977.
Aufenanger, H./G. Höltker: *Die Gende in Zentralneuguinea*, St. Gabriel 1940.
Avé-Lallemant, F.C.B.: *Das Deutsche Gaunerthum*, Bd. I, Leipzig 1858.
Axtell, J.: »The White Indians of Colonial America« in *American Vistas, 1607-1877*, ed. L. Dinnerstein/K.T. Jackson, New York 1987.
Ayalah, D./I.J. Weinstock: *Breasts*, New York 1979.

Baader, J.: *Nürnberger Polizeiordnungen aus dem 13. bis 15. Jahrhundert*, Stuttgart 1861.
van Baal, J.: »The Dialectics of Sex in Marind-anim Culture« in *Ritualized Homosexuality in Melanesia*, ed. G.H. Herdt, Berkeley 1984.
–: Brief vom 22. Oktober 1986.
Bächtold-Stäubli, H.: »Hinterer (Arsch)« in *Handwörterbuch des deutschen Aberglaubens*, ed. H. Bächtold-Stäubli, Bd. IV, Berlin 1931.
Bailey, R.N.: »Apotropaic Figures in Milan and North-West England«, *Folklore* 1983.
Baker, M.: *Nam*, New York 1981.
Baldus, H.: »Die Guayakí von Paraguay«, *Anthropos* 1972.
Balz-Cochois, H.: *Inanna*, Gütersloh 1992.
Bange, D.: »Sexuell mißbrauchte Jungen« in *Stricher-Leben*, ed. B. Bader/E. Lang, Hamburg 1991.
Barack, K.A.: *Zimmerische Chronik*, Freiburg 1881.
Barasch, M.: *Gestures of Despair in Medieval and Early Renaissance Art*, New York 1976.
Barczyk, M.: *Die Spitzbubenchronik*, Ravensburg 1982.
Bargatzky, T.: »Aguilar und Guerrero: Zwei versprengte Spanier in Yukatan im Zeitalter der Conquista«, *Zeitschrift für Ethnologie* 1981.
Barguet, P.: »L'origine et la signification du contrepoids de collier-Menat«, *Bulletin de l'Institut Français d' Archéologie Orientale* 1953.
Barnard, A.: »The Kin Terminology of the Nharo Bushmen«, *Cahiers d' Études Africaines* 1978.
–: »Sex Roles Among the Nharo Bushmen of Botswana«, *Africa* 1980.
Barnes, B.: »Heroines and Worthy Women« in *Eva/Ave*, ed. H.D. Russell, Washington 1990.
Baroja, J.C.: *España oculta*, Barcelona 1989.
Barta, W.: *Untersuchungen zum Götterkreis der Neunheit*, München 1973.
–: »Re« in *Lexikon der Ägyptologie*, Bd. V, ed. W. Helck/W. Westendorf, Wiesbaden 1983.
Barth, F.: *Ritual and Knowledge Among the Baktaman of New Guinea*, Oslo 1975.
Bartholomäus, W.: *Glut der Begierde, Sprache der Liebe*, München 1987.
Barton, R.F.: *The Kalingas*, Chicago 1949.
Bartov, O.: *Hitler's Army*, Oxford 1991.
Barwig, E./R. Schmitz: »Narren: Geisteskranke und Hofleute« in *Randgruppen der spätmittelalterlichen Gesellschaft*, ed. B.-U. Hergemöller, Warendorf 1990.

Bastian, H.: *Mummenschanz*, Frankfurt/M. 1983.
Bateson, G.: *Naven*, Stanford 1958.
Bauche, U./H. Brüdigam/L. Eiber/W. Wiedey: *Arbeit und Vernichtung: Das Konzentrationslager Neuengamme 1938-1945*, Hamburg 1991.
Bauman, B.: »Women-Identified Women in Male-Identified Judaism« in *On Being a Jewish Feminist*, ed. S. Heschel, New York 1983.
Baumann, H.: *Schöpfung und Urzeit des Menschen im Mythus der afrikanischen Völker*, Berlin 1936.
Baumgart, R./V. Eichener: *Norbert Elias zur Einführung*, Hamburg 1991.
Baurmann, M.C.: *Sexualität, Gewalt und psychische Folgen*, Wiesbaden 1983.
Bazzi, D.: »Die grausamen Weiber«, *Alltag* 1988.
Beattie, J.M.: »The Criminality of Women in Eighteenth-Century England«, *Journal of Social History* 1975.
–: *Crime and the Courts in England 1600-1800*, Princeton 1986.
Beaumont-Maillet, L.: *La guerre des sexes*, Paris 1984.
Becher, H.: »Bericht über eine Forschungsreise nach Nordbrasilien in das Gebiet der Flüsse Demini und Aracá«, *Zeitschrift für Ethnologie* 1957.
–: *Die Surára und Pakidái*, Hamburg 1960.
–: *Poré/Perimbó*, Hannover 1974.
–: »Akkulturationsprobleme brasilianischer Indianer«, *Mitteilungen der Berliner Gesellschaft für Anthropologie, Ethnologie und Urgeschichte* 1980.
Beck, H.-G.: *Byzantinisches Erotikon*, München 1986.
Beck, J.J.: *Tractatus de eo, quod justum est circa stuprum. Von Schwächen und Schwängerung der Jungfern und ehrlichen Wittwen*, Nürnberg 1743.
Becker, A.: »Ein italienischer Rechtsbrauch am Rhein«, *Oberdeutsche Zeitschrift für Volkskunde* 1931.
Beckles, H.M.: *Natural Rebels: A Social History of Enslaved Black Women in Barbados*, New Brunswick 1989.
in der Beeck, M.: *Der Zwang zu stehlen*, Bonn 1991.
Behrend, H.: *Die Zeit des Feuers*, Frankfurt/M. 1985.
–: Brief vom 5. Juni 1986.
–: *Die Zeit geht krumme Wege*, Frankfurt/M. 1987.
–: »Menschwerdung eines Affen«, *Anthropos* 1989.
Behrens, P.: »Phallustasche« in *Lexikon der Ägyptologie*, Bd. IV, ed. W. Helck/W. Westendorf, Wiesbaden 1982.
Beidelman, T.O.: »Pig (Guluwe)«, *Southwestern Journal of Anthropology* 1964.
–: »The Ox and Nuer Sacrifice«, *Man* 1966.
–: »*Utani*: Some Kaguru Notions of Death, Sexuality and Affinity«, *Southwestern Journal of Anthropology* 1966.
–: »Some Nuer Notions of Nakedness, Nudity, and Sexuality«, *Africa* 1968.
–: *The Kaguru*, New York 1971.
–: »Kaguru Symbolic Classification« in *Right & Left*, ed. R. Needham, Chicago 1973.
–: »The Nuer Concept of *thek* and the Meaning of Sin«, *History of Religions* 1981.

Beier, A. L.: *Masterless Men: The Vagrancy Problem in England, 1560-1640*, London 1985.
Beise, A.: *Charlotte Corday*, Marburg 1992.
Beissel, S.: *Geschichte der Verehrung Marias im 16. und 17. Jahrhundert*, Freiburg 1910.
Belich, J.: »The Governors and the Māori (1840-1872)« in *The Oxford Illustrated History of New Zealand*, ed. K. Sinclair, Auckland 1990.
Bell, A. I.: »Some Observations of the Role of the Scrotal Sac and Testicles«, *Journal of the American Psychoanalytical Association* 1961.
Bellamy, J.: *Crime and Public Order in England in the Later Middle Ages*, London 1973.
Bellamy, J. A.: »Sex and Society in Islamic Popular Literature« in *Society and the Sexes in Medieval Islam*, ed. A.L. al-Sayyid-Marsot, Malibu 1979.
Bemont, C.: *Simon de Montfort*, Paris 1884.
Benabou, E.-M.: *La prostitution et la Police des Mœurs au XVIIIe siècle*, Paris 1987.
Benatar, S. / A. Cohen / G. & L. Hasson: »Die Odyssee der Frauen von Rhodos«, *Dachauer Hefte*, November 1987.
Benedict, B.: *People of the Seychelles*, London 1968.
Benedict, B.: *Le Sexe Book*, Paris 1983.
Bennassar, B.: *L'homme espagnol*, Paris 1975.
Bennholdt-Thomsen, V.: »Zivilisation, moderner Staat und Gewalt«, *Beiträge zur feministischen Theorie und Praxis* 1985.
Benz, W.: *Sexuell anstößiges Verhalten*, Lübeck 1982.
Berg, S.: *Das Sexualverbrechen*, Hamburg 1963.
Bergdoll, K.: »›Die Frau greift nach dem scharfen Ende des Messers‹« in *Befreites Land – befreites Leben?*, ed. E. Laudowicz, Köln 1987.
Berger, R.: *Malerinnen auf dem Weg ins 20. Jahrhundert*, Köln 1982.
–: »Pars pro toto« in *Der Garten der Lüste*, ed. R. Berger / D. Hammer-Tugendhat, Köln 1985.
Bergmann, A. E.: *Women of Vietnam*, San Francisco 1974.
Bergmeier, M.: *Wirtschaftsleben und Mentalität: Modernisierung im Spiegel der bayerischen Physikatsberichte 1858-1862*, München 1990.
Beriger, A.: Brief vom 28. Oktober 1988.
Berlo, J. C.: »Portraits of Dispossession in Plains Indian and Inuit Graphic Arts«, *Art Journal* 1990.
Berndt, R. M.: *Excess and Restraint*, Chicago 1962.
Berndt, R. M. / C. H. Berndt: *Sexual Behavior in Western Arnhem Land*, New York 1951.
Berrill, K. T.: »Anti-Gay Violence and Victimization in the United States« in *Hate Crimes*, ed. G. M. Herek/K. T. Berrill, Newbury Park 1992.
Berthold, H. / K. Hahn / A. Schultze: *Die Zwickauer Stadtrechtsreformation 1539/69*, Leipzig 1935.
Besel, U. / U. Kulgemeyer: *Fräulein Freiheit*, Berlin 1986.
Best, E.: »Notes on Procreation Among the Maori People of New Zealand«, *Journal of the Polynesian Society* 1905.
Best, G.: *Vom Rindernomadismus zum Fischfang*, Wiesbaden 1978.
Bethe, E.: *Die dorische Knabenliebe*, Berlin 1983.

Beuchelt, E.: »Sozialisation auf den Gesellschaftsinseln«, *Sociologus* 1978.
–: »Hauen, Stechen und Eindringen: Eine völkerpsychologische Deutung des Waffengebrauchs« in *Aggression und Aggressivität*, Frankfurt/M. 1987.
Beurdeley, M./S. Schaarschmidt/R. Lane/ S. Chūjō/ M. Mutō: *Uta-Makura*, München 1979.
Beutin, W.: *Sexualität und Obszönität*, Würzburg 1990.
Beyerle, F.: *Die Gesetze der Langobarden*, Weimar 1947.
Bharati, A.: »Symbolik der Berührung in der hinduistisch-buddhistischen Vorstellungswelt«, *Studium Generale* 1964.
–: *The Asians in East Africa*, Chicago 1972.
–: »Esoterisches Wissen« in *Die zweite Wirklichkeit*, ed. A. Holl, Wien 1987.
Bhishagratna, K.L.: *Suśruta Samhitā*, Bd. II, Varanasi 1981.
Biale, R.: *Women and Jewish Law*, New York 1984.
Bialoblocki, S.: *Materialien zum islamischen und jüdischen Eherecht*, Gießen 1928.
Bieber, F.J.: »Geschlechtleben in Äthiopien«, *Anthropophyteia* 1908.
Bilz, R.: *Die unbewältigte Vergangenheit des Menschengeschlechts*, Frankfurt/M. 1967.
Binney, J.: »Ancestral Voices: Māori Prophet Leaders« in the *Oxford Illustrated History of New Zealand*, ed. K. Sinclair, Auckland 1990.
Birger, T.: *Im Angesicht des Feuers*, München 1990.
Birket-Smith, K.: *The Eskimos*, London 1959.
p' Bitek, O.: *Lawinos Lied*, Berlin 1982.
Bizimana, N.: *Müssen die Afrikaner den Weißen alles nachmachen?*, Berlin 1985.
Blackman, L./P. Crow: *Streaking*, West Palm Beach 1974.
Blackwood, E.: »Sexuality and Gender in Certain Native American Tribes«, *Signs* 1984.
Blanc, F.-P.: »Le crime et le péche de *zina* en droit mâlékite« in *Droit, histoire & sexualité*, ed. J. Poumarède/J.-P. Royer, Lille 1987.
Blanc, L.: *Histoire de la Révolution*, Bd. IX, Paris 1857.
Blanc, O.: »Vêtement féminin, vêtement masculin à la fin du Moyen Age« in *Le vêtement*, ed. M. Pastoureau, Paris 1989.
Blanchard, W.H. »The Group Process in Gang Rape«, *Journal of Social Psychology* 1959.
Blanchet, C./B. Dard: *Statue de la Liberté*, Paris 1984.
Blastenbrei, P.: *Die Sforza und ihr Heer*, Heidelberg 1987.
Blau, F.: *Die deutschen Landsknechte*, Kettwig 1985.
Bleck, R.: »Krankenschwesternreport I« in *Käufliche Träume*, ed. M.T.J. Grimme, Reinbek 1986.
Bleeker, C.J.: »The Position of the Queen in Ancient Egypt« in *La regalità sacra*, Leiden 1959.
–: *Hathor and Thoth*, Leiden 1973.
Bleibtreu-Ehrenberg, G.: *Der Weibmann*, Frankfurt/M. 1984.
–: »Krieg und Frieden: Zur Elias-Duerr-Debatte«, *Psychologie heute*, Dezember 1991.

Bligh, W.: *A Voyage to the South Sea*, Bd. II, London 1789.
Bloch, K. H.: *Masturbation und Sexualerziehung in Vergangenheit und Gegenwart*, Frankfurt/M. 1989.
Bloch, R. H.: *The Scandal of the Fabliaux*, Chicago 1986.
Block, M.: *Gypsies*, London 1938.
Blok, A.: »Widder und Böcke: Ein Schlüssel zum mediterranen Ehrkodex« in *Europäische Ethnologie*, ed. H. Nixdorff / T. Hauschild, Berlin 1982.
–: »Primitief en geciviliseerd«, *Sociologische Gids* 1982.
Blount, B. G.: »Issues in Bonobo (*Pan paniscus*) Sexual Behavior«, *American Anthropologist* 1990.
Blunden, C. / M. Elvin: *China*, München 1983.
Boccaccio, G.: *Das Decameron*, ed. J. v. Guenther, München 1960.
Bodde, D.: *Essays on Chinese Civilization*, Princeton 1981.
–: »Sex in Chinese Civilization«, *Proceedings of the American Philosophical Society* 1985.
Böddeker, G.: *Die Flüchtlinge*, München 1980.
Böhne, R.: *Kontakt gesucht*, Göttingen 1985.
Bömer, A.: »Anstand und Etikette nach den Theorien der Humanisten«, *Neue Jahrbücher für Pädagogik* 1904.
den Boer, W.: *Private Morality in Greece and Rome*, Leiden 1979.
Bösel, R.: *Humanethologie*, Stuttgart 1974.
Bogner, A.: »Die Theorie des Zivilisationsprozesses als Modernisierungstheorie« in *Der unendliche Prozeß der Zivilisation*, ed. H. Kuzmics / I. Mörth, Frankfurt/M. 1991.
Bohannan, P. / L. Bohannan: *A Source Notebook in the Tiv Life Cycle*, New Haven 1966.
Bohatec, M.: *Schöne Bücher aus Böhmen*, Hanau 1970.
Bohle, H. H.: »Zivilisationsprozeß und Nacktheit«, *Sozialwissenschaftliche Literaturrundschau* 1992.
Bonicatti, M.: »Dürer nella storia delle idee umanistiche fra Quattrocento e Cinquecento«, *Journal of Medieval and Renaissance Studies* 1971.
Bonin, W. F.: *Die Götter Schwarzafrikas*, Graz 1979.
Bonnet, G.: *Voir-Être vu*, Bd. I, Paris 1981.
Bonnet, H.: *Reallexikon der ägyptischen Religionsgeschichte*, Berlin 1952.
Born, H.: »Das Vergewaltigen war noch in vollem Gange«, *Courage*, Sonderheft 3, 1980.
Borneman, E.: *Sex im Volksmund*, Herrsching 1984.
Borst, A.: *Lebensformen im Mittelalter*, Frankfurt/M. 1979.
Botting, D.: *Die Piraten*, Amsterdam 1979.
Bouhdiba, A.: *Sexuality in Islam*, London 1985.
Bowers, A. R.: »Emblem and Rape in Shakespeare's *Lucrece* and *Titus Andronicus*«, *Studies in Iconography* 1985.
Bowker, L. H.: *Women, Crime, and the Criminal Justice System*, Lexington 1978.
Boyle, T.: *Black Swine in the Sewers of Hampstead*, London 1989.
Brackett, J. K.: *Criminal Justice and Crime in Late Renaissance Florence, 1537-1609*, Cambridge 1992.
Bradbury, J.: *The Medieval Siege*, Woodbridge 1992.

Bräumer, P.: *Szenen aus der Zent*, Birkenau 1985.
Bräutigam, K.: *Mach kä Schbrisch!*, Heidelberg 1979.
Brain, R.: *The Decorated Body*, New York 1979.
–: *Art and Society in Africa*, London 1980.
Braithwaite, J.: *Crime, Shame and Reintegration*, Cambridge 1989.
Brandes, S.: »Like Wounded Stags« in *Sexual Meanings*, ed. S.B. Ortner/H. Whitehead, Cambridge 1981.
Brandler, G.: *Eckensteher, Blumenmädchen, Stiefelputzer*, Leipzig 1988.
Brandt, O.H.: *Der große Bauernkrieg*, Jena 1925.
Brechmann, T.: *Jede dritte Frau*, Reinbek 1987.
Brecht, M.: *Martin Luther*, Stuttgart 1981.
Breit, S.: *›Leichtfertigkeit‹ und ländliche Gesellschaft*, München 1991.
Bremme, B.: *Sexualität im Zerrspiegel*, Münster 1990.
Brennan, T.: *Public Drinking and Popular Culture in Eighteenth-Century Paris*, Princeton 1988.
Brett-Smith, S.C.: »Symbolic Blood: Cloths for Excised Women«, *Res* 1982.
Bridges E.L.: *Uttermost Part of the Earth*, London 1948.
Brieskorn, N.: *Finsteres Mittelalter?*, Mainz 1991.
Briffault, R.: *The Mothers*, Bd. III, London 1927.
Briggs, J.L.: *Never in Anger*, Cambridge 1970.
–: »The Origins of Nonviolence«, *Psychoanalytic Study of Society* 1975.
–: Brief vom 30. Oktober 1986.
Briggs, L.C.: »Die Tubu« in *Bild der Völker*, Bd. 8, ed. E.E. Evans-Pritchard, Wiesbaden 1974.
Brilliant, R.: *Portraiture*, London 1991.
Bristow, E.J.: *Prostitution and Prejudice*, Oxford 1982.
Broennimann, P.: *Auca am Coronaco*, Basel 1981.
Brondy, R./B. Demotz/J.-P. Leguay: *La Savoie de l'an mil à la Réforme*, Bd. II, Rennes 1984.
Browe, P.: *Zur Geschichte der Entmannung*, Breslau 1936.
Brown, J.C.: *Schändliche Leidenschaften*, Stuttgart 1988.
Brown, P.: *The Body and Society*, New York 1988.
Brown, R.G.: »Burman Modesty«, *Man* 1915.
Brownmiller, S.: *Gegen unseren Willen*, Frankfurt/M. 1980.
Brucker, J.: *Strassburger Zunft- und Polizei-Verordnungen des 14. und 15. Jahrhunderts*, Straßburg 1889.
Bruder, R.: *Die germanische Frau im Lichte der Runeninschriften und der antiken Historiographie*, Berlin 1974.
Brüggemann, W.: Brief vom 2. August 1992.
Brun, J.: *La nudité humaine*, Paris 1973.
Brunaux, J.-L./B. Lambot: *Guerre et armement chez les Gaulois*, Paris 1987.
Brundage, J.A.: *Medieval Canon Law and the Crusader*, Madison 1969.
–: »Rape and Seduction in Medieval Canon Law« in *Sexual Practices & the Medieval Church*, ed. V.L. Bullough/J.A. Brundage, Buffalo 1982.
–: »Sumptuary Laws and Prostitution in Late Medieval Italy«, *Journal of Medieval History* 1987.

Brunner H.: »Das Besänftigungslied des Sinuhe«, *Zeitschrift für ägyptische Sprache und Altertumskunde* 1955.
–: *Die Geburt des Gottkönigs*, Wiesbaden 1964.
Brunner-Traut, E.: *Der Tanz im alten Ägypten*, Glückstadt 1938.
–: *Altägyptische Märchen*, Düsseldorf 1963.
–: »Tanz« in *Lexikon der Ägyptologie*, Bd. VI, ed. W. Helck / W. Westendorf, Wiesbaden 1985.
–: Brief vom 21. Mai 1986.
de Bry, T.: *America*, ed. G. Sievernich, Berlin 1990.
Bryan, W. J.: »The Effective Uses of Nudity in Treating Sexual Problems«, *Journal of the American Institute of Hypnosis* 1972.
Bryant, C. D.: *Sexual Deviancy and Social Proscription*, New York 1982.
Bryk, F.: *Die Beschneidung bei Mann und Weib*, Neubrandenburg 1931.
Bryson, A.: »The Rhetoric of Status: Gesture, Demeanour and the Image of the Gentleman in Sixteenth- and Seventeenth-Century England« in *Renaissance Bodies*, ed. L. Gent / N. Llewellyn, London 1990.
Bucher, B.: »Die Phantasien der Eroberer« in *Mythen der Neuen Welt*, ed. K.-H. Kohl, Berlin 1982.
Buchner, E.: *Das Neueste von gestern*, Bd. I, München 1912.
–: *Ehe*, München 1914.
Büssing, S.: *Of Captive Queens and Holy Panthers*, Frankfurt/M. 1990.
Bullough, V. L.: »Prostitution and Reform in Eighteenth-Century England« in *'Tis Nature's Fault*, ed. R. P. MacCubbin, Cambridge 1987.
Bulst, N.: »Zum Problem städtischer und territorialer Kleider-, Aufwands- und Luxusgesetzgebung in Deutschland (13. bis Mitte 16. Jh.)« in *Renaissance du pouvoir législatif et génèse de l'état*, ed. A. Gouran / A. Rigaudière, Montpellier 1988.
Buma, W. J.: *Das Emsiger Recht*, Göttingen 1967.
Buma, W. J. / W. Ebel: *Das Hunsingoer Recht*, Göttingen 1969.
–: *Das Fivelgoer Recht*, Göttingen 1972.
Bumke, J.: *Höfische Kultur*, München 1986.
Bunnag, J.: *Buddhist Monk, Buddhist Layman*, Cambridge 1973.
Burger F.: *Die griechischen Frauen*, München 1926.
Burghartz, S.: *Leib, Ehre und Gut: Delinquenz in Zürich am Ende des 14. Jahrhunderts*, Zürich 1990.
–: »Rechte Jungfrauen oder unverschämte Töchter?« in *Frauengeschichte – Geschlechtergeschichte*, ed. K. Hausen/H. Wunder, Frankfurt/M. 1992.
Burgos, E.: *Rigoberta Menchú*, Bornheim 1984.
Burke, P.: *Helden, Schurken und Narren*, Stuttgart 1981.
–: *The Historical Anthropology of Early Modern Italy*, Cambridge 1987.
–: »Keine Alternative? Zur Elias-Duerr-Debatte«, *Psychologie heute*, Dezember 1991.
–: *History & Social Theory*, Cambridge 1992.
Burkert, W.: *Griechische Religion der archaischen und klassischen Epoche*, Stuttgart 1977.
–: Brief vom 16. Juli 1990.
–: *Antike Mysterien*, München 1991.
Burling, R.: *Rengsanggri*, Philadelphia 1963.

Burrows, E.G./M.E. Spiro: *An Atoll Culture*, New Haven 1957.
Buruma, I.: *Japan hinter dem Lächeln*, Frankfurt/M. 1985.
Buschinger, D.: »Le viol dans la littérature allemande au Moyen Age« in *Amour, mariage et transgressions au Moyen Age*, ed. D. Buschinger/A. Crépin, Göppingen 1984.
Buß, G.: *Das Kostüm in Vergangenheit und Gegenwart*, Bielefeld 1906.
Bussow, C.: *Moskowitische Chronik der Jahre 1584 bis 1613*, Berlin 1991.
Butt, A.: *The Nilotes of the Sudan and Uganda*, London 1952.
Butzmühlen, R.: *Vergewaltigung*, Gießen 1978.
Bynum, C.W.: »The Female Body and Religious Practice in the Later Middle Ages« in *Fragments for a History of the Human Body*, Bd. I, ed. M. Feher et al., New York 1989.

Cabanès, A.: *Mœurs intimes du passé*, Paris 1908ff.
Cabanis, D.: »Weiblicher Exhibismus«, *Zeitschrift für Rechtsmedizin* 1972.
Cabestrero, T.: *Unschuldiges Blut*, Wuppertal 1987.
Cameron, D./E. Frazer: *The Lust to Kill*, Cambridge 1987.
Campbell, J.: »The Greek Hero« in *Honor and Grace in Anthropology*, ed. J. G. Peristiany/J. Pitt-Rivers, Cambridge 1992.
Caplan, P.: »Celibacy as a Solution? Mahatma Gandhi and *Brahmacharya*« in *The Cultural Construction of Sexuality*, ed. P. Caplan, London 1987.
Caprio, F.S.: *Variations in Sexual Behaviour*, London 1957.
Card, C.: »Rape as a Terrorist Institution« in *Violence, Terrorism, and Justice*, ed. R.G. Frey et al., Cambridge 1991.
de Carli, N.: »›Sub rosa dicere‹ und ›avere il marchese‹«, *Schweizerisches Archiv für Volkskunde* 1990.
Carmi, A.: »Im Waggon« in *Zeugen sagen aus*, ed. M. Schoenberner/G. Schoenberner, Berlin 1988.
Caron, P.: *Les massacres de septembre*, Paris 1935.
Carpenter, E.: Brief vom 28. Februar 1986.
Carstairs, G.M.: *Die Zweimal Geborenen*, München 1963.
Carter, J.M.: *Rape in Medieval England*, Lanham 1985.
della Casa, G.: *Galateus. Das ist / Das Büchlein Von erbarn / höflichen vnd holdseligen Sitten*, Frankfurt/M. 1607.
Casanova, G.: *Geschichte meines Lebens*, Bd. IV, München 1984.
Caspar, F.: »Clothing Practice of the Tuparis (Brazil)« in *Proceedings of the 30th International Congress of Americanists*, London 1952.
Castan, N.: *Les criminels de Languedoc (1750-1790)*, Toulouse 1980.
Castle, T.: »Eros and Liberty at the English Masquerade, 1710-90«, *Eighteenth-Century Studies* 1983.
Castleden, R.: *Minoans*, London 1990.
Cerulli, E.: »An-, Ent- und Verkleiden: wie, wann und weshalb«, *Paideuma* 1978.
Chagnon, N.: *Yanomamö*, New York 1968.
Chamberlain, B.H.: *The Kojiki*, Tōkyō 1982.
Chambers, G./A. Millar: »Proving Sexual Assault« in *Gender, Crime and Justice*, ed. P. Carlen / A. Worrall, Philadelphia 1987.
Chancer, L. S.: »New Bedford, Massachusetts, March 6, 1983-March 22,

1984« in *The Social Construction of Gender*, ed. J. Lorber/S. A. Farrell, Newbury Park 1991.
Chappell, D./G. Geis/S. Schafer/L. Siegel: »Forcible Rape: A Comparative Study of Offenses Known to the Police in Boston and Los Angeles« in *Studies in the Sociology of Sex*, ed. J.M. Henslin, New York 1971.
Charcot, J.M./P. Richer: *Die Besessenen in der Kunst*, ed. M. Schneider, Göttingen 1988.
Charles-Roux, E.: *Le temps Chanel*, Paris 1980.
Chaunu, P.: *The Reformation*, Gloucester 1989.
Chazan, R.: *European Jewry and the First Crusade*, Berkeley 1987.
Chiffoleau, J.: *Les justices du pape*, Paris 1984.
Chirelstein, E.: »Lady Elizabeth Pope: The Heraldic Body« in *Renaissance Bodies*, ed. L. Gent/N. Llewellyn, London 1990.
Chodzidlo, T.: *Die Familie bei den Jakuten*, Fribourg 1951.
Chojnacki, S.: »Crime, Punishment, and the Trecento Venetian State« in *Violence and Civil Disorder in Italian Cities 1200-1500*, ed. L. Martines, Berkeley 1972.
Chomsky, N.: »Visions of Righteousness« in *The Vietnam War and American Culture*, ed. J.C. Rowe/R. Berg, New York 1991.
Christine de Pizan: *Das Buch von der Stadt der Frauen*, ed. M. Zimmermann, Berlin 1986.
Chu, S.C.: »China's Attitudes Toward Japan at the Time of the Sino-Japanese War« in *The Chinese and the Japanese*, ed. A. Iriye, Princeton 1980.
Ciavolella, M.: »Métamorphoses sexuelles et sexualité féminine durant la Renaissance«, *Renaissance et Réforme* 1988.
Ciszewski, S.: *Künstliche Verwandtschaft bei den Südslaven*, Leipzig 1897.
Clark, A.: *Women's Silence, Men's Violence: Sexual Assault in England 1770-1845*, London 1987.
Clark, K.: *The Nude*, Princeton 1956.
Clastres, P.: *Chronique des Indiens Guayakí*, Paris 1972.
Clausen, H.-K.: *Freisinger Rechtsbuch*, Weimar 1941.
Cleaver, E.: *Seele auf Eis*, München 1969.
Clemencic, R./M. Korth/U. Müller: *Carmina Burana*, München 1979.
Clements, B.E.: »Later Developments: Trends in Soviet Women's History, 1930 to the Present« in *Russia's Women*, ed. B.E. Clements et al., Berkeley 1991.
Cohen, E.: »›To Die a Criminal for the Public Good‹: The Execution Ritual in Late Medieval Paris« in *Law, Custom, and the Social Fabric in Medieval Europe*, ed. B.S. Bachrach/D. Nicholas, Kalamazoo 1990.
Cohen, E.S.: »Honor and Gender in the Streets of Early Modern Rome«, *Journal of Interdisciplinary History* 1992.
Cohen, J.L.: *The New Chinese Painting 1949-1986*, New York 1987.
Cole, F.-C.: *The Wild Tribes of Davao District, Mindanao*, Chicago 1913.
Cole, H.: »Notes on the Wagogo of German East Africa«, *Journal of the Anthropological Institute of Great Britain and Ireland* 1902.
Cole, S.G.: »Greek Sanctions Against Sexual Assault«, *Classical Philology* 1984.
Coleman, E.-A.: »›Pourvu que vos robes vous aillent‹: Quand les Améri-

cains s'habillaient à Paris« in *Femmes fin de siècle 1885-1895*, ed. R. Davray-Piekolek et al., Paris 1990.
Colin, S.: »The Wild Man and the Indian in Early 16th Century Book Illustration« in *Indians and Europe*, ed. C. Feest, Aachen 1987.
Combs-Schilling, M.E.: *Sacred Performances: Islam, Sexuality, and Sacrifice*, New York 1989.
Comstock, G.D.: *Violence Against Lesbians and Gay Men*, New York 1991.
Conley, C.A.: »Rape and Justice in Victorian England«, *Victorian Studies* 1986.
Conn, R.: *Native American Art*, Seattle 1979.
Conrad, J.R.: *The Horn and the Sword*, New York 1957.
Cook, J.: *The Journals*, ed. J.C. Beaglehole, Cambridge 1955 ff.
Cook, M./R. McHenry: *Sexual Attraction*, Oxford 1978.
Corbey, R.: »Alterity: The Colonial Nude«, *Critique of Anthropology* 1988.
–: *Wildheid en beschaving*, Baarn 1989.
Corbin, J.R./M.P. Corbin: *Urbane Thought: Culture and Class in an Andalusian City*, Aldershot 1987.
Cormier, R.J.: »Pagan Shame or Christian Modesty?«, *Celtica* 1981.
Corso, R.: »Vom Geschlechtleben in Kalabrien«, *Anthropophyteia* 1911.
Costa, G.: »The Garo Code of Law«, *Anthropos* 1954.
Coudy, J.: *Die Hugenottenkriege in Augenzeugenberichten*, Düsseldorf 1965.
Crapanzano, V.: »Rite of Return: Circumcision in Morocco«, *Psychoanalysis and Culture* 1981.
–: *Tuhami*, Stuttgart 1983.
Crawley, E.: *Dress, Drinks, and Drums*, London 1931.
–: »Nudity and Dress« in *Dress, Adornment, and the Social Order*, ed. M.E. Roach/J.B. Eicher, New York 1965.
de Crespigny, X.: »Die Bewohner von Nias« in *Bild der Völker*, ed. E.E. Evans-Pritchard, Bd. 6, Wiesbaden 1974.
Crispolti, E.: *Guttuso nel disegno*, Roma 1983.
Crocker, W.H.: »Extramarital Sexual Practices of the Ramkokamekra-Canela Indians« in *Beiträge zur Völkerkunde Südamerikas*, ed. H. Becher, Hannover 1964.
–: »Die Xikrín in Brasilien« in *Bild der Völker*, Bd. 5, ed. E.E. Evans-Pritchard, Wiesbaden 1974.
Cullen, T.: *Jack the Ripper*, Frankfurt/M. 1988.
Cunnington, C.W./P. Cunnington: *The History of Underclothes*, London 1981.
Curran, L.C.: »Rape and Rape Victims in the Metamorphoses«, *Arethusa*, 1978.
Curtis, E.S.: *The North American Indian*, Bd. VI, New York 1911.

Dalarun, J.: *Erotik und Enthaltsamkeit*, Frankfurt/M. 1987.
Dalman, G.: *Arbeit und Sitte in Palästina*, Bd. V, Gütersloh 1937.
Damsholt, N.: »Women in Medieval Denmark: A Study in Rape« in *Danish Medieval History*, ed. N. Skyum-Nielsen/N. Lund, København 1981.

Danielsson, B.: *Love in the South Seas*, London 1956.
Dardel, A.: ›*Les Temps Nouveaux*‹ *1895-1914*, Paris 1987.
Darnton, R.: Mündliche Mitteilung vom 15. September 1989.
Davenport, W.: »Sexual Patterns and Their Regulation in a Society of the Southwest Pacific« in *Sex and Behavior*, ed. F. A. Beach, New York 1965.
–: »An Anthropological Approach« in *Theories of Human Sexuality*, ed. J.H. Geer / W.T. O'Donahue, New York 1987.
Davenport-Hines, R.: *Sex, Death and Punishment*, London 1990.
Davidson, C.: »The Fate of the Damned in English Art and Drama« in *The Iconography of Hell*, ed. C. Davidson/T. H. Seiler, Kalamazoo 1992.
Davidson, H.R.E.: »The Legend of Lady Godiva«, *Folklore* 1969.
Davies, N. de G.: *The Tomb of Ḳen-Amūn at Thebes*, Bd. I, New York 1930.
Davies, N. de G. / A.H. Gardiner: *The Tomb of Antefoker and of His Wife Senet*, London 1920.
Davis, A.J.: »Sexual Assaults in the Philadelphia Prison System and Sheriff's Van« in *Studies in Human Sexual Behavior: The American Scene*, ed. A. Shiloh, Springfield 1970.
Davis, N.Z.: *Frauen und Gesellschaft am Beginn der Neuzeit*, Berlin 1986.
Deák, I.: *Der k.k. Offizier, 1848-1918*, Wien 1991.
Debout, M.: *Kinder der Steinzeit?*, Moers 1991.
Decker, W.: *Sport und Spiel im Alten Ägypten*, München 1987.
Dedekind, F.: *Grobianus*, ed. K. Scheidt, Halle 1882.
Deines, H.v. / W. Westendorf: *Grundriß der Medizin der alten Ägypter*, Bd. VII.2, Berlin 1962.
Dekker, R.M. / L.C. van de Pol: *The Tradition of Female Transvestism in Early Modern Europe*, New York 1989.
Delaney, C.: *The Seed and the Soil*, Berkeley 1991.
Delfendahl, B.: »Further Notes on the Female *Liṅgam*«, *Current Anthropology* 1981.
De Mause, L.: »Probe-Kriege«, *Psychologie heute*, Sonderheft 1984.
–: *Reagans Amerika*, Frankfurt/M. 1984.
–: »A Proposal For a Nuclear Tensions Monitoring Center«, *Journal of Psychohistory* 1985.
–: »Ronbo Reagan in Kriegstrance«, *Psychologie heute*, November 1986.
De Meulenaere, H.: »Mendes« in *Lexikon der Ägyptologie*, Bd. IV, ed. W. Helck / W. Westendorf, Wiesbaden 1982.
Deng, F.M.: *The Dinka of the Sudan*, New York 1972.
Dengler, H.: »Eine Forschungsreise zu den Kavahib-Indianern am Rio Madeira«, *Zeitschrift für Ethnologie* 1927.
Denscher, B.: *Tagebuch der Straße*, Wien 1981.
Dentan, R.K.: *The Semai*, New York 1968.
Deonna, W.: »Talismans de guerre dans l'ancienne Genève«, *Archives suisses des traditions populaires* 1917.
–: »La femme aux seins jaillissants et l'enfant ›mingens‹«, *Geneva* 1957.
Deppert, J.: »Auf Erden ist alles möglich« in *Merianheft Indiens Norden*, Hamburg 1983.
–: Mündliche Mitteilung vom 21. April 1986.

Derchain, P.: »Le démiurge et la balance« in *Religions en Égypte hellénistique et romaine*, Paris 1969.
–: »La réception de Sinouhé à la cour de Sésostris Ier«, *Revue de l Égyptologie* 1970.
–: *Hathor quadrifons*, Istanbul 1972.
–: »La perruque et le cristal«, *Studien zur altägyptischen Kultur* 1975.
Dericum, C.: *Des Geyers schwarze Haufen*, Berlin 1987.
Desai, D.: *Erotic Sculpture in India*, Delhi 1975.
Desaive, J.-P.: »Du geste à la parole: délits sexuels et archives judiciaires (1690-1750)«, *Communications* 46, 1987.
Dettmar, E.: »Der Blick kehrt um«, *Kea* 2, 1991.
Devereux, G.: »Cultural and Characterological Traits of the Mohave«, *Psychoanalytic Quarterly* 1951.
–: »Primitive Psychiatric Diagnosis« in *Man's Image in Medicine and Anthropology*, ed. I. Galdston, New York 1963.
–: »Homosexuality Among the Mohave Indians« in *The North American Indians*, ed. R.C. Owen et al., New York 1967.
–: *Angst und Methode in den Verhaltenswissenschaften*, München 1973.
–: »The Cultural Implementation of Defense Mechanisms«, *Ethnopsychiatrica* 1978.
–: *Ethnopsychoanalyse*, Frankfurt/M. 1978.
–: »The Nursing of the Aged in Classical China«, *Journal of Psychological Anthropology* 1979.
–: »Fantasy and Symbol as Dimensions of Reality« in *Fantasy & Symbol*, ed. R.H. Hook, London 1979.
–: *Baubo, die mythische Vulva*, Frankfurt/M. 1981.
–: *Träume in der griechischen Tragödie*, Frankfurt/M. 1982.
–: »Baubo – die personifizierte Vulva« in *Die Geburt aus ethnomedizinischer Sicht*, ed. W. Schiefenhövel/D. Sich, Braunschweig 1983.
–: Brief vom 1. November 1984.
–: Mündliche Mitteilung vom 29. April 1985.
–: »Nachwort« in *Die wilde Seele*, ed. H.P. Duerr, Frankfurt/M. 1987.
DeVos, G.: »The Relation of Guilt Toward Parents to Achievement and Arranged Marriage Among the Japanese« in *Personalities and Culture*, ed. R. Hunt, Garden City 1967.
Dhanens, E.: *Hubert und Jan van Eyck*, Königstein 1980.
Diamond, N.: *K'un Shen: A Taiwan Village*, New York 1969.
Diaz del Castillo, B.: *Geschichte der Eroberung von Mexiko*, ed. G.A. Narciß, Frankfurt/M. 1988.
Diefendorf, B. B.: *Beneath the Cross*, Oxford 1991.
Diehl, E.: *Pompeianische Wandschriften*, Berlin 1930.
Dietrich, M.: »Semiramis« in *Waren sie nur schön?*, ed. B. Schmitz/U. Steffgen, Mainz 1989.
Dijkstra, B.: *Idols of Perversity*, New York 1986.
Dillard, H.: *Daughters of the Reconquest*, Cambridge 1984.
Dingwall, E.J.: *Die Frau in Amerika*, Düsseldorf 1962.
Dionisopoulos-Mass, R.: »The Evil Eye and Bewitchment in a Peasant Village« in *The Evil Eye*, ed. C. Maloney, New York 1976.

Dirr, P.: *Denkmäler des Münchner Stadtrechts*, Bd. I, München 1934.
Djilas, M.: *Der Krieg der Partisanen*, Wien 1978.
Döpfner, M. O. C. / T. Garms: *Erotik in der Musik*, Frankfurt/M. 1986.
Dogs, W.: »Zwangsneurose Exhibitionismus«, *Sexualmedizin* 1982.
Dohrn van Rossum, G.: »Die Puritanische Familie« in *Die Familie in der Geschichte*, ed. H. Reif, Göttingen 1982.
Dolci, D.: *Umfrage in Palermo*, Olten 1959.
Dollinger, H.: *Schwarzbuch der Weltgeschichte*, München 1973.
–: *Kain, wo ist dein Bruder?*, Frankfurt/M. 1987.
Domenach, J.-L. / H. Chang-Ming: *Le mariage en Chine*, Paris 1987.
Domínguez Bordona, J.: *Spanish Illumination*, New York 1969.
Donagan, B.: »Codes and Conduct in the English Civil War«, *Past & Present*, February 1988.
Donaldson, S.: »Rape of Males« in *Encyclopedia of Homosexuality*, Bd. II, ed. W. R. Dynes et al., New York 1990.
Donat, A.: *The Holocaust Kingdom*, London 1965.
Donati, I. / T. Metelmann: *Die Davidwache*, Hamburg 1990.
Donner, W. / J. Menningen: *Signale der Sinnlichkeit*, Düsseldorf 1987.
Donnerstein, E. / D. Linz: »Mass-Media Sexual Violence and Male Viewers« in *Changing Men*, ed. M. S. Kimmel, Newbury Park 1987.
Dostal, W.: »Zum Problem der Mädchenbeschneidung in Arabien«, *Wiener Völkerkundliche Mitteilungen* 1958.
Douceré, V.: »Notes sur les populations indigènes des Nouvelles-Hébrides«, *Revue d'Ethnographie et des Traditions Populaires* 1922.
Douglas, J. D. et al.: *The Nude Beach*, Beverly Hills 1977.
Douglas, M.: »In the Nature of Things« in *Implicit Meanings*, London 1975.
Douglas, N. / P. Slinger: *Le Livre de l'Oreiller*, Montréal 1984.
Dover, K. J.: *Greek Homosexuality*, London 1978.
Dowman, K.: *Der heilige Narr*, ed. F.-K. Ehrhard, Bern 1982.
Dragadze, T.: »Sex Roles and State Roles in Soviet Georgia« in *Acquiring Culture*, ed. G. Jahoda / I. M. Lewis, London 1987.
Dresdner, A.: *Kultur- und Sittengeschichte der italienischen Geistlichkeit im 10. und 11. Jahrhundert*, Breslau 1890.
Dresen-Coenders, L.: *Helse en hemelse vrouwenmacht omstreeks 1500*, Nijmegen 1988.
Dreyer, J. C. H.: *Antiquarische Anmerkungen über einige in dem mittleren Zeitalter in Teutschland und im Norden üblich gewesene Lebens-, Leibes- und Ehrenstrafen*, Lübeck 1792.
Driberg, J. H.: *The Lango*, London 1923.
Driessen, H.: »Male Sociability and Rituals of Masculinity in Rural Andalusia«, *Anthropological Quarterly* 1983.
–: »Gestured Masculinity« in *A Cultural History of Gesture*, ed. J. Bremmer / H. Roodenburg, Ithaca 1992.
Dube, S. C.: *The Kamar*, Lucknow 1951.
Duby, G.: *Ritter, Frau und Priester*, Frankfurt/M. 1985.
Duda, D.: *Islamische Handschriften*, Bd. I, Wien 1983.
van Dülmen, R.: *Kultur und Alltag in der Frühen Neuzeit*, Bd. I, München 1990.

–: »Eine schamlose Entmythologisierung: Hans Peter Duerrs Theorie der Intimität«, *Süddeutsche Zeitung*, 21. März 1991.
Duerr, H.P.: *Ni Dieu – ni mètre*, Frankfurt/M. 1974.
–: *Traumzeit*, Frankfurt/M. 1978.
–: »Vorwort« in *Der Wissenschaftler und das Irrationale*, ed. H.P. Duerr, Bd. I, Frankfurt/M. 1981.
–: *Sedna oder Die Liebe zum Leben*, Frankfurt/M. 1984.
–: *Der Mythos vom Zivilisationsprozeß*, Bd. I: *Nacktheit und Scham*, Frankfurt/M. 1988.
–: *Der Mythos vom Zivilisationsprozeß*, Bd. II: *Intimität*, Frankfurt/M. 1990.
–: »Öffentliche Nacktheit und Körperkult« in *Ethnologie im Widerstreit*, ed. E. Berg et al., München 1991.
Duffy, M.: *The Englishman and the Foreigner*, Cambridge 1986.
Dufresne, J.-L.: »Les comportements amoureux d'après le registre de l' officialité de Cerisy«, *Bulletin philologique et historique* 1973.
Dundes, A.: *Life Is Like a Chicken Coop Ladder*, New York 1984.
Dundes, A./J.W. Leach/B. Özkök: »The Strategy of Turkish Boys' Verbal Dueling Rhymes« in *Directions in Sociolinguistics*, ed. J.J. Gumperz/D. Hymes, New York 1972.
Dunning, R.W.: *Social and Economic Change Among the Northern Ojibwa*, Toronto 1959.
Duwe, G.: *Berlin in fremder Hand*, Osnabrück 1991.
Dyk, W.: »Notes and Illustrations of Navaho Sex Behavior« in *Psychoanalysis and Culture*, ed. G.B. Wilbur/W. Muensterberger, New York 1951.

Eastman, L.E.: »Facets of an Ambivalent Relationship« in *The Chinese and the Japanese*, ed. A. Iriye, Princeton 1980.
Eberhard, W.: *Lokalkulturen im alten China*, Bd. II, Peking 1942.
–: *Guilt and Sin in Traditional China*, Berkeley 1967.
–: »Über den Ausdruck von Gefühlen im Chinesischen«, *Sitzungsberichte der Bayerischen Akademie der Wissenschaften, Philos.-hist. Kl.* 1977.
Ebner, C.B.: »Erste Nachrichten über die Duludy-Indianer in Nordbrasilien«, *Anthropos* 1941.
Eckert, W.P.: »Antisemitismus im Mittelalter« in *Antisemitismus*, ed. G.B. Ginzel, Bielefeld 1991.
Eckhardt, K.A.: *Lex Salica*, Weimar 1953.
Eckstein, F.: »Nackt und Nacktheit« in *Handwörterbuch des deutschen Aberglaubens*, Bd. VI, ed. H. Bächtold-Stäubli, Berlin 1935.
Edgerton, R.B.: »Pokot Intersexuality«, *American Anthropologist* 1964.
Edgerton, R.B./F.P. Conant: »*Kilapat*: The ›Shaming Party‹ Among the Pokot of East Africa«, *Southwestern Journal of Anthropology* 1964.
Edwardes, A.: *Erotica Judaica*, New York 1967.
Edwardes, A./R.E.L. Masters: *The Cradle of Erotica*, New York 1963.
Eggan, D.: »The General Problem of Hopi Adjustment« in *Personality in Nature, Society, and Culture*, ed. C. Kluckhohn et al., New York 1961.
Ehalt, H.C.: »Schwellen und Zwänge: Zur Elias-Duerr-Debatte«, *Psychologie heute*, Dezember 1991.

Eibl-Eibesfeldt, I.: *Die !Ko-Buschmann-Gesellschaft*, München 1972.
–: *Der vorprogrammierte Mensch*, Wien 1973.
–: *Grundriß der vergleichenden Verhaltensforschung*, München 1987.
–: »Dominance, Submission, and Love«, *Zeitschrift für Sexualwissenschaft* 1988.
–: Brief vom 28. Juni 1988.
–: *Das verbindende Erbe*, Köln 1991.
–: Brief vom 28. Januar 1992.
Eibl-Eibesfeldt, I./W. Schiefenhövel/V. Heeschen: *Kommunikation bei den Eipo*, Berlin 1989.
Eibl-Eibesfeldt, I./C. Sütterlin: »Fear, Defence and Aggression in Animals and Man« in *Fear and Defence*, ed. P.F. Brain et al., Chur 1990.
–: *Im Banne der Angst*, München 1992.
Eichberg, H.: »Zivilisation und Breitensport« in *Sozialgeschichte der Freizeit*, ed. G. Hauck, Wuppertal 1980.
–: »Strukturen des Ballspiels und Strukturen der Gesellschaft« in *Die Veränderung des Sports ist gesellschaftlich*, ed. W. Hopf, Münster 1986.
–: Brief vom 28. Mai 1986.
–: »Civilisering, skam og homoseksualitet: Nye bidrag til kropssociologien«, *Centring* 25, 1990.
–: »Nackte Dänen: Zur Elias-Duerr-Debatte«, *Psychologie heute*, Dezember 1991.
Eisenbichler, K.: »Bronzino's Portrait of Guidobaldo II. della Rovere«, *Renaissance and Reformation* 1988.
Elias, N.: *Über den Prozeß der Zivilisation*, Basel 1939.
–: »Die Genese des Sports als soziologisches Problem« in *Sport im Zivilisationsprozeß*, ed. W. Hopf, Münster 1984.
–: »Fernsehinterview«, *Südwestfunk 3*, 13. Juni 1988.
–: »Was ich unter Zivilisation verstehe: Antwort auf Hans Peter Duerr«, *Die Zeit*, 17. Juni 1988.
Elisabeth Charlotte v. Orléans: *Briefe*, ed. H.F. Helmolt, Leipzig 1908.
Ellis, H.: *Studies in the Psychology of Sex*, Bd. V, Philadelphia 1928.
Elvin, M.: »Tales of *Shen* and *Xin*: Body-Person and Heart-Mind in China During the Last 150 Years« in *Fragments for the History of the Human Body*, Bd. II, ed. M. Feher et al., New York 1989.
Elwin, V.: *The Muria and Their Ghotul*, Oxford 1947.
Elze, R.: »Sic transit gloria mundi: Zum Tode des Papstes im Mittelalter«, *Deutsches Archiv für Erforschung des Mittelalters* 1978.
d'Encarnacao, P./P. Parks/K. Tate: »The Significance of Streaking«, *Medical Aspects of Human Sexuality* 1974.
Endrei, W./L. Zolnay: *Fun and Games in Old Europe*, Budapest 1988.
Endter, J.M.F. v.: *Meister Frantzen Nachrichter allhier in Nürnberg*, Nürnberg 1801.
Englisch, P.: *Geschichte der erotischen Literatur*, Stuttgart 1927.
Enloe, C.: *Does Khaki Become You?*, London 1983.
Ennen, E.: *Frauen im Mittelalter*, München 1984.
Eppendorfer, H.: *Barmbeker Kuß*, München 1987.
Epstein, L.M.: *Sex Laws and Customs in Judaism*, New York 1948.

Erasmus v. Rotterdam: *De civilitate morum puerilium*, Hamburg 1673.
Ergenzinger, A.: »›Ob mit oder ohne Schleier...‹« in *Befreites Land – befreites Leben?*, ed. E. Laudowicz, Köln 1987.
Erichsen, F.: *Schizophrenie und Sexualität*, Bern 1975.
Erickson, C.: *To the Scaffold: The Life of Marie Antoinette*, New York 1991.
Erikson, E.H.: »Childhood and Tradition in Two American Indian Tribes« in *Personal Character and Cultural Milieu*, ed. D.G. Haring, Syracuse 1956.
Erikson, P.: »Altérité, tatouage et anthropophagie chez les Pano«, *Journal de la Société des Américanistes* 1986.
Erman, A.: »Beiträge zur ägyptischen Religion«, *Sitzungsberichte der Berliner Akademie der Wissenschaften* 1916.
Erman, A./H. Grapow: *Wörterbuch der altägyptischen Sprache*, Bd. III, Berlin 1955.
Ertel, H.: *Erotika und Pornographie*, München 1990.
Eskapa, R.D.: *Die bizarre Seite der Sexualität*, Hamburg 1988.
Etchebéhère, M.: *La guerra mia*, Frankfurt/M. 1980.
Étienne, R.: *Pompeji*, Ravensburg 1991.
Evans-Pritchard, E.E.: »A Note on Courtship Among the Nuer«, *Sudan Notes and Records* 1947.
–: »A Note on Affinity Relationships Among the Nuer«, *Man* 1948.
–: *Nuer Religion*, London 1956.
–: *The Position of Women in Primitive Societies*, London 1965.
–: »Sources, With Particular Reference to the Southern Sudan«, *Cahiers d'Études Africaines* 1971.
–: Mündliche Mitteilung vom 30. Januar 1971.
van Everbroeck, N.: *Mbomb'ipoku*, Tervuren 1961.
Ewald, J.L.: »Die Kunst, ein gutes Mädchen, eine gute Gattin, Mutter und Hausfrau zu werden (1798)« in *Kinderschaukel*, Bd. I, ed. M.-L. Könneker, Darmstadt 1976.
Ewen, E.: *Immigrant Women in the Land of Dollars*, New York 1985.
Ewers, J.C.: *The Blackfeet*, Norman 1958.
Exquemelin, A. O.: *Das Piratenbuch von 1678*, ed. R. Federmann, Stuttgart 1983.
Eylmann, E.: *Die Eingeborenen Südaustraliens*, Berlin 1908.

Fakhry, A.: »A New Speos From the Reign of Hatshepsut and Tuthmosis III at Beni-Hasan«, *Annales du Service des Antiquités de l'Égypte* 1939.
Falkenberg, J.: *Kin and Totem*, Oslo 1962.
Farès, B.: *L'honneur chez les Arabes avant l'Islam*, Paris 1932.
Farge, A.: *Vivre dans la rue à Paris au XVIIIe siècle*, Paris 1979.
Farin, K./E. Seidel-Pielen: *Krieg in den Städten*, Berlin 1991.
Farr, J.R.: *Hands of Honor: Artisans and Their World in Dijon, 1550-1650*, Ithaca 1988.
Faulkner, R.O.: *The Ancient Egyptian Coffin Texts*, Warminster 1973.
Fauth, W.: »Aphrodite Parakyptusa«, *Abhandlungen der Akademie der Wissenschaften und der Literatur* 1966.

Favardin, P./L. Bouëxière: *Le dandyisme*, Lyon 1988.
Feger, O.: *Vom Richtebrief zum Roten Buch*, Konstanz 1955.
Fehling, D.: »Phallische Demonstration« in *Sexualität und Erotik in der Antike*, ed. A.K. Siems, Darmstadt 1988.
Fehr, H.: *Die Rechtsstellung der Frau und der Kinder in den Weistümern*, Jena 1912.
–: *Das Recht im Bilde*, München 1923.
Fehrle, E.: »Das Lachen im Glauben der Völker«, *Zeitschrift für Volkskunde* 1930.
Feig, K.: »Non-Jewish Victims in the Concentration Camps« in *A Mosaic of Victims*, ed. M. Berenbaum, New York 1990.
Feilberg, H.F.: »Der böse Blick in nordischer Überlieferung«, *Zeitschrift des Vereins für Volkskunde* 1901.
Felber, A.: *Unzucht und Kindsmord in der Rechtsprechung der freien Reichsstadt Nördlingen vom 15. bis 19. Jahrhundert*, Bonn 1961.
Feldmann, H./J. Westenhöfer: *Vergewaltigung und ihre psychischen Folgen*, Stuttgart 1992.
Fell, C./C. Clark/E. Williams: *Women in Anglo-Saxon England*, London 1984.
Femmel, G./C. Michel: *Die Erotica und Priapea aus den Sammlungen Goethes*, Frankfurt/M. 1990.
Ferenczi, S.: »Die Nacktheit als Schreckmittel« in *Schriften zur Psychoanalyse*, Bd. I, Frankfurt/M. 1970.
Fernandez, J.W.: *Bwiti*, Princeton 1982.
Feyerabend, P.: »Ein Brief an Stanislaw Lem«, *Unter dem Pflaster liegt der Strand* 14, 1984.
Fichtenau, H.: *Lebensordnungen des 10. Jahrhunderts*, Bd. II, Stuttgart 1984.
Field, J.H.: »Sexual Themes in Ancient and Primitive Art« in *The Erotic Arts*, ed. P. Webb, Boston 1975.
Fine, R.: *Der vergessene Mann*, München 1990.
Finsch, O.: »Über Bekleidung, Schmuck und Tätowierung der Papuas der Südostküste von Neu-Guinea«, *Mittheilungen der Anthropologischen Gesellschaft in Wien* 1885.
Firth, R.: *We, the Tikopia*, London 1936.
Fischer, H.: *Schwäbisches Wörterbuch*, Bd. XI, Tübingen 1905.
Fischer, H.: *Die deutsche Märendichtung des 15. Jahrhunderts*, München 1966.
Fischer, H.T.: »The Clothes of the Naked Nuer«, *Internationales Archiv für Ethnographie* 1966.
Fischer-Homberger, E.: *Medizin vor Gericht*, Darmstadt 1988.
Fisher, A.: *Afrika im Schmuck*, Köln 1984.
Fittkau, G.: »Verschleppung nach Rußland« in *Letzte Tage in Ostpreußen*, ed. H. Reinoß, München 1983.
Flandrin, J.-L.: »Repression and Change in the Sexual Life of Young People in Medieval and Early Modern Times« in *Family and Sexuality in French History*, ed. R. Wheaton/T.K. Hareven, Philadelphia 1980.
–: »Amour et mariage«, *Dix-huitième siècle* 1980.

Fleming, J.V.: *The ›Roman de la Rose‹ and Its Manuscript Illustrations*, Bd. I, Ann Arbor 1991.
Fluck, H.: »Der Risus Paschalis«, *Archiv für Religionswissenschaft* 1934.
Ford, C. S./F. A. Beach: *Patterns of Sexual Behavior*, New York 1951.
Ford, P.K.: »Celtic Women: The Opposing Sex«, *Viator* 1988.
Forge, A.: »Art and Environment in the Sepik«, *Proceedings of the Royal Anthropological Institute* 1965.
Forrest, A.: *Conscripts and Deserters: The Army and French Society During the Revolution*, Oxford 1989.
–: *Soldiers of the French Revolution*, Durham 1990.
Forster, G.: *Werke*, Berlin 1965 ff.
Forster, J.R.: *Bemerkungen über Gegenstände der physischen Erdbeschreibung, Naturgeschichte und sittliche Philosophie auf seiner Reise um die Welt gesammelt*, Berlin 1783.
–: *The ›Resolution‹ Journal, 1772-1775*, ed. M.E. Hoare, London 1982.
Fortes, M.: *The Web of Kinship Among the Tallensi*, London 1949.
Forth, G.L.: *Rindi*, The Hague 1981.
Foster, L.: *Religion & Sexuality*, New York 1981.
Foster, S. W.: »Afghanistan« in *Encyclopedia of Homosexuality*, Bd. I, ed. W. R. Dynes, New York 1990.
Fox, C.: *Londoners*, London 1987.
Fox, M.V.: *The Song of Songs and the Ancient Egyptian Love Songs*, Madison 1985.
Fox, N.: *Saarländische Volkskunde*, Bonn 1927.
Frank, B.: *Die Kulere*, Wiesbaden 1981.
Franklin, A.: *La Civilité*, Bd. II, Paris 1908.
Frantz, D.O.: »›Leud Priapians‹ and Renaissance Pornography«, *Studies in English Literature* 1972.
Franz, P.: *Zwischen Liebe und Haß: Ein Zigeunerleben*, Freiburg 1985.
Frayser, S.G.: *Varieties of Sexual Experience*, New Haven 1985.
Frazer, J.G.: *The Golden Bough*, Bd. I, London 1911.
Freedman, R.J.: *Die Opfer der Venus*, Zürich 1989.
French, K. L.: »The Legend of Lady Godiva and the Image of the Female Body«, *Journal of Medieval History* 1992.
Freud, S.: *Gesammelte Werke*, London 1940.
Freund, F.: *Arbeitslager Zement*, Wien 1989.
Friedeburg, L. v.: Mündliche Mitteilung vom 2. Mai 1987.
Friederich, J. C.: *Vierzig Jahre aus dem Leben eines Toten*, ed. F. Berger, Frankfurt/M. 1991.
Friederici, G.: *Wissenschaftliche Ergebnisse einer amtlichen Forschungsreise nach dem Bismarck-Archipel im Jahre 1908*, Bd. II, Berlin 1912.
Friedman, E./P. G. Pickowicz/M. Selden: *Chinese Village, Socialist State*, New Haven 1991.
Friedrich, P.: *The Meaning of Aphrodite*, Chicago 1978.
Friese, V./E. Liesegang: *Die Magdeburger Schöffensprüche*, Berlin 1901.
Friesenegger, M.: *Tagebuch aus dem Dreißigjährigen Krieg*, München 1974.
Frieze, I.H.: »The Female Victim« in *Cataclysms, Crises, and Catastrophes*, ed. G.R. VandenBos/B.K. Bryant, Hyattsville 1987.

Frings, M./T. Hennig: *Ein Bild vom Mann*, Reinbek 1986.
Frugoni, C.: »L'iconographie de la femme au cours des Xᵉ-XIIᵉ siècles«, *Cahiers de civilisation médiévale* 1977.
–: »La femme imaginée« in *Histoire des femmes en Occident*, Bd. II, ed. C. Klapisch-Zuber, Paris 1991.
Fruzzetti, L. M.: *The Gift of a Virgin*, New Brunswick 1982.
Fryd, V. G.: »Two Sculptures for the Capitol«, *American Art Journal* 1987.
Fryer, P.: *Mrs Grundy: Studies in English Prudery*, London 1963.
Fuchs, E.: *Illustrierte Sittengeschichte vom Mittelalter bis zur Gegenwart*, Bd. III, Berlin 1912.
–: *Der Jude in der Karikatur*, München 1921.
Fuchs, S.: *The Children of Hari*, Wien 1950.
–: *The Gond of Bhumia and Eastern Mandla*, London 1960.
Füllgrabe, U.: »Sadistische Mörder« in *Gewalttätige Sexualtäter und Verbalerotiker*, ed. H. Schäfer, Bremen 1992.
Fürer-Haimendorf, C. v.: *The Konyak Nagas*, New York 1969.
Fürstenberg, D.: *Jeden Moment war dieser Tod*, Düsseldorf 1986.
Fumagalli, V.: *Mensch und Umwelt im Mittelalter*, Berlin 1992.
Funcken, L./F. Funcken: *Rüstungen und Kriegsgerät der Ritter und Landsknechte, 15.-16. Jahrhundert*, München 1980.
Furnas, J. C.: *Anatomy of Paradise*, New York 1937.
Furness, W. H.: »The Ethnography of the Nagas of Eastern Assam«, *Journal of the Anthropological Institute of Great Britain and Ireland* 1902.
Fussell, P.: *Wartime*, Oxford 1989.

Gabrieli, F.: *Die Kreuzzüge aus arabischer Sicht*, Zürich 1973.
Gaignebet, C.: »Interview« in *Die Frauen: Pornographie und Erotik*, ed. M.-F. Hans/G. Lapouge, Darmstadt 1979.
Gaignebet, C./J.-D. Lajoux: *Art profane et religion populaire au Moyen Age*, Paris 1985.
Gajdusek, C.: »Physiological and Psychological Characteristics of Stone Age Man« in *Engineering and Science*, Pasadena 1970.
Galvan, M.: *The Priestesses of Hathor in the Old Kingdom and the First Intermediate Period*, Ann Arbor 1981.
Gardiner, A. H.: *Egyptian Grammar*, London 1927.
–: *Late Egyptian Stories*, Bd. I, Bruxelles 1932.
Gardner, J. F.: *Women in Roman Law & Society*, London 1986.
Garlinski, J.: *Fighting Auschwitz*, New York 1975.
Garnets, L./G. M. Herek/B. Levy: »Violence and Victimization of Lesbians and Gay Men« in *Hate Crimes*, ed. G. M. Herek/K. T. Berrill, Newbury Park 1992.
Garnier, F.: *Le langage de l'image au Moyen Age*, Paris 1982ff.
Garrigues, J.: *Images de la révolution*, Paris 1988.
Garvie, A. F.: *Aeschylus' Choephoroi*, Oxford 1986.
Gauger, H.-M.: »Negative Sexualität in der Sprache« in *Phantasie und Deutung*, ed. W. Mauser et al., Göttingen 1986.
Gauvard, C.: *Crime, état et société en France à la fin du Moyen Age*, Paris 1991.

Gebhardt, E.: Rezension von H.P. Duerrs *Intimität*, *Südwestfunk*, 8. Februar 1991.
Geddes, W.R.: *Nine Dayak Nights*, Melbourne 1957.
Geerken, K./I. Petersen/F.W. Kramer/P. Winchester: »Bombenkulte« in *Bikini oder Die Bombardierung der Engel*, ed. F.W. Kramer, Frankfurt/M. 1983.
Geertz, A.W.: Brief vom 30. Dezember 1986.
Geertz, C.: »›From the Native's Point of View‹« in *Meaning in Anthropology*, ed. K.H. Basso/H.A. Selby, Albuquerque 1976.
Gehrke, C.: »Über weibliche Schaulust« in *Sexualität heute*, ed. M. Heuer/K. Pacharzina, München 1986.
Gell, A.F.: »Penis Sheathing and Ritual Status in a West Sepik Village«, *Man* 1971.
–: »Magic, Perfume, Dream« in *Symbols and Sentiments*, ed. I. Lewis, London 1977.
Gerber, D.E.: »The Female Breast in Greek Erotic Literature«, *Arethusa* 1978.
Gernet, J.: *Daily Life in China on the Eve of the Mongol Invasion 1250-76*, Stanford 1962.
Gerson, A.: *Die Scham*, Bonn 1919.
Gessain, R.: »Die Angmagssalingmiut in Ostgrönland« in *Bild der Völker*, Bd. 3, ed. E.E. Evans-Pritchard, Wiesbaden 1974.
Gewertz, D.: »The Tchambuli View of Persons«, *American Anthropologist* 1984.
Geyer, R.: »Die arabischen Frauen in der Schlacht«, *Mitteilungen der Anthropologischen Gesellschaft in Wien* 1909.
al-Ghazālī, A.H.: *Iḥyā uʿlūm al-dīn*, ed. M. Farah, Salt Lake City 1984.
Gier, A.: »Mentalität und Lexikon: Einige Bemerkungen zum Sexualvokabular im mittelalterlichen Frankreich und Spanien« in *Zusammenhänge, Einflüsse, Wirkungen*, ed. J.O. Fichte et al., Berlin 1986.
Gierlich, E.: *Reval 1621 bis 1645*, Bonn 1991.
Gies, F./J. Gies: *Life in a Medieval Village*, New York 1990.
Gieysztor, A.: »La femme dans les civilisations des Xe-XIIIe siècles: la femme en Europe orientale«, *Cahiers de civilisation médiévale* 1977.
Gillingham, J.: *Richard Löwenherz*, Düsseldorf 1981.
Gillis, J.R.: *For Better, For Worse: British Marriages, 1600 to the Present*, Oxford 1985.
Gillison, G.: »Cannibalism Among Women in the Eastern Highlands of Papua New Guinea« in *The Ethnography of Cannibalism*, ed. P. Brown/D. Tuzin, Washington 1983.
Gilmartin, C.: »Violence Against Women in Contemporary China« in *Violence in China*, ed. J.N. Lipman/S. Harrell, Albany 1990.
Gimpel, J.: *Die industrielle Revolution des Mittelalters*, Zürich 1980.
Girtler, R.: *Der Strich*, München 1987.
–: Rezension von Hans Peter Duerrs *Nacktheit und Scham*, *Soziologische Revue* 1990.
Gladwin, T.: »Comanche Kin Behavior«, *American Anthropologist* 1948.
–: »Personality Structure in the Plains«, *Anthropological Quarterly* 1957.

Gladwin, T./S.B. Sarason: *Truk: Man in Paradise*, New York 1953.
Glassen, E.: »Nimm den Schleier, Schwester!« in *Waren sie nur schön?*, ed. B. Schmitz/U. Steffgen, Mainz 1989.
Glickman, R.L.: *Russian Factory Workers, 1880-1914*, Berkeley 1984.
Gluckman, M.: *Order and Rebellion in Tribal Africa*, London 1963.
Gobert, E.G.: »Le pudendum magique et le problème des cauris«, *Revue africaine* 1951.
Godelier, M.: *Die Produktion der Großen Männer*, Frankfurt/M. 1987.
–: Mündliche Mitteilung vom 2. Februar 1990.
Godenzi, A.: *Bieder, brutal*, Zürich 1989.
–: »Perceptions and Reactions of Sexually Assaulted Women« in *Victims and Criminal Justice*, Bd. III, ed. G. Kaiser et al., Freiburg 1991.
Godineau, D.: *Citoyennes Tricoteuses*, Aix-en-Provence 1988.
Goedicke, H.: »The Story of the Herdsman«, *Chronique d' Égypte* 1970.
Göpel, M.L.: *Frauenalltag durch die Jahrhunderte*, Ismaning 1986.
Göttsch, S.: »Archivalische Quellen zur Frauenforschung« in *Frauenalltag – Frauenforschung*, ed. A. Chmielewski-Hagius et al., Frankfurt/M. 1988.
Goitein, P.L.: »The Potential Prostitute«, *Journal of Criminological Psychopathology* 1942.
Goja, H.: »Nacktheit und Aberglaube«, *Internationale Zeitschrift für Psychoanalyse* 1921.
Goldacker, E.: *Der Holzkoffer*, Hameln 1982.
Goldberg, R.: *Performance Art*, London 1988.
Goldin, H.E.: *Hebrew Criminal Law and Procedure*, New York 1952.
Goldman, I.: »The Zuñi Indians of New Mexico« in *Cooperation and Competition Among Primitive Peoples*, ed. M. Mead, Gloucester 1976.
Goldschmidt, W.: *Sebei Law*, Berkeley 1967.
Goldsmith, E.: »The Family Basis of Social Structure«, *The Ecologist* 1976.
Goldstein, B.: *Die Sterne sind Zeugen*, Frankfurt/M. 1960.
Goldstein, J./I.F. Lukoff/H.A. Strauss: *Individuelles und kollektives Verhalten in Nazi-Konzentrationslagern*, Frankfurt/M. 1991.
Golowin, S.: *Die weisen Frauen*, Basel 1982.
Gomes de Brito, B.: *História trágico maritima*, ed. J. Pögl, Nördlingen 1987.
Goncourt, E. de/J. de Goncourt: *Die Frau im 18. Jahrhundert*, Bd. II, München 1920.
Goodrum, C./H. Dalrymple: *Advertising in America*, New York 1990.
Gordon, H.L.: »Sex Laws and Customs« in *The Universal Jewish Encyclopedia*, ed. I. Landman, Bd. IX, New York 1943.
Gordon, L.: *Woman's Body, Woman's Right*, Harmondsworth 1977.
Gouda, F.: »Frauen zwischen Schutz und Kontrolle« in *Freiheit, Gleichheit, Weiblichkeit*, ed. M. Christadler, Opladen 1990.
Graber, G.: »Alte Gebräuche bei der Flachsernte in Kärnten«, *Zeitschrift für österreichische Volkskunde* 1911.
Gradenwitz, P.: *Das Heilige Land in Augenzeugenberichten*, München 1984.
Granet, M.: *Die chinesische Zivilisation*, München 1976.
Grant, J.: *Worm-eaten Hinges*, South Yarra 1991.

Granzow, K.: *Letzte Tage in Pommern*, München 1984.
Grapow, H.: *Die bildlichen Ausdrücke des Ägyptischen*, Leipzig 1924.
–: *Grundriß der Medizin der alten Ägypter*, Bd. I, Berlin 1954.
Grau, K. F.: *Schlesisches Inferno*, Stuttgart 1966.
Graus, F.: *Pest, Geißler, Judenmorde*, Göttingen 1987.
Gravdal, K.: »The Poetics of Rape Law in Medieval France« in *Rape and Representation*, ed. L. A. Higgins/B. R. Silver, New York 1991.
–: »Chrétien de Troyes, Gratian, and the Medieval Romance of Sexual Violence«, *Signs* 1992.
Gravett, C.: *Knights and Tournament*, London 1988.
de Greef, J.: *Männermode: Wäsche*, München 1989.
Green, V. H. H.: *Medieval Civilization in Western Europe*, London 1971.
Greenberg, D. F.: *The Construction of Homosexuality*, Chicago 1988.
Gregor, T.: »Privacy and Extra-Marital Affairs in a Tropical Forest Community« in *Peoples and Cultures of Native South America*, ed. D. R. Gross, Garden City 1973.
–: »Secrets, Exclusion, and the Dramatization of Men's Roles« in *Brazil*, ed. M. L. Margolis / W. E. Carter, New York 1979.
–: *Anxious Pleasures: The Sexual Lives of an Amazonian People*, Chicago 1985.
Greilsammer, M.: »Rapts de séduction et rapts violents en Flandre et en Brabant à la fin du Moyen-Age«, *Tijdschrift voor Rechtsgeschiedenis* 1988.
–: »The Midwife, the Priest, and the Physician: The Subjugation of Midwives in the Low Countries at the End of the Middle Ages«, *Journal of Medieval and Renaissance Studies* 1991.
Greitner, U.: »›Die eigentlichen Enragées ihres Geschlechts‹« in *Grenzgängerinnen*, ed. H. Grubitzsch et al., Düsseldorf 1985.
Grémaux, R.: »Mannish Women of the Balkan Mountains« in *From Sappho to de Sade*, ed. J. Bremmer, London 1989.
Greve, R.: Brief vom 15. Januar 1988.
Griffiths, J. G.: *The Conflict of Horus and Seth*, Liverpool 1960.
Grimm, R. R.: »Die Paradiesehe: Eine erotische Utopie des Mittelalters« in *›Getempert und gemischet‹*, ed. F. Hundsnurscher / U. Müller, Göppingen 1972.
Grinnell, G. B.: *The Cheyenne Indians*, Bd. II, New Haven 1923.
Grobman, A.: »Attempts at Resistance in the Camps« in *Genocide*, ed. A. Grobman / D. Landes, Los Angeles 1983.
Groddeck, G.: *Das Buch vom Es*, Frankfurt/M. 1979.
Groth, A. N. / W. Burgess: »Male Rape«, *American Journal of Psychiatry* 1980.
Grube, F. / G. Richter: *Flucht und Vertreibung*, Hamburg 1980.
Grubitzsch, H.: Brief vom 17. Februar 1992.
Grubitzsch, H. / R. Bockholt: *Théroigne de Méricourt: Die Amazone der Freiheit*, Pfaffenweiler 1991.
Grünberg, G.: »Beiträge zur Ethnographie der Kayabí Zentralbrasiliens«, *Archiv für Völkerkunde* 1970.
Gudgeon, W. E.: »Phallic Emblem from Aitu Island«, *Journal of the Polynesian Society* 1904.

Günther, E.: *Die Faszination des Fremden*, Münster 1990.
Guest, E.M.: »Ballyvourney and Its Sheela-na-gig«, *Folklore* 1937.
Gugitz, G.: »Freiheit, Gleichheit, Brüderlichkeit« in *Sittengeschichte der Revolution*, ed. L. Schidrowitz, Wien 1930.
Guglielmi, W.: »Lachen« in *Lexikon der Ägyptologie*, Bd. III, ed. W. Helck/W. Westendorf, Wiesbaden 1980.
Gulbransson, O.: *Es war einmal*, Berlin 1934.
Gulickson, G.L.: »*La Pétroleuse*: Representing Revolution«, *Feminist Studies* 1991.
van Gulik, R.H.: *Sexual Life in Ancient China*, Leiden 1961.
Gundersheimer, W.L.: »Crime and Punishment in Ferrara, 1440-1500« in *Violence and Civil Disorder in Italian Cities 1200-1500*, ed. L. Martines, Berkeley 1972.
Gusinde, M.: *Die Kongo-Pygmäen in Geschichte und Gegenwart*, Halle 1942.
–: *Die Twiden*, Wien 1956.
–: *Von gelben und schwarzen Buschmännern*, Graz 1966.
Gutek, B.A.: *Sex and the Workplace*, San Francisco 1985.
Guth, S.: *Liebe und Mannesehre*, Berlin 1987.
Guthrie, R.D.: *Body Hot Spots*, New York 1976.
Gutmann, J.: *Buchmalerei in hebräischen Handschriften*, München 1978.

Haarbusch, E.: »Der Zauberstab der Macht: ›Frau bleiben‹« in *Grenzgängerinnen*, ed. H. Grubitzsch et al., Düsseldorf 1985.
–: Brief vom 25. Juni 1986.
Haasis, H. G.: »Die Pfälzer Revolution von 1849« in F. A. Karcher: *Die Freischärlerin*, Frankfurt/M. 1977.
Haberland, E.: »Die Bodi« in *Altvölker Südäthiopiens*, ed. A.E. Jensen, Stuttgart 1959.
Haddon, A.C.: »The Ethnography of the Western Tribe of Torres Straits«, *Journal of the Anthropological Institute of Great Britain and Ireland* 1890.
Hadjinicolaou, N.: »›La Liberté guidant le peuple‹ de Delacroix devant son premier public«, *Actes de la recherche en sciences sociales* 1979.
–: *Die Freiheit führt das Volk*, Dresden 1991.
Häfele, K.: *Die Godivasage und ihre Behandlung in der Literatur*, Heidelberg 1929.
Haerdter, M./S. Kawai: *Butoh*, Berlin 1986.
Hahn, T.: *The Supreme Being of the Khoi-Khoi*, London 1881.
Hale, J.R.: *Artists and Warfare in the Renaissance*, New Haven 1990.
Hallett, J.P.: »Perusinae Glandes and the Changing Image of Augustus«, *American Journal of Ancient History* 1977.
Hallowell, A.I.: *Culture and Experience*, Philadelphia 1955.
Hallpike, C.R.: *The Konso of Ethiopia*, Oxford 1972.
Halsband, M.: »Frauen in den Wechseljahren« in *Sexualität BRD/DDR im Vergleich*, ed. R. Kuntz-Brunner/H. Kwast, Braunschweig 1991.
Hamann, G.: »Das Leben der Chinesen in der Sicht eines Tiroler Missionars des 17. Jahrhunderts«, *Archiv für österreichische Geschichte* 1966.
Hammond-Tooke, W.D.: *Bhaca Society*, Cape Town 1962.

Hampe, R./E. Simon: *Tausend Jahre frühgriechische Kunst*, München 1980.
Hanak, G./J. Stehr/H. Steinert: *Ärgernisse und Lebenskatastrophen*, Bielefeld 1989.
Hanawalt, B.A.: »Fur-Collar Crime: The Pattern of Crime Among the Fourteenth-Century English Nobility«, *Journal of Social History* 1975.
–: *Crime and Conflict in English Communities 1300-1348*, Cambridge 1979.
Handel, P.: *Gemälde 1973-86*, Frankfurt/M. 1986.
Hanson, F.A./L. Hanson: *Counterpoint in Maori Culture*, London 1983.
Hanson, G.: *Original Skin*, London 1970.
Haring, D.G.: »Aspects of Personal Character in Japan« in *Personal Character and Cultural Milieu*, ed. D.G. Haring, Syracuse 1956.
Haritos-Fatouros, M.: »Trainingsprogramme der Obristendiktatur in Griechenland« in *Folter*, ed. J. P. Reemtsma, Hamburg 1991.
Harms, D.: »Anhaltervergewaltigungen« in *Gewalttätige Sexualtäter und Verbalerotiker*, ed. H. Schäfer, Bremen 1992.
Harris, E.M.: »Did the Athenians Regard Seduction as a Worse Crime Than Rape?«, *Classical Quarterly* 1990.
Harris, O.: »The Power of Signs: Culture and the Wild in the Bolivian Andes« in *Nature, Culture and Gender*, ed. C. MacCormack/M. Strathern, Cambridge 1980.
Harris, T.: *Exorcising Blackness*, Bloomington 1984.
Hartau, J.: »Louis Darcis' ›La Nature‹« in *Europa 1789*, ed. W. Hofmann, Köln 1989.
Harten, E./H.-C. Harten: *Frauen, Kultur, Revolution: 1789-1799*, Pfaffenweiler 1989.
Hart Hansen, J. P./J. Meldgaard/J. Nordqvist: *The Greenland Mummies*, Washington 1991.
Hartmann, G.: *Xingú*, Berlin 1986.
Hartmann, H. v.: »Reiseerlebnisse auf Java«, *Jahresbericht des Vereins für Naturkunde zu Zwickau* 1889.
Hartmann, R.: »Aufgaben, Rollen und Räume von Mann und Frau bei Inka und Azteken« in *Aufgaben, Rollen und Räume bei Mann und Frau*, Bd. I, ed. J. Martin/R. Zoeppfel, Freiburg 1989.
Haseman, J.D.: »Some Notes on the Pawumwa Indians of South America«, *American Anthropologist* 1912.
Hasenfratz, H.P.: »Der indogermanische ›Männerbund‹«, *Zeitschrift für Religions- und Geistesgeschichte* 1982.
Haslip, J.: *Marie Antoinette*, München 1988.
Hassel, W. E.: »Survivor's Story« in *Hate Crimes*, ed. G. M. Herek/K. T. Berrill, Newbury Park 1992.
Hastrup, K.: »Male and Female in Icelandic Culture«, *Folk* 1985.
Hatt, J.: *Une ville du XVe siècle: Strasbourg*, Straßburg 1929.
Hauenstein, A.: *Les Hanya*, Wiesbaden 1967.
Haug, F.: *Sexualisierung des Körpers*, Berlin 1988.
Hauptmann, G.: »Die Weber« in *Deutsches Theater des Naturalismus*, ed. W. Rothe, München 1972.
Hauschild, T.: *Der böse Blick*, Berlin 1982.
Hauser-Schäublin, B.: *Frauen in Kararau*, Basel 1977.

Haußig, T.: Mündliche Mitteilung vom 26. Januar 1992.
Hautz, J. F.: *Geschichte der Universität Heidelberg*, Bd. I, Mannheim 1864.
Hedrick, J. D.: »Small Nambas of South Malekula: Mbotgote«, *Expedition*, Spring 1975.
Heider, K. G.: »Attributes and Categories in the Study of Material Culture: New Guinea Dani Attire«, *Man* 1969.
–: »Dani Sexuality«, *Man* 1977.
–: *Grand Valley Dani*, New York 1979.
Heinen, H. D. / K. Ruddle: »Ecology, Ritual, and Economic Organization in the Distribution of Palm Starch Among the Warao of the Orinoco Delta«, *Journal of Anthropological Research* 1974.
Heinrich v. Neustadt: *Apollonius von Tyrland*, Berlin 1906.
Heinz, H.-J. / M. Lee: *Namkwa*, London 1978.
Heissig, W.: *Die Geheime Geschichte der Mongolen*, Düsseldorf 1981.
Hekma, G.: »Violence« in *Encyclopedia of Homosexuality*, Bd. II, ed. W. R. Dynes, New York 1990.
Helck, W.: *Betrachtungen zur Großen Göttin*, München 1971.
Held, G. J.: *The Papuas of Waropen*, The Hague 1957.
Helfer, C.: »Henker-Studien«, *Archiv für Kulturgeschichte* 1964.
Helfrich, K.: »Sexualität und Repression in der Kultur der Maya«, *Baeßler-Archiv* 1972.
Heller, J.: *War & Conflict*, Washington 1990.
Hellie, R.: *Slavery in Russia 1450-1725*, Chicago 1982.
Helming, E.: »Waschen als Beruf: Zugehfrau, Lohnarbeiterin, Unternehmerin« in *Die Große Wäsche*, ed. E. Helming et al., Köln 1988.
Henderson, J.: *The Maculate Muse*, New Haven 1975.
Henric, J.: *Pierre Klossowski*, Paris 1989.
Henry, J. / Z. Henry: »Doll Play of Pilagá Indian Children« in *Personality in Nature, Society, and Culture*, ed. C. Kluckhohn et al., New York 1961.
Hentig, H. v.: *Die Besiegten*, München 1966.
–: *Vom Ursprung der Henkersmahlzeit*, Nördlingen 1987.
Hepp, M.: »Vorhof zur Hölle: Mädchen im ›Jugendschutzlager‹ Uckermark« in *Opfer und Täterinnen*, ed. A. Ebbinghaus, Nördlingen 1987.
Herber, J.: »Tatouages du pubis au Maroc«, *Revue d'Ethnographie et des Traditions Populaires* 1922.
Herbertz, R.: »Kollektive Straf- und Rachemaßnahmen unter Kameraden«, *Zeitschrift für Sexualwissenschaft und Sexualpolitik* 1929.
Herder, J. G.: *Der Cid*, Leipzig 1910.
Herdt, G. H.: *Guardians of the Flutes*, New York 1981.
–: »Fetish and Fantasy in Sambia Initiation« in *Rituals of Manhood*, ed. G. H. Herdt, Berkeley 1982.
–: »Semen Transactions in Sambia Culture« in *Ritualized Homosexuality in Melanesia*, ed. G. H. Herdt, Berkeley 1984.
Hergemöller, B.-U.: »Die ›unsprechliche stumme Sünde‹ in Kölner Akten des ausgehenden Mittelalters«, *Geschichte in Köln*, Dezember 1987.
Hermann, A.: »Sinuhe – ein ägyptischer Schelmenroman?«, *Orientalistische Literaturzeitung* 1953.
–: *Altägyptische Liebesdichtung*, Wiesbaden 1959.

Herramhof, H.: »Eine datierte hölzerne Neidfeige«, *Beiträge zur Oberpfalzforschung* 1969.
Hersh, S.M.: *My Lai 4*, New York 1970.
Herter, H.: »Genitalien« in *Reallexikon für Antike und Christentum*, ed. T. Klausner, Bd. X, Stuttgart 1976.
Hertz, N.: »Medusa's Head: Male Hysteria Under Political Pressure«, *Representations*, Fall 1983.
Herzfeld, M.: *The Poetics of Manhood*, Princeton 1985.
Heusler, A.: *Isländisches Recht: Die Graugans*, Weimar 1937.
Heyden, A. v.: *Die Tracht der Kulturvölker Europas*, Leipzig 1889.
Hieatt, A.K.: »Eve as Reason in a Tradition of Allegorical Interpretation of the Fall«, *Journal of the Warburg and Courtauld Institutes* 1980.
Hilberg, R.: *Die Vernichtung der europäischen Juden*, Berlin 1982.
Hildebrandt, D.: *Studentenbewegung in Heidelberg 1967-1973*, Heidelberg 1991.
Hilger, M.I.: *Araucanian Child Life and Its Cultural Background*, Washington 1957.
Hill, W.W.: »The Status of the Hermaphrodite and Transvestite in Navaho Culture«, *American Anthropologist* 1935.
Hillier, B.: *The Style of the Century*, London 1983.
Himmelheber, H.: *Der Gute Ton bei den Negern*, Heidelberg 1957.
–: Mündliche Mitteilung vom 16. März 1986.
Hinde, R.A.: »Why Do the Sexes Behave Differently in Close Relationships?«, *Journal of Social and Personal Relationships* 1984.
Hirschberg, W.: »Frühe Bildquellen von kapländischen Eingeborenen« in *Festschrift Paul Schebesta zum 75. Geburtstag*, Wien 1963.
Hirschfeld, M.: *Die Homosexualität des Mannes und des Weibes*, Berlin 1914.
–: *Geschlecht und Verbrechen*, Leipzig 1930.
His, R.: *Das Strafrecht der Friesen im Mittelalter*, Leipzig 1901.
–: *Das Strafrecht des deutschen Mittelalters*, Bd. II, Weimar 1935.
Hite, S.: *Das sexuelle Erleben des Mannes*, München 1982.
Hobsbawm, E.: *Die Banditen*, Frankfurt/M. 1972.
–: »Man and Woman in Socialist Iconography«, *History Workshop* 1978.
Hockman, L.: *French Caricature and the French Revolution, 1789-1799*, Chicago 1988.
Hodgson, A.G.O.: »Some Notes on the Wahehe of Mahenge District, Tanganyika Territory«, *Journal of the Royal Anthropological Institute* 1926.
Hoebel, E.A.: *Man in the Primitive World*, New York 1958.
–: »Clothing and Ornament« in *Dress, Adornment, and the Social Order*, ed. M.E. Roach/J.B. Eicher, New York 1965.
Hölscher, W.: *Libyer und Ägypter*, Glückstadt 1937.
Hoerning, E.M.: »Die Ausnahme ist die Regel: Frauen als Kriegsbeute« in *Gewaltverhältnisse*, ed. D. Janshen/M. Mandelartz, Sensbachtal 1987.
Höß, R.: *Kommandant in Auschwitz*, ed. M. Broszat, München 1963.
Hoevels, F.E.: Rezension von H.P. Duerrs *Nacktheit und Scham*, *System ubw*, Mai 1991.

Hoff, H.-H.: »Der vergewaltigende Spanner« in *Gewalttätige Sexualtäter und Verbalerotiker*, ed. H. Schäfer, Bremen 1992.
Hofland, H.J.A.: *Hollands dossier 1980-1990*, Amsterdam 1990.
Hogbin, H. I.: »The Sexual Life of the Natives of Ontong Java (Solomon Islands)«, *Journal of the Polynesian Society* 1931.
–: »Puberty to Marriage: A Study of the Sexual Life of the Natives of Wogeo, New Guinea«, *Oceania* 1946.
Hoig, S.: *The Sand Creek Massacre*, Norman 1961.
Hollander, A.: *Seeing Through Clothes*, New York 1978.
Hollender, M.H./C.W. Brown/H.B. Roback: »Genital Exhibitionism in Women«, *American Journal of Psychiatry* 1977.
Hollstein, F.W.H.: *German Engravings, Etchings and Woodcuts ca. 1400-1700*, Bd. I, Amsterdam 1954.
Holmberg, A.R.: *Nomads of the Long Bow*, Washington 1950.
Holzbecher, M.: »Empfindlich, prüde, humorlos? Sexuelle Belästigung am Arbeitsplatz«, *Psychologie heute*, Mai 1992.
Honig, E.: »Burning Incense, Pledging Sisterhood: Communities of Women Workers in the Shanghai Cotton Mills, 1919-1949«, *Signs* 1985.
Honig, E./G.Hershatter: *Personal Voices: Chinese Women in the 1980's*, Stanford 1988.
Honigmann, J.J.: *The Kaska Indians*, New Haven 1954.
Honour, H.: *The Image of the Black in Western Art*, Cambridge 1989.
Hoof, D.: »›Hier ist keine Gnade weiter, bei Gott ist Gnade‹: Kindsmordvorgänge in Hannover im 18. Jahrhundert«, *Hannoversche Geschichtsblätter* 1983.
van Hooff, A.J.L.: *From Autothanasia to Suicide: Self-Killing in Classical Antiquity*, London 1990.
Hopfner, T.: *Fontes historiae religionis aegyptiacae*, Bonn 1924.
Hornung, E.: *Der ägyptische Mythos von der Himmelskuh*, Göttingen 1982.
Howell, P.: *A Manual of Nuer Law*, London 1954.
Howitt, A.W.: »The Dieri and Other Kindred Tribes of Central Australia«, *Journal of the Anthropological Institute of Great Britain and Ireland* 1891.
Hrdy, S.B.: *The Langurs of Abu*, Cambridge 1977.
–: *The Woman That Never Evolved*, Cambridge 1981.
Hsia, R. P.-C.: *The Myth of Ritual Murder*, New Haven 1988.
Huber, A.: »Die Fickmühle«, *Mitteilungen der ANISA* 1992.
Huber, R.: »Stillakt und Liebesakt«, *Sexualmedizin* 1985.
Hudson, L./B. Jacot: *The Way Men Think*, New Haven 1991.
Hüllmann, K.D.: *Städtewesen des Mittelalters*, Bonn 1829.
Huemer, P.: »Die Angst vor der Freiheit« in *Die ›wilden‹ Fünfziger Jahre*, ed. G. Jagschitz/K.-D. Mulley, St. Pölten 1985.
Huffman, R.: *Nuer Customs and Folk-Lore*, London 1931.
Hufton, O.: »Aufrührerische Frauen in traditionalen Gesellschaften«, *Geschichte und Gesellschaft* 1992.
Huizinga, J.: *Herbst des Mittelalters*, Stuttgart 1952.
Hulme, P.: »Polytropic Man: Tropes of Sexuality and Mobility in Early Colonial Discourse« in *Europe and Its Others*, ed. F. Barker et al., Bd. II, Colchester 1985.

–: *Colonial Encounters: Europe and the Native Caribbean, 1492-1797*, London 1986.
d'Hulst, R.-A./M. Vandenven: *Rubens: The Old Testament*, London 1989.
Hults, L. C.: »Dürer's ›Lucretia‹«, *Signs* 1991.
Hunger, H.: *Die Heilige Hochzeit*, Wiesbaden 1984.
–: *Ritual Promiscuity in Ancient Australia*, Darwin 1988.
–: Brief vom 28. September 1989.
Hunt, L.: »Hercules and the Radical Image in the French Revolution«, *Representations*, Spring 1983.
Hunt, R. C.: »Components of Relationships in the Family: A Mexican Village« in *Kinship and Culture*, ed. F. L. K. Hsu, Chicago 1971.
Hurwitz, S.: *Lilith – die erste Eva*, Zürich 1980.
Hutchinson, S.: »Relations Between the Sexes Among the Nuer«, *Africa* 1980.
Hutton, J. H.: *The Sema Nagas*, London 1921.
Huxley, F.: *Affable Savages*, London 1957.

Iglitzin, L. B.: »War, Sex, Sports, and Masculinity« in *War*, ed. L. L. Farrar, Santa Barbara 1978.
Ingram, M.: *Church Courts, Sex and Marriage in England, 1570-1640*, Cambridge 1987.
Irwin, J.: *The Jail*, Berkeley 1985.
Isenmann, E.: *Die deutsche Stadt im Spätmittelalter*, Stuttgart 1988.

Jäckel, K.: *›Es kann jede Frau treffen‹*, München 1988.
Jackson, H. C.: »The Nuer of the Upper Nile Province«, *Sudan Notes and Records* 1923.
Jackson, W. H.: »Die Märe von dem Frauenturnier« in *Kleinere Erzählformen im Mittelalter*, ed. K. Grubmüller et al., Paderborn 1988.
Jacob, G.: *Altarabisches Beduinenleben*, Berlin 1897.
Jacobelli, M. C.: *Ostergelächter*, Regensburg 1992.
Jäger, G.: *Aspekte des Krieges und der Chevalerie im XIV. Jahrhundert in Frankreich*, Bern 1981.
Jagchid, S./P. Hyer: *Mongolia's Culture and Society*, Boulder 1979.
Jagor, Hr.: »Bericht«, *Zeitschrift für Ethnologie* 1885.
Jakoby, R./F. Baasner: *Paris 1789*, Baden-Baden 1988.
Jakubassa, E.: *Märchen aus Neuseeland*, Köln 1985.
Jameson, R. D.: »Nudity« in *Standard Dictionary of Folklore*, ed. M. Leach, New York 1950.
Jamin, J.: »Faibles sauvages, corps indigènes – corps indigents« in *Le corps enjeu*, ed. J. Hainard/R. Kaehr, Neuchâtel 1983.
Jandesek, R.: *Der Bericht des Odoric da Pordenone über seine Reise nach Asien*, Bamberg 1987.
Jaritz, G.: »Die Bruoch« in *Symbole des Alltags – Alltag der Symbole*, ed. G. Blaschitz et al., Graz 1992.
Jay, T.: *Cursing in America*, Philadelphia 1992.
Jed, S. H.: *Chaste Thinking: The Rape of Lucretia and the Birth of Humanism*, Bloomington 1989.

Jeffords, S.: »Performative Masculinities, or, ›After a Few Times You Won't Be Afraid of Rape at All‹«, *Discourse* 1991.
Jeggle, U.: »Zur Dialektik von Anständig und Unanständig im Zivilisationsprozeß«, *Österreichische Zeitschrift für Volkskunde* 1992.
Jemison, M.: *Niederschrift der Lebensgeschichte*, ed. U. Lauer/J. Osolin, Frankfurt/M. 1979.
Jensen, A.E.: »Die Male« in *Altvölker Südäthiopiens*, ed. A.E. Jensen, Stuttgart 1959.
–: »Prometheus- und Hainuwele-Mythologem«, *Anthropos* 1963.
Jerouschek, G.: Rezension von H. P. Duerrs *Nacktheit und Scham*, *Zeitschrift der Savigny-Stiftung für Rechtsgeschichte*, *Germanist. Abt.* 1990.
Jocano, F.L.: *Sulod Society*, Quezon City 1968.
Jocelyn, J.D.: »A Greek Indecency and Its Students: λαικάζειν«, *Proceedings of the Cambridge Philological Society* 1980.
Jochelson, W.: *The Yakut*, Bd. II, New York 1933.
Jochens, J.M.: »The Church and Sexuality in Medieval Iceland«, *Journal of Medieval History* 1980.
Jochmann, C. G.: *Zur Naturgeschichte des Adels*, ed. U. Kronauer, Heidelberg 1982.
Johnson, C.: *History of the Robberies and Murders of the Most Notorious Pyrates*, London 1724.
–: *Histoire des Pirates Anglois*, Lyon 1774.
Johr, B.: »Die Ereignisse in Zahlen« in *BeFreier und Befreite*, ed. H. Sander/B. Johr, München 1992.
Jonaitis, A.: *From the Land of the Totem Poles*, New York 1988.
Jones, A.: »Schwarze Frauen, weiße Beobachter« in *Der europäische Beobachter außereuropäischer Kulturen*, ed. H.-J. König et al., Berlin 1989.
Jones, C.: *The Charitable Imperative*, London 1989.
Jordan, C.: *Renaissance Feminism*, Ithaca 1990.
Jordan, L.: »Die Renaissance in Piacenza«, *Archiv für Kulturgeschichte* 1907.
Jüptner, H.: »Geburtshilflich-gynäkologische Beobachtungen bei den Trobriandern« in *Die Geburt aus ethnomedizinischer Sicht*, ed. W. Schiefenhövel/D. Sich, Braunschweig 1983.
Jütte, R.: »Das Zepter der heroischen Medizin« in *Symbole des Alltags – Alltag der Symbole*, ed. G. Blaschitz et al., Graz 1992.
Jungwirth, N.: *Demo*, Weinheim 1986.
Junker, H.: *Der große Pylon des Tempels der Isis in Philä*, Wien 1958.
Justin, H.: Brief vom 1. November 1988.

Kahl, T.: *Sexualdelinquenz und Polizeiverhalten*, Marburg 1985.
Kahn, C. E.: »*Lucrece*: The Sexual Politics of Subjectivity« in *Rape and Representation*, ed. L. A. Higgins/B. R. Silver, New York 1991.
Kakar, S.: *Kindheit und Gesellschaft in Indien*, Frankfurt/M. 1988.
Kákosy, L.: »Atum« in *Lexikon der Ägyptologie*, Bd. I, ed. W. Helck/W. Westendorf, Wiesbaden 1975.
Kaminski, G.: *China gemalt: Chinesische Zeitgeschichte in Bildern Friedrich Schiffs*, Wien 1983.

Kando, T.M.: *Sexual Behavior & Family Life*, New York 1978.
Kaplan, L.: *Das Mona Lisa-Syndrom*, Düsseldorf 1990.
Kaplan, L.J.: *Weibliche Perversionen*, Hamburg 1991.
Kappeler, A.: »Die deutschen Flugschriften über die Moskowiter und Iwan den Schrecklichen« in *Russen und Rußland aus deutscher Sicht, 9.-17. Jahrhundert*, ed. M. Keller, München 1985.
Kappl, C.: *Die Not der kleinen Leute*, Bamberg 1984.
Karlinsky, S.: »Russia's Gay Literature and Culture« in *Hidden From History*, ed. M.B. Duberman, New York 1989.
Karmann, P.: »Aus den Censorprotokollen von Ransweiler«, *Nordpfälzer Geschichtsverein* 1988.
Karpman, B.: *The Sexual Offender and His Offenses*, New York 1954.
Karsch-Haack, F.: *Das gleichgeschlechtliche Leben der Naturvölker*, München 1911.
Kasiepo, V.: »Die frohe Botschaft Eurer ›Zivilisation‹« in *Kinder der Steinzeit?*, ed. M. Debout, Moers 1991.
Kathee, R.: »Schleppen für die Deppen«, *Stern* 42, 1987.
Kaufmann, C.: »Bekleidete Nackte in der Südsee« in *Kleidung und Schmuck*, ed. B. Hauser-Schäublin, Basel 1988.
Kaulbach, H.-M.: *Bombe und Kanone in der Karikatur*, Marburg 1987.
Kazhdan, A.: »Der Körper im Geschichtswerk des Niketas Choniates« in *Fest und Alltag in Byzanz*, ed. G. Prinzing/D. Simon, München 1990.
Kedward, R.: *Die Anarchisten*, Lausanne 1970.
Keel, O.: *Die Welt der altorientalischen Bildsymbolik und das Alte Testament*, Einsiedeln 1977.
Keen, S.: *Bilder des Bösen*, Weinheim 1987.
Kees, H.: »Zu den ägyptischen Mondsagen«, *Zeitschrift für ägyptische Sprache und Altertumskunde* 1925.
–: *Totenglauben und Jenseitsvorstellungen der alten Ägypter*, Leipzig 1926.
–: *Kulturgeschichte des alten Orients: Ägypten*, München 1933.
Kehoe, A.B.: »The Function of Ceremonial Sexual Intercourse Among the Northern Plains Indians«, *Plains Anthropologist* 1970.
Keidel, J.E.: *Nacktes und Allzunacktes*, München 1909.
Keil, E.W.: *Deutsche Sitte und Sittlichkeit im 13. Jahrhundert nach den damaligen deutschen Predigern*, Dresden 1931.
Keimer, L.: *Remarques sur le tatouage dans l'Égypte ancienne*, Le Caïre 1948.
Keith, B.: »*Machismo* in Südspanien« in *Die Braut*, ed. G. Völger/K. v. Welck, Bd. II, Köln 1985.
Kelly, H.A.: *Love and Marriage in the Age of Chaucer*, Ithaca 1975.
Kelly, I.T./C.S. Fowler: »Southern Paiute« in *Handbook of North American Indians*, Bd. 11, ed. W.L. D'Azevedo, Washington 1986.
Kelm, A./H. Kelm: *Ein Pfeilschuß für die Braut*, Wiesbaden 1975.
Kemink, F.: *Die Tegreñña-Frauen in Eritrea*, Stuttgart 1991.
Kenntner, G./W.A. Kremnitz: *Neuguinea: Expedition in die Steinzeit*, Frieding-Andechs 1984.
Kenrick, D./G. Puxon: *Sinti und Roma: Die Vernichtung eines Volkes im NS-Staat*, Göttingen 1981.

Kerényi, K.: *Die antike Religion*, Leipzig 1940.
Kern, L. J.: *An Ordered Love: Sex Roles and Sexuality in Victorian Utopias*, Chapel Hill 1981.
Kerner, C. / A.-K. Scheerer: *Jadeperle und Großer Mut*, Ravensburg 1980.
Kerr, M.H. / R.D. Forsyth / M.J. Plyley: »Cold Water and Hot Iron: Trial by Ordeal in England«, *Journal of Interdisciplinary History* 1992.
Kessler, C.S.: »Conflict and Sovereignty in Kelantanese Malay Spirit Seances« in *Case Studies in Spirit Possession*, ed. V. Crapanzano / V. Garrison, New York 1977.
Keuls, E.C.: *The Reign of the Phallus*, New York 1985.
Keupp, L.: *Aggressivität und Sexualität*, München 1971.
Khattab, A.: *Das Bild der Franken in der arabischen Literatur des Mittelalters*, Göppingen 1989.
Kilmer, M.: »Sexual Violence: Archaic Athens and the Recent Past« in *›Owls to Athens‹*, ed. E.M. Craik, Oxford 1990.
Kim, Y.-C.: *Women of Korea*, Seoul 1976.
King, M.L.: *Women of the Renaissance*, Chicago 1991.
Kirch, M.S.: *Deutsche Gebärdensprache*, Hamburg 1987.
Kirkham, G.L.: »Homosexuality in Prison« in *Studies in the Sociology of Sex*, ed. J.M. Henslin, New York 1971.
Kisch, G.: *The Jews in Medieval Germany*, New York 1970.
–: »The ›Jewish Execution‹ in Mediaeval Germany« in *Ausgewählte Schriften*, Bd. II, Sigmaringen 1979.
Kislinger, E.: »Anasyrma: Notizen zur Geste des Schamweisens« in *Symbole des Alltags – Alltag der Symbole*, ed. G. Blaschitz et al., Graz 1992.
Kissling, E.: »Beweisführung in Vergewaltigungsfällen« in *Vergewaltigungen*, ed. H. Schäfer, Bremen 1985.
Kittel, R.: »Women Under the Law in Medieval England 1066-1485« in *The Women of England*, ed. B. Kanner, London 1980.
Klamper, E.: »Die Frau in der Revolution 1848« in *Die Frau im Korsett*, ed. R. Witzmann / R. Forstner, Wien 1984.
Klausner, T.: »Brust (weibliche)« in *Reallexikon für Antike und Christentum*, ed. T. Klausner, Bd. II, Stuttgart 1951.
Klebs, L.: »Die verschiedenen Formen des Sistrums«, *Zeitschrift für ägyptische Sprache und Altertumskunde* 1931.
Klee, E. / W. Dreßen: *›Gott mit uns‹: Der deutsche Vernichtungskrieg im Osten 1939-1945*, Frankfurt/M. 1989.
Klee, E. / W. Dreßen / V. Rieß: *›Schöne Zeiten‹: Judenmord aus der Sicht der Täter und Gaffer*, Frankfurt/M. 1988.
Klein, I.: *Zonenrandgebiete*, Hamburg 1989.
Kleinman, A.: *Patients and Healers*, Berkeley 1980.
Kleinspehn, T.: »Schaulust und Scham: Zur Sexualisierung des Blicks«, *Kritische Berichte* 3, 1989.
Klinck, A.L.: »Anglo-Saxon Women and the Law«, *Journal of Medieval History* 1982.
Klinger, D.M.: *Erotische Kunst in Europa*, Bd. I, Nürnberg 1982.
Klose, S.B.: *Darstellung der inneren Verhältnisse der Stadt Breslau vom Jahre 1458 bis zum Jahre 1526*, Breslau 1847.

Klüver, B./J. Martin: *Kiki's Paris*, New York 1989.
Kluge, F.: *Etymologisches Wörterbuch der deutschen Sprache*, Berlin 1989.
Knabe, E.: *Frauenemanzipation in Afghanistan*, Meisenheim 1977.
Knapp, H.: *Die Würzburger Zentgerichts-Reformation 1447*, Mannheim 1909.
–: *Alt-Regensburgs Gerichtsverfassung, Strafverfahren und Strafrecht bis zur Carolina*, Berlin 1914.
Knauft, B.M.: »Narrative ›Longing‹ and Bisexuality Among the Gebusi of New Guinea«, *Ethos* 1986.
–: »Bodily Images in Melanesia« in *Fragments for a History of the Human Body*, Bd. III, ed. M. Feher et al., New York 1989.
Knefelkamp, U.: *Das Gesundheits- und Fürsorgewesen der Stadt Freiburg i. Br. im Mittelalter*, Freiburg 1981.
Knobloch, J.: *Der deutsche Scharfrichter und die Schelmensippe*, Naumburg 1921.
Knox, D.: »*Disciplina*: The Monastic and Clerical Origins of European Civility« in *Renaissance Society and Culture*, ed. J. Monfasani/E.F. Rice, New York 1991.
Knußmann, R.: *Der Mann, ein Fehlgriff der Natur*, Hamburg 1982.
–: »Sexualität bei Tier und Mensch« in *Handbuch der Sexualpädagogik*, Bd. I, Düsseldorf 1984.
Kobelt-Groch, M.: »Von ›armen frowen‹ und ›bösen wibern‹: Frauen im Bauernkrieg zwischen Anpassung und Auflehnung«, *Archiv für Reformationsgeschichte* 1988.
Koch, E.: *Maior dignitas est in sexu virili*, Frankfurt/M. 1991.
Koch, F.: *Sexuelle Denunziation*, Frankfurt/M. 1986.
Koch, K.-F.: »Warfare and Anthropophagy in Jalé Society«, *Bijdragen tot de Taal-, Land- en Volkenkunde* 1970.
Koch, P./R. Oltmanns: *Die Würde des Menschen*, Hamburg 1977.
Koch, S.N.: »The Koches of Garo Hills« in *Garo Hills*, ed. L.S. Gassah, Gauhati 1984.
Köhler, E.: »Sexuelle Belästigung im Bayerischen Landtag« in *Tatort Arbeitsplatz*, ed. U. Gerhart et al., München 1992.
Koehler, L.: *A Search for Power: The ›Weaker Sex‹ in 17th-Century New England*, Urbana 1980.
Köhler, O.: *Die Welt der Kxoé-Buschleute im südlichen Afrika*, Bd. I, Berlin 1989.
König, O.: *Nacktheit*, Opladen 1990.
–: »Verteidiger der Schamhaftigkeit: Zur Elias-Duerr-Debatte«, *Psychologie heute*, Dezember 1991.
König, R.: »Busenfrei oder nicht?« in *Macht und Reiz der Mode*, Düsseldorf 1971.
Koenigswald, G. v.: »Die Carajá-Indianer«, *Globus* 1908.
Koepping, E.R.: *Too Hot, Too Cold, Just Right: Social Relations in a Kadazan Village of Sabah, Malaysia*, Brisbane 1981.
–: Mündliche Mitteilung vom 18. Juni 1992.
Koepping, K.-P.: »Baubo und Priapos« in *Graffiti*, ed. S. Müller, Bielefeld 1985.

–: Mündliche Mitteilung vom 23. Februar 1992.
Köstlin, K.: »Die ›Historische Methode‹ der Volkskunde und der ›Prozeß der Zivilisation‹ des Norbert Elias« in *Volkskultur, Geschichte, Region*, ed. D. Harmening/E. Wimmer, Würzburg 1990.
Kohl, K.-H.: *Abwehr und Verlangen*, Frankfurt/M. 1987.
–: »Über den Umgang mit Fremden: Ethnologische Beobachtungen in Ost-Flores« in *Antrittsvorlesungen der Johannes Gutenberg-Universität Mainz*, Bd. 6, Mainz 1992.
Kohler, J.: *Das Recht der Azteken*, Stuttgart 1892.
Kokula, I.: »Lesbisch leben von Weimar bis zur Nachkriegszeit« in *Eldorado*, ed. M. Bollé/R. Bothe, Berlin 1984.
Kollmann, N.S.: »Was There Honor in Kiev Ruś?«, *Jahrbücher für Geschichte Osteuropas* 1988.
–: »Women's Honor in Early Modern Russia« in *Russia's Women*, ed. B.E. Clements et al., Berkeley 1991.
Kolmer, L.: »Die Hinrichtung des hl. Emmeran« in *Regensburg und Bayern im Mittelalter*, ed. B. Callies et al., Regensburg 1987.
Komenda, J.: »Frauen im Revier von Birkenau« in *Die Auschwitz-Hefte*, Bd. I, Weinheim 1987.
Komorovský, J.: »The Evidence of the Bride's Innocence in the Wedding Customs of the Slavs«, *Ethnologia Slavica* 1974.
Konner, M.: *Die unvollkommene Gattung*, Basel 1984.
Konrad, G.: »Meaning of Phallic Display Among the Asmat and Other Societies of Irian Jaya«, *Ethnomedizin* 1977.
Kopelew, L.: *Aufbewahren für alle Zeit!*, Hamburg 1976.
Kornaros, T.: »Vor den Toren Athens: Chaidari«, *Dachauer Hefte* 5, 1989.
Koschorrek, W.: *Der Sachsenspiegel*, Frankfurt/M. 1989.
Kotelmann, L.: *Gesundheitspflege im Mittelalter*, Hamburg 1890.
Kracke, W.H.: *Force and Persuasion: Leadership in an Amazonian Society*, Chicago 1978.
Krämer, A.: *Die Samoa-Inseln*, Bd. II, Stuttgart 1903.
–: *Palau*, Bd. I, Hamburg 1917; Bd. III, 1926.
Krämer, J.: *Pfälzisches Wörterbuch*, Bd. III, Wiesbaden 1980.
Kramer, F.W.: *Der rote Fes*, Frankfurt/M. 1987.
–: Mündliche Mitteilung vom 5. Februar 1992.
Kramer, K.-S.: *Volksleben im Fürstentum Ansbach und seinen Nachbargebieten (1500-1800)*, Würzburg 1961.
–: *Das Scheibenbuch des Herzogs Johann Casimir v. Sachsen-Coburg*, Coburg 1989.
Kramer, K.-S./U. Wilkens: *Volksleben in einem holsteinischen Gutsbezirk*, Neumünster 1979.
Krása, J.: *Die Handschriften König Wenzels IV.*, Praha 1971.
Kraus, O./E. Kulka: *Die Todesfabrik Auschwitz*, Berlin 1991.
Krause, B.: »Scham und Selbstverhältnis in mittelalterlicher Literatur« in *Das Andere Wahrnehmen*, ed. M. Kintzinger et al., Köln 1991.
Krause, F.: *In den Wildnissen Brasiliens*, Leipzig 1911.
Kraushaar, W.: »Schreckensbilder« in *Folter*, ed. J. P. Reemstma, Hamburg 1991.

Krauss, F.S.: »Südslavische Volksüberlieferungen, die sich auf den Geschlechtsverkehr beziehen: Teil I«, *Anthropophyteia* 1904.
Krauss, F.S./T. Sato: *Japanisches Geschlechtsleben*, ed. G. Prunner, Hanau 1965.
Krauss, S.: »Bad und Badewesen im Talmud«, *Haķedem* 1907.
Krekić, B.: »*Abominandum crimen*: Punishment of Homosexuals in Renaissance Dubrovnik«, *Viator* 1987.
Krenkel, W.: *Pompejanische Inschriften*, Heidelberg 1962.
Kreuzer, M.D.: *Prostitution*, Stuttgart 1989.
van Krieken, R.: »The Organisation of the Soul«, *Archives européennes de sociologie* 1990.
–: »Gewalt, Selbstdisziplin und Modernität«, *Psychologie und Geschichte* 1991.
Krige, E.J.: »Girls' Puberty Songs and Their Relation to Fertility, Health, Morality and Religion Among the Zulu«, *Africa* 1968.
Křížek, V.: *Kulturgeschichte des Heilbades*, Leipzig 1990.
Krockow, C. v.: *Die Stunde der Frauen*, München 1991.
Kroeber, A.L.: »Cheyenne Tales«, *Journal of American Folklore* 1900.
–: »The Arapaho«, *Bulletin of the American Museum of Natural History* 1907.
Kröhn, W.: »Tatmotiv Frauenverachtung«, *Sexualmedizin* 1985.
–: »Wer sind die Vergewaltiger?« in *Von der Last der Lust*, ed. J.C. Aigner/R. Gindorf, Wien 1986.
Krohn, R.: *Der unanständige Bürger*, Kronberg 1974.
Kroll, W.: *Die Kultur der ciceronischen Zeit*, Darmstadt 1963.
Kromm, J.: »›Marianne‹ and the Madwomen«, *Art Journal* 1987.
Kronberger, M.: »Die Amazonen« in *Nachrichten aus der Zeit*, ed. E. Specht, Wien 1992.
Kubary, J.S.: *Ethnographische Beiträge zur Kenntnis des Karolinen Archipels*, Leiden 1895.
Kuby, E.: *Als Polen deutsch war: 1939-1945*, Ismaning 1986.
Kuczynski, J.: *Geschichte des Alltags des deutschen Volkes*, Bd. I, Köln 1980.
Küpper, H.: *Illustriertes Lexikon der deutschen Umgangssprache*, Bd. III, Stuttgart 1983.
Kuhfus, P.M.: »Rot und Schwarz: Einige Beobachtungen zu Männerbund-Aspekten der Geheimgesellschaften Chinas« in *Männerbande, Männerbünde*, Bd. I, ed. G. Völger/K. v. Welck, Köln 1990.
Kummer, H.: »Geschlechtsspezifisches Verhalten von Tierprimaten« in *Geschlechtsunterschiede*, ed. N. Bischof/H. Preuschoft, München 1980.
Kunczik, M.: *Gewalt und Medien*, Köln 1987.
Kuntner, L.: Mündliche Mitteilung vom 15. Juni 1987.
Kunz, R.: »Aus Lindenfelser Rügenregistern des 17. Jahrhunderts«, *Geschichtsblätter Kreis Bergstraße* 1977.
Kunzle, D.: *The Early Comic Strip*, Berkeley 1973.
Kuppel, W.: *Nackt und nackt gesellt sich gern*, Düsseldorf 1981.
Kuret, N.: »Frauenbünde und maskierte Frauen«, *Schweizerisches Archiv für Volkskunde* 1972.

Kurz, F.: »Aus dem Tagebuch des Malers Friedrich Kurz über seinen Aufenthalt bei den Missouri-Indianern 1848-1852«, *Jahresberichte der Geographischen Gesellschaft von Bern* 1894.
Kuster, H.J./R.J. Cormier: »Old Views and New Trends: Observations on the Problem of Homosexuality in the Middle Ages«, *Studi Medievali* 1984.
Kuzmics, H.: »Zeitdruck und Individualisierung als Probleme der Moderne: Überlegungen zu den neueren Beiträgen von N. Elias und zu H.P. Duerrs Elias-Kritik«, *Österreichische Zeitschrift für Soziologie* 1988.

La Barre, W.: »Die kulturelle Grundlage von Emotionen und Gesten« in *Kulturanthropologie*, ed. W.E. Mühlmann/E.W. Müller, Köln 1966.
–: *Muelos: A Stone Age Superstition About Sexuality*, New York 1984.
La Belle, B.: »The Propaganda of Misogyny« in *Take Back the Night*, ed. L. Lederer, New York 1980.
Lacau, M.P.: *Les noms des parties du corps en égyptien et en sémitique*, Paris 1970.
Lacoste-Dujardin, C.: *Mütter gegen Frauen*, Zürich 1990.
Lagercrantz, S.: *Penis Sheaths and Their Distribution in Africa*, Uppsala 1976.
de Lamartine, M.A.: *Histoire des Girondins*, Bd. III, Leipzig 1847.
Lambertz, J.: »Sexual Harassment in the Nineteenth Century English Cotton Industry«, *History Workshop*, Spring 1985.
Lambroza, S.: »The Pogroms of 1903-1906« in *Pogroms: Anti-Jewish Violence in Modern Russian History*, ed. J.D. Klier/S. Lambroza, Cambridge 1992.
Lamm, M.: *The Jewish Way in Love and Marriage*, San Francisco 1980.
Landes, D.: »Modesty and Self-Dignity in Holocaust Films« in *Genocide*, ed. A. Grobman/D. Landes, Los Angeles 1983.
Landes, R.: *The Ojibwa Woman*, New York 1938.
Lane, M.: *Les soldats américains accusent*, Paris 1972.
Lang, B.: »No Sex in Heaven: The Logic of Procreation, Death, and Eternal Life in the Judaeo-Christian Tradition« in *Mélanges bibliques en l'honneur de Mathias Delcor*, Neukirchen 1985.
Langbein, H.: *Menschen in Auschwitz*, Wien 1987.
Lange, H.U./M.-P. Engelmeier: »Ladendiebstahl als sexuelle Deviation«, *Sexualmedizin* 1980.
Langlois, C.: »Counterrevolutionary Iconography« in *French Caricature and the French Revolution, 1789-1799*, ed. L. Hockman, Chicago 1988.
Langner, L.: »Clothes and Government« in *Dress, Adornment, and the Social Order*, ed. M.E. Roach/J.B. Eicher, New York 1965.
Langness, L.L.: »Ritual, Power, and Male Dominance in the New Guinea Highlands« in *The Anthropology of Power*, ed. R.D. Fogelson/R.N. Adams, New York 1977.
Laqueur, R.: *Schreiben im KZ*, Bremen 1991.
Laqueur, T.W. »›Amor Veneris, vel Dulcedo Appeletur‹« in *Fragments for a History of the Human Body*, Bd. III, ed. M. Feher et al., New York 1989.
–: *Auf den Leib geschrieben*, Frankfurt/M. 1992.

La Sale, A. de: *Die hundert neuen Novellen*, ed. A. Semerau, München 1907.
Laslett, P.: *Verlorene Lebenswelten*, Wien 1988.
Latzka, B.: *Sextourismus in Südostasien*, Frankfurt/M. 1987.
Laubscher, B.J.F.: *Sex, Custom and Psychopathology*, London 1937.
Laudowicz, E.: »›Die Ehre, für Palästina zu kämpfen‹« in *Befreites Land – befreites Leben?*, ed. E. Laudowicz, Köln 1987.
–: »Armee mit langen Haaren« in *Der große Unterschied*, ed. K.v. Soden, Berlin 1988.
Lauenstein, D.: *Die Mysterien von Eleusis*, Stuttgart 1987.
Lautmann, R.: *Der Zwang zur Tugend*, Frankfurt/M. 1984.
Lautmann, R./M. Schetsche: *Das pornographierte Begehren*, Frankfurt/M. 1990.
Lavie, S.: *The Poetics of Military Occupation*, Berkeley 1990.
van Lawick-Goodall, J.: *Wilde Schimpansen*, Reinbek 1971.
Lawner, L.: *Lives of the Courtesans*, New York 1987.
Lawrenz, C./P. Orzegowski: *Das kann ich keinem erzählen: Gespräche mit Frauen über ihre sexuellen Phantasien*, Darmstadt 1988.
Lawson, J.C.: *Modern Greek Folklore and Ancient Greek Religion*, Cambridge 1910.
Layard, J.: *Stone Men of Malekula*, London 1942.
Leach, E. R.: »A Trobriand Medusa?«, *Man* 1954.
Leaf, W.: *Homer's ›Iliad‹*, Bd. II, London 1902.
Leakey, L.: »Heirat und Verwandtschaft« in *Bild der Völker*, Bd. 2, ed. E.E. Evans-Pritchard, Wiesbaden 1974.
Leclant, J.: »Gotteshand« in *Lexikon der Ägyptologie*, Bd. II, ed. W. Helck/W. Westendorf, Wiesbaden 1977.
Lederer, L.: »Then and Now: An Interview With a Former Pornography Model« in *Take Back the Night*, ed. L. Lederer, New York 1980.
Lee-Linke, S.-H.: *Frauen gegen Konfuzius*, Gütersloh 1991.
Lefebvre, G.: *Tableau des parties du corps humain mentionnées par les Égyptiens*, Le Caïre 1952.
Lefkowitz, M. R.: *Die Töchter des Zeus*, München 1992.
Le Goff, J.: »Der Mensch des Mittelalters« in *Der Mensch des Mittelalters*, ed. J. Le Goff, Frankfurt/M. 1989.
Leguay, J.-P.: »Ein Fall von Notzucht im Mittelalter« in *Die sexuelle Gewalt in der Geschichte*, ed. A. Corbin, Berlin 1992.
Lehmann, K./K.A. Eckhardt: *Leges alamannorum*, Hannover 1966.
Lehmann-Langholz, U.: *Kleiderkritik in mittelalterlicher Dichtung*, Frankfurt/M. 1985.
Lehndorff, H.v.: »Königsberg unter den Russen« in *Letzte Tage in Ostpreußen*, ed. H. Reinoß, Berlin 1985.
Leip, H.: *Bordbuch des Satans*, München 1959.
Leiris, M.: *Das Auge des Ethnographen*, Frankfurt/M. 1978.
Leith, J. A.: »The War of Images Surrounding the Commune« in *Images of the Commune*, ed. J. A. Leith, Québec 1978.
Lem, S.: »Noch einmal: Können Hexen fliegen?« in *Der gläserne Zaun*, ed. R. Gehlen/B. Wolf, Frankfurt/M. 1983.
Lenk, W.: *Dokumente aus dem deutschen Bauernkrieg*, Frankfurt/M. 1983.

Leonardo da Vinci: *Tagebücher und Aufzeichnungen*, Leipzig 1940.
Lerner, G.: »The Origin of Prostitution in Ancient Mesopotamia«, *Signs* 1986.
Le Roy Ladurie, E.: *Montaillou*, Frankfurt/M. 1980.
Lesnick, D.R.: »Insults and Threats in Medieval Todi«, *Journal of Medieval History* 1991.
Lésoualc'h, T.: *Érotique du Japon*, Paris 1978.
Lessa, W.A.: *Ulithi*, New York 1966.
Leverenz, I.: Brief vom 5. September 1986.
Le Vine, B.B.: »Die Initiation der Mädchen in Nyansongo« in *Initiation*, ed. V. Popp, Frankfurt/M. 1969.
Le Vine, R.A.: »Gusii Sex Offenses«, *American Anthropologist* 1959.
Le Vine, R.A./B.B. Le Vine: »Nyansongo: A Gusii Community in Kenya« in *Six Cultures*, ed. B.B. Whiting, New York 1963.
Lévi-Strauss, C.: *La vie familiale et sociale des Indiens Nambikwara*, Paris 1948.
–: *Traurige Tropen*, Frankfurt/M. 1978.
Lévy, I.: »Autor d'un roman mythologique égyptien« in *Mélanges Franz Cumont*, Bruxelles 1936.
Levy, R.I.: »The Community Function of Tahitian Male Transvestitism«, *Anthropological Quarterly* 1971.
–: *Tahitians*, Chicago 1973.
–: »Tahiti, Sin, and the Question of Integration Between Personality and Sociocultural Systems« in *Culture and Personality*, ed. R.A. LeVine, Chicago 1974.
Lévy-Hass, H.: *Vielleicht war das alles erst der Anfang*, ed. E. Geisel, Berlin 1979.
Lew v. Rožmital: *Ritter-, Hof- und Pilger-Reise durch die Abendlande 1465-1467*, ed. J.A. Schmeller, Stuttgart 1844.
Lewis, O.: *The Children of Sánchez*, New York 1961.
Lewy, G.: *America in Vietnam*, Oxford 1978.
Lexer, M.: *Mittelhochdeutsches Handwörterbuch*, Bd. I, Leipzig 1872.
Lexová, I.: *Ancient Egyptian Dances*, Praha 1935.
Li, D.: »The Kammu People in China«, *Asian Folklore Studies* 1984.
Licht, M.: *Vergewaltigungsopfer*, Pfaffenweiler 1989.
Lichtenberg, G. C.: *Schriften und Briefe*, Bd. I, München 1968.
Liebermann, F.: *Die Gesetze der Angelsachsen*, Bd. I, Halle 1903.
Liebert, R.S.: *Michelangelo*, New Haven 1983.
Liebrecht, F.: »Arsloh«, *Germania* 1886.
Lienhardt, G.: Brief vom 4. November 1986.
Lifton, R.J.: »America's New Survivors: The Image of My Lai« in *Our Selves / Our Past*, ed. R.J. Brugger, Baltimore 1981.
Lincoln, B.: »Revolutionary Exhumations in Spain, July 1936«, *Comparative Studies in Society & History* 1985.
Lindemann, B.S.: »›To Ravish and Carnally Know‹: Rape in Eighteenth-Century Massachusetts«, *Signs* 1984.
Lindholm, C./C. Lindholm: »Life Behind the Veil« in *Anthropology*, ed. D.E.K. Hunter/P. Whitten, Boston 1982.

Lindner, D.: *Der usus matrimonii*, München 1929.
Linton, R.: »Marquesan Culture« in *The Individual and His Society*, ed. A. Kardiner, New York 1939.
Linz, D./E. Donnerstein: »The Effects of Counterinformation on the Acceptance of Rape Myths« in *Pornography*, ed. D. Zillmann/J. Bryant, Hillsdale 1989.
Lipp, C.: »Die Innenseite der Arbeiterkultur« in *Arbeit, Frömmigkeit und Eigensinn*, ed. R. van Dülmen, Frankfurt/M. 1990.
Lippard, L.R.: *A Different War*, Seattle 1990.
Lisak, D.: »Sexual Aggression, Masculinity, and Fathers«, *Signs* 1991.
Lizot, J.: *Im Kreis der Feuer*, Frankfurt/M. 1982.
Llewellyn, K.N./E.A. Hoebel: *The Cheyenne Way*, Norman 1941.
Llewelyn-Davies, M.: »Two Contexts of Solidarity Among Pastoral Maasai Women« in *Women United, Women Divided*, ed. P. Caplan/J.M. Bujra, London 1978.
Loch, A.: »An'griff« in *Deutsches Rechtswörterbuch*, Bd. I, ed. R. Schröder/E.v. Künßberg, Weimar 1914.
Lodge, O.: »›Babin Den‹: Midwives' Day in Bulgaria«, *Man* 1947.
Lo Duca, J.M.: *Eros im Bild*, München 1968.
Löffler, L.G.: »Das zeremonielle Ballspiel im Raum Hinterindiens«, *Paideuma* 1955.
Löffler, S.: »Auf dem Schampfad«, *profil* 45, 5. November 1990.
Löwith, K.: »Unzulängliche Bemerkungen zum Unterschied von Orient und Okzident« in *Die Gegenwart der Griechen im Neueren Denken*, ed. D. Henrich et al., Tübingen 1960.
Lohs, M.: »Frauen äußern ihre sexuellen Phantasien« in *Ärztliches Handeln und Intimität*, ed. R. Lockot/H.P. Rosemeier, Stuttgart 1983.
Lohse, S.: ›*God Spared a Few to Tell the Tale*‹, Würzburg 1991.
Lombroso, C./M. Carrara: *Contributo all' antropologìa dei Dinka*, Lanciano 1897.
Lombroso, C./G. Ferrero: *Das Weib als Verbrecherin und Prostituierte*, Hamburg 1894.
van de Loo, E.L.H.M.: *Genital Exposing Behaviour in Adult Human Males*, Leiden 1987.
López de Gómara, F.: »Die Eroberung Mexikos durch Hernán Cortes« in *Der Griff nach der Neuen Welt*, ed. C. Strosetzki, Frankfurt/M. 1991.
López-Ríos Fernández, F.: *Arte y medicina en las misericordias de los coros españoles*, Salamanca 1991.
Lorand, S.: »The Psychology of Nudism«, *Psychoanalytic Review* 1933.
Loraux, N.: »Herakles: The Super-Male and the Feminine« in *Before Sexuality*, ed. D.M. Halperin et. al., Princeton 1990.
Loskiel, G.H.: *Geschichte der Mission der evangelischen Brüder unter den Indianern in Nordamerika*, Barby 1789.
Lourie, E.: *Crusade and Colonisation*, Aldershot Hampshire 1990.
Low, B./H. Ling Roth: »The Natives of Borneo«, *Journal of the Anthropological Institute of Great Britain and Ireland* 1892.
Lowen, A.: »In Defense of Modesty«, *Journal of Sex Research* 1967.
Lowenthal, A.W.: *Netherlandish Mannerism*, London 1990.

Lowie, R.H.: »Social Life of the Crow Indians«, *Anthropological Papers of the American Museum of Natural History*, New York 1912.
–: Notes on the Social Organization and Customs of the Mandan, Hidatsa, and Crow Indians«, *Anthropological Papers of the American Museum of Natural History*, New York 1917.
Lüsebrink, H.-J.: »Les crimes sexuels dans les *Causes célèbres*«, *Dix-huitieme siècle* 1980.
Lugand, R.: »Le viol rituel chez les Romains«, *Revue archéologique* 1930.
Luig, U.: »Körpermetaphorik, Sexualität und Macht der Frauen« in *Frauenmacht ohne Herrschaft*, ed. I. Lenz/U. Luig, Berlin 1990.
Lukas, M.: *Und die Kerle lechzen*, Essen 1986.
Lukesch, A.: »Kontaktaufnahme mit Urwaldindianern (Brasilien)«, *Anthropos* 1973.
Lullies, R./M. Hirmer: *Griechische Vasen der reifarchaischen Zeit*, München 1953.
Lundholm, A.: *Das Höllentor*, Reinbek 1988.
Luo, S.: Mündliche Mitteilung vom 30. November 1989.
Luria, Z./M.D. Rose: *Psychology of Human Sexuality*, New York 1979.
Lurie, N.O.: »Winnebago Berdache«, *American Anthropologist* 1953.
Luzbetak, L.J.: *Marriage and the Family in Caucasia*, Wien-Mödling 1951.
Lydall, J./I. Strecker: *The Hamar of Southern Ethiopia*, Bd. I, Hohenschäftlarn 1979.
Lyman, P.: »The Fraternal Bond as a Joking Relationship« in *Changing Men*, ed. M.S. Kimmel, Newbury Park 1987.
Lyman, S.M./M.B. Scott: »Coolness in Everyday Life« in *Sociology and Everyday Life*, ed. M. Truzzi, Englewood Cliffs 1968.
Lyons, A.P.: »Notes on the Gogodara Tribe of Western Papua«, *Journal of the Royal Anthropological Institute* 1926.

Maaskant-Kleibrink, M.: *Mythe in beeld*, Groningen 1990.
MacDonald, J.M.: *Rape*, Springfield 1971.
MacDonald, M.: »Women and Madness in Tudor and Stuart England«, *Social Research* 1986.
Machotka, P.: *The Nude*, New York 1979.
MacInnes, C.: *Out of the Way*, London 1979.
Mackay, A.: »Faction and Civil Strife in Late Medieval Castilian Towns«, *Bulletin of the John Rylands University Library of Manchester*, Autumn 1990.
MacKinnon, C.A.: *Sexual Harassment of Working Women*, New Haven 1979.
MacNamara, D.E.J./E. Sagarin: *Sex, Crime, and the Law*, New York 1977.
MacPherson, M.: *Long Time Passing*, Garden City 1984.
Maddern, P. C.: *Violence and Social Order: East Anglia 1422-1442*, Oxford 1992.
Maddow, B.: *Antlitz*, Köln 1979.
Madigan, L./N.C. Gamble: *The Second Rape*, New York 1991.
Märtin, R.P.: *Dracula: Das Leben des Fürsten Vlad Tepes*, Frankfurt/M. 1991.

Magyary-Kossa, J.v.: *Ungarische medizinische Erinnerungen*, Budapest 1935.
Maier, R.: *Das Strafrecht der Stadt Villingen*, Freiburg 1913.
Maier-Bode, S.: *Die Stellung der lesbischen Frau in der heutigen Gesellschaft und in früheren Jahrhunderten*, Bonn 1983.
Majer, F.: *Geschichte der Ordalien*, Jena 1795.
Makowski, E.M.: »The Conjugal Debt and Medieval Canon Law«, *Journal of Medieval History* 1977.
Malamuth, N.M.: »The Mass Media and Aggression Against Women« in *Rape and Sexual Assault*, ed. A.W. Burgess, New York 1985.
–: »Do Sexually Violent Media Indirectly Contribute to Antisocial Behavior?« in *The Psychology of Women*, ed. M.R. Walsh, New Haven 1987.
Malamuth, N./S. Haber/S. Feshbach: »Testing Hypotheses Regarding Rape«, *Journal of Research in Personality* 1980.
Malaurie, J.: *Die letzten Könige von Thule*, Frankfurt/M. 1979.
Malcolmson, P.E.: *English Laundresses*, Urbana 1986.
Malinowski, B.: *Das Geschlechtsleben der Wilden in Nordwest-Melanesien*, Frankfurt/M. 1979.
–: *Korallengärten und ihre Magie*, Frankfurt/M. 1981.
Malotki, E.: »The Story of the *tsimonmamant* or Jimson Weed Girls« in *Smoothing the Ground*, ed. B. Swann, Berkeley 1983.
Malti-Douglas, F.: *Woman's Body, Woman's Word*, Princeton 1991.
Mamozai, M.: *Komplizinnen*, Reinbek 1990.
Mandel, S.: »The Laughter of Nordic and Celtic-Irish Tricksters«, *Fabula* 1982.
van Mander, C.: *Das Leben der niederländischen und deutschen Maler von 1400 bis ca. 1615*, ed. H. Floerke, Worms 1991.
Mandeville, J.: *Reisebuch*, ed. G.E. Sollbach, Frankfurt/M. 1989.
Mandl-Neumann, H.: »Alltagskriminalität im spätmittelalterlichen Krems«, *Mitteilungen des Kremser Stadtarchivs* 1985.
Manniche, L.: *Sexual Life in Ancient Egypt*, London 1987.
Mansberg, R.v.: »Die antike Hinrichtung am Pfahl oder Kreuz«, *Zeitschrift für deutsche Kulturgeschichte* 1900.
Marco Polo: *Von Venedig nach China*, ed. T.A. Knust, Stuttgart 1983.
Marcus, M.: *Die furchtbare Wahrheit: Frauen und Masochismus*, Reinbek 1987.
Maréchal, G.M.O.: »Steden en hun sociale zorg« in *Steden & hun verleden*, ed. M. van Rooijen, Utrecht 1988.
Maréchal, M./J. Poumarède: *La Coutume de Saint-Sever (1380-1480)*, Paris 1988.
de Marly, D.: *Louis XIV & Versailles*, London 1987.
Marrinan, M.: *Painting Politics for Louis-Philippe*, New Haven 1988.
Marshall, D.S.: *Island of Passion*, London 1962.
–: »Sexual Behavior on Mangaia« in *Human Sexual Behavior*, ed. D.S. Marshall/R.C. Suggs, New York 1971.
Marshall, L.: »Marriage Among the !Kung Bushmen«, *Africa* 1959.
–: *The !Kung of Nyae Nyae*, Cambridge 1976.
–: »Sharing, Talking, and Giving: Relief of Social Tensions Among the

!Kung« in *Kalahari Hunter-Gatherers*, ed. R.B. Lee/I. DeVore, Cambridge 1976.
Martin, E./H. Lienhart: *Wörterbuch der elsässischen Mundarten*, Bd. II, Straßburg 1907.
Martin, P.: *Das rebellische Eigentum*, Frankfurt/M. 1988.
Martini, G.: »La giustizia veneziana ed il ›vitio nefando‹ nel secolo XVII«, *Studi Veneziani* 1986.
Martischnig, M.: »Schöner Vogel Jugend« in *Gegenwartsvolkskunde und Jugendkultur*, ed. K. Beitl/E. Kausel, Wien 1987.
Marwick, B.A.: *The Swazi*, London 1940.
Marzell, H.: »Lein« in *Handwörterbuch des deutschen Aberglaubens*, Bd. V, ed. H. Bächtold-Stäubli, Berlin 1933.
–: *Geschichte und Volkskunde der deutschen Heilpflanzen*, Stuttgart 1938.
Mason, P.: *The City of Men*, Göttingen 1984.
Massarella, D.: *A World Elsewhere: Europe's Encounter With Japan in the 16th and 17th Centuries*, New Haven 1990.
Masters, W.H./V.E. Johnson: *Homosexualität*, Frankfurt/M. 1979.
Masters, W.H. et al.: *Liebe und Sexualität*, Berlin 1987.
–: *Human Sexuality*, Glenview 1988.
Maurer, F.: »Der Phallusdienst bei den Israeliten und Babyloniern«, *Globus* 1907.
Maurer, H.: *Konstanz im Mittelalter*, Konstanz 1989.
Maurer, M.: *Britannien, von deiner Freiheit einen Hut voll*, München 1992.
Mauritsch, P.: *Sexualität im frühen Griechenland*, Wien 1992.
Maybury-Lewis, D.: *The Savage and the Innocent*, London 1965.
–: *Akwẽ-Shavante Society*, Oxford 1967.
Mayer, D.M.: *Angelica Kauffmann, R.A., 1741-1807*, Gerrards Cross 1972.
Mayer, G.: *Die jüdische Frau in der hellenistisch-römischen Antike*, Stuttgart 1987.
Mayer, H.: *Kolumbien: Der schmutzige Krieg*, Reinbek 1990.
Maynes, M.J.: »Gender and Class in Working-Class Women's Autobiographies« in *German Women in the Eighteenth and Nineteenth Centuries*, ed. R.-E.B. Joeres/M.J. Maynes, Bloomington 1986.
McCahill, T.W./L.C. Meyer/A.M. Fischman: *The Aftermath of Rape*, Lexington 1979.
McCall, D.: »The Dominant David Dyad: Mother-Right and the Iroquois Case« in *Theory and Practice*, ed. S. Diamond, The Hague 1980.
McCall, D.F.: *Wolf Courts Girl*, Athens 1970.
McCarthy, M.: *Medina: Die My Lai-Prozesse*, Zürich 1973.
McConell, U.: »The Wik-Mungkan and Allied Tribes of Cape York Peninsula, N.Q.«, *Oceania* 1934.
McDaniel, W.B.: »The Medical and Magical Significance in Ancient Medicine of Things Connected With Reproduction and Its Organs«, *Journal of the History of Medicine* 1948.
McDannell, C./B. Lang: *Heaven: A History*, New Haven 1988.
McDermid, J.: »Women in Urban Employment and the Shaping of the Russian Working Class« in *Women's Work and the Family Economy*, ed. P. Hudson/W. R. Lee, Manchester 1990.

McKnight, D.: »Sexual Symbolism of Food Among the Wik-Mungkan«, *Man* 1973.
McLeod, M.D.: *The Asante*, London 1981.
McLynn, F.: *Crime and Punishment in Eighteenth-Century England*, London 1989.
Mead, M.: *New Lives for Old*, New York 1961.
–: *Leben in der Südsee*, München 1965.
Meer, T. van der: »The Persecution of Sodomites in Eighteenth-Century Amsterdam« in *The Pursuit of Sodomy*, ed. K. Gerard/G. Hekma, New York 1989.
Mégier, E.: »Deux exemples de ›prépurgatoire‹ chez les historiens«, *Cahiers de civilisation médiévale* 1985.
Mehta, R.J.: *Scientific Curiosities of Love-Life and Marriage*, Bombay o.J.
Meigs, A.S.: *Food, Sex, and Pollution*, New Brunswick 1984.
Meiian, H.: Mündliche Mitteilung vom 27. Juni 1986.
Meijer, M.J.: *Murder and Adultery in Late Imperial China*, Leiden 1991.
Meißner, R.: *Bruchstücke der Rechtsbücher des Borgarthings und des Eidsivathings*, Weimar 1942.
Melegari, V.: *Die Geschichte der Piraten*, Hamburg 1978.
Ménard, P.: »Le rire et le sourire au Moyen Age dans la littérature et dans les arts« in *Le rire au Moyen Age*, ed. T. Bouché/H. Charpentier, Bordeaux 1990.
Mennel, R.M.: *Thorns & Thistles: Juvenile Delinquents in the United States*, Hanover 1973.
Mennell, S.: *Norbert Elias*, Oxford 1989.
Mensah-Brown, A.K.: »Marriage in Sefwi-Akan Customary Law«, *Sociologus* 1969.
Méricourt, T. de: *Aufzeichnungen aus der Gefangenschaft*, ed. H. Grubitzsch/R. Bockholt, Salzburg 1989.
Mernissi, F.: *Die Sultanin*, Frankfurt/M. 1991.
Mershen, B.: »Amulette als Komponenten des Volksschmucks im Jordanland« in *Pracht und Geheimnis*, ed. G. Völger et al., Köln 1987.
Mester, H.: »Der Wunsch einer Frau nach Veränderung der Busengröße«, *Zeitschrift für psychosomatische Medizin* 1982.
Métraux, A.: *Religions et magies indiennes d'Amérique du Sud*, Paris 1967.
Mey, W.: *Wir wollen nicht euch – wir wollen euer Land*, Gießen 1988.
Meyer, C.: *Das Stadtbuch von Augsburg*, Augsburg 1872.
–: »Der gerichtliche Zweikampf, insbesondere der zwischen Mann und Frau«, *Zeitschrift für deutsche Kulturgeschichte* 1873.
Meyer, K.: *Cáin Adamnáin*, Oxford 1905.
Meyer, W.: *Hirsebrei und Hellebarde*, Olten 1985.
Meyer-Knees, A.: »Gewalt als Definitionsproblem: Zur Debatte über die Möglichkeit der ›Nothzucht‹ im gerichtsmedizinischen Diskurs des 18. Jahrhunderts« in *Blick-Wechsel*, ed. I. Lindner et al., Berlin 1989.
–: *Verführung und sexuelle Gewalt*, Tübingen 1992.
Meyer-Seethaler, C.: *Ursprünge und Befreiungen: Eine dissidente Kulturtheorie*, Zürich 1988.
Meyerson, M.D.: *The Muslims of Valencia*, Berkeley 1991.

Michaïlidis, G.: »Moule illustrant un texte d'Hérodote relatif au bouc de Mendès«, *Bulletin de l'Institut d' Archéologie Orientale* 1965.
Michel, R.: »L'art des Salons« in *Aux armes & aux arts!*, ed. P. Bordes/R. Michel, Paris 1988.
Michelet, J.: *Die Frauen der Revolution*, ed. G. Etzel, Frankfurt/M. 1984.
–: *Geschichte der Französischen Revolution*, Bd. III, Frankfurt/M. 1988.
Michels, R.: *Sittlichkeit in Ziffern?*, München 1928.
Miklucho-Maclay, N. v.: »Anthropologische Notizen, gesammelt auf einer Reise in West-Mikronesien und Nord-Melanesien«, *Verhandlungen der Berliner Gesellschaft für Anthropologie, Ethnologie und Urgeschichte* 1878.
Miles, M. R.: »The Virgin's One Bare Breast« in *The Female Body in Western Culture*, ed. S. R. Suleiman, Cambridge 1986.
Milger, P.: *Die Kreuzzüge*, München 1988.
Miller, D.: »The Significance of Streaking«, *Medical Aspects of Human Sexuality* 1974.
Mills, J. P.: *The Rengma Nagas*, London 1937.
Milton, S.: »Sensitive Issues About Holocaust Films« in *Genocide*, ed. A. Grobman/D. Landes, Los Angeles 1983.
–: »Deutsche und deutsch-jüdische Frauen als Verfolgte des NS-Staats«, *Dachauer Hefte*, November 1987.
Minkkinen, A. F.: *New American Nudes*, New York 1981.
Mitchell, D.: *Piraten*, Wien 1977.
Mitchison, R./L. Leneman: *Sexuality and Social Control: Scotland 1660-1780*, Oxford 1989.
Mithers, C. L.: »Missing In Action: Women Warriors in Vietnam« in *The Vietnam War and American Culture*, ed. J. C. Rowe/R. Berg, New York 1991.
Mitterauer, M.: »Geschlechtsspezifische Arbeitsteilung und Geschlechterrollen in ländlichen Gesellschaften Mitteleuropas« in *Aufgaben, Rollen und Räume von Frau und Mann*, Bd. II, ed. J. Martin/R. Zoeppfel, Freiburg 1989.
Mittig, H.-E.: »Zur Funktion erotischer Motive im Denkmal des 19. Jahrhunderts«, *Kritische Berichte* 1981.
Mitton, R.: *The Lost World of Irian Jaya*, Melbourne 1983.
Mitzlaff, U. v.: *Maasai-Frauen*, München 1988.
Mizusawa, T.: »Nakamura Tsune's ›Nude Girl‹ (1914)« in *Paris in Japan*, ed. S. Takashina et al., Tōkyō 1987.
Möbius, P. J.: *Über die Wirkungen der Castration*, Halle 1903.
Möller, H.: *Die kleinbürgerliche Familie im 18. Jahrhundert*, Berlin 1969.
Möller, H.-M.: *Das Regiment der Landsknechte*, Wiesbaden 1976.
Mogk, E.: »Skaði« in *Reallexikon der Germanischen Altertumskunde*, Bd. IV, ed. J. Hoops, Straßburg 1918.
Mohler, A.: *Sex und Politik*, Freiburg 1972.
Mohr, R.: «Zur sozialen Organisation der Angas in Nord-Nigeria«, *Anthropos* 1958.
Monfasani, J.: »The Fraticelli and Clerical Wealth in Quattrocento Rome« in *Renaissance Society and Culture*, ed. E. F. Rice, New York 1991.

Monick, E.: *Die Wurzeln der Männlichkeit*, München 1990.
Montagu, A.: *Körperkontakt*, Stuttgart 1980.
Montaigne, M. de: *Les Essais*, Bd. I, Paris 1922.
Montanelli, I.: *Grandi manifesti del XX secolo*, Milano 1980.
Monti, N.: *Africa Then*, New York 1987.
Montrose, L. A.: »›Shaping Fantasies‹: Figurations of Gender and Power in Elizabethan Culture«, *Representations*, Spring 1983.
Moore, J. H.: *A Study of Religious Symbolism Among the Cheyenne Indians*, Ann Arbor 1978.
Morey, R. V. / D. J. Metzger: *The Guahibo*, Wien 1974.
Morgan, E. S.: »The Puritans and Sex« in *American Vistas, 1607-1877*, ed. L. Dinnerstein / K. T. Jackson, New York 1987.
Morgan, N.: »Matthew Paris, St Albans, London, and the Leaves of the ›Life of St Thomas Becket‹«, *Burlington Magazine*, February 1988.
Morgenthaler, F.: »Kwandemi« in *Gespräche am sterbenden Fluß*, ed. F. Weiss et al., Karlsruhe 1985.
Morris, A.: *Women, Crime and Criminal Justice*, Oxford 1987.
Morris, D.: *Körpersignale: Bodywatching*, München 1986.
Morris, D. / P. Collett / P. Marsh / M. O'Shaughnessy: *Gestures*, London 1979.
Morris, I.: *Der leuchtende Prinz*, Frankfurt/M. 1988.
Morris, T. / P. Morris / B. Barer: *Pentonville*, London 1963.
Morrison, D. E. / C. P. Holden: »The Burning Bra: The American Breast Fetish and Women's Liberation« in *Sociology For Pleasure*, ed. M. Truzzi, Englewood Cliffs 1974.
Morrison, K. F.: *History as a Visual Art in the Twelfth-Century Renaissance*, Princeton 1990.
Mors, O.: »Aus dem Höflichkeitskodex der Bahaya«, *Anthropos* 1961.
Moser-Nef, C.: *Die freie Reichsstadt und Republik Sankt Gallen*, Bd. V., Zürich 1951.
Mossuz-Lavau, J.: *Les lois de l'amour*, Paris 1991.
Much, R.: »Die germanischen Frauen in der Schlacht«, *Mitteilungen der Anthropologischen Gesellschaft in Wien* 1909.
Muchembled, R.: *L'invention de l'homme moderne*, Paris 1988.
Mühlberg, D.: *Proletariat*, Wien 1986.
Müller, A.: »Stigma und Stigmatisierungstechniken im Spätmittelalter« in *Symbole des Alltags – Alltag der Symbole*, ed. G. Blaschitz et al., Graz 1992.
Müller, C.: *Die Klempnerkolonne in Ravensbrück*, Berlin 1987.
Müller, D.: »Die Zeugung durch das Herz in Religion und Medizin der Ägypter«, *Orientalia* 1966.
Müller, E.: *Das Strafrecht der früheren freien Reichsstadt Überlingen*, Borna 1911.
Müller, J.: *Rheinisches Wörterbuch*, Bd. II, Bonn 1928.
Müller, K. O.: *Die älteren Stadtrechte von Leutkirch und Isny*, Stuttgart 1914.
Müller, M.: *Die Lehre des hl. Augustinus von der Paradiesesehe*, Regensburg 1954.

Müller, R.A./B. Buberl/E. Brockhoff: *Reichsstädte in Franken*, München 1987.
Müller, W.A.: *Nacktheit und Entblößung in der altorientalischen und älteren griechischen Kunst*, Borna 1906.
Müller-Wille, L.: Brief vom 19. Februar 1986.
Muensterberger, W.: »Über einige Beziehungen zwischen Individuum und Umwelt, mit besonderer Berücksichtigung der Pomo-Indianer«, *Sociologus* 1951.
Münzel, M.: *Die Aché in Ostparaguay*, Frankfurt/M. 1983.
Müsch, H.: »Exhibitionismus, Phalluskult und Genitalpräsentieren«, *Sexualmedizin* 1976.
Mulcahy, F.D.: »Gitano Sex Role Symbolism and Behavior«, *Anthropological Quarterly* 1976.
Mullins, E.: *The Painted Witch*, London 1985.
Munske, H.H.: *Der germanische Rechtswortschatz im Bereich der Missetaten*, Berlin 1973.
Murner, T.: *Geuchmatt*, Basel 1519.
Murphy, R.F.: »Social Structure and Sex Antagonism«, *Southwestern Journal of Anthropology* 1959.
–: *Headhunter's Heritage*, Berkeley 1960.
Murphy, Y./R.F. Murphy: *Women of the Forest*, New York 1974.
–: »Women, Work, and Property in a South American Tribe« in *Theory and Practice*, ed. S. Diamond, The Hague 1980.
Musculus, A.: *Vom Hosenteufel*, ed. M. Osborn, Halle 1894.

Nachman, S.R.: »Anti-Humor: Why the Grand Sorcerer Wags His Penis«, *Ethos* 1982.
Nachtigal, G.: *Sahara und Sudan*, Bd. II, Berlin 1881.
an-Nafzawi, A. ʿA. ʿO.b.M.: *Der duftende Garten*, ed. R. Burton/F.F. Arbuthnot, Hanau 1966.
Nag, M.: »Sex, Culture, and Human Fertility: India and the U.S.«, *Current Anthropology* 1972.
Nanda, S.: »The Hijras of India«, *Medicine and Law* 1984.
–: »The Hijras of India« in *The Many Faces of Homosexuality*, ed. E. Blackwood, New York 1986.
Nansen, F.: *Auf Schneeschuhen durch Grönland*, Bd. I, Hamburg 1891.
–: *Eskimoleben*, Leipzig 1903.
Napier, A. D.: *Masks, Transformation, and Paradox*, Berkeley 1986.
Napoleon: *Briefe*, ed. F. Schulze, Leipzig 1912.
Nash, M.: *The Golden Road to Modernity*, New York 1965.
Nawratil, H.: *Vertreibungsverbrechen an Deutschen*, München 1982.
Neckel, S.: *Status und Scham*, Frankfurt/M. 1991.
Négrier, P.: *Les bains à travers les âges*, Paris 1925.
Nelson, N.: »›Selling Her Kiosk‹: Kikuyu Notions of Sexuality and Sex for Sale in Mathare Valley, Kenya« in *The Cultural Construction of Sexuality*, ed. P. Caplan, London 1987.
Nelson, R.K.: »Hunters of the Northern Ice« in *Custom-Made*, ed. C.C. Hughes, Chicago 1976.

Néraudau, J.-P.: *Être enfant à Rome*, Paris 1984.
Néret, G.: *L'érotisme en peinture*, Paris 1990.
Nettelbeck, P./U. Nettelbeck: *Charlotte Corday*, Nördlingen 1987.
Neubauer, A./M. Stern: *Hebräische Berichte über die Judenverfolgungen während der Kreuzzüge*, Berlin 1892.
Neumann, E.: *Herrschafts- und Sexualsymbolik*, Stuttgart 1980.
Nevermann, H.: *Admiralitäts-Inseln*, Hamburg 1934.
–: »Die Kanum-irebe und ihre Nachbarn«, *Zeitschrift für Ethnologie* 1939.
–: »Die Sohur«, *Zeitschrift für Ethnologie* 1940.
Nevinson, J.L.: »Civil Costume« in *Medieval England*, Bd. I, ed. A.L. Poole, Oxford 1958.
Newberry, P.E.: *Beni Hasan*, Bd. IV, London 1900.
Newton, S.M.: *Fashion in the Age of the Black Prince*, Woodbridge 1980.
Ng, V.W.: »Ideology and Sexuality: Rape Laws in Qing China«, *Journal of Asian Studies* 1987.
–: »Homosexuality and the State in Late Imperial China« in *Hidden From History*, ed. M.B. Duberman, New York 1989.
Ngubane, H.: »Some Notions of ›Purity‹ and ›Impurity‹ Among the Zulu«, *Africa* 1976.
Nicholson, J.: »The Packaging of Rape« in *The Pin-Up*, New York 1972.
Niederhauser, E.: *1848: Sturm im Habsburgerreich*, Wien 1990.
Niemeyer, C.L./J.R. Anderson: »Primate Harassment of Matings«, *Ethology and Sociobiology* 1983.
Niestroj, B.H.E.: »Norbert Elias und Hans Peter Duerr«, Ms.
Nihill, M.: »The Bride Wore Black: Aspects of Anganen Marriage and Its Meaning«, *Social Analysis* 1989.
Nimuendajú, C.: »The Cawahib« in *Handbook of South American Indians*, ed. J.H. Steward, Washington 1948.
–: *The Tukuna*, Berkeley 1952.
Noël, B.: *L'enfer, dit-on...*, Paris 1983.
Nolte, H.-H.: *Der deutsche Überfall auf die Sowjetunion 1941*, Hannover 1991.
Noordam, D.J.: »Sodomy in the Dutch Republic, 1600-1725« in *The Pursuit of Sodomy*, ed. K. Gerard/G. Hekma, New York 1989.
Norden, E.: »American Atrocities in Viet-Nam« in *The Viet-Nam Reader*, ed. M. G. Raskin/B. B. Fall, New York 1967.
Norden, G.: *Saunakultur in Österreich*, Wien 1987.
Nordenskjöld, E.: *Indianerleben: El Gran Chaco*, Leipzig 1912.
Nordmann, P.I.: »Le ›Mahu‹, phénomène social de l'ancien Tahiti«, *Bulletin de la Société des Études Océaniennes* 1944.
Nyiszli, M.: »Die Todesfabrik« in *Wir haben es gesehen*, ed. G. Schoenberner, Wiesbaden 1988.

Oberzill, G.H.: *Die bewußten Demoiselles*, Wien 1984.
Obeyesekere, G.: »Pregnancy Cravings (*dola-duka*) in a Sinhalese Village« in *Culture and Personality*, ed. R.A. LeVine, Chicago 1974.
O'Brien, P.: *The Promise of Punishment: Prisons in Nineteenth-Century France*, Princeton 1982.

Ochs, E./K.F. Müller/G.W. Baur: *Badisches Wörterbuch*, Bd. II, Lahr 1974.
O'Connor, E.M.: *Symbolum Salacitatis*, Frankfurt/M. 1989.
Oehler, D.: *Ein Höllensturz der Alten Welt*, Frankfurt/M. 1988.
Oelsner, K.E.: *Luzifer*, Frankfurt/M. 1988.
Österberg, E./D. Lindström: *Crime and Social Control in Medieval and Early Modern Swedish Towns*, Uppsala 1988.
Oexmelin, A.-O.: *Histoire des aventuriers flibustiers qui se sont signalés dans les Indes*, Bd. II, Lyon 1774.
O'Flaherty, W.: *Women, Androgynes, and Other Mythical Beasts*, Chicago 1980.
–: *Śiva*, Oxford 1981.
Ohe, W.v.d.: »Gewalt und Kriminalität« in *Die Vereinigten Staaten von Amerika*, Bd. II, ed. W.P. Adams et al., Frankfurt/M. 1990.
Ohler, N.: *Sterben und Tod im Mittelalter*, München 1990.
Ohly-Dumm, M./K. Reichhold: *Attische Vasenbilder*, Bd. I, München 1975.
Ojoade, J.O.: »African Sexual Proverbs: Some Yoruba Examples«, *Folklore* 1983.
Okely, J.: »Gypsy Women« in *Perceiving Women*, ed. S. Ardener, New York 1975.
Olender, M.: »Aspects de Baubô«, *Revue de l'Histoire des Religions* 1985.
Oliver, D.L.: *Ancient Tahitian Society*, Bd. I, Honolulu 1974.
Omlin, J.A.: *Der Papyrus 55001*, Torino 1973.
Oncken, W.: *Stadt, Schloß und Hochschule Heidelberg*, Heidelberg 1874.
Opler, M.E.: *An Apache Life-Way*, Chicago 1941.
–: »The Hijarā (Hermaphrodites) of India and Indian National Character«, *American Anthropologist* 1960.
–: *Apache Odyssey*, New York 1969.
Oppel, J.J./H.L. Rauh/W. Brückner: *Frankfurter Wörterbuch*, Bd. II, Frankfurt/M. 1971.
Oppitz, M.: Brief vom 17. März 1986.
–: *Frau für Fron*, Frankfurt/M. 1988.
–: »Der männliche Pfeil durch den weiblichen Schmuck«, *Anthropos* 1988.
–: Brief vom 18. Oktober 1991.
–: *Onkels Tochter, keine sonst*, Frankfurt/M. 1991.
–: »Drawings on Shamanic Drums«, *Res*, Autumn 1992.
Opsomer, C.: *L'art de vivre en santé*, Liège 1991.
O'Rahilly, C.: *Táin Bó Cúalnge*, Dublin 1967.
Origo, I.: *›Im Namen Gottes und des Geschäfts‹*, München 1985.
dall'Orto, G.: »Florence« in *Encyclopedia of Homosexuality*, Bd. I, ed. W. R. Dynes, New York 1990.
Osgood, C.: *Ingalik Social Culture*, New Haven 1958.
–: *The Chinese*, Tucson 1975.
Otto, E.: *Beiträge zur Geschichte der Stierkulte in Ägypten*, Leipzig 1938.
–: »Bastet« in *Lexikon der Ägyptologie*, Bd. I, ed. W. Helck/W. Westendorf, Wiesbaden 1975.
Outram, D.: *The Body and the French Revolution*, New Haven 1989.

Overing, J.: »Images of Cannibalism, Death and Domination in a ›Non-Violent‹ Society« in *The Anthropology of Violence*, ed. D. Riches, Oxford 1986.
Ovid: *Die Liebeskunst*, ed. M. v. Albrecht, München 1979.

Pache, A.: *Die religiösen Vorstellungen in den Mythen der formosanischen Bergstämme*, Mödling 1964.
Pachinger, A. M.: *Die Mutterschaft in der Malerei und Graphik*, München 1906.
Packard, R. M.: »Social Change and the History of Misfortune Among the Bashu of Eastern Zaïre« in *Explorations in African Systems of Thought*, ed. I. Karp / C. S. Bird, Bloomington 1980.
Pächt, O. / D. Thoss: *Die illuminierten Handschriften der Österreichischen Nationalbibliothek: Französische Schule I*, Wien 1974.
Pagels, E.: *Adam, Eve, and the Serpent*, New York 1988.
Panofsky, E.: *Studien zur Ikonologie*, Köln 1980.
Papo, M.: »Die sexuelle Ethik im Qorân«, *Jahrbuch für Jüdische Volkskunde* 1925.
Parin, P.: Mündliche Mitteilung vom 21. Oktober 1986.
Parker, W. H.: *Priapea: Poems for a Phallic God*, London 1988.
Parry, N. E.: *The Lakhers*, London 1932.
Partridge, E.: *Shakespeare's Bawdy*, London 1968.
Patai, R.: *Sex and Family in the Bible and the Middle East*, Garden City 1959.
Patlagean, E.: »L'histoire de la femme déguisée en moine et l'évolution de la sainteté féminine à Byzance«, *Studi medievali* 1976.
Paulitschke, P.: *Ethnographie Nordost-Afrikas*, Bd. I, Berlin 1893.
Paulme, D.: *Une société de Côte d'Ivoire hier et aujourd'hui*, Paris 1962.
Paulson, R.: *Hogarth's Graphic Works*, London 1989.
Paulus Diakonus: *Geschichte der Langobarden*, ed. A. Heine, Essen 1986.
Pavan, E.: »Police des mœurs, société et politique à Venise à la fin du Moyen Age«, *Revue historique* 1980.
Pearce, R. H.: *Rot und Weiß*, Stuttgart 1991.
Pearson, J.: *The Prostituted Muse*, Hemel Hempstead 1988.
Peck, W. H.: *Ägyptische Zeichnungen aus drei Jahrtausenden*, Bergisch Gladbach 1979.
Pedrocco, F.: »Pittore veneto: ›Scena amorosa‹« in *Le cortigiane di Venezia dal trecento al settecento*, ed. I. Ariano et al., Milano 1990.
Peil, D.: *Die Gebärde bei Chrétien, Hartmann und Wolfram*, München 1975.
Peitmann, H.: »Der inszenierte Körper« in *Der andere Körper*, ed. D. Kamper / C. Wulf, Berlin 1984.
Pemberton, J.: »Descriptive Catalog« in *Yoruba Sculpture of West Africa*, ed. B. Holcombe, London 1982.
Pernoud, G. / S. Flaissier: *Die Französische Revolution in Augenzeugenberichten*, München 1976.
Perrot, M.: »Rebellische Weiber« in *Listen der Ohnmacht*, ed. C. Honegger / B. Heintz, Frankfurt/M. 1981.

Peter, H.: »Die Entwicklung der Heilkunde in Stettin«, *Nordost-Archiv* 1983.
Petersen, A.: *Ehre und Scham*, Berlin 1985.
Petersen, R.: »East Greenland Before 1950« in *Handbook of North American Indians*, Bd. V, ed. D. Damas, Washington 1984.
Peterson, E. N.: *The Many Faces of Defeat*, New York 1990.
Petit, J.-G.: *Ces Peines obscures: La prison pénale en France (1780-1875)*, Paris 1990.
Petrocchi, C.: »B. Odorico da Pordenone e il suo ›Itinerario‹«, *Le Venezie francescane* 1932.
Petry, I.: »Golf-Krieg und Geschlechterverhältnis« in *Krieg und Frieden am Golf*, ed. G. Krell / B. W. Kubbig, Frankfurt/M. 1991.
Petz, W.: *Reichsstädte zur Blütezeit, 1350 bis 1550*, Kempten 1989.
Peuckert, W.-E.: *Geheimkulte*, Heidelberg 1951.
–: *Ehe*, Hamburg 1955.
Pfaff, C.: *Die Welt der Schweizer Bilderchroniken*, Schwyz 1991.
Pflug, J. B.: *Aus der Räuber- und Franzosenzeit Schwabens*, ed. M. Zengerle, Weißenhorn 1975.
Pfluger-Schindlbeck, I.: *›Achte die Älteren, liebe die Jüngeren‹*, Frankfurt/M. 1989.
Pfrunder, P.: *Pfaffen, Ketzer, Totenfresser*, Zürich 1989.
Philipp, W.: *Weibwertung oder Mutterrecht*, Königsberg 1942.
Pingel, F.: *Häftlinge unter SS-Herrschaft*, Hamburg 1978.
Piponnier, F.: »Une révolution dans le costume masculin au XIVe siècle« in *Le vêtement*, ed. M. Pastoureau, Paris 1989.
Plant, R.: *Rosa Winkel*, Frankfurt/M. 1991.
Plesz, L.: »Fetischismus, Voyeurtum, Exhibitionismus, Triolismus« in *Das lasterhafte Weib*, ed. A. Gräfin Esterházy, Wien 1930.
Pleticha, H.: *Landsknecht, Bundschuh, Söldner*, Würzburg 1974.
Plogstedt, S.: »Wer lacht denn da? Witze und Belästigungen« in *Sexuelle Gewalt*, Sensbachtal 1985.
Plogstedt, S. / K. Bode: *Übergriffe. Sexuelle Belästigung in Büros und Betrieben*, Reinbek 1984.
Ploß, H.: *Das Kind in Brauch und Sitte der Völker*, Leipzig 1911 f.
Pognon, E.: *Das Stundenbuch des Herzogs von Berry*, Fribourg 1979.
Pointon, M.: »Liberty on the Barricades: Women, Politics and Sexuality in Delacroix« in *Women, State and Revolution*, ed. S. Reynolds, Brighton 1986.
–: *Naked Authority*, Cambridge 1990.
Polek, J.: »Regenzauber in Osteuropa«, *Zeitschrift des Vereins für Volkskunde* 1893.
Polykrates, G.: *Menschen von gestern*, Wien 1984.
Pontius, A.: »Dani Sexuality«, *Man* 1977.
Pop-Câmpeanu, D.: *Se vêtir en Roumanie*, Freiburg 1984.
Pope, K. S. / J. C. Bouhoutsos: *Sexual Intimacy Between Therapists and Patients*, London 1986.
Porter, R.: »Rape: Does It Have a Historical Meaning?« in *Rape*, ed. S. Tomaselli / R. Porter, Oxford 1986.
Powdermaker, H.: *Life in Lesu*, London 1933.

Power, J.: *Amnesty International*, Düsseldorf 1982.
Power, P.C.: *Sex and Marriage in Ancient Ireland*, Dublin 1976.
Powers, M.N.: »Menstruation and Reproduction: An Oglala Case«, *Signs* 1980.
Prado Valladares, C. do/L.E. de Melho Filho: *Albert Eckhout: Pintor de Maurício de Nassau no Brasil 1637/1644*, Rio de Janeiro 1981.
Prebble, J.: *Glencoe*, London 1966.
–: *Culloden*, Harmondsworth 1967.
Preuß, J.: *Biblisch-talmudische Medizin*, Berlin 1923.
Preuß-Lausitz, U.: »Vom gepanzerten zum sinnstiftenden Körper« in *Kriegskinder, Konsumkinder, Krisenkinder*, ed. U. Preuß-Lausitz et al., Weinheim 1983.
Prevenier, W.: »Violence Against Women In a Medieval Metropolis: Paris Around 1400« in *Law, Custom, and the Social Fabric in Medieval Europe*, ed. B.S. Bachrach/D. Nicholas, Kalamazoo 1990.
Price, J.: *Indians of Canada*, Scarborough 1979.
Prickler, H.: »Das Banntaiding von Pamhagen aus 1546«, *Burgenländische Heimatblätter* 1988.
Ptak, R.: »Die Andamanen und Nikobaren nach chinesischen Quellen (Ende Sung bis Ming)«, *Zeitschrift der Deutschen Morgenländischen Gesellschaft* 1990.
Puchner, W.: »Spuren frauenbündischer Organisationsformen im neugriechischen Jahreslaufbrauchtum«, *Schweizerisches Archiv für Volkskunde* 1976.
Pückler-Muskau, H.L.v.: *Aus Mehemed Alis Reich*, Bd. III, Stuttgart 1844.
Puhle, M.: *Die Vitalienbrüder*, Frankfurt/M. 1992.
Pushkareva, N.L.: »Women in the Medieval Russian Family of the Tenth Through Fifteenth Centuries« in *Russia's Women*, ed. B.E. Clements et al., Berkeley 1991.

Quaife, G.R.: »The Consenting Spinster in a Peasant Society: Aspects of Premarital Sex in ›Puritan‹ Somerset 1645-1660«, *Journal of Social History* 1977.
–: *Wanton Wenches and Wayward Wives*, London 1979.
Quain, B./R.F. Murphy: *The Trumaí Indians of Central Brazil*, Locust Valley 1955.
Quicherat, J.: *Procès de condamnation et de réhabilitation de Jeanne d'Arc dite La Pucelle*, Paris 1841ff.
Quinsel, R.: *Exhibitionismus*, München 1971.

Rabelais, F.: *Gargantua und Pantagruel*, ed. E. Hegaur/Dr. Owlglass, München 1961.
Rachewiltz, B. de: *Schwarzer Eros*, Stuttgart 1965.
Rajal, J.S.: *Palestinian Costume*, London 1989.
Rancour-Laferrière, D.: »Some Semiotic Aspects of the Human Penis«, *Versus*, September 1979.
Rappaport, S.: »Reconsidering Apprenticeship in Sixteenth-Century London« in *Renaissance Society and Culture*, E.F. Rice, New York 1991.

Rasch, W.: »Motivische Hintergründe und Vergewaltigungen« in *Gewaltverhältnisse*, ed. D. Janshen / M. Mandelartz, Sensbachtal 1987.
Rasmussen, K.: *Neue Menschen*, Leipzig 1920.
Ratuschinskaja, I.: *Grau ist die Farbe der Hoffnung*, Hamburg 1988.
Rauers, F.: *Kulturgeschichte der Gaststätte*, Berlin 1941.
Raum, O.F.: *The Social Functions of Avoidances and Taboos Among the Zulu*, Berlin 1973.
Raupp, H.-J.: *Bauernsatiren*, Niederzier 1986.
Rauter, E.A.: *Folter in Geschichte und Gegenwart*, Frankfurt/M. 1988.
Ray, S.H.: »The People and Language of Lifu, Loyalty Islands«, *Journal of the Royal Anthropological Institute* 1917.
Read, K.E.: *The High Valley*, New York 1965.
Reading, A.: *Polish Women, Solidarity and Feminism*, Houndmills 1992.
Rehberg, K.-S.: »Mythenjäger unter sich: Zur Elias-Duerr-Debatte«, *Psychologie heute*, Dezember 1991.
Reichel-Dolmatoff, G.: *Amazonian Cosmos*, Chicago 1971.
Reichert, F.: »Eine unbekannte Version der Asienreise Odorichs von Pordenone«, *Deutsches Archiv für Erforschung des Mittelalters* 1987.
–: »Columbus und Marco Polo: Asien in Amerika«, *Zeitschrift für historische Forschung* 1988.
–: Mündliche Mitteilung vom 5. Juli 1988.
Reier, H.: *Heilkunde im mittelalterlichen Skandinavien*, Kiel 1976.
Reinalter, H.: *Am Hofe Josephs II.*, Leipzig 1991.
Reinberg, B. / E. Roßbach: *Stichprobe: Lesben*, Pfaffenweiler 1985.
Reinhard, A.: *Burkardroth*, Haßfurt 1975.
Reinoß, H.: *Letzte Tage in Ostpreußen*, München 1983.
Reinsberg, C.: *Ehe, Hetärentum und Knabenliebe im antiken Griechenland*, München 1989.
Reiser, E.: *Der königliche Harim im alten Ägypten und seine Verwaltung*, Wien 1972.
Reiss, A.J.: »The Social Integration of Queers and Peers«, *Social Problems* 1961.
Reliquet, P.: *Ritter, Tod und Teufel*, Zürich 1984.
Retberg, R.v.: *Kulturgeschichtliche Briefe*, Leipzig 1865.
Rey, M.: »Police et sodomie à Paris au XVIIIe siècle«, *Revue d'histoire moderne et contemporaine* 1982.
–: »Parisian Homosexuals Create a Lifestyle, 1700-1750« in *'Tis Nature's Fault*, ed. R.P. MacCubbin, Cambridge 1987.
Reynolds, J.M.: »Rape as Social Control«, *Catalyst* 1974.
Ribeiro, A.: *Dress and Morality*, London 1986.
Ribo, É.-E.-R.: *Nudisme*, Bordeaux 1931.
Rice, J.: *Black Elk's Story*, Albuquerque 1991.
Richlin, A.: *The Gardens of Priapus*, New Haven 1983.
–: »Rereading Ovid's Rapes« in *Pornography and Representation in Greece and Rome*, ed. A. Richlin, Oxford 1992.
Richter, A. / R. Wenzl: »Frauenbilder« in *München 1919*, ed. D. Halfbrodt / W. Kehr, München 1979.
Richthofen, B.v. / R.R. Oheim: *Die polnische Legende*, Kiel 1982.

Rieger, D.: »Le motif du viol dans la littérature de la France médiévale entre norme courtoise et réalité courtoise«, *Cahiers de civilisation médiévale* 1988.
Riesman, P.: *Société et liberté chez les Peul Djelgôbé de Haute-Volta*, Paris 1974.
Riester, J.: »Suwi-wúhu pena Guarasug' wä«, *Die Grünenthal-Waage* 1966.
Ringwald, W.: »Züge aus dem sozialen Leben in Asante (Goldküste)« in *Afrikanistische Studien*, ed. J. Lukas, Berlin 1955.
Ritter-Schaumburg, H.: *Sigfrid ohne Tarnkappe*, München 1990.
Rivière, P.G.: »The Honour of Sánchez«, *Man* 1967.
Robers de Blois: »Le Chastiement des Dames« in *Fabliaux et contes des poètes françois*, ed. Barbazan, Paris 1808.
Roberts, J.M./T. Gregor: »Privacy: A Cultural View« in *Privacy*, ed. J.R. Pennock/J.W. Chapman, New York 1971.
Roberts, M.J.D.: »Public and Private in Early 19th-Century London: The Vagrant Act of 1822 and Its Enforcement«, *Social History* 1988.
Robertson, D.W.: *Chaucer's London*, New York 1968.
Rocke, M.J.: »Sodomites in Fifteenth-Century Tuscany« in *The Pursuit of Sodomy*, ed. K. Gerard/G. Hekma, New York 1989.
Rodriguez, A.D.: »Imagines de la mujer en las Cantigas de Santa María« in *La imagen de la mujer en el arte español*, ed. M.A. Durán, Madrid 1983.
Roeck, B.: *Lebenswelt und Kultur des Bürgertums in der frühen Neuzeit*, München 1991.
Roecken, S./C. Brauckmann: *Margaretha Jedefrau*, Freiburg 1989.
Röhrich, L.: *Lexikon der sprichwörtlichen Redensarten*, Bd. I, Freiburg 1973.
Roeseler, H.: *Die Wohlfahrtspflege der Stadt Göttingen im 14. und 15. Jahrhundert*, Berlin 1917.
Rösener, W.: »Die höfische Frau im Hochmittelalter« in *Curialitas*, ed. J. Fleckenstein, Göttingen 1990.
Róheim, G.: »Women and Their Life in Central Australia«, *Journal of the Royal Anthropological Institute* 1933.
–: *Children of the Desert*, New York 1974.
–: *Psychoanalyse und Anthropologie*, Frankfurt/M. 1977.
Romanucci-Ross, L.: »Melanesian Medicine« in *Culture and Curing*, ed. P. Morley/R. Wallis, London 1978.
Roper, L.: *The Holy Household*, Oxford 1989.
–: »Sexual Utopianism in the German Reformation«, *Journal of Ecclesiastical History* 1991.
–: »›Wille‹ und ›Ehre‹: Sexualität, Sprache und Macht in Augsburger Kriminalprozessen« in *Wandel der Geschlechtsbeziehungen zu Beginn der Neuzeit*, ed. H. Wunder/C. Vanja, Frankfurt/M. 1991.
Roschen, A./T. Theye: *Abreise von China*, Basel 1980.
Roscoe, W.: *The Zuñi Man-Woman*, Albuquerque 1991.
Rosenplüt, H.: »Das Turken Vasnachtspil (1454)« in *Fastnachtspiele aus dem 15. Jahrhundert*, ed. A. v. Keller, Bd. I, Stuttgart 1853.
Ross, H.M.: *Baegu*, Urbana 1973.
Rossiaud, J.: *Dame Venus*, München 1989.

–: »Der Städter« in *Der Mensch des Mittelalters*, ed. J. Le Goff, Frankfurt/M. 1989.
Rossman, M.: »Plakate der Bewegung gegen den Vietnamkrieg in den USA« in *Kunst & Krieg*, ed. R. Schultz, Berlin 1990.
Rost, W.: *Die männliche Jungfrau*, Reinbek 1983.
Roth, W.: *Der Dokumentarfilm seit 1960*, München 1982.
Rotzoll, C.: »Ein Scherbenhaufen alter Regeln«, in *Liebe, Sexualität und soziale Mythen*, ed. H. Hegewisch, Weinheim 1985.
Rouch, J.: *Les Songhay*, Paris 1954.
Rousseau, G.: »Cultural History in a New Key: Towards a Semiotics of the Nerve« in *Interpretation and Cultural History*, ed. J.H. Pittock/A. Wear, Houndmills 1991.
Rousseau, J.-J.: *Bekenntnisse*, ed. E. Hardt, Berlin 1907.
Roux, J.-P.: »Le lait et le sein dans les traditions turques«, *L'Homme* 1967.
Rowland, B.: *Animals With Human Faces*, Knoxville 1973.
Roy, B.: »La problématique de l'accouplement dans un système anti-érotique: l'exemple du moyen âge« in *Le couple interdit*, ed. L. Poliakov, La Haye 1980.
Rubens, A.: *A History of Jewish Costume*, London 1973.
Rubini, D.: »Sexuality and Augustan England« in *The Pursuit of Sodomy*, ed. K. Gerard/G. Hekma, New York 1989.
Rublack, H.-C.: *Hat die Nonne den Pfarrer geküßt?*, Gütersloh 1991.
Rudeck, W.: *Geschichte der Öffentlichen Sittlichkeit in Deutschland*, Berlin 1905.
Rückert, H.: *Lohengrin*, Quedlinburg 1858.
Rühle, E.: »Versuchte Entzauberung eines Mythos«, *Esslinger Zeitung*, 1. Juni 1989.
Rürup, R.: *Der Krieg gegen die Sowjetunion 1941-1945*, Berlin 1991.
Ruggiero, G.: »Sexual Criminality in the Early Renaissance: Venice 1338-1358«, *Journal of Social History* 1975.
–: *The Boundaries of Eros*, Oxford 1985.
Rugoff, M.: *Prudery & Passion*, London 1972.
Ruhl, K.-J.: *Unsere verlorenen Jahre*, Darmstadt 1985.
Ruprecht v. Freysing: *Das Stadt- und Landrechtsbuch*, Stuttgart 1839.
–: *Das Rechtsbuch*, ed. H. Knapp, Leipzig 1916.
Russell, D.E.H.: »Pornography and Violence« in *Take Back the Night*, ed. L. Lederer, New York 1980.
Russell, D.E.H./L. Lederer: »Questions We Get Asked Most Often« in *Take Back the Night*, ed. L. Lederer, New York 1980.
Russell, D.E.H./N. Van de Ven: *Crimes Against Women*, Millbrae 1976.
Russell, H.D.: *Eva/Ave*, Washington 1990.
Russo, A./C. Kramarae: *The Radical Women's Press of the 1850s*, New York 1991.
Ruthven, M.: *Torture*, London 1978.
Ryan, G. D.: »Consequences for the Victim of Sexual Abuse« in *Juvenile Sexual Offending*, ed. G. D. Ryan/S. L. Lane, Lexington 1991.
Rydén, S.: *A Study of the Siriono Indians*, Göteborg 1941.

Sabatier, L.: *Recueil des coutumes Rhadées du Darlac*, Hanoi 1940.
Sabean, D.W.: *Das zweischneidige Schwert*, Berlin 1986.
Sablonier, R.: *Krieg und Kriegertum in der Crònica des Ramon Muntaner*, Bern 1971.
Sachs, C.: *Die Musikinstrumente des alten Ägyptens*, Berlin 1920.
Sadāwī, al-, N.: *Tschador*, Bremen 1980.
Safley, T.M.: *Let No Man Put Asunder: The Control of Marriage in the German Southwest, 1500-1600*, Kirksville 1984.
Sahagún, B. de: *Florentine Codex*, Bd. X, ed. C.E. Dibble / A.J.O. Anderson, Santa Fe 1961.
Sahlins, M.: *Islands of History*, London 1987.
Saito, E.: *Die Frau im alten Japan*, Leipzig 1989.
Saitz, R.L. / E.J. Cervenka: *Handbook of Gestures: Colombia and the United States*, The Hague 1972.
Salewski, M.: »›Julian, begib dich in mein Boudoir‹: Weiberherrschaft und Fin de siècle« in *Sexualmoral und Zeitgeist im 19. und 20. Jahrhundert*, ed. A. Bagel-Bohlau / M. Salewski, Opladen 1990.
Salus, G.: *Niemand, nichts – ein Jude*, Darmstadt 1981.
Salzer, R.: *Zur Geschichte Heidelbergs von dem Jahre 1689-1693*, Heidelberg 1879.
Salzman, L.F.: *More Medieval Byways*, London 1926.
Samuel, P.: *Amazonen, Kriegerinnen und Kraftfrauen*, München 1979.
Sandberger, D.: *Studien über das Rittertum in England*, Berlin 1937.
Sander, H.: »Erinnern/Vergessen« in *BeFreier und Befreite*, ed. H. Sander / B. Johr, München 1992.
Sanders, V.: *The Private Lives of Victorian Women*, New York 1989.
Sandweiss, M.A.: *Masterworks of American Photography*, Birmingham 1982.
Sargent, W.: *People of the Valley*, London 1976.
Sarrel, P.M. / W.H. Masters: »Sexual Molestation of Men by Women«, *Archives of Sexual Behavior* 1982.
Sarris, K.: »Survivor's Story« in *Hate Crimes*, ed. G. M. Herek / K. T. Berrill, Newbury Park 1992.
Sartori, P.: »Ein apotropäischer Kriegsbrauch«, *Archiv für Religionswissenschaft* 1935.
Saslow, J.M.: »Homosexuality in the Renaissance« in *Hidden From History*, ed. M.B. Duberman, New York 1989.
Sastawenko, G. / G.A. Below / J.A. Boltin: *Eine Schuld, die nie erlischt*, Köln 1987.
Sastrow, B.: *Herkommen, Geburt und Lauff seines gantzen Lebens*, ed. G.C.F. Mohnike, Greifswald 1823f.
Sato, T.: *Currents in Japanese Cinema*, Tōkyō 1982.
Savage-Rumbaugh, E.S. / B.J. Wilkerson: »Socio-Sexual Behavior in *Pan paniscus* and *Pan troglodytes*«, *Journal of Human Evolution* 1978.
Sbrzesny, H.: *Die Spiele der !Ko-Buschleute*, München 1976.
Scattergood, J.: »Fashion and Morality in the Late Middle Ages« in *England in the Fifteenth Century*, ed. D. Williams, Woodbridge 1987.
Schäfer, P.: »Das Amerikabild in Günther Froebels ›Allgemeiner Auswan-

derungs-Zeitung‹, 1846 bis 1871« in *Mundus Novus*, ed. P. Mesenhöller, Essen 1992.
Schafer, E.H.: »Ritual Exposure in Ancient China«, *Harvard Journal of Asiatic Studies* 1951.
Schama, S.: *Der zaudernde Citoyen*, München 1989.
Schamoni, W.: Brief vom 12. März 1987.
Schaschynek, M.: »›Manche Zeugen hielten meine Hand fest‹« in *Die Frauen von Majdanek*, ed.I. Müller-Münch, Reinbek 1982.
Schebesta, P.: *Die Bambuti-Pygmäen vom Ituri*, Bd. 2.2, Brüssel 1948.
Schechner, R.: *Between Theater & Anthropology*, Philadelphia 1985.
Schefold, R.: *Spielzeug für die Seelen*, Zürich 1980.
Scheu, W.: *Verhaltensweisen deutscher Strafgefangener heute*, Göttingen 1971.
–: *In Haft*, München 1983.
Schieder, T.: *Dokumentation der Vertreibung der Deutschen aus Ost-Mitteleuropa*, München 1984.
Schiefenhövel, W.: »Kindliche Sexualität, Tabu und Schamgefühl bei ›primitiven‹ Völkern« in *Die Entwicklung der kindlichen Sexualität*, ed. T. Hellbrügge, München 1982.
–: *Geburtsverhalten und reproduktive Strategien bei den Eipo*, Berlin 1988.
–: »Ritualized Adult-Male / Adolescent-Male Sexual Behavior in Melanesia« in *Pedophilia*, ed. J.R. Feierman, New York 1990.
Schiff, G.: »Lachen, Weinen und Lächeln in der Kunst« in *Sachlichkeit*, ed. G. Dux / T. Luckmann, Opladen 1974.
Schiffauer, W.: *Die Gewalt der Ehre*, Frankfurt/M. 1983.
Schild, W.: »Geschichte des Verfahrens« in *Justiz in alter Zeit*, ed. C. Hinkkeldey, Rothenburg o.d.T. 1984.
Schindlbeck, M.: »Männerhaus und weibliche Giebelfigur am Mittelsepik«, *Baessler-Archiv* 1985.
–: Brief vom 14. Oktober 1987.
Schindler, G.: *Verbrechen und Strafen im Recht der Stadt Freiburg im Breisgau*, Freiburg 1937.
Schjelderup, K.: *Die Askese*, Berlin 1928.
Schlegel, A.: »Geschlechterantagonismus bei den geschlechtsegalitären Hopi« in *Frauenmacht ohne Herrschaft*, ed. I. Lenz / U. Luig, Berlin 1990.
Schlesier, E.: *Me'udana*, Bd. II, Berlin 1983.
Schlesier, K.H.: *Die Wölfe des Himmels*, Köln 1985.
Schlötterer, R.: *Vergewaltigung*, Berlin 1982.
Schlumbohm, C.: »Die Glorifizierung der Barockfürstin als ›Femme Forte‹« in *Europäische Hofkultur im 16. und 17. Jahrhundert*, Bd. II, ed. A. Buck et al., Hamburg 1981.
Schmeltz, J.D.E.: »Beiträge zur Ethnographie von Neu-Guinea«, *Internationales Archiv für Ethnographie* 1904.
Schmid, R.: *Die Gesetze der Angelsachsen*, Leipzig 1858.
Schmidt, M.: »Ergebnisse meiner zweijährigen Forschungsreise in Mato Grosso«, *Zeitschrift für Ethnologie* 1928.
Schmidtchen, V.: *Kriegswesen im späten Mittelalter*, Weinheim 1990.

Schmidt-Harzbach, I.: »Eine Woche im April: Berlin 1945« in *BeFreier und Befreite*, ed. H. Sander/B. Johr, München 1992.
Schmitt, I./J. Bartling/A. Heiliger: »Recht haben und Recht bekommen« in *Tatort Arbeitsplatz*, ed. U. Gerhart et al., München 1992.
Schnapp, A.: »Eros auf der Jagd« in *Die Bilderwelt der Griechen*, ed. C. Bérard et al., Mainz 1985.
Schneble, A./M. Domsch: *Sexuelle Belästigung von Frauen am Arbeitsplatz*, München 1990.
Schneegans, L.: »Die kurze schandbare Tracht des 15. Jahrhunderts zu Straßburg und im Elsasse«, *Zeitschrift für Kulturgeschichte* 1857.
Schneider, W.: *Das Buch vom Soldaten*, Düsseldorf 1964.
Schnell, R.: »Die ›höfische‹ Liebe als ›höfischer‹ Diskurs über die Liebe« in *Curialitas*, ed. J. Fleckenstein, Göttingen 1990.
Schoch-Joswig, B.: »Der Bilderkrieg um die Französiche Revolution« in *Freiheit, Gleichheit, Brüderlichkeit*, ed. G. Bott/R. Schoch, Nürnberg 1989.
Schodt, F. L.: *Manga! Manga! The World of Japanese Comics*, Tōkyō 1983.
Schoenberner, M./G. Schoenberner: *Zeugen sagen aus*, Berlin 1988.
Schreiber, S.: »›Keusch wie kaum ein anderes Volk‹?« in *Ägypten im afro-orientalischen Kontext*, ed. D. Mendel/U. Claudi, Köln 1991.
Schreiner, K.: »Gregor VIII., nackt auf einem Esel« in *Ecclesia et regnum*, ed. D. Berg/H.-W. Goetz, Bochum 1989.
–: »›Si homo non pecasset ...‹: Der Sündenfall Adams und Evas« in *Gepeinigt, begehrt, vergessen*, ed. K. Schreiner/N. Schnitzler, München 1992.
Schröder, F. R.: *Skadi und die Götter Skandinaviens*, Tübingen 1941.
Schröter, M.: »Scham im Zivilisationsprozeß: Zur Diskussion mit Hans Peter Duerr« in *Gesellschaftliche Prozesse und individuelle Praxis*, ed. H. Korte, Frankfurt/M. 1990.
Schubert, E.: *Einführung in die Grundprobleme der deutschen Geschichte im Spätmittelalter*, Darmstadt 1992.
Schubert, H. J.: »Das Altern der westeuropäischen Staatsgesellschaften« in *Gesellschaftliche Prozesse und individuelle Praxis*, ed. H. Korte, Frankfurt/M. 1990.
Schuder, R./R. Hirsch: *Der gelbe Fleck*, Berlin 1987.
Schütze, C.: *Skandal*, Bern 1985.
Schulte, R.: *Das Dorf im Verhör*, Reinbek 1989.
Schultheiss, B. v.: »Anti-Lesbian Assault and Harassment in San Francisco« in *Hate Crimes*, ed. G. M. Herek/K. T. Berrill, Newbury Park 1992.
Schultheiß, W.: *Die Acht-, Verbots- und Fehdebücher Nürnbergs von 1285-1400*, Nürnberg 1960.
Schultz, A.: *Das höfische Leben zur Zeit der Minnesänger*, Leipzig 1889.
–: *Deutsches Leben im XIV. und XV. Jahrhundert*, Wien 1892.
–: *Das häusliche Leben der europäischen Kulturvölker*, München 1903.
Schultz, D.: »Sexismus an der Hochschule« in *Frauenforschung*, ed. U. Beer et al., Frankfurt/M. 1985.
Schultz, P.: *Die erotischen Motive in den deutschen Dichtungen des 12. und 13. Jahrhunderts*, Greifswald 1907.
Schultz-Naumann, J.: *Mecklenburg 1945*, München 1989.

Schulz, E.: »Zur Mentalität von Stadt und Land im 13. Jahrhundert«, *Die alte Stadt* 1980.
Schurtz, H.: *Grundzüge einer Philosophie der Tracht*, Stuttgart 1891.
–: *Urgeschichte der Kultur*, Leipzig 1900.
Schwarberg, G.: *Die Mörderwaschmaschine*, Göttingen 1990.
Schweikle, G.: »Die *frouwe* der Minnesänger«, *Zeitschrift für deutsches Altertum und deutsche Literatur* 1980.
Schweinichen, H. v.: *Denkwürdigkeiten*, ed. H. Oesterley, Breslau 1878.
Schwerhoff, G.: »Bürgerliche Einheit und ständische Differenzierung in Kölner Aufwandsordnungen«, *Rheinische Vierteljahresblätter* 1990.
Scribner, R. W.: *Popular Culture and Popular Movements in Reformation Germany*, London 1987.
–: »Vom Sakralbild zur sinnlichen Schau: Sinnliche Wahrnehmung und das Visuelle bei der Objektivierung des Frauenkörpers in Deutschland im 16. Jahrhundert« in *Gepeinigt, begehrt, vergessen*, ed. K. Schreiner/N. Schnitzler, München 1992.
Scully,D./J. Marolla: »Rape and Vocabularies of Motive« in *Rape and Sexual Assault*, ed. A. W. Burgess, New York 1985.
–: »›Riding the Bull at Gilley's‹: Convicted Rapists Describe the Rewards of Rape«, *Social Problems* 1985.
Sebald, H.: *Hexen damals – und heute?*, Frankfurt/M. 1987.
Seelenfreund, B.: »Fliegen und Sexualfunktion«, *Zeitschrift für Sexualwissenschaft und Sexualpolitik* 1931.
Seeßlen, G.: *Der pornographische Film*, Frankfurt/M. 1990.
Segal, L.: *Slow Motion*, New Brunswick 1990.
Seidman, S.: *Romantic Longings*, New York 1991.
Seligman, C. G./B. Z. Seligman: *Pagan Tribes of the Nilotic Sudan*, London 1932.
Seltmann, F.: »Palang and Pûjâ«, *Tribus* 1975.
Senelick, L.: »Murderers« in *Encyclopedia of Homosexuality*, Bd. II, ed. W. R. Dynes, New York 1990.
Sengers, G.: »Freiheit für die Pussy!«, *Penthouse* 7, 1991.
Serpenti, L.: »The Ritual Meaning of Homosexuality and Pedophilia Among the Kimam-Papuans of South Irian Jaya« in *Ritualized Homosexuality in Melanesia*, ed. G. H. Herdt, Berkeley 1984.
Sethe, K.: *Übersetzung und Kommentar zu den altägyptischen Pyramidentexten*, Bd. III, Glückstadt 1937.
Seyfried, K. J.: »Thebanisches Kaleidoskop« in *5000 Jahre Ägypten*, ed. J. Assmann/G. Burkhard, Nußloch 1984.
Shah, A. M.: »A Note on the Hijadās of Gujarat«, *American Anthropologist* 1961.
Shah, P. G.: *Tribal Life in Gujarāt*, Bombay 1964.
Shakespeare, W.: »The Rape of Lucrece« in *The Complete Works*, ed. P. Alexander, London 1951.
Sharma, A.: »Nudity« in *The Encyclopedia of Religion*, Bd. XI, ed. M. Eliade, New York 1987.
Sharony, A./H. Spira: »The Approach to Sexual Assault«, *Medicine and Law* 1987.

Sharp, L.: »The Social Organization of the Yir-Yoront Tribe«, *Oceania* 1934.
Sharpe, J. A.: *Crime in Seventeenth-Century England*, Cambridge 1983.
Shelley, L.: *Schreiberinnen des Todes*, Bielefeld 1992.
Shelton, A. J.: *The Igbo-Igala Borderland*, Albany 1971.
Shephard, G.: »Transsexualism in Oman?«, *Man* 1978.
Sherfan, A. D.: *The Yakans of Basilian Island*, Cebu City 1976.
Shields, W. M./L. M. Shields: »Forcible Rape: An Evolutionary Perspective«, *Ethology and Sociobiology* 1983.
Shikita, M./S. Tsuchiya: *Crime and Criminal Policy in Japan*, New York 1992.
Shimada, S.: »Der Reisebericht der japanischen Delegation 1871-1873«, *Kea* 2, 1991.
Shirokogoroff, S. M.: *Psychomental Complex of the Tungus*, London 1935.
Shorter, E.: *From Paralysis to Fatigue*, New York 1992.
Showalter, E.: *The Female Malady*, London 1988.
Siebe, M.: »Vergewaltigung der Republik: Karikaturen aus der Zeit der Kommune« in *Blick-Wechsel*, ed. I. Lindner et al., Berlin 1989.
Siebenmorgen, H.: *Leonhard Kern (1588-1662)*, Sigmaringen 1988.
Siebold, P. F. v.: *Nippon*, Bd. I, Berlin 1897.
Siegel, E. V.: *Weibliche Homosexualität*, München 1992.
Silberman, C. E.: *Criminal Violence, Criminal Justice*, New York 1978.
Silbert, M. H.: »The Effects on Juveniles of Being Used for Pornography and Prostitution« in *Pornography*, ed. D. Zillmann/J. Bryant, Hillsdale 1989.
Sillitoe, P.: *Give and Take: Exchange in Wola Society*, Canberra 1979.
Silver, L.: »›Figure nude, historie e poesie‹: Jan Gossaert and the Renaissance Nude in the Netherlands«, *Nederlands Kunsthistorisch Jaarboek* 1986.
Simmons, D. C.: »Sexual Life, Marriage, and Childhood Among the Efik«, *Africa* 1960.
Simon, I.: »Die hebräische Medizin bis zum Mittelalter« in *Illustrierte Geschichte der Medizin*, ed. J.-C. Sournia et al., Bd. III, Salzburg 1980.
Simon-Muscheid, K.: »Gewalt und Ehre im spätmittelalterlichen Handwerk am Beispiel Basels«, *Zeitschrift für historische Forschung* 1991.
Singer, B. C. J.: »Violence in the French Revolution«, *Social Research* 1989.
Singer, K.: »Cowrie and Baubo in Early Japan«, *Man* 1940.
Sinha, A. P.: »Procreation Among the Eunuchs«, *Eastern Anthropologist* 1967.
Sinn, E.: »Ein halbes Jahr sollte es sein – lebenslanges Exil wurde daraus« in *Heimatfront*, ed. A. Friedlein et al., Stuttgart 1985.
Sissa, G.: *Greek Virginity*, Cambridge 1990.
Sittl, C.: *Die Gebärden der Griechen und Römer*, Leipzig 1890.
Skipper, J. K./W. L. McWhorter: »A Rapist Gets Caught in the Act« in *Feminist Frontiers*, ed. L. Richardson/V. Taylor, Reading 1983.
Skowronek, F. M.: *›Eigene‹ und ›fremde‹ Kultur in der Kontroverse zwischen H. P. Duerr und N. Elias*, Göttingen 1992.
Slater, P. E.: *The Glory of Hera*, Boston 1968.
Sloterdijk, P.: *Kritik der zynischen Vernunft*, Bd. I, Frankfurt/M. 1983.
Smart, C.: »Law and the Control of Women's Sexuality: The Case of the 1950s« in *Controlling Women*, ed. B. Hutter/G. Williams, London 1981.

–: »Penetrating Women's Bodies« in *Gender, Power & Sexuality*, ed. P. Abbott/C. Wallace, Houndmills 1991.
Smiley, P. M.: *La nascita di una nazione*, Bologna 1988.
Smith, A.: *Leben und Taten der berühmtesten Straßenräuber, Mörder und Spitzbuben, so in den letzten 50 Jahren in dem Königreich England sind hingerichtet worden*, München 1987.
Smith, B. R.: *Homosexual Desire in Shakespeare's England*, Chicago 1991.
Smith, J. Z.: »The Garments of Shame«, *History of Religions* 1965.
–: *Map Is Not Territory*, Leiden 1978.
Smith, M. B.: »Combat Motivations Among Ground Troups« in *The American Soldier*, Bd. II, ed. F. Osborn et al., Princeton 1949.
Smolev, J.: »Anatomie und Physiologie der männlichen Fortpflanzungsorgane« in *Die Sexualität des Mannes*, ed. J. M. Swanson/K. A. Forrest, Köln 1987.
Sørum, A.: »Growth and Decay: Bedamini Notions of Sexuality« in *Ritualized Homosexuality in Melanesia*, ed. G. H. Herdt, Berkeley 1984.
Sohn, A.-M.: »Unzüchtige Handlungen an Mädchen und alltägliche Sexualität in Frankreich (1870-1939)« in *Die sexuelle Gewalt in der Geschichte*, ed. A. Corbin, Berlin 1992.
Sokolowski, E. v.: *Krakau im 14. Jahrhundert*, Marburg 1910.
Solanki, A. N.: *The Dhodias*, Wien 1976.
Solschenizyn, A.: *Der Archipel GULAG*, Bd. II, Bern 1974.
Solomon, R. C.: »Emotions and Anthropology«, *Inquiry* 1978.
Soltau, H.: »Verteufelt, verschwiegen und reglementiert: Über den Umgang der Hanseaten mit der Prostitution« in *Hamburg im Zeitalter der Aufklärung*, ed. I. Stephan/H.-G. Winter, Hamburg 1989.
Solterer, H.: »Figures of Female Militancy in Medieval France«, *Signs* 1991.
Sombart, N.: »Die ›schöne Frau‹« in *Der Schein des Schönen*, ed. D. Kamper/C. Wulf, Göttingen 1989.
Somerville, B. T.: »Ethnological Notes on New Hebrides«, *Journal of the Anthropological Institute of Great Britain and Ireland* 1894.
Sommer, V.: *Die Affen*, Hamburg 1989.
–: *Wider die Natur? Homosexualität und Evolution*, München 1990.
Soultrait, G. de: »Défi d'une réplique pour une scène«, *Traverses* 1983.
Speiser, F.: »Versuch einer Kulturanalyse der zentralen Neuen Hebriden«, *Zeitschrift für Ethnologie* 1934.
Spencer, D. M.: »Etiquette and Social Sanction in the Fiji Islands«, *American Anthropologist* 1938.
Spencer, P.: *Nomads in Alliance*, London 1973.
Spencer, R. F.: »Spouse-Exchange Among the North Alaskan Eskimo« in *Marriage, Family and Residence*, ed. P. Bohannan/J. Middleton, Garden City 1968.
Spiegel, J.: *Die Erzählung vom Streite des Horus und Seth*, Glückstadt 1937.
Spiegel, W.: *Der Raum des Fortschritts und der Unnatur*, Trier 1992.
Spieler, S.: *Vertreibung und Vertreibungsverbrechen 1945-1948*, Bonn 1989.
Spielmann, H.: *Die japanische Photographie*, Köln 1984.
Spierenburg, P.: *The Broken Spell*, New Brunswick 1991.
Spiro, M. E.: *Buddhism and Society*, London 1971.

–: *Kinship and Marriage in Burma*, Berkeley 1977.
Spreitzer, B.: *Die stumme Sünde: Homosexualität im Mittelalter*, Göppingen 1988.
Spycher, A.: »Der Basler Lällenkönig, seine Nachbarn, Freunde und Verwandten«, *Neujahrsblatt der Gesellschaft für das Gute und Gemeinnützige*, Basel 1987.
Staal, J.: »The Dusuns of North Borneo«, *Anthropos* 1924.
Staehelin, E.: Brief vom 26. Mai 1986.
Stahl, P.-H.: *Histoire de la décapitation*, Paris 1986.
Stamm-Saurma, L. E.: »Zuht und wicze: Zum Bildgehalt spätmittelalterlicher Epenhandschriften«, *Zeitschrift des Deutschen Vereins für Kunstwissenschaft* 1987.
Stanek, M.: *Sozialordnung und Mythik in Palimbei*, Basel 1983.
Stanley, P.: *What Did you Do in the War, Daddy?*, Melbourne 1983.
Stannus, H. S.: »Notes on Some Tribes of British Central Africa«, *Journal of the Royal Anthropological Institute* 1910.
Starre, L. van der: »Darstellung des Geschlechtsrollenseminars in der Jugendanstalt Hameln« in *Sexualität BRD/DDR im Vergleich*, ed. R. Kuntz-Brunner / H. Kwast, Braunschweig 1991.
Staub, F. / L. Tobler: *Schweizerisches Idiotikon*, Bd. I, Frauenfeld 1881.
Staubli, T.: *Das Image der Nomaden im Alten Israel und in der Ikonographie seiner seßhaften Nachbarn*, Fribourg 1991.
Steele, V.: *Fashion and Eroticism*, Oxford 1985.
Stefaniszyn, B.: *Social and Ritual Life of the Ambo of Northern Rhodesia*, London 1964.
Steinberg, L.: *The Sexuality of Christ in Renaissance Art and in Modern Oblivion*, New York 1983.
von den Steinen, K.: »Die Schingú-Indianer in Brasilien«, *Zeitschrift für Ethnologie* 1885.
–: *Unter den Naturvölkern Zentral-Brasiliens*, Berlin 1894.
Steinhausen, G.: *Deutsche Privatbriefe des Mittelalters*, Bd. I, Berlin 1899.
Stephan, I.: »Gewalt, Eros und Tod: Metamorphosen der Charlotte Corday-Figur vom 18. Jahrhundert bis in die Gegenwart« in *Die Marseillaise der Weiber*, ed. I. Stephan / S. Weigel, Hamburg 1989.
Sterly, J.: *Kumo*, München 1987.
Sternberg, L.: »Materials on the Sexual Life of the Gilyak«, *Anthropological Papers of the University of Alaska* 1961.
Stewart, C.: *Demons and the Devil*, Princeton 1991.
Stifter, K. F.: *Die dritte Dimension der Lust*, Frankfurt/M. 1988.
Stiglmayer, A.: »Vergewaltigung als Waffe«, *Stern* 49, 1992.
Stille, E.: »Zank um die Hosen« in *Kleider und Leute*, ed. C. Spiegel et al., Bregenz 1991.
Stockar, J.: *Kultur und Kleidung der Barockzeit*, Zürich 1964.
Stöckle, W.: *Deutsche Ansichten*, München 1982.
Stoll, O.: *Das Geschlechtsleben in der Völkerpsychologie*, Leipzig 1908.
Stoller, R. J.: *Perversion: Die erotische Form von Haß*, Reinbek 1979.
Stommel, E.: »Christliche Taufriten und antike Badesitten«, *Jahrbuch für Antike und Christentum* 1959.

Stopczyk, A.: »Leibphilosophie und Pornographie« in *Die alltägliche Wut*, ed. H. Bendkowski/I. Rotalsky, Berlin 1987.
Strätz, H.W.: Brief vom 15. April 1986.
Strasser, P.: »Kommentar zur Duerr-Elias-Kontroverse«, Ms.
Straten, N.H. van: *Concepts of Health, Disease and Vitality in Traditional Chinese Society*, Wiesbaden 1983.
Strathern, A.: *A Line of Power*, London 1984.
Stratz, C.H.: *Die Rassenschönheit des Weibes*, Stuttgart 1902.
Strauss, W.L.: *The German Single-Leaf Woodcut 1550-1600*, Bd. I, New York 1975.
Strehle, H.: *Mienen, Gesten und Gebärden*, München 1966.
Strobl, I.: *›Sag nie, du gehst den letzten Weg‹*, Frankfurt/M. 1989.
Strong, J.S.: »Wenn der magische Flug mißlingt: Zu einigen indischen Legenden über den Buddha und seine Schüler« in *Sehnsucht nach dem Ursprung*, ed. H.P. Duerr, Frankfurt/M. 1983.
Strum, S.C.: *Leben unter Pavianen*, Wien 1990.
Stumpf, O.: »Bußgeldlisten aus den Rechnungen des Amtes Gießen von 1568-1599«, *Mitteilungen des Oberhessischen Geschichtsvereins Gießen* 1981.
Sturtevant, W.C./D.B. Quinn: »This New Prey: Eskimos in Europe in 1567, 1576, and 1577« in *Indians and Europe*, ed. C. Feest, Aachen 1987.
Süllwold, E.: »›Charlotte Corday‹ in Hamburg« in *›Der Menschheit Hälfte blieb noch ohne Recht‹*, ed. H. Brandes, Wiesbaden 1991.
Sütterlin, C.: »Schreck-Gesichter« in *Symbole des Alltags – Alltag der Symbole*, ed. G. Blaschitz et al., Graz 1992.
Sugawara, K.: »Interactional Aspects of the Body in Co-Presence Observations on the Central Kalahari San« in *Culture Embodied*, ed. M. Moerman/M. Nomura, Osaka 1990.
Suggs, R.C.: »Sex and Personality in the Marquesas« in *Human Sexual Behavior*, ed. D.S. Marshall/R.C. Suggs, New York 1971.
Sun Chief: *The Autobiography of a Hopi Indian*, ed. L.W. Simmons, New Haven 1942.
Surminski, A.: »Der Schrecken hatte viele Namen« in *Flucht und Vertreibung* ed. F. Grube/G. Richter, Hamburg 1980.
Sutherland, A.: »The Body as a Social Symbol Among the Rom« in *The Anthropology of the Body*, ed. J. Blacking, London 1977.
Sutton, R.F.: *The Interaction Between Men and Women Portrayed on Attic Red-Figure Pottery*, Ann Arbor 1982.
Swaan, A. de: »Vom Befehlsprinzip zum Verhandlungsprinzip: Über neuere Verschiebungen im Gefühlshaushalt der Menschen« in *Der unendliche Prozeß der Zivilisation*, ed. H. Kuzmics/I. Mörth, Frankfurt/M 1991.
Sykes, C.S: *Ancient English Houses 1240-1612*, London 1988.
Sykes, G.M.: *The Society of Captives*, Princeton 1970.
Symonds, C.: »Sexual Mate-Swapping« in *Studies in the Sociology of Sex*, ed. J.M. Henslin, New York 1971.

Ṭahṭāwī, al-, R.: *Taḫlīṣ al-ibrīz fī talḫīṣ Bārīz*, ed. K. Stowasser, Leipzig 1988.
Taplin, O.: *Greek Tragedy in Action*, London 1978.
Tarassuk, L./C. Blair: *Arms & Weapons*, London 1982.
Tardieu, A.: *Étude médico-légale sur les attentats aux mœurs*, Paris 1867.
Taylor, T.: *Nürnberg und Vietnam*, München 1971.
Tcheng-Ki-tong: *Les plaisirs en Chine*, Paris 1890.
Temkin, J.: »Women, Rape and Law Reform« in *Rape*, ed. S. Tomaselli/R. Porter, Oxford 1986.
Te Rangi Hiroa: *The Coming of the Maori*, Wellington 1962.
Teubner, U.: »Über die langen Folgen der Vergewaltigung« in *Sexuelle Gewalt*, Sensbachtal 1985.
–: »Vergewaltigung als gesellschaftliches Problem« in *Rechtsalltag von Frauen*, ed. U. Gerhard/J. Limbach, Frankfurt/M. 1988.
Theis, J.: »Nach der Razzia« in *Sudanesische Marginalien*, ed. F.W. Kramer/B. Streck, München 1991.
Theweleit, K.: *Männerphantasien*, Bd. I, Frankfurt/M. 1977.
Thietmar v. Merseburg: *Chronik*, ed. W. Trillmich, Darmstadt 1957.
Thode-Arora, H.: *Für fünfzig Pfennig um die Welt*, Frankfurt/M. 1989.
Thoman, M.: *Weissenhorner Historie*, Tübingen 1876.
Thomas, H.: *Der spanische Bürgerkrieg*, Berlin 1962.
Thomas, M.: *Buchmalerei aus der Zeit des Jean de Berry*, München 1979.
Thomas v. Aquin: *Die katholische Wahrheit oder Die theologische Summa*, Bd. VII, ed. C.M. Schneider, Regensburg 1888.
Thomasset, C.: »La représentation de la sexualité et de la génération dans la pensée scientifique médiévale« in *Love and Marriage in the Twelfth Century*, ed. W. van Hoecke/A. Welkenhuysen, Leuven 1981.
Thompson, J.G.: *The Psychobiology of Emotions*, New York 1988.
Thompson, R.: *Women in Stuart England and America*, London 1974.
Thornhill, R./N.W. Thornhill: »Human Rape: An Evolutionary Analysis«, *Ethology and Sociobiology* 1983.
Thorwald, J.: *Die große Flucht*, München 1979.
Thuillier, J./M. Laclotte/H. Loyrette: *Les frères Le Nain*, Paris 1978.
Thuillier, J.-P.: »La nudité athlétique (Grèce, Etrurie, Rome)«, *Nikephoros* 1988.
Thurneysser zum Thurn, L.: *Nothgedrungens Außschreiben Mein/Der Herbrottischen Blutschandsverkeufferey/Falschs vnd Betrugs*, Berlin 1584.
Tickner, L.: *The Spectacle of Women: Imagery of the Suffrage Campaign 1907-14*, London 1987.
Tiger, L.: *Men in Groups*, New York 1984.
Titiev, M.: *The Hopi Indians of Old Oraibi*, Ann Arbor 1972.
Todorov, T.: *Die Eroberung Amerikas*, Frankfurt/M. 1985.
Torday, E./T.A. Joyce: »Notes on the Ethnography of the Ba-Mbala«, *Journal of the Anthropological Institute of Great Britain and Ireland* 1905.
Toussaint, H.: *La Liberté guidant le peuple de Delacroix*, Paris 1982.
Trachtenberg, M.: *The Statue of Liberty*, London 1976.
Trexler, R.C.: »Der Heiligen neue Kleider« in *Gepeinigt, begehrt, vergessen*, ed. K. Schreiner/N. Schnitzler, München 1992.

Trimborn, H.: »Der Ehebruch in den Hochkulturen Amerikas«, *Anthropos* 1935.
–: »Die Erotik in den Mythen von Huarochiri«, *Tribus* 1951.
Troy, L.: *Patterns of Queenship in Ancient Egyptian Myth and History*, Uppsala 1986.
Trumbach, R.: »London's Sodomites: Homosexual Behavior and Western Culture in the 18th Century«, *Journal of Social History* 1977.
–: »The Birth of the Queen: Sodomy and the Emergence of Gender Equality in Modern Culture, 1660-1750« in *Hidden From History*, ed. M.B. Duberman, New York 1989.
–: »Sodomitical Assault, Gender Role, and Sexual Development in Eighteenth-Century London« in *The Pursuit of Sodomy*, ed. K. Gerard/G. Hekma, New York 1989.
Truswell, A.S./J.D.L. Hansen: »Medical Research Among the !Kung« in *Kalahari Hunter-Gatherers*, ed. R.B. Lee/I. DeVore, Cambridge 1976.
Tscharner, H.-F. v.: *Die Todesstrafe im alten Staate Bern*, Bern 1936.
Ts'e Shao-chen: *Flaneur im alten Peking*, ed. M. Miosga, Köln 1987.
Tügel, H./M. Heilemann: *Frauen verändern Vergewaltiger*, Frankfurt/M. 1987.
Tuetey, A.: *Journal d'un bourgeois de Paris*, Paris 1881.
Turan, S. G.: *Freiwild: Meine Zeit in einem deutschen Gefängnis*, Düsseldorf 1992.
Turi, J.: *Erzählung vom Leben der Lappen*, ed. E. Demant, Frankfurt/M. 1992.
Turk, M.H.: *The Legal Code of Ælfred the Great*, Halle 1893.
Turnbull, C.M.: *Molimo*, Köln 1963.
Turnbull, P.: »The Phallus in the Art of Roman Britain«, *Bulletin of the Institute of Archaeology* 1978.
Tuzin, D.Z.: »Yam Symbolism in the Sepik«, *Southwestern Journal of Anthropology* 1972.

Ubach, E./E. Rackow: *Sitte und Recht in Nordafrika*, Stuttgart 1923.
Uberoi, J.P.S.: Mündliche Mitteilung vom 13. Oktober 1990.
Ucko, P.J.: »Penis Sheaths«, *Proceedings of the Royal Anthropological Institute* 1969.
Uhr, H.: *Lovis Corinth*, Berkeley 1990.
Ulbrich, C.: »Unartige Weiber« in *Arbeit, Frömmigkeit und Eigensinn*, ed. R. van Dülmen, Frankfurt/M. 1990.
Ulbricht, O.: *Kindsmord und Aufklärung in Deutschland*, München 1990.
Unger, H.: *Text und Bild im Mittelalter*, Graz 1986.
Ungerer, T.: *Schutzengel der Hölle*, Zürich 1986.
–: *Photographie 1960-1990*, Heidelberg 1991.
Unseld, E.: »Libertinage oder Liberalisierung? Gedanken zur Reform des Sexualstrafrechts«, *Sexualmedizin* 1974.
Unterkircher, F.: *Maximilian I., ein kaiserlicher Auftraggeber illustrierter Handschriften*, Hamburg 1983.
Ussel, J. van: *Sexualunterdrückung*, Reinbek 1970.

Vaitna, A.: *Die Moral der Roten Armee*, Biel 1948.
Vandier, J.: »Iousâas et (Hathor)-Nébet-Hétépet«, *Revue d'Égyptologie* 1964.
–: *Manuel d'archéologie égyptienne*, Bd. IV, Paris 1964.
Vanggaard, T.: *Phallos*, Frankfurt/M. 1979.
Vanoverbergh, M.: *The Isneg*, Washington 1938.
Varawa, J. M.: *Nur ein paar Inseln weiter*, Reinbek 1990.
Veillard-Cybulska, H.: »Die Kriminalität der Frauen in der Schweiz« in *Weibliche und männliche Kriminalität*, ed. W. Haesler, Diessenhofen 1982.
Velde, H. te: *Seth, God of Confusion*, Leiden 1967.
Venzky, G.: »Die Bastion Pakistan im Ansturm der Fundamentalisten« in *Krieg*, ed. A. Schwarzer, Frankfurt/M. 1992.
Verdenius, W. J.: »Αἰδώς bei Homer«, *Mnemosyne* 1945.
Verdier, Y.: *Façons de dire, façons de faire*, Paris 1979.
Verdon, J.: »La femme et la violence en Poitou pendant la Guerre de Cent Ans«, *Annales du Midi* 1990.
Verebélyi, K.: *Bemalte Schießscheiben in Ungarn*, Budapest 1988.
Vermehren, I.: *Reise durch den letzten Akt*, Reinbek 1979.
Vernant, J.-P.: *Tod in den Augen*, Frankfurt/M. 1988.
Vespignani, R.: *Faschismus*, Berlin 1976.
Viano, E.: »Violence on College Campuses« in *Victims and Criminal Justice*, Bd. III, ed. G. Kaiser et al., Freiburg 1991.
Vicedom, G. F. / H. Tischner: *Die Mbowamb*, Bd. I, Hamburg 1948.
Vidal, P.: *Garçons et filles: Le passage à l'âge d'homme chez les Gbaya Kara*, Nanterre 1976.
Vieille, P.: *La féodalité et l'État en Iran*, Paris 1975.
Villeneve, R.: *Le musée de la bestialité*, Paris 1969.
Vincent, J. M.: *Costume and Conduct in the Laws of Basel, Bern, and Zurich 1370-1800*, New York 1969.
Vloberg, M.: *La vierge et l'enfant dans l'art français*, Paris 1954.
Vögel, B.: »›Wir haben keinen angezeigt‹: Sowjetische Zwangsarbeiterinnen in Nazi-Deutschland« in *Lust und Last*, ed. K. v. Soden, Berlin 1990.
Voght, M. / V. L. Bullough: »Homosexuality and Its Confusion With the ›Secret Sin‹ in Pre-Freudian America«, *Journal of the History of Medicine* 1973.
Vorberg, G.: *Die Erotik der Antike in Kleinkunst und Keramik*, München 1921.
Vorwahl, H.: »Ein apotropäischer Kriegsbrauch«, *Archiv für Religionswissenschaft* 1935.
Vries, J. de: *Keltische Religion*, Stuttgart 1961.
Vroklage, B. A. G.: *Ethnographie der Belu in Zentraltimor*, Bd. I, Leiden 1952.
Vuarnet, J.-N.: *Extases féminines*, Paris 1980.
Vukanović, T. P.: «Obscene Objects in Balkan Religion and Magic«, *Folklore* 1981.

Waal, F. de: *Peacemaking Among Primates*, Cambridge 1989.
Wagley, C.: *Welcome of Tears*, New York 1977.
Wagner, M.: »Freiheitswunsch und Frauenbild: Veränderung der ›Liberté‹ zwischen 1789 und 1830« in *Die Marseillaise der Weiber*, ed. I. Stephan/S. Weigel, Hamburg 1989.
Wagner, P.: *Eros Revived*, London 1988.
Walcot, P.: »Herodotus on Rape«, *Arethusa* 1978.
Walker, D.E.: »The Nez Perce Sweat Bath Complex«, *Southwestern Journal of Anthropology* 1966.
Walker, J.R.: *Lakota Society*, Lincoln 1982.
Wall, H.M.: *Fierce Communion*, Cambridge 1990.
Wallace, E./E. A. Hoebel: *The Comanches*, Norman 1952.
Wallace, W.J.: »Infancy and Childhood Among the Mohave Indians«, *Primitive Man* 1948.
Waltz, M.: »Der Traum von der archaischen Spontaneität und das Gesetz der Vergeltung« in *Haß*, ed. R. Kahle et al., Reinbek 1985.
Wang Shi-Tcheng: *Djin Ping Meh*, Berlin 1961.
Wappenschmidt, F.: »Das Bild der schönen Frau in der chinesischen Malerei« in *Ars et amor*, ed. K. Fischer/V. Thewalt, Wiesenbach 1992.
al-Wardi, A.: *Soziologie des Nomadentums*, Neuwied 1972.
Warner, M.: *Monuments and Maidens*, New York 1985.
Watson, B.: Brief vom 3. Juni 1986.
Watson, P.J.: *Costume of Ancient Egypt*, London 1987.
v. d. Way, T.: *Göttergericht und ›Heiliger‹ Krieg im Alten Ägypten*, Heidelberg 1992.
Webb, J.B.: *Shakespeare's Erotic Word Usage*, Hastings 1989.
Webb, P.: *The Erotic Arts*, London 1983.
Weber, D.: *Geschichtsschreibung in Augsburg*, Augsburg 1984.
Wees, H. van: *Status Warriors*, Amsterdam 1992.
Weigel, S.: »Die nahe Fremde: das Territorium des ›Weiblichen‹« in *Die andere Welt*, ed. T. Koebner/G. Pickerodt, Frankfurt/M. 1987.
Weiglein, W.: »Zu Fuß durch die Steinzeit« in *Expeditionen durch Indonesien*, ed. W. Weiglein/H. Zahorka, Dreieich 1986.
Weinberg, M.S.: »The Nudist Management of Respectability« in *Deviance*, ed. E. Rubington/M.S. Weinberg, New York 1981.
Weinberg, R.: »The Pogrom of 1905 in Odessa« in *Pogroms: Anti-Jewish Violence in Modern Russian History*, ed. J.D. Klier/S. Lambroza, Cambridge 1992.
Weinhold, K.: *Altnordisches Leben*, Stuttgart 1938.
Weininger, O.: *Geschlecht und Charakter*, Wien 1921.
Weir, A./J. Jerman: *Images of Lust*, London 1986.
Weir, S.: *Palestinian Costume*, London 1989.
Weiss, F.: *Die dreisten Frauen*, Frankfurt/M. 1991.
Weiss, H.: *Kostümkunde*, Bd. III, Stuttgart 1872.
Weiss, P.: *Die Verfolgung und Ermordung Jean Paul Marats*, Frankfurt/M. 1964.
Weiss, R.: »Auf einem fremden Planeten« in *Wir haben es gesehen*, ed. G. Schoenberner, Wiesbaden 1988.

Weisweiler, J.: »Die Stellung der Frau bei den Kelten«, *Zeitschrift für celtische Philologie* 1939.
Wemple, S.F.: *Women in Frankish Society*, Philadelphia 1981.
Wendt, H.: »Das Pervertieren der Sexualität« in *Sexuologie*, Bd. I, ed. P.G. Hesse/G. Tembrock, Leipzig 1974.
Wenk, S.: »Die steinernen Frauen: Weibliche Allegorien in der öffentlichen Skulptur Berlins im 19. Jahrhundert« in *Triumph und Scheitern in der Metropole*, ed. S. Anselm/B. Beck, Berlin 1987.
Wentersdorf, K.P.: »The Symbolic Significance of *Figurae Scatologicae* in Gothic Mss« in *Word, Picture, and Spectacle*, ed. C. Davidson, Kalamazoo 1984.
Werkmüller, D.: »Die Sulzheimer Gerichtsordnung des Mainzer Domdekans Lorenz Truchseß von Pommersfelden aus dem Jahre 1515«, *Archiv für hessische Geschichte und Altertumskunde* 1988.
Werner, S.: *Die Belagerung von K'ai-feng im Winter 1126/27*, Stuttgart 1992.
Wesel, U.: *Der Mythos vom Matriarchat*, Frankfurt/M. 1980.
West, D.J. et al.: *Understanding Sexual Attacks*, London 1978.
Westendorf, W.: »Beiträge aus und zu den medizinischen Texten«, *Zeitschrift für ägyptische Sprache und Altertumskunde* 1966.
–: »Bemerkungen zur ›Kammer der Wiedergeburt‹ im Tutanchamungrab«, *Zeitschrift für ägyptische Sprache und Altertumskunde* 1967.
–: »Noch einmal: Die ›Wiedergeburt‹ des heimgekehrten Sinuhe«, *Studien zur altägyptischen Kultur* 1977.
–: »Schießen und Zeugen« in *Ägypten und Kusch*, ed. E. Endesfelder et al., Berlin 1977.
–: »Ein neuer Fall der ›homosexuellen Episode‹ zwischen Horus und Seth? (pLeiden 348 Nr. 4)«, *Göttinger Miszellen* 1987.
Westermarck, E.: »Beliefs Relating to Sexual Matters in Morocco« in *Verhandlungen des I. Internationalen Kongresses für Sexualforschung*, Bd. V, ed. M. Marcuse, Berlin 1928.
Westphal, R.: *Die Frau im politischen Plakat*, Berlin 1979.
Wex, M.: *›Weibliche‹ und ›männliche‹ Körpersprache als Folge patriarchalischer Machtverhältnisse*, Hamburg 1979.
Wheeler, H.: »Pornography and Rape« in *Rape and Sexual Assault*, ed. A.W. Burgess, New York 1985.
Wheelwright, J.: *Amazons and Military Maids*, London 1989.
White, S.M.: »Sexual Language and Human Conflict in Old French Fabliaux«, *Comparative Studies in Society & History* 1982.
Whiting, J.W.M.: *Becoming a Kwoma*, New Haven 1941.
Whiton, L.C./H.B. Greene/R.P. Momsen: »The Isconahua of the Remo«, *Journal de la Société des Américanistes* 1964.
Wickert-Micknat, G.: *Archaeologia Homerica: Die Frau*, Göttingen 1982.
Wickler, W.: *Sind wir Sünder?*, München 1969.
Wide, S.: *Lakonische Kulte*, Leipzig 1893.
Wijk, W. van: *A Sociological Study of the Gypsies*, Leiden 1948.
Wikan, U.: »Public Grace and Private Fears: Gaiety, Offense, and Sorcery in Northern Bali«, *Ethos* 1987.

Wikström, P.-O.H.: *Urban Crimes, Criminals, and Victims*, New York 1991.
Wilberg-Schuurman, T.V.: *Hoofse minne en burgerlijke liefde in de prentkunst rond 1500*, Leiden 1983.
Wild, H.: »Les danses sacrées de l'Égypte ancienne« in *Les danses sacrées*, Paris 1963.
Wilda, W.E.: *Das Strafrecht der Germanen*, Halle 1842.
Williams, F.E.: *Papuans of the Trans-Fly*, Oxford 1936.
Williams, W.L.: *The Spirit and the Flesh*, Boston 1986.
–: »Persistence and Change in the Berdache Tradition Among Contemporary Lakota Indians« in *The Many Faces of Homosexuality*, ed. E. Blackwood, New York 1986.
Williams-Forte, E.: »Annotations of the Art« in *Inanna*, New York 1983.
Winkler, D.: Brief vom 16. Juli 1991.
Winkler, J.J.: *The Constraints of Desire*, New York 1990.
Winter, U.: *Frau und Göttin*, Fribourg 1983.
Wirth, H.: »Das Turnier zu Heidelberg«, *Archiv für die Geschichte der Stadt Heidelberg* 1868.
Wirth, J.: *L'image médiévale*, Paris 1989.
Wirz, P.: »Het eiland Sabiroet en zijn bewoners«, *Nederlandsch-Indië* 1929.
Witkowski, G.-J.: *Curiosités médicales, littéraires et artistiques sur les seins et l'allaitement*, Paris 1898.
–: *Les seins dans l'histoire*, Paris 1903.
–: *Les seins à l'église*, Paris 1907.
–: *L'art profane à l'Église: France*, Paris 1908.
Witkowski, G.-J./L. Nass: *Le Nu au Théâtre*, Paris 1909.
Woldt, Hr.: »Bericht zur Sitzung vom 19. Dezember 1885«, *Zeitschrift für Ethnologie* 1885.
Wolfe, L.D.: »Japanese Macaque Female Sexual Behavior« in *Female Primates*, ed. M.F. Small, New York 1984.
Wolff, H.W.: *Anthropologie des Alten Testaments*, München 1984.
Wolfram, R.: »Weiberbünde«, *Zeitschrift für Volkskunde* 1933.
Wolkstein, D./S.N. Kramer: *Inanna*, New York 1983.
Wollenberg, H.-W.: *... und der Alptraum wurde zum Alltag*, ed. M. Brusten, Pfaffenweiler 1992.
Wolter, G.: *Die Verpackung des männlichen Geschlechts*, Marburg 1988.
Worobec, C.D.: »Accomodation and Resistance« in *Russia's Women*, ed. B.E. Clements et al., Berkeley 1991.
–: »Temptress or Virgin?« in *Russian Peasant Women*, ed. B. Farnsworth/L. Viola, Oxford 1992.
Wouters, C.: »Elias and Duerr«, Ms.
Wright, G.: *Between the Guillotine and Liberty*, Oxford 1983.
Wright, N.: »Ransoms of Non-Combatants During the Hundred Years War«, *Journal of Medieval History* 1992.
Wünschel, H.-J.: »Die pfälzische Frau im 19. Jh.«, *Pfälzer Heimat* 1976.
Wuhrmann, S.: »Théophile-Alexandre Steinlen: ›Louise Michel sur les barricades‹« in *Emblèmes de la liberté*, ed. D. Gamboni et al., Bern 1991.
Wyre, R./A. Swift: *Die Täter*, Köln 1991.

Yamanashi, E.: »Kuroda Seiki's ›Woman With a Mandolin‹ (1891)« in *Paris in Japan*, ed. S. Takashina et al., Tōkyō 1987.
Yang, H.: »The Chinese Nude Is Revealed«, *China Daily*, 13. Mai 1988.
Ye'or, B.: *The Dhimmi*, Cranbury 1985.
Yoshida, K.: *Betrachtungen aus der Stille*, Frankfurt/M. 1985.
Yuan, Z.: »In China und im Westen«, *Unesco Kurier* 4, 1987.
Yüksel, Ş.: »Körperliche Mißhandlung in der Familie und die Solidaritätskampagne ›Gegen Gewalt an Frauen‹« in *Aufstand im Haus der Frauen*, ed. A. Neusel et al., Berlin 1991.

Zander-Seidel, J.: »Der Teufel in Pluderhosen«, *Waffen- und Kostümkunde* 1987.
–: *Textiler Hausrat: Kleidung und Haustextilien in Nürnberg von 1500-1650*, München 1990.
Zapotetzky, W.: *Karlstadt*, Karlstadt 1980.
Zedler, J.H.: *Großes vollständiges Universal-Lexikon*, Leipzig 1740.
Zeller, U.: *Die Frühzeit des politischen Bildplakats in Deutschland (1848-1918)*, Stuttgart 1988.
Ziegler, C.: »Sistrum« in *Lexikon der Ägyptologie*, Bd. V, ed. W. Helck/W. Westendorf, Wiesbaden 1984.
Ziegler, E.: *Sitte und Moral in früheren Zeiten*, Sigmaringen 1991.
Ziegler, J.G.: *Die Ehelehre der Pönitentialsummen von 1200-1350*, Regensburg 1956.
Zijlstra-Zweens, H.M.: *Of His Array Telle I No Longer Tale*, Amsterdam 1988.
Ziller, L.: »Von Schelmen und Schergen«, *Mitteilungen der Gesellschaft für Salzburger Landeskunde* 1973.
Zillmann, D.: *Connections Between Sex and Aggression*, Hillsdale 1984.
Zillmann, D./J.B. Weaver: »Pornography and Men's Sexual Callousness Toward Women« in *Pornography*, ed. D. Zillmann/J. Bryant, Hillsdale 1989.
Zimmermann, G.: *Ordensleben und Lebensstandard*, Münster 1973.
Zuckmayer, C.: *Als wär's ein Stück von mir*, Hamburg 1977.
Zürcher, M.: *Die Behandlung jugendlicher Delinquenten im alten Zürich (1400-1798)*, Winterthur 1960.
Zwahr, H.: *Herr und Knecht*, Jena 1990.
Zwernemann, J.: »Überlegungen zum Ursprung der Kleidung« in *Verhaltensforschung in Österreich*, ed. O. Koenig, Wien 1983.
Zwilling, L.: »Homosexuality as Seen in Indian Buddhist Texts« in *Buddhism, Sexuality, and Gender*, ed. J. I. Cabezón, Albany 1992.
Zywulska, K.: *Wo vorher Birken waren*, München 1979.
–: *Tanz, Mädchen...: Vom Warschauer Getto nach Auschwitz*, München 1988.